西学
源流

美国社会科学的起源

〔美〕多萝西·罗斯 著

王楠 刘阳 吴莹 译

Simplified Chinese Copyright © 2019 by SDX Joint Publishing Company.
All Rights Reserved.
本作品简体中文版权由生活·读书·新知三联书店所有。
未经许可，不得翻印。

图书在版编目（CIP）数据

美国社会科学的起源/（美）多萝西·罗斯著；王楠，刘阳，吴莹译.—北京：生活·读书·新知三联书店，2019.1　（2024.11 重印）
（西学源流）
ISBN 978-7-108-06179-9

Ⅰ.①美…　Ⅱ.①多…②王…③刘…④吴…　Ⅲ.①社会科学－科学史－研究－美国　Ⅳ.① C097.12

中国版本图书馆 CIP 数据核字（2018）第 017024 号

特邀编辑	童可依
责任编辑	王晨晨
装帧设计	薛　宇
责任校对	张国荣
责任印制	李思佳
出版发行	生活·讀書·新知 三联书店
	（北京市东城区美术馆东街 22 号 100010）
网　　址	www.sdxjpc.com
图　　字	01-2018-3048
经　　销	新华书店
制　　作	北京金舵手世纪图文设计有限公司
印　　刷	北京建宏印刷有限公司
版　　次	2019 年 1 月北京第 1 版
	2024 年 11 月北京第 2 次印刷
开　　本	880 毫米 × 1230 毫米　1/32　印张 23.625
字　　数	549 千字
印　　数	6,001-7,000 册
定　　价	78.00 元

（印装查询：01064002715；邮购查询：01084010542）

The Origins of American Social Science ▪ Dorothy Ross

This is a Simplified Chinese edition of the following title published by
Cambridge University Press:

The Origins of American Social Science
ISBN 0-521-42836-X

© Cambridge University Press 1991
First published in 1991

This Simplified Chinese edition for the People's Republic of China (excluding Hong Kong, Macau and Taiwan) is published by arrangement with the Press Syndicate of the University of Cambridge, Cambridge, United Kingdom.

© SDX Joint Publishing Company 2019

This Simplified Chinese edition is authorized for sale in the People's Republic of China (excluding Hong Kong, Macau and Taiwan) only. Unauthorised export of this Simplified Chinese edition is a violation of the Copyright Act. No part of this publication may be reproduced or distributed by any means, or stored in a database or retrieval system, without the prior written permission of Cambridge University Press and SDX Joint Publishing Company.

Copies of this book sold without a Cambridge University Press sticker on the cover are unauthorized and illegal.

本书封面贴有 Cambridge University Press 防伪标签，无标签者不得销售。
此版本仅限在中华人民共和国境内（不包括香港、澳门特别行政区及台湾省）销售。

CAMBRIDGE

总序：重新阅读西方

甘阳 刘小枫

上世纪初，中国学人曾提出中国史是层累地造成的说法，但他们当时似乎没有想过，西方史何尝不是层累地造成的？究其原因，当时的中国人之所以提出这一"层累说"，其实是认为中国史多是迷信、神话、错误，同时又道听途说以为西方史体现了科学、理性、真理。用顾颉刚的话说，由于胡适博士"带了西洋的史学方法回来"，使他们那一代学人顿悟中国的古书多是"伪书"，而中国的古史也就是用"伪书"伪造出来的"伪史"。当时的人好像从来没有想过，这胡博士等带回来的所谓西洋史学是否同样可能是由"西洋伪书"伪造成的"西洋伪史"？

不太夸张地说，近百年来中国人之阅读西方，有一种病态心理，因为这种阅读方式首先把中国当成病灶，而把西方则当成了药铺，阅读西方因此成了到西方去收罗专治中国病的药方药丸，"留学"号称是要到西方去寻找真理来批判中国的错误。以这种病夫心态和病夫头脑去看西方，首先造就的是中国的病态知识分子，其次形成的是中国的种种病态言论和病态学术，其特点是一方面不断把西方学术浅薄化、工具化、万金油化，而另一方面则又不断把中国文明简单化、歪曲化、妖魔化。这种病态阅读西方的习性，方是现代中国种种问题的真正病灶之一。

新世纪的新一代中国学人需要摆脱这种病态心理，开始重新阅读西方。所谓"重新"，不是要到西方再去收罗什么新的偏方秘方，而是要端正心态，首先确立自我，以一个健康人的心态和健康人的头脑去阅读西方。健康阅读西方的方式首先是按西方本身的脉络去阅读西方。健康阅读者知道，西方如有什么药方秘诀，首先医治的是西方本身的病，例如柏拉图哲学要治的是古希腊民主的病，奥古斯丁神学要治的是古罗马公民的病，而马基雅维里史学要治的是基督教的病，罗尔斯的正义论要治的是英美功利主义的病，尼采、海德格尔要治的是欧洲形而上学的病，唯有按照这种西方本身的脉络去阅读西方，方能真正了解西方思想学术所为何事。简言之，健康阅读西方之道不同于以往的病态阅读西方者，在于这种阅读关注的首先是西方本身的问题及其展开，而不是要到西方去找中国问题的现成答案。

健康阅读西方的人因此将根本拒绝泛泛的中西文明比较。健康阅读西方的人更感兴趣的首先是比较西方文明内部的种种差异矛盾冲突，例如西方文明两大源头（希腊与希伯来）的冲突，西方古典思想与西方现代思想的冲突，英国体制与美国体制的差异，美国内部自由主义与保守主义的消长，等等。健康阅读者认为，不先梳理西方文明内部的这些差异矛盾冲突，那么，无论是构架二元对立的中西文明比较，还是鼓吹什么"东海西海，心理攸同"的中西文化调和，都只能是不知所谓。

健康阅读西方的中国人对西方的思想制度首先抱持的是存疑的态度，而对当代西方学院内的种种新潮异说更首先抱持警惕的态度。因为健康阅读西方者有理由怀疑，西方学术现在有一代不如一代的趋势，流行名词翻新越快，时髦异说更替越频，只能越表明这类学术的泡沫化。健康阅读西方的中国人尤其对西方学院内虚张声势的所谓"反西方中心论"抱善意的嘲笑态度，因为健康阅读者知道这类论调虽然原始动机善良，但其结果往往只不过是走向更狭隘的西方中心论，所谓太阳底下没有新东西是也。

希望以健康人的心态和健康人的头脑去重新阅读西方的中国人正在多起来，因此有这套"西学源流"丛书。这套丛书的选题大体比较偏重于以下几个方面：一是西方学界对西方经典著作和经典作家的细读诠释，二是西方学界对西方文明史上某些重要问题之历史演变的辨析梳理，三是所谓"学科史"方面的研究，即对当代各种学科形成过程及其问题的考察和反思。这套丛书没有一本会提供中国问题的现成答案，因为这些作者关注讨论的是西方本身的问题。但我们以为，中国学人之研究西方，需要避免急功近利、浅尝辄止的心态，那种急于用简便方式把西方思想制度"移植"到中国来的做法，都是注定不成功的。事实上西方的种种流行观念例如民主自由等等本身都是歧义丛生的概念。新一代中国学人应该力求首先进入西方本身的脉络去阅读西方，深入考察西方内部的种种辩论以及各种相互矛盾的观念和主张，方能知其利弊得失所在，形成自己权衡取舍的广阔视野。

二十年前，我们曾为三联书店主编"现代西方学术文库"和"新知文库"两种，当时我们的工作曾得到诸多学术前辈的鼎力支持。如今这些前辈学者大多都已仙逝，令人不胜感慨。

学术的生长端赖于传承和积累，我们少年时即曾深受朱生豪、罗念生等翻译作品的滋润，青年时代又曾有幸得遇我国西学研究前辈洪谦、宗白华、熊伟、贺麟、王玖兴、杨一之、王太庆等师长，谆谆教导，终生难忘。正是这些前辈学人使我们明白，以健康的心态和健康的头脑去阅读西方，是中国思想和中国学术健康成长的必要条件。我们愿以这套"西学源流"丛书纪念这些师长，以表我们的感激之情，同时亦愿这套丛书与中国新一代的健康阅读者同步成长！

2006 年元旦

卷首语

通过对经济学、社会学、政治科学和历史学的关注，本书探究了美国社会科学是如何根据自然科学和自由主义政治学塑造自身的。

罗斯教授提出美国社会科学从美国例外论那里获得了它的独特性，而美国例外论的观点认为，基于其共和政府和广泛的经济机会，美国在历史上占有特殊地位。在这种民族自我认知的影响下，美国人相信，他们的历史遵循一种千年王国的进程，可以避免欧洲面临的历史变迁、大规模贫困和阶级冲突等问题。在内战之前，这种美国例外论的观点将社会科学家们引入了一种让时间静止的民族性的努力中。内战尚未结束，工业化的力量就使美国不得不面对观念与现实的历史变迁。社会科学的各学科正是产生于这场危机，而它们的发展正体现了保留例外论理想的利益对这种历史转变的逃避和驯化。

罗斯教授向我们展示了每一门社会科学学科在发展它们各自传承的知识传统时，是如何对历史意识、政治需要、职业结构和他们可利用的科学概念的变迁做出反应的。最初在镀金时代,社会科学家的愿望是维持和延续自然和历史的确定法则;到了进步时代,社会科学家们则将美国历史与西方自由主义历史联系起来,并将其现代化的力量归结为资本主义、民主和科学。但同时,他们却急于使历史隶属于科学控制,并试图开拓出一块自然的领域以使例外论的理想继续保存下来。到了20世纪20年代,受到更为强烈的技术控制观点的驱动,社会科学将历史令人沮丧的不确定性转变为可控的自然过程。

这是第一本广泛审视美国社会科学历史背景的著作,它说明了美国例外论这种民族意识形态对美国社会科学发展及一般社会思想的核心性影响。

献给与此书一起成长的约翰和埃伦

在瑞士，游人们所跨越的莱茵河发源于冰川，流经中世纪的城堡和封建时代的废墟，直至成为现代工业社会的高速干道，并最终注入海洋，永久地平静下来。美国史也有着同样的旅程。在史前的冰川时期和中世纪的封建主义时代，这个故事还没有什么进展；但是当海洋进入其视野时，它获得的体验之强烈几近于痛苦……科学可以丈量海洋的深度，观测其洋流，预报其风暴，或确定它与自然体系的关系。在民主的海洋中，科学可以看到某些终极性的东西。人类不可能走得更远。原子也许可以移动，但普遍的平衡却无法改变。

亨利·亚当斯
《美国的历史》
(*History of the United States of America*)
第9卷

目 录

鸣谢 · i

脚注中使用的缩写 · v

导言 · 3

第一部分

内战前美国的欧洲社会科学思想

第一章　现代性的发现 · 17
第二章　美国例外论的想象 · 41

第二部分

美国例外论的危机，1865—1896

第三章　社会科学学科的建立 · 83
第四章　经济学和社会学中的社会主义威胁 · 144

第三部分
进步主义社会科学，1896—1914

- 第五章　美国例外论的自由主义修正 · 207
- 第六章　经济学中的边际主义和历史主义 · 248
- 第七章　迈向社会控制的社会学 · 313
- 第八章　从历史政治学到政治科学 · 366

第四部分
作为自然进程研究的美国社会科学，1908—1929

- 第九章　美国自由变迁的新模式 · 427
- 第十章　科学主义 · 552

结语 · 668

参考文献 · 676
人名索引 · 681
主题索引 · 712
译后记 · 736

鸣 谢

学术是一项众人的事业,我深刻地意识到本书得到了许多先辈和同事的支持。虽然我已在文本和脚注中引述了他们的贡献,但无疑,还是有很多观点在此书写作的漫长过程中被忽略了。请允许我对整个学术共同体以及给予本书学术支持和个人支持的朋友们,表示我最诚挚的谢意。

我特别要感谢之前在弗吉尼亚大学的同事,因为此书是在那里写作的,他们给了我灵感和鼓励。西奥多·波特〔Theodore M. Porter〕对此书进行了彻底的和质疑性的阅读,斯蒂芬·英尼斯〔Stephen Innes〕对本书的前几章也给予了批评性意见。理查德·罗蒂〔Richard Rorty〕、迈克尔·霍尔特〔Michael Holt〕、马克·托马斯〔Mark Thomas〕、奥利维尔·如恩斯〔Olivier Zunz〕和约瑟夫·凯特〔Joseph Kett〕阅读了本书全部或部分的书稿,并给予了非常有建设性的意见。对本书的反思则来源于拉尔夫·科恩〔Ralph Cohen〕主持的关于解释学的学术研讨会上富有启示性的讨论和埃里克·米德福特〔Erik Midelfort〕对我的长期提点。

我同样要感谢对书稿予以批评的其他同事。我在约翰·霍普金斯的新同事路易斯·高拉姆博什［Louis Galambos］仔细阅读了文本并给予了同情的理解；彼得·诺维克［Peter Novick］、大卫·郝林格［David Hollinger］和艾米·斯坦利［Amy Stanley］对前几章予以详细的评论；芭芭拉·拉斯莱特［Barbara Laslett］从社会学和女性研究的视角阅读了本书；霍华德·瑟夫特尔［Howard Seftel］则从经济学的视角做出评论；唐纳德·杜威［Donald Dewey］阅读了关于劳工骑士党的几章。即使有些建议我并未采纳，但本书从所有读者的批评和建议中受益匪浅。最后，我还要表达我对剑桥大学编辑弗兰克·史密斯［Frank Smith］的感谢，他不仅推动了本书的进一步完善，而且他的温和态度减轻了我作为一个作者的紧张。

许多人和组织都曾以不同方式为本书提供过帮助。早期的大部分研究是由国家科学基金资助的，批号为SES-7923830，而且我很高兴能得到历史哲学部主任罗纳德·奥弗曼［Ronald Overmann］的耐心帮助。后期的写作和研究由"弗吉尼亚大学一百五十周年基金"资助。此外，国会图书馆及其书库和读者部的员工为我阅读该馆丰富的藏书提供了方便，我也对此表示由衷的感谢。该馆的员工为我对书籍的查询提供了极为有用的帮助。在此，我要特别指出，芝加哥大学特藏部的罗伯特·罗森塔尔［Robert Rosenthal］馆长拥有关于美国社会科学的丰富历史知识，是位值得拜访学习的人。

当我开始写作的时候，使用的是古老的打字机，是弗吉尼亚大学的秘书洛蒂·麦克考莱［Lottie McCauley］、凯思琳·米勒［Kathleen Miller］和埃拉·伍德［Ella Wood］将其转录到文字处理机上，我很感谢她们在职责之外做出的奉献和耐心。在过去这些年里，我的研究助手查理斯·埃文斯［Charles Evans］出色地完成了一系列工作。

最后，我还要感谢我的丈夫斯坦福·罗斯［Stanford G. Ross］，他曾给予此书及时的批评和肯定。更重要的是，我们美满的生活使得此书以及我的所有成就成为可能。

脚注中使用的缩写

AAAPSS 《美国政治和社会科学学术年鉴》Annals of the American Academy of Political and Social Science

AER 《美国经济学评论》American Economic Review

AHAAR 《美国历史协会年度报告》American Historical Association Annual Report

AHR 《美国历史学评论》American Historical Review

AJS 《美国社会学杂志》American Journal of Sociology

APSR 《美国政治科学评论》American Political Science Review

ASR 《美国社会学评论》American Sociological Review

DAB 《美国传记辞典》Dictionary of American Biography

EW 约翰·杜威：早期著作，5卷本（卡本代尔：南伊利诺伊大学出版社，1967—1975年）*John Dewey: The Early Works*, 5 vols.（Carbondale：Southern Illinois University Press，1967-1975）

JAH 《美国历史学杂志》Journal of American History

JHBS 《行为科学史杂志》Journal of the History of the Behavioral Sciences

JHS 《社会学史杂志》Journal of the History of Sociology

JHUSHPS 约翰·霍普金斯大学关于历史和政治科学的研究 Johns Hopkins University Studies in History and Political Science

JPE 《政治经济学杂志》Journal of Political Economy

LW 约翰·杜威：晚期著作，1925—1953年（卡本代尔：南伊利诺伊大学出版社，1981—）*John Dewy: The Later Works*, *1925-1953*（Carbondale：Southern Illinois University Press，1981-）

MW 约翰·杜威：中期著作，1899—1924 年（卡本代尔：南伊利诺伊大学出版社，1976—1983 年）*John Dewy: The Middle Works*, *1899-1924*, 15 vols. (Carbondale: Southern Illinois University Press, 1976-1983)

PAEA 美国经济协会出版物 Publications of the American Economic Association

PAPSA 《美国政治学协会会议录》Proceedings of the American Political Science Association

PPASS 美国社会学学会文件与会议记录 Papers and Proceedings of the American Sociological Society

PSQ 《政治科学季刊》Political Science Quarterly

QJE 《经济学季刊》Quarterly Journal of Economics

The Origins of American Social Science

Dorothy Ross

导　言

　　美国社会科学因其民族性起源而具有鲜明的特色。就像实用主义、新教原教旨主义或抽象表现主义那样，社会科学是现代美国文化的特有产物。它的自由主义价值、实用性偏好、肤浅的历史观和对技术专家治国论的信心，是公认的20世纪美国的特征。对于国内外的批评者来说，这些特征造就了无关历史的、科学的美国社会科学，使其缺乏对历史差异性和复杂性的重视。对于它的支持者来说，追求科学方法、不受历史变幻无常的影响和对美国社会的实用性则都是其值得称颂的特点。虽然由于频繁的小失误，这些目标一再受到损害，但将其视为美国社会科学的独有特征仍然是很合理的。美国社会科学的显著特点在于，它是仿效自然科学而非历史科学建立，并根植于自由个人主义的古典意识形态之中。

　　美国社会科学这种显著的特点对于美国的社会实践和社会思想有着深远的影响。历史世界是人造的世界，它由人、制度、实践和语言构成，这些都是由人类的经验环境创造的，并通过权力的结构得以维持。历史学可以用来批判性地理解历史经验，使我们能够改变形成这些历史经验的社会结构。与此相反，20世纪美国社会科学中主流的社会世界模型却主张透过历史去探寻其下的一个假定先在的自然过程。在这里，社会世界是由对自然刺激做出反应的个体行为构成的，资本主义市场和现代城市社会都可以被理解为自然的一部分。我们被导向了对自然进行量化的、技术性的操控，并对美国社会持一种理想化的自由主义想象。当20世纪美国文化逐渐失去方向，其社会伦理不断受到腐蚀时，我们有必要仔细审查这种漠视历史的策略。[1]

笔者的关注点主要集中在美国社会科学的三个核心学科：经济学、社会学和政治科学。第一部分是关于18世纪欧洲和19世纪早期美洲的社会科学起源。这两章引入了本书的历史和概念框架，在较小的空间内压缩了大量材料。本书的主干部分，渐次展开论述的是美国社会科学学科的形成时期，这大约是1870年到1929年之间。尽管这一时代的开启很大程度上受到了德国历史模型的影响，但是最终美国社会科学家决定将其学科定位于自然科学取向。虽然渴望科学的更高点出现在20世纪50年代，那时定量模型、系统分析、功能主义和行为科学广泛流行，但将社会历史世界潜在地视为自然过程，并为其寻找一条自然科学的路径的意识，早在20世纪20年代就已牢固树立。

笔者相信，美国社会科学应当将其独有特征归结为它与美国例外论这一民族意识形态的联系，这一观点认为美国基于其共和

---

[1] 在众多对美国社会科学批评的文献中，对笔者影响最大的是 Kenneth Bock, *The Acceptance of Histories: Toward a Perspective of Social Science* (Berkeley: University of California Press, 1956); Richard J. Bernstein, *The Restructuring of Social and Political Theory* (New York: Harcourt Brace Jovanovich, 1976) and *Beyond Objectivism and Relativism: Science, Hermeneutics and Praxis* (Philadelphia: University of Pennsylvania Press, 1983); Warren J. Samuels, "Ideology in Economics, " in *Modern Economic Thought*, ed. Sidney Weintraub (Philadelphia: University of Pennsylvania Press, 1977), 467-84; William E. Connolly, *The Terms of Political Discourse*, 2nd ed. (Princeton, N.J.: Princeton University Press, 1983)。也可参见 Peter T. Manicas, *A History of Philosophy of the Social Sciences* (Oxford: Blackwell Publishers, 1987)。

政府和经济机遇而在历史上占据特殊地位。这种民族的自我认知和社会科学，都是在18世纪晚期和19世纪早期理解现代社会的特征与命运的努力中出现的。美国人相信，共和制度的成功建立以及这块未经开垦的大陆所带来的自由机会，可以使美国成为千年王国*，能够免除未来可能出现的质变，譬如现代性在英国造成的大规模贫困和阶级冲突。内战前，这种美国例外论的观点将其社会科学引入了让时间静止的努力中。社会科学家找到了历史和自然的确定法则，它们将使得业已建立的国家制度永存不朽。

内战的经历、迅速的工业化和宗教承诺的衰落带来了一场突如其来的民族危机，从而迫使美国人开始以一种现代意识来理解历史：历史是一个持续的质变过程，由其内在力量主导和推动。在工业化和阶级冲突的影响下，美国人开始面对这样一种可能性，即他们也会经历欧洲走过的历史过程，阶级永远都存在，甚至社会主义也有可能在这里发展起来。因此，许多社会科学家修订了美国例外论。他们提出，美国自由主义和共和理想的实现依赖于在欧洲创造了自由现代性的同一种力量，依赖于资本主义、民主政治和科学的发展。美国的独特条件非但不会在这块大陆上限制现代性的充分作用，反而会更好地支持它。

但是，考虑到人们对例外论理想的长期信奉，将美国带入西方

---

* 千年王国是一种乌托邦式的美好未来的思想，来源于《圣经》，指的是大灾难后，撒旦被捆绑锁入无底坑，然后耶稣基督在地上建立千年王国，并亲自统治这个国度。这个国度无比美好，是天国在地球上的缩影［详见《以赛亚书》］。一千年后，千年王国结束，撒旦被暂时释放，并鼓动地上的歌革和玛各两国，叫他们围住圣徒的营与蒙爱的城争战，于是火从天降，消灭了他们。结果撒旦被彻底击败，扔入火湖中。然后耶稣降临审判全人类，天地都消失，那时古往今来所有的死人都要复活并站在审判台前，根据其生前所行接受主的审判，得胜者进入天国，其他的投入火湖，最后天国降临［详见《启示录》第20章］。——译者注

自由主义历史的努力的不彻底性和含糊性也就不足为奇了。一些社会科学家在将他们的研究定位为历史取向方面取得了一些成功。如果不是一开始就存在着或明或暗地与主流社会科学模式相左的另一种念头，人们也就不会对描述社会科学的科学化轨迹有那么大的兴趣。但是大部分社会科学家都试图在历史内部或历史之下找到自然的基础，以抵御对衰落挥之不去的恐惧，并确保在未来的某个时候实现一个和谐的自由社会。在这种自由主义模型中，历史只在狭窄的范围内发挥作用，它在一定程度上使美国接受改变，同时也引发了对变迁的恐惧，因此许多社会科学家急于将历史置于科学的控制之下。

到了20世纪的第二个十年，工业社会的迅速发展、对变迁的深入回应以及"一战"的经历，产生了一种告别过去的新观念，并加速了历史的转变。在这样的条件下，美国社会科学家寻找的是更为严苛的技术控制的方式。他们发明出多元主义、行为主义和统计模型等来刻画这个不断流变的自由世界，但又不断重塑其美国模式。随着时间的推进，历史令人沮丧的不确定性也被转变为可控的自然过程。

通过审视美国人对历史的理解和对历史变迁的回应来解释美国社会科学的科学与自由主义立场，似乎是一个兜圈子的过程。在我们手边就有一些粗略的现成答案。美国社会科学家倾向于将美国社会科学对科学的渴望，仅仅看作社会科学内在的科学冲动的结果。但是当我们将视线投向不同时代和国家时，就会发现科学在处理社会历史事件时可以采取不同的方式。在18世纪和19世纪相当长的时期内，科学只是被粗略地理解为系统的自然知识，其科学方法模型包括从牛顿的归纳和演绎方法到赫尔德［J. G. Herder］与哥廷根的学者们［Gottingen Gelehrten］的批判哲学。出现了包括孔德、斯宾塞和达尔文在内的各种历史进化论经验主义流派。所有这些模型都是美国社会科学家借鉴的对象，而且从19世纪早期开始，他们就发现了这个领域内许多具有吸引力的视角。19世纪晚期时，人们基于科学方法的发展提出了更高的研究目标，但是这些新的科学标准并没有对结果进行预设。研究方法必须适应其主题这一古老规则仍在发挥作用，从而为解释留出了广阔的空间，尤其是当社会科学的研究主题从一开始就是历史本身时。所以，要解释美国社会科学家所选择的特定科学立场，就必须追溯其特定的历史意识。

对于美国社会科学独特性的另一个常见解释是，它们仅仅如实地反映了美国社会的独有特点。美国社会科学之所以是清一色的自由主义，是因为美国社会和政治文化都是统一的自由主义；它之所以是实用主义和技术决定论的，是因为美国人都是务实且重视技术的民主党人。对于后者的反驳是，我们可以看到美国的社会科学并不是务实的北方美国人自己发展的，而是由一个根植于道德哲学、日益学术化且赞同美国社会精英价值的阶层发展起来的。即使他们关注实际权力，也是因为他们普遍感到自身多少与之存在着距离。

因此，对美国社会和政治的自由主义解释未能揭示美国经验的复杂性。美国自由主义思想者，如最著名的路易斯·哈茨［Louis Hartz］*，就强调美国的政治文化从一开始就完全是自由主义的，并将自由主义界定为贪婪的个人主义。美国例外论建立在自由主义的基础上，美国由于缺少封建主义而没有社会主义，由此，美国政治被限定于自由主义的共识。[2] 但是在本书中笔者认

---

* 路易斯·哈茨［1919—1986］：哈佛大学教授，美国著名自由主义思想家，代表作有《美国自由主义传统》。——译者注
[2] Louis Hartz, *The Liberal Tradition in America* (New York: Harcourt, Brace & World, 1955).

为，18世纪晚期和19世纪早期发展起来的美国政治学的概念框架是在新教、共和主义和自由主义关于美国的理念交汇中产生的。美国的国家意识形态中不止具有自由市场的价值观，也包含了新教与共和主义在关于资本主义发展和历史变迁问题上的矛盾观点。这种意识形态创造的不是一种稳定的自由主义共识，而是在历史进程中不断地摇摆。这一例外论框架引发并内含着冲突，它的包容性力量被不断地检验和捍卫。即使社会主义没有作为一种主要的政治力量在美国崛起，工业化也仍然会带来阶级冲突的问题和社会主义的威胁。在美国例外论的压力下，这种问题和威胁就显得更加严重了，并迫使社会科学家做出自由主义式的回应。他们以完全自由主义的语言重新界定了美国例外论的理想，并将这些术语上溯到共和国的起源。哈茨对美国经验的理解本身，就是自由主义视角下美国例外论的产物。

此外，美国经验在西方国家中的独特性被夸大了，因为每一部民族历史都是由普遍与特殊的因素交互塑造的。在欧洲国家发展起来的社会科学也同样与自由主义相关，并试图追求科学性。但是这些普遍因素是在他们所处的历史文化中被塑造的，因此每一个国家的社会科学都承担着不同的政治任务，而且处于美国所谓的人文科学与自然科学之间的不同位置。德国文化受历史学派的影响最深，其中知识的［Wissenschaft］社会科学模型也是如此，从自由的罗雪尔［Roscher］和韦伯［Weber］到激进的马克思［Marx］和曼海姆［Mannheim］都是如此。在法国，史学与理性哲学和实证科学共同发挥影响，但从托克维尔和孔德之后开始持续影响人文科学［les sciences humaines］。英国也同美国一样，比起欧洲大陆的国家来说，受到历史思维的影响较小，但又不像美国那样较多地受到自然科学模型的支配。社会学和政治科学作为独立的学科，并没有与经济学一起，成为一种特殊的科学性知识流派；相反，经济学、哲学、政治学和历史学仍然保持它们19世纪时的联合形态，作为大学研究而存在。

但是，这些西方国家之间的关系不属于一个单一的连续统一体。例如，我们会发现，美国与欧洲大陆国家之间的相似性在英国是不存在的，这种相似性反映在19世纪晚期美国与德国、法国共有的民族危机意识以及对历史变迁的关注。我们也将发现，美国逃避历史的愿望使其历史意识在19世纪早期与欧洲分道扬镳，却与20世纪早期欧洲现代主义历史意识更加接近。但是，描绘出美国社会科学与欧洲社会科学的异同，可能得再写一本书。在说明美国独特的民族意识形态和社会科学任务与欧洲社会科学的渊源之后，笔者将只在强调美国发展时才会偶尔再进行二者之间的比较。

因此，为避免任何疑虑，笔者必须澄清本书对美国例外论意识形态的审视是对这种美国独特性观点的批评而非认可。尽管声称要将美国社会如其所是地描述出来，但例外论即使没有歪曲这个世界，也只是提供了一种简单化、理想化的美国想象，夸大了美国的独特性。即便如此，关于美国独特性的观点和美国例外论的意识形态仍然在美国生活中扮演了重要的角色，并深刻地塑造着其社会结构和政治思想。笔者相信，这种意识形态使得美国经验与其他国家相比更加不同，而不是美国人对自己有不同的看法。在这个有限的范围内，笔者倒是赞同某种意义上的美国例外论。但笔者把这种意识形态挑出来进行历史批判，是为了减弱它在未来的影响。

在此项研究中，笔者使用的方法是概括美国社会科学发展的主线，而不是描绘其全景。该方法试图解释深深嵌入在美国社会科学中的根本动力，这一动力机制将美国社会科学的核心与美国历史联系在一起，并且只有在历史长河中去审视社会科学家们真正的价值和预设时，才能发现这一动力。

因此，笔者的方法是思想史［intellectual history］，意图重构社会科学家在其中工作的话语。[3]笔者将话语理解为对话，它在时间过程中发展起来，围绕特定问题，为对方设定讨论用词，并对参与者的不同意图做出回应。话语是众多的且相互交叠的，尽管如此，笔者在此还是将该词限定为意指围绕现代社会、政体和经济成长起来的学术讨论传统，以及关于美国在历史中的例外地位的全民性讨论。

这种处理思想史的方法必将引申出两个方向。话语是由语言、特殊的习惯用语或修辞，以及参与其中的人的行为或说话方式组成的。因此，我们能够区分一种话语的语言和它实际的运用方式。一门语言提供了一套独特的逻辑和修辞语库，因此有一系列独特的可能性和限制。它可能被用于表达不同的观点，可能被用于策略性目的，也可能会对其参与者和听众造成使用者意想不到的效果。以这种方式理解的话语，超出了语言形成和传播的背景。语言源于生活并成为人们生活的参照，它与周围的历史是不可分离的。引发美国社会科学家对话的问题，以及他们在这种对话中所表达的意图来自他们所处的学术和历史背景。对话语的关注使得

---

[3] 笔者对话语的理解的采用是 J. G. A. Pocock, "The Concept of a Language and *métier d'historien*: Some Considerations on Practice", in *The Languages of Political Theory in Early Modern Europe*, ed. Anthony Pagden (Cambridge University Press, 1987), 19-38; James Tully, ed., *Meaning and Context: Quentin Skinner and His Critics* (Princeton, N. J.: Princeton University Press, 1988), pts. 1, 2, 4; David Hollinger, "Historians and the Discourse of Intellectuals," in *New Directions in American Intellectual History*, ed. John Higham and Paul Conkin (Baltimore: Johns Hopkins University Press, 1979), 42-63。

笔者在经济、政治和社会制度所形成的历史世界中去确定他们的语言。有时我们会发现，一门口头语言会成为某个政治阶级、学科或职业的意识形态。

笔者通过关注在每一个历史关节点上推动话语发展的关键人物来展现社会科学的话语。这些人设法解决其话语体系为他们设立的问题，并提出了独特的且富有启示性的解决办法。在大多数情况下，他们是所处时代或其后若干代中最有影响的人物。在每一个关节点上，笔者将在必要的范围内呈现尽可能多的声音，以显示那些发展的主线、重要的变化，有时也包括那些证明了话语规则的杰出人物。当历史进入20世纪，社会科学进一步发展，本书所讨论的人物即使精挑细选，也难以做到面面俱到。笔者的选择参考了大量（但绝非全部）美国社会科学家在这些年里的著作，并借鉴了丰富的二手研究资料。大体上，笔者通过分析美国社会科学经典标准来批判其经典标准，而不是夸大这一标准，并小心注意着分析和夸大之间的界限。

在将经济学、社会学和政治科学界定为核心社会科学时，笔者并没有将历史学、心理学和人类学包括在内，虽然这些学科通常也被认为是社会科学的一部分。笔者将相当多的注意力集中于历史的学科，是因为在19世纪它与政治学完全交叠在一起，在各门社会科学都努力摆脱历史学的情况下，它理所当然地成为关注的中心。笔者之所以较少关注心理学和人类学，是因为它们的生物科学和自然史起源使之具有完全不同的关注点。在美国社会科学形成的几十年中，它们只是部分地、间接地卷入到美国例外论的共同话语中。但是，当它们成为社会科学家讨论的中心时，笔者会将其引入讨论中。约翰·杜威［John Dewey］提出的实用主义，以及功能主义心理学和行为主义心理学的影响扩大，都被视为社会科学话语的核心特征。人类学在此扮演的角色则更为次要一些，它是作为一种批判的方法、一种对进化理论和种族理论的支持而存在的，稍后，经由博厄斯［Boas］*的文化人类学发展而成为一种进化论的溶剂。

笔者还必须指出的是，部分出于方便的原因，在本书中笔者使用"社会科学"与"社会科学家"作为集体名词来指代所讨论的不同传统和思想家。尽管存在差异，但我们还是可以辨别出这些名词所代表的统一性，尽管在美国这种集体性指称直到20世纪早期才成为一种共识。因此，从一开始，就应当避免将本书中所描绘的具体历史背景与错误的时代联系在一起。[4]

与这些章节中讨论的那些书一样，本书也是由作者的意图及与意图相关联的话语塑造的。不论承认与否，对过去的重构通常就是一种与过去的对话，而且笔者也相信，对历史的写作就是通过更加自觉地追求这种对话而从中获益。在某种意义上，笔者写作本书的目的十分简单。作为美国思想史的一名学者，笔者想要把社会科学的研究更加充分地整合到对美国文化的研究中，这样历史学者就能

---

* 弗朗兹·博厄斯［1858—1942］：美国人类学创始人，美国历史地理学派奠基人。曾任美国纽约自然历史博物馆文化人类学馆馆长、美国人类学协会主席等职。一生著作丰富，对统计体质人类学、描述与理论语言学、美洲印第安人中学等具有重大贡献，代表作有《原始艺术》《人类学与现代生活》等。——译者注

[4] 作为新的政治和道德科学的指称，"社会科学"和"社会科学家"的概念出现在19世纪晚期。在19世纪时，它与某种特殊类型的社会科学联系得较为紧密——如查尔斯·傅立叶［Charles Fourier］或孔德的理论，英国和美国社会科学协会的补救性工作等，而不是与大学建立的学科传统相联系。参见：Peter R. Senn, "The Earliest Use of the Term 'Social Science,'" *Journal of the History of Ideas*, 19（1958）: 568-70; Georg G. Iggers, "Further Remarks about Early Uses of the Term 'Social Science,'" ibid., 20（1959）: 433-6; Fred R. Shapiro, "A Note on the Origin of the Term 'Social Science,'" *JHBS*, 20（January 1984）: 20-2。

更容易地理解研究的主体，我们也能更加细致地考虑当社会思想部分地转变为社会科学的时候，美国究竟发生了什么。

本书的更大目标是通过说明社会科学的选择在何种程度上是根植于历史的，进而提出这些选择是能够进行再检验的，不过笔者对其成功所抱的希望较小。社会科学家可能会有"好理由"来选择科学道路，但这些理由都处在他们历史意图的包围之中。假如有这种后知之明，我们也许可以找到更好的理由去做出不同选择。笔者个人的观点是，世纪之交发生的历史学和社会科学的分离，以及同时期历史学家从同行们的综合性关切中撤出的做法，对于历史学和社会科学都是不利的。

这些判断和关注，使得本研究对过去二十年里美国的历史编纂中两次部分交叠的运动深感同情：第一项是在历史编纂中广泛使用系统的方法和社会科学理论；第二项是充满活力的新左派历史编纂的兴起，他们运用马克思主义理论来反驳美国历史界的自由主义传统。对于这些不同的运动，笔者并不同意他们的所有主张。相当多的社会史学家和社会科学史学家都被社会科学的自然科学模型所吸引，他们试图不加批判地将其引入史学研究；而一些左派历史学家，在笔者看来，则为了理论而牺牲了太多的历史复杂性和不确定性。但是总的来说，对这些新取向的同情使得笔者对20世纪社会科学的历史空洞性感到惋惜，也使笔者看到了科学主义与自由主义意识形态是如何相互作用，共同对社会思想施加政治的和非历史的限制。20世纪初，在经历了大量激烈的争论之后，专业界达成的部分共识是让社会历史知识在各自的专业领域各行其是。这也是一种历史的选择。

促成本书的最主要思想因素来自波考克［J. G. A. Pocock］的著作。虽然它出自与笔者所关注的完全不同的学术和政治背景，但

《马基雅维里时刻》[*The Machiavellian Moment*] 一书以极为重要的方式聚合了这些背景,并有力地表达了将美国思想史扩大到传统自由主义解释之外的愿望。更为重要的是,笔者在《马基雅维里时刻》一书中看到了本书所讨论的社会科学家们的起源。波考克的作品为笔者提供了美国社会科学的核心问题——美利坚共和国在时代中的命运。它也为笔者指明了这个问题的历史形式,即这种话语塑造了美国人体验历史的方式,同时也被这种体验所重塑。最后,这些历史学和美国历史的观点支撑笔者渡过了漫长的写作期,它们促使笔者以一种比预期的更为深刻的层次,尽力去理解美利坚共和国和历史相对主义的问题。这种理解是对历史学家无休止的情景性回归[regress of contextuality]的唯一回答。这种解释循环虽然对知识施加了各种限制,却为我们提供了理解历史发生和生活经验的道路。

第一部分

内战前美国的
欧洲社会科学思想

第一章　现代性的发现

在美国，社会科学是通过引进和采用欧洲 18 世纪和 19 世纪早期的政治经济学、政治科学和社会学的模型而兴起的。这些理解历史世界的新方式，产生于一种新的历史意识，并为新兴的资本主义社会所塑造。

社会科学起源于 18 世纪理解现代社会的特征和未来的努力中。孟德斯鸠的《论法的精神》[*Spirit of the Laws*，1748]、亚当·斯密的《国富论》[*Wealth of Nations*，1776]、孔多塞的《人类精神进步史表纲要》[*Outline of an Historical View of the Progress of the Human Mind*，1795]、赫尔德的《迈向一种历史哲学的观念》[*Ideas towards a Philosophy of History*，1784—1791]等都是这种新科学的典范性文本。基于现代社会与封建社会等各种前现代社会之间存在着决定性的差异，他们设想社会科学能够指引现代社会进入未来。创造社会科学的努力与发现历史是人类建构的领域息息相关，其发展是由人类行动的累积效用推动的，并呈现出新的定性形式。[1]

---

[1] 正是社会学及其 19 世纪的经典文本声称社会科学起源于对现代社会的特征和未来这一历史问题的追问，可参见：Philip Abrams, "The Sense of the Past and the Origins of Sociology," *Past and Present*, no.55（May 1972）: 18-19; Theda Skocpol, "Sociology's Historical Imagination," in *Vision and Method in Historical*

对历史的这种理解是现代西方晚近的一个复杂的成就。在中世纪晚期,历史并非根据人类行动就可理解。在基督徒心目中,尘世中历史事件的终极原因和意义存在于超自然的世界中,并且处于永恒不变的基督时间序列中,在此序列内,人世间的历史得以展开。这种观点的长期统治以及对古代唯心主义的传承,严格限制了人们对历史变迁的理解。在中世纪的框架内,自然的永恒领域是服从于理性和法的,而一连串构成历史的特殊事件要么被理解为纯粹的偶然性,要么被当成不断重复的,因而永恒的习俗;或者是界定人类存在的理想化理性形式的衰败;或者是神的行动的偶然场景。[2]

对历史的现代式理解是更为广泛的世俗化运动的一个方面。基督教的观点认为,永恒时间由一系列上升序列中的神圣事件所标识,当这种观点投射到世俗时间中,就赋予了历史某种程度的意义和进步性。与此同时,世俗世界的变迁渐渐地与神的永恒世界及上帝的不变的真理相分离,理解人类历史的具体构型的世俗模式于是获得了权威。此后,变迁被理解为一系列性质不同的现

(接上页) *Sociology*, ed. Theda Skocpol (Cambridge University Press, 1984), 1-2, 20。这种观点也有益于经济学和政治科学及其19世纪的典范文本,可参见 Duncan Forbes, "'Scientific' Whiggism: Adam Smith and John Millar," *The Cambridge Journal*, 7 (August 1954): 643-70; Keith Michael Backer, *Condorcet* (Chicago: University of Chicago Press, 1975), chaps. 4-6; Isaiah Berlin, *Vico and Herder* (New York: Viking, 1976)。尽管孟德斯鸠缺乏对历史累积运动的认识,但他仍是将历史视为人类构建观点的核心人物。除了伯林[Berlin],还可参见 Friedrich Meinecke, *Historism*, trans. J. E. Anderson (London: Routledge & Kegan Paul, 1972), chap. 3。选择这些文本,部分是因为它们在美国对社会科学的重要性,部分是为了说明传统的多样性。笔者相信,笔者的意见也为这些典范人物所持有:亚当·弗格森[Adam Ferguson]、休谟[Hume]、杜尔哥[Turgot]、维柯[Vico]和康德[Kant]。

[2] J. G. A. Pocock, *The Machiavellian Moment* (Princeton, N.J.: Princeton University Press, 1975), pt.1.

象构成的序列，而不仅仅是偶然的变化或者是本质不变的事物的表面现象或环形车轮的一再循环。过去与现在虽然性质不同，但二者之间具有因果联系。直到 19 世纪早期，这种将历史理解为持续的质性变迁序列的观点才获得充分认可，许多欧洲思想家开始用情景性历史话语［contextual historical terms］来解释整个现实，甚至包括那些早先被认为是绝对和不变的事物。笔者将称这种新的历史观点为"历史主义的"［historicist］，并把这种新的解释倾向称为"历史主义"［historicism］。[3]

社会科学与历史主义一起从大量早期的现代文化传统中生发出来。尽管过去对自然的理性理解和对历史事实的特殊化理解之间是相互分离的，但这些研究人类世界的方法在 18 世纪对现代社会的讨论中，以及在孟德斯鸠、斯密、孔多塞和赫尔德的著作中融合在一起了。人文主义者和法学家最早发现不同国家之间和不同时代中文学、艺术和法律的差异，并在自然和历史的背景中来解释这些差异。古代文化与现代文化的拥护者之间的争论和国家之间的政治力量冲突将这些传统动员起来，使得以往历史的差异性逐渐为人们所注意。孟德斯鸠和赫尔德的先驱性著作就是这类学识的成果。他们坚信国家之间存在着本质的差异，并在物理条

---

[3] 这一定义是依据 Hayden V. White, "On History and Historicisms," Introduction to *Form History to Sociology*。 *The Transition in German Historical Thinking*, by Carlo Antoni (Detroit: Wayne State University Press, 1959), xv-xxviii. 与德国浪漫主义和德国经验更加相容的历史主义概念是由以下人物揭示出来的：Meinecke, *Historism*; Georg G. Iggers, *The German Conception of History* (Middletown, Conn.: Wesleyan University Press, 1968)。一种对历史主义较为狭隘的哲学定义是将历史学家的"历史意识"排除在外，主要由 Maurice H. Mandelbaum, *History, Man and Reason: A Study in Nineteenth Century Thought* (Baltimore: John Hopkins University Press, 1971), pt.2. 予以讨论。而另一种更为狭隘的、有偏见的历史主义则是因 Karl Popper 的 *The Poverty of Historicism* (London: Routledge & Kegan Paul, 1957) 而广为人知。

件、文化影响和历史经验中寻找这些差异的根源。与孟德斯鸠不同，赫尔德将这些差异充分地置于时间的维度中，因此，每个国家都是在其文化传统中形成适应于不同时期的发展形式。[4]

在文艺复兴时期的意大利和早期现代欧洲，公民人文主义[civic humanism]的复兴产生了另一种历史理解的来源。仍然秉持着理性形式的永恒世界和永恒救赎观点的意大利爱国者们复兴了公民人文主义的理想，认为公民要通过政治活动来充分实现他们自己。共和国是理想的政体，通过一个人、少数人和多数人的平衡参与得以建立和维持。这是在历史时间中实现普遍价值的勇敢尝试，因此也成为赋予历史时间以意义的决定性一步。然而，将时间纳入考虑时，共和国不可避免地会受到时间破坏性的影响。这种有道德的共和国仅仅是腐败和堕落循环中的一个时刻。

在努力保护共和国免受腐败影响的努力中，共和主义的思想家们在随后的百年里逐渐赋予了历史因果关系一种复杂的理解。到了18世纪中期，在英国和法国的辉格党人和共和主义思想家们开始意识到一种自相矛盾的历史结果：只有在过去，简单的农业历史条件才能够保证共和国的健康，而现代文明化、商业以及被欧洲称为"进步"的精致化则会导致共和主义的腐化。为了回应这种僵局，苏格兰启蒙运动的社会和历史思想家，最为著名的就是亚当·斯密，放弃了共和国理念，转而追求商业进步，从而将共和国的治乱循环转变为一种多级的历史进步理论。斯密关于财富的新科学指出，西方社会可以通过释放商业和工业的转型性能量而在相当长的时间内

---

[4] Donald R. Kelley, *Foundations of Modern Historical Scholarship* (New York: Columbia University Press, 1970); J. G. A. Pocock, *The Ancient Constitution and the Feudal Law* (Cambridge University Press, 1957); Berlin, *Vico and Herder*, 42-52, 147-51, 167-9; Meinecke, *Historism*, chaps. 3, 9.

免于其他每个社会都会发生的停滞或衰落。[5]

  通过直接观察和分析自然现象而发展的自然科学同样推动了现代历史进步的新观念的出现。在弗朗西斯·培根［Francis Bacon］卓有影响的纲领中，新科学可以通过一个进步过程改进和重构世人。到了 18 世纪，牛顿影响广泛的发现似乎是对培根承诺的重申。启蒙运动的社会思想家们发现，现代社会是理性的累积效益的继承者，它不会像其先驱那样要么总是处在蛮荒之中，要么在繁荣之后走向败落的宿命，实用工艺和科学的进步就是其最可信的证据。基于这种观点，孔多塞构建了一个理论，将进步视为理性的前进，并提出社会科学之光将照亮未来。[6]

  科学还以另一种方式对历史的现代观念有所贡献，即通过将理性的可理解性与历史的特定构型相联系。为了将新的"实验"方法运用到人类世界，大卫·休谟主张观察"所有国家和时代中人类行动的统一性"。通过指出在特定的恒定环境中人性的不变倾向如何产生出常规性结果，以及在给定变化的环境中如何产生出有限变化的后果，经验法则也可以像自然法则那样被科学家发现。这一过程与更古老的自然法传统中的一个趋向是相容的，即由"正当理性"（right reason）所揭示的理想行为法则转向探索理性在人类生存的不完美条件下的相关行动。孟德斯鸠、休谟和斯

---

[5] Pocock, *Machiavelliam Moment*, pts.2, 3; Forbes, "'Scientific' Whiggism"; J. G. A. Pocock, "Cambridge Paradigms and Scotch Philosophers: A Study of the Relations between the Civic Humanist and the Civic Jurisprudential Interpretation of Eighteenth-Century Social Thought," in *Wealth and Virtue: The Shaping of Political Economy in the Scottish Enlightenment*, ed. Istvan Hont and Michael Ignatieff (Cambridge University Press, 1984), 235-52.

[6] J. B. Bury, *The Idea of Progress* (New York: Macmillan, 1932), chaps.2, 5-7, 11; Backer, *Condorcet*, chap.6.

密在探究不同情况下人类行动的多样化合理性时，都是遵循此道路。当启蒙思想家开始越来越多地关注进步问题时，他们的着眼点是由举止、习俗和制度所形成的次要的不断变化的"自然"。尽管斯密假定存在特定的普遍心理偏好，如实物交易倾向，并认为存在交换的普遍法则，如价格与供求之间的关系，但他关注的仍然是人类发展的进步过程。他认识到"所有的技艺、科学、法律和政府、智慧甚至德性本身"都根植于社会的经济组织中，因此，当文明经历狩猎、游牧、农耕和商业若干个发展阶段时，它们也随之变化。[7]

社会科学在其初始就抱持着对历史的新理解和对现代性的高度期望。他们对现代社会得以存在的历史支撑都表示认同，如商业发展、科学，多数情况下还包括代议制国家。他们借鉴苏格兰和法国启蒙运动对文明的理解，将现代性定义为多样化，即原始和封建生活的粗狂和简单结构让位于复杂性、舒适性的倍增和价值的倍增。正如亚当·斯密所指出的那样，产生自劳动分工的多样化，在科学进步和专业化的支持下创造了一个世界，在这里，个人可以选择多样化的目标，实现不同的潜能。社会科学就是这一进步的代理人。在启蒙运动的功利主义环境和苏格兰与德国大学的道德话语中发展起来的社会科学的纲领，在最广泛的意义上是实践性的和道德的。他们所关注的经济活动、实用工艺和精致享受等多样化领域，是一个与政治活动的古典领域相反的私人价值世界，他们发现了社会，

---

[7] Meinecke, Historism, 101-4; Duncan Forbes, *Hume's Philosophical Politics* (Cambridge University Press, 1975), chap.4; Andrew S. Skinner, "Science and the Role of the Imagination," in *A System of Social Science. Papers Relating to Adam Smith* ([Clarendon Press] Oxford University Press, 1979), 14-15; Forbes, "'Scientific' Whiggism," 655-7. 斯密的引言出自他关于法学的讲稿，引自 Ronald L. Meek, *Social Science and the Ignoble Savage* (Cambridge University Press, 1976), 126.

并将其视为人类活动基本的、无所不包的领域。[8]

从一开始，社会科学就使用了自然科学和历史与文化研究的不同方法。由于同时肩负理解历史未来趋向及其 18 世纪的来源的任务，社会科学被束缚于自然的普遍法则和历史文化与制度的特殊理解中。孔多塞基于数学概率论，试图发展出一套统计社会科学，从而为政治学中的理性决策提供工具。斯密跟随牛顿，致力于寻找千变万化的现象之下的简单法则，但是他也在促成并延续商业社会的经济、政治和社会条件的历史记录中去进行解释。赫尔德提出一种由心理学和语言与文化研究推动的经验的、历史的科学，并主要通过教育来实现。他的著作导致了在普遍的自然法则，种族、地理和文化的不同环境，以及个人和民族在历史上的道德目标之间形成了一种不稳定的结合。[9]

现代性的发现直到今天仍然是理解社会科学的基础背景，因为现代社会的未来仍是社会科学的核心问题；多样化是他们理解现代社会的核心；道德和功利主义的目标持续地塑造着他们的纲领；对科学方法的多样化理解仍是连接普遍法则和特殊观察的桥梁。但是当历史变化时，新的背景出现了：18 世纪社会科学创始人纲领的重要方面被动态的历史改变了，而最早发现这种动态性历史的正是他们。到了 19 世纪早期，法国大革命及其余波、资本

---

[8] 孟德斯鸠属于启蒙运动的早期和中期。赫尔德是个部分例外，他既接受又反对启蒙运动的价值。他相信自由意志的自我决定可以反对强制性国家，相信人性的进步和技艺与科学的进步，但他所重视的多样化却是更多地建立在浪漫主义的整体论而非经济功能主义之上。参见 Berlin, *Vico and Herder*, 145-216。

[9] Backer, *Condorcet*, pt. 1; Skinner, "Science and the Role of the Imagination"; Forbes, "'Scientific' Whiggism," H. B. Nisbet, *Herder and the Philosophy and History of Science* (Cambridge: The Modern Humanities Research Association, 1970), chap. 1, 2; F. M. Barnard, *Herder's Social and Political Thought* (Oxford: Oxford University Press [Clarendon Press], 1965), chap. 6, 7.

主义的加速发展和浪漫主义的成长,深化了对历史的现代式理解,增加了社会科学家检验现代社会命运的紧迫性。

尽管18世纪社会科学的先驱已经认识到现代社会的历史性存在,但他们中的大多数并没有以历史主义的视角来看待所有的人类存在。对于孟德斯鸠来说,历史仍然像自然和神学那样保持着本质上的永恒性,它的特性和改变是作为一个静态框架内的变化而发生的。进步的启蒙观点以其对人类力量的信心和单向度的时间感,迈出了历史主义方向上的重要一步,但进步的原因通常仍被视为是超历史的。对于孔多塞来说,在历史中发生作用的法则是结合了感觉和观念的人类理性的能力,也就是"遵循德性的情感和正当的不变法则的"理性能力。文明的进步是"人类能力必然发展"的结果而不是历史的产物。斯密对商业社会出现的解释,承认了在经济的发展阶段中文明的"自然"进步,也认可了历史的偶然性力量和非意图结果,比如说君主和市民联合起来反对封建主导致了城市和商业阶级力量的增强。斯密的解释可以被解读为一种"自然的"或"哲学的"历史,在这里历史事件仅仅是特殊的"偶发事件",进步的自然过程借此展现自身。或者他的解释可以被解读为一种基本的历史主义,因此进步的秩序和偶然的行动既能颠覆也能鼓励它,二者平等地存在于历史的开放性框架内。[10]

法国大革命,尤其是其失败的结果,极大地推动了欧洲思

---

[10] Mandelbaum, *History, Man and Reason*, chap. 3; Baker, *Condorcet*, 346. 对斯密的自然主义解读,参见 Dugald Stewart, "Account of the Life and Writings of Adam Smith," in Smith, *Essays on Philosophical Subjects*, ed. W. P. D. Wightman and J. C. Bryce (Oxford: Oxford University Press [Clarendon Press], 1980), 以及 Andrew S. Skinner, "Natural History in the Age of Adam Smith," *Political Studies*, 15 (February 1967): 32-48. 对休谟和斯密作为历史主义者的有趣解读,参见 Don Herzog, *Without Foundations* (Ithaca, N.Y.: Cornell University Press, 1985)。

想家向历史主义的转向。当大革命转向暴政和反动，它所激发的千年王国和启示录式的希望就投射到世俗的未来。人性被完全投入历史中，拯救也被完全投入历史时间中。伊曼纽尔·康德［Immanuel Kant］在他生命的晚期，和黑格尔［G. W. F. Hegel］一样都表达了新的认识，即历史本身只是个舞台，人类必须找到自己的命运。[11]

浪漫主义同样对历史世界的特定构型展现了充分的赞赏。启蒙运动试图用普遍和机械化的一般法则来解释所有现实，作为其回应而出现的浪漫主义则以价值为基础，寻找在个性和历史存在的多样化中的可理解性。德国的启蒙思想家预见了浪漫主义的反应和法国大革命在全欧洲激起了浪漫主义与历史主义。当大革命带着它的冲突和法国式的规则席卷欧洲大陆的时候，它的普遍性宣称也遭遇到一种对不同文化和历史个性的新意识。[12]历史主义强调人类过去和未来的多样性和偶然性。在这种新的背景下，更为尖锐的紧张关系出现在历史的复杂特殊性和自然的规律性之间，而在社会科学的纲领中二者是结合在一起的。

历史主义给西欧和社会科学强加了一个巨大的历史性、综合性的任务，但是在检验它之前，我们必须了解到的是，由于随即发生的意识形态之争，这个任务变得愈加艰巨了。在法国大革命

---

［11］ M. H. Abrams, *Natural Supernaturalism: Tradition and Revolution in Romantic Literature*（New York: Norton, 1971）; White, "On History and Historicisms," xv-xix; Immanuel Kant, *On History*, ed. Lewis White Beck（Indianapolis, Ind.: Bobbs-Merrill, 1963）.

［12］ Meinecke, *Historism*; Iggers, *German Conception of History*; Lionel Gossman, *Medievalism and the Ideologies of the Enlightenment: The World and Work of LaCurne de Sainte-Palaye*（Baltimore: Johns Hopkins University Press, 1968）; Thomas Preston Peardon, *The Transition in English Historical Writing, 1760-1830*（New York: AMS Press, 1966）.

的余波和工业发展的觉醒中，商业阶级开始挑战传统地主阶级的政治权力，而工人的骚动和激进抗争则对以上二者都发起挑战。对政治和社会革命的恐惧激励社会科学家们去探寻现代社会的命运，并重塑了他们的意识形态取向。

"自由的"一词最初是19世纪早期由英国和欧洲大陆一些激进人士所采用的，他们试图摧毁国家中的封建残余和重商主义的力量，而将司法、政治和经济活动都置于个体化的基础上。出现于18世纪的社会科学属于更为广阔的社会和政治思想潮流中的一部分，而这些思想都是自由主义的先声。18世纪社会科学的创始人都是具有改革思想的贵族和受过教育的中产阶级、官员、教授、医生、律师和牧师，他们想要去掉加在理性和主动性上的传统限制。在他们对社会、政体和经济的理解中，个体的权利、力量或潜能占据着核心地位。[13]

出现于19世纪早期的自由主义吸收了启蒙运动对现代文明的看法，将其视为一个进步的多样性领域，并对商业发展、科学和代议制政府持有信心。自由主义者认为社会价值和权威来源于个人，并构造了一种个体化和自由主义式的政治语言。自由主义从过去到现在都有不同的解释，并被置于不同的用途，这些都取决于从个人是"自制的"（self-possessed）这一观点中引申出什么含义。例如自由理论的主要来源之一约翰·洛克［John Locke］，运用能被民主主义和自由主义共同使用的普遍语言，声称个体处于自然状态时，就

---

[13] N. T. Phillipson, "Culture and Society in the 18th Century Province：The Case of Edinburgh and the Scottish Enlightenment," in *The University in Society*, 2 vols., ed. Lawrence Stone (Princeton, N. J.：Princeton University Press, 1974), 2：407-48. Dorothy Ross, "Liberalism," *Encyclopedia of American Political History*, 1984 ed., 2：750. 这些是笔者对自由主义解释的出处。

像在上帝面前一样，每个人都是自由、平等且"其灵魂只属于他自己"的。但是洛克也同样强调自由主义的财产基础。作为他那个时代的商业资本主义的反映，他用财产这个隐喻来指代所有的自然权利，无论是身体的、灵魂的、心智的，还是个人通过劳动获得的物质占有。此外，他坚持将由货币的使用而导致的财产不平等视为自然权利。对财产的保护成为个人同意建立政府的核心理由。[14]

自由主义的人文基础与商业基础之间的分歧由于自由的积极的与消极的含义之间的分野而更加复杂。产生于司法思想模式的自由主义是将自由理解为一种特定的同意或由法律授予的权利，而这种法律最终是神法或自然法。这是一种消极自由，指的是使人们能够不受权威的强迫而进行特定的行为和关系。而积极的自由依赖于对法律负责任的政府，以保护个人的自然权利。亚当·斯密认为政府应当拥有适当但有限的立法功能，并为公民权寻求自由主义的支撑。然而，到了19世纪英国的自由主义传统中，政府的职能几乎仅限于保障个体的权利不受他人侵犯。不仅个人是自制的，而且由追求各自利益的自治个人组成的社会也是自我维持的。德国康德主义传统与之完全不同，个人的自我实现和社会和谐都被认为要通过国家的积极行动才能达到。[15]自由主义在各处表现为相互冲突的趋势之间的不稳定平衡。它的人文

---

[14] John Dunn, *The Political Thought of John Locke* (Cambridge University Press, 1969); Richard Ashcraft, *Revolutionary Politics and Locke's "Two Treatises of Government"* (Princeton, N. J.: Princeton University Press, 1986); C. B. Macpherson, *The Political Theory of Possessive Individualism* (Oxford: Oxford University Press [Clarendon Press], 1962).

[15] Pocock, "Cambridge Paradigms and Scotch Philosophers"; Donald Winch, *Adam Smith's Politics* (Cambridge University Press, 1978); James J. Sheehan, *German Liberalism in the Nineteenth Century* (Chicago: University of Chicago Press, 1978).

主义含义会被其经济性偏向所限制，而它的个人主义前提又会否定公共善的观念，并侵蚀维持社会和政体所必需的美德。在大约19世纪早期英国出现的这种自由主义，传统上被称为"古典"自由主义，而批评者将其称为"占有性个人主义"，它具有一种消极的和经济性的偏见。

19世纪早期的政治剧变和社会冲突，使得18世纪出现的自由进步纲领，以及相伴产生的社会科学受到越来越大的挑战。资本主义的发展已经产生了亚当·斯密所没有预见到的后果，后革命秩序处处受到挑战。自由主义者发现他们面对保守主义的挑战时是如此脆弱，自由主义被指责为并没有带来一种和谐的秩序，而只是带来政治混乱、社会解组和对劳动力的剥削。保守主义宣称，只有建立在阶级之间的相互义务和宗教共识纽带上的有组织地整合起来的社会，才是稳固和正义的。

奥古斯特·孔德［Auguste Comte］在提出自己的社会理论时接受了有机主义批评中的精华，并将其嫁接到自由主义社会科学的躯干上。孔德将劳动分工视为现代社会的典型特征，同意孔多塞对理性进步所抱有的观点，并且将其转化为三阶段的历史规律。但是，孔德同保守主义者一样，相信现代性正在造成社会和道德的碎片化。历史不可能回到过去，传统的有机秩序也不会恢复，但自由的进步自身能够产生出创造社会秩序的力量。当今时代将见证科学思维的胜利，这种胜利在社会学中达到了顶点，而且科学的合理性要求达成一致性。孔德的自由主义读者在他的这一点论述上与他产生了分歧，强调技术专家治国的国家通过对科学有意识的使用来安排分化的现代社会。孔德自己却得出了一个保守主义式的结论：一个等级制的威权主义社会被有机制度的科学建构整合了。[16]

在德国，自由主义社会科学一般采取的是一种更为国家主义和保守主义的立场，这主要是受到了民族主义和对自由主义的有机体论批判[organicist critique of liberalism]的影响。中产阶级对政治统一的渴望和德国自身的经历，即中央君主引进种种现代形式来反对封建权力的核心，使得德国的自由主义者认为自由和社会秩序都是国家及其法律规则创造的。当人们对大众选举权的要求增加、阶级冲突扩大时，自由主义者开始感到害怕了。社会的多元利益必须处于宪政国家统一权威的控制之下。与此同时，康德式和黑格尔式的观念论都趋向于使现实国家免于受到批评攻击。因此，19世纪早期提出社会科学纲领的德国思想家犹豫地将保守的德国政治传统引向了自由主义，也是他们接受了威权主义的国家统治。到了19世纪中期，这些折中的自由主义者已经为政治学的经验科学奠定了基础，为国家官员的指令和法治国家[Rechtsstaat]的司法科学提出了实践和管理科学，所谓法治国家正是体现在公共法之中的理想国家。

自由主义的经济学家也采取了这一折中的道路。受到在大学中发展起来的强烈的历史主义传统的鼓舞，威廉·罗雪尔[Wilhelm Roscher]声称英国的政治经济学已经开始脱离历史现实。经济学必须被作为国家生活的一个部分来研究，就像历史中的其他学科那样，这些都是一个有机整体。罗雪尔在德国创立的历史经济学传统，将自由主义经济中积极国家的角色视为国家历

---

[16] Lucien Levy-Bruhl, *The Philosophy of Auguste Comte* (London: Swan, Sonnenschein, 1903); Harriet Martineau, ed., *The Positive Philosophy of Auguste Comte* (New York: C. Blanchard, 1855).

史的必要因素。[17]

尽管德国产生了一系列相对保守的和有机论的社会科学，但它也造就了最为激进的变体。卡尔·马克思使自己与工人阶级结盟，将黑格尔的观念论、英国政治经济学的自由进步和保守主义者的有机论批评转变成了一门激进的历史科学。如果资本主义市场正在形成的是一种变形的、有争议的整合，那么只有充分发展资本主义，才能产生出经济的极大丰富以及创造共产主义必要的革命力量。最终，是共产主义而不是市场，将带来社会的和谐，并解放其成员的全部个性。[18]

在来自左与右两个方面的挑战下，自由主义社会科学强化了它的防御。的确，当资本主义的发展没有产生斯密所说的那种广泛进步，而是工业危机和广大英国工人阶级的大规模贫困时，自由主义自身的阵营中就出现了争论。1798年，托马斯·马尔萨斯［Thomas Malthus］牧师指出人口数量的增长会快于食物供应的增长，当生存条件改善时，劳动力人口总是会增长得更快，这就会造成他们的生活状况回落到仅仅维持基本生存的程度。尽管马尔萨斯自己的目标是针对后革命时期乌托邦激进分子的完美主义希望，但他的悲观预见甚至粉碎了自由主义经济学家的温和希望。[19]

---

[17] Leonard Krieger, *The German Idea of Freedom* (Boston: Beacon, 1957); Sheehan, *German Liberalism*; Otto Butz, *Modern German Political Theory* (New York: Doubleday, 1955); Charles Gide and Charles Rist, *A History of Economic Doctrines*, 2d ed. (Lexington, Mass.: Health, 1948), bk. 4, chap1.

[18] Gerald A. Cohen, *Karl Marx's Theory of History: A Defense* (Princeton, N.J.: Princeton University Press, 1978). J. D. Y. Peel, *Herbert Spencer* (New York: Basic, 1971), chap.3, 他提出了马克思在激进自由主义中和谐理想的一个根源。

[19] Maxine Berg, *The Machinery Question and the Making of Political Economy* (Cambridge University Press, 1980), pt.1; Gide and Rist, *History of Economics Doctrines*, bk.1, chap.3.

大卫·李嘉图［David Ricardo］在马尔萨斯的人口规律基础上增加了自己的土地报酬递减律，进一步加深了自由主义的恐惧。李嘉图说，随着人们的耕种对象扩大到低产出的土地，地租上升，食品价格也随之提高，这就迫使资本家提高工资和降低利润。李嘉图的结论被广泛地理解为在适于耕种的土地耗尽的情况下，对阶级利益分化和静态国家的一种历史预测。但这只是一个警示性的故事，一个对保持着技术革新常态的市场力量的假设模型，李嘉图提出这个模型的部分用意是揭发贵族阶层支持《谷物法》［Corn Laws］*的不公正基础。

作为一名银行家、股票经纪人和国会议员，李嘉图自始至终参与了自由派为控制经济政策而展开的实践辩论，当他把差别利润率作为自己的问题时，实际上已经触及了政治经济学中最富有争议的一点。通过将斯密假设性分析的方法转换为一种强大的分析和争论工具，李嘉图将政治经济学运用于斯密的理论模型，而斯密的模型正是来源于文明史和历史素材的叙述整体中的。当李嘉图和他的追随者们将经济理论从历史框架中脱离出来的时候，他们并不仅仅是将这门科学还原为其抽象元素，而且将历史还原为可从中推论出的自由社会的进步过程。

追随李嘉图的自由主义经济学家采用了他的方法，但试图颠覆他可怕的预测。自由主义经济学家着眼于他们周围正在进行的英国工业的机械化，批驳工人阶级代言人对李嘉图分析的激进使用，他们提出资本积累和技术进步是资本主义发展的推动力量，

---

* 《谷物法》是英国于1815年至1846年强制实施的一项进口关税政策，目的是保护英国的农民及地主免受来自从生产成本比较低的外国所进口的谷物的竞争。该法律与《航海条例》［Navigation Acts］一同被废除，这使得英国市场完全开放，标志着自由贸易原则达到了顶峰。——译者注

并且从长远来看可以维持斯密对市场社会的希望。这种辩护意图也使得他们扩展了斯密赋予市场的道德基础。由资本主义劳动孕育的美德现在开始渗透到系统中。资本积累被界定为节欲的产物，新马尔萨斯主义者也承认如果进行性欲和经济上的节制，工人阶级的境况是可以逐步改善的。约翰·斯图尔特·密尔 [John Stuart Mill] 在他的《政治经济学原理》[*Principles of Political Economy*, 1848] 一书中对自由主义经济学的这种古典解决办法进行了总结，通过预测合作性产业的普及，并将静态国家转换为一个适度舒适和道德持续进步的时代，可以减少维多利亚时代的阴影。[20]

孔德和密尔之后不久，赫伯特·斯宾塞 [Herbert Spencer] 就从暗含在斯密政治经济学中的社会学材料中发展出一套自由主义版本的社会学，完成了自由主义社会科学的最后一笔。斯宾塞的主要灵感来自他年轻时激进的共和政治，及其合作性个人主义的理想。他关于社会组织的模型不是来自孔德所重视的传统社会的有机制度，而是早期工业城镇的自愿协会。在这个后撤了很多的立场上，他试图为自由视角下的历史建构出最大的辩护。他认为进步的要义就是分化，这是他继承自斯密的观念，进化的宇宙法则的状态是：所有的事物都是由无分化的同质性事物进化到分化

---

[20] Gide and Rist, *History of Economic Doctrines*, bk.3, chap.2; Berg, *Machinery Question*; J. S. Mill, *Principles of Political Economy* (Toronto：University of Toronto Press, 1965 [1848])；Samuel Hollander, *The Economics of David Ricardo* (Toronto：University of Toronto Press, 1979)，该书支持了李嘉图分析的假设视角，及其对斯密更为宏大的历史视野的信念。尽管霍兰德 [Hollander] 怀疑李嘉图在关于《谷物法》争论中分配性分析的具体来源，但是他既没有从使得分配成为一个核心问题的更大的社会冲突背景中来反驳这一起源，也没有反驳《谷物法》在关注和发展李嘉图的分析中的重要性。

的异质性事物。通过将暗含在斯密自由主义理想中的和谐观点引发出来,他描绘了一个功能上整合的契约型工业社会,这个社会既有合作也有竞争,可以在其成员中产生利他主义和和平的世界秩序。斯宾塞既弱化了自由主义政治经济学的信息,又扩大了其权威性,以应对来自左派和右派反对者的质疑。[21]

在意识形态的冲突产生出社会科学的不同理解的同时,社会科学家也对历史主义提出的问题予以回应。作为人类行动的建构物,历史服从于人类事件所带有的脆弱性和偶然性特征。作为一个持续的质变过程,历史也同样呈现出新奇事物的不断挑战。在历史世界中能够为人类理解和实践找到怎样的稳固基础呢?确实,在这里又有什么样的价值能够得到确保呢?19世纪早期的社会科学家采取他们18世纪时完成此任务的方案,在进步、法律或是对理性的理想主义观念中找答案。通过这些工具,他们克服了历史主义的混乱含义,也限制了自身对历史变迁的理解。

基于长期的历史原因或当前的历史转变,进步观念可以减少人类代理人和历史潮流的不确定性。在一个仍属基督教性质的文

---

[21] Herbert Spencer, *The Principle of Sociology*, 3d ed., 3 vols. (Westport, Conn.: Greenwood Press, 1975 [1897-1906]), vol.1, pars.215-17, 260. 关于斯宾塞理论中斯密主义和激进思想的来源,参见 Peel, *Herbert Spencer*, 136-40, 217-23。Peel 认为直到19世纪的晚些时候,即自由主义自身发生了改变而斯宾塞尚未改变时,他(斯宾塞)采取的视角才是保守主义。美国社会学家通常将社会学的保守主义特征追溯到孔德社会学的保守传统以及有机论的保守功能。这种归因的后果之一就是保持美国自由主义传统的自由主义纯净性。参见 Robert A. Nisbet, *The Sociological Tradition* (New York: Basic, 1966) 以及 Leon Bramson, *The Political Context of Sociology* (Princeton, N.J.: Princeton University Press, 1961)。关于社会科学中机械隐喻和有机隐喻的多元政治效价,参见 Theodore M. Porter, "Natural Science and Social Theory," in *Companion to the History of Modern Science*, ed. R. C. Olby (London: Routledge & Kegan Paul, 1989)。

化中，进步是对无法忍受的世界不完美性的补偿。如果过去的德行或其失败有助于创造更高层次的文明，那么它们就没有什么可遗憾的。但是进步的观念也同时弱化了历史性的理解。尤其是在自由主义社会科学中，在那里启蒙运动的理性价值居于主导地位，因此历史学家对过往文化的评价没有像保守的或激进的社会科学那样得到充分展开。孔德和马克思都将历史预想为一种三阶段的过程，尽管他们反对当前的自由资本主义，但他们认为上一阶段文化的有机共同体在未来可以以一种新的、更高的形式被吸纳。

告别了在历史中追溯一切或不能容忍变迁的阶段之后，19世纪的自由主义者逐渐转向了新的阶段。这类亚当·斯密的继承者，如杜格尔德·斯图尔特［Dugald Stewart］和詹姆斯·密尔［James Mill］将历史与托利党人对过去的捍卫联系起来。像杰里米·边沁［Jeremy Bentham］一样，他们相信现代社会无须从过去学习，只要直接追求人性的普遍原则即可。正是在这样的政治背景下，李嘉图的政治经济学及其从历史中抽象出来的原则的分析体系得以出现。对于这些投入到理解进步的历史过程的人来说，整个过去可以被压缩为一个正在被进步超越的单一阶段。亨利·梅因［Henry Maine］爵士强调进步的历史过程分为两个阶段，前现代社会是依照地位组织起来的，而现代社会则是由契约组织起来的。[22]

如果进步是抵制和妨碍历史主义含义的一种机制的话，那另一种机制就是科学法则。18世纪时，社会科学家提出将自然的法

---

[22] J. W. Burrow, *Evolution and Society* (Cambridge University Press, 1966); George W. Stocking, Jr., *Victorian Anthropology* (New York: Free Press, 1987); Stefan Collini, Donald Winch, and J. W. Burrow, *That Noble Science of Politics* (Cambridge University Press, 1983). 即使在斯密那里也有一种倾向，认为前现代的阶段是与自由、进步的现代相对立的单一的传统阶段。参见 Berg, *Machinery Question*, 136-44。

则作为"神圣治理得以实施的规则",从而将关于法则的科学视角与更为古老的自然法的宗教概念相融合,前者是将在自然中观察到的规律性作为规则,后者则是将自然法视为上帝统治自然世界的工具。在 19 世纪的早期和中期,神圣的存在通常是受到置疑的,但神圣法则的特征——它的必要性、统一性和作为统治者的行动,通常仍与科学家们在自然中发现的法则相一致。即使多数科学家和思想家接受了休谟的批评,认为科学法则仅仅是观察到的现象规律,他们也认同将科学法则视为存在于自然结构中的必然法则。[23]

这种科学法则的实体化,既是不安全感的产物,也是信心的产物,既反映了当上帝隐退时,人们依赖自然的需要;也反映了人们对科学研究的范围和力量不断增长的信心。与此同时,意识形态冲突赋予了科学更高的权威。社会科学家和哲学家提出自然科学在知识领域中的特殊地位,并将知识的范畴从自然扩展到历史。尽管孔德为他的整个体系塑造了实证主义这样一个术语,但这一术语与他对科学知识的一般性主张联系得更加紧密,尤其是约翰·斯图尔特·密尔所界定的主张。

基于启蒙运动只有现象才是可知的这一结论,实证主义断言科学知识是唯一确定的知识,因此它是更高形式的知识。在 18 世纪及 19 世纪的大部分时间里,科学一词被用于任何系统的研究,就像德国人将知识[Wissenschaft]用于他们所有的学术性学科一样。但是,实证主义运用的是一种来自自然科学的、门槛更高的知识标准。对于密尔来说,牛顿的科学模型存在于最古老最先进的物理科学,即天文学中,是实证主义的范例。牛顿的方法要求科学家直接进入自然观察现象,寻求其背后的原因并通过归纳达

---

[23] Mandelbaum, *History, Man and Reason*, 87-8.

到一般化，最终以逻辑的系统形式整理这些一般化规则，这样就可以从中推论出可被证实的结论。这种综合的、演绎形式的成果对密尔来说就是科学的决定性标志。[24]

但是，密尔并不确定还要多久社会科学才能达到这种形式。他相信政治经济学已经做到了这一点。通过从复杂的人类动机和历史中抽象出一些基本的动机和关于土地、人口的基本事实，它已经能够导出一个经济的演绎模型。从政治经济学的原则，人们可以推论出具有预言性和科学法则必然性的结果。密尔强调，当预测特定状况下的结果和历史发展过程时，不仅必须考虑到这些科学原则，而且要考虑到政治经济学有意从其模型中排除出去的那些人类和历史因素的复杂排列。在具体环境中得出结论，不是一门科学，而是一种"艺术"，人们必须同时考虑人类价值观对其的影响。但是，密尔自己并没有注意到这种警告，而是与他的大多数同事一样，仅从政治经济学的前提就提出一种对未来的解释。[25]

在社会学中，实证主义支持一种关于社会进步的经验科学。孔德提出了一种对科学的多元视角，并认为社会学是最新、最进步的科学，它不需要采取综合演绎的形式。通过历史研究，社会学发现了社会进步的经验性法则，例如人类思想从万物有灵论发展到形而上学再到科学思想的进步法则。密尔说，只要这些经验法则与从人性原则理性演绎出来的规则相符合，它们就能作为科学社会学的基础。斯宾塞的法则，即历史是从无分化的同质性进化到分

---

[24] Mandelbaum, *History, Man and Reason*, 10-13, 167-8, 197-8; Leszek Kolakowski, *The Alienation of Reason* (New York: Doubleday, 1968); John Stewart Mill, *A System of Logic*, bk.6: "On the Logic of the Moral Sciences," (Indianapolis, Ind.: Bobbs-Merrill, 1965 [1843]).

[25] Mill, "On the Logic of Moral Sciences"; idem, *Principle of Political Economy*, bk.4.

化的异质性，可以通过经验性的历史证据和与生物界及物理界发挥作用的自然进化法则的一致性来获得相似的实证主义认可。

实证主义社会学倾向于将所有历史都转变为一个封闭的系统。尽管批评者已经注意到亚里士多德的遥远影响或属于浪漫派与达尔文主义的19世纪中有机隐喻的权威性，但将"社会"或"历史"作为统一有机体对待的潜在前提是对确定的自然法则的笃信。正如"经济"开始倾向于被作为一个变量的封闭系统，在这个系统中变量行动的所有变化都可以被推导出来，社会也是如此。一旦来源于自然的主要动力因素被详细说明，其行动轨迹被确定下来，历史就会被认为是沿着事先描绘好的轨迹按其内在逻辑发展，从而对历史变迁的偶然性具有充分的免疫力。[26]

根据密尔的说法，政治是最不可能成为科学的领域。正如密尔按照18世纪的叫法将社会科学称为道德科学一样，他一直认为政体是内容最丰富的领域，最容易受到易变的人类动机的影响，因而是最不可能被简化还原的。密尔认为一门政治行为学［Political ethology］作为中介科学能够将人类本性的普遍原则和国家特征联系在一起，也许可以获得一条出路，但他的建议从未获得赞同。相反，大量的研究以政治科学的名义开展，但它们在某种程度上都是对历史的经验概括。亨利·巴克尔［Henry Buckle］是少数几个声称自己在对历史的经验规律研究中采取实证主义立

---

[26] 尽管有机论的比喻和机械论的比喻有各种变化的含义，但它们封闭的、系统的特征和必然的历史还原主义却是一致的。参见 Anthony D. Smith, *The Concept of Social Change* (London: Routledge & Kegan Paul, 1973); Peel, *Herbert Spencer*, 166-73。将社会科学批评为亚里士多德主义的、有机论的，因而是还原主义的观点的来源是 Frederick J. Teggart, below, chapter 10, and Kenneth E. Bock, *The Acceptance of Histories* (Berkeley: University of California Press, 1956)。

场的人之一，对大多数人来说，政治科学是在对科学的宽泛理解中才能被当成一种系统知识的。[27]

因此，支撑起19世纪早期社会科学的历史主义，与实证主义科学方法处于一种相当紧张的关系中。此外，实证主义并不是反对历史主义的唯一力量。对于那些在哲学观念论的影响下发展起来的社会科学，对历史必要性的确信也能够由理性的诡谲来提供。黑格尔的历史哲学展示了理性在历史变化的复杂辩证过程中的发展，并在理想的民族国家中走向实现。尽管在某种程度上，黑格尔通过对历史发展的深刻说明刺激了历史研究的发展，但由于人们认为存在一个可以被还原为理性主义逻辑的历史发展计划，这就限制了历史的复杂性，并将德国的国家历史科学束缚在一种不变的目的论中。因此，在欧洲各处，历史主义促使社会理论家在进步、法律或理性中获取广泛的力量。[28]

主要的例外就是历史学家，他们仍在自己的道路上遵循相似的动机和采取类似的策略。这些历史学家投入到保存过去记录和书写历史的工作中，想要从这些特定的事实中发展出一套对历史的一致解释。他们不去寻找普遍规律，而是寻找和解释那些由独特的历史构型形成的重要的"历史个体"[historical individuals]的行动，如人、制度和国家。他们声称对过去提出真实的解释，并且就像科学的实证主义者那样，这种主张混合了不安全感和自信心：一方面，由于历史包含了存在的终极基础，必须依赖于历史；另一方面，他们对以语文学为核心的批判性方法的信心与日俱增，他们可以通过

---

[27] Mill, "On the Logic of the Moral Sciences"; Collini, Winch and Burrow, *That Noble Science*.

[28] White, "History and Historicisms," xix-xxiii. 也可参见 G. A. Wells, *Herder and After*(The Hague: Mouton, 1959), chap.4, pts.2, 4。

这些方法进行证据评估进而复原过去的不同背景。

德国大学的学者是最早开始实践历史主义计划的。受到同一哲学［Identity-philosophy］的启发，即认为形而上学或神圣现实是内在于历史并通过历史的个体构型表现出来的，莱波尔德·冯·兰克［Leopold Von Ranke］将把历史"如其所是地"描述出来作为最高目标。通过沉浸于第一手史料中、对证据不断考证和浪漫的或神秘的洞见过程，历史学家们将能够揭露隐藏在历史的经验物质背后的发展进步过程。从兰克，巴托尔德·尼布尔［Barthold Niebuhr］*和其他实践者开始，这种思路的影响开始传播到法国和英国不太职业化的历史研究团体中。[29]

因此到了 19 世纪中期，越来越多的社会科学实证主义变体和历史主义的历史研究开始呈现出不同的、有时甚至相互冲突的同一性。在德国，兰克指责黑格尔的理性主义体系违反了历史编纂的经验性标准；在英国，巴克尔揭示历史确定性规律的尝试却遭到了当时历史学家的批判。与此同时，像孔德和斯宾塞那样的实证主义社会学家讽刺性地将历史编纂描绘为仅仅是国王和战争的编年史，从而陷入了一种无望的肤浅的真实性。实证主义的法则被认为存在于历史经验物质之下的某个地方。孔德的社会学比斯宾塞的社会学包含了更为丰富的历史基础，马克思则与二者不同，他的研究更贴近历史材料的情景性特征。但是孔德和斯宾塞都要求社会学家要看穿历史编纂的编年史事件，并且认为他们没有责任使自己的理论通过

---

* 巴托尔德·尼布尔［1776—1831］：柏林大学教授，德国历史语言学派创立者，代表作有《罗马史》。——译者注

[29] Lewis D. Wurgaft, "Review Essay: The German Conception of History," *History and Theory*, 8, no.2 (1969): 404-18; Leonard Krieger, *Ranke* (Chicago: University of Chicago Press, 1977); Herbert Butterfield, *Man on His Past* (Cambridge University Press, 1955), chap.2, 4.

历史记录的全部复杂性的检验。真正地归纳和分析来自历史的大量经验数据被认为是浪费时间和没有希望的工作。[30]然而,一致和连续的实质领域仍然存在,历史主义和非历史倾向之间的紧张通常是无声的,历史主义的社会思想家,如阿历克西·德·托克维尔[Alexis de Tocqueville]和马克思仍是继续结合两种倾向,政治科学和历史学在关于国家政治制度的研究中是纠缠在一起的。

19世纪早期是形成欧洲社会科学的关键时期。在社会冲突的压力下,启蒙运动的自由主义社会科学分裂成了冲突的意识形态纲领,自由主义社会科学家防卫性地重申他们关于现代社会和谐性的观点。与历史编纂相反,大多数社会科学领域开始变得更为抽象化和系统化,它们寻求实证主义的科学法则以稳定历史的不确定过程,并为他们相互竞争的社会纲领赢得自然的权威。

每个国家不同的文化和历史环境赋予了这些因素不同的重要性,从而产生了不同种类的历史意识和不同的社会科学传统,这些都根植于每个民族历史的特性。德国的浪漫主义启蒙运动和分裂的政治状况将它的历史想象投射到过去和未来,从而使得德国的社会思想家和历史学家成为历史主义的先锋。定位于国家的德国学术阶层将历史主义与国家意图相联系。而在英国,对政治制度强烈的连续感使得历史主义没有那么声势浩大。古典政治经济学与中产阶级不断增长的权力及其自由主义诉求相结合,于是成为一种最具典型性的,发展最为充分的英国社会科学。因此,当我们将目光移向美国时将毫不奇怪地发现,在苏格兰、英格兰、法国和德国发展起来的社会科学采取的是另外一条不同的发展道路。

---

[30] Iggers, *German Conception of History*, 43; T. W. Heyck, *The Transformation of Intellectual Life in Victorian England* (New York: St. Martin's, 1982), 133-7; Mandelbaum, *History, Man and Reason*, 88-9, 130-2.

第二章　美国例外论的想象

18世纪晚期和19世纪早期，是欧洲的社会思想家在探索现代社会，随后美国人也参与了这一事业，但他们的讨论和社会科学话语却是沿着一条完全不同的路径进行的。许多在欧洲发展起来的、朝向历史主义的文化成分同样在美国出现了，如新教、世俗的启蒙运动、共和主义的政治话语和浪漫主义。然而，直到19世纪晚期之前，历史主义虽然在美国取得了一些进展，却没有发展起来。美国人投入到建立和界定他们的民族存在中，因而从这些文化资源中发展出了一套不同的历史意识以及与其相关的一个社会科学传统的变体。[1]

一　美国例外论的民族意识形态

美国没有跟随欧洲走向历史主义，一个主要的因素就是美国人不像法国人那样，他们认为自己的革命是成功的。美国人将革命的胜利和依据宪法建立共和国理解为基督教和共和时代的事件。信仰

---

[1] 对于这种美国历史意识的概念更为完整的讨论，参见 Dorothy Ross, "Historical Consciousness in Nineteenth Century America," *AHR*, 89 (October 1984): 909-28。

新教的美国人已经拥有了一个基督教的范式，以此可以解释这个新国家的建立。宗教改革的预言使得他们相信这个千年是一个进步的历史时代，新教的世界将在这个时代来临，清教徒对新英格兰的使命是将这种希望的图景带到新大陆。当民族独立获得胜利时，热情的新教徒将美利坚共和国的建立与千年王国联系起来，认为这将带来人类最终的拯救和历史的终结。美国的进步是一颗千年王国种子的生发，而不是一种历史变迁的过程。[2]

以共和派的历史视角来看，共和国政府的成功建立其实是一件含义模糊的事。在18世纪的英国，当现代文明似乎对公民性造成侵蚀时，共和主义的思想家开始分裂。宫廷党["Court" party]为迎合进步而在共和价值上做了让步，认为历史可以被操纵。而乡村派共和主义者["Country" republicans]坚决捍卫美德共和国的理想，并通过号召回到最初的原则而使时间停滞或退回。乡村共和主义者的典型立场是发挥美德以抵制历史，在独立的公民权的力量之外，共和主义的美德仍然具有马基雅维利意义上的德行[virtù]的含义，具有影响个人并通过人类行动改变历史的能力。美国人同时受到两种观点的影响，通常会采用宫廷党的策略去实现乡村党的目标，保护共和主义的价值免受时间的腐蚀。

宪法实施之后，这个目标就变得可以实现了。建国者们自觉地构建一个新的扩大的、平衡的和民主的共和国，它似乎解决了

---

[2] Ernest Lee Tuveson, *Redeemer Nation* (Chicago: University of Chicago Press, 1968); Sacvan Bercovitchm, *The Puritan Origins of the American Self* (New Haven, Conn.: Yale University Press, 1975); Nathan O. Hatch, *The Sacred Cause of Liberty* (New Haven, Conn.: Yale University Press, 1977). Theodore Dwight Bozeman 的 *To Live Ancient Lives: The Primitivist Dimension in Puritanism* (Chapel Hill: University of North Carolina Press, 1988). 对清教徒使命中的第一代参与者的千年王国取向提出了一些质疑，但是对其后的几代没有提出同样的质疑。

过去一直破坏共和国的各种病症。古典共和主义的历史循环论开始让位于永恒生活的可能性。在苏格兰社会思想家的引领下,美国人假设在农业和商业发展阶段之间存在着某个点,并得出结论说共和制度及他们对土地的大量贮备,将会确保农业的基础和共和进步无形中的永存不朽。美国将会进步,但不会像过去的国家那样,它将不会变老。美国的共和主义者将斯密对进步阶段的历史主义解释,转换为美国如何能够逃脱历史变化的想象。[3]

美利坚共和国关于千年王国式的建设方式是将过去变为序言,将未来作为美国共和主义命运的实现。这种联系受到民族主义和新教宗教虔诚的强化,当世俗化进行到"市民宗教"[civil religion]时发生了改变,在整个 19 世纪,这种联系被证明具有相当的弹性。的确,共和国与神圣天意之间的联系一旦建立,就会产生强化这种融合的紧张。那种对共和国必将堕落的担心并不会被进步的观念完全克服。对于大多数人来说,世俗的条件只是保证共和国存在的延长,并不会消除其堕落的可能性。罗马共和国灭亡于阶级冲突和暴政的噩梦一直萦绕在美国的政治想象周围。[4]

---

[3] J. G. A. Pocock, *The Machiavellian Moment* (Princeton, N. J.: Princeton University Press, 1975), chap.13, 14; Gordon S. Wood, *The Creation of the American Republic* (Chapel Hill: University of North Carolina Press, 1969), 6-8, chaps.13, 15; Drew R. McCoy, *The Elusive Republic: Political Economy in Jeffersonian America* (Chapel Hill: University of North Carolina Press, 1980). Rush Welter 在南北战争的流行话语中找到的关于未来的主流观念并没有凸显质性的变迁。"未来仅仅是美国人已经引入的制度得以精细化和扩展的机会。"*The Mind of the America, 1820-1860* (New York: Columbia University Press, 1975), 8, pt.1. 对于一种与此处呈现的这种观点相交叉的美国历史意识的观点,但强调的是"对待过去的态度"的变动和个人化[p.123],可参见 David Lowenthal, *The Past Is a Foreign Country* (Cambridge University Press, 1985), chap.3。

[4] Dorothy Ross, "The Liberal Tradition Revisited and the Republican Tradition Addressed," in *New Directions in American Intellectual History*, ed. John Higham and Paul Conkin (Baltimore: Johns Hopkins University Press, 1979), 121-5.

此外，神的帮助一旦得到接受，其自身也会产生人类的不确定性。毕竟，上帝从来没有在人类的语境中被充分理解过，罪孽性地拒斥上帝则是一种普遍的人类经验。

共和主义关于堕落的描述与一种悲哀的论调联系在一起，即仪式性地忏悔上帝的子民已经背离了，它们共同启动的焦虑与确信的循环是能够自我维持的。1812年的战争时期以及19世纪20年代和30年代，人们关于新的一代是否能够维持建国者们创立的美德共和国的焦虑达到了顶点，一股新的福音派信仰和民族主义印上了千年王国的身份。[5] 如果说法国大革命的失败迫使欧洲人在历史前进的基础上树立他们的价值观，并接受历史时间带来的危险，那么美国革命的成功则促使美国人在神圣保护下寻求道德保证，进而使他们处于千年王国时代的焦虑中。

在这种特许的庇护下，美国作家通常把他们民族的历史与在英国发展的盎格鲁-撒克逊的自由解释联系起来。美国人的自我管理是与一种悠久的传统相联系的，这可以上溯到条顿族部落征服罗马时期。这种制度由撒克逊人*带到英国，一直保留到大宪章[Magna Charta]**和光荣革命时期，也移植于其殖民地，并在美国革命和宪章中达到了其最完美的形式。美利坚共和国是条顿自由之

---

[5]　Harch, *Sacred Cause of Liberty*, chap.2, 3; Steven Watts, *The Republic Reborn: War and the Making of Liberal America, 1790-1820* (Baltimore: Johns Hopkins University Press, 1987), 尤其是 pp.283-9; Fred Somkin, *Unquiet Eagle: Memory and Desire in the Idea of American Freedom, 1815-1860* (Ithaca, N.Y.: Cornell University Press, 1967); James H. Moorhead, *American Apocalypse: Yankee Protestants and the Civil War, 1860-1869* (New Haven, Conn.: Yale University Press, 1978), 10-11, 49。

*　即在6世纪曾征服英国部分地区的西日耳曼人。——译者注

**　大宪章：1215年英国大封建领主迫使英王约翰签署的保障部分公民权和政治权的文件。——译者注

链上最新的一环，也是世界的自由典范。最初这种自由观被理解为一系列古老的传统，它通过追溯过去来理解当前的制度形式，还鼓励了一种关于历史变迁的扁平概念。千年王国的命运要求同样的静止逻辑和古老系谱。美利坚共和国很难被理解为仅仅是地方性、临时性条件的产物，它必须被吸纳到一种普遍意义的长期连续中。[6]

补救的策略之一是向前看而不是向后看，即强调美国千年王国的"新"特点。在这一观点中，未开垦的新大陆为美国提供了逃离共和国腐坏的机会，并且这一条件愈来愈变得神话般重要。自从发现新大陆以来，欧洲人就将他们的乌托邦幻想投射到这个新世界，约翰·洛克就是一个很好的例子，他将新大陆想象为他的自然状态。在浪漫主义的19世纪，西部被赋予了充满活力的自然的能量，并日益成为美国千年未来的象征。借助西进与征服的本性，美国人可能成为一个自由的帝国，并重新产生他们自己的德性。他们可以将历史抛给过去，而在自然的领域中展现他们的命运。利用自然永恒自我更新的活力，他们可以在空间而不是时间上获得发展。[7]

---

[6] H. Trevor Colbourn, *The Lamp of Experience* (Chapel Hill：University of North Carolina Press, 1965); David Levin, *History as Romantic Art* (Stanford, Calif.：Stanford University Press, 1959), chap.4; Herbert Butterfield, *The Englishman and His History* (New York：Archon Books, 1970 [1944]); J. G. A. Pocock, *The Ancient Constitution and the Feudal Law* (Cambridge University Press, 1957). Reginald Horsman, *Race and Manifest Destiny* (Cambridge, Mass.：Harvard University Press, 1981)，该书区分了根植于新英格兰及其文化领地的、较为温和的盎格鲁-撒克逊种族主义视角与19世纪三四十年代发展起来的、更具敌意和扩张性的种族主义。

[7] Henry Nash Smith, *Virgin Land* (Cambridge, Mass.：Harvard University Press, 1950); R. W. B. Lewis, *The American Adam* (Chicago：University of Chicago Press, 1955); Leo Marx, *The Machine in the Garden* (Oxford：Oxford University Press, 1964); David W. Noble, *Historians against History：The Frontier Thesis and the National Covenant in American Historical Writing since 1830* (Minneapolis：University of Minnesota Press, 1965); Major L. Wilson, *Space, Time, and Freedom*;

这种美国在历史上占据独特地位的想象是笔者称之为一系列美国例外论观点的核心。由于处于欧洲历史的最西点，美国将不会跟随欧洲进入一个历史的未来。美国的进步将体现为数量的扩张和对其建国时基本制度的精致化，而不会是质的变化。作为与历史之外的上帝的永恒计划相联系的史前史，美国例外论使得美国人在19世纪的大部分时间里都没有发展对他们自己历史的完全历史主义的解释，并且限制了他们吸收欧洲历史主义的程度。正如我们将会看到的，在美国文化中历史主义的倾向并未消失，但是它们必须与更大的前历史框架竞争。作为"自然之国"[8]和上帝之国，美国更容易被视为18世纪自然法的领地：美国的历史进程遵循的是自然的规范。

　　美国例外论暗示了一门特殊的政治经济学和一种特殊的历史立场。美国与欧洲不同，它能够防止现代性在英国产生的大规模贫困和阶级冲突。美国共和政治根植于政治参与的公民人文主义理想，根植于乡村党反对罗伯特·华尔波尔［Robert Walpole］*的"现代"政府的倾向中，因此继承了他们对商业发展的政治后果的猜

（接上页）*The Quest for Nationality and the Irrepressible Conflict, 1815-1861*（Westport, Conn.: Greenwood, 1974）. Andrew Martin Kirby 指出在意识形态上转向空间，可以创造出一个地理上无差异的大陆，类似美国时间的无差异的历史，参见 "The Great Desert of the American Mind: Concepts of Space and Time and Their Historiographic Inplications," in *The Estate of Social Knowledge*, ed. Jo Amme Brown and David Van Keuren（Baltimore: Johns Hopkins University Press, 待出）.

[8] Perry Miller, *Nature's Nation*（Cambridge, Mass.: Harvard University Press, 1967）.

* 罗伯特·华尔波尔［1676—1745］：英国政治家，辉格党领袖，曾任财政大臣［1715—1717］，英国第一任首相［1721—1742］。一般认为英国内阁制始于沃波尔任内。他在任期间，减少税收，鼓励对外贸易，因对西班牙战争指挥不力，被迫辞职。——译者注

疑。金融投机使得对公共的善的投入被追求私利的狂热所取代，常备军队取代民兵成为与王权相联系的特殊力量，政治派别带来了贿赂。所有这些都破坏了公民的独立性和美德，而公民的独立性和德性是建立在土地财产和军队基础之上的，对共和式的自由十分重要。乡村党的理想是斯巴达而不是雅典。乡村共和主义因而提供有关严惩票据信用、利益私有化、职业特殊化和制造业兴起的丰富语汇，当汉密尔顿［Hamilton］提出新国家要成为一个英国那样的重商主义和制造业国家时，这些词汇迅速被美国所采用。很快，关于英国工业化后果的疑问，尤其是托马斯·马尔萨斯提出的问题，就与共和主义者对资本主义进步的担心混在一起了。[9]

但是许多美国人仍然被商业发展带来的财富和个体性所吸引，当新的共和国进入到一个地理和经济迅速扩张的时期时，自由主义价值逐渐兴盛起来。此外，共和主义者分享了自由主义关于政治经济学的部分基本前提，因为他们也将生产性的劳动视为国家财富的源泉，将财产的独立性视为对劳动者的激励。如果由新教美德和共同体来支撑，那么个人的自利就能创造整体的财

---

[9] 关于共和主义与自由主义对立的文献非常多，基于波考克的《马基雅维里时刻》及其反对者乔伊思·埃普尔比（Joyce Appleby），总结在她的 *Capitalism and a New Social Order* 一书中（New York: New York University Press, 1984），现在也有认为二者过度言论的有力批评。关于埃普尔比，参见 John Ashworth, "The Jeffersonians: Classical Republicans or Liberal Capitalists?" *Journal of American Studies*, 18（Summer, 1984）: 425-35; Donald Winch "Economic Liberalism as Ideology: The Appleby Version," *Economic History Review*, 38（Spring 1985）: 287-97。波考克的最佳批评也是一项重要的努力，指出自由主义和共和主义价值与政治学之间的融合，尽管他们在语言中存在分歧。参见 Jeffrey C. Isaac, "Republicanism vs. Liberalism? A Reconsideration," *History of Political Thought*, 9（Summer 1988）: 349-77。也可参见 James T. Kloppenberg, "The Virtues of Liberalism: Christianity, Republicanism, and Ethics in Early American Political Discourse," *JAH*, 74（June 1987）: 9-33。

富。斯密已经说明了，劳动力和企业是如何将私人的善与公共的善结合在一起的。雄心勃勃的共和主义者能够将财富的德性从自耕农业扩展到所有的生产性劳动力，并能加强贸易的自然过程与被政府权力和资本主义信用放纵的贪婪和投机的过度表现之间的区别。

调和共和主义与自由主义理想的是美国大陆的特殊条件。杰斐逊、麦迪逊与许多他们的同代人看到了美国的与众不同，并在其可预见的未来中仍然保持这种差异而克服了恐惧。马尔萨斯的计算也许在英国那样的古老国度中是正确的，但对于美国这样拥有丰沃土地和丰富储备的国家却不起作用，美国的食物产出一定会超过人口的增长。此外，这个国家还可以期望在可预见的将来仍然保持着以农业为主。忽略了奴隶人口的增长，他们将自己的自由界定为是反对奴役黑人的，他们想象在美国居住的都是土地的所有者，或为市场生产粮食的有抱负的农场主，或者是拥有自己工具的手工艺人。在这些条件下，个体财产所有者将成为共和主义政府和自由经济共同的支柱。

到了19世纪40年代和50年代，商业精英组织起来修建铁路和机械工业，从而吸引了大批爱尔兰和德国移民，但即使是最坦率的制造业支持者也仅仅预想了一个农业与工业整合的"中等前景"。只要西部仍有可供居住和开垦的土地，只要工资保持在较高水平，劳动者就能获得广泛的经济独立性，雇用劳动就仅仅是产业工人生命周期中的一个暂时性状态。通过社会流动、资本积累和财产所有权，美国人模糊了工资工人与独立生产者之间的界限，从而相信广泛的独立性将为共和政府提供基础。反过来，共和政府又能允许自由市场广泛地分配它的利益。这种自由市场经济与共和政治制度之间的共生关系，将限制欧洲历史上的阶级冲突的出现。[10]

　　因此，虽然也可以描绘出其他的维度，如美国对世界的使命，但总的来说，美国例外论是相互交织的思想的结合体，而且其范围是很难具体限定的。基本上，美国例外论是一种民族主义的意识形态，是美国作为一个国家在赢得独立的经验过程中形成的认识上的自我观念。18世纪晚期和19世纪早期的国家和政治危机将这一观念清楚地表述出来，它迅速进入了大众话语、宗教和政治语境，这一观念被如此迅速地传播，以至于人们不再去叙述它的前提，而仅仅是庆贺它的结论。[11]

---

[10] 关于美国战前发展起来的共和主义与自由主义之间的共生性，笔者的观点主要来自 McCoy, *Elusive Republic*; Cathy Matson and Peter Onuf, "Toward a Republican Empire: Interest and Ideology in Revolutionary America," *American Quarterly*, 37 (Fall 1985): 496-531; Eric Foner, *Tom Paine and Revolutionary America* (New York: Oxford University Press, 1976); Thomas Bender, *Toward an Urban Vision* (Lexington: University of Kentucky Press, 1975); John Ashworth, *"Agrarians" and "Aristocrats": Party Political Ideology in the United States, 1837-1846* (London: Royal Historical Society, 1983); William B. Scott, *In Pursuit of Happiness: American Conceptions of Property from the 17th to the 20th Century* (Bloomington: Indiana University Press, 1977); 以及 Isaac, "Republicanism vs. Liberalism?" Watts, *The Republic Reborn*，他们认为在1812年战争中，共和主义整体地转向了自由主义的政治文化。但是本书中的证据显示，新教、共和主义和自由主义的观点是相互交织的，美国例外论是所有观点的担保。Watts 所描述的辩证关系并没有随着1812年战争的结束而终结。关于相似的证据和对 Watts 的有益矫正，参见 J. David Lehman, "Political Economy and the Response to the Panic of 1819 in Philadelphia,"未刊论文，1989。

[11] 这种民族自我观念的结构并没有被充分地描述。核心要素可以参见 Bercovitch, *The Puritan Origins of the American Self*; idem, *The American Jeremiad* (Madison: University of Wisconsin Press, 1978); Hatch, *Sacred Cause of Liberty*; Somkin, *Unquiet Eagle*; Richard W. Van Alstyne, *Genesis of American Nationalism* (Waltham, Mass.: Ginn, 1970). Anne Norton, *Alternative Americas: A Reading of Antebellum Political Culture* (Chicago: University of Chicago Press, 1986). 她认为，自19世纪晚期以降，南方创造了一种不同的美国民族主义，这种观念拒绝对美利坚共和国作为新英格兰的千年王国，而是根植于农业和母系的比喻，强调教会与国家的分离。尽管具有启发性，但该书忽略了许多相反的

除了提供一种民族主义的修辞，美国例外论还渗入到美国南北战争前的政治话语中，为两党的执政提供了基本框架。美国的主要政党形成于18世纪90年代及19世纪二三十年代，它们的主要分歧是关于如何更好地实现例外论者的承诺，每个政党都以不同的方式界定了实现那个承诺的方式和困难。在安德鲁·杰克逊［Andrew Jackson］*周围形成的民主党相信，美国例外论的理想受到了逐渐侵入的贵族政治的威胁。自由主义的主要捍卫者杰克逊提出的是选举权和官职占有的民主化，强大的执政行为要代表公众的意志，以及低税收、小政府的经济政策，反对"特权"。辉格党人则担心杰克逊煽动性的专制，会成为民主党人所特有的腐败。像建国者们和英国的自由主义者，如约翰·斯图尔特·密尔那样，他们强调自然贵族制教育的必要性，以及天赋在治理中扮演的特殊角色。他们的国家领导倾向于高税收和政府对经济发展的促进，因为这样做将增加每个人的经济机会。[12]

说例外论的框架表达了一种政治共识，是忽略了大多数黑人和妇女成年人，他们都被排除在正式的政治过程之外，同样被排除

（接上页）南方证据。很多变体，例如辉格党的和民主党的，派别性的和地域性的，都存在于美国概念的建构之下。

* 安德鲁·杰克逊［1767—1845］：美国第七任总统［1829—1837］，第二次反英战争时的将军，保卫新奥尔良城，击败英军［1815］。他是美国第一位民主党总统。任职期间大力加强总统职权，维护联邦统一，颇有政绩，史称"民主政治"，几乎与第三届总统杰斐逊齐名。——译者注

［12］关于内战前党派体系的文献很丰富。Marvin Meyers, *The Jacksonian Persuasion* (New York: Random House, 1960) 和 Daniel Walker Howe, *The Political Culture of the American Whigs* (Chicago: University of Chicago Press, 1979) 都是很好的介绍。最近的研究将政治意识形态与社会和政治的经验联系在一起，可以参见 Ashworth, *"Agrarians" and "Aristocrats,"* 以及 Michael F. Holt, *The Political Crisis of the 1850's* (New York: Wiley, 1978)。

在外的还有全部或部分地拒斥例外论观点的那些战前社会激进或保守的社会派别。但是例外论的确构成了主要的政治语言。尽管不是事实上的共识，但例外论由于其在政治话语中的支配性地位及来源于民族意识形态而获得规范性力量，从而成为一种假定的共识。

即使如此，美国政治文化的共识性基础也可能是具有误导性的。作为一种民族意识形态，美国例外论是一种思想建构，是文化和政治精英的杰作，因此它必须通过传播、学习，才能被美国社会的不同阶层接受。它的传播和主张都不能被视为理所当然的。[13]此外，作为政治学中占支配性地位的框架，美国例外论与其说促成了一致还不如说激起了冲突。在杰克逊派与辉格党人尖锐的意识形态冲突之下，即使是在更为基本的关于"更多"还是"更少"的政治分歧之下，都有一些离心趋向在发生作用。新教的、共和主义的和自由主义的理想在美国例外论中结合在一起，形成了一个不稳定的联盟。共同体、美德和公共善的有机概念通常与认为个体自利具有改善作用的信念一同存在，正如对衰亡的恐惧潜藏在对进步的希望之下一样。自由、和谐与相对平等的承诺总是受到现实条件的挑战。主要政党不断地动员和包容这些异议的来源，但是嵌入在美国例外论中的千年王国的焦虑和对资本主义进步与历史变迁的矛盾心理，有时会脱离共识的框架。异议通常会带来成为"非美国"[un-American]的可能性。因此在美国，政治共识不是一个给定的事实，而是不断受到威胁和需要被维持的事物。这并不是冲突的对立面，而是它的持久基础[constant ground]。

---

[13] Jean Baker, "From Belief into Culture: Republicanism in the Antebellum North," *American Quarterly*, 37 (Fall 1985): 532-50; Daniel Walker Howe, "Classical Education and Political Culture in Nineteenth Century America," *Intellectual History Group Newsletter*, 5 (Spring 1983): 9-14.

二 社会科学的战前背景

由于美国例外论根植于有关现代性的争论之中及其关于共识与冲突的辩证性，美国为新的社会科学的发展提供了肥沃的土壤。发展社会科学的兴趣，同时出现在界定和保持美国例外论想象的渴望与修正及驳斥它的渴望中。

民族意识形态对立面的主要来源及其政治实践，是美国历史中的巨大"例外"本身——蓄奴的南方。1828年《关税法》〔Tariff〕*威胁到了南方的经济利益，并预示着他们在国家政府中政治权力的衰微。受到该法案的推动，以及纳特·特纳〔Nat Turner〕**1830年叛乱和日益增长的废奴主义的煽动的威胁，南方政客和知识分子上演了一场对他们的奴隶社会的防卫战，这在19世纪50年代政治理论、政治经济学和社会学独特的保守视野中达到了顶峰。[14]

---

[14] Drew Faust, *A Sacred Circle* (Baltimore: Johns Hopkins University Press, 1977); 讨论那些以知识分子身份来支持奴隶制度的南方知识分子，包括 William Gilmore Simms, James H. Hammond, Edmund Ruffin, Nathaniel Beverley Tucker 以及 George Frederick Holmes。一个关于南方思想家群体的调查，将许多社会科学传统内的学者都包含在其中，发现他们被历史衰落和罗马范例的问题所困扰，参见 James C. Britton, "The Decline and Fall of Nations in Antebellum Southern Thought; A Study of Southern Historical Consciousness, 1846-1861" (Ph.D. dissertation, University of North Carolina at Chapel Hill, 1988); 关于罗马的部分，参见290页。

* 《关税法》：1828年，西部和北部的国会议员促成一项高关税法，规定对进口的原料和工业制品征收极高的税率，这损害了南方的经济利益，南方人称之为"可憎的关税"。——译者注

** 纳特·特纳〔1800—1831〕：美国黑奴，在宗教思想的鼓舞下，于1831年8月在弗吉尼亚率黑奴举行暴动，杀死了至少55名白人，引起南部各地发生一系列恐怖报复行动。其率领的75名黑人被白人悉数歼灭，本人被俘，后被处以绞刑。——译者注

最著名的就是约翰·卡尔霍恩［John C. Calhoun］*的《关于政府的研究》［*Disquisition on Government*，1851］。就像所有的南方思想家那样，卡尔霍恩认识到北方经济发展导致工人与资本家之间日益增长的冲突，在他的共和主义观念看来，这是"一个财富和文明进步阶段"中的冲突。而在这种只会造成自我毁灭的冲突中，南方可以发挥平衡的作用。但是他主要关注的是南方与北方之间区域性的不平等。起初他认为宪法应当允许各州抵制联邦立法，但最后他支持的是一种更为激进的修正的宪法观："多数一致"的政府，要求在任何立法上的所有主要党派和阶级利益的一致，也许通过双重总统任期的机制来实行。卡尔霍恩的论证和语言完全在共和主义的政治科学框架内，他提供了一种乡村党精神中对北方自由经济的妥协：在一个强化的政治检验和平衡结构中，限制资本主义能量的分裂性影响。[15]

南方的经济学家同样在他们父辈的传统下，也试图修正美国例外论的框架而非将其全部废除。威廉和玛丽学院［William and Mary College］的教授托马斯·R.迪尤［Thomas R. Dew］也许是支持奴隶制的经济学家中最有才干的，他继承大卫·李嘉图的观点，认为伴随着对国内劣质土地开垦的增加，食品价格和工资将会上升，从而导致利润的下降。这种因果链导致了英国那样的古老国家对制造

---

* 约翰·卡尔霍恩［1782—1850］：美国副总统［1825—1832］，共和党领袖，主张每个州都有权拒绝接受国会的法令，极力维护奴隶制。——译者注

[15] John C. Calhoun, *A Disquisition on Government* (Columbia, S. C.: A. S. Johnston, 1851); Richard Hofstadter, *The American Political Tradition* (New York: Knopf, 1948), chap.4; Pauline Maier, "The Road Not Taken: Nullification, John C. Calhoun, and the Revolutionary Tradition in South Carolina," *South Carolina Historical Magazine*, 82 (January 1981): 1-19; Ross, " Historical Consciousness," 919-20.

业的关注和美国这样的新兴国家对农业的关心，它指责关税作为一种人为措施限制了贸易的自然过程，并将财富从西部和南部的农业人为地转移到东北部的制造业，而且这种因果链还预示着，一旦美国成为一个先进的制造业国家，它最终会走向衰落。的确，李嘉图式的悲观分析似乎深深地触动了乡村党对共和国农业基础消失之后最终衰亡的恐惧，也触动了对自由劳动力经济进行批评的南方批评家渴望强大的心弦。迪尤强调说，奴隶制已被证明是一种控制劣等民众的文明形式，一种农业中的更高级劳动力系统以及一个对所有白人，无论贫富的共和主义自由的保障。当北方的资本主义创造出数以百万计的贫困工人，他们开始像希腊和罗马的穷人那样攻击财产权时，保守的蓄奴南方将是共和国最后的防线："就像在塞莫皮莱［Thermopylae］*的斯巴达军队那样坚定勇敢。"就像卡尔霍恩那样，迪尤将奴隶制作为美国例外论的防护墙。[16]

只有19世纪50年代南方的社会学先驱才会质疑美国例外论的基本前提，这象征着在社会学有机视角中一种非正统的可能性。将政治经济学视为北方自由劳动社会的科学，这些南方的社会学家指望早期的社会学家或奥古斯特·孔德提出一种展现完全不同的历史过程的社会科学模型。[17] 乔治·菲茨休［George Fitzhugh］

---

* 塞莫皮莱是希腊中东部的一块多岩石的平原，古时是一个狭窄通道，公元前480年斯巴达人与波斯人在此激战，斯巴达人最终失败。——译者注

[16] 近期，关于战前和南方政治经济学最好的研究是 Allen Kaufman, *Capitalism, Slavery, and Republican Values: Antebellum Political Economists, 1819-1848* (Austin: University of Texas Press, 1982); 关于迪尤，参见第五、六章。也可参见关于美国经济学历史不可或缺的重要资源: Joseph Dorfman, *The Economic Mind in American Civilization*, 5 vols. (New York: Viking, 1946-59), vol.2, chaps. 31-2; 本书所引部分见907页。

[17] L. L. Bernard, "Henry Hughes, First American Sociologist," *Social Forces*, 15 (December 1936): 154-74; Harvey Wish, "George Frederick Holmes and the Genesis of American Sociology," *AJS*, 46 (March 1941): 698-707; Theodore D.

的《南方的社会学，或自由社会的失败》[*Sociology for the South, or the Failure of Free Society*, 1854] 就是以这一核心问题开始的：资本主义的出现产生了"阳光之下的新事"，它的哲学家亚当·斯密只看到那些从这种新的发展中受益的人，并宣称自此以后社会将按照人人为己的新原则运作，并向着千年王国推进。菲茨休反对这种自由的历史主义，他回到了托利党人关于惯例习俗的永恒世界的主张。自由劳动原则仅仅是一种失常——"只是在欧洲的一些角落进行的短暂小试验"。事实上，是"日光之下无新事"。奴隶制一直存在于人类社会中，是由上帝创造并在人的社会本性和家庭治理中建立起来的。"当社会在上帝与自然之手中运行得足够久远，人们就可以观察到它的运作方式，也许能够发现它的法则和构成。"菲茨休认为在历史中没有真正的、道德上的进步，只有机械制造工艺上的进步。他最后又持有一个反常的观点，即保留新世界的铁路、银行和城市，将其封闭在某些经济自足的州里，由拥有土地的贵族统治，并围绕一个依赖性的劳动力等级体系加以组织。美国不是也不需要是一个例外，因为世界历史自身体现了一种能够包容资本主义的永恒秩序。[18]

南方社会科学因其所有的独创性，而被传承下去与联邦党人进行斗争。菲茨休所宣称的永恒的奴隶制，或是由乔治·弗雷德里

（接上页）Bozeman, "Joseph LeConte: Organic Science and a 'Sociology for the South,'" *Journal of Southern History*, 39 (November 1973): 565-82. 那些由寻找社会和谐而被导向社会学的北方乌托邦式无政府主义者也与南方思想家有所关联, Harvey Wish, "Stephen Pearl Andrews: American Pioneer Sociologist," Social Forces, 19 (May 1941): 477-82。

[18] George Fitzhugh, *Sociology for the South, or the Failure of Free Society* (Richmond, Va.: A. Morris, 1854), 8, 70-1, 151-2, 176; Eugene D. Genovese, *The World the Slaveholders Made* (New York: Pantheon, 1969), pt.2.

克·霍姆斯［George Frederick Holmes］提出的朝向一个有机奴隶社会的孔德式历史发展，都没有在内战后发挥太大影响。奴隶社会的理想化形象以怀旧小说的伪装形式存在，威廉·迪安·豪威尔斯［William Dean Howells］讽刺性地指出南方社会学与镀金时代对资本主义的批评有着相似之处，但是支持奴隶制的论述并不能被直接仿效。少数几个在内战中活下来的支持奴隶制论的创始人，都被磨去棱角成为边缘知识分子。[19]

内战前反对美国例外论的第二个重要来源——激进的工人阶级，也同样对资本主义进行了社会科学的攻击，在这里，主要是工人领袖、记者和卷入到工人政治中的改革家。他们认为在美国存在着"条件的广泛差异"，在 19 世纪 30 年代大萧条时期，这种差异变得更加突出。他们相信美国不是一个例外，而已经复制了欧洲的阶级体系。这个群体中最激进的是机械工托马斯·斯基德莫尔［Thomas Skidmore］，1829 年他宣称，在自然的状态下所有的男人和女人都享有同等的财产权，因此在社会中他们也应当享有这种平等的财产权。因为最初的政府无法保护这种权利，政府现在就必须重新平等地分配所有的财产并禁止继承，它必须为每个人都提供教育，并在他们 18 岁的时候分给他们平等的一份财产。斯基德莫尔的农业补救措施通过共有财产和工厂的公有化，实现了社会的彻底重组。[20]

---

[19] William Dean Howells, *A Hazard of New Fortunes* (1890)，关于 Colonel Woodburn 的一章；Lester D. Stephens, *Joseph LeConte, Gentle Prophet of Evolution* (Baton Rouge：Louisiana State University Press, 1982)；Jonathan M. Wiener, "Coming to Terms with Capitalism：The Postwar Thought of George Fitzhugh," *Virginia Magazine of History and Biography*, 87 (October 1979)：438-47.

[20] Sean Wilentz, *Chants Democratic：New York City and the Rise of the American Working Class, 1788-1850* (New York：Oxford University Press, 1984)；Joseph L. Blau, *Social Theories of Jacksonian Democracy* (New York：Macmillan, 1947)，chap. 25；Dorfman, *Economic Mind*, vol.2, chap. 23-4, 尤其是 641-5 页。

但是大多数工人阶级的思想家相信,自由经济可以通过不那么剧烈的变迁来实现例外论的理想。纽约州民主党的洛科福科派[The Loco-Foco wing of New York Democratic politics]*对乡村党的恐惧聚焦于特权银行。他们的主要理论家威廉·莱格特[William Leggett]将美国政府和自由市场视为政治学和经济学中"自然的简单秩序",它只会因为垄断的特权而腐坏。同杰克逊及其白宫的同僚一样,他期望能够诉诸自然的秩序。[21]但是,关于共和党联邦的平等主义和反市场的概念,坚持沿用占优势地位的自由主义-共和主义综合视角。这些概念被激进的工人和自给自足的农民所使用,有时与"平等权利"的语言相结合,后来又被引入内战对自由劳动社会的防御中,只有在镀金时代时,这些概念作为一种对工业资本主义的激进批判才又再次兴起。[22]

洛科福科派最复杂的发言人奥里斯特斯·布朗森[Orestes Brownson]并没有发挥多长时间的影响,但却揭示了构建社会科学反对美国例外论的努力。受到卡尔霍恩以及亨利·德·圣西门[Henri de Saint-Simon]这位孔德的前辈的影响,布朗森在他自身充满冲突的思想体系内,制定了一个民主党的同盟,该同盟由南

---

* 纽约州民主党的洛科福科派:纽约州民主党的激进派。由于他们开会时保守派常把照明用的煤气关掉,所以他们在召开政党干部会议时带了蜡烛和新式的洛科福科牌摩擦火柴,因此被称为洛科福科派。他们主要得到1829年成立的劳工党残余分子的支持,包括许多支持1837年独立国库法,反对纸币和信贷制度的理想主义者和改革家,他们认为纸币和信贷制度造成了1837年大恐慌。——译者注

[21] Dorfman, *Economic Mind*, 2: 653-4; Meyers, *Jacksonian Persuasion*, chap. 9; 本文引用部分参见 193 页。

[22] Wilentz, *Chants Democratic*, 182-9; Chester M. Destler, *American Radicalism, 1865-1902* (Chicago: Quadrangle Books, 1966 [1946]); William E. Forbath, "The Ambiguities of Free Labor: Labor and the Law in the Gilded Age," *Wisconsin Law Review*, 1985: 767.

方的奴隶主和激进的北方工人组成，二者都对北方资本家和非裔美国人持敌对态度。布朗森相信资本主义的确造成了自由劳动者的贫困，政治中的多数原则仅仅是资本家为了自身的利益对工人的操纵，他相信自己所处的是圣西门的历史分化的时代，这个时代要求一种新的秩序，因此布朗森于1840年接受了斯基德莫尔的计划，要求平等地重新分配财产。但不同于斯基德莫尔，布朗森看到了这种计划可能引起的暴力阶级战争，而该计划也将最终在它所创造的这种狂热中退缩。他放弃了早先那种恢复平等主义的自然秩序的主张，而转向天主教，寻求等级制的稳定性对资本主义破坏性影响的限制。布朗森最终作为北方的菲茨休，成为坚决反对例外论者将自然与历史融合在一起的中间派的典范。[23]

在反对者发展社会科学的批判资源时，政治、文化和经济精英则将社会科学引向为美国例外论服务。那些欧洲理论家，如马尔萨斯和李嘉图提出的关于美国的疑问，需要予以反驳，例外论的想象要确证，以回应国内关于左派与右派的批评。此外，党派的政治冲突提出了与阶级有关的关于治理和经济政策的问题，这些问题是与例外论传统的不同的解释联系在一起的。在中间派的框架内，民族意识形态及其社会科学验证，可以通过声称美国例外论理想已经是当下的现实而使目前存在的权力安排合法化。它也能够产生扩展性的民主理想，以调动和包容异议，在这个功能中，社会科学也扮演了它的角色。

中间派的社会科学话语深受其发展过程中政治和文化背景的影响。社会科学研究者常常会被引向公共政策利益的主题，并因

---

[23] Dorfman, *Economic Mind*, 2: 661-7; Blau, *Social Theories of Jacksonian Democracy*, chap. 22; Arthur M. Schlesinger, Jr., *Orestes A. Brownson* (Boston: Little, Brown, 1939).

从属于两个政党中的一个而发生分化。在最广泛的意义上说，辉格党是"值得尊敬的阶级"的政党，围绕在它周围的是那些当前的受益者以及那些认为他们可以从商业-工业发展中获益的人。他们也会被福音派所吸引，这些群体提出的自律自治伦理同样是为自由经济服务的。民主党作为反对辉格党发展设计的联盟，他们宣称个人和地方具有保持多样性的权利。民主党发展了有关自然的修辞，辉格党强调了历史制度的重要性和教育的价值，以反对自由权利潜在的激进要求。[24]

除了政党体系，对美国社会科学影响最大的文化背景是战前的大学，这是一个具有浓厚宗教色彩和精英气质日增的环境。尽管存在地区性和宗教的差异，但在新英格兰发展起来的大学模式传遍了北部、西部和南部。这些大学一般是由某个教派的教士机构建立或附属的，其目标是在经历快速世俗化的社会中保留基督教的知识和道德。尽管在战前的数十年，教士的地位不断下降，他们的阶层和大学也对那些有抱负的贫困农民的子弟开放，但教士仍然是职业性的，他们所受到的古典教育使之与绅士处于同一阵营。一些更为古老的大学，如哈佛、耶鲁和哥伦比亚大学都是长期与当地的或地区性的上层阶级保持着联系。19世纪50年代，当富裕的东北部商人的孩子们开始进入小一些的大学时，大学更加被认定为是属于富裕阶级的。[25]

---

[24] 参见 n. 12。关于政党作为文化的母体，可以特别参见 Howe, *Political Culture of the American Whigs*, 以及 Jean H. Baker, *Affairs of Party: The Political Culture of Northern Democrats in the Mid-Nineteenth Century* (Ithaca, N. Y.: Cornell University Press, 1983)。

[25] Richard Hofstadter and C. DeWitt Hardy, *The Development and Scope of Higher Education in the United States* (New York: Columbia University Press, 1952); Frederick Rudolph, *Mark Hopkins and the Log* [New York: Columbia

因此，这些大学认为它们所扮演的社会角色是保存社会权威以及值得尊敬的精英的基督教信仰。当资本主义的发展导致经济不满和抗议，当白人男性的选举权日益扩大，当民主党和辉格党开始成为由职业政客来运作的大党时，文化和经济精英们发现他们自己被日益排挤到政治参与之外。这些精英部分地转向私人文化制度以恢复他们的影响，并通过运用教育和地位赋予他们的权力来反对夷平化民主的危险，他们相信共和国的存在最终依赖于他们的成功。作为俗人理事［lay trustees］*，他们通常是促使大学将政治经济学、历史学和政治学引入到古典课程中的主要力量。[26]

大学的宗教性质和精英性质都使得它们与辉格党的政治文化关系密切。作为值得尊敬阶级的政党，辉格党也必须在学院的理事、教职工和学生中占有优势地位。两种文化必然都对民众美德和道德改进予以关注，而辉格党提出的限制自然权利的界限和推行道德约束的主张都被大学充分地接纳。

在大学中，教授社会科学的知识框架是道德哲学［moral philosophy］，这是一个处于神学和自然哲学之间的中介领域，18世纪关于人和社会的苏格兰科学正是在这个领域中得以发展起来。

（接上页）University Press, 1956］, 76-7; Donald H. Meyer, *The Instructed Conscience*（Philadelphia: University of Pennsylvania Press, 1972）; Peter Dobkin Hall, *The Organization of American Culture, 1700-1900*（New York: New York University Press, 1982）, chap. 3-5; Ronald Story, *The Forging of an Aristocracy*（Middletown, Conn.: Wesleyan University Press, 1980）.

* 指当时美国大学里非教会成员的董事。——译者注

[26] Story, *Forging of an Aristocracy*, chap.7; Hall, *Organization of American Culture*, chaps.5, 8-10. 在 *Breaking the Academic Mould: Economists and American Higher Learning in the Nineteenth Century*, ed. William J. Barber（Middletown, Conn.: Wesleyan University Press, 1988）一书中，有关于19世纪经济学和社会科学课程介绍的一些有用信息。

道德哲学被理解为一门关于原则和对义务的责任的科学，它的研究领域是个体寻求道德改进的人类活动。政治学、市民政体和政治经济学被作为道德哲学的附属课程或其中的某些章节，作为高等教育的压顶石在高年级由学院的教士校长讲授。[27]

道德哲学对于苏格兰长老会来说，是处于基督教保证和批判性的世俗质疑之间的中途站，也是美国大学所引入的常识性领域。常识理论家接受洛克对知识的经验性批判，但争辩说这并不必然会导向乔治·贝克莱 [George Berkeley]*的观念论或大卫·休谟的怀疑论。对经验真实性的理性反思，包括基本的道德直觉这一人类共同的感觉，使得普通的物理世界和体现在基督教中的道德和神性的基本真理都得到了确认。在美国的大学中，常识领域鼓励了对培根经验主义的信仰，人们将其作为对所有科学都适用的恰当方法。牛顿的方法也被吸收到这一信仰中，人们相信通过对观察对象的理性反思，经验观察是可以产生科学的最高真理的。这也同样支持了在科学与宗教之间存在和谐的信念，人

---

[27] Meyer, *The Instructed Conscience*; Wilson Smith, *Professors and Public Ethics* (Ithaca, N. Y.: Cornell University Press, 1972); Daniel Walker Howe, *The Unitarian Conscience* (Cambridge, Mass.: Harvard University Press, 1970). 关于道德哲学与美国社会科学之间的关系，参见 Gladys Bryson, "The Emergence of the Social Science form Moral Philosophy," *International Journal of Ethics*, 42 (April 1932): 304-8; 同上, "The Comparable Interests of the Old Moral Philosophy and the Modern Social Sciences," *Social Forces*, 11 (October 1932): 19-27; 同上, "Sociology Considered as Moral Philosophy," *Sociological Review*, 24 (January 1932): 26-36。

* 乔治·贝克莱 [1685—1753]：18世纪英国哲学家，主教，西方近代主观唯心主义哲学的主要代表，与大卫·休谟、约翰·洛克并称为三大英国经验主义者。代表作有《视觉新论》《人类知识原理》《论消极服从》等。——译者注

们可以在基督教的范围内保持科学的进步。[28]这些学说的繁荣状态，就像宗教对学院的控制和挥之不去的美国千年王国的自我认同一样，说明了19世纪美国文化中深刻的新教虔诚，以及它向着一种关于自然和历史的世俗概念的缓慢转变。

三 黎白的学院政治科学

最后，我们转到形成于战前美国政治和学院背景中的社会科学的主要传统，以及它们对美国例外论话语的基础性依附。政治科学可能是美国的社会科学中最早出现的，但具有讽刺意味的是，它并没有像政治经济学那样作为一个系统的研究得以发展。共和国的建立是共和主义政治科学的一种鲜明实践，麦迪逊和汉密尔顿在《联邦党人文集》[The Federalist Papers]中有所描述，他们的同代人也对此有所叙述，如约翰·亚当斯[John Adams]和卡罗琳的约翰·泰勒[John Taylor of Caroline]*，这一讨论一直持续到19世纪早期。[29]但是，一旦共和主义制度建立起来，政治思想就会很大程度上被从

---

[28] Bruce Kuklick, *The Rise of American Philosophy* (New Haven, Conn.: Yale University Press, 1977), chaps. 1-2; James Turner, *Without Creed* (Baltimore: Johns Hopkins University Press, 1985), chaps. 2-3; Theodore Dwight Bozeman, *Protestants in an Age of Science* (Chapel Hill: University of North Carolina Press, 1977), chap. 1; George H. Daniels, *American Science in the Age of Jackson* (New York: Columbia University Press, 1968).

* 卡罗琳的约翰·泰勒[1753—1824]：农学家、政治家。其著作《阿拉特》是美国第一部农业分析专著。曾任弗吉尼亚州众议院议员、国会参议员。杰斐逊的积极支持者。反对联邦党的经济政策。支持门罗，曾与约翰·马歇尔发生论战。他最早系统地陈述了州权政策。——译者注

[29] 关于建国者们对"政治科学"的使用，参见Alexander Hamilton and James Madison, *The Federalist Papers*, nos. 9, 18, 31, 37, 44, 66。

政治实践中排除出去。美国政府的原则是以司法决定、国会辩论、政党演说和新闻出版的形式被详细阐述的。学院已经能够为持续的反思提供机会了,但他们也同样避开党派争论的问题。这一时期最重大的政治冲突是由地方主义[sectionalism]导致的,即使是在南方,它所激起的对建立共和主义原则的系统挑战,如卡尔霍恩的《关于政府的研究》,也出现在了政治舞台上。

政治科学依然作为一种分离、弥散状态的知识体,与政治经济学、历史学、哲学和治国术[statecraft]联系在一起。在美国的大学中,政治学教育是与对美国政治制度的基本描述联系在一起的,包括对拉丁文和希腊语的学习或对西方历史的考察,或者是与道德哲学相结合。[30]考虑到学院的怯弱性、美国政治的实践力量和主题的分散,也就不难理解战前政治科学最有影响力的建设是由一位德国移民来完成的。通过探究德国人对国家的理解和美国辉格党文化之间的共鸣,弗朗西斯·黎白[Francis Lieber]在美国政治科学中铸造了二者之间的长期联系。

黎白是在拿破仑一世的普鲁士成为一个热情洋溢的共和党人的,独裁政府复辟后,他就被打上了危险分子的烙印。在秘密警察的追捕下,他从一所德国大学转到另一所大学,断断续续地获得了新康德主义哲学的教育。在巴托尔德·尼布尔,一名历史主义的先驱和马基雅维利共和主义信徒的教导下,他推崇历史的方法。黎白于1827年逃到了波士顿,在那儿他在一些老联邦党人和新辉格党波士顿精英中获得了一些帮助。他发现他关于中产阶级宪法的自由主义的德国烙印与他的新朋友们的观点十分一致。他

---

[30] Stefan Collini, Donald Winch, and John Burrow, *That Noble Science of Politics* (Cambridge University Press, 1983); Anna Haddow, *Political Science in American Colleges and Universities, 1636-1900* (New York: D. Appleton, 1939).

关于自然权利根植于自然法的思想，是置于尊重国家权威和社会制度的保守框架中的。他很少同情那些左派对英国选举权日益狭隘的抨击，或是他们对美国财产权阶级基础的批评。他最有影响力的追随者，耶鲁大学的校长西奥多·德怀特·伍尔西［Theodore Dwight Woolsey］指出，"在他的政治判断中，他更多的是一个英国人或一名共和主义者。我们想知道……他年轻时是否有任何自由主义的细枝末节给他带来过怀疑"。[31]

这种对黎白德国传统的道德强调可以很容易地在美国的土壤中扎根生长，在这种环境以及他的所有工作中，他都敏锐地意识到他所能够实现的融会贯通。然而，各大学还是怀疑这样一个从未放弃他的德国传统的自由主义的圣公会教徒［Episcopalian］，因此黎白多年来只能在南卡罗来纳大学获得一个历史学和政治经济学的教职。1838—1839年，他的第一篇主要论文运用了康德对普遍规律和政治实践的区分，提出一个名为"政治伦理"的主题，这一主题关注公民所要求的有良知的行动，从而将他的德国观念论转到了对共和主义美德的分析上来。[32]

黎白在辉格党教条的康德式表述中，展开政治学的哲学基础。自然权利不是以一种虚构的自然状态内在于孤立的个体之中，人

---

[31] Frank Friedel, Francis Lieber, *Nineteenth Century Liberal* (Baton Rouge： Louisiana State University Press, 1947)； Bernard Edward Brown, *American Conservatives: The Political Thought of Francis Lieber and John W. Burgess* (New York： Columbia University Press, 1951)； Theodore Dwight Woolsey, "Introduction" to *On Civil Liberty and Self-Government*, by Francis Lieber, 3d ed., ed. Theodore Dwight Woolsey (Philadelphia： Lippincott, 1877), 8-9. 关于尼布尔的共和主义，参见：Carlo Antoni, *From History to Sociology* (Detroit： Wayne State University Press, 1959), 124-5。

[32] Francis Lieber, *Manual of Political Ethics*, 2 vols., ed. Theodore Dwight Woolsey (Philadelphia： Lippincott, 1875 [1838-9]).

类是社会性的存在，他们原始、自然的权利来自他们的（社会）人性。他们所具有的权利就是去努力完成他们作为社会成员的个人属性和社会属性。在康德目的论式的术语中，人的"命运就是文明……培育、发展和扩展所有我们的力量和天赋"。达到这一目的的手段是由必然性的刺激、自由经济以及最重要的法治国家提供的。像康德一样，黎白将民族国家视为人类注定的社会生活的最高形式，政府是家庭的自然延伸，是一种积极的善。当1857年他从南卡罗来纳逃到纽约的哥伦比亚大学时，他表达了一度压抑的反奴隶制情绪，并在内战期间成为一名共和党的领袖以及国家主义的坚定拥护者。战后，他对康德和辉格党关于政府的观点，以及德国和美国的国家主义观点的综合，对于新的政治科学起到了基础性作用。[33]

尽管黎白详细说明了一种关于政府的积极观点，但他坚持这仍是一种有限政府。首先，他区分了社会与国家，前者被认为是进行中的、由人性和原始权利构成的母体，后者则被界定为因其政治能力和在主权国家中的一席之地而成为一个整体的民族或人民。黎白说，"人不能在没有国家的状况下存在，没有国家就没有人"。但同时，黎白赋予了个体良知和社会决定的权利，使其掌握

---

[33] Francis Lieber, *Manual of Political Ethics*, 2 vols., ed. Theodore Dwight Woolsey (Philadelphia: Lippincott, 1875 [1838-9]), 1: 127, 180-1; idem, *On Civil Liberty*, chaps. 3-4. 从黎白到第一次世界大战，德国观念论下的美国政治科学的根基是由 Thomas I. Cook 和 Arnaud B. Leavelle 的《德国观念论和美国的民主共同体理论》["German Idealism and American Theories of the Democratic Community," *Journal of Politics*, 5 August 1943: 213-36] 一文奠定的。但是一般情况下，这一脉络被认为是在自由主义的自然权利传统中自然发展出来的，此观点可见：Sylvia D. Fries, "Staatstheorie and the New American Science of Politics," *Journal of the History of Ideas*, 34 (July- September 1973): 391-404。

国家及其创造物——政府，有权维护它们的合法权威，并在必要时进行反抗。为了履行他们作为工具的适当角色，国家和政府必须保护原始的人权和公民自由。像埃德蒙·伯克［Edmund Burke］*一样，黎白将政治权力的社会视角与宪政政府的自由概念结合在一起。自愿行动、地方自治、保护市民自由和财产权这些英美传统才是政府的真正原则，只有这些原则才能平衡作为个体的人和作为社会的人的要求。中央集权的多数民主制的法国体系，是应当不惜任何代价去避免的历史模型。[34]

在黎白最著名的文本《公民自由与自我治理》[Civil Liberty and Self-Government，1853］一书中，他"努力协调国家的历史发展与其哲学基础之间的关系"。他相信必须检验那些与历史事实相反的哲学原则，从而逐渐将他的政治科学研究视为历史主义的。[35]他将这种观点总结在就任哥伦比亚大学的历史学和政治科学教职的演说中。

> 政治科学讨论的是人最重要的世俗的一面。国家是保护或检验所有努力，并反过来对其予以反思的机构。因此，一门全面的政治科学课程就应当大部分是对文明历史的描述，从巴斯［Barth］在中非发现的那种松散的人类状态到我们自

---

* 埃德蒙·伯克［1727—1797］：英国政治家，提出政治本位的历史主义，代表作有《法国革命论》。——译者注

[34] Lieber, *Political Ethics*, 1: 214-17; 2: 162-76; idem, *On Civil Liberty*, 38-40 and chaps. 22-35.

[35] Francis Lieber, "History and Political Science: Necessary Studies in Free Countries," in *The Miscellaneous Writings of Francis Lieber*, 2 vols., ed. Daniel Coit Gilman (Philadelphia: Lippincott, 1880), 1: 339-40; and Brown, *American Conservatives*, 30-1.

已积累起来的文明，这其中包括人性的各种波动。

黎白对历史方法有着复杂的理解，包括对语言的敏感和将历史进行分析应用的渴望。他认为研究历史的适当方法是"社会分析……将永恒和不变与偶然和肤浅的东西相分离，这样它就能成为我们更好地理解现在的钥匙"。因此，他赞成历史主义的新趋向是微小和精确的研究，赞同对人类社会规律的辨析，并认为历史的最高研究是对制度和更宏大的历史运动的研究。他的历史政治学界定了一个广阔的领域，在这一领域中，历史学者和政治学者的兴趣是可以聚焦的。[36]

在《公民自由与自我治理》一书中，黎白从对西方历史的检验中发现，政治进步的历程在美国宪政政府的辉格党保守原则中达到了顶点。美国公民自由权在盎格鲁 - 美国式的普通法传统和自我治理的制度中得以体现。而诉诸抽象学说的法国大革命则是个失败的例子。英国和美国的民选政府，及其内部相互关联的制度体系和"清晰明了的自由"，是历史所取得的最高形式。"长期存在——伴随着自由和财富的长期存在——是一个现代国家要解决的最大问题"，只有条顿人发展起来的"制度性自治"才能做到这一点。在黎白写作该书若干年之后，亨利·梅因爵士才对"雅利安的"政治传统及其历史道路予以说明，因此当时的黎白很遗憾没有任何单独的词汇可以说明这一累积的政治遗产，因此选择

---

[36] Lieber, "History and Political Science: Necessary Studies in Free Countries," 344, 367; idem, "On History and Political Economy, as Necessary Branches of Superior Education in Free States," *The Miscellaneous Writings*, 1: 179-203, 尤其是 192 页和 203 页。James Farr, "Hermeneutic Political Science: The Forgotten Lesson of Francis Lieber," *History of Sociology*, 6-7 (1986-7): 65-74。

了自由的"英国式"[Anglican]原则这一术语,认为"这是西方历史的主导性主题与我们的种族、时代和国家及其天职的典型特征"。因此,他将他的政治理论与条顿的历史和对美国例外论的辩护联系在一起。[37]

值得指出的是,黎白对美利坚共和国满怀希望的观点并没有得到他的朋友阿历克西·德·托克维尔的赞同。黎白是托克维尔1831年在美国游历期间主要的信息提供者之一,后来他们终身保持通信。尽管黎白对他不得不与之共命运的地方性世界仍然有些个人的疑虑,但可能由于那种必然性,他从不深究托克维尔分析中的破坏性暗示。托克维尔将美国视为一个欧洲所期待的民主原则的典范,一个值得敬佩和害怕的典范。他敬佩美国民主的社会基础,这确保了共和政府的稳定性和人民共同的安逸和理智。但是他预测说,美国的民主并不会在任何人类的成就领域产生不同,而且他担心那些支持并同时限制个人身份的阶级结构的缺失可能带来的影响。民主个人主义的驱动力可能会损坏真正的个体性,将独立公民的集体转变为以自我为中心的无差异大众和没有想象力的墨守成规者。在这里,托克维尔完成了他继承于孟德斯鸠的共和主义的"自由社会学"[sociology of liberty],显示了个人依赖于社会的共和主义自由的悖谬结论,就像卢梭早先关于个体灵魂所指出的那样。托克维尔的警告被辉格党的精英注意到,并不时得到回应,但他的著作在战后怀疑的一代那里得到了更为广泛的阅读。黎白被认为是一位更适合于大学生的贤明导师。[38]

---

[37] Lieber, *On Civil Liberty*, 22, 204-14, 300, 319, 361-2.
[38] Melvin Richter, "The Uses of Theory: Tocqueville's Adaptation of Montesquieu," in *Essays in Theory and History*, ed. Melvin Richter (Cambridge, Mass.: Harvard University Press, 1970), 74-102; Haddow, *Political Science in American Colleges*, 248-9.

四 本国的政治经济学传统

像黎白的政治科学那样,中间派政治经济学的意图是重申美国的新教和共和主义的自由进步视角,以抵御国内的危险和国外的怀疑。从汉密尔顿的《制造业报告》["Report on Manufactures"]开始,关于关税、银行业和货币的政策差异的讨论就奠定了美国例外论的基础性话语。最早的系统论述和内战前政治经济学对立的两个流派出现于由拿破仑一世的战争引发的经济萧条时期。新英格兰的商人和银行家与他们的教士同盟,通过促进新英格兰大学中的政治经济课程教学回应了这种萧条和民众骚乱。由于他们与英国进行自由贸易的经济利益联系和继承自悲观的加尔文教徒和联邦党人的遗产,这些新英格兰的精英热切地希望发展对古典经济学的保守性运用。他们那种源自英国的观点,即"政治经济学具有相对于其他科学的优先性,它是所有混乱和无序的镇静剂而非催化剂"。大多数北方的自由贸易理论家都是教士或是这种防御性学院事业的世俗参与者。尽管说明都是断断续续的,并且经常加入道德哲学,但他们的文本与新英格兰的文化影响一起传遍了北部和西部的大多数地方。[39]

战前最流行的文本是由弗朗西斯·韦兰德[Francis Wayland]所写的,他是布朗大学的教会校长。韦兰德以公开道歉的口吻赞扬了商人和银行家的作用,反对政府约束他们的企图或对他们财产的普遍侵害,他强调在他们与整个共同体之间利益的自然和谐。韦兰

---

[39] Michael J. L. O'Connor, *Origins of Academic Economics in the United States*, Introduction by Michael Hudson (New York: Garland Publishing, 1974), chap.3; 引文在第92页; Dorfman, *Economic Mind*, vol. 2, chaps. 25-7。

德保持着他保守的加尔文主义：千年王国的民族主义唤起了平民的期望以及可能由此带来的失望。而且，他认为美国将是马尔萨斯原理的例外，并怀疑这一原理是否真的指示了"造物主预期的人类境况"。人口依赖于资本的形成，而在美国，资本的增长远远快于人口的增长，因此真正的危机是"不太可能的"。劳动力的工资足以维持家庭的生计，除非那个人是不道德的或懒惰的。韦兰德受到了法国经济学家萨伊［J. B. Say］的影响，萨伊的著作在北方的大学广受欢迎，他强调资本的生产性角色和不同的经济部门与阶级之间的利益和谐。[40]

韦兰德接受了萨伊的观点，将"消费"与生产、交换和分配一起，作为组织的主要组成部分。像萨伊那样，他将个人和国家的支出都视为消费，二者都处于同样的自然原则系统内，并强调消费者选择和政府支出与税收的道德维度。这种对道德性消费的强调重新塑造了例外论的术语，并开始成为美国政治经济的典型特征。[41]

阿马萨·沃克［Amasa Walker］是一位自由贸易理论家，他将韦兰德文本的元素以一种更有希望的形式展现出来。沃克是一名商人，在1866年确立自己观点之前，他教授了多年的政治经济学。他认为马尔萨斯的预测与美国的情况不符，因为土地的生产力在不断增加，而且其自然条件可以使有限的人口免于饥荒。通过美国国内的劳动阶级人口出生率的下降，人们已经可以看到这

---

[40] Francis Wayland, *The Elements of Political Economy* (New York: Leavitt, Lord, 1837), 327-9, 340; O'Connor, *Origins of Academic Economics*, 120-35, 172-90; Paul Conkin, *Prophets of Prosperity* (Bloomington: Indiana University Press, 1980), 28-30; Charles Gide and Charles Rist, *A History of Economic Doctrines*, 2d ed. (Lexington, Mass.: Health, 1948), 118-33.

[41] Wayland, *Elements*, bk. 4. Cf. Jean-Baptiste Say, *A Treatise on Political Economy*, trans. C. R. Prinsep (Philadelphia: John Grigg, 1827), bk. 3.

一过程正在发生。如果政府没有阻碍经济,包括不赋予特权、避免沉重的税收和发动战争,如果个人明智地储蓄和出于生产和道德目的地消费,即沃克所说的"正确消费",那么和平和富裕是可以达到的。在引用了一首暗示千年王国的诗之后,他总结说:

> 也许期望很快达到这一结果是不明智的,或许还不必为这样一次人性的上升准备好长袍,但是只要财富消费能被人类的法律、习俗或协议所影响,在这个范围内,这个目标就能一步步实现。

44

沃克所持的是对美国例外论的一种扩展性视角。[42]

19世纪早期的经济萧条也促使北方的自由贸易经济学家产生一种保护关税的[protariff]反应。丹尼尔·雷蒙德[Daniel Raymond]是一位巴尔的摩的律师,他认为共和政府必须采取积极的行为,主要是通过保护性的关税来防止资本主义发展导致的过度不平等。通过这样的保护措施,市场的自然法则将得以运作,美国将领导世界走向救赎。雷蒙德的文章是设立政治经济学的"美国体系"的首部主要著作。这些经济学家反对英国古典经济学及其自由贸易的世界主义[cosmopolitanism],反对马尔萨斯和李嘉图关于普通民众的贫困想象,他们提出一种民族主义的反抗,以维持美国例外论的千年王国的希望。[43]

---

[42] James P. Munroe, *A Life of Francis Amasa Walker* (New York: Henry Holt, 1923), chap. 1; Amasa Walker, *The Science of Wealth* (Boston: Little, Brown, 1866), 尤其是464—6页。

[43] Kaufman, *Capitalism, Slavery, and Republican Values*, chaps. 3-4; Ernest Teilhac, *Pioneers of American Economic Thought* (New York: Macmillan, 1936); Conkin, *Prophets of Prosperity*.

美国学派主要是在大西洋中部的州获得支持，尤其是宾夕法尼亚，在这些地方，小规模的制造业十分发达。马修·凯里［Matthew Carey］是居住在费城的一名爱尔兰裔共和党人，他建立了这个地区最主要的出版公司之一，也是将汉密尔顿的商业主义转变为共和派的民族主义的设计者之一。[44] 19世纪20年代，凯里还是弗雷德里希·李斯特［Friedrich List］的保护者，这是一位逃避德国迫害的自由主义流亡者。李斯特本来就主张为四分五裂的德意志邦国制定共同的保护性关税，因此他十分热衷于在费城建立民族主义纲领。在用英语写作和试图获得大学的职务方面，他没有黎白那么幸运，没有成功地找到归属。回到德国后，他出版了《政治经济学的国民体系》[*Das Nationale System der Politischen Ökonomie*, 1841]，该书成为德国民族主义经济学的奠基性著作。[45] 他的事例和黎白的生平一道，显示了早期德国和美国的自由式民族主义的一致性。

政治经济学的美国学派开始成为辉格党政治议题的中心，马修的儿子和继承人亨利·凯里［Henry C. Carey］成为其领袖理论家。亨利·凯里是辉格党向关税做出民主式妥协的时期开始写作的，他的第一篇主要论文写作于1837—1840年，是支持自由贸易的。但他真正的目的是捍卫扩展的美国例外论。李嘉图的结论是保持技术的进步和支持生产力，但凯里相信只有考虑经济体系的进步性特征，才能理解它是如何运作的。他回到斯密关于财富是如何增长的原初表述，认为其具有一种积极的前景。劳动创造了

---

[44] Arnold W. Green, *Henry Charles Carey: Nineteenth Century Sociologist* (Philadelphia: University of Pennsylvania Press, 1951), chap. 1; A. D. H. Kaplan, "Henry Charles Carey: A Study in American Economic Thought," *JHUSHPS*, ser. 49, no. 4 (1931): 11-12.

[45] Gide and Rist, *History of Economic Doctrines*, bk. 2, chap. 4.

资本，资本增加了劳动的质量，不断生产着更多的产品。在他的动态情景中，产品的价值是由劳动来衡量的，资本的价值储存在劳动中，是由再生产的成本决定的。因此，资本总是较少地支配产品，而更多地指挥着劳动，在产品数量的全面增长中，所有利益都是和谐的。[46]

如同斯密那样，凯里将财富的生产置于自由进步的核心位置。当资本增加时，

> 人们能够通过与他们的邻居合作而获利，善良和好感取代了早期的野蛮和掠夺。贫困和苦难渐渐消失，代之以安逸和舒适。劳动变得不那么剧烈，保护生存手段的数量也开始减少，这样人们可以把更多的时间投入到开发智力的活动中。人的道德改进与他的体质改善同步发生，因此文明的美德取代了野蛮生活的恶习。

尽管这些自然法的作用是将人性引向文明，但有很多持续的历史障碍阻碍其作用。他四卷本的论述中大部分是历史和统计分析，以说明贫困的重现和资本形成过程的停滞，这些现象的出现不是由于马尔萨斯或李嘉图提出的法则，而是由于人的道德和政治失败带来的局限。改朝换代的战争、过重的赋税和个人的恶习对于凯里来说都是历史的罪人，对于许多美国共和主义者来说也是如此。只有美国，其次是英国，法国勉强算作第三，提供了"人身安全和完全的行动自由"，这使得经济进步得以充分展开。

---

[46] Henry Charles Carey, *Principles of Political Economy*, 3 vols. (Philadelphia: Carey, Lea & Blanchard, 1837-40), vol. 1.

的确,对马尔萨斯的驳斥仅出现在他文章的倒数第二章。最后一章是对托克维尔及其对美国未来无端的恐惧的批评。他认为,托克维尔没有看到美国进步的真正动力机制。民主不是原因,而是美国政治经济学的基础性条件的结果。是共和主义的政府而不是什么别的原因,使得自然法能够在美国毫无障碍地展开。[47]

凯里对美国进步的满怀希望的观点在19世纪40年代得到了深化。他当时已经拥有相当可观的财富,于是进一步扩大了父亲的出版业,并对宾夕法尼亚州的新兴煤矿业和企业进行投资。他发现,当19世纪30年代关税比较低的时候,他的生意亏本,国家的经济也衰退,而1842年提高关税之后,整个经济又都好起来,而且在历史上也有类似的情形。于是在《过去、现在和未来》[The Past, the Present and the Future, 1847]一书中,凯里提出英国的自由贸易政策会影响文明的进步。英国的政策使资金和劳动力被转移到贸易这种昂贵的、长距离的商业中,而不是让城市与邻近的乡村之间进行货物交换,于是整个国家陷入了过度专业化的殖民地贫困中,并阻碍了资本的形成和繁荣。他现在认识到,未受干预的劳动分工过程是通过联合的完美法则进行运作的。联合是基于"土地的分割和人的联合",其倾向是增加个人的独立性和公司及地方性交换中的合作,而这些都有利于形成文明的真正平衡。英国的商业政策干预了这一法则的运作,现在应当是废除它的时候了。"西进是帝国形成的起点……这是为美国人民所保留的伟大事业。"[48]

在后来的二十年中,凯里都是扮演着维护宾夕法尼亚州保

---

[47] Henry Charles Carey, *Principles of Political Economy*, 3 vols. (Philadelphia: Carey, Lea & Blanchard, 1837-40), 引文在1: 341 和2: 462。

[48] Kaplan, "Henry Charles Carey," 46-8; Henry Charles Carey, *The Past, the Present and the Future* (Philadelphia: Henry Carey Baird, 1847), 138, 446.

护关税利益的领袖式发言人的角色,他写了大量的杂志文章和政治评论,并于1858—1860年出版了陈述他思想体系的《社会科学的原则》[The Principles of Social Science] 一书。他对进步链条中政治、社会和经济因素之间互动的关注,将他带入了社会学。正如赫伯特·斯宾塞在K. E. 冯·贝尔[K. E. von Baer]的胚胎学中确立了他对进步差异的斯密式观点一样,凯里也在歌德[Goethe]和阿诺德·亨利·盖奥特[Arnold Henry Guyot]*的自然史中确立了他的联合法则。在所有的有机体中,各部分的高度个体性代表着高度的组织性。不仅是经济过程,社会组织也遵循他的联合法则,这一法则对自然中的一切都适用。在运动规律和热能规律的支持下,早期著作中的历史分析现在大多被精细的物质比喻所取代。[49]

凯里被吸引到这种实证主义的表述中,不仅因为它为他的政党政策提供了权威,而且因为凯里本人有着强烈的宗教偏好。政治经济学的规律就如同公正上帝的指令,一直是凯里著作的主题:不像马尔萨斯和李嘉图指出的那样,"这位伟大的宇宙设计者并非轻率之人"。从政治经济学延伸到社会之后,他理解了规律的普遍结构。与斯宾塞相似但又与之无关,凯里是从斯密的经济学中发展出一套社会学,将对差异增长的历史解释转向了一种社会进化的规律。至少在英国和美国北部的免税州,社会学起源于扩大资本主义秩序和谐可能性的自由主义尝试之中。内战之后,许

---

* 阿诺德·亨利·盖奥特[1807—1884]:瑞士人,地质学家、地理学家。1835年获柏林大学博士学位。1848年去美国,在哈佛大学任教,讲授《新地理学》。1854—1884年任美国普林斯顿大学前身新泽西大学自然地理和地质学教授。——译者注

[49] Henry Charles Carey, *The Principles of Social Science*, 3 vols. (Philadelphia: Lippincott, 1858-60),尤其是第2卷第2章。

多美国经济学都将沿着此道路进入社会学。[50]

内战前,凯里在辉格党的新闻和政治圈里有许多追随者,而且享有任何美国经济学家都难以比拟的崇高的海外声望。但是当时的美国,自由贸易的支持者控制了国家政策,自由贸易的理论家掌控着北方学校,他们将凯里作为党派性关税的支持者而解除了他的职务。美国学派控制了宾夕法尼亚大学,并在别处也建立了据点,例如哈佛大学的弗朗西斯·鲍恩[Francis Bowen]就是凯里的追随者,但除此之外他们并没能在其他学术市场占有话语权。内战后,凯里支持用美钞作为货币,而当时许多有名望的精英都希望恢复硬币支付,这使得凯里的声誉受到了进一步损害。而他的货币政策与他及美国学派经济学家通常所采取的立场是一致的。凯里看到了制造商和工人的利益是天然联系在一起的,因此和他的工人一样,偏爱宽松的信用、加速的增长和工资的提高,而这些都是扩张的货币才能提供的。他的理论决定了他对工人的看法,他将工人视为与农民、小商人或制造商没有什么差别的劳动者,他们可以改善自己的生活,并有能力达到资本的聚集,而不仅仅是可怜的挣工资的人。

在凯里膨胀的乐观主义中,存在着一个巨大的讽刺。他是积极开发宾夕法尼亚煤矿的企业主集团中的一员,并无视地理学家关于煤矿矿床无法经受经济开采的警告。其结果是不断的失败和

---

[50] Henry Charles Carey, *The Principles of Social Science*, 3 vols. (Philadelphia: Lippincott, 1858-60), 232; Green, *Henry Charles Carey*, 79, 145-55. 但是凯里曾经阅读过孔德的有关著作,并且似乎从《过去、现在和未来》一书开始,他就在与托克维尔对法国人"团结"分析的话语中,推导出他关于联合的法则。关于他的理论的最终陈述是《法则的统一》(*The Unity of Law*, Philadelphia: Henry Carey Baird, 1872),凯里合并了引自尤曼的大众科学中的力量的持续原则。

所有者的低利润，这使得凯里成为一名高关税的拥护者。但其结果是，工人仍然处在低工资、低就业和危险的工作环境中。凯里似乎是一个比较好的雇主，但他同他的大多数同行一样，反对工会和罢工，希望通过自然法来治疗工人的大部分病症。凯里一边发表着他的理论，一边过着费城精英阶层的优雅生活，在"保护美国劳工"和"利益和谐"的旗帜下，在奢华的庆功宴上接受同行们的盛赞。

尽管乐观主义的成本不一样，但快速开发创造的机会和对上帝在美国"不会犯错误"的笃信，将许多工人和资本家都吸引到凯里的扩张性观点中。内战后，正如我们将会看到的，这种普遍的希望开始消退，普通工人将成为流动的有产公民，甚至如韦兰德暗示的那样，成为稳定的体面的贫困工人。在那个残酷的世界里，凯里对和谐进步的简单保证是不充分的，他的影响也迅速地消散了。[51]

五 结论

在内战爆发前，美国引进、细化和转变了起源于 18 世纪和

---

[51] Anthony F. C. Wallace, St. Clair, *A Nineteenth Century Coal Town's Experience with a Disaster-Prone Industry* (New York: Knopf, 1987), 65-70, 184, 194-200, 400; Green, *Henry Charles Carey*, 22-5, 89, 172-92; Francis A. Walker, "Recent Progress of Political Economy in the United Sates" (1888), in Walker, *Discussions in Economics and Statistics*, 2 vols., ed. Davis R. Dewey (New York: Augustus M. Kelley, 1971 [1899]), 1: 321-39. 对于 20 世纪的历史学家来说，要为凯里的战前自由主义找到一个合适的位置是不容易的。在多尔夫曼 [Dorfman] 的 *Economic Mind*, vol. 2, chap. 29 这篇文章中，凯里的理论似乎是一个富裕的机会主义者的资本主义式道歉；"Hudson's Introduction to O'Connor", *Origins of Academic Economics*, 在这篇文章中，凯里和他的美国学派的同事是以一种唯物主义的理想主义者的形象出现的，内战后与他们的关系最为密切的是改革主义的历史经济学家。

19世纪早期欧洲的社会科学传统。一开始，美国人也同欧洲人一样关注现代社会的未来，但他们相信他们的共和制度和自然优势可以使他们走得比欧洲更远，以实现现代性的自由主义承诺。共和主义的政治科学和自由主义的政治经济学都与美国例外论的民族意识形态核心相连，由那些处于主流政治话语领域并捍卫它的人，以及那些不满于它的阶级和阶层的代言人共同发展起来。

尽管社会科学有激进派和保守派之分，但那种在战前建立了最强有力制度基础的传统，以及战后许多学科得以发展的根基，都是来自那些文化、政治和商业精英，他们主要是自由-共和主义共识的中间和右翼。他们中的绝大多数人都是辉格派而不是杰克逊的政治和文化主张的同情者，他们的工作被他们所执教的那些教派学院的防御性和说教立场所塑造。他们发现，他们的主张与19世纪早期德国政治和经济思想家的温和自由主义和民族主义，以及英国的政治经济学有着密切的联系。

在政治经济学中，美国人偏好斯密的乐观主义而不是马尔萨斯与李嘉图的忧郁理论，后者来自早期的工业贫困和冲突。比起当代英国的古典自由主义，美国例外论的自由-共和式构想与苏格兰启蒙运动的道德世界关系更为接近。对于南方的保守精英，出于封建制的自负和对共和制衰落的担忧，李嘉图的悲观预测看起来更为合理，但在北部政治经济学家那里，他们认为未开垦的大陆和资本主义发展的自由过程可以克服那种英国式的恐惧。如果韦兰德的保守文本仅仅为工人描绘了一种简朴的生活的话，那么亨利·凯里的美国学派和更为乐观的自由贸易经济学家，例如阿马萨·沃克，以及两党中越来越多的政客强调的则是对所有工人开放的积累资本的机会，并暗示他们将广泛地获得财产和独立地分配。19世纪四五十年代工业加速发展时，北部的经济学家仍然坚持广泛分配生产性资源的前工业观点，以便让资本主义的发展合法化，并使美国例外论的扩张性观点永存。这样，乐观的自由主义就将美国式的理想转变为一种广大无边的社会学，就像斯宾塞对英国社会学的转变一样。

弗朗西斯·黎白将政治科学与辉格党的有限政治权利观相结合，以反对杰克逊式民主的平等主义要旨。他赞扬英国式的政治原则，这使得对多数主义民主的抑制成为对自由的定义。他提出政府应当由"公共人"来领导，即使他们不是生而就是绅士，也应当以此标准来行事。同时，他认为全体公民都应获得政治权力和政治教育，政治行为的选择是个人决定而非阶级决策，这样至少从这个角度他肯定了大众政治参与已经出现的内战前的美国。[52]这为他在镀金时代的继承者留下了一个任务，声称以一种新的现实主义将辉格党的精英主义转变为阶级和职业的意识形态，正如战后的经济学家使得阶级界限逐渐清晰化，而在战前理论中，这种界限是有意被模糊的。

美国人发现欧洲社会科学的张力最适合他们保持其制度不变的理论，甚至激进和保守的反对者也都会转向一种永恒的自然或不灭的历史。黎白政治科学的德国式模型将康德的观念论和真正的历史主义结合起来，可是他关注的是条顿自由历史的连续性，并将美国共和主义制度描绘为一种政治智慧的固定点。依靠这些美国治理的永恒原则，他在政治科学和制度历史之间建立了联系，并创造了一种保护共和国免于衰落的办法。

政治经济学家试图使美国大陆保持或恢复到自然法的统治之

---

[52] Lieber, *Manual of Political Ethics*, vol. 1, bk. 1, chap. 5; vol. 2, bk. 5, chap. 4 and bk. 6, chap. 1.

下。尽管南方的辩护者必须将这种观点包容到奴隶制中，但是跟随斯密或萨伊的北方自由贸易经济学家却没遇到多少困难，就使得共和国成为资本主义进步忘我的护卫者，并使经济成为学习共和主义公民能力的学校。对于那些提倡保护关税的民族主义经济学家来说，他们可以像德国的历史经济学家在19世纪40年代所做的一样，把国家的行为置于历史之中，因为他们认识到共和政府既可以在经济中扮演消极角色，也可以扮演积极角色。可是，他们把关税补救作为一种暂时的权宜之计，其用处在于恢复良好的自然法的作用。保护关税的经济学家和支持自由贸易的经济学家都将文明的进步特征归结为自然法的作用，当历史确实出现时，它就有可能成为一个错误、迷信和腐败的领域。就如他们分享其价值的启蒙运动自由主义者那样，他们相信过去是进步的阻碍。

美国社会科学家始终是像18世纪的欧洲人那样去理解自然规律，将其理解为上帝统治世界的法则。它们是确立"正确消费"的说明性法则，反映了加尔文教徒的严谨，或是特殊神性的仁慈。密尔和孔德坦率的实证主义在战前最终没能存留下来。在我们将要转向的镀金时代，世俗的自然主义和历史主义将会开始损害这种现代早期的自然法概念，并威胁美国例外论的原则。

第二部分

美国例外论的危机，1865—1896

第三章　社会科学学科的建立

在美国，内战前的社会科学就如同大多数组织松散的人文研究领域一样，处于一种碎片化的存在状态。经济学以及历史与政治学的联合体尽管受到教会的影响，且存在于道德哲学的课程中，但毕竟已经在战前的学院中建立了起来，从事这些学科教学的人也参与到这个时代更大的政策争论中。战后，财富的增长、大学的扩张、劳动和知识的专门化，都为独立的社会科学学科的建设提供了条件。但是促使社会科学研究者形成自我意识，并促使美国社会科学成形的事件是美国例外论在民族意识形态中的危机，这一危机在镀金时代中一直积累着力量。一方面，这个危机与知识权威的问题相关，因为科学渐渐开始怀疑那种辩护式的立场，以及天真地诉诸美国文化中既定意见的天意的做法。另一方面，这个危机产生于镀金时代的社会和政治挑战，因为内战、战后重建以及后来迅速的工业化似乎都在检验美国是否能够维持那些确定其独特历史地位的原则。

一　镀金时代的危机

在辉格派教士以及那些在教育和政治占主导地位的社会科学

中间派之中，有一些人对镀金时代广泛的文化和社会剧变做出了迅速而有力的回应。他们更具世界主义精神，笔者称之为士绅阶层，他们大多居住在东北部，受过良好的教育，在宗教上是自由主义或非正统的。这些人对自然科学向宗教正统提出的挑战十分敏感。[1]无论是出身于这个阶层，还是通过教育进入这个阶层，这些士绅都将自己视作美利坚共和国的精英护卫者，因此他们对政治经济变迁对例外论理想带来的挑战十分敏感。内战后的二十年中，他们通过建立现代的大学来树立自己的权威和社会形象，这些大学通过传播科学真理和社会科学学科使美国例外论原有的原则建立在不可攻破的科学基础上。

19世纪六七十年代发展起来的知识权威的问题，是事实上新教的所有教派提出的科学与宗教之间的和谐问题，这种和谐逐渐变得难以维持。到了19世纪中期，物理学和化学在物质守恒原则上的综合理论、热动力学的新理论，以及生理学和生

---

[1] 关于这个阶层在建立社会科学学科时的重要性，可参见：John Higham，*History*（Englewood Cliffs, N.J.: Prentice-Hall, 1965），chap.1；Robert L. Church, "Economists as Experts: The Rise of an Academic Profession in the United States, 1870-1920," in *The University in Society*, ed. Lawrence Stone, 2 vols.（Princeton, N.J.: Princeton University Press, 1974），2: 571-609；并在以下著作中得到进一步阐发：Thomas L. Haskell，*The Emergence of Professional Social Science*（Urbana: University of Illinois Press, 1977），chap. 4。这些人在此项运动中所表现出来的世俗性和世界性精神，在以下著作中得到确定：David D. Hall, "The Victorian Connection," in *Victorian American*, ed. Daniel Walker Howern（Philadelphia: University of Pennsylvania Press, 1976），81-94。关于他们在北部上层阶级中的基础，在下书中有所分析：Peter Dobkin Hall, *The Organization of American Culture, 1700-1900*（New York: New York University Press, 1982），pt. 3。"士绅"一词，甚至"有世界主义倾向的士绅"的称呼，包含了继承自英国历史的尴尬内涵，但它指涉的是地方的上层阶级，而不是传统意义上的贵族，通过事业的成功就能进入这一阶级，有时由于受教育而具有世界主义的同情。

物学对有机体与人类生命的基本事实给予科学解释等进步,都说明自然科学有能力提出一种总体的世界观。同时,科学通过技术也在一点点重塑着世界。当内战前的美国人相信"花园里的机器"时,镀金时代的美国人则看到了商业和工业铁路已经为所有花园强加了一种新秩序。托马斯·哈斯克尔[Thomas Haskell]提出,美国社会已经到了整合的时候,人们开始认识到人类事件不是由人的意识和直接的行动导致的,而是由非人的、遥远的和不那么明确的原因导致,因此权威和实践权力的解释转向了自然科学的非人解释。[2]

美国宗教界的发言人反对科学领域的扩张,他们采取更加防卫性的姿态,警告说他们的管辖范围不包括那些自然科学、德国的圣经批判以及奥古斯特·孔德和赫伯特·斯宾塞的理论发展中的那些非宗教含义。就像禁果那样,非正统的自然主义影响还是偷偷地渗入了,尤其是从德国和英国。1815年之后的整个19世纪,德国大学大约吸引了9000名美国人前去求学,他们中的大部分是在1870—1900年去的德国。与英国大学不同,德国大学没有宗教考试,而且他们的新教文化尽管是自由主义的,也避免了对天主教和放荡法国的美国式责难。最重要的是,德国大学是世界上最先进的。在那里的美国学生学习如何评价自然知识的发现和消除教条式的臆测。对美国人来说,还有一点也很重要,即可敬的英国自由主义者们在约翰·斯图尔特·密尔的带领下,捍卫科学和实证主义,这些活动通过书籍、杂志和个人信件

---

[2] Hall, "Victorian Connection"; Frank M. Turner, *Between Science and Religion* (New Haven, Conn.: Yale University Press, 1974), chap. 2; Haskell, *Emergence of Professional Social Science*, chap.2.

传到了美国。[3]

对于受过教育的美国士绅来说，科学不仅是最具权威的现代知识，而且当他们反对过时的威权主义宗教时，科学也是他们进行自由质询的勇气源泉，而且伴随着美国教会防卫性的日益增长，他们的反教权主义也在高涨。尽管基督教徒对"值得尊敬的"观点施加了长期的影响，但内战后一些正统的新教徒开始将他们的宗教训诫更加积极地带入政治。他们将目标定为既反对罗马的天主教廷也反对非宗教，但他们对正统的捍卫对于那些有世界主义倾向的士绅来说，是处于与罗马教廷同样的反动立场，而罗马教廷在那些年里也加紧了它反对现代文化的活动。

许多镀金时代的社会科学家都参与到这场争端中。弗朗西斯·阿马萨·沃克从小就被其经济学家的父亲教育为一个废奴主义者，因此他最早受到了维护奴隶制的保守教士的攻击，19世纪70年代他开始参与反对公共学校中的新教祈祷。莱斯特·弗兰克·沃德[Lester Frank Ward]有着相似的废奴立场。他也是从信仰福音主义的父母那里继承了反对天主教的思想，当转向自然主义时，他渐渐将反教权的主张运用于反对正统福音主义的信仰者，这些信仰者试图把他们的观点加入到公法中。沃德将托马斯·潘恩[Thomas Paine]和伏尔泰的著作介绍到国内（"我从未

---

[3] Charles C. Cashdollar, "Auguste Comte and the American Reformed Theologians," *Journal of the History of Ideas*, 39 (January 1978): 61-80; Jerry Wayne Brown, *The Rise of Biblical Criticism in America, 1800-1870* (Middletown, Conn.: Wesleyan University Press, 1969); Jurgen Herbst, *The German Historical School in American Scholarship* (Port Washington, N.Y.: Kennikat Press, 1972), chap.1; Charles E. McClelland, *State, Society and University in Germany, 1700-1914* (Cambridge University Press, 1980); Hall, "Victorian Connection."

读过一本比此书更具教育性的书"),并于1869年组建了"国家自由改革联盟"[National Liberal Reform League]以反对宗教的教条主义。在19世纪70年代早期的马萨诸塞州,卡罗尔·赖特[Carroll Wright]攻击正统的公理教会,因为他们反对他的宗教自由化和改善公共教育这一包含"天主教"因素的努力。[4]

科学自然主义与宗教之间的冲突是独立进行的,而当美国人加入对查尔斯·达尔文[Charles Darwin]的《物种起源》[Origin of Species]的争论时,对此情形无疑是火上浇油。达尔文对基督教的挑战在19世纪70年代越来越受到关注,与此同时自由士绅的新实证主义与正统防卫之间的冲突也越来越激烈。[5]士绅逐渐控制了学院。安德鲁·迪克森·怀特[Andrew Dickson White]从孩童时代起就反对他虔诚的父亲对他的强制,当他在欧洲读研究生和做外交助理时十分赞赏宗教自由。1866年怀特成为康奈尔大学的建校校长,他坚持学校的世俗性特征,提出要为所有高等教育建立一个非宗派的典型,并就科学与神学之间的斗争写了许多文章。威廉·格雷厄姆·萨姆纳[William Graham

---

[4] George M. Marsden, *Fundamentalism and American Culture* (New York: Oxford University Press, 1980), chap.2; James P. Munroe, *A Life of Francis Amasa Walker* (New York: Holt, 1923), 276-8; Clifford H. Scott, *Letter Frank Ward* (Boston: Twayne, 1976), 136-9; Lester F. Ward, *Young Ward's Diary*, ed. Bernhard J. Stern (New York: Putman, 1935), 234, 239, 313-35; James Leiby, *Carroll D. Wright and Labor Reform* (Cambridge, Mass.: Harvard University Press, 1960), 24.

[5] 当德雷珀对孔德的《欧洲的知识发展历史》[History of the Intellectual Development of Europe]进行精减时,他增加了尖刻的一章,论述了天主教的反应和最新的达尔文主义殉教者。该书以《宗教与科学的冲突史》[History of the Conflict between Religion and Science]为名出版,成为尤曼大众科学丛书[Youman's popular science series]中最畅销的一本。Donald Fleming, *John William Draper and the Religion of Science* (Philadelphia: University of Pennsylvania Press, 1950), 125-34.

Sumner]*是一名曾在德国和英格兰学习的美国圣公会的牧师[Episcopal minister],1872年他来到耶鲁大学教授社会科学。当耶鲁大学的教士校长禁止他向本科生教授斯宾塞的《社会学研究》[The Study of Sociology]时,萨姆纳公开指责教会控制的道德哲学课程对社会科学的限制。他声称,学习的历史显示一个又一个的学科不断地从"形而上学的思考"中解放出来,并成为独立的科学。[6]

这些攻击宗教控制的士绅知识分子并不想破坏宗教和科学之间的和谐,只是想对其进行重新构筑。实证主义科学是要提出共同认可的术语,而不是正统的宗教。他们中很少有人成为不可知论者,大多数人都是调整他们基督信仰的基础以避免与自然科学的认知冲突。但是,对他们所有人来说,实证主义的影响在美国第一次迫使自然知识与天启式的基督教分离,并决定以它自己的术语发展自然知识。

正当镀金时代的士绅开始根据科学的自然主义认识重新检验基本真理时,历史事件迫使他们更加细致地审视业已接受的美国例外

---

* 威廉·格雷厄姆·萨姆纳[1840—1910]:美国社会学家和经济学家,曾在耶鲁大学任教[1872—1909],宣传社会达尔文主义,鼓吹放任主义和个人自由竞争,反对救济贫困,代表作有《社会传统》等。——译者注

[6] Glenn C. Altschuler, *Andrew D. White –Educator, Historian, Diplomat* (Ithaca, N. Y.: Cornell University Press, 1979), chaps. 1-4; Andrew D. White, *The Warfare of Science* (New York: D. Appleton, 1888); idem, *A History of the Warfare of Science with Theology in Christendom* (New York: D. Appleton, 1896); idem, "The Relation of National and State Governments to Advanced Education," *Journal of Social Science*, 7(September 1874): 299-322; William Graham Sumner, "Sociology," *Princeton Review*, 57(November 1881): 303; Donald Bellomy, "The Molding of an Iconoclast: William Graham Sumner, 1840-1885"(Ph. D. dissertation, Harvard University, 1980), chap.14; Frank M. Turner, "The Victorian Conflict between Science and Religion: A Professional Dimension," *Isis*, 69 (September 1978): 356-76.

论真理。内战产生了强烈的民族主义和对共和国的奉献意识。许多具有辉格党商业倾向的北方人，以及许多信仰自然经济规律不朽统治的前杰克逊主义者都转向了共和党，并随着战争的推进而认识到国家统一和强大的重要性。尤其是那些在内战前政治中被边缘化的东北部士绅，逐渐在战争的推进和组织中成为主要参与者，他们寻找各种方式扩大自己的领导权。战争展现了新的国家力量的希望，也通过其权力、组织和必然悲剧的残忍一课让这些年轻的民族主义者懊悔。[7]

而这些来自战争的经验很快就与工业化的破坏性影响相叠加。由工业化发展所推动的大规模经济和社会分配开始起步，同时它也刺激了美国政治腐败的出现。当新闻业、学术界和职业工作者开始在战后的政治中扮演积极角色时，士绅们也很快通过职业政客、因移民劳工投票数的增加而不断扩大影响的城市政治机器，以及侵入政治过程的资本主义货币的腐败性而成为政治权力的经纪人。

也许他们必须面对的最困难的事实是一个永久性工人阶级的存在，通过机器大生产过程，工人阶级逐渐成为工资劳动者并与商业的兴衰循环连在了一起。在战后那些混乱的岁月里以及1873—1877年长时间的大萧条中，这一新兴的工人阶级通过下列显著方式宣告了他们的存在：寻求工作和救济的贫困工人数量不断增加，地方性和全国性的工会不断组建，在持不同政见的政党、罢工和暴力活动不断出现。在劳工组织中，激进共和主义的权力平等的传统开始复兴，对工业资本主义的"工资体系"进行攻击，

---

[7] Hall, *Organization of American Culture*, chap. 11; George M. Fredrickson, *The Inner Civil War*（New York: Harper & Row, 1965）.

并提出要通过合作性工业实现独立的理想。拉萨尔［Ferdinand Lassalle］*派成员、马克思的社会主义以及无政府主义开始出现在一小部分工人群体以及德国移民的社区中。随着1870—1871年的巴黎公社运动，工人阶级的运动在1877年的全国铁路大罢工中达到了顶点，美国阶级冲突的爆发打破了士绅阶级的例外论幻想。那种希望美国可以实现没有变迁的进步，认为它能够摆脱使得共和国堕落和资本主义的腐败与阶级冲突的梦想受到了威胁。

科学自然主义和历史变迁的结果是深刻意识到美国已经发生了变化。美国人第一次被迫认识到历史主义是他们这个世界的既定前提。黑格尔、孔德和斯宾塞的历史主义理论现在开始被重新严肃地作为分析的结构，其构成了美国以及欧洲历史进程的基础。历史主义者的方法承诺去理解人类事务的复杂特殊性，因而获得了新的权威。大量在德国大学进行研究生学习的学生使历史取向的研究获得了更大的影响力。[8]在历史政治学中，约翰·伯吉斯［John W. Burgess］开始试图抓住"历史的和革命的力量"的暗示，经济学家弗朗西斯·沃克则试图找到一种途径去理解工业社会经验现实的差异性。美国例外论的危机是一场涉及现实和概念变迁的根本性危机，如果我们跟随这场危机的各个分支，将能重构美国社会科学的过程。

变迁的经历从一开始就产生了一种在美国文化的各个领域中发展现实主义的新冲动，尤其是在社会思想方面。根据罗杰·B.

---

* 费迪南德·拉萨尔［1825—1864］：德国工人运动中机会主义派别的领袖、著述家，曾任"全德工人联合会"主席［1863］，鼓吹通过争取普选权和"国家帮助"逐步从资本主义过渡到社会主义。后死于为爱情而进行的决斗。——译者注

[8] 关于德国教育对于美国社会科学中历史学派的兴起和衰落影响的经典研究认为，历史主义是外来的德国货，是"必定会失败的"［p. x］，但是这类研究并没有进一步挖掘历史主义的美国背景，参见：Herbst, *The German Historical School in American Scholarship*。

萨洛蒙[Roger B. Salomon]的观点，现实主义是意识到过去与现在发生断裂，意识到那些继承的文化传统不再适用于当前的现实的产物，因此新现实必须在那些"现存的、可理解的、可见的和可感知的事物中以及对自然的严谨模仿中"寻找。在那些腐朽的古老宗教框架内和当前的新世界面前，萨姆纳在他的就职演说中宣称，"传统和过去的习惯已经被打破了，或至少变得不可信了。新的条件要求新的制度，我们也要从传统和旧处方转向对数据的再检验，从中我们可以了解社会秩序真正的原则，这才是与人性和人类社会的条件相符的"。

弗朗西斯·沃克也想要转向事实。他曾在内战中负伤，后来步他父亲的后尘进入政治经济学。沃克很高兴"世界不再对先验的政治学感兴趣"。战后的世界要求"对政府工作和社会事实进行严厉而实际的质询"。"我们不能再将自由看作一位女士，而必须将其作为一个事实"，因此自由不再是被追求的浪漫理想，而是具体的、可以被抓住的东西。沃克承认他父亲的信念将在"一个好的时代中实现，在一个自由、平等、友爱的光荣时代中必将成真"，但是原有的理想主义将不再能对艰难的现实给予引导。"现实主义是断绝继承关系的美学，它解决时间的碎裂问题，是通过提供一把剪刀将其剪为更细碎的时间流而实现的。在变迁的世界中，静止的状态可以通过原子化时间而实现。"[9]

---

[9] 对现实主义的分析来自：Roger B. Salomon, "Realism as Disinheritance: Twain, Howells and James," *American Quarterly*, 16 (Winter 1964): 531-44；引文在532页。罗伯特·C. 班尼斯特爵士提醒人们注意萨洛蒙在《对威廉·格雷厄姆·萨姆纳的社会达尔文主义的再思索》["William Graham Sumner's Social Darwinism: A Reconsideration," *History of Political Economy*, 5 Spring 1973]一文中所表现出的，与萨姆纳及其同代人的决裂。关于萨姆纳的引文来自：Bellomy, "The Molding of an Iconoclast," 251；关于沃克的引文来自：Francis A. Walker, "Mr. Grote's Theory of Democracy," *Bibliotheca Sacra*, 25(October 1868): 687-90。

现实主义使得美国的社会科学建立在一种刻意的"男性气概"过程之上。现实主义蔑视浪漫的幻想，为了其内在的客观事物放弃了作者主观的声音。在维多利亚文化的性别语言中，硬事实和硬科学是男子气概的，而情绪、理想主义和文学的想象构建则是女性气质的。自从孔德和约翰·斯图尔特·密尔的时代之后，社会科学家感到来自两个领域的吸引力，但是现实主义者想要消除主观性并确立科学的权威，这些希望不断地将男性气概的话语投射到社会科学的事业中。[10]

　　现实主义加强了自然知识承诺的经验驱力。培根式的经验主义已经是美国科学中主导性的方法论，它依赖于常识现实主义哲学，尽管新的哲学流派会影响镀金时代社会科学的重构，但他们不会改变它根本的经验驱力。在这种背景下，镀金时代的社会科学家增加了对统计学的运用。内战前，美国的统计研究是在英国模型的基础上发展起来的，主要是一种对社会群体的描述性统计学和尚未充分发展的自然规律的科学。通过统计研究，人们认为那些在社会现象中出现的数量规则是由在社会中发生作用的自然规律产生的结果。在 19 世纪中期的英国，尤其是在历史主义庇护下的德国，统计学开始被认为是一种分析社会现象多样性的科学方法。对于德国人来说，统计学是一种基于大量观察的方法，对于处理内在多样性和人类现象的不确定性是十分有用的，它导致了历史科学而非自然规律的概括化。[11] 在镀金时代，德国人对历

---

[10] 尽管沃尔夫·勒佩尼斯 [Wolf Lepenies] 在文学与科学的矛盾中提到了性别问题，但他强调的是它在社会科学发展过程中的重要性，参见：*Between Literature and Science: The Rise of Sociology* (Cambridge University Press, 1988).

[11] Theodore M. Porter, *The Rise of Statistical Thinking, 1820-1900* (Princeton, N.J.: Princeton University Press, 1986); Victor L. Hilts, "Aliis exterendum, or, The Origins of the Statistical Society of London," *Isis*, 69(September 1978);

史统计学的观点开始产生某些影响,但是美国社会科学家更喜欢将他们对社会多样性的兴趣落在自然法的实证主义概念中,正如他们将美国的历史与美国的天性结合起来一样。

通过经验方法,社会科学家希望在社会中发现与自然和历史中同样的根本性规律。萨姆纳希望他对"数据"的研究能产生"真正的社会秩序原则"。他们对历史变迁的最初意识、对生活在一个必然有其自身秩序原则的自然和历史世界中的意识,使得他们像早期的欧洲实证主义者那样,比以往更加依赖于科学法则的力量。萨姆纳承认,社会科学的成果还不够多,但是"存在一个科学的基础……其运作中的原则和规律都是必然的和完美的,这存在于所有的社会科学中……这对于我来说是种信念"。[12]

对于美国的社会科学家而言,这些对自然和历史的新态度有着特殊的含义。大量历史变迁的证据和不再能够祈求于天意力量的现实,使他们面临着历史变迁改变美国历史例外论进程的可能性。他们开始了长期的努力,以尝试接受这种可能性。他们承认使美国区别于欧洲的那些特殊特征已经遭到了腐蚀,并将美国历史更系统地与自然法的普遍过程以及西方历史的发展统一起来。但是在更为根本的层面上,他们对例外论视角和对时间的前历史主义概念仍抱有信念。他们重新勾画美国独特性的线索,并将自然法和历史原则转换为已建立的美国历史过程的不变基础。只要可能,变迁就可被包容,历史也就是无害的。的确,这种镀金时代普遍的危机意识本身

(接上页)21-43; Theodore M. Porter, "Lawless Society: Social Science and the Reinterpretation of Statistics in Germany, 1850-1880," in *The Probabilistic Revolution*, ed. Lorenz Kruger, Lorraine Daston, and Michael Heidelberger (Cambridge, Mass.: MIT Press, 1987), 351-75; Robert C. Davis, "Social Research in America before the Civil War," *JHBS*, 8 (January 1972): 69-85.

[12] Bellomy, "The Molding of an Iconoclast," 253.

就是例外论历史意识的产物，尚无法接受变迁的必要性。对共和国堕落的恐惧，以及即将发生的厄运和重生的千年王国希望的启示性意象，仍在塑造着这些社会科学家的历史想象，并显示了共和主义-千年王国的想象在面对变迁时的力量。[13]

美国例外论在社会和知识方面的危机也是一场阶级危机。知识权威方面的不确定性和失控的腐败和矛盾直接冲击了士绅阶级的地位和作用，他们在重申自己的社会政治和文化权威时遇到了困境。这些镀金时代士绅的精神通常被称为"超然派"[mugwump]，因为他们总是自诩努力以"好人"无私的领导替代那些腐败的政客。面对阶级冲突的幽灵，他们既害怕业已获得的地位被动摇，又希望他们能有机会获得领导权。正如安德鲁·迪克森·怀特声明的那样，"这个时代正在来临……一旦沮丧的民众开始倾听那些试图颠覆整个社会秩序体系的危险分子华丽的布道时，唯一的安全措施就是彻底预防大众的无理性和传播正确的理性"。

这种新士绅的自我意识反映了那种形成于 19 世纪 70 年代的更为清晰的阶级界限，这不仅产生出一个更为明确的工人阶级，而且还划分出处于社会上层更为庞大的富裕阶层。这些受过教育的士绅通常都由于出身、资助和教育成为商业阶级的一部分或与之结盟，尽管他们有时也恼火于这些新兴资本家的傲慢态度和目

---

[13] 关于镀金时代的危机感，参见：Dorothy Ross, "The Liberal Traditon Revisited and the Republican Tradition Addressed," in *New Directions in American Intellectual History*, ed. John Higham and Paul Conkin (Baltimore: Johns Hopkins University Press, 1979), 121-5。下列研究探讨了历史变迁导致的镀金时代危机中的政治科学起源，以及实现早先美利坚共和国家的价值的努力，不过该研究并未注意到那些干扰历史连续性的因素：Raymond J. Seidelman with Edward Harpham, *Disenchanted Realists: Political Science and the American Crisis, 1884-1984* (Albany: State University of New York Press, 1985)。

无法纪，但利益和共同的观点将他们联系在一起。在镀金时代中，东北部的贵族逐渐与这些新兴的资本家结合在一起，形成一个国家的上层阶级。基于他们的财富和权力，这些受过教育的精英开始寻求新的影响力。他们将自己视为共和国的天然贵族和辉格党的道德骨干，他们在镀金时代的出现意味着资产阶级意识和对民族国家的"正确理性"声音的出现。

他们也将自己视为专业人士，他们的权威和专业技能部分来源于古老的社会根源；来源于其社会地位和更高的教育；来源于其特殊化、专家化的社会功能。他们新权威的基础是现代科学知识。随着教会的领导权逐渐失去信誉，具有世界主义倾向的士绅就成为其唯一的现代替代者。与政客、工人领袖和商人各自提出的分裂性主张不同，这些士绅可以诉诸现代科学来要求达成一致。科学允许他们以普遍理性的声音说话，并给予这些实践者精英以特权。[14]

这些持超然派理想的士绅希望战后政府职能的扩大能够由拥有科学原则知识的人士来完成，他们开始在政府中谋求职位。弗朗西斯·沃克从他父亲那里学习了经济学，并涉足了法律和政治新闻业等领域，1870年，他在华盛顿由一名税务委员的代理人迅速上升为人口调查局的主管。卡罗尔·赖特是19世纪70年代马萨诸塞州劳工统计局的局长，19世纪80年代他在华盛顿转向了为劳工问题的严肃研究和社会科学专家提供平台。在美国地

---

[14] 见本章注[1]；Andrew D. White, Education in Political Science (Baltimore: Md.: John Murphy, 1897), 34-35. 关于以贵族和阶级为基础的职业主义，参见：Dorothy Ross, "Professionalism and the Transformation of American Social Thought," *Journal of Economic History*, 38 (June 1978): 494-9。有一个关于以阶级为基础、共同体趋向的科学机构的有趣的讨论，19世纪七八十年代，这些机构将纽约的科学家聚集到了一起，直到学术专业化把他们分开，参见：Douglas Sloan, "Science in New York City, 1867-1907," *Isis*, 71 (March 1980): 35-76。

质勘测部部长约翰·韦斯利·鲍威尔〔John Wesley Powell〕的周围，聚集着一批自然科学家和社会科学家，其中包括莱斯特·弗兰克·沃德，他相信政府中的科学专家可以成为有益于大众福利的主要力量。但是最终，在联邦政府和州政府中并没有发展出多少中央的管理机构，而且它们也不像学院那样迅速地服从于士绅的科学权威。[15]

当自然科学家的士绅群体将美国的科学制度推向更大的职业精确性时，这些超然派的知识分子从中获得了启示，他们开始要求学术改革。受过历史学和政治学训练的安德鲁·怀特于1866年接管康奈尔大学，化学家查尔斯·威廉·艾略特〔Charles William Eliot〕1869年成为哈佛大学的校长，地理学家丹尼尔·科伊特·吉尔曼〔Daniel Coit Gilman〕1876年开创了约翰·霍普金斯大学，而社会科学学科的支持者，如耶鲁大学的威廉·格雷厄姆·萨姆纳和哥伦比亚大学的约翰·威廉·伯吉斯也都获得了重要的学术职位。他们与世界范围内的富裕校友结成群体，在原有的学院体系上建立了现代大学教育的世俗化顶点，为高等教育设立了标准。[16]

---

[15] Munroe, *Life of Francis Amasa Walker*, chaps. 1-3; Leiby, Carroll D. Wright, chaps. 3-4; Michael Lacey, "The Mysteries of Earth-Making Dissolve: A Study of Washington's Intellectual Community and the Origins of American Environmentalism" (Ph.D. dissertation, George Washington University, 1979), chaps.1, 5.

[16] Haskell, *Emergence of Professional Social Science*, chap.4; Bellomy, "The Molding of an Iconoclast," chap. 6. 老一代的教士学者，如耶鲁大学西奥多·德怀特·伍尔西和诺厄·波特和威廉姆斯学院及威斯康星大学的约翰·巴斯克姆，已经开始吸收先进的德国学术，并努力使各学院接纳他们。但是，他们与宗教的联系直接限制了他们所能够忍受的革新程度，于是将其留给更具世俗精神的士绅来打破这种战前的模式。参见：Louise L. Stevenson, *Scholarly Means to Evangelical Ends* (Baltimore: Johns Hopkins University Press, 1986)。关于大学改革的标准是：Laurence R. Veysey, *The Emergence of the American University* (Chicago: University of Chicago Press, 1965)。

与此同时，这些士绅将战线继续推进，使社会科学面对这种愈演愈烈的危机。1865 年，科学和大学改革者，以及在慈善组织、政府和政治事务中从业的士绅以英国国家社会科学促进协会［British National Association for Promotion of Social Science］为蓝本，共同建立了美国社会科学协会［American Social Science Association, ASSA］。改革者和社会科学家由于阶级身份和社会见解广泛地联合在一起，19 世纪 70 年代和 80 年代早期，该组织对他们的工作产生了促进作用。但是到了 19 世纪 80 年代，士绅活动家和学者联盟开始分裂，因为能力的功能性标准日渐重要，而且意识形态的争论也使得学者从那些公开的支持中退了出来。美国社会科学协会成为"协会之母"，它主持建立了或者说被分裂为各种特殊的、功能取向的专业组织，如国家慈善和矫治委员会［National Council of Charities and Corrections］和美国经济学协会［American Economic Association］。新出现的大学由于能够提供稳定的职业，逐渐开始控制对专业知识的获得，并拥有适度的专业自主权，这将取代实践性职业，成为新社会科学学科中的权威领域。[17]

19 世纪 70 年代的士绅知识分子在美国社会科学学科发展的分水岭中扮演了重要角色。内战和迅速的工业化引入了实证主义、历史主义和阶级意识的转向，这与法国大革命及英法的工业早期很相似。如同维多利亚时代的欧洲那样，现实主义是作为应对新兴工业化世界的道路出现的。但是士绅仍然停留在美国例外论镀

---

［17］ Haskell, *Emergence of Professional Social Science*; Mary O. Furner, *Advocacy and Objective* (Lexington: University of Kentucky Press, 1975), chaps. 1-2; Lawrence Goldmann, "Experts, Investigators, and the State in 1860: British Social Scientists through American Eyes," paper presented at the Wilson Center, Washington, D.C., September 1986.

金时代危机的起点，他们很难接受这些加诸他们的价值和知识新取向的要求。他们对这些规则的理解以及反应仍是被例外论的遗产所塑造的。最初，他们最关注的问题是证明社会科学可以重新确定美国统治和经济的传统原则，并取代宗教成为例外论未来确定无疑的向导。

二　历史政治研究与共和主义原则

黎白建立的历史政治研究模型为大多数镀金时代的政治科学提供了基础，但是在19世纪70年代还有一种与前者不同的历史政治科学尝试的努力经受住了检验。尽管黎白试图通过累积的历史经验寻找被验证的原则，但一些受到实证主义科学理想影响的美国人希望如同孔德和斯宾塞曾经提出的那样，发现历史发展的规律。虽然亨利·亚当斯不太适合放入这个学科或者任何一个单独的学科，但他19世纪70年代对学术性历史学的初步尝试是属于这个实证主义阵营的。在哈佛大学，艾略特和他具有现代性意识的同事聘请了亚当斯，于是一个有世界主义取向的年轻人转变为政治新闻记者和改革家，并声称他指定的中世纪历史并没有什么专门知识。亚当斯很快发现美国制度所依据的中世纪根基可以被赋予一个科学的基础。[18]

在19世纪中期，细致的研究为条顿世系提供了新的科学依据。1871年，亨利·梅因爵士在他的《东西方的乡村社会》

---

[18] Robert L. Church, "The Development of the Social Sciences as Academic Disciplines at Harvard University, 1869-1900" (Ph.D. dissertation, Harvard University, 1965), 1: 90-9.

[*Village Communities in the East and West*] 研究中,把来源于有数百年撒克逊传统和日耳曼印记特点 [Saxon hundred and the German mark] 的英国乡村社会与来自古老的印度形式遗迹的印度乡村社会联系在一起。几年后,沃尔特·白哲特 [Walter Bagehot] 和梅因根据对梵语的印欧语系的语言学分析,采用其中的"雅利安的"一词,提出了雅利安人种的世系。这个条顿世系的链条,与美国一道成为一种有力的关于西方历史的综合视角的组成部分。[19]

对于亨利·亚当斯来说,"所谓雅利安或印欧法"的一个巨大吸引力是,它可以成为一门"可接受的完整科学和一门对人类有重大价值的科学"。亚当斯相信,如果孔德那样的体系是不成熟的,它至少示范了一种促成发现社会发展规律的健康的科学动力。此外,这种自由的雅利安式科学巩固了美国的制度。在他自己的研究中,他试图说明在艾尔弗雷德统治的一部分时间里,撒克逊传统 [Saxon hundred] 就是一个基于共和主义原则的联邦国家的基础,是英国和美国制度发展的自然过程的预期。[20]

但是亚当斯的思想太复杂,以至于无法被哈佛大学的学术常规或者政治自由的雅利安理论所长期容纳。1876 年,他回到华盛顿,并试图通过共和国早些年的历史来衡量美国人自己是如何实践这些原则的。对于历史的力量及其讽刺性过程和对掌握科学规律的不断探索,他比同时代的其他人受到了更多的震动。亚当斯诉诸科学主义的做法反映了将历史和自然融合在一起的美国思想

---

[19] George P. Gooch, *History and Historians in the Nineteenth Century* (Boston: Beacon, 1959 [1913]), 320, 369-70.
[20] William H. Jordy, *Henry Adams, Scientific Historian* (New Haven, Conn.: Yale University Press, 1952), 113-20; Henry Adams. "The Anglo-Saxon Courts of Law," in *Essays in Anglo-Saxon Law*, ed. Henry Adams (Boston: Little, Brown, 1876).

的残余影响。在一段充满比喻的文章中,亚当斯解释了他关于美国民主要求一门关于历史的科学的信念,我们将看到这些形象贯穿于本书之中:

> 在瑞士,游人可以驻足莱茵河畔,这条河流从冰川发源地流经中世纪的城堡和封建时代的废墟,直至成为现代工业社会的高速通道,并最终注入海洋,永久地平静下来。美国历史也有着同样的旅程。在史前的冰川和中世纪的封建主义中,这个故事还没有什么进展;但是一旦海洋进入其视野,它所获得的趣味几近于痛苦……科学可以丈量海洋的深度,观测其洋流,预报其风暴,或确定它与自然体系的关系。在民主的海洋中,科学可以看到某些终极性的东西。人类不可能走得更远。原子也许可以移动,但普遍的平衡却无法改变。

在科学语言和"民主海洋"的形象中,存在的是一种美国千年王国的充分想象,它包容了数代的想象:美国是不变的自然的领域,它将建构的、变迁的欧洲历史抛在后面;美国是规律的最终储藏库和历史的终点;美国是包含于更大静止中的动态的原子运动。[21]

亚当斯没有发现历史发展的科学规律是什么,但是在他的知识圈子里,却有一些人于19世纪70年代提出了与有关条顿族的种族理论相结合的历史进步的实证主义规律。亚当斯让他在剑桥大学的朋友奥利弗·温德尔·霍姆斯〔Oliver Wendell Holmes〕去

---

[21] 关于亚当斯的历史学,参见:J. C. Levenson, *The Mind and Art of Henry Adams* (Stanford, Calif.: Stanford University Press, 1957); and Jordy, *Henry Adams, Scientific Historian*。引文来自:Henry Adams, *History of the United States of America*, 9 vol. (New York: Scribner, 1890), 9: 225。

调查英国普通法在撒克逊的起源，由此产生了他著名的1881年的演讲。霍姆斯赞赏斯宾塞、梅因及当时的人类学，他发现普通法中的进步与进化理论相呼应。他被后世称道的思想是，他相信法律的生命在于经验，而不是演绎的逻辑，在这种实证主义的剑桥背景中，经验产生了进化的规律。约翰·菲斯克［John Fiske］是19世纪60年代与霍姆斯同时在哈佛法学院的学者，70年代时菲斯克差点进了哈佛历史系，他同样吸收了实证主义和条顿民族优越论的文化。菲斯克试图将斯宾塞的宇宙法直接与雅利安的历史联系在一起：联邦共和国充分反映了在所有自然形式发展中都可以看到一致性与差异性、联合与个体化、中心权力与个人自由的冲动。[22]

但是19世纪七八十年代，亨利·亚当斯的支持和菲斯克、霍姆斯的实践并没有使公开的实证主义扎下学术性的根基。宗教反对势力消退得很慢，因此如亚当斯和霍姆斯这样具有独立性格的人就开始在学院之外谋职，而像菲斯克这样年轻热心的学者也被学院所排斥。但是到了19世纪90年代，教士的控制慢慢减少，剑桥实证主义的继承人阿博特·劳伦斯·洛威尔［Abbott Lawrence Lowell］使这一传统复兴，并将其引入政治科学中。

19世纪七八十年代占统治地位的历史政治学概念是弗朗西斯·黎白的传统，他将条顿脉络与历史主义的而不是自然科学的方法论前提相连。黎白寻求嵌入到文明历史中的政治过程原则，而他对民族国家的一再强调也使得他的政治科学在内战后民族主义

---

［22］关于剑桥的实证主义，参见：Mark DeWolfe Howe, *Justice Oliver Wendell Holmes*, 2 vols.（Cambridge, Mass.：Harvard University Press, 1957）, vol. 1, chap.5; vol.2, chap.5。关于霍姆斯的斯宾塞式框架，也可参见：Grant Gilmore, *The Ages of American Law*（New Haven, Conn.：Yale University Press, 1977）, 41-67。

觉醒和例外论危机出现的形势下获得了新的重要性。丹尼尔·科伊特·吉尔曼［Daniel Coit Gilman］是内战后黎白思想的倡导者，根据他的说法，黎白1872年去世时已经对"最有思想的政治学研究者"产生了重要影响。黎白最有影响的弟子可能是西奥多·德怀特·伍尔西，他是耶鲁大学的教士校长，主要教授历史学、政治学和国际法等课程。1872年退休之后，他出版了黎白新版的著作以及他自己对它的重新解释。[23]

安德鲁·迪克森·怀特是伍尔西的学生，在欧洲学习历史之后，1856年他回到了耶鲁大学攻读硕士学位，而当时正值伍尔西积极宣扬黎白学说之时。怀特对政治学的兴趣是由本国的市民人文主义传统引发的，当关于奴隶制的冲突深化时，他对政治学的兴趣也日渐浓厚。1857年，弗朗西斯·韦兰德鼓励他接受密歇根大学的历史学教职，韦兰德宣称，"这个国家将很快走到朝向善还是恶的转折点，西部将掌握权力的平衡并决定这个国家在人类历史上是获得祝福还是诅咒。"[24]

怀特也受到了牛津大学历史学钦定讲座教授托马斯·阿诺

---

[23] Daniel Coit Gilam, "Introductory Note" to *On Civil Liberty and Self-Government*, by Francis Lieber, 4th ed., ed. Theodore Dwight Woolsey（Philadelphia：Lippincott, 1901）; Daniel Coit Gilam, "Introductory Note" to *On Civil Liberty and Self-Government*, by Francis Lieber, 4th ed., ed. Theodore Dwight Woolsey（Philadelphia：Lippincott, 1877）; idem *Political Science*, 2 vols.（New York：Scribner, Armstrong, 1877）; Stevenson, *Scholarly Means to Evangelical Ends*, chap.7. 关于战后民族主义政治理论的兴起，参见第2章注［33］，和Mark E. Neely, Jr., "Romanticism, Nationalism, and the New Economic：Elisha Mulford and the organic Theory of the State," *American Quarterly*, 29（Fall 1977）：404-21。

[24] Andrew Dickson White, *The Autobiography of Andrew Dickson White*, 2 vols.（New York：Century, 1905）, 1：256-62; 2：384; White to Daniel Coit Gilman, February 2 and March 5, 1883, Gilman Papers，John Hopkins University；Andrew Dickson White, "How I Was Educated," *Forum*, 2（February 1887）：572-3。

德〔Thomas Arnold〕的鼓励。阿诺德的批判性历史主义方法，对制度的深刻理解，信奉条顿主义，相信国家的发展取决于历史规律，将历史性理解与当代政治问题关联起来的现代中心观目标，这些与黎白的政治科学概念有着共通之处，并为美国历史学家将自己的研究与之相联系提供平台。怀特宣称，他教授历史学的主要目的是促进"关于思考我们伟大的民族问题的更好教育"。在一段积极的从政活动之后，1867年他开始接管康奈尔大学，并立即宣布——至少是在字面上，一个包含了历史学、政治学、法学和经济学，以及"社会科学"课程的"政治科学学院"，作为对那些所谓有依赖性的、有过失和缺陷的阶级的科学训练。换句话说，政治科学是所有社会和历史科学的通称。查尔斯·肯德尔·亚当斯〔Charles Kendall Adams〕是怀特的学生，他继承了这种理念，并于1881年建立了密歇根大学的政治科学学院。[25]

在那个时候，约翰·伯吉斯已经让"政治科学"获得了更加显著的地位。伯吉斯也是因为在内战中的经历而转向政治学的。后来，作为阿默斯特学院〔Amherst College〕的朱利叶斯·西利〔Julius R. Seelye〕的学生，他阅读了黎白的著作，毕业之后进入哥伦比亚大学法学院跟随黎白学习。因疾病而被迫退学之后，他就在一个私人办公室里学习法律并在德国研究了历史和国家科学〔Staatswissenschaft〕。1887年，他回到哥伦比亚，当时学校的理事和教职人员聚集在萨缪尔·拉格尔斯〔Samuel Ruggles〕周围，拉

---

[25] Thomas Arnold, *Introductory Lectures on Modern History* (New York: D. Appleton, 1845); Duncan Forbes, *The Liberal Anglican Idea of History* (Cambridge University Press, 1952); Anna Haddow, *Political Science in American Colleges and Universities, 1636-1900* (New York: D. Appleton-Century, 1939), 189-92, 205-8.

格尔斯是一名对现代化大学感兴趣的,具有世界主义倾向的纽约商人,他将伯吉斯视为黎白的恰当继任者。1880年,伯吉斯和这些自由主义的理事建立了政治科学学院。沿着怀特所构想的学科丰富的学院建设路线走下去,伯吉斯众多的常任教职员工和雄心勃勃的研究生项目立即为这一领域设立了新的标准。[26]

赫伯特·巴克斯特·亚当斯 [Herbert Baxter Adams] 的发展方向也与之相似。亚当斯跟随阿默斯特学院的西利也阅读了黎白的著作,并在德国研究了政治科学和历史。他的主要指导老师是海德堡的约翰内斯·布伦奇利 [Johannes Bluntschli] 教授,他也是黎白的崇拜者,他将观念论与国家科学的历史分支合并为一种单一的国家理论。在申请约翰·霍普金斯大学的教职时,亚当斯称他想要"追求历史研究,并为政治科学做出一些贡献"。他与吉尔曼一同开设研究生课程,随后出版了关于"历史学和政治科学"的丛书。受到伯吉斯在哥伦比亚大学成功的激励,他希望能够获得更多的资金来建立"一所伟大的历史学和政治学学院",该学院将"要求其研究生了解华盛顿的局势",这样"一旦人们需要专家时,……就可以从这所大学直接获得",但是吉尔曼并没有那么多资金实现这一理想。[27]

---

[26] John W. Burgess, *Reminiscences of an American Scholar* (New York: Columbia University Press, 1955); D. G. Brinton Thompson, *Ruggles of New York* (New York: Columbia University Press, 1946).

[27] John Martin Vincent, "Herbert Baxter Adams," in *American Maters of Social Science*, ed. Howard Odum (New York: Holt, 1927), 99-130; Richard T. Ely, "A Sketch of the Life and Services of Herbert Baxter Adams," in *Herbert Baxter Adams: Tributes of Friends*, ed. John Martin Vincent et al., *JHUSHPS*, 尤其是 vol. 23 (1902); H. B. Adams to Gilman, May 21, 1876, 引自下文中的第32页: W. Stull Holt, "Historical Scholarship in the United States, 1876-1901: As Revealed in the Correspondence of Herbert Baxter Adams," *JHPSHPS*, ser. 56, no.4 (1938); H. B. Adams to Gilman, March 4, 1887, Herbert Baxter Adams Papers, Johns Hopkins University; H. B. Adams to Gilman, December 13, 1890, Gilman Papers.

但是亚当斯继续坚持他关于学科联合的构想。当1890年他获得渴望已久的教授职位之后,他很懊恼地发现这个教职教授的是"美国和制度历史"。他告诉吉尔曼,"美国历史"一词既没有表达他所教授的世界主义的视角,也不是他的目标。

> 我真正想要在这所大学中展现的是历史和政治的实际联合。这种联合是我这个系的主要优势。我的工作和我们对历史和政治科学的大学研究的精神已经在这个国家和德国获得了认可,因为它清楚地说明了历史与政治科学之间的紧密联结,布伦奇利和黎白、阿诺德和弗里曼都认为它们是不可分割的。"制度历史"或"历史政治学"一词清晰地表达了这一印在我们大学研究和学院墙上的格言的真谛。

这一格言来自弗里曼,他是牛津大学的钦定讲座教授和阿诺德的弟子,并且是一个极端的条顿主义者:"历史是过去的政治,政治是现在的历史。"[28]

考虑到内战后广泛的美国例外论危机,黎白的历史政治学视角为什么在那些试图改革大学的士绅中如此具有吸引力也就不难

---

[28] H. B. Adams to Gilman, December 19, 1890, Adams Papers. 请注意,这封信并未收入霍尔特的文集中。历史学家一般都会忽略历史与政治科学之间的联系,不过这个问题在下文中有所讨论:David Van Tassel, "From Learned Society to Professional Organization: The American Historical Association, 1884-1900," *AHR*, 89(October 1984): 941-54. 笔者曾在下列文章中提出过历史与政治科学的共同起源: "On the Misunderstanding of Ranke and the Origin of the Historical Profession in America," in *Leopold von Ranke and the Shaping of the Historical Discipline*, ed. George G. Iggers and James M. Powell (Syracuse, N.Y.: Syracuse University Press, 1990)。关于弗里曼,参见:Stefan Collini, Donald Winch, and J. W. Burrow, *That Noble Science of Politics* (Cambridge University Press, 1983)。

理解了。这一理论的目标就是要澄清、加强和宣扬这些公民自由的条顿原则,而这种原则正受到当前变迁的威胁。这些历史活动家可以在更为坚固的科学基础之上重塑传统的美国原则,在保存过去的同时指导美国进入未来。伯吉斯担心"除非能够获得更为合理的政治智慧和取得更好的政治实践,否则共和主义体系会变得徒具形式,共和主义制度也会沦为一场骗局"。

当美国士绅去到海外,他们更加确信了自己关于本国的忧虑和解决措施的主线。他们从温和的德国自由主义者如布伦奇利那里学到的东西,被阶级冲突的威胁和大规模的民主政治消耗,但从其观点中他们也发展出抵御这些威胁的历史政治科学。在法国也是如此,伯吉斯受到法国政治私立学院[Ecole Libre des Sciences Politiques]及其卫护第三共和国使命的鼓舞。历史政治学在美国的建立是西部受过教育的阶级通过复兴其文化传统而捍卫尚不稳定的自由主义的广泛努力中的一个部分。[29]

对于政治科学家来说,通过这种超然的活动去发展出一个领导阶级和专家公务员是他们职业的一部分,也是他们阶级意图的一部分。查尔斯·肯德尔·亚当斯以满怀希望的构想宣称,"大众意见总是被受过教育的阶级形塑和主导……我们需要的是好的领导而不是好的随从。"起初伯吉斯在法学院做兼职,他希望以此为基础进行政府中的职业教育,但很快就对该学院的狭隘性失望了。当纽约州通过了一部关于行政部门的改革法律和他了解了法国政

---

[29] John W. Burgess, "The Study of the Political Science in Columbia College," *International Review*, 12 (April 1882): 346; James J. Sheehan, *German Liberalism in the Nineteenth Century* (Chicago: University of Chicago Press, 1978), 19-21, 87-9, 106, 114, 150, 156; Thomas R. Osborne, *A "Grande Ecole" for the "Grands Corps"* (Boulder, Colo.: Social Science Monographs, 1983).

治私立学院中的精英教育之后，他向哥伦比亚大学的理事提出要建立一个行政事务学院。理事们对美国政治的迅速转变并不抱有像伯吉斯那么大的希望，他们批准建立了一个政治科学学院，这说明不论这些行政事务事业的有效性如何，政治科学的基本原则还是需要加以教授的。[30]

正如它所证明的那样，哥伦比亚大学的毕业生在新兴的大学体系中获得的教职要远远多于在行政部门中获得的公务员职位。在约翰·霍普金斯大学也是如此，尽管赫伯特·巴克斯特·亚当斯希望学校能为华盛顿提供专家，但该校的毕业生更多地进入大学教书或在新闻界和社会公共事务领域中供职。然而，正如伯吉斯，他仍然保持着他的理想，即把培养专业化的政府公职人员作为建立一个训练有素的领导阶级的运动的一部分。在亚当斯讨论室里有一幅巨大的美国地图，他在上面标出了他所有得意门生的所在地。在伍德罗·威尔逊［Woodrow Wilson］的记忆中，他是一个伟大的"行业的统帅"。[31]

这些历史政治科学家们开始运用在德国充分发展起来的批判性历史方法加强他们的科学。这种历史方法的概念建立在语文学和兰克的历史主义基础之上，作为一门科学，它提供了了解过去的真正办法，通过海外研究的影响和美国化的调整，逐渐进入了美国。托马斯·阿诺德和兰克的影响、英德的制度史研究、新条顿主义的研究以及圣经批判学的心得的共同作用下，形成这样一种观点，即批判的历史方法产生了影响，该方法将可以揭示历史事

---

[30] Charles Kendall Adams, "The Relations of Political Science to National Prosperity," 1881 年 10 月 3 日，密歇根大学政治科学学院成立典礼上的致辞，第 4 页和第 18 页。Hoxie, *History of the Faculty of Political Science*, 11-15。

[31] Vincent, "Herbert Baxter Adams," 118-19; Ely, "A Sketch of H. B. Adams," 46.

实。而那些士绅政治科学家却坚持他们一贯的做法，他们不是唯名论的历史实证主义者，并不相信历史学家能够"在没有普遍化和放弃一切哲学的情况下发现事实"。他们更相信，当人们关注事实的时候，就可以发现那些指导政治进步的潜在原则。在常识现实主义或观念论的基础上，他们如同兰克对同一性哲学的笃信那样，也相信历史学家可以在事实中洞悉那些进步的潜在原则。[32]

士绅政治科学家对这种可以挽救共和主义原则的科学计划有几种不同见解。伯吉斯是一位黑格尔主义的观念论者，他相信国家是"人类理性在历史上进步性启示的产物"。政治科学的任务首先是"以科学的形式和结论整理历史事实"，然后再去发现这些事实中"尚未实现的政治理想"。这些理想反过来"成为政治科学的原则，以及政治纲领的条款，最后成为法律和制度"。"哲学思索"的过程因此是"政治科学中最重要的因素，因为它照亮了进步之路"。在实践中，这意味着伯吉斯是围绕政治和法律制度、政治和经济理论组织课程，并且这些课程都是根据历史事实展开的，而他的研究纲领则关注对现代政治制度的比较研究。[33]

伯吉斯的黑格尔主义使得他在处理一些主题的时候有一种强烈的历史变迁感，这一点我们在稍后将会看到，但这也使得他将共和主义的公民自由看作国家最终的宪政形式。这些理想连同政

---

[32] 见第1章注[30]。Carl Diehl, *Americans and German Scholarship, 1770-1870* (New Haven, Conn.: Yale University Press, 1978)。引文来自: W. Stull Holt, "The Idea of Scientific History in America," *Journal of the History of Ideas*, 1(June 1940): 356-7; 对该观点的扩展性批评，参见: Ross, "On the Misunderstanding of Ranke"。

[33] Burgess, *Reminiscences*, 52-4; idem, *Political Science and Comparative Constitutional Law*, 2 vols. (Boston: Ginn, 1890), 1: 67; idem, "Political Science and History," *AHR*, 2(April 1897): 407-8; Haddow, Political Science, 178-82。

治科学的原则以及他高度赞扬的历史现实是有限自治的传统观点。通过引用弗里曼和条顿主义的文本，他宣称现代民族国家是"条顿政治天才的产物"，并提出在这些国家中，美国的政治制度最充分地解决了自由问题。一旦理性的完美形式达到了，变迁就不再能够影响原则。[34]

伯吉斯对共和主义原则的静态观也许是从他受到的法律训练中获得了强化。像伍尔西和这个新领域中的大多数人一样，伯吉斯也研究法律。霍姆斯之前的美国法律学者将宪政原则视为和自然规律一样是稳定不变的。而法律原则总是随着"每个时代的进步精神"不断调整。但是根据哥伦比亚大学法学院院长西奥多·W. 德怀特［Theodore W. Dwight］的说法，这么做与在不同的复杂机械环境中应用"既定的和确定的数学原则"并没有什么区别。对于德怀特来说，历史研究是必要而有用的，但它揭示的是不变的原则。[35]

对于赫伯特·亚当斯这个常识现实主义者［commonsense realist］来说，验证公民自由传统原则的方法是通过历史研究追踪其发展脉络。面对他周围所有变迁的证据，亚当斯和他的学生着手于对新英格兰周围的社区进行研究，期望能够说明美国和英国制度之间未受破坏的连续性。这种连续性能够确证亚当斯及其士绅同僚所试图导向的保守路线。"在对现存社会秩序的改进中，世界需要的是沿着现有制度路线的历史启蒙和政治与社会的进步。我们必须保留过去国家生活中的连续性……"，他希望"世界的政

---

[34] Burgess, *Political Science*, 1: 38-9, 53, 57, 68, 174-83, 264.
[35] Theodore W. Dwight, *Inaugural Addresses of Theodore W. Dwight and George P. Marsh in Columbia College* (New York: Columbia University Trustees, 1859), 31, 38-40; Gilmore, *Ages of American Law*, 34-60.

治历史被作为一个整体来解读",这一愿望反映出这些新兴的世俗知识分子基于哲学连贯性分析历史世界的趋势。[36]

除了政治上的稳定性和哲学上的统一性,连续性也是使得不变原则视角将美国与神圣目的联系在一起的原因。尽管亚当斯在其德国式的研究中彻底地表现出历史主义的立场,也承认历史是美国原则得以辩护的基础,但是他的著作仍然受到了美国例外论的前历史主义精神的影响。与19世纪英国辉格党历史和观念论式的德国历史主义中连续性与变迁之间的相互渗透不同,亚当斯的连贯性是不变的。他为美国制度中的条顿因素所作研究的辩护之一是,新英格兰的市镇仿佛是"自发"产生的,它不可能仅仅从清教徒的美德或满是岩石的新英格兰土壤中生发出来。他指出,必须要有种子,"朝圣者和清教徒带来的旧式英国和德国思想,已经准备好在美国自由土壤中扎根,就好像在木乃伊箱子中已经风干了数千年的埃及稻谷种子一样"。这一不太恰当的比喻表达说明了亚当斯想要使美国原则免受时间侵蚀的决心,这一原则一直是而且也将永远是不变的。[37]

查尔斯·肯德尔·亚当斯也表现出寻求历史中永恒原则的倾向,尽管他想要寻找的是更具危险性的共和主义兴起与衰败的循环原则。他说:"文明的历史是一个发展的连续过程,在这个事实面前,所有不同历史时期和不同历史类别之间的人为差异都消

---

[36] Ross, "On the Misunderstanding of Ranke"; Herbert Baxter Adams, "Is History Past Politics?" *JHUSHPS*, ser. 13, nos. 3-4(1895): 74, 80-1.

[37] Herbert Baxter Adams, "The German Origin of New England Towns," *JHUSHPS*, ser. 1, no.2(1882): 8; Dorothy Ross, "Historical Consciousness in Nineteenth Century America," *AHR*, 89(October 1984): 909-28. 考察了亚当斯的历史研究之后,John Higham 得出结论说"他只关心连续性而对变迁没有任何兴趣"。参见:John Higham, "Herbert Baxter Adams and the Study of Local History," *AHR*, 89(December 1984): 1229.

失殆尽。"连续性意味着"我们并没有生活在冯·霍尔斯特〔Holst Von〕所讥笑的那种例外论保护之下,这种保护被长期假定为偏心的上帝专门赐予美国人民的恩赐"。如果冯·霍尔斯特是想要激发美国人放弃千年王国的时代而进入历史变迁的世界,那么,这反而让查尔斯·肯德尔·亚当斯回到了共和主义命运的循环论中。"我们处于塑造了大西洋彼岸那些国家命运的同样严苛的规律作用之下……我们的未来已经清楚地体现在那些共和国之中了。"在他的历史研究以及安德鲁·怀特的许多研究中,欧洲历史都是一种预演,显示了抛弃了共和主义原则之后的可怕后果。[38]

对于赫伯特·亚当斯和伯吉斯这些历史政治科学中的重要人物来说,共和主义原则同样被强化以服务于镀金时代的保守政治主张。正如黎白及其辉格党先辈一样,他们想要保护已建立起来的制度免受民众的破坏,因此将个人权利置于历史和共同体之下。在寻找幸存者时,赫伯特·亚当斯强调的不是新英格兰市镇符合了杰克逊的人民主权要求,而是公社对个体自由的限制。他在新英格兰发现了"合作农业和共有土地的老式体系的痕迹,而这是德国乡村共同体特有的特征"。从这种经济合作他得出结论说,"普利茅斯不是建立在土地占有人主权〔squatter sovereignty〕*原则——即人人为

---

[38] Charles Kendall Adams, *A Manual of Historical Literature* (New York: Harper, 1882), 17-18; idem, *Democracy and Monarchy in France*.

* 土地占有人主权:南北战争前的一种政治思想,主张各州人民有权处理其内政,并决定是否容许奴隶制。1854年,联邦为开辟东西横贯铁路,必须从路易斯安那属地上通过,国会和地方几经周折后,在路易斯安那属地上划出堪萨斯和内布拉斯加两大属地。两属地都争取成为准奴区。而拥奴派不以此为满足,还要废除路易斯安那购地案所订奴与禁奴界线的规定,要地方的居民自主决定是否禁奴。参议员斯蒂文·道格拉斯通过国会领导制定了堪萨斯-内布拉斯加法案〔the Kansas-Nebraska Act〕,他称此案基于"人民主权"〔Popular Sovereignty〕的原则,而废奴派则认为其实为"土地占有人主权"原则的体现。土地占有人〔Squatter〕指擅自占用公地的自私自利的人。——译者注

己——之上的，而是建立在最严格特性的共同体原则之上……在显然已经无效的土地使用和占有形式中持续着的生活原则是共同体主权对个体和成员联合的控制"。

如果我们在对"人人为己"的谴责中能够看到对工人阶级要求的抵制，那这也意味着亚当斯将资本主义中的目无法纪看作个人的自私。"在商业世界中、在资本和劳动的关系中、在主人和奴仆的关系中，存在而且总是存在某种道德因素……自私和个人主义的教条现在获得了慷慨和公共精神概念的补充。"亚当斯更愿意将亨利·卓蒙德［Henry Drummond］的进化观看作"为他人生活的斗争"，而不是斯宾塞为生存而进行的生物和经济斗争的观点。但是亚当斯的改革努力很大程度上局限于超然派慈善改革和大众教育项目，这使得其纲领避开了直接的阶级诉求。[39]

伯吉斯使得辉格党的努力转向更为保守的方向。同黎白一样，他以权利和有限政府为国家的基础，"在最终的主权组织中的人民"；真正的共和是一个拥有贵族政府和如同美国司法体系那样的贵族式优点的民主国家。但是内战的民族主义使得辉格党转向一种强有力和保守的国民政府。对于亚当斯，内战和重建打击了国家乐观主义：他将地方自治的条顿原则称为"一种在日益集中化的时代中有益的保守力量"。伯吉斯开始拥护国家权力，并比黎白

---

[39] H. B. Adams, "The German Origin of New England Towns," 14-15, 33, 37; Herbert Baxter Adams, "Arnold Toynbee," *The Charities Review*, 1 (November 1891): 13-14; Ely, "A Sketch of H. B. Adams," 36-8; Records of the Historical and Political Science Association and of the Seminary of History and Politics, October 19, 1894, Johns Hopkins University. 关于镀金时代的社会科学对其最初承诺和价值的说明，参见：Guenther Brandt, "The Origins of American Sociology: A Study in the Ideology of Social Science, 1865-1895" (Ph. D. dissertation, Princeton University, 1974)。

或亚当斯更大程度地要求个人从属于国家。[40]他强烈抨击"自然权利的有害教条，根据这一权利，任何个体或任何人群实际上都被授予了决定其自身权利构成的权力"。只有"国家的意志"能够将个人的伦理情感转变为权利。"但是，除非这一事实发生，否则对权利的声称就只是无知的夸耀或不诚实的欺骗。"这一声音不仅是保守的辉格党发出的，也是伯吉斯作为一个曾经历过内战痛苦的人的心声。伯吉斯的父亲是一名田纳西州的奴隶主，同时也是一名联合派的辉格党人［unionist Whig］，他无法使伯吉斯避开内战的影响，因此伯吉斯经历了一段颠沛流离的痛苦时期。当伯吉斯来到北方，他决定将自己的忠诚献给这个胜利的国家。通过个人经验他知道，对个体或部分群体良知的诉求在面临崛起的国家意志时是无用的。[41]

内战民族主义教给了伯吉斯历史的力量，并说明国家及其宪法都是由"历史和革命的力量"而不是法定的力量所造就的。美国宪法是表达全国人民意愿的革命大会的成果，而不是各州批准宪法的法律行动的产物。为了清晰地阻止将来历史的革命爆发，他建议对宪法的修正权应当更为简化。他乐于看到，历史的发展使得各个州化约为国家政府的行政单位。如果美国已经解决了自由问题，他写道，它未来的命运就是找到政府的集中化和分权化之间的平衡。至于联邦的执法权，"对现代条件的适应仍在进行中"。[42]伯吉斯认为美国民族主义仍处于形成过程中，在这个领域

---

[40] Burgess, *Political Science*, 1: 66, 72, 2: 365-6; Herbert Baxter Adams, "Cooperation in University Work," *JHUSHPS*, ser. 1, no.2 (1882): 89.

[41] John W. Burgess, "The American Commonwealth: Changes in Its Relations to the Nation," *PSQ*, 1 (March 1886): 17; idem, *Reminiscences*, chaps. 1-3.

[42] Burgess, *Political Science*, 1: 90, 98-108, 150-4; 2: 38-40, 319; idem, "The American Commonwealth."

中，历史本身不再是古老原则的传递工具，而是朝向一种尚未实现的理想的实质性变迁。他具有分歧性的观点清楚地说明，他虽然开始接受历史主义，但美国例外论的影响依然挥之不去。

但对于伯吉斯来说，不幸的是历史将会改变那种他认为不变的公民自由氛围。激进情感和进步主义改革的出现使得他坚定了对私人财产权的捍卫，并将之作为美国自由传统的核心。他的改革兴趣局限于对可以使政治纯净化的市政和文官制度的改革，以及抱怨"我们对选举权的浪费"。后来他感到被所得税背叛了，因为该法案通过宪法修正的程序获得了批准，这是主权国家实施其意志并发出历史声音的过程。具有讽刺意味的是，伯吉斯将财产权建立在历史国家之上的策略在两种不同的道路上都行得通。如果个人为了权力而依赖于国家的宪政法令，那么国家也依赖于历史中个人的联合行动。他抱怨说，"宪法的背后是或至少应当是政治科学的合理原则，它根据事物的本性处理问题，而不是以一种虚假名义进行的把戏"。伯吉斯借助黑格尔的观念论，将理性的和现实的视为是完全一致的，在逻辑上并没有依靠历史的裁决。[43]

这些 19 世纪 70 年代和 80 年代早期的历史政治科学家努力在历史中确定权威与私人权利的适当调和，正如他们在社会和科学研究中所做的一样，他们很容易被视为转型的一代。他们受到 19 世纪早期共和政体和 20 世纪变迁的工业世界所具有的社会、历史和哲学观念的影响。但是正如我们将要看到的，他们之后的几代人也同样是转型的，这不仅是因为历史时代总是提出综合旧与新的任务，也是因为每一代美国社会科学家都将接受美国例外论留

---

[43] John W. Burgess, "The Ideal of the American Commonwealth," *PSQ*, 10 (September 1895): 404-25; idem, *The Reconciliation of Government with Liberty* (New York: Scribner, 1915), 368.

给他们的辩护性任务，而他们只能解决这一观点所包含的相互矛盾的各种要求中的一部分。

但在内战后的二十年中，历史政治学还是为政治科学作为一个系统知识领域的建立提供一个相对稳定的环境。这一联合领域是学者们感兴趣的一系列主题的重合，包括从历史研究到更为现代的政治学。不过即使是在那些联合研究中，也会有主次之分，在某个项目中，是历史学和政治学其中之一占主导地位。当大多数大学的政治学学生采用某些历史政治学的观点时，许多继承更为古老的历史传统的历史学家，如纯文学或政治激进主义［political activism］怀疑论，则提出了他们各自领域的不同概念。1884年，赫伯特·亚当斯和安德鲁·怀特建立了美国历史学协会［American Historical Association］，将其作为一个研究历史和政治学的工具，对当代政治感兴趣的学者和活动家都可以在协会的会议上提交论文，但从一开始这一协会内部就存在一些紧张。不过一段时间之后，两个领域的专家开始和平共处。他们对自治的条顿原则的共同信仰以及对历史方法的共同观念使他们可以看到，用维特根斯坦的话来说，他们工作中的家族相似性。[44]

三　政治经济学中的例外论修正：弗朗西斯·沃克

内战前在各学院的政治经济学中占主导地位的自由贸易原则，在镀金时代也继续发挥着影响。直到1900年，大学中占主流的教科书仍然是弗朗西斯·韦兰德、阿马萨·沃克及沃克的弟子

---

[44] Ross, "On the Misunderstanding of Ranke."

阿瑟·莱瑟姆·佩里［Arthur Latham Perry］等人的著作，佩里是威廉姆斯学院的政治经济学牧师教员，也是一名支持自由贸易的活动家。在这些有关人士之中，获得最广泛声誉的是这样一群老式学派的人：佩里、波士顿商人及经济学作家爱德华·阿特金森［Edward Atkinson］以及为税收、贸易和铁路进行宣传的政府职员大卫·埃姆斯·韦尔斯［David Ames Wells］。他们重申了例外论的自由贸易传统，这样做的原因部分在于对机器工业的增长做出实质回应。阿特金森是纺织业的先驱，韦尔斯是个发明家和敏锐的观察家，他们很早提出机械生产要求快速扩张的市场，因此必须消除贸易壁垒。他们赞成长期利益，反对通过内战期间建立保护性关税而获得的制造业利润。[45]

市场的自由原则不仅反对寻求特权的制造业者，也越来越多地反对绿背纸币运动者［greenbackers］*和劳动改革者，并随着1879年亨利·乔治［Henry George］的《进步与贫困》［*Progress and Poverty*］一书的出版，反对单一税制的支持者，要求没收基

---

[45] Joseph Dorfman, *The Economic Mind in American Civilization*, 5 vols. (New York: Viking, 1946-59), vol.3, chaps. 1, 3; Daniel Horowitz, "Genteel Observors: New England Economic Writers and Industrialization," *New England Quarterly*, 48 (March 1975): 65-83; Broadus Mitchell, "David Ames Wells," *DAB*, 19: 637-8; Harold F. Williamson, *Edward Atkinson: The Biography of an American Liberal, 1827-1905* (Boston: Old Corner Book Store, 1934), chap. 1-2.

* 绿背纸币［Greenbacks］：南北战争期间北方财政部发行的纸币［1862年2月］，其正式名称为"美钞"［United States Notes］。战争之后该纸币急剧贬值。70年代时，许多负债的农场主为维持农产品价格，而发起了"绿背纸币运动"，他们反对政府收回绿背纸币，主张扩大货币流通量，用绿背纸币而不是黄金支付南北战争的公债。但该运动未取得重大成效。1874年11月25日，在印第安纳波利斯举行的政治大会上，绿背纸币党［Greenback Party］成立，该党代表中下层农耕者的利益，参加了1876年、1880年和1884年的总统大选，均无大的建树。19世纪80年代之后逐渐瓦解，许多成员转入平民党。——译者注

于土地的不劳而获的增量。对于那些仍然坚持战前的神法与自然法相融合的观点的经济学家,反对镀金时代明显的贫困和阶级冲突的另一个途径是诉诸神的意图。阿特金森宣称如果一个人相信上帝,他就必须相信"这就是我们所能想见的最好的世界……为生存而进行的斗争,就如同我们看到的那样艰难和严峻,通过这种必要的训练,人才能够由兽上升为人"。在佩里的大众教材中,始终贯穿着上帝的频繁出现。"如果天意智慧的痕迹能够在世界上某个地方找到,如果上帝的善的证据能够在某个地方显现,那么必然是在社会的基本法律中。"他们越是笃信自己的观念,他们的信念就会越强。[46]

战前的例外论已经日趋绝对化,佩里的文本则提出了该观点的扩展性视角。他赞赏沃克和凯里所做出的乐观预测和对阶级和谐的描绘,他消除了他们与关税的联系,而将文本建立在弗雷德里克·巴师夏[Frédéric Bastiat]*将经济交换界定为服务交换的定义上。在李嘉图报酬递减的法则上,他宁愿采用古典理论而不是凯里的观点,因为佩里持有国际主义的视角,倾向于考虑全球开发所带来的土地质量的提高。但是关于马尔萨斯,他的乐观主义例外论基础表现得更为坚持。马尔萨斯所有的规律都是未经证明的,只是一幅关于神意的漫画,并且否认了工人的向上流动。在

---

[46] Williamson, *Edward Atkinson*, 243, 引文来自: Atkinson, *The Industrial Progress of the Nation* (1890); Arthur Latham Perry, *Elements of Political Economy* (New York: Scribner, 1866), 26, 76, 126。

 * 弗雷德里克·巴师夏[1801—1850]:法国经济学家。1825年继承祖父遗产成为酒业资本家。1830年法国革命后,当选为本地法官,七月王朝后期迁居巴黎。1846年建立法国争取自由贸易协会,1848年法国革命期间当选为制宪会议和立法会议的代表。巴师夏是自由贸易思想的热情宣传者,同时也是社会主义思潮的反对者。代表作有:《经济诡辩》《经济和谐》等。——译者注

1870—1880年间，佩里在面对日益恶化的抗议时反而显得态度更加明晰："在美国，人们有最大的自由；没有任何力量能够阻止工人成为资本家。"[47]

尽管这种古老的传统还在持续，世界主义倾向的士绅已经开始将经济学建设为一门独立于道德哲学与古老关税战争的学科。1869年，艾略特在哈佛大学的第一批决策之一是将政治经济学的教学从凯里派的[Careyite]道德哲学家弗朗西斯·鲍恩那里独立出来，并设立了独立的政治哲学教职，这在美国是首开先河的行为。1871年，《波士顿每日广告报》[*Boston Daily Advertiser*]的编辑查尔斯·F. 邓巴[Charles F. Dunbar]*获得了这个教职，他是哈佛大学法学院的毕业生。当地的商人都支持邓巴的自由贸易观点，因此他迅速地接受这一新的科学角色，并远离公共舆论宣传。1872年，萨姆纳在耶鲁大学取代了伍尔西成为政治和社会科学教授，弗朗西斯·A. 沃克被任命为耶鲁谢菲尔德科学学院的政治经济学和历史学教授。尽管萨姆纳在他的教学和写作中也部分涉及政治经济学，但沃克在谢菲尔德学院及大学的研究生课程中的主要工作是关于经济学。1876年，他在新成立的约翰·霍普金斯大学又获得了兼职讲席，并且还担负着一些政府工作。[48]

就像那些历史政治学的教授一样，这些士绅政治经济学家

---

[47] Dorfman, *Economic Mind*, 3: 56-63; Perry, Elements, 74-166: 1873 ed., 158-66; 1883, ed., 239-40, 247.

* 查尔斯·F. 邓巴[1830—1900]：美国经济学家，哈佛大学毕业。曾任《波士顿每日广告报》《经济学季刊》编辑、哈佛大学教授、政治经济学系主任、哈佛大学本科院院长等职，主要从事对银行制度的历史和理论研究，著有《银行的理论和历史》《经济论丛》等书。——译者注

[48] John B. Parrish, "Rise of Economics as an Academic Discipline: The Formative Years to 1900," *Southern Economic Journal*, 34(July 1967): 1-16; Church, "Economists as Experts," 577; idem, "The Development of the Social Sciences," chap.1.

想要通过提供一个合理的科学基础加强美国历史学的现有课程。1876年邓巴的第一篇文章就是对美国政治经济学之前的整体工作所作的一个批评。他将凯里的理论视为一种失败，将其他美国学者的努力看作理论的衍生物，局限于问题或陷于党派政治，他声称"美国根本没有向着发展政治经济学理论做出任何推进"。[49]

尽管沃克和萨姆纳没有这么彻底，但他们也同意邓巴提出的美国传统趋向的标准。他们对现代科学的标准一开始就要求他们将政治经济学作为一门密尔所界定的"实证的"科学，这种科学与道德哲学的神学和伦理前提没有任何关系。那种在之前美国著作中经常要求的神性，在他们这里消失了。尽管邓巴不必在哈佛向道德哲学宣战，但是我们看到萨姆纳已经在耶鲁这么做了，沃克也脱离了他父亲的宗教虔诚的影响。在《政治经济学》[*Political Economy*，1884]一书中，沃克鼓励经济学家脱离伦理学的束缚，在观察中完全排除自己的情感。然而最终与他父亲一样，当讨论消费的主体时，沃克又情不自禁地号召大家要成为"伟大道德哲学家"，并迅速补充说，一个哲学家必须"严格地将自己局限于对这些原因的经济学研究中，并断然否认自己对所有伦理、政治或方法因素的关注"。于是，经济理论与维多利亚伦理学之间的隐秘关系仍旧未被注意。[50]

在经济学中的士绅科学也同历史政治学中的士绅科学一样，对经验主义予以了新的强调。政治经济学中已经存在长期的经验调查传统。像货币、银行和关税一类的政策问题一般采用统计学的方法，从一开始就产生了事实调查的文献以及理论争论，有一

---

[49] Charles F. Dunbar, "Economic Science in America, 1776-1876" (1876), in *Economic Essays* (New York: Macmillan, 1904), 16.
[50] Francis A. Walker, *Political Economy* (New York: Holt, 1884), 15-16, 305.

些这类调查和讨论是由政府机构承担的。阿马萨·沃克开始将关于银行与货币、贸易与关税以及税收的历史和政策分析纳入其学院教程的实践，这一实践后来得到了佩里的推广。在他们的宣传册和书籍中，韦尔斯和阿特金森运用当前经济生活的事实尤其是统计学的尝试受到了关注。阿特金森在他的《事实与数字，经济科学的基础》[Facts and Figures, The Basis of Economy Science] 一书中反映出了美国常识现实主义的传统，其箴言是"数字从不说谎，除非说谎者伪造了数字"。[51]

镀金时代经济学家对事实的关注在很多方面都是那个传统的扩展。沃克跟随他父亲学习，并且成了韦尔斯的助手，他也在人口调查局的工作中自学了不少东西。但是这些士绅经济学家同样受到了来自历史主义的新的经验潮流的影响，并以一种新的方法论意识来处理问题。邓巴在1876年就已经强烈意识到经验性和历史性调查是古典经济学的方法之一。他赞同密尔的观点，将经验研究看作一种检验一般性概括而不是产生概括的手段，一种将经济学法则运用到现实生活的不同特定条件中的手段。他认为这些任务变得越来越重要。他悲叹当前经济讨论的中心是在德国，美国专家的缺席不仅是"抽象科学"，而且是"语文学"以及"更为深奥的历史调查"。他自己在理论和银行业的工作中，将许多精力集中于历史研究，以至于他的年轻同事弗兰克·W. 陶西格[Frank W. Taussig]* 感到他有"研究古物的癖好"。萨姆纳也是在哥廷根

---

[51] Dorfman, *Economic Mind*, 3: 49-50 and chap. 1; Edward Atkinson, *Facts and Figures, the Basis of Economic Science* (Boston: Houghton Mifflin, 1904).

* 弗兰克·W. 陶西格 [1859—1940]：美国经济学家，曾任哈佛大学经济学教授 [1892—1935]，对国际贸易理论及工资理论均有贡献，代表作有《经济学原理》等。——译者注

接受的语文学的训练,他相信经济学作为一门演绎科学取得了良好的进步,但自此以后必须采用更为确定但步调缓慢的归纳法。他的政治经济学的主要著作都是关于美国货币和关税的历史。对于邓巴和萨姆纳以及大多数后来的正统经济学家而言,对事实的经验研究只是确保深化古典政治经济学的基础原则,以及加强自然与历史之间的联系。[52]

对沃克而言,经济学中的经验趋势对于古典经济学的历史主义反对者具有重要推动力,但是在我们考察该事实之前,首先需要认识到对于所有的士绅经济学家来说,市场的普遍规律无论是扩展的或者修正的,都代表了实证主义规律的力量。的确,对于美国经济学家而言,实证主义对固定法则的强调有着特殊力量,因为他们看到之前所有美国政治经济学的努力都是为了逃离马尔萨斯和李嘉图所分析的那种困境。认识到美国在镀金时代的变迁是所有士绅社会科学家的核心问题,对于政治经济学家而言,变迁意味着美国无法选择逃离古典经济学家所预测的历史方向。

这一理解是邓巴在其1876年著作中第一篇论述的核心。美国占据的位置是,"在各大强国中是独特的,只有美利坚民族正在开发着一片富饶的处女地"。从这一事实,人们通常得出的结论是如果经济法则的运作"实际上没有在美国被悬置,那它们至少能够由于相对安全而被忽略"。这样的错误理解在我们还是一个年轻国家时也许是可以接受的,但是"当我们的条件已经越来越接近于旧式国家时",这就不再能够成立了。"在这样一个国家中,我们也许有理由相信,再过五十年,一旦我们民主内部的危险力量发

---

[52] Dunbar, "Economic Science in America," 2, 22-3; Frank W. Taussig, "Introduction" to *Economic Essays* by Charles F. Dunbar, xi; Bellomy, "The Molding of an Iconoclast," 284-5.

育成熟……政治家或学者就不能再无视或忽略这些决定我们行动结果的经济规律了"。沃克也接受了马尔萨斯和李嘉图法则的普遍影响——这一点与他父亲相反,并小心地说明这些法则不能决定人口或租金实际的趋势,除非其他因素都被考虑在内。在镀金时代变化的工业世界中,美国历史的例外条件已经不再能够获得古典政治经济学严苛法则的完全豁免了。

当杰出的英国政治经济家克利夫·莱斯利[T. E.Cliffe Leslie]1880年在美国调查这一主题时,他困惑地指出这一传统的突出特征有:对马尔萨斯的反对,"神学要素"的混合,甚至声誉卓著的经济学家对关税的赞同以及亨利·乔治不完美的地方教条。就像查尔斯·肯德尔·亚当斯带给历史学家的冯·霍尔斯特的观点那样,放弃神意对妇女和儿童的特殊护佑,克利夫·莱斯利的批评促使经济学家面对美国真实的自然和历史条件。[53]

沃克是最杰出和最有创造性的士绅经济学家,他充分应对了克利夫·莱斯利的挑战。他相信经济科学必须依赖于古典政治经济学的基本规律,美国人不能简单地废除这些规律,但是这些必须被渗入现代工业生活的现实条件中。此外,因为沃克的历史主义理解是被他的政治意图深刻塑造的,所以他认为人们还应当同情工人的现实需要。经验主义提供了一种解除古典规律严苛限制的方式,并为代表工人阶级的温和行动开辟了道路。作为父亲的扩张式美国例外论的继承者,沃克经历了内战,具有强烈的民主情结,并且同情工人阶级在19世纪70年代的抗议行为。

---

[53] Dunbar, "Economic Science in America," 25, 29; Francis A. Walker, *The Wages Question* (New York: Holt, 1876), 107-8; 224-7, 367-71; T. E. Cliffe Leslie, "Political Economy in the United States," *Fortnightly Review*, n.s. 28 (October 1880): 488-509.

沃克很快就采取了已经在英国经济学家中发挥作用的温和批判的路线，这些经济学家试图使他们的学科适应产业抗议。同 J. E. 凯尔恩斯 [J. E. Cairnes] 一样，他认为放任并不是一种科学的方法，而只是一种政策的实践格言。因此，它不能够被自动用于所有情境，正如密尔所说的，因为经济学是一门假设性科学，它的结论只有在缺少干涉因素的情况下才能成立。因此，经济学家必须"确定这些次级原因的特征，无论是精神的还是身体的，是政治的还是社会的，是什么影响了人们对财富的追求"。这些因素就像宇航员对一颗新行星的发现，"它的引力会促使所有它影响范围内的其他天体运动，使之偏离我们之前为其计算好的轨道"。[54]

到 19 世纪 70 年代，凯尔恩斯的温和论述被以历史主义为名的对古典理论更为广泛的攻击驱散了。部分地受到孔德和梅因推动的英国历史主义的影响，部分地由于德国历史学派的日益崛起及其对英国理论的攻击，英国经济学家，如克利夫·莱斯利和约翰·凯尔斯·英格拉姆 [John Kells Ingram] 提出古典经济学的演绎方法实际上简化和扭曲了现实。沃克在 1879 年回应了这一批评。古典经济学家遗留下来的已经由历史所澄清，即经济和社会结构的影响，以及民族差异和现实的条件。[55]

沃克将普遍规律与实际条件的结合转向了对镀金时代工业条件变迁下美国例外论理想的拯救。在《工资问题》[*The Wages*

---

[54] Francis A. Walker, "Cairnes' 'Political Economy,'" in *Discussions in Economics and Statistics*, 2 vols., ed. David R. Dewey (New York: Augustus M. Kelley, 1971 [1899]), 1: 279-85.

[55] A. W. Coats, "The Historist Reaction in English Political Economy, 1870-1890," Economics, n.s. 21 (May 1954): 143-53; Francis A. Walker, "The Present Standing of Political Economy," in *Discussions*, 1: 301-18.

Question, 1876］中，他重新解释了财富的基本份额是如何被决定，及其如何导致市场的基础行为合法化，并允许被压迫的工人拥有希望。在关于租金和利息方面，他遵循了李嘉图和斯密已被接受的理论：租金是由土地的不同生产率决定的，利息是由资本的供需决定的。但是他认为利润是对企业功能的支付，因此类似于租金，是由不同企业生产效率的差异决定的。因此，沃克认为利润是对技术的合法回报，而不是社会主义者所宣称的那样是对剩余劳动的剥削。

最后，沃克重新评价了工资。经济保守者反对工人抗议的主要辩护之一已经成为工资基金［wages-fund］理论，即工资是任意时间点上可获得的流动资本支付给工人的固定资金。因此，提高工资的努力是徒劳的，仅仅要求给一部分工人增加工资，只不过是对其他工人的剥夺。沃克认为工人的工资不是来自手头资本的固定基金，而是根据生产过程的推进，按照最终预期的回报确定工资占资本的比例，因此这个比例反映了对生产增长的预期。工人于是成为持续增长的生产力的残留的受赠者，而这种持续增长是例外论者对美国经济的期望。沃克总结道，其论述的全部观点可以这样表达：

> 对受雇劳动力报酬的度量不再像过去那样，其积累被阶级立法剥夺和被王朝战争浪费，在当前和未来，这种积累将不断扩大、更自由和更幸运的……工人应该在当前和未来而不是在过去找到衡量自己工资的标准，这当然不是件小事！

通过这些对凯里及其父亲的回应，沃克重申了美国政治经济学的扩张性视角的观点，一方面遵从资本主义市场规律，另一方面期

望着自由 - 共和秩序下的慷慨回报。

然而，现在这种相似的理想依据的是古典结构。如果工人从生产的增长中获益，他们仍旧必须面临马尔萨斯所说的控制生育和改善道德方面的压力。在现代工业生活的实际条件下，即使在美国，工人们也并不是总能取得胜利。运用古典经济学的经验主义批评，沃克指出当存在充分竞争的时候，这个系统可以良好地运作，但是事情并不总是这样。经济学家，如巴师夏和佩里掩盖了市场中商品和服务之间的差异，但是工人并不是总能自由地移动以处于最有利于自身的状态。一旦工人阶级的工资水平退化到只能维持生存时，他们就会缺乏在市场上追求自身最佳收益的精力和能力。一家大纺织工厂就是"一部执行指定任务的大机器，它像对待其他材料那样，无情地撕裂、压碎、碾细它的员工……人性消失了……野心和希望之后很快出现的是冷漠"。雇主通常认识不到他们自己的最大利益并利用这样的工人。他们已经沉没在竞争的有利法则所能发挥作用的领域之下。[56]

沃克的描述很可怕，但他提出的直接矫正措施却认为这种病态并不是致命的，因为还有以下诸多因素在发生着作用：公共舆论对雇主的影响、国家提供的基础教育、有关卫生的立法、工厂法案——尤其是针对妇女和儿童的，以及储蓄银行。罢工作为一种叛乱形式，可能在偶尔和极端的情况下是需要的，但最好还是采取自发的行为。贸易联盟在美国并不是普遍必要的，但大规模工人集体的存在仍是合理的，而且可以时刻警惕着他们的利益。即使说经济规律在美国不是一直顺畅地发挥作用，干扰因素就仍是次要的。例

---

[56] Walker, *The Wages Question*, pt. 2, and 359, 411; Bernard Newton, *The Economics of Francis Amasa Walker* (New York: Augustus M. Kelley, 1968), 87.

外论的观念因其弱点受到了威胁,但还是被拯救了。[57]

沃克是第一个直接提出充分竞争的经济学家,这一概念后来在边际经济学家对市场平衡的定义中成为核心。尽管边际主义者会将市场看作一种运动的均衡,但沃克的模型仍然是凯尔恩斯的静态牛顿式宇宙。竞争是"经济世界的秩序,就如同重力是物理世界的秩序一样,并且……其运作的和谐性和有益性也不相上下"。这一古老的自然法概念作为必然性力量和道德准则锚定了他的视角,即使他承认历史原因会阻碍该规律的运作,历史的措施也会加以补救。[58]

沃克确实使美国开始向历史开放了。不仅在于他承认了自然法在美国发挥作用,而且他还提出了阻碍其运作的特殊因素。对于沃克而言,幸运的是自由-共和式的制度使得工人阶级的状况还算良好,包括普遍的教育、自由地进行贸易和获得土地所有权、充分的公民和政治权利,他相信这些阻止了工人阶级的进一步堕落。但是向历史的迈进仍需要新的进展,在某种程度上,例外论理想的实现依赖于历史斗争。而且这一理想本身也在某种程度上发生了改变。即使是在韦兰德对美国例外论的吝啬观点中,诚实的美国工人也被保证获得一种体面的家庭生活。工人不会因为自然的原因而堕落。沃克的工人仍然在积累资本,但他却在采取更为艰苦的斗争,他可以被打败,而他脱离工人阶级的最终命运在任何场合都不曾被明确述说过。广泛获取独立所有权的战前理想,渐渐成为古典新马尔萨斯主义简化而遥远的希望。

---

[57] Walker, *The Wages Question*, chaps. 15-19, and 398, 406.
[58] Newton, *The Economics of F. A. Walker*, 24, 26, 77, 103; Walker, *Political Economy*, 228.

四 社会学的开端：萨姆纳和沃德

当沃克试验性地为美国例外论的扩张版本提出一种更为现实的基础时，他在耶鲁大学的同事威廉·格雷厄姆·萨姆纳却在积极地为缩减版的美国例外论辩护。自 1872 年被任命以来，萨姆纳就向公众发表讲话，内容包括政治、经济和社会科学，主要是与关税和货币异端以及对大众民主的长期威胁进行斗争。他很快就与沃克发生公开冲突，他们的矛盾使得沃克在 1881 年做出了离开耶鲁的决定，他转任麻省理工大学校长。萨姆纳继续将他保守的经济和政治观点融合为社会学。[59]

内战前，美国没有什么引人注目的社会学传统，但是战后的几十年中，耶鲁的萨姆纳和华盛顿的沃德都尝试在孔德和斯宾塞的模型上发展社会学理论。社会学成为一门历史规律的科学，因此是这些规律统治着文明的进程。他们都认为美国处于危机之中，它的传统遗产面临灭绝的威胁，他们转向最广泛的领域以支持他们的希望。

萨姆纳的理想部分来源于他的父亲，他的父亲是个英国工匠，一名卫理公会派教徒。在这种禁欲式的文化中，值得尊敬的品质来源于人们对自己的约束。他早期接受了哈丽雅特·马蒂诺［Harriet Martineau］提出的形式过分简单化的古典经济教条，并且从不怀疑其逻辑。在某种程度上，萨姆纳的社会学是嵌入在古典经济学中的历史观点的推断，正如凯里早先也曾将他较为乐观的政治经济学进行扩展。但是萨姆纳的社会学正如他在耶鲁大学

---

[59] Bellomy, "The Molding of an Iconoclast," 317-24. 正如本章脚注所体现的那样，笔者从贝洛米博学而有见地的论文中获益匪浅。

的立场一样，反映了他与历史政治学的联系。他在耶鲁时，从黎白和伍尔西那里学习过辉格党的政府原则，后来他在牛津读到理查德·胡克尔［Richard Hooker］*的《教会政体》[*Ecclesiastical Polity*]，"它完全适合那些宪政秩序、权利调整、宪法权威和历史连续性的概念，从中我得以成长……它复苏了……我对政治科学所有的爱"。在70年代早期，面临人们对政府行为的普遍要求，他以一种更为保守的模式重铸了这一传统。像伯吉斯那样，他将权利完全建立在历史国家之上，在那里，他们只受到已有判决和制度的限制。财产权和严格限制的政府在美利坚共和国是确定的，社会学是要确保政治和经济的保守主义。[60]

萨姆纳对历史政治学和德国语文学的研究使他对历史发生了兴趣，在牛津他受到巴克尔的启发，试图通过经验研究发现历史规律。斯宾塞方法论的序言《社会学研究》[*The Study of Sociology*，1872]使他相信一门关于历史的科学是可能的。社会学可以发现隐藏在历史事件之下的规律，但是它的方法必须是历史的和统计归纳的。但萨姆纳认为斯宾塞本人还是过于思辨而不够归纳性，不过萨姆纳的方法也同样与结论不一致。尽管他赞扬德国历史主义经济学的方法，但他却谴责它相对主义式的结论。他曾大胆地说，也许国家经济学适合德国的条件，但又很快补充道，国家经济学永远不会在任何地方获得证明。赫伯特·亚当斯在遇到阿诺德·汤因比［Arnold Toynbee］的历史经济

---

* 理查德·胡克尔［1553—1600］：英格兰基督教神学家，创立安立甘宗神学，其《教会政体》一书主张政教合一。——译者注

[60]［William Graham Sumner］, "Sketch of William Graham Sumner," *Popular Science Monthly*, 35（June 1889）: 261-4; Bellomy, "The Molding of an Iconoclast," chaps. 2, 7.

学时，也反对其相对主义的暗示。历史事实必须产生出普遍的原则或规律。[61]

萨姆纳的一般社会学概念缺乏具体的形式，直到镀金时代危机出现，他才被迫试图抢救他的遗产。正如唐纳德·贝洛米[Donald Bellomy]指出的那样，将萨姆纳所有观点汇集在一起的是他对1877年铁路工人暴力罢工的激烈反应。在罢工之前，他相信美国仍然"远未到达"古典经济学家对"旧式"国家所预测的那种状态。罢工发生之后，他看到"特殊的环境即使不是迅速改变了，也已经稳步地消失了，它们一定会随着时代而过去，直到我们达到与那些充分发展的旧式国家同样的地方，解决同样的问题"。这种创伤性的认识是一帖催化剂，促使他将保守的经济学和政治学融合为一门新的社会学。[62]

萨姆纳将马尔萨斯-李嘉图的动力学称为人-地比例[man-land ratio]，并作为社会历史进化的基本规律。它是"驱动人类前进的马刺"。为积累资本和扩大舒适生活的范围而进行斗争的结果是适者生存，那些拥有能力、智力和美德的人能够从自然获得回报。与这种经济动力学相联的是"产业、政治和市民组织中的差异性，这些差异是在人地比例变化的不同阶段造成的"。在人口不足的条件下，大多数农民是自耕农，财富差异不大，社会流动简单；于是，平等的精神和政治民主产生。但是在人口过剩的条件

---

[61] [Sumner], "Sketch of William Graham Sumner," 263-6; Bellomy, "The Molding of an Iconoclast," 252-3, 284-8, 305-9; H. B. Adams, "Arnold Toynbee," 14-15.

[62] Bellomy, "The Molding of an Iconoclast," chap. 10, and pp. 263, 369. 第一段引文来自萨姆纳在《北方美国研究》[North American Review]上的文章《1776到1876年的美国政治》["Politics in American, 1776-1876", 1876]；第二段引文来自一篇未发表的文章《罢工》["The Strikes", 1878]。

下,为获取报酬而进行的竞争十分激烈,贫富分化和社会阶级出现,倾向于产生贵族政治。很明显这就是美国历史和使美国成为一个"旧式"国家的威胁。

同时他相信,由于这个时代在运输上的进步,新的土地会得到开垦,以"释放那些在最古老国家和最密集中心的压力",朝向平等的一般趋势以及长期相对宽松的生存竞争将会产生。这一前景立即唤起了共和主义古老的血泪史:由于"奢侈的政府、滥用公共信任、浪费税收、立法垄断和特权、金融上的作假、限制贸易、奢侈的海陆军备"等问题,人们将一无所有。或者基于美国关于平等共有权的错误意识,共产主义和虚无主义将会出现,在这些最可怕的可能性中,人们将一无所有。"古老的文明受到来自虚无的野蛮人的腐化。我们的新文明则可能会被来自内部的爆炸所毁灭。"[63]

不只是迪尤和南方的李嘉图主义者有这样模糊的美国发展观,对于萨姆纳也是如此,共和主义经济学和古典经济学的担忧混合在一起,将美国的前景视为一种暂时和脆弱的缓刑,最终还是会走向欧洲那种痛苦的未来。萨姆纳并没有预期这一发展的终点是静止的还是其他状况,而李嘉图式的未来则预测文明会带来更大的回报,并且由于斗争变得更加激烈,惩罚也会更"恐怖"。因此,当最终他与同时代的少数人那样怀疑进步的观点时,也就不足为奇了。

但是在萨姆纳1883年以《社会各阶级间的相互作用》[What Social Classes Owe to Each Other]为题向大众发布的演说中,却存在明显的矛盾。在某个层面上,他对于"获得资本"而进行的

---

[63] William Graham Sumner, "Sociology," *Princeton Review*, 57 (November 1881): 309-10, 315, 317, 319-21.

斗争中的艰苦和不对称性并不惊讶,而是沉醉于其中。那些落入底层的人是理应受苦的。"如果雇主为了降低工资而撤出投入雇用的资本,他们就会失去利益。如果雇员为了增加工资而退出竞争,他们就会挨饿死亡。"然而,他还是忽略了等待着美国的欧洲式未来,并回到了美国例外论。美国工人的流动性及其"在劳动力市场中的独立性"意味着阶级冲突及其贸易联盟和罢工都是不必要的。作为一个阶级,美国的雇主"并没有高于工人的特权。即使他们想要压迫工人,也不能这样做。无论在繁荣时代还是萧条时期,与工人们站在一起都是更有利的"。美国的普通工人是可以获得一些资本,并成为一个受人尊敬的资本家的。萨姆纳不诚恳地给了读者这样的陈旧视角,即认为美国还是那个能够兑现自由经济发展承诺的乐土。当被迫承认有一天这种独特性的希望会被时间的车轮碾碎时,萨姆纳仍然采取回避的态度。[64]

萨姆纳转而将古典自由主义的信条应用于政治和经济原则。他追随梅因,认为在中世纪:

> 社会在所有细节上都依赖于地位,联系或者说纽带是脆弱的。现代国家尤其是美国,社会结构则是基于契约的。……但是契约是理性的……现实的、冰冷的和实事求是的。[它]给予个人发展最大可能的空间和机会,并为所有的自立和自由人的尊严提供空间和机会。

因此,一个自由人不能"占便宜"[take tips],他只能要求政府给

---

[64] William Graham Sumner, *What Social Classes Owe to Each Other* (Caldwell, Idaho: Caxton Printers, 1978 [1883]), 77, 84, 86, 110.

予基于历史的权利的最小保护。要求更多就会损害他作为一个"独立公民"的地位,并会使共和国沦为财阀统治[plutocracy]。萨姆纳的短文是一剂妙方,它围绕一种意志自由论式的新概念个人主义将共和主义的、辉格派和自由历史整合在一起。[65]

19世纪80年代的另一个形成社会学学科的尝试是由莱斯特·弗兰克·沃德做出的,它是基于一种不同的历史进步规律。作为一名年轻的实证主义皈依者,沃德采用由法国哲学家和孔德提出的进步论科学视角,这种视角也得到了密尔、托马斯·亨利·赫胥黎[Thomas Henry Huxley]、约翰·廷德尔[John Tyndall]等英国自由主义者的传播。历史的主要动力是知识的进步,科学理性作为最先进的知识形式是未来进步的关键。自杰斐逊和他的同代人开始,知识的先进性就是进步的核心特征,但在内战前,这并未成为历史的基本结构。如果说这种进步观念身上带着什么特点的话,那就是苏格兰启蒙运动的特征,这一运动认为经济力量是进步的基础,并证明了政治、社会和文化是如何与经济交织在一起的;或者遵循美国的新教教义或德国的观念论,认为进步在本质上被认为是一种道德现象,依赖于特定宗教和道德的提升。沃德时代的自然知识支持者,如怀特和萨姆纳,也许是第一批在与宗教控制的斗争中发展这种科学进步观的美国人。对于沃德来说重要的是,他在这种框架内建立了自己的整个社会学。[66]

对于沃德,这个问题的核心在于它与自我完善之间的共鸣。

---

[65] William Graham Sumner, *What Social Classes Owe to Each Other* (Caldwell, Idaho: Caxton Printers, 1978 [1883]), 23-4.

[66] Dorothy Ross, "American Social Science and the Idea of Progress," in *The Authority of Experts*, ed. Thomas L. Haskell (Bloomington: Indiana University Press, 1984), 157-61. 关于沃尔德对这种进步观点的早期适应,最好参见1870—1871年华盛顿出版的他的杂志 *The Iconoclast*。

与萨姆纳相似,沃德的社会学也是一种自力更生的工匠策略,一种是努力"获得资本",另一种是努力"获得教育"。但沃德的背景甚至比萨姆纳更糟。像他所崇拜的英雄林肯和霍勒斯·葛雷利[Horace Greeley]*一样,他也是改进中的辉格党文化最具平等性形式的产物。[67]"也许我的早期经验给我留下最生动的印象是未受过教育与受过教育的人之间的差异。"他开始实施一个自我教育的项目,该项目以五种语言的名著和基础数学为起点,然后再逐步扩展到若干个领域。作为内战后一名年轻的政府办事员,他接受了实证主义,并与正统基督教的复苏不断斗争。他在1869年说道,"我们正在走向一个伟大的终极时代",而此时,历史中的理性要素正在积极地捍卫自己,远离迷信,或者被它所征服。基督与反基督之间天启式的斗争塑造了他早期的福音信仰,现在又使得他接受理性主义历史。他写作了一篇名为《伟大的万灵药》["The Great Panacea"]的文章,试图证明幸福是由进步创造的,而进步是知识产生的,知识则是由教育获得的。[68]

1875年,沃德开始受到约翰·韦斯利·鲍威尔及其政府科学

---

* 霍勒斯·葛雷利[1811—1872]:美国新闻记者、作家、编辑、民主党政治家,1841年创办了《纽约论坛报》[*New York Tribune*]的创始人,曾参与1872年的总统竞选并落败。——译者注

[67] 在笔者的这篇文章中:"Socialism and American Liberalism: Academic Social Thought in the 1880's," Perspectives in American History, 11(1977-8): 28, 笔者错误地将沃尔德的观点上溯到民主党的Loco-Foco传统,而不是辉格党中的平等传统,而这一错误观点又不幸地被这本著作所采纳: Raymond Seidelman with Edward J. Harpham, *Disenchanted Realists, Political Science and the American Crisis, 1884-1984* (Albany: State University of New York Press, 1985), 28。

[68] L. F. Ward, *Young Ward's Diary*, 57-8; idem, *Glimpses of the Cosmos*, 6 vols. (New York: Putnam, 1913-18), 3: 147-8, 150-5; idem, "The Situation," *The Iconoclast*, March 1870. 也可参见: Gillis J. Harp, "Lester Ward: Comtean Whig," *Historical Reflections*, 15, no. 2(1988): 523-42。

家圈子的影响，转向了对自然科学的研究。几年后，他作为一名古植物学家，加入了鲍威尔的地理调查。他在鲍威尔的影响下，开始认真阅读孔德，并将知识的危机看作社会治理的危机。在一系列的公共事件及与兄弟希雷纳斯·奥斯本·沃德 [Cyrenus Osborne Ward] 的接触中，阶级冲突的问题闯入了沃德的宇宙观。希雷纳斯·奥斯本·沃德是一名激进的工人，19世纪70年代他积极支持工业合作和共产主义，并将其视为朝向民主和共和主义历史趋势的发展最终会达成的成就。沃德总结说，他自己的进步性进化图式其实是革命唯一的解毒剂。[69]

沃德开始重写他的论文，写成了《动态社会学》[Dynamic Sociology] 一书，该书论述了关于物质、有机体形式、心灵、人和社会的进化。智力是生物进化的结果，它使得人们能够根据自己的意愿改变自然。他遵循康德和孔德所描述的特性，认为人类行动是意图性的，因此人性能够引导它自己的进步过程。他的社会进步观是孔德进步观的自由主义版本：科学能够为分裂的社会提供必要的方向和秩序。沃德认为自由市场经济是文明中的进步力量，在这样的市场中，缓慢增长的新马尔萨斯观点可以使工人阶级最终发展出一种合作型的产业。而马尔萨斯的洞见在更高的层面上是正确的，因为获得知识的能力是算术式地增长，而对知识的需要则呈几何式增长。"这个拥挤的星球将很快看到，人类进步的条件会耗尽，反动和堕落的黑夜将来临，进步的光亮

---

[69] Scott, *Lester Frank Ward*, 84-6; Lacey, "The Mysteries of Earth-Making Dissolve," chap. 2; L. F. Ward, *Glimpses of the Cosmos*, 3: 150-5; Cyrenus Osborne Ward, *The New Idea* (New York: Cosmopolitan Publishing Co., 1870); idem, *A Labor Catechism of Political Economy* (New York: Trow Printing Co., 1878).

永远不会再次出现，除非有比自然选择更加迅速且确定有力的事物，能够承担精神能力的发展。"《动态社会学》的第二卷完全是在论述智力的进步，是又一篇《伟大的万灵药》。进步将在"全民政治"[sociocracy]中达到顶点，这是对社会规律及运用规律去生产秩序和进步的研究。全民政治将取代政治学作为社会治理的机制。[70]

萨姆纳和沃德为社会学提出了完全不同的规律概念。萨姆纳的经济和社会自然法则保留了旧有自然法的规范性力量。社会学的目的是"依据社会本身的构成和功能中普遍的事实和规律，提出正确的社会生活规则"。尽管萨姆纳否认这类规律包含任何内在的"应然性"，但是它们所允许的自由意志是自然法的基督教传统通常所假设的那种自由意志，是一种有罪地或错误地不服从的自由。历史和自然都证明，"制度的增长构成了文明的进步，而这些制度在它们的增长及建立的事实中得到确认。它们比以往的制度都更适合人类的目的"。因此，人们可以嘲笑这些规律，但会付出"倒退"的代价。[71]

另一方面，沃德的思想更接近孔德而不是斯宾塞，他相信人类的意图是自然的一部分，也是自然选择的盲目过程。历史、社会和文化都受到规律的支配，因此也服从于人类的引导。沃德持有这样一种信念，即认为科学规律表达了因果之间的必然联系，内在于事物真实本性中，不过孔德和密尔对此有不同观点。但是在关于人类干预的问题上，沃德是19世纪80年代萨姆纳的主要

---

[70] Lester Frank Ward, *Dynamic Sociology*, 2 vols. (New York: Johnson Reprint, 1968 [1883]), 尤其是: 1: 16, 60, 704ff.; 2: 205-10。

[71] Sumner, "Sociology," 303-4, 312, 322-3; idem, *What Social Classes Owe to Each Other*, 134-5.

反对者。他提出的将知识改革运用到现代社会问题上的简短声明，是美国新自由主义社会科学中第一份重要的文献，他修正了古典自由主义，扩展了个体自由、社会良知和公共权力的概念。进步论改革者弗雷德里克·豪［Frederic C. Howe］在1912年写到沃德时也许并没有夸大，"当今的整个社会哲学不过是你所认同观点的形式化表达"。《动态社会学》接受了资本主义经济和进化论而不是革命变迁。整体的自由主义历史趋势是令人满意的，其中全民政治是其顶点，并成为社会主义的替代物。在沃德的观点中，历史部分地受到社会规律和现有制度的限制，它只对有限的、自由的变迁开放。[72]

在美国社会科学中，全民政治也是历史服从于科学控制这一观念的第一次明确表达。接受了历史是向变迁开放的观念之后，沃德并没有仅仅停留于此，而是将其进一步推进到历史也受到实证主义科学的支配。尽管沃德的历史概念脱离了许多实证主义者的决定论，但他坚守了实证主义者的信念，认为社会在根本上与物理自然是相似的，因此对机械操作也是开放的。他不仅要求在处理人类问题时要运用思维活动，而且在社会工程学中也要理性地部署那些无生命的力量。沃德宣称：

> 一个国家的运作构成了自然现象的一个部分，它就像其他自然现象那样，依据统一的规律发生。纯粹的科学就在于这些规律的发现。中介性或发明性阶段包括设计控制现象的方法，以使它们更好地遵循有利的渠道，就好像被控制的水、

---

[72] F. Ward, *Dynamic Sociology*, 1: 89, 159-60; idem, "Professor Sumner's Social Classes,"（1884）in *Glimpses of the Cosmos*, 3: 301-5; Scott, *Lester Frank Ward*, 91-5, 98, 129, 168.

风和电一样。第三个阶段就仅仅是执行这些设计出来的方法。

沃德认为政治可以成为对社会规律的运作,"就像对水、风和电的控制那样",这反映出的不是他在政治理论或历史学上的特殊研究,而是渴求科学控制的反政治偏见。[73]

作为一名自学成功者,沃德似乎完全忽略了德国和英国历史主义的方法论脉络,而这些影响着与他同时代的那些受过教育的人。与萨姆纳不同,沃德在运用斯宾塞的方法时没有遇到什么困难。尽管他借用了孔德的进步历史框架,但他从没有吸收孔德对过去的历史主义式欣赏或是他发现历史规律的核心关注。由于具有自然主义的背景,沃德相信社会学应当扎根于人性的生物基础。因为欲望是行动的基础,而且个人会寻求满足欲望的幸福最大化,所以这才是"感官世界的真正力量"。因此,自我保存的、自我繁衍的、美学的、道德的和智识的欲望等这些人性的主要动力也是"社会的力量",是社会学要研究的领域。社会制度似乎是通过这些力量的作用而形成的聚合单位。秩序是理性调和的问题,进步是学习的结果。

---

[73] Lester Frank Ward, "The Claims of Political Science" (1884), in *Glimpses of the Cosmos*, 3: 334; 也可参见: L. F. Ward, *Dynamic Sociology*, 2: 156, 249-52, 395. 伯纳德·克里克 [Bernard Crick] 的《美国的政治科学》[*The American Science of Politics*, Berkley: University of California Press, 1960] 开启了一个传统,从晚期美国政治科学的反政治的科学主义 [antipolitical scientism] 一直读到莱斯特·弗兰克·沃德,并将他称为政治科学建立者,即使不是唯一的,也至少是其中之一。沃德对他的同代人有着复杂的影响,但对于建立美国政治科学的历史政治学的研究者却并没有产生什么具体影响。克里克的分析是明智的,并且仍是对美国政治科学中的科学主义破坏性的批判,不过它也有些矫枉过正了。克里克假设在美国存在着一种无知的自由主义共识,而科学主义仅仅是其反映。关于美国社会科学的近似观点,可参见第七章注 [43], Geofferey Hawthorn 下面的引文。

就像启蒙运动中的自由主义者和美国例外论信仰者一样，对于沃德来说，历史就是一部错误的编年史，进步意味着迈向自然的理性国度。沃德说，"几乎所有的不幸都是违反自然规律造成的，要么是忽略，要么是没有正确对待这些规律"。没有不能被科学理性所调和的利益或价值冲突。使他的兄弟走向了共产主义的启蒙的乌托邦理想，实际上正是在沃德的全民政治的表面之下。[74]

如果我们想要理解镀金时代对这种激进的启蒙运动思想及其对科学控制的机械概念的使用，就必须认识到它对于重重包围之中的美国前历史主义精神的应用。[75] 沃德天启式的比喻、对宗教的终身兴趣以及对科学探查事物本质的能力的信念违背了他对神圣力量的潜在依附。沃德在科学规律中寻求一种对自然宇宙秩序的保证时，突然抛弃了上帝。如果人类必须安排自己的事务，其过程对于机会和失败就是开放的。只有使历史服从于科学，进步才能得到保证。

对于认为人类理性可以指导人们生活的观点，大卫·霍林格

---

[74] L. F. Ward, *Dynamic Sociology*, 1: 464-8, 174-6, 2: 244.

[75] 关于美国的新自由主义社会科学家的启蒙理性主义，有两种主要的解释尝试。Cushing Strout, "The Twentieth-Century Enlightenment," *APSR*, 49 (June 1955): 321-39 讨论的是沃德观点在进步时代的继承者，结论在 326 页，即"由于乌托邦和技术专家治国论式的理性主义，他们已经对历史感很迟钝了"。Strout 暗示性的因果分析指出，他们被现代科学和机器引入歧途。在此，笔者的观点是原因另有所在，技术专家科学主义对他们具有吸引力是因为史前的、例外论式的观点。在 *The Paradox of Progressive Thought* (Minneapolis: University of Minnesota Press, 1958), 106-13, 134-7, 246-8 一书中，David W. Noble 将沃德作为进步一代的建立者，批评他落入了 18 世纪乌托邦的思想模式，没有真正地理解历史，直到第一次世界大战摧毁了"绝对进步"的观点。Noble 的研究得到的关注程度还远远不够其所应得到的，不过人们应当采取另一种方式来分析他所提出的问题，即着眼于历史主义的潜在动力和历史变迁而不是进步观念的政治含义。

[David Hollinger]也曾提出，至少自约翰·斯图尔特·密尔为盎格鲁 - 撒克逊世界表述该观点以来，该观点就一直是一种有力的文化理想。这种观点是为了回应现代社会对人类能动性和人类知识有限性的承认，这种"认知主义"[cognitivist]的理想强调科学知识的力量及其对人类事务的适用性。尽管霍林格将认知主义理想广泛地界定为对理性的信念和一种科技[wissenschaftliche]科学，但美国的社会科学家们通常仍用实证主义的话语界定，并将其局限于社会工程。沃德以18世纪机械发明的语言表达了一个理想，该理想及时地采纳了更为严格的技术专家治国优势。[76]

作为社会学的真实模型，沃德和萨姆纳的成功都不够纯粹。1881年萨姆纳承认，一旦离开古典自由主义和宪政经济学的基本原则，他就不知道该如何推进了。1889年，他坦陈他已经在社会学上"投入了大量的工作"，而所有的这些工作都"因方向错误而没有意义"。他的混合方法论和对进步的矛盾心理都是造成困难的原因，尽管稍后我们将会看到，他为自己的悲剧性观点建构了一个更充分的框架。1883年之后，沃德继续吸收新的视角，但他不再致力于为社会学研究谋划蓝图。他的功利主义心理学并没有为理解心理学和社会的独特社会性维度提供什么有力的洞见，而这一问题后来成为该领域的核心。[77] 1906年学院派社会学牢固确立之后，他最终在布朗大学获得了一个教职，在那里他以"考察一切知识"[Survey of All Knowledge]为题教授社会学。

---

[76] David A. Hollinger, "The Knower and the Artificer," *American Quarterly*, 39 (Spring 1987)：42-5.

[77] Sumner, "Sociology," 322 [Sumner] "Sketch of William Graham Sumner," 266; L. F. Ward, *Glimpse of the Cosmos*, 5：1. 关于沃德理论的早期和晚期的精彩讨论，参见：Robert C. Bannister, *Sociology and Scientism* (Chapel Hill：University of North Carolina Press, 1987), chap. 1。

五 结论

美国例外论的危机扩张遍及整个镀金时代,但是它在19世纪70年代和80年代早期造成的第一个结果是历史政治学和政治经济学独立于原有的道德哲学传统成为专门的学科,以及在同样基础上建立社会学的尝试性努力。这些世界主义倾向的士绅是这种发展的构建者,为了获得社会权威,他们谋求政府职位,参与超然派的改革、大学改革和学术性社会科学学科的改革。他们开始探索一系列策略,其中一些比较成功,通过这些策略,他们对自然知识更为实证主义式的概念和对历史变迁的新意识都有可能发挥影响,虽然如此,他们所继承的美国例外论的观点仍然有所保留。

在政治经济学和历史政治学中,这些士绅坚决地驱逐对神的指引的显著依赖,这种指引一直被作为美国永恒的自然和历史秩序的基础性支持。他们比以往更多地依赖于自然和历史中可辨别的秩序。意识到美国不能宣称自己免于普遍规律和原则的作用之后,他们必须在历史和自然的动力中寻找保留美国独特的自由 - 共和秩序的基础。如果美国以前宣称的例外是历史环境和制度的产物,而这些条件现在已经改变了,那么就要找到新的方法以重申这种连续性。

历史政治学的研究者们已经将公民自由的条顿原则用作确保美国共和主义制度的良方。尽管赫伯特·亚当斯和约翰·伯吉斯开展的历史研究深深根植于德国和英国的历史主义,但他们诉诸不变的"种源"[germs]和规范性的理想原则,试图延续这样的观点:美国宪政政府是稳固的和不变的。尽管亚当斯对于大众民主的限制要比伯吉斯少一些,但是辉格党的财产权原则、有限的多数主义和精英治理不仅对于当前的危机是必要的,还必须被加强以适应扩展的民主和"平等权利"的新要求。亚当斯的连续性和历史统一性，就像伯吉斯的理性的进步发展一样，为该任务提供了必要的规范性力量。

在以社会学形式提出的政治经济学观点中，萨姆纳采用大致相同的策略，将古典政治经济学的规范性原则和条顿式公民自由的不变原则结合在一起。所有这些学者都认为历史经历了从原始到文明、从专制到宪政政府的变迁，但是美国历史演绎和保留的是这种进步经验的最高形式。如果说伯吉斯对于正在进行的国家历史结构变迁有正确的感觉，萨姆纳预知了美国的状况最终无法抵抗历史变迁过程的话，这些历史主义的有限进攻就会使得他们做出捍卫美国例外论的决定。

只有弗朗西斯·沃克的经济学观点、莱斯特·沃德的社会学先锋视角及对有限的自由行动主义的兴趣，才为看待美国真正的历史变迁留下了一点空间。沃克看到即使在美国，工业主义也迫使一些工人被抛在市场自然规律的良性作用之外。在真实的历史环境中，竞争是不充分的，人的行动可以自由地采取补救行为。沃德也提出历史不是完全屈从于生物进化的自然规律，科学知识允许现代人根据自己的意愿引导历史进步。但是对于沃克来说，历史仍然是一个次要的原因，是进步的辅助领域，而不是其主要来源。此外，市场的普遍规律持续地在美国最有效地运作着，美国的特殊条件和共和主义制度仍可以对抗工业化的不良影响，并使得贸易联盟和阶级冲突变得不再必要。沃克像萨姆纳那样开始将美国的工人看作工资劳动者，受到与欧洲工人相同的自然压力，但是他却有意地去强调工人拥有改善生活的机会，而且用的说辞跟战前的一样，这明显错置了时代。

比起他的同时代人，沃德观点中的美国历史对变迁更为开放，因此他急切地想要说明历史可以被实证主义科学所控制。历史是变迁的过程，因为它就像自然那样是一个规律的领域，就像人类天性那样可以理性地适应规律。在这个程度上，历史产生的变迁必须要被科学理性所控制，它反复无常的冲突就可以转变为社会运作的可预测后果。尽管沃德将其理论表述为一种拯救宇宙进步而不是拯救美国的历史特殊地位的手段，但是他的观点似乎仍然是例外论者信仰自然法的产物，及其在面对历史不确定性时对绝对保证的需求。

尽管他们在策略上由于各自的学科传统而有所差异，但是士绅社会科学家们所采用的新方向构成了关于美国例外论战前主题的可识别的、显著相似的变异。在这个意义上，士绅社会科学家之中出现了一个共识，这个共识是在战前的学院中，围绕政治谱系的核心和权利形成的。即使美国不能够摆脱已知的欧洲式的工业化，沃克和沃德、萨姆纳和伯吉斯也相信，美国仍能够避免欧洲的阶级冲突和激进变迁的必然性。但是我们也会看到正在出现的一种新自由主义和一种对美国变迁可能性的新保守式回应的轮廓。在对千年王国的虔诚和废奴主义改革运动中成长起来的沃德和沃克具有平等主义意识，这使他们大大不同于萨姆纳和伯吉斯。如果沃克仍持有例外论的理想，那么他所试图保持的是该理想的扩展式观点。沃德是他的同辈中最彻底的平等主义者，在种族、性别和阶级上都要求如此，这种立场与他在学术界以外的位置不无关系。尽管他对专家精英给予了极大的信任，但他也希望拓宽大众获得知识的渠道，以及立法机关对社会科学进行深入学习。[78]

19世纪70年代到80年代早期，这些世界主义倾向的士绅的

---

[78] L. F. Ward, Dynamic Sociology, 1: 23, 37; 2: 398-9.

分歧少了。在历史政治学中，好战保守的伯吉斯和谨慎的亚当斯都大权在握，即使是在80年代晚期和90年代，也没有什么证据显示存在着意识形态的争论。但是在经济学，以及后来成为一门学科的社会学中，由沃克、沃德和萨姆纳引发的争论不断升级，最后超出了世界主义倾向的士绅所设置的边界。在这些学科中，士绅们期待美国例外论的危机能够被科学的权威所包容，但这一期望很快就受到一种新的科学声音的挑战，它声称美国的变迁正在走向社会主义。

第四章 经济学和社会学中的社会主义威胁

美国例外论的静态原则一旦受到攻击,人们就会立即对其进行修正和重述。19世纪八九十年代期间,美国例外论危机的扩大摧毁了镀金时代第一拨社会科学家所达成的共识。当资本家、工人和中产阶级为经济利益和左右未来的权力而进行斗争时,公开的冲突在整个社会政治界发展开来。社会科学家很快加入到斗争中来,重新考虑美国例外论原则及他们各自学科的特质和社会科学家的适当角色。

一 社会主义的威胁

19世纪80年代和90年代早期,一系列的工人、农民和中产阶级抗议在扩大、弱化和重组,分流又聚合,奋力从工业和金融资本那里夺取一定权力。对于许多中层和上层阶级的观察者来说,这种自下而上的爆发具有社会主义特征。在美国,社会主义没能成为一个持久而有实力的存在,这使得人们很容易忘记社会主义的命运在这一时期仍然是一个有待解决的问题。社会主义也没有被绝对地等同于卡尔·马克思的理论,而是依旧重视基督教徒和资产阶级社会主义者的合作理想。社会主义群体主要是围绕渐进主义者、共产主义者、国家主义者和革命目标形成,成熟的自由主义渐渐接受了集体主义的手段和目标。由于自由主义和社会主义边界的变化,日渐兴盛的社会行动要求何时终结也变得不可知了。[1]

在工人中间,社会主义者联盟吸引了一些本地的和外国的工人,但本国的工人抗争传统也向这个方向发展。工人阶级领袖通过现代的集体手段来展现其寻求经济独立和有意义的共和公民的传统目标,他们用一种新的、批判的优势来为美国例外论的传统语言赋能。他们扩展了激进的废奴主义者认为工业主义是一种奴役形式的批评,并设想一个工人合作的共和国将会一举摧毁工资体系和资产阶级。19 世纪 80 年代中期迅速成长的劳动骑士团〔Knight of Labor〕*就宣布了这种理想,他们的发展似乎是激进变迁的征兆。根据弗朗西斯·沃克的观点,无论其敌友都认为劳动骑士团的成功是有可能的、重大的事实。[2]资本主义不平等的结果,

---

[1] 关于社会主义的兴起,以及 19 世纪 80 年代社会主义与自由主义之间不稳定的关系,可以参见 Dorothy Ross, "Socialism and American Liberalism: Academic Social Thought in the 1880s," *Perspectives in American History*, 11(1977-8): 5-79。

* 劳动骑士团:美国工人组织。1869 年 12 月由美国费城服装行业工会会员斯蒂芬和詹姆斯等 7 人建立。该组织初期是地方性行业组织,只吸收服装工人参加。后来按地区建分会,吸收各行业非熟练工人,其中包括不少黑人。其宗旨是通过建立合作社和互助组织,改善工人的经济状况,反对工人参加政治斗争,主张阶级合作。该组织发展很快,1878 年 6 月从秘密走向公开,公布了组织名称、目的和原则宣言。主张为全体劳工争取充分享受其劳动成果的机会,充分展示他们的各种才能。到 19 世纪 80 年代中叶,骑士团成员发展到 70 万人。但是,由于其领导人拒绝参加政治斗争,甚至阻止工人参加 1886 年 "五一" 大罢工,引起人民群众不满。美国劳工联合会成立后,它逐渐丧失了对工人群众的影响,19 世纪 90 年代末瓦解。——译者注

[2] Francis A. Walker, "The Knights of Labor," in *Discussions in Economics and Statistics*, 2 vols., ed. Davis R. Dewey (New York: Augustus M. Kelley, 1971 [1899]), 2: 321-37. 也可参见 Richard T. Ely, "American Labor Organizations," *The Congregationalist*, January 6, 13, 20, 1887。

包括阶级冲突、劳工组织和工业暴力,开始成为那个时代主流的"社会问题",社会主义式的解决方法在美国第一次作为一种现实可能出现了。

尽管劳动骑士团的力量在 1887 年迅速瓦解,但是抗议的冲击并没有停止。贸易联盟组织和罢工还在继续。80 年代晚期,农民开始抗议,基于权利平等的传统,他们在南方和大平原地区组织起来,主张生产者合作和选举政治。同时中产阶级中持异议者在体面的新闻报道中的存在感要比他们的实际人数大得多。作为社会和谐的发言人,他们发展了隐含于其基督教和政治传统中的合作和平等主义理想,提出的方案从自愿合作和劳动仲裁到亨利·乔治的单一税、基督教社会主义和爱德华·贝拉米 [Edward Bellamy] *支持的国家主义版本的社会主义。1892 年,人民党将农民、劳动者和中产阶级的激进人士通过一个对运输和金融进行政府控制的纲领召集在一起,并宣称这种对"政府权力的运用,换句话说,对人民权力的使用"似乎适应于"这一终点,即压迫、不公和贫困最终将在这片土地上消失"。[3] 当 1896 年人民党支持民主党人威廉·詹宁斯·布莱恩 [William Jennings Bryan] 竞选总统时,人们并不清楚这是因为他们已经失去了往昔的尖锐,还是激进主义已经渗透到民主党以及美国政治的主流中。

为反对这种自下而上的威胁,资本家开始推动组织化和精细

---

* 爱德华·贝拉米 [1850—1898]:美国小说家,以批评美国资本主义的乌托邦式小说《回顾,2000—1887》而闻名。——译者注

[3] "Platform of the Populist Party, July 4, 1892," in *Documents of American History*, 7th ed., 2 vols., ed. Henry Steele Commager (East Norwalk, Conn.: Appleton-Century-Crofts, 1963 [1934]), 1: 593-5.

化程度更高的运动。无论何处,技术性贸易都不会容忍某种程度的垄断权力的存在,资本家抨击工人组织、雇用私人雇佣兵、引入州政府和国家政府的力量打击罢工,并开始系统地动员政治党派的支持。资本家还与中产阶级和工人阶级中那些在世界观、利益和名望地位方面与资本主义联系在一起的人结成同盟。在新的工业世界中,他们提出,即使无法实现广泛的所有权,劳动者也仍旧可以获得自由,并且正如古典经济学家通常宣称的那样,个人对劳动力的所有权构成了自由社会的自由基础。美国独特的政治经济和例外论历史承诺正是寄托于个人为财富而竞争的广泛机会,只要这种机会是开放的,就没有必要特别关注平等或和谐的结果。如果说反对者持有旧式的自由-共和例外论理想并试图挽救它,试图通过集体主义改变资本主义,那么资本家及其同盟则会把这种理想重新界定为占有性的个人主义并保持资本主义市场的原初状态。双方都宣称自己是最初的美国承诺真正的继承人。

双方也都同样感受到威胁,但是资本家掌握着更多的资源。基于对工作、新闻界、教会、大学和整个城镇、都市和国家的控制力,他们运用胡萝卜和大棒政策解除了对手的武装并赢得了更广泛的支持。在这场斗争中,将其纲领叙述为对美国传统的捍卫也是他们力量的来源之一。集体主义者和占有式个人主义者都改变了战前的例外论观点,但只有激进者公开支持历史变迁和接受阶级斗争在美国的合法地位。而保守人士则宣称将资本主义、共和制度和个人机会都保留下来,将变迁描述为"非美国的"。

抗议和保守反应的互动在1873—1877年的大萧条和罢工中达到了第一次高峰。伴随着1885年的大萧条、劳动骑士团的迅速发展和国家8小时工作示威游行以及1886年5月的干草市场事件［the Haymarket riot］[*]，出现了第二次高峰。1888 年，这些事件在舆论中引发了不可抑制的激烈反应，并导致了反劳工和反激进运动。其后果在 19 世纪 90 年代中期逐一体现出来：1893—1897 年的大萧条、一连串的罢工、1892 年著名的霍姆斯泰德［Homestead］罢工^{**}、1894 年普尔曼［Pullman］罢工^{***}、1894 年遍及全国的考克西［Coxey］失业大军游行^{****}、人民党的兴起、1896 年的总统竞选等，所有这些都带来了冲突、焦虑和对狂热的反应。[4]

---

* 干草市场事件：1886 年"五一"期间，数万名美国工人因 8 小时工作制实施不力而在芝加哥举行罢工示威游行。5 月 3 日，警察开始向罢工的人群开火，打死打伤 4 人，一些非政府人士号召第二天在干草市场广场集会抗议政府的暴力镇压。这场集会的过程中没有发生什么事件，但在集会的最后阶段警察进入广场疏散人群时，一颗炸弹飞向警察中间，炸死 1 名、炸伤 7 名警察。警察立即向人群开火，打死 1 名、打伤多名群众。此后警察查抄投掷炸弹怀疑对象的家和办公室，有数百人在未指控下被逮捕，8 名芝加哥罢工示威活动的积极倡导者在证据不足的情况下，分别被判处死刑和监禁。——译者注

** 霍姆斯泰德罢工：1892 年宾州霍姆斯泰德的卡内基钢铁厂工人举行罢工，数以百计的警卫与之发生冲突，有 10 人丧生，数十人受伤，直到州政府的部队出动，才平息了这场暴动。——译者注

*** 普尔曼罢工：1894 年 5 月 11 日，普尔曼铁路工人不满于经济不景气导致的工资减少，参加了美国铁路联合会，举行了大罢工。后来罢工被破坏，13 名罢工者被杀害，57 人受伤。——译者注

**** 考克西失业大军游行：当过兵的商人和社会改革家雅各布·塞奇勒·考克西［Jacob Sechler Coxey，1854—1951］于 1894 年率领一支"失业请愿军"，从俄亥俄的马西隆出发开始游行，一直走到首都华盛顿。他抗议失业，要求国会为失业者提供就业机会，并主张用不兑现纸币来资助就业计划。克利夫兰总统出动联邦军队镇压了他们。——译者注

[4] 这一对镀金时代阶级冲突的分析借鉴了以下著作，但并未完全采纳：Robert Wiebe, *The Search for Order, 1877-1920* (New York: Hill & Wang, 1967); David Montgomery, *Beyond Equality: Labor and the Radical Republicans, 1862-1872* (New York: Knopf, 1967); Alan Dawley, *Class and Community: The Industrial Revolution in Lynn* (Cambridge, Mass.: Harvard University Press, 1976); Melvin Dubofsky, *Industrialism and the American Worker, 1865-1920* (Arlington Heights, Ill.: AHM, 1975); Leon Fink, *Workingmen's Democracy: The Knights of Labor and American Politics* (Urbana: University of Illinois Press, 1983); J. H. M. Laslett,

在公众抗议和反应的高峰之后,极端的意识形态冲突马上出现在社会科学学术圈中。经济学随后是社会学成为关于社会问题战斗的前线,吸引了更多自由主义者和激进倾向的年轻社会科学家。但总体而言,激进主义并没有通过将新类型的社会成员吸收到经济学和社会学中而进入这些学科。这些19世纪50—70年代出生的年轻社会科学家一般出身于小康家庭、新教中产阶级或来自正派的新教徒中较贫困的阶层。即使没有正式加入,他们在文化上一般都是辉格党或共和党,他们许多人都是牧师的子辈或孙辈。因此,他们是来自19世纪早期起就占据着社会科学中心的同一社会阶层。

学术界对精英领导的科学标准的接受进展得十分缓慢,不能及时使社会科学对不同的美国社会群体开放,非正式的控制机制仍然将他们排除在外。少数新进者的确试图打破这种制约,如挪威农民移民的后裔索尔斯泰因·凡勃伦［Thorstein Veblen］*和出身于德国犹太人的埃德温·R. A. 赛里格曼［Edwin R. A. Seligman］。但是在镀金时代,很少有这样的人能够进入学术圈。

(接上页)*Labor and the Left: A Study of Socialist and Radical Influences in the American Labor Movement, 1881-1924* (New York: Basic, 1970); Howard Quint, *The Forging of American Socialism: Origins of the Modern Movement* (Indianapolis, Ind.: Bobbs-Merrill, 1964 [1953]); Chester M. Destler, *American Radicalism, 1865-1901* (Chicago: Quadrangle Books, 1966 [1946]); Lawrence Goodwyn, *Democratic Promise: The Populist Moment in America* (New York: Oxford University Press, 1976)。

* 索尔斯泰因·凡勃伦［1875—1929］:美国社会学家、经济学家、制度学派的创始人和主要代表人物。他倡导对经济行动的制度结构分析方法,主张将经济学与社会学的分析途径结合起来。代表作有:《有闲阶级论》［1899］、《企业论》［1904］、《工艺本能和工艺状况》［1914］、《帝国主义德国和工业革命》［1915］、《关于和平性质的研究》［1917］、《美国的高等教育》［1918］、《既得利益》［1919］、《科学在现代文明中的地位》［1920］、《工程师和价格制度》［1921］等。——译者注

对犹太人和天主教徒的偏见遍及大学的上流社会环境，几乎就如对美国黑人的种族歧视那样彻底。赛里格曼来自纽约市富裕的、已经被同化的德国犹太人社区，这使得他成为早期的一个例外。妇女已经被深深地卷入慈善和改革活动中，她们是社会科学的天然支持者，但这有损于社会科学家所努力实现的现实主义、科学和职业身份的男性形象。19世纪七八十年代期间，无论在美国还是欧洲，妇女很少被允许获得研究生学习的机会，不过我们将会看到这一情况在19世纪90年代发生了巨大变化。[5]

年轻的经济学家群体推动了新的政治经济学的发展，如约翰·贝茨·克拉克［John Bates Clark］、亨利·卡特·亚当斯［Henry Carter Adams］、理查德·T. 伊利［Richard T. Ely］、埃德蒙·詹姆斯［Edmund J. James］、西蒙·帕滕［Simon Patten］和埃德温·赛里格曼，他们中除了赛里格曼，都是美国国内有名望的新教文化中的杰出分子。他们是新英格兰传统的福音教派家庭的后代，重视社会和政治以及个人生活中的道德意识。[6]在整个19世纪，福

---

[5] Marcia Synnott, *The Half-Opened Door: Discrimination and Admissions at Harvard, Yale and Princeton, 1900-1970* (Westport, Conn.: Greenwood Press, 1979); Harold S. Wechsler, *The Qualified Student: Selective College Admission in America* (New York: Wiley, 1977); Kenneth Manning, *Black Apollo of Science: The Life of Ernest Everett Just* (New York: Oxford University Press, 1983); Rosalind Rosenberg, *Beyond Separate Spheres: Intellectual Roots of Modern Feminism* (New Haven, Conn.: Yale University Press, 1982); Margaret Rossiter, *Women Scientists in America: Struggles and Strategies to 1940* (Baltimore: Johns Hopkins University Press, 1982).

[6] 关于历史经济学家的社会背景和文化背景更为详细的讨论，可以参见：Ross, "Socialism and American Liberalism," 15-22, 69-70; Mary Furner, *Advocacy and Objectivity: A Crisis in the Professionalization of American Social Science, 1865-1905* (Lexington: University of Kentucky Press, 1975), 49-57. 关于亚当斯和伊利的介绍，可以参见：Ephraim Adams, *The Iowa Bond* (Boston: The Pilgrim Press, 1901 [1868]); A. W. Coats, "Henry Carter Adams: A Case Study in the Emergence of the Social Sciences in the United States, 1850-1900," *Journal of American Studies*, 2

音派和虔信派新教传统培育出了一批活动家,他们培养温柔的良知,寻求对整个共同体的拯救,并强调美国千年王国的基础。这些活动家要求他们自己及其国民的道德纯洁性和社会革新性。他们对战前北方的废奴主义者给予热情的支持,这种热情破坏了19世纪三四十年代的学院秩序,然后又转向共和党和通过内战去拯救美国联邦。在镀金时代的危机期间,这一文化传统的继承者们,有时是其字面上的后代,被再一次唤醒去维护持异议的基督教新教中蕴含的有机和平等主义价值观。[7]

不同于世界主义士绅,在维多利亚时代的美国,自然主义的

(接上页)(October 1968): 179-85; Richard T. Ely, *Ground under Our Feet* (New York: Macmillan, 1938), chap. 1; Benjamin G. Rader, *The Academic Mind and Reform: The Influence of Richard T. Ely in American Life* (Lexington: University of Kentucky Press, 1966), 1-7。克拉克的父亲是他们当中唯一的商人,仍然保持着他父亲作为传教牧师对公理会的虔诚。克拉克的外祖父也是一名牧师。关于克拉克的介绍,可以参见: R. Everett, *Religion in Economics: A Study of John Bates Clark, Richard T. Ely, and Simon N. Patten* (Morningside Heights, N.Y.: King's Crown Press, 1946), 26-8; *John Bates Clark: A Memorial* (New York: privately printed, 1938), 5-10; Rev. James Seegrave to Rev. A. H. Clark, June 23, 1910, John Bates Clark, Columbia University Library。关于詹姆斯,可以参见: E. J. James, "Reverend Colin Dew James," *Journal of the Illinois State Historical Society*, 9(January 1917): 450-69; Steven A. Sass, *The Pragmatic Imagination: A History of the Wharton School, 1881-1981* (Philadelphia: University of Pennsylvania Press, 1982), chap.3。关于帕滕,参见: Daniel M. Fox, *The Discovery of Abundance: Simon N. Patten and the Transformation of Social Theory* (Ithaca, N. Y.: Cornell University Press, 1967); Sass, *The Pragmatic Imagination*, chap. 3, 4。关于赛里格曼,参见: Joseph Dorfman, "Edwin Robert Anderson Seligman," *DAB*, Supppl.2, 606-9。

[7] Ross, "Socialism and American Liberalism," 17-22; Furner, *Advocacy and Objectivity*, 45, 49-50; Jean B. Quandt, "Religion and Social Thought: The Secularization of Postmillennialism," *American Quarterly*, 25 (Octover 1973): 390-409; James M. McPherson, *The Abolitionist Legacy: From Reconstruction to the NAACP* (Princeton, N.J.: Princeton University Press, 1975)。未出版的 George M. Fredrickson, "Intellectuals and the Labor Question in Late Nineteenth Century America," 强调了内战民族主义在"社会基督徒"[social Christians] 学派出现过程中的重要性。

预先防卫使得这些福音派的基督徒感到在科学和宗教之间没有实质性的冲突。他们接受了自然主义日益增长的权威，并承认它与正统信仰的差异。亚当斯或伊利都没有达到他们的父辈所希望的那种皈依经验，当亚当斯不再能够遵循那些教条时，他放弃了神职人员的学习。但是他们认同的是基督教的精神而不是其条文。基督教观念论使得人们可以洞见道德和精神的真实，正如科学允许人们发现自然真相一样，而这二者必须达到伦理上的而不是表面上的和谐。较早继承了虔诚的福音派传统的弗朗西斯·沃克和莱斯特·沃德，展示了其道德价值，但在实证主义的影响下，他们不再能够继续扮演观念论的斡旋角色。19世纪80年代，当谈论到普通受众时，年轻的经济学家会不由自主地考虑到天意和造物主，而在职业工作中，他们逐渐开始守持自然主义的边界。

基督教的对立良知对于这些年轻经济学家的重要性——对于局外人赛里格曼，这种良知体现为改革后的犹太教的道德取向——正是通过它在那些选择追随保守贵族的更年轻的经济学家中的缺席而得以体现。如 J. 劳伦斯·劳克林 [J. Laurence Laughlin]＊、弗兰克·W. 陶西格、阿瑟·T. 哈德利 [Arthur T. Hadley]、亨利·W. 法纳姆 [Henry W. Farnum] 都是成功商人或职业人士的后代，这些成功人士从经济中受益良多。在他们的背景中没有道德的热情。例如法纳姆，一名在国外接受教育的年轻绅士，"敏锐地感受到事实所加于他的责任，但是他的这种家长式的

＊ J. 劳伦斯·劳克林 [1850—1933]：芝加哥大学创始时期的经济学系领导人，旗下汇集了凡勃伦 [Thorstein Veblen]、米切尔 [Wesley Clair Mitchell]、克拉克 [John Maurice Clark] 等美国激进的制度主义者，劳克林本人以坚信"市场自由主义"著称于世。他还指定凡勃伦主编了当今被认为主流经济学权威刊物的《政治经济学杂志》[*Journal of Political Economy*]。——译者注

博爱本能，与他的父亲一样，最终归于体面的方式"。[8]

福音派的经济学家也同样深受德国历史经济学的影响。历史经济学最初是温和、有机的德国自由主义传统的产物。19世纪60年代晚期和70年代，当德国式的"社会问题"成为前沿问题，历史学派采取了激进的论调。英国的自由放任经济学无力处理大规模的劳动阶级贫困问题，这对于他们的纲领来说是最主要的催化剂。他们都将社会主义视为现代工业社会的典型产物及当代经济治国术的核心。他们赞扬温和的国家主义者的改革，并在对社会有机统一体和帝制国家的关注中获得启示。但是他们也同情社会主义的诉求，并相信国家行为对于主张公共福利反对资本主义自利是必要的。经济学是一门伦理的、历史的科学。一些人主动承担那种轻蔑地强加于他们的"讲坛社会主义者"称号。[9]

这些激进的年轻经济学家都是在德国获得的研究生学位，他们吸收了历史经济学家对社会主义的同情。对本国辉格党的社会有机体论、共和派国家主义和学院道德哲学传统的继承，使他们很容易接受德国的传统。我们已经看到在伯吉斯和萨姆纳那里，这种辉格-共和传统可以被用于强化有力的保守民族国家，而民族国家将成为私人财产权的护卫者和唯一仲裁者。但在辉格-共

---

[8] Furner, *Advocacy and Objectivity*, 54-7; Ray B. Westerfield, "Henry W. Farnum," *DAB*, Suppl. 1, 293-5.

[9] John Rae, "The Socialists of the Chair," *Contemporary Review*, 38 (February 1881): 19-25; Charles Gide and Charles Rist, *A History of the German Mandarins: The German Academic Community, 1890-1911* (Cambridge, Mass.: Harvard University Press, 1969), 128-51; Kenneth D. Barkin, *The Controversy over German Industrialization, 1890-1902* (Chicago: University of Chicago Press, 1970), 1-12, 138-47; Abraham Ascher, "Professors as Propagandists: The Politics of the Kathedersozialisten," *Journal of Central European Affairs*, 23 (October 1963): 282-302.

和政治文化的更为平等主义的观点中，超越个体权利的共同体主张可以被用以反对资本主义的个人主义，有机体论理想能够带来新的自由主义甚至社会主义。讲坛社会主义者（Kathedersozialisten）聚焦并加强了这些年轻经济学家更为激进的倾向。

相反，年轻的古典经济学家，像他们的导师那样，仍然认为历史经济学只是古典范式的一个从属的支持性方法。劳克林、陶西格和哈德利在哈佛和耶鲁师从查尔斯·F. 邓巴和威廉·格雷厄姆·萨姆纳。当陶西格和哈德利到海外之后，他们忽视或反驳历史经济学的非正统思想。法纳姆从耶鲁毕业之后，在斯特拉斯堡 [Strasbourg] 攻读博士学位，并将他的整个职业生涯都贡献给历史经济学的研究，但是同萨姆纳一样，他是运用历史来说明古典框架。[10]

因此，这些更为激进的年轻经济学家很早就指责美国的工业资本主义同欧洲一样带来了不平等，并支持工人阶级。克拉克在普罗维登斯 [Providence] 的孩提时代或在德国学习期间，就开始意识到工业贫困的问题。早在1887年，他就厌恶美国工业状况，并运用人类学的隐喻将对待工人的方式比作同类相残和奴役。亚当斯也深为他70年代中期在巴尔的摩见到的贫困所触动，并将他对宗教天职的感知转化为废除短缺的任务。伊利称，当1880年他从德国归来，无望地走在纽约的大街上，试图找到一份工作时，"我对自己起誓说，要代表工人阶级写作"[11]。基于这一立场，他们将一种新的元素带入了美国政治讨论的主流中。

---

[10] Furner, *Advocacy and Objectivity*, 55; Westerfield, "Henry W. Farnam."
[11] John Bates Clark, "How to Deal with Communism," *New Englander*, 37 (July 1878): 540; Henry Carter Adams to his mother, June 12, 1876; February 11, October 22, December 23, 1877; January 27, 1878, Henry Carter Adams Papers, University of Michigan; Ely to Labadie, August 14, 1885, in "The Ely-Labadie Letters," ed. Sidney Fine, *Michigan History* 36 (March 1952): 17.

自从 19 世纪早期，例外论的共识就基于这样一个前提：在美国，自由-共和制度带来了个人自由、相对平等和社会和谐。以美国人的观点——无论是辉格党还是杰斐逊的——来看，实现这一理想过程中的失败可以被理解为坚持资本主义和共和制度的正确道路的失败。但是，在镀金时代里，这些失败的严重程度使人们难以继续采取这种理解，对那些有着温柔良知的人而言情况尤其如此。对于福音派的经济学家，以及工人阶级和中产阶级反对者，资本主义受到的社会主义批评说明正是资本主义的个人主义破坏了平等和兄弟之爱。社会主义者打破了战前例外论的和谐幻想，使自由与平等相对立，使个人自利与公共利益相对立。

当达尔文的自然主义开始广泛传播，古典经济学的竞争性个人主义与斯宾塞的社会学被渲染为"自然的冷血无情"[Nature red in tooth and claw]时，社会主义控诉的逻辑真正发出了声音。亨利·卡特·亚当斯提出，"个人动机所引导的人类行动与遵从社会利益的人类行动之间存在着一种必然的对抗性"。而且，"对于一个进步发展的有机体来说，也必须有比个人为生存而进行斗争这一法则更高的法则"。[12] 这些年轻的经济学家试图寻找一种更高的社会伦理去包容由资本主义的个人主义所产生的不平等和自私。如果他们在本国传统的共同体有机体论和民主集体主义中找到了这种伦理，那么他们也会在社会主义的平等主义和兄弟之爱的理想中受到启发，并在合作社会主义中看到他们最初的自由-共和希望的实现。

当新的社会伦理破坏了例外论政治共识的边界和士绅社会科学的纲领，一种对历史变迁的深化意识也起到了同样的作用。年

---

[12] Henry Carter Adams, "Relation of the State to Industrial Action"（1887）, in *Two Essays by Henry Carter Adams*, ed. Joseph Dorfman（New York: Augustus M. Kelley, 1969）, 72-3.

青的一代出生于内战和迅速工业化的年代,可以比他们的前辈更加清楚地看到美国的新现实。自然主义日益增长的权威使他们对欧洲的历史学和社会理论中包含的历史主义信息更加开放,而他们的基督教理想主义也允许他们像德国人那样,将神圣现实淹没在历史及其变迁形式之中。他们中的大多数人都在德国学习过。但是在19世纪八九十年代占主导地位的话语是进化。在萨姆纳、沃克和约翰·W.伯吉斯的著作中,如果也有达尔文的影响的话,历史变迁的观点就已经在达尔文之前的丰富思想中发展起来了。对于这些年轻人,达尔文进化论的胜利现在广为可见,并开始成为他们世界观的中心。[13] 生物进化迫使人们对所有自然现象的理解转变为变迁的形式,对美国的认知也不能例外。

二 从伊利到克拉克的历史主义挑战和例外论回应

在左派的年轻历史经济学家强调政治经济学的同时,他们也和前辈们一样,开始关注例外论的问题。他们相信工业化已经永久地改变美国社会。克拉克说,"分散的时日是有限的,集中趋时势在必行"。工业主义使美国面对早些时候席卷了英国的同样未来,这一趋势目前正在改变着欧洲大陆。按照千年共和的逻辑,这一征兆使人们想起千年王国快要来临时的形象——启示性的巨变,神的王国的出现——这一形象遍及整个危机话语和镀金时代的乌托邦转型。这些年轻的福音派经济学家,将他们新的历史主

---

[13] Cf., e.g., [William Graham Sumner], "Sketch of William Graham Sumner," Popular Science Monthly, 35 (June 1889): 266, with Ely, "American Labor Organizations."

义与所继承的美国观点融为一体,跟随早先 19 世纪欧洲思想家的路径,将他们千年王国的希望投射到历史中。神的王国的转变力量将会赋予美国应许新的历史形式。[14]

"当前的制度包含了进步的因素,这将最终打破现存体系的限制。"克拉克说。"在真正的社会主义方向有一股静静流淌、无法抵抗的潜流……它由决定历史的上帝指引。"福音派的希望在伊利的文章中、在更具学术性和谨慎的亚当斯的私下谈话中显得更为清晰。看着劳动骑士团的迅速崛起,伊利呼喊着"离开铁轨!进步的列车正在到来!让路!""它取决于我们,因此引导这一不可避免的变迁,这样我们也许能更加靠近所有善良基督徒所渴望和祷告的正义王国 [kingdom of righteousness]。"[15]

克拉克、亚当斯和伊利特意将新的未来与社会主义相联。他们的理想是合作共和国 [cooperative commonwealth],具有与平等主义和兄弟之爱一致的家族性界定。正如克拉克 1879 年所说的:

> 社会主义理想的美好足以使那些笃信它的知识分子为它所吸引。它突然闯入视野就如同站在阿尔卑斯山顶看到意大利的美丽景色,它会诱惑人们冲下危险的山坡。个人主义似

---

[14] John Bates Clark, "The Nature and Progress of True Socialism," *New Englander*, 38 (July 1879): 571; Kenneth M. Roemer, *The Obsolete Necessity: America in Utopian Writings, 1888-1900* (Kent, Ohio: Kent State University Press, 1976), 3, 16-22, 54-5, 87-96; Dorothy Ross, "The Liberal Tradition Revisited and the Republican Tradition Addressed," in *New Directions in American Intellectual History*, ed. John Higham and Paul Conkin (Baltimore: Johns Hopkins University Press, 1979) 121-5.

[15] Clark, "Nature and Progress of True Socialism," 579, 570, 572. Ely, "American Labor Organizations."

乎说:"在这个世界中,每个人都能得其所好。没有暴力、没有不公,只是存在着自私的局限……对于强者,他们可以获得很多东西,而他们的孩子甚至能获得更多;而对于弱者,所能得到的实在太少,而其孩子所能得的就更少了。"真正的社会主义似乎会说,"在这个世界中,在一个共同父亲的指引下以家庭为单位各取所需。每个人都能根据其需要,如孩子般快乐地享受;劳动者之间如兄弟一般,各尽所能。正义会取代分配中的权力……科学家所说的利他主义,《圣经》上还有对此更好的称谓,这样的美好纽带将会把人类的家庭联系在一起,这是其他任何纽带所无法比拟的"。

克拉克的社会主义理想体现了"为个人独立而进行的传统斗争转变为一种有机生活的更高形式"[16]。

亚当斯也意识到原有例外论理想转变和扩大为新的历史形式。在他出版的著作中,他使用了德国历史经济学和现代历史分析的词汇,但是他的家庭的和学校所使用的语言是共和主义的。他的父亲曾是反对奴隶制的公理会牧师"爱荷华分部"的领袖,该机构是美国传教会协会 [American Home Mission Society] 派出的拯救自由西部的组织。当年轻的亚当斯从德国写信给他的父亲解释为什么他现在变为一名社会主义者时,他本能地运用了共和历史的语言。他认为美国和法国的革命废除了独裁、等级和特权,并给予全民投票权。但是他们没有建立经济的平等。"在现存的制度

---

[16] Clark, "Nature and Progress of True Socialism," 580, 567. 也可参见: Richard T. Ely, *French and German Socialism in Modern Times* (Freeport, N.Y.: Books for Libraries Press, 1972 [1883]), 186-8; H. C. Adams to his Mother, April 7, 1884, Adams Papers.

下，存在着没有财产、在获得生存的基本手段上都有困难的劳动者，也存在着不劳动的、依靠土地过着富裕生活的人。"他警告说，这种不平等必须取消，"要么建立一个更为平等的财产和物品分配制度，要么民主将面临专制和颓废的毁灭性结果"。

> 希腊民主和罗马共和国的历史都说明这些曾经繁荣的国家由于在贫富之间不平等的物品分配都走向毁灭……我们面临着一个重大的社会问题，不采取任何措施是不行的，只有一条道路，这条道路指示了两个方向：继续前进或后退。要前进就需将理论上的平等转为现实的平等。

千年共和国的悲痛往事将亚当斯带入了一个社会主义的未来。平等公民权将被扩展为"经济共和主义"。[17]

合作共和国是一次转变战前自由-共和理想的尝试，以使之适应新的条件。在国家保护下合作性地拥有和管理的经济是一种理想，它可追溯到生产者民主的个人主义，并同时指向了民主社会主义的集体主义。亚当斯、伊利，尤其是克拉克继续强调个人的独立性和道德力量，这些东西都是资本主义经济中的竞争努力所能创造的。在任何真正的竞争能够发挥作用的地方，他们都希望对其予以保留。出于同样的原因，只有在必要时才能采取国家行为，如提高竞争程度、管制垄断或当工人逐渐控制工业时，加强劳动者的权利。伊利是最乐观的国家主义者，伊莱沙·马尔福德［Elisha Mulford］将国家视为一种神圣的制度，伊利对此表示赞同，并将其称为涵盖国家经济和"人民福利"的全面主权

---

[17] H. C. Adams to his Father [late summer, 1879], Adams Papers.

[blanket sovereignty]。他们相信,最终资本主义将会改变,由集体主义民主来维持,工人将会获得对生产性资源的控制。在19世纪70年代晚期和80年代早期,这些年轻的历史经济学家,如同许多西欧和美国的社会思想家一样,仍然犹疑在自由主义和社会主义之间。他们的观点倾向不仅仅取决于自己混合的偏好,还与他们能在美国学术界获得的反响有关。[18]

他们必须首先获得学术立足点,并认识到同情社会主义在资本主义美国所受到的责难。[19]他们作为政治经济学家的未来依赖于他们被职业共同体接纳的程度,而这一共同体至今还被温和的和保守的美国例外论主义和古典经济学所占据。他们有热切的职业抱负,也羡慕他们的德国教授所拥有的崇高社会地位和公共重要性。[20]在形成于1872年的德国社会政策协会[Verein für Sozialpolitik]模式的指导下,这些年轻的历史经济学家进一步发展了改革的经济纲领,他们在美国开始了职业性的攻击。

理查德·T. 伊利在赫伯特·巴克斯特·亚当斯所在的约翰·霍

---

[18] Ross, "Socialism and American Liberalism," 35-7, 52-3; Richard T. Ely, *An Introduction to Political Economy*(New York: Chautauqua Press 1889), 30.

[19] 当时亚当斯仍在德国,他希望获得约翰·霍普金斯大学的教职,并发表了他关于社会主义的第一篇文章,在文中他吐露了这样的心声:"当我有那么一点社会主义味道的思想出现时,我敢把它提出来吗?这不会威胁到我在巴尔的摩的地位吗?的确会有这样的危险,而且不是一时半会儿就会过去的。但即便如此,我仍要将自己所信仰的东西写出来。"Adams to his Mother, January 18, 1879, Adams Papers.

[20] Funer, *Advocacy and Objectivity*, chap. 2, 该书中将这些保守的年轻经济学家视为"野心家",这有别于伦理倾向的改革主义经济学家,但是笔者认为这两个学派之间的差异并不在于对追求名利的不同态度。参见:Ross, "Socialism and American Liberalism," 16; and Dorothy Ross, "The Development of the Social Sciences" in *The Organization of Knowledge in Modern America, 1868-1920*, ed. Alexandra Oleson and John Voss(Baltimore: Johns Hopkins University Press, 1979), 118-21。

普金斯大学的历史和政治系教授政治经济学,他成为最激进的发言人。在扮演着福音派传教士角色的同时,他也与基督教改革者接触,并开始广泛地写作大众和宗教的出版物。在约翰·霍普金斯大学自信的职业氛围中,他将自己创业和说教的冲动转入专业化的路径。1884 年,他在一篇文章中放了第一炮,该文由历史主义转向了经济理论。在《政治经济学的过去和现在》["The Past and the Present in Political Economy"]一文中,他将古典政治经济学归为 18 世纪晚期和 19 世纪早期的学科,并宣称未来属于历史学派。[21] 老一代的经济学家由萨姆纳和西蒙·纽康 [Simon Newcomb]*——数学家、天文学家和兼职经济学家,并在约翰·霍普金斯任职——领导,在保守媒体上发动了一次反击。

处于这种争议中,伊利提出组织一个职业联合会"去对抗萨姆纳一伙人的影响"。[22] 伊利认识到放任政策是将对古典经济的批评聚合在一起的最小公分母,他联合了若干年前就开始进行修正主义努力的经济学家弗朗西斯·A. 沃克;与他同一时代受过职业训练且同情历史经济学的经济学家;基督教的社会改革者如华盛顿·格拉登 [Washington Gladden];以及青睐德国学派的历史政治学研究者如安德鲁·怀特和查尔斯·肯德尔·亚当斯。1885 年 9 月,他们成立了美国经济学协会(American Economic

---

[21] Richard T. Ely, "The Past and Present of Political Economy," *JHUSHPS*, 2d ser., no. 3(March 1884): 5-64.

  * 西蒙·纽康 [1835—1909]:美国天文学家,美国天文学会第一任会长 [1899—1905],开创了全世界统一的天文常数系统,代表作有《球面天文学纲要》《通俗天文学》等。——译者注

[22] 关于伊利文章所引发的争论和该文促成的美国经济学协会的形成,其详细讨论可参见:Furner, *Advocacy and Objectivity*, chap.2. 该引文来自伊利对赛里格曼的引用,June 9, 1885, E. R. A. Seligman Paper, Columbia University Library.

Association，AEA），并对其原则发表了一些非约束性原则声明。这些原则致力于改进国家行为，号召经济学从古老的"思辨"经济学方法转向历史方法，并将"劳资冲突"作为现代经济学的核心问题。[23] 这个协会成功地吸引了新一代经济学家的职业主动性。萨姆纳被故意排除在美国经济学协会之外，更年长的传统经济学家，如邓巴也没有参与经济学协会。哈佛和耶鲁年轻的古典经济学家劳克林、陶西格、哈德利和法纳姆也没有参与。当《科学》要求经济学家就使他们产生分歧的问题展开讨论时，历史经济学家的声音最大。[24]

从1884年公共争论开始，伊利就以自信的姿态提出了根本性的问题，这也是历史经济学为这一学科提出的问题：历史主义是否强迫了美国例外论原则产生变化？它是否要求对古典经济学的方法和实质加以改变？经济学知识与伦理学之间有什么关系，以及这一关系要求经济学家扮演什么样的角色？在所有这些问题上，历史经济学内部，以及他们与古典经济学家之间都存在分歧。此外，他们还必须在争论不断白热化的19世纪80年代中期探究这些问题。

伊利从第一个陈述起就提出，历史的变迁特征——"工业进步和新的经济形式"——使古典经济学趋于过时。只有历史经济学家能够充分地处理历史现实。以德国学派为模型，他宣称历史经济学应当主要是归纳性的，在对事实的细致的研究中归纳出少数的普遍原则。德国经济学家还没有发现任何有如大卫·李

---

[23] Richard T. Ely, "Report of the Organization of the American Economic Association," *AER*, 1 (March 1886): 5-46.
[24] 重印于 Henry Carter Adams et al., *Science Economic Discussion* (New York: The Science Co., 1886).

嘉图或托马斯·马尔库塞那样有力的规律，但假以时日，他们是能够发现的。这样的历史规律之一实际上已经由阿道夫·瓦格纳［Adolph Wagner］提出了：即使现代文明的相互依赖日益增加，政府在经济方面的功能也会日渐增加。伊利并没有清楚地说自己采取的是瓦格纳的方法论立场，瓦格纳相信古典结构仍然可以为分析提供有用的工具，伊利也没有采取古斯塔夫·施穆勒［Gustav Schmoller］*的观点，施穆勒只相信对经济制度的历史研究，因此，在他那里规律的古典结构的命运是不明确的。但是他进攻性的论述让人觉得应当完全抛弃古典经济学对自由放任政策的偏见，它的规律实际上要根据变化的历史环境进行修正。[25]

伊利的同事则希望能够说明历史经济学意欲在过去的成就之上推进而不是放弃过去。虽然他们也相信历史主义要求对经济科学进行重新定位。纽康和哈德利坚持将古典经济学界定为一个普遍的自然规律体系，这一体系就像物理科学的规律一样，能够从澄清的前提和以经验事实对假设的检验中得到发展。但是亨利·卡特·亚当斯回应说，经济学不能像物理科学那样操作，因为它处理的是社会现实问题。詹姆斯也强调说正如"在相邻领域中的科学进步"所显示的那样，对经济学而言适当的模型是"法律的和政治-哲学的科学"。古典经济学获得了约翰·斯图尔特·密尔的科学

---

* 古斯塔夫·施穆勒［1838—1917］：德国青年历史学派［Younger German Historical School］、国民经济学历史学派领袖人物，1899 年获得博士学位，曾分别在柏林大学、布拉格大学教授国民经济学和政治学。他认为抽象推理毫无价值，他所领导的历史学派所关心的只是经济史和经营管理中的实际问题。施穆勒曾被约瑟夫·熊彼特［Joseph Schumpeter］称为美国制度主义之父。施穆勒与卡尔·门格尔［Carl Menger，1840—1912］在 19 世纪 80 年代发生的经济学方法论之争［Methodenstreit］使得"方法论之争"成为经济学辞书中的一个固定词条，在经济学说史上产生了空前的影响。——译者注

[25] Ely, "The Past and Present of Political Economy."

认可,但是历史学派可以诉诸历史中德国的社会科学模型,以及间接地引入镀金时代最有力的科学思潮,即生物进化论。[26]

但是,经济学家很快意识到他们分歧的公开化会损害他们为自身学科所寻求的职业地位,于是他们加紧寻找一个共同的基础以便演绎理论者和归纳主义历史学家都能意识到彼此工作的价值。对于这一妥协的基础的最清晰陈述是 1887 年由威廉·J. 阿什利 [William J. Ashley] 向美国经济学协会提出的。他是牛津的一名历史经济学家,曾短期任职于多伦多,后来又到了哈佛。

> 在演绎经济学家和历史经济学家之间的问题不是李嘉图主要学说的对或错……从抽象经济学家的一方来说,现在可以自由地承认这些学说仅是假设的真,他们只有在特定条件下才是真。从另一方来看……承认只要他们得到实现 [如特定的条件],基于这些条件的学说就是真的。[27]

这一表达在历史经济学中为古典理论留下了空间,并在古典经济学中为对经济条件的经验调查留下了余地。至此,这一表述可以被从右派的邓巴到左派的亚当斯的所有人所接受。

双方阵营的认可使得对方可以在专业层面上处理问题,但它并没有解决实质性问题。阿什利提出,到底哪一条道路更有希望?这仍然是一个悬而未决的问题。抽象的经济学家相信他们的学说表达了"最长远的趋势",因此对于经济学家来说,明智之举是通过演绎尽可能扩展他们的理论,其次才是研究那些允许他们

---

[26] *Science Economic Discussion*,尤其是 24-5,92-7,101-3。

[27] W. J. Ashley, "The Early History of the English Woolen Industry," *PAEA*, 2 (September 1887): 9; *Science Economic Discussion*, 105.

在现实情境中加以运用的条件。但是历史经济学家相信:

> 在每一个特定的行业、贸易和国家中,事物的实际状态和它何以变成这样的原因[以及它的发展方向]最好通过历史和统计调查的方式去探索,在这种调查中,传统的学说可以提供进行比较的标准,并在某些时候揭示发生作用的影响因素,但这些学说毕竟只是扮演补充性的角色。[28]

问题的根本在于是演绎理论还是历史调查描述了现代经济生活中最有力的力量,谁最适合于理解工业世界。关于这个问题,分歧一直存在。例如,当经济学家在经济学协会讨论如何教授经济学时,演绎方法与历史经济学各自所占的教学比重、优先权和教学结果等问题就会立即进入讨论。[29]

但是,在19世纪八九十年代的争论中,最重要的不仅是理论或方法论问题。导致方法论的差异并推动其争论的力量来自这些立场所结盟的社会政治视野。在经济学协会的会议上最经常出现的争论是两个阵营之间的社会政治冲突,涉及政府对产业的管制和所有权以及劳动者权利的问题。伊利说历史经济学的确定法则之一是在经济中政府职能的增长,但他对这种增长的程度持保留

---

[28] Ashley, "The Early History of the English Woolen Industry," 9-10.
[29] Simon N. Patten, "The Educational Value of Political Economy," *PAEA*, 5 (November 1890): 7-36; and "Discussion," *PAEA*, 10 (March 1895): 117-18; "The Teaching of Economics in the Secondary Schools: A General Discussion," ibid., 119-38; "Discussion-The Relation of the Teaching of Economic History to the Teaching of Political Economy" and "Discussion-Methods of Teaching Economics," *PAEA: Economic Studies*, 3 (February 1898): 88-101, 105-11.

态度。比起克拉克或亚当斯，伊利更为冲动或者说不那么具有分析性，他对于社会主义主题更为积极也更具矛盾心态，因此每当他表示怀疑时，就会以赞扬来平衡；每当他声称自己的目标是寻找一种代替社会主义的保守道路时，又会号召对社会主义的接纳将改变社会。他担保在历史经济学家中"没有一个人可以被称为纯粹而简单的社会主义信徒"，这种观点几乎不可能平息恐惧。正如法纳姆以一种政治告诫的观点明智地指出的那样，"如果一个人参与了社会主义运动，却得扛着一面'我不是一名社会主义者'的大旗，他很难与报道他是社会主义者的报纸争论"[30]。

因此，正如赛里格曼所说，该学派中更为温和的成员急于将自己从"任何想象的讲坛社会主义趋势"中分离出来。赛里格曼也将社会问题看作现代经济学的核心问题，19世纪80年代中期他希望大规模的合作能够成为其解决措施，但是他发现了一个可以不诉诸社会主义的中间立场。[31]在《科学》杂志上的那场争论中，亚当斯尽管继续坚持合作社会主义目标，但却仔细地将其纲领论述为盎格鲁-撒克逊的自由概念的扩展。

社会政治的冲突同样塑造了对于什么是经济科学的恰当范围，以及什么是经济学家的恰当角色的讨论。在密尔的经典论述中，作为"科学"的经济学是与将其原则运用到具体公共问题上的"人文学科"[arts]分离的，人文学科必须包含政治的和伦理的考虑。尽管古典经济学家在理论上遵从密尔，但他们通常指

---

[30] Ely in *Science Economic Discussion*, 79; Henry W. Farnum, "Review of Richard T. Ely, The Labor Movement in America," *PSQ*, 1（December 1886）: 686-7. 关于政治争论的例子，参见：*PAEA*, 3（July 1888）: 44-51；6（January- March 1891）: 102-15；8（January 1893）: 62-76；82-7。

[31] 关于赛里格曼，参见：Ely, "Report of the Organization of the AEA," 28 and Chapter 6, 页底。

定给经济规律的标准和必然论特征却使得他们无法将经济的科学从其政策含义中分离出来。而且他们也很少试图这样做。但是在《科学》杂志上的那场争论中，对社会主义的担心促使这些年轻的古典经济学捍卫者处于一种无法防守的自我否认之境。哈德利认为经济学家能够告诉立法机构什么不能做，因为这还没有超出科学的领域。只有积极的国家行为是应当排除在人文学科之外。陶西格甚至建议说国家经济行为方面的问题应当完全交给社会学和政治学。

历史经济学家毫无困难地指出这些分离都是人为的。正如亚当斯所说，政治经济学既是一门分析学科，也是一门"建设性的科学"，它的目的是"为工业社会的形成和管理发现科学和理性的基础"。经济学仅仅是关注社会进步的若干门社会科学中的一门，但是恰如里奇蒙德·梅奥-史密斯 [Richmond Mayo-Smith] 这样一位历史学派的温和同情者所回应的，经济学必须引导国家行为并"说明这类行为的后果是什么，以及它是有益的还是有害的"[32]。

但是，接受经济学家的规范性政策角色，就会引出另一个问题。伊利坚持认为最为令人满意的经济有机体提供和设定规范本质上是一项伦理任务。判断的经济学标准不应当仅仅是物质主义的，也应是理想的：经济学应当"为财富的生产、分配、消费设定规则和规律，以便为公民提供善和幸福"。此外，经济学应该参与的不是被认为不可改变的现存经济，它要关注的问题是未来应当如何，这是一件向历史选择开放的事情。伊利认为这两项

---

[32] *Science Economic Discussion*, Hadley, 92-7; Taussig, 34-8; Adams, 99-103; Mayo-Smith, 119-22.

伦理任务都只有历史经济学家才能承担，因为只有他们认识到现存工业体系的不公，并愿意放弃关于财富的狭隘的古典法则，更为充分地考虑人类社会进步的经济条件。对于伊利来说，这一理想任务对于基督教理想主义的理性而言可以接受，因此这是一项适合科学承担的使命，他们可以与基督教改革主义者联合起来完成。[33]

但是传统学者很难接受这一论述。在美国和英国，古典经济学一直都隐含地主张一个道德世界。那种认为只有历史经济学拥有道德和正义的较高理想的观点是不会得到轻易承认的。但是古典主义者的道德被以科学事实的形式写入了他们对经济规律的描述中。他们作为经济学家的合法性在于他们的科学职业，而不是他们的理想。尤其在美国，经济学家试图脱离教会学院和道德哲学控制，直接认同伦理责任的态度将会建立起一种泛道德化的、与教会不切实际的联系，而这是他们所希望避免的。在镀金时代分化的意识形态的背景中，这将彻底破坏他们所宣称的价值无涉的科学。

经济学家关于新历史主义纲领的理论、政治和职业含义的争论是社会中更为广泛的关于美国社会未来的争论中的一部分，其解决也伴随着更为广泛的社会后果的过程。尽管历史经济学家对社会主义理想和工人阶级抱有同情，但他们与资本主义权力共享例外论的遗产和有名望的中产阶级身份，以及资本主义权力的脆弱性。因此，他们也从社会主义中撤出了。这场浪潮于1886年5月发生了转向，因为干草市场的骚乱引起了上层和中产阶级的震惊。约翰·贝茨·克拉克是与他们意见最不一致的，也是第一个发生转向

---

[33] *Science Economic Discussion*, 44-56；Ely, "Past and Present of Political Economy," 58, 48.

的。干草市场骚乱出现时,他因传播"社会主义谬误"而被哈德利公开申斥,因此克拉克开始积极努力地重新思考他的立场,并于1887年改变了自己的立场。[34]

1886年政治剧变起初使得亚当斯和伊利更强烈地为劳工辩护。亚当斯将他在《科学》杂志的争论中的纲领视为自由学说的扩展。影响他人生活和具有公共影响的私人财产权必须服从公共的约束。此外,集体讨价还价获得法律承认之后,工人应当拥有他们工作的所有权。他总结说,我们必须告别"建设性的社会主义",因为"我们的整个法律结构与之相反,借助法律的精神将产业带向和谐要易于从头到脚重组包括产业在内的社会"。通过运用瓦格纳的历史主义策略,使资本主义服从于民族历史文化的准则,并选择一个管制的法律策略,亚当斯能够保留并转变美国的自由传统。他宣称,"只要工资体系还存在,就没有解决劳动问题的永久方案"[35]。

当1886年西南铁路发生罢工时,亚当斯发表了如此激烈的观点,以至于引起了康奈尔大学赞助人拉塞尔·塞奇[Russell Sage]*的愤怒。被体面地免去了在康奈尔大学的职位之后,他带着希望来到了密歇根大学,而那里的校长詹姆斯·伯勒尔·安杰尔[James Burrell Angell]已经对他的"倾向"发生了怀疑。在他后来对其纲领的公开陈述中,亚当斯让步了劳动的"所有权"。"承认国家应当控制劳动关系就是承认社会主义的本质特征",相反,

---

[34] Ross, "Socialism and American Liberalism," 35-79.
[35] *Science Economic Discussion*, 80-91; "A Symposium on Several Phases of the Labor Question," *The Age of Steel*, 59 (January 2, 1886): 20.
   * 拉塞尔·塞奇[1816—1906]:美国金融家、众议员[1852—1857],曾参与建立美国铁路及电报系统,以经营股票和投资于铁路、银行业致富。——译者注

他自己的纲领是建立在个人主义基础之上的。亚当斯在密歇根大学获得了终身教职。[36]

伊利也继续在危机中鼓吹对劳动者的支持,尽管他的演说受到了批评,但丹尼尔·科伊特·吉尔曼仍然于1887年提拔他担任约翰·霍普金斯大学的副教授,这也许是由于他在宗教团体中拥有强有力的支持。但是严酷的考验才刚刚开始。那些最初对其持赞成态度的同事,如克拉克和亚当斯,后来对其予以批评,伊利对此十分敏感,他将自己的著作稿交给这些同事及其他人审阅。于是,克拉克对其不甚清晰的"语言"提出了细致的批评,说"文章对我来说具有一些灵活的含义,并且有激进的倾向"。正如克拉克对亚当斯所说的,他希望伊利能够与"社会主义倾向划出清晰界限。在大多数方面,他的确是对的,但将自己沉浸在半社会主义的憎恶中,实在是很可惜"。伊利曾一度避开社会主义的主题,并十分小心。[37]

但他对自己所关切的事十分执着。1891年,他认为他看到了

---

[36] Furner, *Advocacy and Objectivity*, 135-7; Henry Carter Adams, "The Labor Problem," Scientific American Supplement, 22 (August 21, 1886): 8861-3; Angell to Adams, March 19, 1886; March 12, 1887; Adams to his Mother, May 3, October 14, October 28, 1886; March 8, March 13, 1887, H. C. Adams Papers; Adams to Angell, March 15, 1887, James B. Angell Papers, University of Michigan; H. C. Adams, "Relation of the State to Industrial Action," 133.

[37] Ely, "American Labor Organization"; Richard T. Ely, "Conditions of Industrial Peace," *The Congregationalist*, 39 (August 1887), 638-44; Richard T. Ely, "Land, Labor and Taxation," *Independent*, 39 (December 1, 8, 15, 22, and 29, 1887) and 40 (January 5, 1888). "你可以坚持你日常所做的一切而不会受到太多责难。我认为这篇文章的问题在于,没有区分国家功能的自然扩大与为了某个目标而推进这种扩张的教条主义政策之间的差异。" Clark to Ely, March 17, 1891, Richard T. Ely Papers, State History Society of Wisconsin. 关于职业压力的进一步证据,可参见:Clark to Ely, November, 12, 1887; January 24, February 7, 1888; April 23, May 28, 1891; H. C. Adams to Ely, November 20, 1887, Ely Papers; Clark to H. C. Adams, January 24, 1888, Clark Papers; Ely, *Introduction to Political Economy*, 6。

反对的风潮暂时消退，于是再次开始主张"社会主义和个人主义"的联合促使社会进步。[38] 很快，他来到威斯康星大学，并在新一波激进的不满和巨大的焦虑中从事写作。1894年，该校的一名理事公开指责他站在劳动者的一边，倾向社会主义，为工会组织者提供咨询，并威胁要抵制一家与大学有业务往来的印刷厂，因为该印刷厂没有采用工会车间（union shop）。*这一指责通过学校董事引发了对伊利的公共谴责，当他被证明无罪，且董事会立即发布了学术自由的辩护时，伊利却接受这些结果，并否认这些指责的真实性，他的确持有这样的观点并从事了这些活动，他将无权在大学继续执教。伊利和亚当斯一样，放弃了将民族意识形态转变为包含某些社会主义措施的努力。[39]

正如玛丽·弗纳［Mary Furner］所证明的，职业化过程本身会压抑激进主义和削弱根本性冲突。职业主义至少要求客观性，这一难以捉摸的特性一般要求放弃偏见，因此要在有偏见的和竞争的党派中保持中立。在镀金时代激烈的政治环境中，对传统例外论规范的背离清晰可见，历史经济学家公开的伦理立场是同情劳动者，朝向社会主义的趋势使得他们的客观性受到怀疑并危及

---

[38] Records of the Historical and Political Science Association and of the Seminary of History and Politics, May, 1891, Johns Hopkins University; Richard T. Ely, "Socialism: Its Nature, Its Strength and Its Weakness," *Independent*, 43 (February, 5- July 2, 1891); idem, *Introduction to Political Economy*, 236-39; idem, *Outlines of Economics* (New York: Hunt and Eaton, 1893), 308; idem, *Socialism, an Examination of Its Nature, Its Strength and Its Weakness, with Suggestions for Social Reform* (New York: Thomas Y. Crowell, 1894).

* 工会车间（union shop），又称入职后封闭车间（post-entry closed shop），是工会安全条款的一种形式。根据该条款，雇主同意只雇用工会会员，或要求任何尚未加入工会的新员工在一定时间内加入工会。——译者注

[39] Rader, *The Academic Mind and Reform*, chap.6, and 167-79, 200-13; Furner, *Advocacy and Objectivity*, chap. 7; Ross, "Socialism and American Liberalism," 64-79.

其职业规划。因此,职业压力使得经济学协会很快放弃了它的原则陈述,并接纳了古典经济学家,不过萨姆纳仍旧被排除在外。即使在对伊利进行公开攻击之前,正如我们所见,他的职业同行也迫使他趋向温和化,不过他们最终放弃了他。当1891年和1892年他再次执行原有的方针,计划将经济学协会会议与大众和宗教取向的肖托夸湖[Chautauqua]*会议结合在一起时,他被迫辞去了在协会的秘书职位。在19世纪八九十年代大学施加压力反对社会科学家的事件之后,保守和温和的职业领袖小心地处理他们的支持,确定学术自由的有限范围和他们愿意捍卫的政治反对的范围。一定程度的职业自治是通过限定其范围而实现的。[40]

因此,最重要的,这一历史学派挑战的讽刺性后果是它激发了这一代中最有天赋的理论家约翰·贝茨·克拉克。他放弃了早期的历史经济学倾向,并加入了来自欧洲的边际主义理论潮流,这一潮流复兴了演绎流派。面对激进挑战时,欲使资本主义市场合法化的愿望是促使克拉克思考的主要因素。[41]确实从一开

---

* 肖托夸湖运动:19世纪末期美国的教育改革运动,起源于纽约的肖托夸一带。由卫理公会的牧师约翰·H.文森特博士[Dr. John H. Vincent]及俄亥俄州的制造商刘易斯·米勒[Lewis Miller]倡导,于暑期时在野外举行教育集会,提供宗教和成人教育的课程以及娱乐、演戏、音乐、讨论、报告等活动。每年约有5万人参加。它的贡献在于促进函授教育的发展和暑期学校的兴起。1921年时曾扩增至12000个社团,但与原发起组织无关。有500万人参加过此活动。后来因为汽车、收音机、电影的崛起而消失。——译者注

[40] Furner, *Advocacy and Objectivity*, chap. 4-5; Ross, "Socialism and American Liberalism," 45-64.

[41] 那些认为边际主义范式和自由资本主义意识形态之间存在密切联系的学者接受克拉克的政治动机,参见:Ronald L. Meek, "Marginalism and Marxism," in "Papers on the Marginal Revolution in Economics," *History of Political Economy*, 4 (Fall 1972): 503。而那些认为以上二者之间不存在联系的学者也接受克拉克的政治动机,参见:Joseph Schumpeter, *History of Economic Analysis* (Oxford University Press, 1954), 870。

始，克拉克就试图通过对市场经济的重新概念化来回应社会主义者的挑战，以便"在这个体系中为人性的更好动机找到一个地方"，并能够"在各个方面运用社会的有机概念"。市场本身是一个伟大的社会有机体，它通过适应于其使用的一种"美丽的规律"来运作，通过社会系统正确地分配"有用的商品和社会养料的分子"。

通过这种社会有机体论者理想化的努力，克拉克独立提出了边际经济学的核心观点。他说，价值基于效用，"对效用的量化测量"是通过市场价格来表现的。将绝对的效用放在一边，他将"有效的效用"界定为"在实际情况下改变我们主观条件的力量"。在此，他开始承认价值是由回报减少的边际决定的。作为一种在李嘉图古典经济学中提出的地租理论，边际主义的概念能够运用于所有的经济因素。一旦价值是基于效用，就可以认为所有价值都是通过同样的机制确定的，任何增量的效用的减少都将导致它的价格由行动者感觉值得购买的最后的边际增量决定。对于效用的各种主观估计可以由社会通过价格机制来调整。"市场价值是效用的测量手段，它是由社会创造的，被认为是最伟大的独立存在……的确伟大而复杂，但却也统一而巧妙。"[42]

但是，当克拉克试图将竞争性市场合法化时，他也认识到历史变迁一度将其破坏。在雇主与工人关于利益分配的关键竞争上，大规模联合的商业公司面对的是分散的工人，在这种"掠夺性竞争"的情况下，雇主的富裕是以工人的损失为代价的。正是这种

---

[42] John Bates Clark, *The Philosophy of Wealth* (Boston: Ginn, 1886), iv, chaps. 4-5. 引文来自 iv, 84, 87, 74, 78, 82, 85. 克拉克第一次在《价值的哲学》[*The Philosophy of Value*] 中陈述他关于"有效效用"[effective utility]的观念, *New Englander*, 40 (July 1881): 457-69。

市场的历史性破坏使得克拉克假设社会具有朝向合作共和国发展的历史性进化。[43]

但是1886年晚期和1887年，克拉克放弃了社会主义的美国未来的观点。他开始思考在过去百年中的经济条件，并认为李嘉图的观点只是暂时的。美国在镀金时代经历的迅速工业化就如同英国早期的工业化，是一个异常时期，它已经过去了。历史说明历史经济学不再是必要的了。克拉克说，李嘉图

> 看到的是一个迟早要结束的竞争的间隔期；而我们看到的则是一个联合时代的来临，它给予我们一个模糊的连续性……历史将会帮助我们，为我们提供一个起点，并暗示社会发展的方向，但并不会给予我们某种事实使我们可以从中归纳出所希望的原则……研究的素材在现在和即将到来的未来中。[44]

历史经历了百年的阶级冲突之后将走向团结，那里的工会组织和仲裁将平衡劳动和资本的权力。在那样的统一经济中，竞争仍然存在，因此价格和物品的分配能够得到合法的管理。

随着竞争性市场的恢复，克拉克第一次对利润的概念进行了边际分析。他说，除了"直接劳动工资"之外，还有"纯粹"利润，这种"红利"导致了许多社会冲突。但是"纯粹利润的总量是不断减少的"。当特殊因素，如一块肥沃大陆的开垦，或发明，或贸易循环所创造不正常的高额利润出现时，其他经理人和资本

---

[43] Clark, *The Philosophy of Wealth*, chap.9.
[44] John Bates Clark, "The Limits of Competition," *PSQ*, 2 (March 1887): 47.

家都会被吸引到这一领域，竞争就会迅速将这种纯粹利润减少到零。"这些结论所提出的社会进化的观点是朝向人与人之间的平等的进步，这是由联合推动的，但更深或更普遍的竞争是其实现的保证。不公正借助自然法而得到减少。"19世纪90年代，克拉克开始努力提出一个论述充分的有关分配的边际理论，以说明工资及利润是由其对产品边际贡献的市场估价决定的。在1899年关于分配的论文中，他说明市场分配的自由公正性：它给予"每个产品代理人的财富数量正是这个代理人自己创造的"[45]。

比起古典理论，克拉克及其边际理论盟友努力以尽量少的竞争性词汇为资本主义经济正名。在古典经济学中，价值是由劳动界定的，经济由资本积累推动，自利通过"看不见的手"转变成公共的善，分配由阶级关系主导。这些观点受到激进的攻击并总是转化为激进的目标，克拉克和边际经济学家找到了一条不同的道路来设想市场经济。他们认为价值基于效用，将市场看作满足人们需要的机制，并且是由消费者的欲望主导的。通过价格的调整，社会资源被分配，用于生产对消费者来说的最大效用，并具有最高的效率。赋予不同的物品其适当价值的价格体系也可以为不同的生产"要素"或阶级的服务或资产分配适当价值。[46]

克拉克在最大效用、分配有效性和公正分配假设的基础上，能够坦然地面对自由经济的不公平结果。他说，工业化正在产生

---

[45] John Bates Clark and Franklin H. Giddings, *The Modern Distributive Process* (Boston: Ginn, 1888), iv, 35, 45-50; John Bates Clark, *The Distribution of Wealth* (New York: Macmillan, 1899), v.

[46] A. K. Dasgupta, *Epochs of Economic Theory* (Oxford: Blackwell Publishers, 1985), chap.6. 关于边际主义经济学的意识形态意义的进一步讨论，可参见第六章页底。

一个巨大的、缺乏技能的工人阶级群体，这些工人难以打破教育和财富的限制获得独立的所有权。与此同时，更高的教育和财富标准正在将职业群体和资产阶级结合起来。在克拉克发表其新主张的同一期《政治科学季刊》[Political Science Quarterly]上，蒂莫西·德怀特[Timothy Dwight]的孙子、哥伦比亚大学的法学教授西奥多·W. 德怀特也以《哈林顿*及其对美国政治制度和政治思想的影响》["Harrington and His Influence upon American Political Institutions and Political Thought"]一文提醒他的年轻同事。明显针对德怀特对自然贵族制观点的强调，克拉克总结说"正在到来的工业国家既不是专制的也不是民主制的，而是真正的共和国"。克拉克愿意接受哈林顿所没有意识到的未来，资本集中化的增加将会创造"广泛且不断增长的不平等"。但是市场共和国可以通过它所生产的产品的丰饶来拯救。工人的工资也许在"一到两个世纪内"就可以翻两倍或四倍，这使得他们可以获得更多的物品和个人财产。当人人都能获得这些利益时，公正感甚至兄弟之爱将蔚然成风。[47]

如果说克拉克新的边际经济学使他恢复了资本主义市场的道德合法性，那么该理论也使他得以重构了美国例外论的永恒性。他说，他已经通过"有意地、冒险地将实际的变迁置于视野之外"

---

* 詹姆斯·哈林顿[1611—1677]：英国政治哲学家，以《大洋国》一书而闻名，该书重述了亚里士多德关于政体的稳定和变革的理论，其思想影响了后来美国宪法的制定者。——译者注

[47] Clark and Giddings, *Modern Distributive Process*, 4-10, 41; John Bates Clark, *Social Justice without Socialism* (Boston: Houghton Mifflin, 1914), 51, 45-6; idem, "The Society of the Future," Independent, 53 (July 18, 1901): 1615; idem, "The Scholar's Political Opportunity," *PSQ*, 12 (December 1897): 1-44.

而获得了边际主义经济观。他表明美国将历史抛在后面并进入了一种自然法下的永恒进步状态，自然法给予了"模糊的连续性承诺"。巧合的是，德怀特也同时要求关注"哈灵顿框架的基本特征"。那是"共和国，如同荣耀的杰出人物……也许将伴随着稳健优美的运动永远前进"[48]。

当克拉克扩展他的边际分析时，他开始意识到自己正在发展一种资本主义市场的"静态"理论，它是在一种理想的、充分竞争的假设条件下运作的。"价值的自然标准、工资和利益及利润的自然比率或标准比率实际上都是静态比率。它们是社会在良好组织状态下实现的，与进步导致的混乱无关。"克拉克及时提出，经济学要求一种动态理论以补充其静态理论。二者在古典经济学中是相互交织的，现在却被分离了。但是，在他看来，静态理论是标准。历史变迁仅仅是"干扰"。另一个巧合是，克拉克选择了海洋的比喻来说明他的含义。"无论海洋可能多么狂暴，波浪总会反映出一个理想的水平面，动荡的水流的真实平面围绕着它上下起伏。"在这个比喻中，进步只能被不协调地比作表面的涨落或提高整个海平面的"新的波峰"。[49]

海洋没有历史，没有结构特征。古典经济学家尽管从历史的充分复杂性中抽象出其学说，但仍然将生产的物理因素，如土地、劳动力和资本及拥有它们的历史阶级视为首要因素。李嘉图报酬递减的法则可以被理解为反映了土地耕作的历史过程，自由式进步的前进体现了激烈的阶级冲突，这终将在一个静态国家

---

[48] John Bates Clark, *Essentials of Economic Theory* (New York: Macmillan, 1907), vii; Dwight, "Harrington and His Influence," 39-41.

[49] John Bates Clark, "The Future of Economic Theory," *QJE*, 13 (October 1898): 9; idem, *Distribution of Wealth*, vi, 76, 409, 418-19.

中终结。

在边际理论者的新古典世界中,这些不同的历史特征消失了。所有价值都由个人在资本主义社会不连续的市场中计算的边际效用决定。竞争性个人的观点认为,个人可以通过市场选择自由地实施他们的意志及最大化他们的目标,趋向于通过表面波动不断地实现"自然"价值的平衡,这是一个理想的自由世界。这也是更明显的美国例外论世界,以自由话语再次提出的亨利·亚当斯的民主海洋和从本质上被永久更新了的动态能量都被贪得无厌的个人需求的动力所取代了。激进的历史主义挑战产生了保守的反历史回应,以边际理论的形式重申了美国例外论逃脱质性历史变迁的渴望,并将例外论理想重新界定为占有性个人主义,取消了其在战前的最初形式中具有的平等含义。

三 社会学家的争论:斯莫尔与吉丁斯

社会学家在经济学家争论的影响下也出现了相似的冲突。社会学是最后发展起来的社会科学,仅在 19 世纪 80 年代才开始在大学获得一席立足之地。威廉·格雷厄姆·萨姆纳对实证主义的偏见和莱斯特·弗兰克·沃德的进化理论阻碍了制度对他们的接纳,因此社会学仍然自由地处于牧师的控制之外。萨姆纳本人在焦虑崩溃之后沉寂了几年,沃德仍然是一名学术的局外人。但是在慈善事业和矫正机构中出现了不断增长的专家以及强调"社会问题"的社会福音牧师[social gospel ministers]的改革主义"社会科学"。19 世纪 80 年代美国社会科学协会中的领军人物在大学中发表关于依附物、怠工的和有缺陷的阶级的演讲,改革思想的牧师开始以

"社会伦理学"为题教授课程。[50]当19世纪90年代,大学扩张和世俗影响的增加为社会学提供了新的可能性时,它的实践者必须用不同的资源界定他们的主题,并长期与狡诈的政治群体进行协商。

芝加哥大学的社会学于1892年正式开课,其校长威廉·R. 哈珀[William R. Harper]是美国历史上最有企业家精神的圣经学者,他向阿尔宾·W. 斯莫尔[Albion W. Small]*授予了国内第一个社会学教职。两年之后,哥伦比亚大学在塞思·洛[Seth Low]的促使下,也为富兰克林·吉丁斯[Franklin H. Giddings]提供了相似的教职。斯莫尔是一名浸信会牧师,他从历史政治学转向社会学,并为其带来了社会福音牧师的伦理和改革目标。[51]吉丁斯最初是一名记者,他从经济学转入社会学,并在约翰·贝茨·克拉

---

[50] Luther Lee Bernard and Jesse Bernard, *The Origins of American Sociology*(New York: Thomas Y. Crowell, 1943), pt. 9; Anthony Oberschall, "The Institutionalization of American Sociology," in *The Establishment of Empirical Sociology*, ed. Anthony Oberschall(New York: Harper & Row, 1972), 187-251.

* 阿尔宾·W. 斯莫尔[1854—1926]:美国社会学家,芝加哥学派的主要代表人物之一。1889年被选为科尔比大学校长,在该校开设社会学课程。1892年转到芝加哥大学,建立世界上第一个社会学系,任系主任兼文科研究院院长。此间,芝加哥学派形成。1895年创办《美国社会学杂志》并任主编。1912—1913年任美国社会学学会主席。1922年任国际社会学学会主席。他主张把社会结构和社会功能作为社会学的主体,着重研究人际互动的过程。代表作有:《社会学通论》[1905]、《亚当·斯密和现代社会学》[1907]、《美国社会学五十年,1865—1915》[1916]等。——译者注

[51] 介绍斯莫尔最好的著作见 Vernon K. Dibble, *The Legacy of Albion Small*(Chicago: University of Chicago Press, 1975),不过该书认为斯莫尔的观点终身未变,并因此忽略了那些使他的思想固定不变的张力。传记资料的标准来源应当是斯莫尔自己所写的:"Fifty Years of Sociology in the United States(1865-1915)," *AJS*, 21(May 1916): 721-864; 以及 Edward Cary Hayes, "Albion Woodbury Small," in *American Masters of Social Science*, ed. Henry W. Odum(New York: Holt, 1927), 149-87。也可参见:Richard J. Storr, *Harper's University: The Beginnings, A History of the University of Chicago*(Chicago: University of Chicago Press, 1966)。

克转向其美国资本主义的边际合法性观念后与其合作。[52]因此，毫不奇怪他们所呈现的社会学有各自完全不同的学科模型，并重复了经济学家之间的争吵。

斯莫尔在其牧师学习之后，开始在德国从事历史经济学和国家科学［Staatswissenschaft］的研究。当1882年他作为一名历史学教授回到科尔比学院［Colby College］时，他教导学生们"承认历史进化所说明的更为明确和普遍的规律"，同时还要学习自己收集证据并从中演绎出"确定且合法的结论"。这样的训练将会产生思想开放的人，他们能够"正确地估计改变社会的力量"。但是几年之后，他开始感到历史学只能产生"不能使人信服的严肃结论"，或是"一堆毫无价值的事实"。这种感觉驱使他1889年去了约翰·霍普金斯大学，在赫伯特·巴克斯特·亚当斯和理查德·伊利的指导下进行研究。[53]

斯莫尔发现来自历史学不可信的"严肃结论"很显然是指不变的和保守的美国例外论原则。像同时代其他在德国受过训练的福音派学者一样，斯莫尔赞赏历史主义和新的社会伦理。在霍普金斯的论文中，他反对认为美国民族是由《独立宣言》创造出来的观点，这个民族是全体人民在过去数十年历史发展中的产物。《独立宣言》的确没有建立民族性，它只是提出了"1776年人们绝对、普遍的平等意愿"。在他的欧洲历史课程提纲中，他指出"没

---

[52] John L. Gillen, "Franklin Henry Giddings," in *American Masters of Social Science*, 191-228; R. Gordon Hoxie et al., *A History of the Faculty of Political Science, Columbia University*(New York: Columbia University Press, 1955), 284-303.

[53] Dibble, *Albion Small*, 28-30, 232. Small, "Fifty Years of Sociology," 767, 729-34; idem, "Course of Study in Sociology"[n.d.], Herbert Baxter Adams Papers, John Hopkins University.

有特别幸运的国家能够建立微缩的理想秩序"[54]。

对于斯莫尔来说，困难是用什么来取代传统的例外论原则。由于对"对社会需要的进步性认识"的兴趣，他与同时代较为年轻的弗雷德里克·杰克逊·特纳［Frederick Jackson Turner］*和查尔斯·比尔德［Charles Beard］**一样，试图创造一种适合实践的社会和经济历史。斯莫尔开始阅读从奥古斯丁到巴克尔的历史哲学以及孔德、斯宾塞、沃德和德国有机理论家阿尔伯特·舍费尔［Albert Schäffle］***的"系统社会学"。他总结说，社会学是"这种有价值但却无效的'历史哲学'的天然的后继者、继承人和代理人"，它提供了"造成人类社会现有特征的那些力量的相互关系的大纲"。[55]

---

[54] Albion W. Small, "The Beginnings of American Nationality: The Constitutional Relations between the Continental Congress and the Colonies and States," *JHUSHPS*, 8th ser., nos. 1-2 (January- February 1890): 1-77; idem, "Von Holst on American Politics," *The Civil Service Reform*, 4 (December 1888): 141; idem, *Syllabus: Introduction to the History of European Civilization* (Colby, Maine: Colby University 1889), 87.

* 弗雷德里克·特纳［1861—1932］：美国历史学家。其主要影响在于对美国历史中的边疆的重要性的研究。他反对原有历史学者对达尔文主义假设和条顿民族根源的过分强调，认为美国的个人主义和民主的民族特性在相当大的程度来自其边疆生活的特征。他也强调美国过去的地区性特征和地区性竞争的重要性。——译者注

** 查尔斯·比尔德［1874—1948］：美国历史学家，美国史学"经济学派"奠基人，代表作主要有《美国宪法的经济解释》《1932—1940 年美国外交政策》及与其妻 M. R. 比尔德［M. R. Beard］合著的《美国文明的兴起》等。——译者注

*** 阿尔伯特·舍费尔［1831—1903］：德国社会学家，与斯宾塞等人研究首创了"人类地理学"［anthropogeography］的概念，把地理学、人类学和政治学综合到一起，将人、国家和世界作为有机体进行研究，把国家视为一种具有一定空间，会增大、缩小并最终消亡的生命有机体，认为强大国家只有在不断扩张中才能生存。这就是著名的"有机国家论"［organic state］。代表作有《资本主义与社会主义》《社会主义要义》等。——译者注

[55] Small, "Course of Study in Sociology," H. B. Adams Papers; Dibble, *Albion Small*, 30-2; idem, "The Relations of Sociology to Economics," *JPE*, 3 (March 1895): 173.

作为牧师，斯莫尔同样也认为社会学是他的福音派期望的继承者。他以布道的方式在科尔比学院完成了他的第一门社会学课程，在课上他将社会学展现为实现基督教目标的手段，即在人间的上帝之国，以及"人类社会的条件，在其中神圣正当性原则得到普及并控制社会或经济活动"。与伊利、克拉克和亚当斯一样，他的千年王国之梦是投射到历史中的。[56]

斯莫尔认为社会学有三个方面的任务。第一，描述社会学，运用归纳的"历史的和分析的"方法分离出社会"偶然的和永久的"特征。历史学"更偏向处理事件的序列，以及展示因果"；社会学"对待同样的事实时，则是展示正常的或反常的条件，以及社会结构和功能持久或暂时的形式"。此外，社会学不同于经济学，它必须组织"所有关于人类和社会的实证知识"以获得整体性视角。同沃德一样，他想要社会学处理人性或"社会力"所有的基本需要：健康、财富、社会性、知识、美和正当。[57]

当提及"正常的"和"永久的"社会形式时，斯莫尔的历史社会学世界仍旧部分地嵌入在永恒的基督教世界中。静态社会学的任务是叙述"完美社会的平衡状态"。社会包含着一个"内在固有的理想"，这可以通过"观察和归纳……而不是推测"发现。社会学的方法"考虑说明社会的事实和力量。……从这些材料中，

---

[56] Albion W. Small, "Sermon," *The Dawn*, 2 (November 1890): 302. 在斯莫尔与文森特合著的《社会研究导论》[Albion W. Small and George E. Vincent, *An Introduction to the Study of Society* (New York: American Book Co., 1894), bk. 2] 一书中，有一篇文森特所写的"社会的自然史"["The Natural History of a Society"]，该文追溯了从乡村共同体到工业社会的自发过程和衰落，参见：Dibble, *Albion Small*, 21. 斯莫尔本人倾向于坚持历史的前进式发展，否认传统的共和国将会衰落的观念。

[57] Albion W. Small, "The Era of Sociology," *AJS*, 1 (July 1895): 1-15; Small and Vincent, *Introduction*, 62-5, 172-82.

它提出生活中被忽略的经济的系统化知识，进而得出关于社会生活的对称理想，在其中固有的社会潜力也可以被实现"。这一理想是历史在其朝向上帝之国前进的过程中创造的，能够通过对历史的社会学研究来发现。如果历史仍在理想秩序的潜在形式中存在，人们就必须将其创造出来。社会学的第三个任务是动态社会学，它要寻求实现"现实向理想转变"的途径和手段。斯莫尔的社会学与伊利的历史经济学一样，是一种伦理科学。他赞扬关于现代资本主义历史发展的书籍，这些书籍"不必担心被作为非科学而写下来，（它们）为的是反映未来或理想的社会秩序"，为的是得出关于"我们应当寻求的变迁的方向或手段"的结论。[58]

当斯莫尔描绘这样的社会学概念时，他并没有提出实质性的历史理论。但是他已经知道了社会变迁应当采取的方向。"社会学追求社会关系的平等化"。现代社会中的理想是所有成员的相互依存和个人实现，这一理想使得社会学成为"所有阶级的盟友，尽管这些阶级还处于敌对的不利状态"。的确，社会学是由于社会主义而得以存在的，它"无情地将社会丑恶揭露出来，但是……在提出解决方法方面却没有同样的积极……社会主义不过是社会不能忽略的一个挑战……考虑到社会主义在19世纪思想中所扮演的角色，社会学的出现似乎就不再是偶然而是必然的了。用黑格尔的话来说，传统是正题，社会主义是反题，社会学是合题"。斯莫

---

[58] Small and Vincent, *Introduction*, 66-70; Small, "The Relation of Sociology to Economics," 182; idem, "Review of John A. Hobson," *The Evolution of Modern* Capitalism; Ernst von Halle, *Trusts, of Industrial Combinations in the United States*; and Henry Dyer, "The Evolution of Industry," *AJS*, 1 (September 1895): 223, 227.

尔认为社会学在实现他的基督教社会主义目标方面比社会主义少一些"幻想"和激进。比起唯物主义和工业资本主义所产生的、反映在古典经济学中的不平等，它可以带来综合性的历史哲学和更加确定的进步之路。[59]

正如斯莫尔在 1894 年就已经知道的那样，任何综合性学说对社会主义的接纳对于美国学术都是一条危险之路。斯莫尔在文章中对美国社会病态的严重程度犹豫不决，不知是结构性的制度需要对此负责，还是应当责备个人和不完善的社会化。[60] 如果他的判断是不确定的，他在芝加哥就会处于严重的困境中。芝加哥经济学系的系主任是保守的 J. 劳伦斯·劳克林，他毫不掩饰自己对社会学的谴责。斯莫尔是人文学院的院长和社会学系的系主任，他意识到哈珀并不想疏远这所大学所依赖的富裕的芝加哥人。斯莫尔自己很重视这所大学的教职给予他与芝加哥商人领袖联系的机会，而且他还是芝加哥公民联盟 [Chicago Civic Federation] 的创始人之一，他动员这个城市的领导人为公民的目标而努力。

同时，斯莫尔与基督教改革者也有密切的联系。他为自己在改革问题上的谨慎涉足而自豪，最著名的是作为公民联盟委员会的成员去调解 1894 年的普尔曼罢工，并在伊利诺伊推动一部仲裁法案的通过。但是，作为科学改革的支持者，他希望先争取那些业余牧师，并使社会学脱离与宗教运动中的激进分子相联系的污名。他促使伊利与激进的社会福音派决裂，并大概决定于 1895 年创建《美国社会学杂志》[American Journal of Sociology] 以阻止

---

[59] Small and Vincent, *Introduction*, 78-9, 40-1.
[60] 同上，267—72, 298—301.

他们创办一份基督教社会学杂志的计划。[61]

在这些交织的压力之下,斯莫尔为社会学家提出了一条谨慎的中间派道路。尽管他毫不含糊地提出了社会学的伦理目标,但他还是彻底批评了改革者在不具备充分的社会知识的情况下提出社会矫正方法的努力。社会的综合性科学仍然离我们很远,"正当性的热情先知"的弊端远大于利。"如果制度是有缺陷的,这也是他们有缺陷的社会知识的反映,……在得出可以替代目前普遍的社会结论的观点之前,需要收集更多的信息。"斯莫尔的历史整体主义,激进地要求更为全面的知识,这已超越了经济学所能提供的范围。这种整体主义也具有寂静主义的用途,这回应了斯宾塞对于社会改革可能造成的深远和意料之外的后果的警告。对于斯莫尔的伦理社会学家来说,他们适当的社会角色是调查者而不是开处方者或行动主义者。[62]

富兰克林·吉丁斯在哥伦比亚大学提出了历史的实证主义哲学,并辨别了现实和理想。吉丁斯是一个出身于福音派布道者的叛逆孩子,他反对严格的管教,很早就皈依了实证主义。作为一名古典经济学和斯宾塞社会学的信徒,他相信社会进步是缓慢的,只有在个人努力的道德纪律中才能实现。到了 19 世纪 80 年代中期,吉

---

[61] Small to Harper, July 13, 1894, President's Papers, University of Chicago; Small, "Fifty Years of Sociology," 768-9; idem, "The Era of Sociology," 15; idem, "The Civic Federation of Chicago: A Study in Social Dynamics," *AJS*, 1 (July 1895): 79-103; Small to Ward, April 10. 1895, and May 25, 1895, in "The Letters of Albion W. Small to Lester F. Ward," ed. Bernhard J. Stern, Social Forces, 12 (December 1933): 170-2.

[62] Small and Vincent, *Introduction*, 19; Herbert Spencer, The Study of Sociology (New York: D. Appleton, 1874), 21-2. 对斯莫尔整体论的激进使用只有在欧内斯特的《人类失去的科学》[*The Lost Science of Man*, New York: Braziller, 1971] 一书有所讨论。

丁斯渐渐开始关注社会问题。尽管他能为工人阶级提供的唯意志论行动［voluntaristic action］与萨姆纳的并没有什么不同，但吉丁斯想要扮演的是积极的角色。他在支持工人合作方面十分活跃，这种合作按照严格的唯意志论原则发挥作用，吉丁斯对利润分享问题也十分感兴趣，它是"资本主义雇主所创建和控制的合作"。干草市场事件之后，他创建了每月一期的《工作和工资》［Work and Wages］，他屈尊为工人们在适当使用或滥用劳动组织问题方面提供建议，并警告说那些失业的人是"有缺点的"劳动者。[63]

1886年与约翰·贝茨·克拉克取得联系之后，两个人立刻一见如故。吉丁斯在《工作和工资》上发表了克拉克的新观点，并用克拉克关于利润和工资的边际主张增强了他对普遍进化过程中竞争的肯定。他从未怀疑资本主义市场的道德合法性，克拉克雄辩的证据更加强了他的确信。吉丁斯转向社会学是希望自己能够"将政治经济学的科学带入一种哲学的形式，并拓宽其方法，做一些实事以解决劳动问题，并提出一些我关于政府和公共政策的问题的观点"[64]。

---

[63] Gillin, "Franklin Henry Giddings," 196-9; Frank A. Ross, "Franklin Henry Giddings," *DAB*, Suppl. 1-2, 339; Franklin H. Giddings, *Railroads and Telegraphs: Who Shall Control Them*? (Springfield, Mass.: *The Manufacturer and Industrial Gazette*, 1881); idem, "Cooperation," in *The Labor Movement: The Problem of To-Day*, ed. George E. McNeill (Boston: A. M. Bridgman, 1887), 508-31, 尤其是524页。In *Work and Wages*, see idem, "Work and Wages," 1 (November 1886): 8; idem, "Who and What Are the Unemployed?" 1 (December 1886): 6; idem, "Two Views of the Labor Movement," 1 (May 1887): 5-6; idem, "Education the Solution," 1 (September 1887): 6.

[64] Ross, "Socialism and American Liberalism," 45-6; Clark and Giddings, *Modern Distributive Process*; Giddings to Lester F. Ward, June 23, 1887, in "Giddings, Ward, and Small: An Interchange of Letters," ed. Bernhard J. Stern., *Social Forces*, 10 (March 1932): 307.

吉丁斯是以斯宾塞式的术语来构想社会学的。如果说斯莫尔进入社会学追寻的是他的标准基督教理想主义的话,那么吉丁斯追随的则是斯宾塞的进化论,该理论假设物理力量和社会"力量"之间的同质性和规范性的自然规律。以这种进化的观点,科学就不需要特殊的伦理功能。正如他在1888年反对伊利时所说的:

> 如果经济学家追求对事实的研究,忠实地描述经济性质和最先进的人们的实践,那么在这么做的时候,他们的确可以预见经济观念……无论经济科学的揭示功能具有什么样的道德责任,它都将会很突出并为自己发声。不需要教条和训诫。

进化的实证主义只能描述进步性的行动以提出道德判断。政府行为只有在沿着"累积性自由"的路线支持资本主义进步时才是有用的。[65]

吉丁斯所发现的贯穿进化过程的法则是自然、社会和性的选择相互交织的法则。它们共同使集体中的个人服从于占主导地位的社会形式,并决定了什么群体和集团能够存活下来。有意识的人类目的可能会增加可供使用的社会形式的种类,但最终控制结果的是选择。为生存而进行的经济斗争伴随着联合、聚合和分化的社会学过程,在这一过程中,种族差异和劳动分工导致民族和阶级的区分。种族在能力上有差异,因此进步的能力也有所不同,

---

[65] Franklin H. Giddings, "The Province of Sociology," *AAAPSS*, 1 (July 1890): 66-77, 尤其是 73 页; idem, "Sociology and Political Economy," *PAEA*, 3, no.1 (March 1888): 39; idem, *Outline of Lectures on Sociology* (Philadelphia: Wm. J. Dornan, 1891), 17-18。

这就是英格兰及其殖民地处于世界先进水平的原因。在选择所强加的"过滤"过程中，不同的阶级在社会中形成，"能力的差异与社会功能的差异是近似的，并大致等同于经济条件的差异"。但是吉丁斯也强调现代社会中的相互依赖所产生的对人性的利他后果。他期望出现一个"伦理的社会"，在这个社会里生活的都是勤奋体面的工人和慈善的精英。[66]

但是当吉丁斯接近他乐观的斯宾塞式史诗的终点时，他又哀悼这一过程本身，它的持续变迁和其活动与野心的刺激给它带来的痛苦和堕落。实际上，他进一步将这种状况描绘为人们所熟悉的图景。工业社会过度发展了"唯利是图的精神"，并产生了绝对剥夺穷人财富的危险，将整个政府"置于那些掌握着生存物质手段的人们手中……这种财阀统治精神是社会解体的真正原因，它没有受到应有的理性质疑。它在罗马帝国和中世纪共和国的解体中扮演了卑劣的角色，严重危及了我们这个自由制度的未来"。但幸运的是，工业社会不全是这种财阀统治的类型。

> 在殖民地美国和越过阿莱干尼[Alleghenies]地区的早期西部移民的简单民主制中，有积极的道德生活可以保证使所有其他利益处于合理的从属关系。……不是工厂和集市而是教堂、普通学校和自由人的会议是社会活动的真正核心。……正是这种国家形成之初美国人民少有的幸运，使得共同体中活泼的道德生活为这个国家更大范围的生活留下了深刻的烙印。这种印象不会被抹掉，但它的清晰线条却在被破坏和模糊。

---

[66] Giddings, *Outline of Lectures on Sociology*; idem, *The Principles of Sociology* (New York: Macmillan, 1896), 299-360, 尤其是 328—9, 341.

这种进化论自然主义在美国例外论的镀金时代危机中突然停止了。至于萨姆纳,与例外论对抗的自由乐观主义担心进步会抹掉美好的美国历史的"清晰线条"。在克拉克而不是李嘉图的教导下,吉丁斯希望由进化法则所产生的利他主义能够恢复原有"积极的道德生活",共和国能够永存,但是他没有改变对堕落的担心。[67]

在这种斯宾塞的进化论框架内,吉丁斯寻找使得个人成为社会造物的因素。他认为仅仅基于生物需求或经济利益就能解释社会行为,而不是在联合中寻找社会的秘密。1896年,他在《社会学原理》[Principles of Sociology]一书中,宣称所有社会学都建基于联合的心理事实,而该事实可以还原为"类的意识"[consciousness of kind],这是社会意识最基本的形式,它使得物以类聚[attracted like to like]。他是从亚当·斯密的《道德情操论》[The Theory of Moral Sentiments]的"同情"[sympathy]或"同伴感觉"[fellow felling]讨论中发展出这一观点的,想象的行为使我们将自己置于他人的处境中,因此"能够在某种程度上成为那个人,从相同的立场体会他的感觉,甚至感同身受,只不过在程度上可能比其稍弱,但总不会完全与之不同"。吉丁斯将这种同情感转变为对相似物的有意识感知。他在其中辨析出的线索不仅会将个人联合为社会群体,也会分裂群体,产生出人性联合的怨恨类型及其"种族仇恨和阶级偏见"。通过回溯斯密的"同情",吉丁斯找到了自由社会的经典概念,并从中得到了一柄适合于现代工业世界的双刃剑。他的进化理论认为这些不公的冲突最终将

---

[67] Giddings, *Principles*, 347, 355-6.

会消失，但是在过渡时期，它们是符合自然法的。[68]

尽管斯莫尔认为社会学之所以是基础性的社会科学，正是因为它的全面性，但吉丁斯认为社会学的基础性是由于它是类的意识及社会转变的基本心理学原则的科学。斯莫尔承认揭示历史中起作用的社会力量时，需要"历史和分析性方法"，但吉丁斯寻求的是建构一门没有历史的进化科学。"在社会科学的连续列中，社会学和历史学处在相对的两极"。然而，他对跨时间的进化变迁的分析也是来自历史的。挣扎于这个问题，他一会儿引用狄尔泰的观点，一会儿又提及密尔和孔德，最后吉丁斯试图将他们都包含于其中。社会学同政治经济学一样，从社会经验中抽象出基本原理，并通过所有的社会经验表现对其进行追踪，但是除此之外，社会学也说明这些原理是如何相互连接在一起，从而创造出现实世界的具体现象。[69]

当吉丁斯和斯莫尔于19世纪90年代早期提出他们各自的观点时，对社会学感兴趣的学者们也出现了分化和不确定。艾拉·豪尔斯［Ira Howerth］是芝加哥大学的一名学生，1894年他对与这门新学科松散相关的所有学者提出了质疑，他发现了"社会思想的混乱状态"。社会学是什么，以及它与相关学科或构成领域之间的关系如何引起了广泛的争议。关于斯莫尔将社会学划分为描述的、静态的和动态的这一观点，40个回应者中有9个人表示同意，

---

[68] Giddings, *Principles*.; idem, "Preface to the Third Edition," (New York: Macmillan, 1926), ix-xvii; Adam Smith, *The Theory of Moral Sentiments* (London: G. Bell, 1892 [1759]), 3-10.

[69] Franklin H. Giddings, "Sociology as a University Study," *PSQ*, 6 (December 1891): 649, 653-5; idem, "The Province of Sociology," 68; idem, "The Relation of Sociology to Other Scientific Studies," *Journal of Social Science*, 32 (1894): 144-50; idem, *Principles*, 39-40.

14个人反对,但并非这9个支持者都采取斯莫尔的划分方式,也并非所有的反对者都持吉丁斯的立场。也许豪尔斯的调查中最重要的发现是,尽管有实质性反对,但四分之三的人都认为社会学是或者正在成为一门科学,可以被界定为一门"系统化的知识",并且大多数人认为它将成为大学中一个独立的系。职业抱负显然超过了知识的发展。[70]

美国经济学协会关于这一调查的讨论和斯莫尔的计划报告使得斯莫尔的社会学概念很快与吉丁斯的概念形成竞争。这一争论部分关注社会学的视角和方法。斯莫尔宣称,只有一门全面的历史社会学才能"完全适应于指导社会合作的任务"。吉丁斯则反对说,社会学不能成为无所不包的科学。在他的《社会学原理》一书中,他将斯莫尔"详细清单"的方法嘲笑为"列举所有促使人类行动的动机的无聊努力……就好像所有的动机对于社会学都同等重要。其结果并不是能称之为科学的理性知识"。

斯莫尔以一篇尖酸的长篇书评对此做出反驳。斯莫尔抱怨说,吉丁斯以社会学的宽阔视野对社会进化进行综合性研究,但同时却将社会学局限为仅研究那些由联合的动机引起的现象。人类进化很难以这种单一动机为基础来解释。因此,吉丁斯的方法论是混乱的。研究社会和进化唯一恰当的办法是归纳的方法,此方法不是"详细清单",而是理性地对普遍化的基础进行分级。在美国培根式经验主义的精神之下,斯莫尔认为在边际主义方法和他的

---

[70] Ira W. Howerth, "Present Condition of Sociology in the United States," *AAAPSS*, 5 (September 1894): 260-9. 关于1901年为止社会学所使用的教科书的一项调查发现,42门课程使用的是斯莫尔和文森特编著的,32门使用的是吉丁斯编著的。因为调查是累积式的,而斯莫尔和文森特的著作比吉丁斯的早两年出版,因此,到世纪之交时,二者之间应当不相上下。J. Graham Morgan, "Courses and Texts in Sociology," *JHS*, 5 (Spring 1983): 55.

归纳法之间不存在任何差异，它们仅仅是对"之前完成的事物进行的更大的普遍化"。但是，吉丁斯的方法完全是玄思，他的"类的意识"是一个"前柏拉图的形而上学编造"。[71]

正如在经济学中一样，关于历史主义和社会学方法的争论由于潜在的政治分歧而进一步激化。经济学协会的讨论之后，吉丁斯鼓动《大众科学月刊》[*Popular Science Monthly*]发表了一篇社论，此文也许是他自己写的。该社论嘲笑了基督教社会主义者的社会学是一种一时狂热的奇想，并将斯莫尔在芝加哥大学的教职称为"社会科学"的教职，还宣称真正社会学的第一个教席是属于吉丁斯的：

> 因为他坚持认为社会伦理永远不能告诉我们社会关系应当是什么，除非社会学能够如其所是地分析和划分它们；通过进化过程去发现它们是如何成为现在这个样子；并根据自然原因来解释为什么它们会成为这个样子而不是我们对它们所期望的那样。

此外，该文还断言，经济学协会经过讨论，给社会学下的定义接近于吉丁斯的定义，即社会学是"一门关于现实是什么，以及它曾经是什么的科学，并严格地与社会伦理学区分开"。[72]

---

[71] H. H. Powers, "Terminology and the Sociological Conference," *AAAPSS*, 5 (March 1895): 705-17; Albion W. Small, "The Relation of Sociology to Economics," *PAEA*, 10 (March 1895): 106-7, and "Discussion," 110-11; Giddings, *Principles*, 12; Albion W. Small, "Review of Franklin H. Giddings, The Principles of Sociology," *AJS*, 2 (September 1896): 288-310, 尤其是 293-4, 297-300。

[72] Franklin H. Giddings, "Sociology and Political Economy," *PAEA*, 3 (March 1888): 39; "Sociology in the Universities," *Popular Science Monthly*, 46 (March 1895): 698-9; Small to Ward, April 10, 1895, in Stern, "Letters of Small to Ward," 171-2.

斯莫尔澄清了他对吉丁斯类的意识的伦理学含义的理解。"充分的整合和分化,它为我们提供了战场和审讯室,奴隶栏〔slave-pen〕和糖果店!"[73]但是,19世纪90年代中期陷于困境中的斯莫尔也试图通过取消他伦理学立场中的行动主义含义来避免冲突。他曾说,社会学应当真实地描述社会,而制定伦理学规范显然还为时过早。吉丁斯的攻击和日益逼近的政治压力迫使斯莫尔一度采取更为激进的态度。

爱德华·比米斯〔Edward A. Bemis〕是一名芝加哥的经济学家、伊利的弟子,他曾引起哈珀、劳克林和当地商业利益者的愤怒。当哈珀警告比米斯说他已经危害到其地位时,比米斯向长期以来的老友斯莫尔抱怨。但是根据比米斯所说,斯莫尔的回复是这样的:

> 由于参加了许多公共问题活动,如公民联盟的工作,我已经对我所在的系和大学造成了不良影响。他说"除了哈珀校长,为什么你在公众面前比这里的其他人表现得都更多"〔"甚至比我还多"是他对公民联盟的伊斯利(Easley)秘书的评语……〕斯莫尔教授说……"很多人将社会学误解为一门改革的科学,所以尽管我多年来都希望采取改革的行动,但我现在的授课都转到了先验哲学,以便尽可能地远离这些改革活动,这样才能建立起我们系的科学形象。"这还不够吗?由于对斯莫尔的嫉妒,对理事们的畏惧,以及劳克林的讥笑,哈珀已经在理事们、赞助者以及劳克林的压力影响下背弃了他的全部誓言。

---

〔73〕 Small,"Review of Giddings,*Principles*,"295.

哈珀的确这么做了，当比米斯公开指责哈珀因政治活动而将他解雇时，斯莫尔却否认了这种指控。当一封公开信寄到《美国社会学杂志》，指控说比米斯的事件说明在洛克菲勒资助的大学中人们不再拥有自由调查权时，斯莫尔愤怒地予以反驳，他否认比米斯的事件与学术自由有任何关系，并重申了他的立场，社会学尚不知真理何在。[74]

但是斯莫尔的良知肯定受到了伤害。比米斯所感到的"警惕"是斯莫尔要实现社会学伦理主张的真正愿望的标志。在《美国社会学杂志》后来的3期中，斯莫尔彻底改变了他的路线。在《私人事务是公益信托》["Private Business is a Public Trust"]一文中，他激烈地抨击了当前的财产和继承体系。"世界的资源在有产者中分割，而其他人则依靠这些有产者的允许通过劳动而获得一杯羹。"斯莫尔并没有怀疑本国资本主义权力的冲击有多么的近，因为他注意到医生、牧师和教师的困境，他们尽管具有学识和技术，但如果在费用和客户方面被剥夺，也同样没有合法的权利申诉。他为这些"所有阶级中不满的无产者"发言，反对对尊严、人性和平等的忽视。他现在主张，社会学家应当为正确原则说话，以希望能让改变更容易些。"如果在指出改善的可能性之前，现存的状况变成理想状况的全部过程都必须弄清楚的话，那么希望将永远不会出现。"[75]

斯莫尔沿着亨利·卡特·亚当斯的脉络，赞同对公司和地方社

---

[74] Small to Ely, May 24, "Saturday Morn," June 15, and July 28, 1894; and Bemis to Ely, January 12, 1895, Ely Papers; Furner, *Advocacy and Objectivity*, 163-98;[Albion W. Small], "Free Investigation," *AJS*, 1 (September 1895): 210-4.

[75] Albion W. Small, "Private Business Is a Public Trust," *AJS*, 1 (November 1895): 281-2, 285, 289.

会主义［municipal socialism］进行公共控制，而在《学术和社会煽动》["Scholarship and Social Agitation"] 一文中则采纳吉丁斯的观点。"此文的主要目的是挑战那种认为处理事实的学问就具有优先性的主张。"这些学者把科学和进化当作神，而无视进化直到今天仍在进行当中。至于现代资本主义和伦理学的问题，"除非去应对这些问题，否则学者们就是在逃避。这就是为什么社会支持我们"[76]。

同时，斯莫尔写信给莱斯特·沃德，谈论了自己当前的工作。他想要通过确定"普遍的进步行为的特征"，"以独特的进步视角，发现更有效的社会实践措施"，这样的话，"当这些措施显现出非进步的特征时，我们就可以反对采取这种行动"。进步活动要求结构性的变迁吗，还是只是"在业已发展的结构之内活动的强化"？有必要改变资本主义经济、一夫一妻制家庭和代议制政府的基本特征吗，还是少量的改革也可以获得成功？[77] 受到资本主义权力的恐吓及自己对这种权力耻辱屈服的刺激之后，斯莫尔放弃了向"先验哲学"的转变，宣称社会学家应当在社会变迁中扮演积极的角色，并开始讨论结构性变迁对于社会进步的发生是否真的必要。

正好一年之后，1897年3月，斯莫尔又修改了其观点。"获取解决社会问题能力的最便捷之路不是尝试一次性一劳永逸地解决它们，而是学习如何陈述它们。"斯莫尔现在同意"具有科学

---

[76] Albion W. Small, "The State and Semi-Public Corporations," *AJS*, 1 (January 1896): 398-410; idem, "Scholarship and Social Agitation," *AJS*, 1 (March 1896): 564, 569.

[77] 在1896年3月10日斯莫尔写给沃德信中的便条上，in Stern, "Letters of Small to Ward," 327-30。

秉性和采用务实方法的人士……将社会事实仅仅作为事实的现实研究，而不加入我们的观点和感情，是获得相应结果的唯一可信保证"。当然，学者也是公民的一分子，他们必须在不完美的证据基础上行动，要在货币、税收和垄断等一类问题上表明立场。但是在更为基础性的问题上，如"持久的关系"，他必须基于更为审慎和科学的知识仔细考虑。就像爱默生曾对废奴主义持保留态度，而后又带着"他培养为真正勇士的一万信徒"重新投身于这项事业一样，这位社会学家终有一天也会回来，"不仅预知而且预设"未来。[78]

1896 年 3 月—1897 年 3 月之间发生了什么事，以至于完全改变了斯莫尔的立场呢？在某种程度上，这是他自己试图得出关于结构变迁是否必然这一问题的清晰结论所导致的。由于斯莫尔潜在的矛盾，以及他的综合性视角为他提出的问题的复杂性，他的转变也许是对个人以及社会学无能的承认。但是，如果政治压力将斯莫尔推向了他最初的行动主义立场，人们不难设想这种压力也对他后来的退却发生了作用。1896 年末麦金利当选为总统而布莱恩落败，由于此事件，人们普遍担心的激进威胁突然消失了。

对于美国的中产阶级，1896 年的选举代表着民主革命的威胁。累积的反叛热情流入到选举中，使得它成为美国历史上最激烈的大选之一。对于经济学家和社会学家，它使得他们过去二十年中一直思索的问题激烈化了，美国是否正在向社会主义方向发展，它以政治选举的现实话语提出了该问题。哥伦比亚大学的里奇蒙德·梅奥 - 史密斯在他 7 月给费里格曼的信中写道：

---

[78] Albion W. Small, "The Sociologist's Point of View," *AJS*, 3 (September 1897): 152, 154-5.

政治在这里是一个有趣的话题，我们正在经历最不寻常的无政府主义和平民主义的爆发。……这些银币党人［silverites］*制造了这么大的声势，以至于我们搞不清楚自己是否真的处于社会革命的边缘。它是原来的绿背纸币运动恶魔还是刚刚出现并获取了一席之地的新恶魔？更大的问题是，是否银币党人真的已经控制了中部州的农民和劳动阶级。我怀疑我们得到 11 月才能知道答案。[79]

东北部工人的关键百分比倒向共和党和布赖恩的失败回答了这一问题。工业化的劳工、边缘化的农民和受到威胁的中产阶级不能在生产者民主的纲领［a platform of producers' democracy］上走到一起。对于整个 19 世纪激进改革的传统来说，这是通货紧缩时期的最终一击。围绕合作共和国的广泛国内运动在 1896 年之后迅速消失了。

国内激进传统的衰落除了具有社会的和结构的原因之外，其迅速解体也必须归结为美国例外论的逻辑。美国人相信自他们国家建立以来，美国历史的实际过程就是在实现千年王国的理想。

---

* 银币党人包括银币共和党［Sliver Republican Party］和银币民主党［Silver Democrats］，前者是共和党的一派，在 1896 年 6 月共和党全国代表大会通过金本位纲领后，34 位主张白银和黄金同为货币本位的共和党人退党。同年 7 月，他们在圣路易斯召开自己的代表会议，这些人被称为银币共和党。他们支持民主党的总统候选人布赖恩，在地方上也与民主党人一起从事政治活动。1901 年 3 月，该党在国会的代表加入了民主党。银币民主党则是指 1878 年以后各时期积极提倡按照白银与黄金 16∶1 的比例自由铸造银币的民主党人，尤其是指在克利夫兰第二届总统期间［1893—1897］及 1893 年召开的特别国会讨论废除谢尔曼购银法［1890］时的民主党人。银币民主党反对废除这一法案而导致民主党分裂。1896 年 7 月，银币民主党打败了控制政府的民主党，他们的代表布赖恩也成为民主党的总统候选人，他们控制了整个党，这个名称也就不再使用。——译者注

[79] Mayo-Smith to E. R. A. Seligman, July 21, 1896, Seligman Papers. 关于 1896 年选举的重要性，参见：Wiebe, *Search for Order*, 101-4。

镀金时代的激进分子在全面的历史变迁的背景下，复兴了这一理想的转变性力量，他们期望一个新世界的到来。当1896年的选举最终说明这种转变不可能来临时，当美国历史乌托邦变迁的可能性变得更加遥远而不确定时，美国人的倾向是放弃王国的希望，紧紧把握住美国现实。

斯莫尔没有留下他关于1896年竞选反应的有关记录，而且在1896年3月至1897年间很反常地没有发表任何文章。但是，这次选举被中产阶级和上层社会以及改革者自身广泛地视作本国激进传统的决定性失败。选举后立刻出现了通货紧缩，斯莫尔在这一时期的著作建议人们有意识地成为"具有科学气质和务实方法的人"，他们主张"将社会事实仅作为事实的现实研究"。因此，斯莫尔重新界定了社会学家"固有的理想"。他总是将这种理想视为内在于历史的，并在常识现实主义的美国传统中，期望有效的理想能够获得"普遍的支持"。现在，他认为这种理想必须基于人们实际上的需要。"禁止或加强其他社会影响的权力是一种判断，它说明了人们已经认识到什么才是他们所想要的……通过行动，人们就能知道什么才是对自己有益的。"斯莫尔的最终目标仍然是将社会学科学转变为行动，但有效行动现在要求加入"人们认为对自己有益的"东西。[80]

次年，斯莫尔进一步说，发现解决社会问题的适当措施是科学的责任，但对于一项发现只有当大多数人都对其表示同意，才被认为是真实的。劳动者的问题可以通过公平的分配来解决，但什么是公平的分配？贝拉米和社会主义者——实际上只是一小部

---

[80] Small and Vincent, *Introduction*, 267-8; Small, "The Sociologist's Point of View," 169-70.

分人,建议对任何劳动时间都支付同样的工资,但是大多数人并不同意这样做。因此,这并不是一个真正发现,煽动这一观点是极为"愚蠢的"。"不变的事实是,世界上没有任何人能够聪明到使某个国家中的大多数人都相信他可以提出一个解决劳动者问题的可行方案。"[81]尽管他仍然倾向于同情平等主义和兄弟之爱,但他现在认为这些是无法实现的,除非通过人民"对行为的实践判断",这"是承诺能够获得普遍同意的仅有的伦理学原材料"。社会学的伦理任务自此之后将被整合到由局部性价值综合形成的整体中,这些局部价值由社会不同群体所掌握。[82]在朝向自然主义伦理学的努力上,斯莫尔可能得到了他的同事约翰·杜威的帮助,但当时正好是1896年激进转变失败的时候。[83]

对于伊利来说也是一样,90年代的磨炼使得他屈服于"是什么",并承认了历史现实的顽强力量。伊利最初鼓吹"社会有某些选择权,并拥有某种我们可以向之呼吁的良知"。到了世纪之交时,他承认似乎有"某种不可避免的东西存在于所有这些普遍的趋势中……当我们已经道尽了个人意志的力量之时,我们仍会发现,存在着某种强大的社会力量,它促使我们按照既定的路线前

---

[81] Albion W. Small, "Sanity in Social Agitation," *AJS*, 4 (November 1898): 338-42.
[82] Albion W. Small, "The Significance of Sociology for Ethics," *Decennial Publications of the University of Chicago*, 1st ser., no. 4 (1903): 115. Dibble 关注的主要是斯莫尔1903年的观点,因此他忽略了当时的政治背景,并提出除了一两个地方不一致外,这就是斯莫尔终身的观点。Dibble, Albion Small, chap.5。
[83] 在斯莫尔销声匿迹的这几年中,他发表了一篇捍卫教育学的文章《社会学对教育的几点要求》["Some Demands of Sociology upon Pedagogy," *AJS*, 2 May 1897: 839-51],该文回应了约翰·杜威关于教育的改革主义观众及其话语。斯莫尔并没有在他的伦理学理论中展现杜威的影响,直到1903年《社会学的伦理重要性》["Significance of Sociology for Ethics"]一文的发表。关于杜威,可参见第五章。

进"。当社会主义的千年王国退却时,美国历史的激进转型也让位于它实际的历史过程,基督教理想主义也被历史所给定的科学研究所取代。[84]

因此,无须惊讶斯莫尔在退出伦理学行动主义时,仍然虚张声势地宣称社会学家有一天还会回来,"不仅预言而且可以预设"未来。斯莫尔从一开始,在其动态社会学中,就吸纳了沃德的社会学概念,将其视为社会导向的积极行动者,并将社会学的任务同一种乌托邦社会秩序的实现联系在一起。当这种任务日渐艰难时,斯莫尔对它的情感和概念投入也日益增加。斯莫尔重新实践了孔多塞的策略,孔多塞在面对法国革命政府的监禁时,为他对理性进步历史的说明添加了一个乌托邦式的社会科学胜利的最后阶段。[85] 对于斯莫尔,科学控制历史的观念在双重意义上是一种补偿性的视角。当他被迫放弃了这种立即转变的希望,又无法像沃德那样接受历史的不确定性,斯莫尔回到了科学以获得确证性。此外,科学控制承诺在未来对当下的失败进行澄清。当时社会学家无力去实现哪怕只是部分控制,这将会在未来科学实现了整体的控制时得到补偿。思过之后的理想主义的虚张声势与实证主义的技术信心结合在一起,为美国社会科学家的职业角色奠定了基础。

到了19世纪末,镀金时代激进的历史社会科学运动领袖都销声匿迹了。伊利在这次考验之后再也没有承担过主要的改革角色,他的工作也逐渐趋于保守。亨利·卡特·亚当斯成为州际商务委员会[Interstate Commerce Commission]的首席统计专家,在幕后

---

[84] Ely, *Socialism and Social Reform*, 176-7; idem, *Studies in the Evolution of Industrial Society*(New York: Macmillan, 1903), 97-8.

[85] Keith Baker, *Condorcet*(Chicago: University of Chicago Press, 1975), 346-50, 370.

为扩大政府的规范权力而工作,并将他对劳动理论的弱化陈述限制在密歇根大学的课堂之上。斯莫尔回到"先验哲学",分析"将整个人类现实作为一个整体来思考的问题"。当哈珀抱怨他的招生不足时,斯莫尔承认"很可能我过分强调了方法论问题,但是我担心使人们对我们有这样一个印象,即认为我们可以允许他们以社会学的名义,在生活中每一个要求改革的不满意之处都做出权宜性的调整"。让我知道你如何看待这一政策,斯莫尔尖锐的结语是:"要开设吸引更多学生的课程很容易。"斯莫尔仍然是该专业中一名重要的人物,但美国社会科学中的历史主义和更广泛的社会价值的命运将很大程度上落入他人之手。[86]

四 结论

19世纪70年代的士绅社会科学家是第一代面对工业化改变美国这一事实的人,但是他们迅速地为自然法和共和制度的有益运作找到了不变的历史和自然基础,并确保了这些特殊条件在美国的持续力量能够打败时间造成的破坏性影响。19世纪八九十年代,对工业变迁的感知已经不能被如此轻易地消融了。由于受到福音派道德意识的激励,年轻的历史经济学家倾向于激进主义,为美国的千年共和国目标提供了一种新的视角,这一视角是建立在美国制度历史性地向某种合作共和国转变的基础之上的。当克拉克思考劳资冲突,吉丁斯思考美国社会生活的界限如何"被打

---

[86] Ross, "Socialism and American Liberalism," 48, 52, 68-9, 76-8; Albion W. Small, "Methodology of the Social Problem," *AJS*, 4 (July- November 1898); 114, 392-4; Small to Harper, December 21. 1898, President's Papers.

破并变得混淆不清"时，真正的历史变迁甚至威胁要吞没那些对激进威胁只做出保守反应的人。但是激进分子很快就被阻止，保守分子复兴了他们对自然法能力的信念，例外论遗产将美国再一次置于不变的进步之路。清除了福音派的转变力量之后，美国历史的实际进程仍然是标准的。

信奉激进历史转变的伦理社会科学家从一开始就有内部分裂，他们同时忠于个人主义和社会主义价值，不过，同时代形成于英国的费边社会主义者对此也持相同观点。美国学院社会科学家还必须与权威观点的力量进行斗争，而且在这些观点的背后是资产阶级强制实施其意志的力量。因此，出身于牧师家庭的辉格党后代在寻求文化权力中屈服于这种压力，也就不奇怪了。美国例外论的限制当然也对这个结果的产生起了作用。激进分子肩负着敦促那些固守原有完美的人们进行质变的重任。在1896年运动中，保守分子和温和派仅仅是表面性地聚集在美国的旗帜下，他们可以不仅为资本主义的最终目标发言，而且为美国制度的持续性承诺代言。伦理社会科学家本身也不得不把他们的理想建基于对美国历史的实现上。对于他们而言，如同对于其反对者一样，生产者的民主理想被证明比例外论历史的标准要求更容易放弃。

1896年之后，阶级斗争只是暂时停止了，激进运动又再次掀起，威胁了主流的政治共识。共识和冲突的对立统一仍在继续。但是在学术界中的社会主义比社会上的更为贫乏空洞。它偶尔复兴，最著名的是索尔斯泰因·凡勃伦的例子，但在大多数时候，学术与资本主义和权威观点的联系为社会科学学说设定了可接受的界线，不允许它过分靠近社会主义。尽管萨姆纳也受到压力，但大多数镀金时代的高压政治都是反对左派的。只要他们不像萨姆纳那样，而是保持笑脸，就能够继续得以立足。社会主义无法建立起受到尊敬的学术基础，这使得美国社会科学失去了福音主义价值和历史主义洞察力的资源。在英国和欧洲大陆的费边主义和修正社会主义范围内发展起来的社会民主，在美国则被强制性地置于自由主义的势力范围内，并受到不断侵蚀。

然而，镀金时代的冲突确实为一种新的自由主义和新的保守主义奠定了基础。激进的社会科学家通过他们对美国资本主义的尖锐批评，打破了战前例外论的平静和谐，并暴露了工业资本主义所产生的不平等和冲突。具有讽刺意味的是，他们的观点可能使得人们更容易接受古典自由主义，因为它承认冲突的利益和不可避免的不平等。新保守主义者和新自由主义者都是建立在古典自由主义原则之上的。克拉克和吉丁斯理想化了市场社会，并声称即使在市场社会的大致范围内，美国历史的和谐观也可以被重建。新自由主义者试图找到减少市场不平等和提供补偿的方法，他们扩大了自由选择，并纳入了社会伦理。广泛分配财产和权力的战前例外论理想仍然是一笔有吸引力的遗产，社会民主派很快重新组织在新自由主义的左翼，试图在工业资本主义社会中实现民主的价值。此外，人们也不需要完全放弃历史主义。这条道路仍然向自由历史主义者开放，使他们能够将温和的变迁合法化，将历史的不确定性容纳到自由的范围内，并通过科学控制确保美国未来的承诺。

镀金时代关于社会主义的冲突转变了美国例外论的社会政治和历史基础，并预见了未来数十年中关于如何定义美国例外论的冲突的话语。同时它也为各门社会科学关于自身学科性质的旷日持久的争论埋下了伏笔。美国经济学家与德国和奥地利同时代的同行一样，开启了一场关于方法论的争论［*Methodenstreit*］，这种争论虽然没有太多敌意，却一直持续着。职业压力使得经济学家接受了演绎和历史方法的合法性,正如职业动力使得社会学家在根本的分歧中寻求建设性的共同点一样,但是职业主义本身并不能赢得一致。如何创造一门关于社会历史世界的科学这个问题仍然继续激发出相互冲突的答案。

第三部分

进步主义社会科学,1896—1914

第五章　美国例外论的自由主义修正

在镀金时代，美国人第一次面对了历史变迁的可能，转向社会主义的可能性以最激烈的历史变迁的形式提出了这个问题。在进入进步时代之后仍然富于影响力的那些镀金时代的主要人物——约翰·贝茨·克拉克、赛里格曼、斯莫尔和吉丁斯，以及在这个世纪之交出现的那些新的声音——在经济学方面，是欧文·费雪［Irving Fisher］*、弗兰克·费特［Frank Fetter］**、帕滕和凡勃伦；在社会学方面，是爱德华·罗斯［Edward A. Ross］***和查尔斯·库利

---

*　欧文·费雪［1867—1947］：被公认为美国第一位数理经济学家，他提高了现代对于货币量和总体物价水平之间关系的认识，建立的交换方程大概是解释通货膨胀的原因的理论中最成功的。1923年创办了数量协会，是第一家以数据形式向大众提供系统指数信息的组织。他是经济计量学发展的领导者，促进了统计方法在经济理论中的应用。——译者注

**　弗兰克·费特［1863—1949］：美国经济学家。他清理了李嘉图学派的价值和分配理论以及不同的租金和利息生产率理论，把租金表述为任何耐久财货在单位时间内的价格，创立了"利息的资本化理论"。他指出消费品价格由其边际效用决定，所投入的这些价值通过他们提供给消费者的边际价值生产率反过来决定生产要素的租用价格。资本的价值或整个商品的价格由其预期的未来收益或租金的总量决定，并以社会实践偏好率或利率进行贴现。——译者注

***　爱德华·罗斯［1866—1951］：美国社会学家。他的《社会控制》旨在阐述社会秩序如何维持，在承认萨姆纳提出的习俗和规范的重要性的同时，也强调人内在的主观作用。由外界规范和压力构成的"文化系统"只有同主观的心理系统相结合，才能成为社会秩序和社会协调的基础。他也是最早主张社会学的内容应偏重研究社会进程的学者。——译者注

[Charles Horton Cooley]*；在哲学方面是杜威——都深受镀金时代危机的影响。他们中的大多数人与社会主义展开了斗争，试图逃脱其意识形态的极端倾向。在自由原则和历史的自由概念的基础上，他们重新构建了自己的学科，用它们来修正例外论的理想。他们的范式——新古典经济学、对历史的自由派的经济解释、社会控制的社会学及其意识形态以及实用主义 [pragmatism]——奠定了 20 世纪社会科学的基础。凡勃伦是这种自由派修正主义的重要例外，因为他保留着自己的镀金时代的社会主义思想，并用实证科学而不是伦理学来为它担保。如果转向历史政治学，我们会发现，在那些新的领袖当中，美国例外论的自由主义翻版占据着统治地位，这些人包括弗兰克·古德诺 [Frank Goodnow]**、伍德罗·威尔逊 [Woodrow Wilson] 和弗雷德里克·特纳。

一 自由主义例外论的历史背景

在新的世纪中，工业方面的挑战和它造成的"社会问题"仍然是美国社会科学显要的历史背景。1896 年麦金利当选和 1897 年

---

* 查尔斯·库利 [1864—1929]：美国社会学家和社会心理学家，也是传播学研究的先驱。1918 年当选为美国社会学学会主席，该学会是他在 1905 年帮助建立的。对社会学理论的主要贡献包括初级群体和次级群体以及有关自我方面的理论。——译者注

** 弗兰克·古德诺 [1859—1939]：美国历史政治学家，教育家。1883—1914 年在哥伦比亚大学任教，1914—1929 年任约翰·霍普金斯大学校长，先后教授行政法、历史和政治学，是美国政治科学协会的主要创建人，并于 1903 年成为该学会第一任主席。他从法律角度研究市政机构和行政，研究 20 世纪初期美国城市政治，是政治与行政分离理论的倡导者之一。——译者注

的萧条过去之后,工业化造成的紧张似乎在一段时间内有所缓和,经济进入了一个物价稳步上升、农场扩大和商业更繁荣的时期。不过,工人的工资和中产阶级的薪水的涨幅仍然落后于物价的增幅,经济权力向大公司集中的趋势加剧了。在1897—1902年的合并运动中,企业家和金融资本家策划在那些主要的生产资料和消费品工业领域内进行联合,让这些工业集中在一小撮巨型公司手中,以避免价格竞争、形成寡头垄断。因为它们的成本非常固定,相互间的协调复杂,大公司开始认识到稳定劳动力的价值,这使某些人接受联合。然而,多数的大商业组织,比如面对严酷竞争压力的较小的公司,不断地排斥联合,并采取最低限度的措施来促进工人对公司的忠诚,这些措施是福利资本主义的开端。

144

在劳动骑士们垮台之后,主要由同业工会组成的联盟——美国劳工联合会[American Federation of Labor]成为有组织劳工的主要力量;然而在1897年,由于受萧条的削弱,它的成员人数只占工人阶级总人数的5%。在对抗新的工业巨人方面,美国劳工联合会实际上无所作为。那些国内或更早些的移民,发现自己很快就被来自南欧和东欧的新移民淹没了。新的移民和他们的子女纷纷涌入工业劳动力队伍和北方的工业城市。然而,美国劳工联合会在进步时代却发展缓慢,一些更为广泛的底层联合在移民中得到了支持。虽然劳工胜利在望之感已随着骑士们一道消逝,但对阶级冲突的恐惧却延续了下来。资本主义的毫不妥协滋生了暴力对抗,新兴劳动力的派系之间展开了激战。新大陆的产业工人打着无政府工团主义的旗号,宣告了阶级战争的到来。美国新兴的社会主义政党,一面吸收着延续较早地方传统的激进派系,一面也开始在投票中拉拢范围更广的选民。在1912年,尤金·德布斯

[Eugene Debs]赢得了将近一百万张选票*。因此,镀金时代的社会经济问题——经济财富和权力的集中,阶级冲突和社会主义的威胁——延续到了新的世纪。

发生变化的是处理它们的政治背景。成群的富有改革心的无党派政治人士开始强行变革旧的政党组织,他们引导着进步时代的方向。政治改革既削弱了政党结构,也降低了大众投票的地位,但是他们也把新的政治力量给予了大众媒体反映的"公意",以及境况较好且具有组织能力的生意人、农场主、劳工和改革者。这种多元化的政治虽然向商业利益倾斜,却导致了一系列的立法改革,包括扩张经济管制、使银行体系现代化、准许收取所得税,并犹犹豫豫地迈出了令联邦政府注意社会福利问题的第一步。社会科学家们自己身处有组织的职业群体之中,这些群体构成了这种有倾向性的多元化政体。他们所在的大学院系正在蓬勃发展,他们也普遍支持改革,这使其中的许多人在进步运动中成为了主角,他们或是充当政府和公益性改革群体的专家,或是作为政论家和教师,伍德罗·威尔逊这个人,更引人注目地成了参政者。

进步运动赢得了自由派的大范围支持。在右翼,即使是克拉克和吉丁斯,也能够接受好的政府改革,以及最低限度的政府管制垄断性工业的方案。在政治谱系的左边,进步主义者则青睐管制寡头垄断行业、执行反托拉斯强制,偏爱劳工联合组织和社会保险。因为最低限度的进步计划写入了法律,对大公司更严格的控制、更充足地提供劳动力和社会福利这些左派进步计划的

---

* 开火车出身的美国劳工尤金·德布斯因参与政治斗争被判刑入狱十年。由于他极富人望,虽在牢里,却在美国大选中赢得了将近一百万张选票。——译者注

声音变得更加响亮。更高程度的进步措施得到了统计报告的支持，这些报告证实美国存在着严重的财富不均，并且自1900年之后，制造业方面的真实工资下降了。然而，因为进步主义者的要求变得更加尖锐，温和的支持者离开了，保守主义者动员人们中止这场运动。1911—1913年一系列的劳工暴力对抗，以及1912年真正的社会主义选举使大众意见进一步两极分化，像在19世纪80年代中期和90年代发生过的那样，1914年，进步主义达到了它的顶峰。[1]

考虑到社会经济变革的结构、进步主义改革的本性、反对激进主义的持久力量，对社会科学家来说，放逐社会主义仍然是一项显著的任务，在镀金时代是这样，进步时代也是如此。对克拉克来说，这个目的从未动摇过，从1878年他的第一篇文章论述"如何对待共产主义"开始，一以贯之，直至他1914年的著作《没有社会主义的社会正义》[Social Justice without Socialism]。对新的自由主义者来说，重要的是在他们自己的温和提议与社会

---

[1] 对进步时代的这一概述选自 Robert Wiebe, *The Search for Order*, *1877-1920* (New York: Hill & Wang, 1967); David Brody, *Steelworkers in America: The Nonunion Era* (New York: Russell and Russell, 1970 [1960]); James Weinstein, *The Corporate Ideal in the Liberal State*, *1900-1918* (Boston: Beacon, 1968); Alfred Chandler, *The Visible Hand: The Managerial Revolution in American Business* (Cambridge, Mass.: Harvard University Press, 1977); Richard L. McCormick, *From Realignment to Reform* (Ithaca, N.Y.: Cornell University Press, 1981); Rhodri Jeffreys-Jones, "Violence in American History: Plug Uglies in the progressive Era," *Perspectives in American History*, 8(1974): 465-583。同一时期对于不平等的讨论，见 G.P. Watkins, "The Growth of Large Fortunes," *PAEA*, 3d ser., 8(November 1907): 735-904; I. M. Rubinow, "The Recent Trend of Real Wages," *AER*, 4 (December 1914): 793-817; Frank H. Streightoff, "Review of Scott Nearing, *Financing the Wage-Earner's Family*," *AER*, 4(June 1914): 438-41; Henry Pratt Fairchild, "The Standard of Living — Up or Down?" *AER*, 6(March 1916): 9-25。

主义计划之间划清界限。杰里迈亚·精琦 [Jeremiah Jenks]*曾经冲在大公司管制的前线,在 1906 年和 1907 年,他用两篇美国经济学协会的主席致辞来设定适当的界限。他警告说,在呼吁支持改革时,经济学家既不能夸大资本主义的恶,也不该最小化其益处。我们必须使自己满足于缓慢的变革而不是"某些无所不包的社会重组图式"。得尊重美国人对于"自我指导"的偏好。然而,在结束时他毅然说道,如果我们提倡对商业进行公共管制,"我们就丝毫不应该因为害怕自己被称为社会主义者或科学无政府主义者而动摇"。这个问题与某些左派进步主义者逐渐积累起来的信仰结合在了一起,那种信仰认为自由主义改革将创造出社会主义。[2] 在社会科学家们鼓励变革的同时,美国例外论的意识形态限制不断地迫使他们处于守势。后来,自由派历史学家把改革者看成与保守主义者打着双重战争的进步主义者,政治形势要求他们相当克制。更确切地说,他们站在更大的政治谱系的中间地带和两线作战。

在这个时期的阶级冲突当中,新的自由主义者面对着一连串范围更广的社会和文化方面的意见纷争。利益和功能的纽带创造出了进步时代的多元化政治,这既意味着社会的碎片化,也表现出社会的组织性。努力反击民主联盟的资本家和政治精英使分化

---

* 杰里迈亚·精琦 [1856—1929]:美国经济学家。曾任清政府的财政顾问。——译者注

[2] Kenneth McNaught, "American Progressives and the Great Society," *JAH*, 53 (December 1966): 504-20; Arthur Mann, "Socialism: Lost Cause in American History," *Criterion*, 19 (Autumn 1980): 11-16; Jeremiah W. Jenks, "The Modern Standard of Business Honor," *PAEA*, 3d ser., 8 (February 1907): 22; "The Principles of Government Control of Business," *PAEA*, 3d ser., 9 (April 1908): 9, 20; John Martin, "An Attempt to Define Business," *Bulletin of the AEA*, 4th ser., 1 (April 1911): 347-54 及 "Discussion," 355-67。

更加严重。缺乏更强有力的团结纽带,每个人和每一团体都要救自己,再将挫折和焦虑转嫁给更低阶层的竞争者。同时,进化论生物学和种族人类学的兴起,为种族主义思想添了一重合法性。种族主义明目张胆地用暴力来对抗黑人,种族隔离和剥夺公民权的法令通行于南方。而在北方,新的移民为本土主义和种族主义的浪潮推波助澜。[3]

弗朗西斯·沃克颠覆了一项对美国例外论的历史悠久的证明,很好地体现了这些新的恐惧。在他父亲和他自己直到1884年的教科书里,统计数据都显示,新移民工人群体的更高出生率和本土美国工人群体的出生率的下降,证明了美国高工资的改进效果,并由此保证能够避开和消除马尔萨斯定律。但到了1890年,沃克在新的人口普查数字中看到,虽然新的数字表现出相同的结构,但外来民族移民有着"奇异的"增长,本土人口出生率更剧烈地下降,这导致了对本土衰落的恐惧、限制移民入国的呼声。[4]

在进步时代,传统美国人恐惧衰退的目光,常常集中在新的移民身上,这恐怕是天生如此,无法消除。虽然某些社会科学家对美国的信心和世界主义式的同情,使他们面对新移民时相对心平气和,其他人却鄙视新的移民,为"种族自杀"而忧心忡忡,并极力主张移民入国限制。种族焦虑通行于实证主义者和历史主义者、左派和右派。克拉克无视种族问题,但他的边际主义同仁欧文·费雪

---

[3] 见 John Higham, *Strangers in the Land* (New Brunswick, N. J.: Rutgers University Press, 1955); J. Morgan Kousser, *The Shaping of Southern Politics* (New Haven, Conn.: Yale University Press, 1974)。

[4] Amasa Walker, *The Science of Wealth* (Boston: Little, Brown, 1866), 462-4; Francis A. Walker, *Political Economy* (New York: Holt, 1884), 282-3; "Immigration and Degradation,"载 *Discussions in Economics and Statistics*, 2 vols., ed. Davis R. Dewey (New York: Augustus M. Kelley, 1971 [1899]), 2: 424-5。

和弗兰克·费特，以及他的历史主义对手帕滕和约翰·康芒斯［John R. Commons］*则受这些问题的左右。斯莫尔置身事外，但他的朋友爱德华·罗斯和对手吉丁斯却领导着种族控诉。

维多利亚时代性别角色的崩溃，更恶化了原本已加剧的社会分歧。数量空前的女性加入了劳动力队伍，涉足更高层次的教育领域，投身于侵略性愈发强烈的选战之中。在新的工厂和城市中，传统的行为模式开始放松了，离婚率也节节攀升。我们已经注意到，斯莫尔宣称一夫一妻制的家庭模式已经面临了竞争。社会学家们对工业化社会的衍生效果尤其敏感，斯莫尔生动地描述了由此导致的价值危机感。他说，问题在于更古老的清教价值标准崩溃了，社会碎片化为多种多样的伦理群体和功能角色，其中的每一个都有着自己的价值框架，用不同的观点来理解世界。不仅如此，这些互相冲突的价值围绕着一些基本问题争执不下：

> 在现代社会中，我们面对着一些根本的问题。例如，我们应当以身体愉悦为目标，还是要消灭感官欲望？我们该树立一种关于政府的理想还是根本不要政府？我们该为什么而筹划，私有财产还是共产主义、垄断还是竞争、思想自由还是心智和良知永久的社会监护人？这些不是生物学、公民科学、经济学或者神学问题。这些也不是关于方式和手段的问题。这些

---

* 约翰·康芒斯［1862—1945］：美国制度经济学派的代表人物。出身寒微，早年曾在俄亥俄州的一个印刷厂做工。后来任教于约翰·霍普金斯大学，并担任过美国货币协会会长和币制委员会主席。除了《制度经济学以及它在政治经济学中的地位》（简称《制度经济学》）一书外，他还出版了《财富的分配》（1893）、《美国产业社会史料》（1910）、《美国劳工史》（1918）、《资本主义的法律基础》（1924）以及《集体行动的经济学》等著作。《制度经济学》是他的社会制度理论分析的代表作。——译者注

不是如何去做的问题。这些是做什么才合适的问题。[5]

价值问题在进步论乐观主义的表面之下暗暗涌动,并加深了社会混乱之感。

因为全国性的城市社会使相互冲突的社会和族群群体彼此接触,个人和群体身份的标志变得更加重要,社会紧张加剧了。这个时代充斥着凡勃伦所说的"炫耀性消费"[conspicuous consumption]、排外的组织和团体模式以及种族和族群上的敌意,它们在城、镇和乡村之间相互冲突。

> 国家的每个阶级或阶层都意识到,在自己的标准与某个更欠发展的阶级的活动和趋势之间存在着对立。对南方而言是黑人,对城市来说是贫民窟,对有组织的劳工而言是"工贼",对禁酒运动来说是醉鬼和酒吧老板。美国制度之友惧怕无知的移民,工人厌恶中国人。每个人都开始做出区分,一边是那些有着公民身份的适宜特质的人,一边是某个或某些他想要约束和赶出社会的阶级。[6]

帕滕在1896年的观察并非如其所愿地泄露出了这个时代分裂的社会趋势。这是美国多元主义具破坏性的一面,也促进了对社会伦理的新的自由寻求。

在世纪之交,社会和工业的突变导致了对历史变迁的深刻认

---

[5] Albion W. Small, "The Significance of Sociology for Ethics," *Decennial Publications of the University of Chicago*, 1st ser., no. 4 (1903): 5-6, 23-4.

[6] Simon N. Patten, "The Theory of Social Forces," *AAAPSS*, 7, Suppl. (January 1896): 143.

识。美国业已成为一个新的工业国,这一点清晰可见,对其变化之迅速的评论俯拾皆是。在1899年,杜威感到大为惊异:"几乎不敢相信,在过往的一切历史中,哪一场革命有这般迅速、广泛和彻底。"与过去相分离的感觉,在文化的各个层面上都有所表达,并且生动地体现在进步主义改革者们在全国范围内安排的公共性的历史演艺会 [historical pageants] *之中。正如大卫·格拉斯伯格 [David Glassberg] 所说:"历史演艺会想象性地将观众置于新时代的边缘,就在这个时代,不同的社会阶级、制度和利益之间的传统关系将发生转变,但历史演艺会却承诺,新社会不过是过去那些东西产生出的不可避免的结果而已。"然而,尽管努力构建和重树一番与过去相延续的景象,演艺会仍然在不经意间流露出,过去变得多么遥远,未来多么不确定。把局部性的美国史置于象征性的框架之中,这框架是从古代、中世纪和现代的历史中,从欧洲和美国挑选出来的,改革者的人为建构泄露了他们与过去相分离的感觉。[7]

进步主义社会科学家找到了一条更为连贯一致的思路来理解和驯服这个新世界,他们借助的是历史的自由主义理论。现代性确实是多种多样的,但它是进步历史力量的产物。与美国的理想

---

* 这里的历史演艺会指的是流行于20世纪初"一战"前美国的一种大规模、非商业化和公共性的艺术形式。在当时进步主义的带动下,美国各地的许多社区以对话、戏剧、诗歌和音乐为形式来举办带有审美和社会目标的正式的社区庆典,展示自己社区的历史与现实。这种历史演艺会对后来美国的社会和文化发展有着重要的影响。参看 David Glassberg, *American Historical Pageantry: The Uses of Tradition in the Early Twentieth Century* (Chapel Hill and London: University of North Carolina Press, 1990)。——译者注

[7] John Dewey, *The School and Society* (1899), in *MW*, 1: 6; David Glassberg, "History and the Public: Legacies of the Progressive Era," *JAH*, 73 (March 1987): 957-80; Timothy Dalton, "The Ever-Receding Past: Americans Review 'The Wonderful Century,'" Seminar paper, Univeristy of Virginia.

未来绑在一起的是现代进步的伟大引擎:资本主义市场、社会多样化、民主和科学知识。人们关注的焦点原本是商业和工业进步导致的腐败,认为这会威胁美国的完美,但现在,他们转而加入到了走向现代发展的具普遍性的欧洲运动之中。接受了这种必然性,得到了生活在新的工业世界的承诺,社会科学家们表现出了一种新的信任,信任那在变迁的混沌之下暗中运转的世俗力量,并对自己理解和塑造未来的能力有了新的信心。镀金时代带来的末日危机感的减退与处理工业化问题的进步主义的信心,和这种历史意识的变化有着密切的关系。

许多社会科学家都察觉到了这种变化,但就直接提出新的自由派历史主义,以及有力地拒斥较早的例外论而言,没有人能比得上赛里格曼,他是这种新观点的设计师之一。身为美国经济学协会的主席,他在1902年的演讲中发起了攻击:

> 我们的许多有思想的公民同伴们,或是直率或是含蓄地共享着这种意见,认为这个国家以某种方式,要履行一桩与众不同的使命,凭借着某些天赋的原则,我们与这世界的其他部分区分开来,在为美国所特有的意义上,这确实是相对的,但是,它们与我们自己的关系却是永恒不变的。

赛里格曼说道:"我们基本上一直都生活在黄粱美梦之中。"在我们的民主、清教的品格和对自由的爱中,并没有什么"天赋"的东西。所有这些特征都依赖于"时间和空间条件的变化"。如果奴隶制的经济条件成熟了,像在美国南方那样,我们的爱好自由的人民就会接受它:"所谓的盎格鲁-撒克逊式的对自由的爱"是一种"多么大的笑话啊"!其实,只要条件支持,"自视甚高的盎格鲁-撒克逊式的个人主义"很快就会变成或接近社会主义，这一点，与澳大利亚和新西兰没什么区别。赛里格曼继续说道，过去的历史真实性将未来抛进了历史之中。许多人说，我们的未来不过是一种新的封建主义，他们或者指着罗马说，繁荣之后必然是衰落和灭亡。但是，美国应当被理解为一个现代社会，因为存在着真实的条件，"把现代工业社会与它之前的一切区分开来"。他比过去的所有人都尖刻，这个犹太裔美国人，这个世界主义者宣称："未来的美国人和过去的美国人将没有多少相似之处。"[8]

在自由派历史主义的影响下，美国的理念本身发生了决定性的变化。自由主义的历史把美国的理想更彻底地定位于未来而不是过去，并将未来的成就当成了美国的特别任务。美国的经验不再被设想为完全的例外，而是汇入了西方自由主义历史的潮流之中。然而，考虑到长期醉心于例外论的理想，如果我们发现，将美国带进现代历史潮流的努力几乎不可能完成，或达到明确无疑的境地，我们也不该对此感到惊讶。只要完美美国的理想还存在，只要美国人还担心把这个理想托付给历史存在危险，美国例外论的逻辑就仍然有重要性。自由主义的历史本身就假定，大多数民族无法进步，并常常让这种自由主义的进步依赖于自然法，这些自由主义话语的特性强化了例外论主题。因此，例外论活在乌托邦式的理想中，这种理想模模糊糊地呈现于也潜藏在美国社会里。它活在某种意愿之中，这种意愿想要将美国置于自由主义变迁的最前线，或是把美国作为这种变迁的典型，并按特定的美国的模

---

[8] E. R. A. Seligman, "Economics and Social Progress," *PAEA*, 3d ser., 4 (February 1903): 52-70, 特别是第55—57, 59—60页。

子来铸造普遍的进步。这样,美国就仍然保持着它的典范地位,充当着世界历史的先锋。它活在徘徊不去的对衰亡的恐惧之中,想要逃出历史、奔向自然,科学承诺能够控制后者。

富于反讽意味的是,自由派历史主义试图驯服历史的不确定性,却加深了自由主义的未来和美国的过去之间的鸿沟。赛里格曼很快认识到,现代的未来并未完全实现,例外论者的过去也没有消失。在 1905 年,他说美国"既是最年轻的,也是最古老的经济社会"。虽然在许多方面仍然是一个边缘社会,但在工业组织方面"美国正领导着世界,并向其他国家表明,他们还需要跨越什么样的阶段"。这种把"现代工业体系"嫁接在"留存下来的灵长类原宗"身上的情况使现在"混乱不清"。

> 在许多方面,由于这种旧与新之间的竞争,我们仍然在黑暗中摸索,不满足于更为进步的共同体却保留着旧的状况,试图借着未来昏暗的光来洞见更新状况的最终表达,而这种状况,很快将会变成普遍的状况。[9]

赛里格曼不确定的措辞揭示了这种混乱,因为在较早的例外论范式看来,原始和农业的阶段为"新",而高级的工业阶段为"旧"。然而现在,原始农业的过去为"旧",工业世界则为"新"。美国正在转变,走进历史而不是回到自然。

自由派历史主义逐渐使他们以未来为取向,并把自己的过去视为陈腐的东西。进步时代的主旋律是经济变迁创造了一个不为

---

[9] E. R. A. Seligman, *Principles of Economics* (New York: Longmans Green, 1905), 108.

建国者们所知的世界，新的工业状况呼唤着新的实践。因为进步主义改革发展的脚步放缓了，所以，抛弃美国过时的过去而代之以自由主义的未来，这样的愿望得到了表达并变得日益迫切。这就是赫伯特·克罗利 [Herbert Croly]* 的《美国生活的希望》[*The Promise of American Life*] 传达的信息：如果想要实现美国的前途，就必须改变美国的实践。

克罗利在 1909 年写的这本书，长久以来被视为进步运动的代表性文本，这本书同样是体现美国例外论变化的代表性文本。它来自新的历史意识和新的例外论目标。围绕着对现代历史的自由主义理解，它以自由主义的视角来解读所有的美国历史。此外，它还用现代的语言表达了例外论的理念。对那些到现在为止我们考察的社会科学家来说，美国例外论的理想扎根于千年王国和共和主义的语言中，在他们青少年和大学时期受的教育和接触到的公共讨论中，这种语言仍然具有活力。在进步时代我们开始发现，像克罗利这样的更年轻的社会思想家似乎了解这种语言，却用某种变化了的方式来对待它。民族主义的美国理想仍然激励着他们，更旧的自由-共和主义语言，虽然为这种理念提供了原初的背景，却变得稀薄了。19 世纪 80 年代，学生们身处于新的社会科学的规划之中，他们工作依据的范式来自他们上的大学的教授，他们表达自己例外论的希望或诉说自己徘徊不去的对衰落的恐惧，使用的是新的学院派社会科学的语言，或是这种语言的

---

* 赫伯特·克罗利 [1869—1930]：美国作家、编辑、政治哲学家。1914 年创办《新共和》杂志。他认为民主制度必须经常修正，以适应不断变化的形势。他讨论社会和政治问题的著作《美国生活的前途》对西奥多·罗斯福和威尔逊总统都产生过影响。晚年主要关心哲学和宗教问题。——译者注

新闻式变体。[10]

克罗利在著作的开头就界定了美国的前途，他用的语言清楚地表明，美国例外论的民族性的意识形态仍然十分活跃："美国人对他们自己国家的信仰是宗教性的，"克罗利说道，"它弥漫在我们呼吸的空气中。"首先，它存在于"一种安适而繁荣的前途之中，这种安适和繁荣的享有者是大多数的好美国人，而这些人的数目还在不断增加"；其次，存在于自由之中，"自由的政治制度"，最后，这些条件将创造出"一群更有价值的人"。这种经验"不止具有民族范围的重要性。美国的体系代表的是最高远的希望，这是一种卓越世俗生活的希望，人类已经冒险尝试了这种生活"。克罗利强调，美国人习惯将这种普遍理想与过去连在一起。"我们民族的责任根本存在于忠于传统的行为方式、道德和理想之中……坚决而愉快地在这条安排好的路上走下去。"美国人相信，在这条路上"寻常的益处将不断地自动累积起来"。他们持有一种"乐观主义的宿命论"。[11]

---

[10] Paul Bourke 认为克罗利和他的新闻军团培养出了"一种新的语言"来表述熟悉的主张，以便建立起他们自己的新社会角色，即"独立的社会批评"。Paul F. Bourke, "The Social Crisis and the End of American Innocence：1907-1921," *Journal of American Studies*, 3(1969)：57-73。Daniel Walker Howe 业已指出，传统的自由共和主义话语的衰落与19世纪末古典教育的衰落紧密相连，拉丁文是共和主义话语的主要传播媒介。道德哲学在学院教育中的崩溃也有着相关联的影响。Daniel Walker Howe, "Classical Education and Political Culture in Nineteenth Century America," *Intellectual History Group Newsletter*, no. 5 (Spring 1983)：9-14. John Patrick Diggins 在 *The Lost Soul of American Politics* (New York：Basic, 1984) 中，按时间顺序记述了从1789年起到"一战"为止，共和主义在美国的一段漫长的衰亡过程。笔者相信，对 Diggins 有关进步时代的美国社会科学话语的实用主义和达尔文主义形式的洞察最充分的理解，是将其作为美国例外论的民族意识形态在自由主义的基础上再次形成的后果。

[11] Herbert Croly, *The Promise of American Life* (New York：Macmillan, 1909)，第1章，特别是第1、10、12、13、15、17、18页。

引人注目的是，在克罗利的著作中，表达美国理念用的是现代语言，且基于对历史的自由主义经济解释。克罗利从未想要问问，为什么美国人的公民信仰是"宗教性的"，或者为什么他们建构出的"宿命论的"普遍理想与过去连在一起。对于克罗利而言，经济机遇和繁荣前景是美国理想的基础。自由的政治制度"成为保证不断繁荣的意识，认为繁荣是充分的且易于实现"。经济所有权既是经济也是政治自由的基础，这样的核心理念变得模糊了，取而代之的是"安适和繁荣"的普遍化的理想。克罗利解读美国历史的开端，似乎用的是在镀金时代出现的历史的自由主义经济概念。"专业化组织"是"当前形势"的核心问题，但他绕开了过度专业化的工厂工人，并把注意力集中在自由主义的问题上面：在由各种特殊利益组成的社会中实现整合。民族主义是治疗自由主义疾病的共和主义药方，但他讨论的历史和语言背景已经与19世纪的自由-共和主义话语分道扬镳了，他开始按照自由主义的形象来重构美国的历史。

然而，在这种新式的自由主义实体的下面，我们仍然能感觉到更古老的想象的力量。美国的理念仍然是克罗利的历史和政治所向往的目标。民族主义仍然是他的自由式民主需要的社会团结的活力之源，对于更早时期的共和国来说也始终如此。在书的末尾，启示性的语调出现了，克罗利渴望出现某个"民主的福音传道人——某个模仿耶稣的人，他将向人们指出通往精神财富的道路，而这些财富乃是他们个人和社会的成就"，我们从而认识到，美国共和主义的千年王国认同仍然生气勃勃，虽然语言已是20世纪的自由个人主义的语言。[12]

---

[12] Herbert Croly, *The Promise of American Life* (New York: Macmillan, 1909), 第11、126、138—9、453—4页及第5章。

进步时代的社会科学家们经过深思熟虑，转向了古典自由主义传统，用它们来修正自己的例外论遗产。古典经济学及其边际主义修正提供了资本主义市场的模式，这个市场是自由行使个体意志的创造物。出卖劳动力的能力而非生产资料的所有权，提供了自主的基础。自由主义理论视政治民主为至上的个体自愿结合的产物。在科学领域，同样假定了个体的理性能力。社会科学家们试图借助他们的个人主义的基本思想，来树立美国社会的基本品格，为社会的和谐秩序提供基础。

需要提出某些策略来建构新的社会化了的自由主义，在世纪之交，它们体现在克拉克的理论中，现代化了的市场作为"看不见的手"的概念。亨利·卡特·亚当斯努力扩大个人责任的原则，力图把工人的权利和公司的社会责任包括进来；吉丁斯借用亚当·斯密的同情概念来创造一种社会化的个体。我们将看到，这些和另一些相似的策略在进步时代得到了充分发展，理性化了的共和主义政府制度使公共权威更有效，努力取得了很大的成就。自由主义理论的历史形式遵循的是斯宾塞的学说：走向分化、个体性与社会和谐的进化论。市场发挥着促进相互依赖的功能，社会沟通、交换和运动的机会不断增加，创造出了现代社会。在这个社会中既有个体的自主，而且冲突也得到了缓和。

对美国例外论危机的自由主义回应，产生出了一系列的理论和信仰。在右翼，理论家们声称，资本主义市场以及它的竞争激励、私人性目标和不平等的回报，确定了个体自主的品格，并为社会和谐创造了条件。在左翼，社会民主派希望自由社会和民主政体将改变竞争关系，将公共性的目的注入私人目标，并通过再分配使收入更加平等，同时仍然保持着资本主义市场的私有权性质。虽然抛弃了古老的例外论的政治经济学，社会民主派却保留了它宏大的理想。"自我拥有"[self-possession]成为社会的产物，社会性则成为衡量个体性的指标。理论家们尝试将占有性个人主义[possessive individualism]转变为社会和谐，表达出自己的最高理想，却也遭遇到了最大的困难，产生了意识形态上的困惑。左派和右派的处境相似，美国例外论的压力一再遮蔽了转变所遇到的困难。

对自由主义历史的进步观的支持来自进化论人类学[evolutionary anthropology]，这种思想统治了19世纪晚期。在这个时代，我们将目睹社会科学家开始更谨慎地挖掘人类学的资源支持他们的历史理论，也发展出了一套批判性的科学方法。通过将历史的记录延伸到它的自然之源，人类学促使社会科学家们接受进化论的理论，因为这种理论似乎有着科学的根基。种族人类学[racial anthropology]被用来支持种族的生物学理论。在另一些场合，很快会被称为"文化"的那些不同民族的民德和风俗，吸引了社会科学的注意力。我们将会看到，在社会科学家中，凡勃伦相对独特，他对人类学进行的改造不仅包括进化论理论，也包括外来观察者的地位。[13]

在进步主义社会科学中，自由主义弹药库的一个新的组成部分将初次登台亮相，它就是机能心理学[functional psychology]。从起源时代开始，心理学就在社会科学中扮演了核心角色，休谟力主要探索人性中恒常不变的东西和种种的变化，密尔重申了道德科学的这个基础。在某种程度上，历史政治学也被认为依赖于人性的本原。古典经济学被理解为建立在一组有选择的心理倾向

---

[13] 关于人类学，见 George W. Stocking, Jr., *Victorian Anthropology*(New York: Free Press, 1987)及 *Race, Culture and Evolution*(New York: Free Press, 1968)。

之上，而边际主义的一个主要变种宣称功利主义心理学是它的来源。带着相同的印记，批评古典经济学的历史和社会学学者们转而借助更广泛的心理动机来重建社会科学。因此，当美国心理学家们在19世纪90年代开始发展新的机能心理学时，最敏锐的社会科学家们就开始探索这种思想，想要知道对他们自己的传统来说，这种思想隐含着什么样的意义。

对机能心理学的发展做出过贡献的包括威廉·詹姆斯[William James]和杜威的著作，詹姆斯·鲍德温[James Mark Baldwin]*对儿童成长的开创性研究，以及来自新的心理学实验室的有关知觉和注意力的研究，但其基本的灵感要归功于查尔斯·达尔文。根据新的机能主义者的看法，需要把心理学看成生物进化的一个维度。心智是适应性的器官。这意味着首先，在它与环境的互动中，心智是具有目的性的积极的行动者[agent]，其次，心智总是力求适应变化着的环境。借助第一个命题，心理学家和社会科学家能够建构一个积极的个体，拥有独特的意志，并能将周围的环境变成理性的规范。借助第二个命题，他们可以构建出社会化的个体，它习惯了社会环境，并被引向服从理性的一致意见的强制调节。因此，这种自主行动的多成分模式能够同时

---

* 詹姆斯·鲍德温[1861—1934]：美国心理学家。他通过同化和模仿的相互作用过程来说明习惯的形成和改变，坚持心理是感觉运动过程这样一种机能主义观点，并强调心理发展过程中作为选择性工具的意向活动的重要性。他创立了"发生逻辑"学说，也即今天我们所知的发生认识论或进化认识论。将黑格尔哲学思想引入经验领域，试图根据意识结构的连续的和本质上的差异性，使他的理论能够解释心理的发展。在他看来，儿童经过"前逻辑"意识和记忆阶段，达到"准逻辑"水平，通过想象形成有关心理、躯体和自我的概念，从而达到理性判断的"逻辑"阶段，由此进入道德品质的"超逻辑"阶段，最终达到"超常逻辑"的完美意识。主要作品有《儿童与种族的心理发展》(1895)和《心理发展的社会和伦理评注》(1897)。——译者注

趋近自由主义理论和功能主义理论这两极，这取决于是强调行动者的创造性理性，还是强调由环境强加的理性，是指向理性地调节系统的持续的参数，还是指向其变化的特性。[14]

在历史变迁的自由主义理论中，这两极都是有意义的，机能心理学常常被置于历史变迁之中。正如我们所看到的，斯密和斯宾塞提出的自由进步模型在经济发展及其对自然的控制中占据着关键地位。在法国发展起来的进步理论使理性成为历史中的动态力量，约翰·密尔的《论自由》[On Liberty] 给了理性一个社会位置。进步是具有创造性的个体造成的，他们挑战支配着他们周围社会的惯常和传统的观念。在斯宾塞特别是达尔文之后，借助达尔文的经过适应和自然选择而进化的理论，这些自由主义历史的经典模型得以重塑，体现这种转变的一个关键文本是沃尔特·白哲特的《物理学与政治学》[Physics and Politics, 1872]。

很容易把经济领域看成体现自然选择的历史轨迹。"马尔萨斯暗示给达尔文的历史事实具有重要意义"，杜威告诉他的学生。"现在是生物学把它的理念传给了经济学。"[15]在吉丁斯这样的社会学家手中，经济学扩展到了社会领域，因此，实现选择的中介不仅包括为生存而进行的经济斗争，而且还有联合与分化的社会母体。同时，密尔的创造性理性越来越多地被理解为达尔文的适应

---

[14] Edna Heidbreder, Seven Psychologies (Englewood Cliffs, N. J.: prentice-Hall, 1961 [1933]); Robert J. Richards, *Darvin and the Emergence of Evolutionary Theories of Mind and Behavior* (Chicago: University of Chicago Press, 1987), 第9、10章及第6页。美国社会科学在机能心理学中对社会决定论的强调趋势一直被归为塔尔柯特·帕森斯的影响，但事实上始于19世纪90年代。见Dennis H. Wrong, "The Oversocialized Conception of Man in Modern Sociology," *ASR*, 26 (April 1961): 183-92。

[15] "John Dewey, Political Philosophy Lectures, 1893," transcribed by Charles Horton Cooley, Charles Horton Cooley Papers, University of Michigan.

[adaptation]。在经济、社会和科学方面的发明发起了变革，并理性地回应变化着的环境。多数进步主义社会科学家，无论是强调选择还是强调理性的调节，都在历史进化中发现了进步的规范。像伯克的习俗性的历史［prescriptive history］那样，那些有用的或在历史经验中有益地调整了的形式，在进化中得以保留。同时，变化着的历史环境奖励那产生新的调整的创造性理性。基于达尔文模型的历史进步允许美国历史具有规范性的过程，并给予自由变革以空间。

和他们的前辈一样，对进步时代的社会科学家来说，历史变迁问题也与理智权威问题连在一起。美国社会科学家们信奉现实主义［realism］、科学和职业主义［professionalism］，以此来为现代世界提供权威性的知识。如果"断绝传统"之感驱使镀金时代的社会科学家离开传统知识，不再去从前的事实中找寻现实的话，那么在进步主义社会科学家思考陌生的工业世界时，现实主义就变得更有力量了。经济权力的新的焦点，操着各种语言的人们相互摩肩接踵的城市，扩张的城市、国家与联邦政治，这一切创造了许多新的领域，这些领域都需要详尽的知识。社会科学家在那些年出版的著作和文章，大部分是对经营活动、政府和社会生活的具体运作做的经验研究。

在社会的碎片化和迥异的道德标准中间，科学似乎许诺了某种一致。在卡尔·皮尔逊［Karl Pearson］*的著作《科学的语法》

---

* 卡尔·皮尔逊［1857—1936］：英国数学家、生物学家和统计学家，被公认为统计学之父。皮尔逊为现代统计学打下了基础，许多熟悉的统计名词如标准差、因素分析、卡方检验都是他提出的。他还引入了统计模型的观念，用以描述观察现象的本质。认为重要的是要了解我们所观察现象的概率分布，如果能够决定其分布的参数，就可以了解我们所观察的事物。皮尔逊深受高尔顿与韦尔登的影响。后两人提出，所谓变异、遗传与自然选择事实上只是"算术"。这促使皮尔逊写出《数学在进化论方面的贡献》，这门"算术"也就是今日的统计。——译者注

[*Grammar of Science*]中，盛行的科学方法的概念得到了最好和最具影响力的表达。在某个层面上，皮尔逊的科学概念很容易被美国读者吸收。他保证，社会科学的一点一滴都可以像自然科学那样"科学"。"科学的领域是无限的……每一组自然现象，社会生活的每一种状态，过去和现在的发展的每个阶段都是科学的材料。"确实如此，他宣称，因为"一切科学的统一只存在于其方法之中而非其材料之中"。

皮尔逊提供的方法是某种形式的培根式的经验主义，这种形式占据着统治地位，达尔文和牛顿的学说可以看成这种方法的例子。科学是对事实的收集和分类，借助逻辑推论，从这些事实和对它们的批判性考察中得出公式化的法则。皮尔逊承诺："最微小的一组事实，如果得到正确的分类并加以符合逻辑的处理，将能够在知识大厦中有其一席之地。"在这种程序之外，科学方法似乎只需要拥有坚决的客观性。科学应当驱除一切"形而上学"，一切"个人感觉或阶级偏见"，这些都只是审美的目标。度量科学及其有用性的确定的特性，是"把我们引向独立于思想家个体的分类和体系，引向不允许有任何个体幻想的序列和法则"。这份纲领的基本力量，在于鼓励进步主义科学家在业已踏上的道路上继续走下去，并增强他们想要从自己的阐述中铲除"形而上学"和偏见的欲望。[16]

那些主要的进步主义思想家仍然相信，在人性和历史的进化中规范得到了体现，科学将能够揭示或建构这种规范。某些人如斯莫尔，仍然对那种规范工作的伦理性质有所意识，从而认识到

---

[16] Karl Pearson, *The Grammar of Science* (London: Walter Scott, 1892), 15, 16, 39-41, ix, 9, 12.

社会科学家的伦理职责。其他进步主义科学家如费雪，则相信他们能以科学的名义来说明性地发表言论，无论是作为理论家还是作为专家。他们接受了实证主义的反形而上学和偏见的警告，不仅拒绝接受伦理性的社会职责，也拒绝对其学科公开做出伦理上的解释。在市场、社会进化和历史中发现的规范，在他们看来是科学而非伦理学的发现。对这种观点的某种解药是皮尔逊在他的著作中提出的批判实证主义，因为经验实证主义纲领只是皮尔逊思想的一部分。然而，除了受皮尔逊的统计方法吸引的哲学家杜威和吉丁斯，在美国社会科学家中，最早理解皮尔逊更深刻思想的人是那些进步主义的批评者，在这本书的第 4 部分，我们将与他们会面。到了 20 世纪 20 年代，批判实证主义对政治不再抱有幻想，它与因历史而产生的各种焦虑一起，引导着社会科学家们去尝试彻底分开科学和价值，并把近于价值中立的科学专家放在由其他人的价值安排的地方。

和科学一样，职业主义也不断地向进步主义社会科学家们许以理智和社会的权威，但同样要付出代价。部分源自对职业地位的关注，部分反映出了仍然支配着学术界的偏见，那些不属于白人男性清教阶级的人们，常常无法从事职业性的工作。从数字上看，职业化的主要受害者是女性。从 1890—1900 年，在各个领域修习研究生课程的人中，女性的数目几乎翻了一番，达到了 30%。毫无疑问，在为了获得正规学位而记录在册的人中，女性也占了比过去更大的比例。社会学的情况大致与全国平均水平相当，并且女性所占的比例很可能已经超过了经济学和政治科学。大体上，这些女毕业生们被引导着去从事社会工作和改革活动，或者进入女子学院。按照那时候男性划定的范围，这些领域均在科学和学术的主流之外。尽管有压力逼迫她们接受科学和职业主义的摆布，但仍然不时有女社会科学家设法保持与社会民主活动的联系，探索非正统的思想。[17]

全国性的城市社会形成于世纪之交，在这里，职业社会科学家树立起了比过去更稳固的权威，他们发挥自己的能力去提供专门知识，而不是依靠某个权威阶级或文化。他们很快在正在扩张的大学里面扎下了根，建立起了职业社团，并提高了职业的可信度，虽然公众影响力后来有所减弱。他们作为一个知识分子阶级，与正式的政治权力相分离，又必须证明自己的价值。尽管如此，在世纪之交，保守主义和自由主义的经济学家们开始被称为专家，委以研究和调节的任务，美国登上国际帝国主义的舞台，似乎为专家的服务开辟了更广阔的领域。进步主义改革打开了进一步迈向社会科学专业知识的大门。

作为学术职业人员，进步主义社会科学家们越来越倾向于借助专业化的期刊和会议相互交流，作为职业性的专家，他们越来越多地向政策决策者和官员提供建议，而非面向大多数的公众。但直到20世纪20年代，职业主义才支配了社会科学的话语。和镀金时代一样，或是在公共刊物上，或是在改革组织和教育集会中，许多社会科学家不断地向可敬的中产和上层阶级的听众们发表言论。美国经济学协会不再出席肖托夸的会议，但是它的某些成员仍然在那里进行教导。社会科学家们的中产和上层阶级的听众，大多数是他们的学生，这使他们教授的东西有了更大的实践空间，这也是他们的

---

[17] J. Graham Morgan, "Women in American Sociology in the 19th Century," *JHS*, 2(Spring 1980): 7; Mary Jo Deegan, "Sociology at Wellesley College: 1900-1919," *JHS*, 5(Spring 1983): 91-117; Ellen F. Fitzpatrick, *Endless Crusade: Women Social Scientists and Progressive Reform* (New York: Oxford University Press, 1990); and Chapter 4, n. 5, above.

学术成果之一。即便作为改革组织中的专家,接到了有关立法和调节方面的委任,进步主义社会科学家也更多是参与政治进程的新中产阶级的一员,而非独立自主的职业人员。所以对他们来说,其言论的道德和政治意涵仍然极端重要,他们作为职业人员宣称的客观性依然易受攻击。[18]

客观性问题的主要解决方式还是有效的:学术系科使他们所处的等级许可的意识形态范围变得狭窄。然而在这个时期,进步主义的核心区域自身扩大了,它允许相当多带着意识形态的问题进入社会科学的场地。政治科学家们有着更多的保守主义同情心,所以面对这些问题的时候困难最少,但即使是他们,随着进步主义的前进,也会不时陷入冲突。

职业主义自身有许多战术防御措施来对抗意识形态的论战。最简单的法子就是退到专业化或科学标准的后面。美国经济学协会的一份有煽动性的报告说,自由主义改革可能通向社会主义,于是,某些评论者就站在"科学的谦卑"立场上,直接拒绝谈论这个问题。他们说,经济学家们自己既得不出也接受不了社会主义的定义。如果参与争论的位子安排在了会场上,改革派的位子也可以给弗雷德里克·豪或克里斯托·伊斯曼[Crystal Eastman]

---

[18] A. W. Coats, "The First Two Decades of the American Economic Association," *AER*, 50 (September 1960): 571-2; Mary Furner, *Advocacy and Objectivity* (Lexington: University Press of Kentucky, 1975), 265-72; Robert L. Church, "Economists as Experts: The Rise of an Academic Profession in the United States, 1870-1920," 载 *The University in Society, vol.2: Europe, Scotland, and the United States from the 16th to the 20th Century*, ed. Lawrence Stone (Princeton, N.J.: Princeton University Press, 1974), 571-609. 关于职业在这一时期的变化特征, 见 Terence J. Johnson, *Professions and Power* (London: Macmillan, 1972); Magali Sarfatti Larson, *The Rise of Professionalism: A Social Analysis* (Berkeley: University of California Press, 1977), 第1、2章。

这样的大众改革者来坐，这样职业人员可以自由指出阻碍改革的科学方面的困难。然而，社会科学家们确实越来越习惯于借助平衡机制来处理有争议的问题。斯莫尔证实，只要在他的《美国社会学杂志》上出现了左派自由主义的声音，后面就会马上跟着一位保守主义对手，在职业会议上的讨论也常常这样安排。要是在职业人员中找不到代表左派或右派的发言人，就会请上一位局外人。如果不能消除有争议问题的倾向性，至少他们能够不偏不倚地对待它。职业人员可以宣布这个问题还摆脱不了"意见"，还没达到科学阐述的层次。[19]

他们也相当信任科学话语维持稳定的效果。1906年，在代表政治科学家的主席发言中，艾伯特·肖[Albert Shaw]可能多少有点激动，他声称："没有人再关心这样一个团体的成员是共和党人还是民主党人……是社会主义者还是个人主义者；是支持地方自治的商人还是反公有制分子。"但在某种程度上，他对职业化作用的看法是对的。他继续说道，我们知道学习科学的学生拥有"真诚与才智的巨大公库[common stock]，心灵习惯于遏制有争议的态度和时髦的狂热"。[20]即便激进的意见保留了下来，只要避开了激进主义，有时也可以允许这些意见进入职业的领地。保守主义

---

[19] Martin, "An Attempt to Define Socialism-Discussion," 355-6, 365; Frederick C. Howe, "The Case for Municipal Ownership," *PAEA*, 3d ser., 7 (February 1906): 113-32 及 "Discussion," 133-59; Crystal Eastman, "The American Way of Distributing Industrial Accident Losses," *PAEA*, 3d ser., 10 (April 1909): 119-34 及 "Discussion," 105-18, 135-57. 亦见给 Lindey M. Keasbey 参加有关竞争问题的会议邀请："如果能找到一位清醒的社会主义者，就让我们邀请他来一道进行讨论吧。" *PPASS*, 2 (1907): 33, 以及弗兰克·古德诺和弗兰克·陶西格在1905年6月3日、12日及13日以及10月19日往来的信件，Frank J. Goodnow Papers, Johns Hopkins University。

[20] Albert Shaw, "Presidential Address," *APSR*, 1 (February 1907): 185-6.

的 J. 劳克林支持凡勃伦在芝加哥大学任教,弗兰克·陶西格允许凡勃伦在《经济学季刊》[Quarterly Journal of Economics]上发表文章,这不仅是对理智标准的职业性的尊敬,也认识到了知性话语有助于包容具爆炸性的潜在的意识形态冲动。事实上,我们将在本书的第4部分看到,经济学家们为这种策略付出了代价,他们与凡勃伦制度主义的拥护者们争论了二十年,但最终,他们相信有关职业的包容政策并没有弄错地方。

美国社会科学的职业化,不应仅被视为社会科学家们为了寻求权威而结成科学的同盟,它也是美国社会结构的产物。社会科学的职业化急速发展,成为美国的学院系科,这在很大程度上要归功于美国的大学体系的扩张和分散性,以及资本主义和中产阶级对它的支持。在英国,贵族阶级抗拒大学的革新和扩张,在法国和德国,则是中央集权的国家权威控制它的成长,令新的科目从属于传统的领域。与之相反,美国的资本家、现代人士和政治家们很快就认识到了现代知识在经济和社会方面的益处,并支持高等教育的快速扩张。从1890—1940年,进入学院或大学的学生占适龄人口的比例从2%上升到了15%。分散的美国学院为学生和声誉而竞争,允许新的学科快速扩张并确立独立的地位。[21]

可以认为,这种分散性的制度结构本身就有助于美国社会科学的科学取向。在欧洲,社会科学学科与哲学和历史有着紧密的联系,做出委任要服从后者的安排,考试体系也受到后者的控制。

---

[21] Bernard Berelson, *Graduate Education in the United States* (New York: McGraw-Hill, 1960), chaps. 1, 2; Joseph Ben-David and Awraham Zloczower, "Universities and Academic Systems in Modern Societies," *European Journal of Sociology*, 3(1962): 45-84.

而在美国的大学，社会科学学科摆脱了传统的束缚，能够受到吸引而走向现代知识也就是自然科学。但是仅凭这种分权的大学结构还不能说明这种运动趋势，必须考虑它身处其中的那种文化。欧洲的社会科学家受吸引去改良其学科，不仅仅是由于在制度上受到了束缚，而且还有思想潮流的原因。在德国和法国，哲学和历史已经脱离了神学，建立起了强大的现代学术传统，并在民族范围内赢得了文化威望。在英国，受广泛文化教养的理想渗透在贵族文化之中，把新的科目限制在传统的知识划分的领域之内。然而在美国，清教虔敬的影响徘徊不去，再加上例外论的历史意识，哲学和历史都无法在19世纪充分地现代化，因此，思想和制度的权力都无法发展起来，影响它们的后继者。

最后，我们要注意到，职业主义和去中心化的制度不断地在社会科学学科内部制造割据，不过，内容和方法的分化，仍然局限在各学科的范围之内，从事研究的人们依然能够由着理智的兴趣来跨越学科的界限。然而，职业主义要基于研究的传统，那些传统有着漫长、特有和独立的历史。职业主义有助于把这些传统分开，但是，思想方面相应缺陷的线索已经出现了。职业化出现的背景特别重要，后面我们会注意到，美国、英国、法国和德国的社会科学的发展模式有着某些不同之处。

二 杜威的实用主义

要说明进步时代社会科学的发展，在许多方面，杜威都是最好的例子。他的情况确实说明，在这个时代，社会科学学科之间的边界仍然比较松散。他是哲学家，也受过一些心理学方面的训练，像很多这个时代的学者一样，他的教导和思考都跨越了学科界线。他的志趣是把哲学改造成一种社会科学，他的具有深远意涵的机能心理学，他的社会的有机体模型以及实用主义哲学，也影响了一切有关人的科学。最重要的是，与其他带有进步主义时代社会科学特质的学说一样，杜威的实用主义也是在镀金时代遭受危机的美国例外论的产物，它修正了例外论的遗产，以便体现那种新的意识，即自由主义和历史主义的变迁意识。杜威出现在进步时代，但是许多社会科学家尚不能正确地评价他的实用主义方案，也未能完全接受它。杜威与美国社会科学的主流之间的距离，显著地说明了社会科学学科是多么难以完全理解历史主义。但杜威自己以例外的方式证明了这条规律，因为他对历史主义的回应，在许多关键的方面，仍然与例外论的历史遗产和社会科学进步的主线紧密相连。

杜威属于19世纪80年代的那一代，在伦理取向上，他也具有自由主义倾向，与那一代人相同，他的心智形成的背景是镀金时代的思想权威和政治遭遇的危机。他虔诚的母亲唤起了他温和的良知，在研究院里，他被引向了进化论的科学，对传统基督教的信仰支柱崩塌了，他的道德热忱却成长了起来。他从基督教转向自然主义的道路以黑格尔的观念论为中介，黑格尔同样连接起了他的哲学关照和政治关怀。[22]镀金时代的经济和政治冲突，作

---

[22] 有关杜威思想的发展，见 Neil Coughan, *Young John Dewey: An Essay in American Intellectual History* (Chicago: University of Chicago Press, 1975); Bruce Kuklick, *Churchmen and Philosophers: From Jonathan Edwards to John Dewey* (New Haven, Conn.: Yale University Press, 1985), pt.3. George Dykhuizen 的 *The Life and Mind of John Drewey* (Carbondale: Southern Illinois University Press, 1973) 是一本可靠的传记，为进入有关杜威的卷帙浩繁的文献指出了门径。

163 为杜威的实用主义的背景,比大多数解释者所认识到的更为重要。他体会到了"断绝传统"之感,继承的信条和周围的世界之间存在着张力,他一生都在努力破除这种二元性。他的早期论文清楚地表明,美国政治传统在镀金时代所遭受的威胁,是他的不安的一个源头,也构成了他重建努力的一个主要的方向。

杜威感觉到,在"受过教育的人的信仰与政治机体的实际趋势之间存在着断裂",在19世纪80年代中期,他加入了民主保卫者的阵营,反对那些保守的批评者。他用黑格尔的历史概念来支持民主,声称历史正在实现美国的千年王国理想。他说,民主是"人类唯一和终极的伦理理想"。进步在历史中得到实现,它潜在于现实之中,一切的历史也在向着那未实现的理想前进。民主"最为接近一切社会组织的理想;在其中,个体与社会互为有机的组成部分"。这种有机的社会既不是威权主义的国家,也不是生物有机体。这种"有机的类型"是人的社会,因为其组成部分充分地个体化,在每个节点上,他出于自身的意志与整体相互结合,合作并协调地行动。"美国理论大气恢宏,在历史上只有一种学说能够与之匹敌,它认为,每个公民都是主权者,而它的同伴,也就是说每个人,都是上帝的牧师。"事实上,超越美国式的共和国与清教改革,杜威把这种理想落在希腊的公民人文主义上。

> 共和国……占据了伦理问题的核心,个体与普遍之间的关系,由国家来解决……个体的发展将与国家中的一切他人相和谐,也就是说,他将按照自己共同体的统一意志[the unified will of the community]来占有;伦理和政治都终结了……这并不是自我性[self hood]和人格[personality]的

丧失，而是它的实现。个体没有被牺牲掉；他在国家中成为现实。

如果在不知不觉中，杜威从亚里士多德和美国式的共和国，滑向了"统一意志"的柏拉图的共和国，这恐怕是因为，在这种公民人文主义的复兴背后是上帝之国［Kingdom of God］。他热诚地说道，民主的理念是"这样一个社会，在其中，不再有精神的与世俗的之间的区分，和在希腊理论中一样，和在有关上帝之国的基督教理论中一样，教会与国家、神与人的社会组织是同一个"。[23]

身为密歇根大学的年轻讲师，杜威扩展了自己对民主的捍卫。罢工工人的例子很快就在他的伦理学论文中变得显著了。"无须旁敲侧击地说，民主要实至名归，它必须既是公民和政治的，也是实业［industrial］的。"他说道，"财富的民主是必需的"。在那些年，他教授政治科学并"愈发强调伦理学是政治科学，政治学也是伦理科学"。如果"个人的洞察力和偏好"对道德举止来说是本质性的，那么我们就必须"同样强调能够确保这种行动的条件，从而真正促成个人的洞察力和选择，而不只是在名义上使它们为个人的能力所及"。[24]

同事亨利·卡特·亚当斯的榜样鼓励了杜威，但更有力的鼓励则来自两位四处漫游的改革者，富兰克林·福特［Franklin

---

[23] John Dewey, "The Ethics of Democracy" (1888), in *EW*, 1: 227, 237-49.
[24] John Dewey, "The Ethics of Democracy" (1888), in *EW*, 第246页; John Dewey, "Moral Theory and Practice" (1891), *EW*, 3: 105-9; "Ethics and Politics" (1844), *EW*, 4: 372-3. 亦见 John Dewey, "Two Phases of Renan's Life" (1892), *EW*, 3: 174-9。

Ford]和科里登·福特[Corydon Ford],1888—1892年他们住在安阿伯[Ann Arbor],与杜威共同筹划一份他们设想的革命性的报纸:《思想新闻》[Thought News]。福特兄弟是对现状不满的报人,他们相信,客观地散布社会"事实"的报纸,能够加快现代社会的运动,使之走向有机的相互依赖和初步的工团主义组织。在这个计划中,杜威看到了将自己的民主哲学转向实践行动的出路。[25]

根据尼尔·考夫兰[Neil Coughlan]的研究,杜威突破性地在哲学中采纳实用主义方案,可以追溯到他1891年的哲学课程纲要,这些手稿正写于《思想新闻》时期。在那份纲要中,杜威宣称,哲学和科学一样是对经验的研究,他建议要沿着经验指出的线索来重建哲学。

> 在两个方面,全体在现在都比以前得到了更明确的实现……一方面,科学至少已经大致向我们揭示了个体有机体的典型行动,以及发生在每个完整行为中的过程。在另一方面,因为生命变得更为自由,社会行动也揭示了它涉及的原则。换句话说,心理-物理的行动和政治体的行动,给了我们……对全体的知觉。[26]

杜威在这里提出的是,应当将经验理解为对行动的考察,最有揭示意义的行动模型是思想的心理-物理行为模型与进步的有机社会历史模型。杜威的两个焦点,与他仍然使用的语言一样,在很

---

[25] Coughlan, *Young John Dewey*, chap. 6.
[26] John Dewey, "Introduction to Philosophy: Syllabus of Course 5" (1892), *EW*, 3: 212.

大程度上要归功于黑格尔。在个体的心理和历史的运动中都能揭示出一种"类型行动"［type action］，这种视角来自黑格尔的心智和精神的现象学。个体从我［ego］到非我［non-ego］的意识运动构成了经验，而理性在历史中的运动，则是从正题到反题再到合题，这两种运动相互作用、互相补充，其动态模式把主体性和客观性、个体和社会、过去和未来结合在了一起。杜威的实用主义理性遵循着同样的路径，发挥着同样的功能。[27]

杜威把这种黑格尔哲学重新置于达尔文所揭示的进化论的自然世界之中。心智是一个适应的器官，由利益和目的驱动，"只由在某些地方存在的实践中的摩擦和紧张"来唤起。思考是"进步在行动中的临界点，在旧习惯的重构过程中，或它们对新的条件的适应过程中产生出来"。吸收了詹姆斯的实用哲学，再加上他自己的机能心理学，他提出，真理［truth］不过是对摩擦或紧张的最彻底的解决。

在对真理和价值的判断之间也不存在着绝对的区别。一切价值都与变化着的经验相关。道德行动不过是这样一种行动，它最充分地满足了某个具体情境的需要，并最充分地表现了道德行动者［actor］。"应然"［oughtness］的成分不过是从对完满的需要中产生出来的："坏的行为是偏颇的，好的行为是有机的。"一切条件，以及行动者的整个自我都卷入到某个情境中来，在其中，个体始终在成长，自我始终要在更大的有机共同体中得到实现，历史始终在拓展知识、扩大社会互动。行动的唯一检验，不管是伦理上的还是知识上的，都要看它是否起作用［worked］。"在我们

---

[27] 在政治和历史方面，杜威对黑格尔思想的利用受到了英国哲学家 T. 格林的影响。见 John Dewey, "The Philosophy of Thomas Hill Green" (1889), *EW*, 3: 14-35。

的经验中，我们需要秩序。它存在的唯一证明，存在于创造这种需要所产生的结果之中，[伦理命令]要通过实行来证实。证明是经验性的。"杜威将个体完全置于进行着的经验之流中，并否认从这种经验之流中抽出任何确定标准的可能性，产生出的只有行动过程本身。他似乎说，只有当个体从一切绝对中解放出来，他们才能在历史的不确定性中负责任地行动。[28]

杜威自己可以平静地栖居于这个流动的世界，然而，这只是因为他相信，在有良知的行为和时代的进步中，不一致的价值事实上是和谐的，社会的不断运动把个体和共同体、过去和未来塑造成和谐的形式。虽然他抛弃了公民人文主义、基督教和观念论的语言，民主仍然是历史迈向的理想。正如詹姆斯·克罗彭伯格[James Kloppenberg]指出的，正是杜威相对主义哲学中潜藏的目的论，得到了同时代哲学家的赞赏。[29]杜威努力在自然主义和历史主义的基础上，重新构建他继承下来的理想，美国历史的千年王国景象，是他执着的根本信仰。

从特有的政治起源上讲，杜威的实用主义是一种新的自由主义哲学。像镀金时代的那些基督教社会主义者一样，杜威将自己的民主理想设想为家族共同体[family community]，在其中，个体的能动性和地位差异，借助目的和利益的统一得以和谐。但是，他并不认为它即将来临。"民主是属于未来的理想，不是起点，"在1888年他说，"在这方面，社会仍然是坚定的贵族派……财富民主的结

---

[28] John Dewey, "Review of Lester Ward, *The Psychic Factors of Civilization*" (1894), *EW*, 4: 210; "The Study of Ethics" (1894), *EW*, 4: 234, 244-5; "The Psychology of Effort" (1897), *EW*, 5: 158-9, 162.

[29] James T. Kloppenberg, *Uncertain Victory: Social Democracy and Progressivism in European and American Thought, 1870-1920* (New York: Oxford University Press, 1986), 43-4, 110-11, 131-2, 140.

果到底是什么样的,只有当它比现在更为现实的时候,我们才会知道。"他简短地调侃了镀金时代的激进主义。1892年,《思想新闻》创刊号上的宣言遭到了底特律报纸的嘲弄,杜威匆忙退出了这个计划。福特兄弟指责他面对阶级对立时太懦弱,但更可能是这个在密歇根因自己优秀的"单纯"品格而受到钦佩的人,尚未充分意识到自己在做什么,直到对立的声音唤起了他的注意。[30]

在接下来的两年中,杜威将自己的理论定位在调和自由放任的保守主义和社会主义的激进主义的位置上。带着对《思想新闻》的记忆,他坚持认为,真正的改革者必须接受"生活的既定事实",改变过去的形式,它的精神可能还会保留下来。"这确实愚蠢,但比愚蠢更糟的是,仅仅凭借个体的构想,就动手从整体或局部改造世界,直到他认识到,自己想要改造的那个存在着的世界可以让自己学到些什么。"[31]在动身前往芝加哥大学的前夕,像斯莫尔一样,杜威更深刻地认识到了"生活的既定事实",并踏上了同一条规范性的美国历史的磨砺之路。杜威说,激进的基督教社会主义者乔治·赫伦(George Herron)没有认识到,"政治、家庭和实业制度,事实上已经成为地上的有组织的上帝之国,并正在促成个体的福利与全体的统一"。进步不是自动产生的,而是由实践的才智创造的。"只有行动能使旧的与新的、普遍的与个别的、持久的与变化的相和解。……作为进步和发展的行动,将过去的财富转化为资本,用到正在扩大的、更自由的经营中去。"[32]

---

[30] Dewey, "The Ethics of Democracy," 246; Coughlan, *Young John Dewey*, 88, 101-8.
[31] John Dewey, "Reconstruction" (1894), *EW*, 4: 103-4.
[32] Ibid., p.101. John Dewey, "The Significance of the Problem of Knowledge" (1897), *EW*, 5: 21.

实用相对主义限定的自身适用的历史背景,与创造性的变化过程及历史的解释学建构同样开放。杜威用自由主义例外论的术语,界定了实用主义与历史的关系。[33]

还是在那些年中,杜威澄清了他委以信任的自由社会的正统支柱。在他看来,科学、民主和实业资本主义是现代进步的发动机。甚至在他转向达尔文的自然主义之前的学院生涯里,杜威就已经是英国自由派实证主义的热情读者了。他相信科学是"通向真理的方法,只要我们能够有所发现,就没有跨越不了的界限"。借助民主——"每个公民都是主权者"的理想,现代个体已经成为"一个拥有自我[self-possessed]的存在,其目的是自身"。资本主义是现代社会的第三个自由基础,因为实业生活中的进步只能"通过竞争和斗争来实现"。他说,可以把冲突引向"减少浪费,确保其最大的益处",但是却不能消灭它。杜威的心理学唯意志论中的思维概念是达尔文式的,是从"为生存而斗争"中激发出来的解决问题的活动,这种观点与他的经济自由主义紧密相关。他愿意接受这样的看法,认为资本主义竞争必然包含着"为生存而斗争中的占先优势"与"择优选择",是因为"在理智引导下形成的习惯"可能极大地缩小斗争的范围。[34]

[33] 克罗彭伯格在他的《不确定的胜利》[*Uncertain Victory*]中描绘了一幅令人信服的杜威和他那一代欧美社会民主派的肖像,他们将自己的左派自由政治和对知识的哲学批判联结了起来。笔者要强调的是,他们的政治学和认识论都是从19世纪晚期的历史的不确定性和政治冲突的背景中发展起来的。通过将那些左翼自由派如约翰·杜威和改革派社会主义者如爱德华·伯恩斯坦和韦布夫妇归为一类,克罗彭伯格阐明了他们的相似之处,但未说明限制了杜威的政治学和认识论的民族政治背景。

[34] Dewey, "Reconstruction," 103, 99, 101; "Review of Ward, *The Psychic Factors of Civilization*," 210, 212; Dykhuizen, *Life and Mind of John Dewey*, 11. 杜威阐明了他的意图,他既想保存又想超越资本主义和自由派改革者,并反对社会主义者,他的理论的这种含义,在"Evolution and Ethics"(1898),

杜威的正统的自由根脉常常不为人所注意，因为他力图使它们发生有机的转化。他相信工业、民主和科学三者一起，能够促使自由社会更加和谐，在密歇根大学的政治科学课程中，他规划了如何实现这种和谐。查尔斯·库利的课程笔记，向我们展示了杜威如何将个体主义与有机体论传统结合在一起，努力实现社会化的自由主义。实际上，像那个时代的学院里的每一本社会科学教材一样，他的观点是在与社会主义的对话中形成的。

杜威同意斯宾塞的看法，认为社会的基础是为生存而展开的经济斗争，基于功能性互赖的原则，竞争和劳动分工将现代社会组织起来。他超越斯宾塞之处在于，从相互依赖中筹划出了理智、教育和政府行动的社会过程，这种社会过程成了社会行动的中介，并完善了社会行动。"经济过程……构成了机制，借助它整个社会有机体得以组织起来，"库利在笔记中写道，"政府的理智功能，也就是教育，必须最终从经济中派生出来。在这里，社会主义同样陷入了谬误，它反对政府和经济过程。"

杜威对这套自由主义规划的原创性贡献在于对"社会感官系统"[social sensorium]的讨论，它指的是借助语言和个体有意识的互动建构起来的一个中介领域。借助这个中介，个体的意识变成了社会的意识，因为它迫使个体限定和调整自己的行动，使之与他人的行动相适应。社会意识"是认识到个体活动的扩展要考虑他人的行为提出的要求"。然而，除非个体完全地社会化，否则

（接上页）*EW*, 5：34-53 中得到了表述。为生存而进行的竞争性的斗争并未在社会中被抛弃掉，而是服从更大的社会逻辑。这个论点被 Westal W. Willoughby 拿来为竞争和最小化改革做辩护，见他的 *Social Justice*（New York：Macmillan, 1900），287-90。在那些年中杜威小心翼翼的中间路线的又一个例子，见"Academic Freedom"（1902），*MW*, 2：53-66。

不可能实现一个和谐的社会。

> 无政府的虚假性在于没有认识到，需要多么复杂的持续性的互动，才能使个人具有对全体的意识，并使自己的利益认同于它……这伴随着服从社会纪律，既要增强他的活动，也要改变活动的方向。社会主义的真实性在于认识到了这种社会中介的必要性。它的虚假性在于假定这种社会活动的目标是去指导个体；其真正的目的在于对个体的事实进行安排，从而使它能够指导自己。

在某个层面上，杜威重新定义了个体主义，认为个体的自我实现以及社会过程只存在于进行中的民主经验之中，这样的经验迫使个体去考虑其他人所要求的尊重。这是开放式的杜威。然而，在另一个层面上，这仍然是黑格尔主义和例外论的杜威，他授予了民主经验将个体自利转变成社会整体利益的能力。"一切在个体和社会之间的对立都是表面的和历史性的，是进步的一个阶段。"走向理想的趋势变成了真实。受美国例外论的启发，杜威为自由个体主义提供了社会伦理，它同样引导着杜威用一种新的自由主义炼金术来变占有性个人主义为有机的社会和谐。[35]

在世纪之交，杜威著作中认同实用主义方法、美国例外论理想和美国自由主义实在论的倾向，得到了杜威的合作者与同事乔治·赫伯特·米德的引人注目的阐释。米德的发展模式与杜威极为相似，除了在通向安定的自然主义过程中，他遭遇到了更大的困难。像杜威一样，他也感觉到"牧师的精神"在自己心中，

---

[35] "John Dewey, Lectures," Cooley Papers. 手稿未编页码。

并想要"英勇地亲身与世上的恶做短兵相接的战斗"。通过阅读《回顾》[*Looking Backward*]和观察欧洲的社会主义实践,他看到在社会主义中体现的理念——"共同生活的原则"——指明了未来进步的方向。1891年他到密歇根大学任教时,发现杜威正处于哲学和政治的神启之中,并很快被杜威的实用主义拯救景象征服了。[36]

米德的基督教社会同情心近似于杜威对自由主义经济的依恋。在他1892年写给岳父的信中写道:

> 电报和获取土地的动机是社会重要的精神代理人,因为它们将人们联系得这样紧密,个体的利益必定一天天更加完全地是所有人的利益。在推进自然的精神化的进程中,为了实现那人人为邻、所有人的生活都充满着神的生命的那一天,美国做得比所有国家都多……我们的作用和行为不单单是我们自己的,而是上帝在宇宙中启示的伟大政治体的进程。

米德的笔法类似于过去的人在至高的光中献上他的著作,但是运用千年王国的语言对他来说轻而易举。米德和杜威都认为,美国的历史是千年王国理想的逐步实现,这种理想已经体现在了它的自由制度中。[37]

1899年在芝加哥,在斯莫尔的《美国社会学杂志》上米德告诉社会科学家们,杜威的实用主义意味着什么样的社会实践。他

---

[36] Coughlan 的 *Young John Dewey* 的第7—9章是对米德思想发展的很好的说明。引文来自米德分别于1884年3月16日和1890年10月21日给 Henry Castle 的信件,载于 George Herbert Mead Papers, The University of Chicago。

[37] 见1892年6月18日米德写给"father Castle"的信,载于 Mead Papers。

敏锐地观察到，社会主义是隐藏在改革措施背后的哲学，即便新的"机会主义者"已经接了乌托邦式的"计划主义者"的班。机会主义者相信"可能在立法方面实行建设性的激进改革，从而实现更大的社会平等"。但这样的期望是错误的。政府已经接管了某些经营事务如地方性的公共事业，但当它这么做的时候，"政府就变成了一个经营性的康采恩，它进入了经营的世界并建立在后者决定的基础上"。此外，政府的功能就"同样迅速地并入了实业领域，虽然它原本想要控制这个领域"。米德说，从有社会主义倾向的改革者们的误算中可以得出结论：

> 不可能根据社会的进化预见任何未来的条件并借助这种预见安排我们的行动。发生的事情总是出乎意料，我们要认识到的不仅仅是将要发生的即刻的变化，还有发生这种变化的整个世界对这种变化的反应，人的预见达不到这种程度。在社会世界中，我们必须认识到起作用的假设是所有理论必须遵守的形式，与在自然科学中一样彻底。

我们拥有方法和应用的标准，米德说，"我们引入的假设应当在我们提出的各种力的合成之中发挥作用……而并不是我们为之奋斗的理想"。

但是如果没有为之奋斗的理想，我们如何能决定自己行动的方向呢？进化需要发展，而非仅仅是持续。米德采纳了杜威的实用主义方法，并根据存在着的世界做了调整："我们得到的有关不同世界的概念往往是某些专门问题的结果，其中包含着按照这个世界本来的样子来重新调整，而不是满足有关完美世界的周密的理想，……对这种努力的检验，存在于这种调整能如其所是地适合这个世界的可能之中。"劳工联合的活动是为了更高的工资和当下的条件，劳工组织不是设计来传播社会主义的，米德声称，这样才符合科学改革的标准。[38]

米德的分析中存在着有趣的内部矛盾。从表面上看，他在强调社会改革的基础是承认变化总是超出我们不完善的理想计划，产生出预期不到的新奇结果。但他的例子的内容却说明，美国并未变化。理想主义的政府改革受到了经营性考虑的控制，并被吸收进了私有制资本主义的结构。只有那些适合"如其所是的世界"的劳工活动是有效的。美国世界的自由资本主义轮廓实际上是不变的。米德的教科书上写道，美国身处其中的历史世界缺乏变化，实用主义是一种新颖的方法。他的潜台词是：美国将仍然是自由世界，实用主义则是适应它的方法。面对社会主义在19世纪90年代遭到放逐的情形，他送上了实用主义的祝福，并回到了美国历史的规范过程之中。当然，米德不是杜威，面对有关自己著作的众多的解释，杜威终生贯彻着他那出了名的沉默，米德的纲领符合杜威在进步时代赋予实用主义的政治建构，而他的许多追随者，到现在也还给予实用主义那样的政治建构。

---

[38] George H. Mead, "The Working Hypothesis in Social Reform," *AJS*, 5 (November 1899): 367-71.

第六章　经济学中的边际主义和历史主义

在世纪之交,从美国例外论的镀金时代危机中,产生出了三种不同的经济学模型,它们为了获得专业上的支持而彼此争斗:边际主义、历史的自由派经济解释和凡勃伦的社会主义历史进化论经济学。像古典经济学一样,边际主义很快建立起了优势地位。大多数同时代的经济学家,并不认为凡勃伦的理论是可行的选择,但借助其信徒的著作,它后来却发挥了其最大的影响力。而有关历史主义的争论则在广泛的战线上持续进行。

一　边际主义的优势地位

在进步时代推动经济学话语前进的经济学家们,一部分生于19世纪五六十年代,在镀金时代的争论中,他们已经作为发言者崭露头角。[1] 在哥伦比亚大学,约翰·克拉克不断地寻找着边际主

---

[1] 对于这一时期有着变革背景的经济学家和社会科学家,笔者找到的唯一的统计资料来自 Edward T. Silva 和 Sheila A. Slaughter 所做的对 1865—1920 年的主要学科组织的 171 位领导人的研究,见他们的 *Serving Power: The Making of the Academic Social Science Expert* (Westport, Conn.: Greenwood, 1984)。这些数字表明,与 1885—1903 年的情况相比,1904—1920 年的美国经济学协会的领导人中,精英阶层占的比例有些微的下降,有教士背景的人的比例则有显

义理论的含义。借助他们在哥伦比亚大学和哈佛大学的主要研究生部中的地位,以及他们在公共政策领域的专家意见,并作为流行教科书的作者,赛里格曼和弗兰克·陶西格在理论和实践方面都开拓了重要的道路。宾夕法尼亚大学沃顿学院的主席西蒙·帕滕的思想特异,但具有启发性。理查德·伊利的成长环境更为保守,但他仍然是一个举足轻重的人物,他凭借的条件包括:在1893年修订过的教科书,一群更年轻的威斯康星大学学生的支持,有同僚帮助他开展改革运动。在他的同僚中,有一位名叫约翰·康芒斯,是奥伯林学院的福音派废奴主义传统的继承人,他在约翰·霍普金斯大学求学于伊利门下,1904年在威斯康星大学做了他的同事。[2]

镀金时代军团的其他成员则在19世纪90年代才初次登上专业的舞台。欧文·费雪是新英格兰清教传统的公理派牧师的儿子,在耶鲁时曾是威廉·萨姆纳的学生,他很快成为边际主义学派中的革新者。另外两名新的发言者则起步较晚,但他们的经济学生涯却相当多产。弗兰克·费特从商学转行到了经济学,在哈勒大学拿到了学位,1900年后成为知名的边际学派理论家。凡勃伦在漫游荒野多年之后,于1892年芝加哥大学建校之际,在那里开始了他

(接上页)著的下降。然而,因为这些样本受到了在美国经济学协会任职的限制,所以包括了在后一时期显著增加的许多公众人物,美国经济学协会专门授予这些人职位以便获得公共合法性。虽然在1903年前,领导人中的学院派的专业人员人数占85%,但从1904年至20年代,这个数字降低到了57%,其他人则是生意人、律师和新闻界人士。由于非学院派类型的人士不大可能来自有着传统新英格兰背景的教士阶层,Silva 和 Slaughter 的发现可能由于这些类型而遭到误解。有关美国经济学协会的任职者的情况,见 A. W. Coats, "The First Two Decades of the American Economic Association," *AER*, 50 (September 1960): 571-4。

[2] John Commons, *Myself* (New York: Macmillan, 1934); Lafayette G. Harter, Jr., *John R. Commons: His Assault on Laissez-faire* (Corvallis: Oregon State University Press, 1962).

的职业生涯,后来去了斯坦福大学,随后是密苏里大学。凭借他的著作和学生,他建立了另一种经济学,并对美国的历史进程做了别样的说明。[3]

从1890—1910年,边际主义经济学成为美国经济学的支配范式。边际主义的迅速胜利,要极大归功于它回应了美国经济学的历史和政治目的。作为计算价值的数学工具,边际主义可以派上许多政治用途,但边际主义得以产生和获得力量,并不只因为它是一种分析工具,而是因为它是一种自由主义的世界观。当然,边际主义理论要取得胜利,还得面对某些人对它抱有的相当怀疑的态度,有的人想得到更大程度的实践实用性,比它似乎能提供的还多。有的新自由主义历史学家们希望经济学能对历史变迁保持敏感,并能支持新的自由主义改革。边际主义在美国能够取得胜利,也是因为它既能奉迎和拉拢新的自由主义经济学家,还能规划出自己的现实主义风格。

它能做到这一点,其中一个原因在于,1890年后它是作为一种新古典主义范式出现在美国经济学家面前,它补充和完善了政治经济学的古典模型,而不是废除了后者。在更大的程度上,这种新古典综合是艾尔弗雷德·马歇尔[Alfred Marshall]的《经济学原理》[Principles of Economics]的工作,它说明了个体行动者的经济交易活动如何确立了短期和长期的均衡价格。通过进行长期分析,

---

[3] Irving Norton Fisher, *My Father, Irving Fisher* (New York: Comet Press, 1956); Joseph Dorfman, *The Economic Mind in American Civilization*, 5 vols. (New York: Viking, 1946-59), 3: 360-75; Jesse W. Markham, "Frank Albert Fetter," *DAB*, Suppl. 4, 267-8. Joseph Dorfman 的 *Thorstein Veblen and His America* (New York: Viking, 1934) 是对凡勃伦的最好的传记研究,也提供了大量有关凡勃伦那一代人的信息。David Riesman 的 *Thorstein Veblen* (New York: Scribner, 1953) 对凡勃伦复杂的个性有着深入的洞见。

马歇尔恢复了在市场过程中发生的供给和需求的变化,从而把边际主义分析与古典供需法则联系了起来。马歇尔同样能够将分析应用于某些真实条件,这些真实条件对供给和需求的影响为古典经济学家所认同。例如,他认识到交易双方拥有不同的要价力量,能够影响均衡价格协议的达成。在劳动力市场上,劳动者的较大需求,会使他们在开始就处于劣势,并且这种劣势还会恶化,他暗示在某些环境中,交易双方能够达到最大效用而不兑现均衡价格。在真实的经济活动与市场法则的理想趋势之间存在的这些偏差,为边际主义者接受某种自由主义改革开辟了道路。[4]

克拉克极为仰慕马歇尔的新古典综合以及充斥其中的福音派观念论。真实的行动世界和它趋向的理想均衡之间的鸿沟,让克拉克也成了温和的进步主义者。更激进的进步主义者们否认在垄断和其他法团之间存在有意义的差别,对于认为大的公司规模会取得决定性的市场优势的看法,克拉克表示反对,认为真正的垄断十分罕见,是异常环境和欺诈的产物。大多数的商业合并仍然处于实际或潜在的竞争的控制之下。因此,无须不断地调整,也无须广泛地反垄断,只要建立起规则来禁止不公平的竞争实践就可以了。在劳工问题上,克拉克同样表现出右派进步主义的姿态。同资本一样,劳工也需要合并,但他们罢工和超出他们享有的公平市场份额的趋势,使得他不信任集体谈判,并力主建立强制仲裁的公共系统。高层的进步主义者更担心劳工的软弱而不是他们

---

[4] Alfred Marshall, *Principles of Economics*(London: Macmillan, 1890). 对于马歇尔的新古典综合的特征,A. K. Dasgupta 的 *Epochs of Economic Theory*(Oxford: Blackwell Publisher, 1985)的第 7 章有很好的概述。亦见 Phyllis Deane, *The Evolution of Economic Ideas*(Cambridge University Press, 1978), 107, 111-13。

的力量,并极力主张立法行动要加强联合,政府也要提供社会保险。尽管如此,边际主义者还是开启了通向新自由主义改革的大门,使之成为进步时代中的有希望的竞争者。[5]

它同样适应了现实主义。在现实主义的背景中,边际主义理论的抽象特征把自己置于某种不利的位置。"所谓的理论家有一种沉重而不应承担的担子要挑,"赛里格曼在 1902 年写道,"条件带有屈尊俯就的意味,暗示着轻蔑。"边际派理论家赞同要寻找事实,但强调在对变化的理解中,科学法则更重要。1904 年,在谈到产业的快速合并时克拉克承认,需要经验研究来理解"当前商业生活中令人吃惊的运动",但是"如果在导致的颠覆之中,能够探测到经济法则在有序地发挥作用,那么,没有什么比这种发现更重要、更实用"。预测既需要知识,需要知晓相关的科学法则,也要知晓这些法则运作其中的特定环境,费雪说,"然而通常说来,经济预测失败更多是由于缺乏科学知识,而非缺乏历史知识"。边际主义者宣称,通向现实之路,确实需要借助特殊,但更要借助抽象。[6] 同时,马歇尔也运用边际主义原则来描述生意人计算市场价格,这开启了通向另一种现实主义的道路。他的分析将商业上的考虑以及生意人的语言和估计放在了新古典经济学的中心。在边际主义理论和商业行为之间,边际主义迅速建立

---

[5] John Bates Clark, "The Theory of Economic Progress," *PAEA: Economic Studies*, 1 (April 1896): 5-22.

[6] E. R. A. Seligman, "Economics and Social Progress," *PAEA*, 3d ser., 4 (February 1903): 53; John Bates Clark, "Economic Theory in a New Character and Relation," in *Congress of Arts and Sciences, Universal Exposition, St. Louis, 1904*, ed. Howard J. Rogers, 8 vols. (Boston: Houghton Mifflin, 1906), 7: 48-9; Irving Fisher, "Economics as a Science," *Science*, n. s. 24 (August 31, 1906): 260.

起了联系,很快拿出了自己的现实主义。

和任何范式转换一样,与年轻人相比,年长的美国经济学家们转向边际主义的速度更慢一些。在那些成年于19世纪80年代的经济学家中,保守主义者比新的自由主义者更倾向于停留在古典的框架之中,因为他们在政治上满足于传统的范式。J. 劳克林和阿瑟·哈德利从未觉得要对资本主义加以新的合法化,也从未喜欢过更抽象的语言与实践事务之间的距离。1899年,哈德利指责说,这种"形而上学"的理论"已经最有力地削弱了经济学家在政治家和民众中的影响"。陶西格同样相信,"价值的主观理论……对于解释现实世界的现象,起不到它的信徒设想的那样大的用处"。但是到了1911年,他也觉得不得不用边际主义的新瓶来装古典主义的旧酒了。[7]

在那些于19世纪90年代成年的经济学家身上,边际主义取得了最迅速的进展。在1894年,爱德华·罗斯注意到年轻人们趋之若鹜,到了1900年,费特相信,边际主义已得到了年轻一代的效忠,并收服了许多老的经济学家。[8] 经济学史家们喜欢解释说,边际主义战胜古典经济学,是因为它更"科学",它的分析更普遍,逻辑性更强,离哲学和政治学假设更远。然而从19世纪50年代开始,就有许多独立的声音提出了边际主义的概念,其时间远在70年代之前,到那时,英国的斯坦利·杰文斯

---

[7] Alfred Bornemann, *J. Laurence Laughlin* (Washington, D. C.: American Council on Public Affairs, 1940), 14, 89; Arthur T. Hadley, "The Relation between Economics and Politics," *PAEA: Economics Studies*, 4 (February 1899): 14-15; Frank W. Taussig, *Principles of Economics*, 2 vols. (New York: Macmillan, 1911), 1: viii, chap. 8; 2: 112-23.

[8] Frank A. Fetter, "The Next Decade of Economic Theory," *PAEA*, 3d ser., 2 (Feburary 1901): 236-46 and "Discussion," 247-53.

[Stanley Jevons]、奥地利的卡尔·门格尔[Karl Menger]和法国的莱昂·瓦尔拉[Léon Walras]*才各自独立地"发现"了它。尽管如此,到了八九十年代,它才广为人所接受。科学解释的支持者们认为职业化是起作用的背景。根据乔治·斯蒂格勒[George J. Stigler]的说法,职业化的经济学家和他们之前的自然科学家一样,渴望"与同时代的景象保持一定的距离",并培养对"非通俗工具"的品位,这种工具严格而优雅,有着特殊的技术。[9]

职业-科学解释有某种程度的真实性。正如罗斯在 1891 年描述的那样,最初接触到边际主义分析时他感到无比激动,"我对数理经济学开辟的远景极为狂热"并"情不自禁地痴迷于几何证明的还原的魅力"。他在与伊利的共同工作中认识到,那是"还原的魅力",但仍然受到了吸引。[10]但是,罗斯那瞬间的洞见意义重大。衡量科学和职业主义的尺度,并不是在什么地方都是自然科学的那种严格而优雅的简单,或与历史特殊性的距离。在科学和职业主义的这些判断背后,有着民族的文化背景在塑造它们。在德国,较小的程度上也在法国,经济学家们对边际主义的抵抗持续到了 20 世纪,在这些地方,这门学科从未像在英国和美国那样发展得那么充分。历史主义文化和职业传统养育出了古斯塔夫·施穆勒,对他来说,门格尔的原子论边际主义方法似乎

---

* 杰文斯、门格尔和瓦尔拉是最早阐明边际主义学说的经济学家,被称为边际主义三杰。——译者注

[9] "Papers on the Marginal Revolution in Economics," *History of Political Economy*, 4 (Fall 1972): Craufurd D. W. Goodwin, "Marginalism Moves to the New World," 551-70; George J. Stigler, "The Adoption of the Marginal Utility Theory," 577, 571-86. 亦见 Joseph Schumpeter, *History of Economic Analysis* (Oxford University Press, 1954), 869-70。

[10] E. A. Ross to Mrs. Beach, February 1, 1891, Edward A. Ross Papers, Wisconsin State Historical Society.

违背了历史世界的"不可分割的整体性"。[11]此外,职业化既常常与同时代的景象相关,也与它"保持了一定的距离"。职业化和科学都不是含义单一的术语,体现在历史中的认知、审美和价值判断塑造了它们。

边际主义在英国和美国能够赢得胜利,并非仅仅因为这种经济理论复杂而精巧,而是因为它符合在这些文化中运作的微妙标准。可以认为边际主义扩展了始于李嘉图的某种进程,在科学实证主义模型的基础上,它抽象和具体化了自由资本主义的世界。它的出现是对古典政治经济学的重新定位,它最能吸引的职业文化,是那些对古典经济学家的实证主义科学假设和自由主义前提能给予最多职业和文化方面支持的文化。

同样也是因为,在边际主义出现的时代,古典经济学模型正受到越来越多的政治攻击,因为它有着自由放任[*laissez-faire*]的偏见,也不能给劳动者提供出路来摆脱提倡节欲和提高道德水平的新马尔萨斯主义。这种政治上的不满激发了许多异议,包括19世纪七八十年代历史主义对英美经济学的批判,马克思和亨利·乔治对李嘉图理论的激进颠覆。据克拉克回忆,是亨利·乔治的理论最先使他走上了边际主义的道路,我们已经看到,政治冲突如何彻底塑造了克拉克的思想。费特同样相信,"价值理论的政治抱负"是边际主义起源的主要因素。据他回忆,正统经济学混乱不堪,并承受着"激进宣传的压力"。"我还记得在90年代,人们是多么信赖和喜爱对马克思主义真理的论证,从柏林到洛杉矶,我都能听到它们。"费特相信,建立在劳动价值论上的激进主义威胁,迫使边际

---

[11] Karl Pribram, *A History of Economic Reasoning* (Baltimore: Johns Hopkins University Press, 1983), 219-24.

主义的建立者们修正价值理论，很明显，这种持续存在的威胁将费特引向了新的思想。正如马克·布劳格〔Mark Blaug〕所指出，边际主义的政治和社会相关性使它具有了极大的吸引力。[12]

与美国特别相关的是，美国例外论的危机集中在新工业化世界中的劳工命运问题上。美国的阶级冲突对阶级利益和民族认同都产生了威胁，民族认同和高尚文化的基督教基石，迫切需要一种公正的解决方案。在这样的道德和政治背景下，经济学中的职业主义出现了，它宣称能够解决阶级冲突的问题，并使例外论的遗产现代化。克拉克本人发展了他的功利主义价值论，力图表明市场是有益的社会有机体。在干草市场事件之后，他运用边际效用的概念来反对剩余价值论，并开始致力于一种全面的分配理论，在当时这正是核心问题。1894 年，哥伦比亚大学的经济学家里奇蒙德·梅奥-史密斯观察到，"全世界的经济学家都在苦心孤诣、殚精竭虑地要在边际效用的基础上建立一套分配理论。经济学家们争先恐后，看谁能首先为分配中的其他份额提供租金学说"。在这里，科学和意识

---

[12] John Bates Clark, *The Distribution of Wealth* (New York: Macmillan, 1899), viii; Frank A. Fetter, "Value and the Larger Economics," *JPE*, 31 (October 1923): 587-605, 特别是 600-602。Mark Blaug, "Was There a Marginal Revolution?" in "Papers on the Marginal Revolution," 278-9. 亦见 Ronald L. Meek, "Marginalism and Marxism," ibid., 502-503。及 Dasgupta 的 *Epochs of Economic Theory* 的第 6 章。虽然强调在边际主义和古典理论之间积累起来的历史和意识形态的间断性，Dasgupta 还是认识到边际主义理论仍然与古典理论在社会哲学上相联系，并很快在新古典综合中得以合并。John Maloney 在 *Marshall, Orthodoxy and the Professionalization of Economics* (Cambridge University Press, 1985) 中辩称，在英国，艾尔弗雷德·马歇尔的努力在经济学围绕边际主义范式进行的职业化中居于核心地位。Maloney 极力主张，内在于古典范式的职业规划和问题说明了边际主义的兴起及其优势地位，而政治和意识形态因素则扮演了有决定意义的配角。然而，他并没有考察那些因素，也没有研究它们与内在的职业考虑之间的互动。由于其哲学和方法论前提，他认为边际主义范式有着自由主义意识形态意涵的结论仍然缺乏历史基础。特别见第 205—222 页。

形态的目的完美地统一了，克拉克很快获得了这些荣誉。[13]

克拉克的很多读者对此做出了回应，他们之中既有职业人士，也有非职业人士。历史学家普里泽夫德·史密斯［Preserved Smith］其至一边读《财富的分配》[Distribution of Wealth]，一边就写信给他，"你论证了资本和劳动刚好得到各自挣得的边际单位，……这是我的理智生活的活跃的组成部分，使我没有成为彻头彻尾的社会主义者，虽然在很多方面我很同情他们"。[14]边际主义有助于拒斥社会主义和平等主义的要求，这些要求产生于镀金时代的美国。边际主义辩称，资本主义创造了最大的效用，配置最有效率，也实现了公平的分配。它同样向美国人保证，新的产业世界的运转和过去一样，竞争仍然能够控制大规模的产业联合以及愈演愈烈的财富集中。犹疑着不肯接受美国变革的心态，使得克拉克的静态模型及其美国例外论的腔调更具说服力。

克拉克直率的意识形态信号揭示了边际主义的社会政治根源，但在某些方面，这同样是一种误导。许多追随克拉克的边际主义经济学家，因他公开的道德修辞而感到尴尬。他倾向于将经济法则当作规范性的自然法，这使所有意识形态的派系都对他产生了批评，从陶西格到凡勃伦。[15]对于那些在90年代和90年代之后趋向边际主义的年轻人来说，边际主义的特别吸引力在于，它的高度抽象性似乎摆脱了镀金时代的意识形态内容，并在科学而非

---

[13] Richmond Mayo-Smith, "Review of John R. Commons, *The Distribution of Wealth*," *PSQ*, 9 (September 1894): 570.

[14] Preserved Smith to J. B. Clark, October 21, 1912, John Bates Clark Papers, Columbia University.

[15] Frank W. Taussig, "Outlines of a Theory of Wages," *PAEA*, 3d ser., 11 (April 1910): 136-56 and "Discussion," 157-70; Thorstein Veblen, "The Limitations of Marginal Utility," *JPE*, 17 (November 1909) P: 620-36.

道德的基础上，建立起了资本主义的合法性。科学 - 职业主义解释正确地感到，边际主义的成功，相当大一部分要归功于它与同时代的政治"保持了一定距离"。然而需要强调，边际主义带来的这种距离恰恰与政治相关，忠于某种意识形态。

就这一方面而言，罗斯的情况同样是很好的说明。对这种新的学术玩具最初的热情过去之后，在1900年同意费特的边际主义预测的同时，他也扩展了自己的判断。

> 我相信，我们正处于变革的前夕，这变革是经济学成为真正科学的变革。在过去，经济学的致命弱点一直以物理学的形式存在于自身之中。在服务与货物或者土地与资本之间的区分，一直是物理性的而非经济学的。克拉克教授的重要著作更远离了物理学，我们都把它看成里程碑式的贡献……还有一样东西干扰了我们科学的发展，这就是对伦理问题进行不成熟的讨论……我想，我们经济体系的伦理面向，应当放在对"是什么"的理性、冷血的解释后面。[16]

在做出上述声明的时候，罗斯刚被斯坦福大学炒了鱿鱼，因为他发表的政治声明触犯了大学的建立者，这时他正在找一份新的工作。罗斯想将"伦理的"与"是什么"分开，摆脱意识形态的极端化，那种极端化分裂了这门学科，也纠缠着自己的职业生涯。克拉克抹消了在服务与货物、土地与资本之间的"物理性的"区分，这有助于抹消产生意识形态冲突的道德和历史的区分。但是，罗斯试图摆脱的是意识形态的冲突而不是意识形态，因为边际主

---

[16] Edward A. Ross in Fetter, "The Next Decade of Economic Theory-Discussion," 252-3.

义以另一种形式，接受了古典自由主义的个体主义前提。我们将很快看到，罗斯本人力图回到这些自由主义前提上面，并使它们延伸到现代社会的社会框架中去。从这种自由主义的角度来看，边际主义表现出的是一种"对'是什么'的冷血的解释"。

跟随克拉克的那些主要的边际主义思想家，也运用这种新的科学来合法化美国的自由资本主义。在实质上，他们研究的目标，不仅是源于新的市场功能范式的知识问题，同样是要巩固自由资本主义的基础，这基础正是以科学法则的形式出现的那种范式。事实上，费雪似乎完全绕过了镀金时代的激进历史主义思潮，后者在克拉克身上留下了印记；带着威廉·萨姆纳的保守实证主义冲动，费雪进入了边际主义学派。

19世纪80年代，费雪进入了耶鲁大学，那时候他父亲的身体日渐衰弱，使家庭陷于贫困。与萨姆纳相似，他认同那些准许他进入耶鲁的富有的商业阶级，并很快从宗教信仰转向了自然法的世俗化版本。社会主义者和劳工领袖们"必须睁开他们的眼睛，看到自己所触犯的伟大的法"，他为保守主义辩护，说"保守主义来自有关人的比较研究"。费雪主修数学，并在威拉德·吉布斯［Willard Gibbs］*和萨姆纳的指导下完成了毕业论文，在萨姆

---

* 威拉德·吉布斯［1839—1903］：伟大的美国物理学家和化学家。吉布斯主要从事物理和化学的基础理论研究。他在热力学方面做出了划时代的贡献，对经典热力学规律进行了系统总结，从理论上全面地解决了热力学体系的平衡问题，从而将经典热力学原理推进到成熟阶段。他1876年提出了相律、吉布斯自由能（即吉布斯函数）及化学势，开创了用热力学理论处理界面问题的工作，与电化学建立了联系。在化学统计力学方面，他主要的贡献是将L.玻耳兹曼和J.C.麦克斯韦创立的统计理论发展为系综理论并提出了涨落现象的一般理论。此外，他在数学的矢量分析及天文学、光学等方面都发表过论文和著述。著有《论多相物质的平衡》（1876—1878）和《统计力学的基本原理》（1902）等书。——译者注

纳的劝说下，他运用自己的数学技能来说明那些法。1892年他的博士论文出版了，在其中，他运用机械均衡的数学来阐述经济均衡的边际主义理论。它"借助机械互动，系统地表述了那种美丽而复杂的均衡，这种均衡展现在一个大城市的所有'交换'之中，而这种均衡的原因和效果却存在于别处"。完全基于数学，费雪的"美丽的"均衡完全无视并非如此美丽的历史，这历史本身侵扰了克拉克和萨姆纳的生活。[17]

费雪花了相当多的时间去做发明家、生意人和投资者，他主要的理论冲动在于，想要说明边际主义理论如何与现代生意人的工作范畴相联系。按照复式簿记的会计理论，他重新定义了资本和收入的概念，从而提供了"长久缺少的联结，即潜藏于实践性的商业交易中的理念和运用与抽象的经济学理论之间的联结"。康芒斯抱怨说，费雪建立了一种纯粹的"商业经济学"。[18]

费特走了合法化的另一条路，他成了边际主义的"美国"或"心理"学派的领袖。正如克拉克曾看出的那样，将价值理论建立在效用上的主要优势，在于生产者和消费者的市场选择与人们的需要联系在了一起。费特相信，理论的任务在于详细阐明边际主义的心理基础，从而说明市场经济在每一层面上，如何受到人们满足自己需要的欲望的引导。边际主义的价值理论不仅仅是市场价格的理论，也是"福利"的理论。在1904年发表的教

---

[17] I. N. Fisher, *My Father*, chaps. 1-3; Irving Fisher, "Mathematical Investigations in the Theory of Value and Price," *Transactions of the Connecticut Academy*, 9 (1892): 24.

[18] I. N. Fisher, *My Father*, chap. 10; Irving Fisher, *The Nature of Capital and Income* (New York: Macmillan, 1906), vii; John R. Commons, "Political Economy and Business Economics: Comments on Fisher's Capital and Income," *QJE*, 22 (November 1907): 120-5.

科书中，他从人性的需要中构造出了市场经济的范畴，欲望和满足的感觉构成和规制着这些需要，这些感觉也指引着生产、交换和消费的过程。费特日益受到攻击，因为他持有过时的享乐主义心理学——早在1892年，费雪就反对将经济效用化约为心理范畴——所以，在1915年的修订版中，他在形式上放弃了享乐主义的前提："价值的基础，被构想为简单的选择行为，而不是对效用的计算。"但是，尽管重新做出了定义，他也还在思考内在于选择行为的感觉和满足，并想要将其与福利联系起来。即使是费雪，也在《资本与收入》[*Capital and Income*]中借用了费特的"心理收入"概念，来说明在物理的账目平衡之后，存在着心理收益的"净收入"，这是从经济过程中自然产生出来的。[19]

然而与克拉克不同，这些经济学家不再能将自己的著作奠基在自然法和正义上面，而是试图按照科学的范畴来构造规范经济学的范畴。在健康或普遍福利的标题下面，他们宣称，从科学而不是道德的标准出发来判断，资本主义的市场是有益的。像在镀金时代写就的任何东西一样，他们的教科书明显在与社会主义进行对话，但现在，他们使用四平八稳的现实主义语调。他们没有把自己塑造成现状的捍卫者，而是资本主义的力量和缺点的分析家，他们为读者提供了武器来对抗社会主义，并帮助打开了通向某种程度的自由主义改革的大门。

费雪并没有像康芒斯担心的那样，切断了与过去的政治经济学及其公共价值的一切联系。在1907年他说道："我们必须一直区分开，什么是理想的或规范的，什么是现实的或一般的。"对资

---

[19] Frank A. Fetter, *The Principles of Economics* (New York: Century, 1904), pts. 1, 2; Fisher, "Mathematical Investigations," chap. 1; Fetter, *Principles of Economics* (1915), chap. 4; Fisher, *Capital and Income*, chap. 10.

本主义的激进批判迫使许多经济学家面对效用的两种含义：作为所欲之物和"固有价值"。维尔弗雷多·帕累托［Vilfredo Pareto］[*]阐述了这种含义上的区分，费雪认识到这是对约翰·罗斯金［John Ruskin］^{**}的伦理观点的另一种表达，他对之报以赞同。但他似乎认为，"我们根据理想标准而做出的有关每个真实情况"的伦理判断，经济学家能够站在自己的科学知识的基础上来接受它。每个人对理想持有的意见并不平等。"这世界包括两大阶级——有教养的人和无知的人，而进步的关键在于，应当允许前者来统治后者。"[20]

费雪觉得这些判断是科学的，因为他认为，正常、固有的可欲之物确定了"健康"的状态。健康和疾病的比喻形塑了他所有的规范经济学讨论。费雪早年的生活饱受肺结核的戕害。他的两个同胞兄弟在童年就夭折了，在他17岁时，父亲也死于这种疾病。1898年刚刚成为耶鲁大学的教授，费雪就被肺结核击倒了，他离开了耶鲁三年，到西部去养病。这一次的肺结核几乎置他于死地，并给了他"做传道人的冲动"。在病情好转之后，他把更多的时间花在改

---

* 维尔弗雷多·帕累托［1848—1923］：意大利社会学家，经济学家。他试图建立一个与物理化学体系类似的社会学体系，他认为社会体系类似于自然界中化学成分的混合体，社会体系中的"分子"是具有利益、动力和情感的个人，帕累托把决定人们行为的因素分成变量，试图通过研究这些变量的特征、它们之间的相互影响和变化来说明社会体系。他提出的著名的帕累托法则，使他被认为是福利经济学的先驱之一。主要著作有《政治经济学手册》(1907)、《伦理主义的神话和不朽文学》(1911) 和《普通社会学》(1916)。——译者注
** 约翰·罗斯金［1819—1900］：英国作家和美术评论家，他对社会的评论使他被视为道德领路人或预言家。他对劳苦大众和手工艺人抱有深切的同情和敬意，主张为他们提供符合社会正义的生活条件，并认为好的艺术品应该表现真实而朴素的美。据说其著作《留给这个后来者》［Unto This Last］曾对甘地产生过影响。——译者注
[20] Irving Fisher, "Why Has the Doctrine of Laissez Faire Been Abandoned?" Science, n. s. 25 (January 4, 1907): 20.

革问题上面。他说,当下存在的问题,"暗示着在当前社会的经济秩序之中,有些东西出了错"。这就是"经济的疾病",只要有"经济解剖学和社会生理学"的知识,就能够治疗这些疾病。[21]

费雪相信他在拒斥自然法,他反对萨姆纳和过去的古典判断,那种判断认为,"当前的社会状态是正常和可欲的,因为每个人都自然地'寻求自己的最大利益',这些利益'因此总是能最好地服务社会'"。必须抛弃自由放任的假定。经济法则有时候在为社会的恶服务,需要动员社会和政府起来行动,对抗这些社会的恶。与克拉克不同,他指的是经济不平等造成的损害。然而,如果不考虑对自由放任的拒斥,在进步主义改革的主要经济问题方面,费雪的立场与克拉克十分接近,因为大体上,经济法则带来的是社会的利益,而政府却常常不能。政府可以规制铁路运输的价格,但他怀疑这种规制的效力。他支持的政府行动,是将治安权力扩展到公共健康、安全和福利方面,例如管制和保护童工的法律。1907年,他觉得美国已处于做了太多社会主义试验的危险之中。[22]

费雪在健康与疾病之间做出的区分,实际上延续了共和主义经济学自然法的错误路线。他主要的政策兴趣在货币方面。除了对货币数量理论做出了有影响的重新说明,他还力图为货币价值的波动争取"赔偿金",这个计划被普遍认为缺乏实践性。费雪所有的改革兴趣——"消除战争、疾病、堕落,以及货币的不稳定"——具有同样的道德价值。虽然他有时也接受自由派历史主义者的语言,选择了"有关政府管制和社会控制的现代学说",

---

[21] I. N. Fisher, *My Father*, chaps. 1, 5, p. 214; Irving Fisher, *Introduction to Economic Science* (New York: Macmillan, 1910), 1.
[22] Fisher, *Introduction to Economic Science*, chap. 26; "Why Has the Doctrine of Laissez Faire," 20-1.

他真正关心的是对自我控制的社会支持,以及维持自然理性的个人和公共道德的网络。不健康和不道德的生活、卖淫、奢侈、"社会竞争"、浪费性的军备支出、允许货币价格变动的不合理的金融政策、不加控制地移民、不严格在生育方面进行优生学的实践,这些是他认为的主要的恶,这些内容很符合阿马萨·沃克的"正确消费"禁止的恶。费雪在理论上抛弃了自然法和自由放任,但他基本上重新构建了传统美国经济学说的规范力量和道德形态。[23]

费特没有定义一种有关健康的规范经济学,但和费雪一样,他相信经济学家得出的最重要的结论在于对公共福利做出的客观判断。费特小心地区分了有利于个人的价值和社会的善,认为应当以"权宜"为基础来判断资本主义市场,看它如何对普遍的社会福利做出了有效的贡献。他声称,根据这个标准,它大体运行良好,并且基本上个人也获得了他所应得的,只需要对这个系统做微小和逐步的变动。费特主要的改革兴趣在于移民入国限制,这响应了费雪的主张。他说,当前劳动力的真实工资的下降,证明了我们"已经越过了与我们的人口和资源相关的报酬递减的那个点"。正如萨姆纳的人口-土地比率所指出,是人口的密度把欧洲与美国、加拿大以及澳大利亚区分开。只有通过限制移民,才能使我们保有"最多的机会和最好的前景,来实现最具鲜明特色

---

[23] I. N. Fisher, *My Father*, 222; Fisher, "Why Has the Doctrine of Laissez Faire," 18, 25; *Introduction to Economic Science*, chaps, 25-6. 费雪用一本畅销的手册来宣传自己的道德方案,*How to Live: Rules for Healthful Living Based on Modern Science* (New York: Funk & Wagnalls, 1915)。从20世纪初到20年代,费雪把越来越多的精力和私人财富投入到他的货币改革计划、寿命延长研究和和平主义运动之中。

的美国生活"。[24]

除了为现代资本主义提供科学辩护,边际主义同样向美国人保证,虽然有许多变化,但连续性仍然存在。正如克拉克所说的,如果要表明,在当前"对经济法则有规律运行的……颠覆"背后有着某种连续性,他们就同样需要,在某个层面上看到将过去和现在连接起来的历史发展。克拉克本人提出,需要勾画一种动态经济理论来配合他的静态经济理论。通过这样的做法,他表明自己如何彻底地抛弃了历史主义。经济学中的动态因素是那些"干扰静态均衡"的因素,这些因素包括技术、生产组织和消费者需求。克拉克声称,随着时间的推移,这些因素在数量上得到了增长并变得多样化,结果促进了生产。因此,和静态理论一样,动态理论"在一切时间和地点都同样有效",在这种经济制度下,社会从原始状态前进到了文明状态。更文明的社会更具动态性,也就更接近静态模型。因此,今天的美国"远比欧洲的更为保守的社会——更不用说那些呆滞的亚洲社会——更接近一种规范形式"。克拉克的历史理论是自由主义的美国例外论,他的动态经济学,是根据几个确定的自由主义经济学范畴做出的量化推论。[25]

克拉克对文化反应相当敏感,他试图吸收进步主义的"为改革而斗争",将它加入自己对持续的经济发展的承诺之中。虽然市场法则总是严格限制克拉克能够接受的人为的干涉,但在1914年,他承认温和的自由主义改革始终是可能的,也是必要的。"能够进一步地发展,是现在能看到的最佳处境的本质特征。改革者

---

[24] Fetter, *Principles of Economics*, 229-35, 365-6, 554; "Population or Prosperity," *AER*, 3, Suppl. (March 1913): 9, 19.
[25] John Bates Clark, *Essentials of Economic Theory* (New York: Macmillan, 1907), 197, 203-7.

能够指出那令人兴奋的山峰,并指出一条无止境的道路走向和翻越这些山峰,他们不断地超越界限,最终消失在远方。"他说,永远发展的世界不是"进步的炼狱",而是"进步的天堂"。[26]

费雪则完全忽略了历史。虽然克拉克受到早年信仰的影响,严肃地对待历史变迁问题,费雪却认为那只是个"神话"。作为牧师的儿子,他放弃了相信上帝的基督教信仰,作为一个人,他的生活不断遭遇不幸,费雪相信,事物的原因远远超出了人的历史材料所及。从肺结核中恢复过来之后,他重游了童年的家,做了坦诚的忏悔。

> 对我来说,在所有重大的秘密中,最大的就是历史。科学解释是有条件的,说明在不同的环境下将会发生些什么,但它并不解释真实的事情,发生了什么和发生过什么。我们称作宇宙的这个巨大机器,是在什么时候怎样启动的,为什么它被预先安排成那个样,所以就必然产生了随后的一切,连最微小的细节都不差……无论它的意义是什么,我都坚信一件事情:赞成或不赞成留给了我们……我们称为错误的那些东西,只是背离了我们暂时的规划而已……所以,填满我命运之杯的所有那些疾病和失望,随它们去吧!将要到来的一切,你们来吧!

在许多时代和不同地方,对于身处费雪相似处境的人来说,宿命论都是有用的,但是,像他这样受过教育,并处在世俗化新

---

[26] John Bates Clark, *Social Justice without Socialism* (Boston: Houghton Mifflin, 1914), 14-15, 48-9.

教和保守主义美国例外论环境中的人，接受它似乎是特别合理的结果。[27]

此外，费雪想要看透历史找到固定法则的欲望，在他进入的职业文化之中，能够获得相当大的信任。作为美国促进科学发展协会经济分部的主席，在1906年他勾画出的经济学概念，非常像西蒙·纽康和古典传统主义者的经济学，在19世纪80年代，他们用这种经济学来反对历史经济学家。他说，和物理学以及任何别的自然科学一样，经济学的目标就是产生普遍法则。历史只是有关分类的事情，只产生出事实的常规和概括。真实的法则，可以运用培根的方法来进行经验性的检验，"绝对忠实于自然"，即便它是有条件的，需要特定的环境。历史经济学家们抱怨，经济法则不可能是普遍的，因为经济现象随时间而变化。但要认识到，一切的科学法则都是有条件的，基于特定的环境。经济学家只需要让自己"去发现是什么条件，造成了现代与古代、东方文明与西方文明之间的现象上的差异"[28]。

当然，归根到底，费雪觉得经济学不需要历史，因为历史只是"我们称作宇宙的这个巨大机器"的附带现象，18世纪的"巨

---

[27] I. N. Fisher, My Father, 83-6. 讽刺的是，费雪的宿命论信仰是由威廉·詹姆斯的《宗教经验种种》[Varieties of Religious Experience]（1902）中的健康心灵［healthy-mindedness］的宗教激发的。值得注意的是，当约翰·贝茨·克拉克上大学的时候，他的父亲在经受了肺结核的长期折磨后去世了，紧接着他的兄弟也死于一场事故。如果可以相信克拉克基本的经济理念是在这一时期成形的，并且在这一时期他也在考虑进入神学院，那么克拉克与费雪观点的有神论的基础就可能有同样的个人生活来源。*John Bates Clark: A Memorial*（privately printed, 1938）, 6-8.

[28] Fisher, "Economics as a Science," 258. 费雪很早就声称，从非欧几何学的发现中，他认识到"自然的根基对我们来说，总是遮盖着思想的面纱"（I. N. Fisher, *My Father*, 38），但这种观点与相信科学法则"绝对忠实于自然"相一致。参见后面第9章对卡尔·皮尔逊的讨论。

大机器",由神的手设定了进步的过程。他觉得需要规范经济学来区分理想条件和真实条件,这使美国人回忆起了过去的悲哀。威胁美国人的恶源于道德偏离了美国例外论的道路,"背离了我们预定的规划"。

在费雪的传统决定论和克拉克的动态例外论之间,美国的经济理论家有充足的空间来忽略历史。如果美国走在自由主义进步的确定道路上并一直如此,那么边际主义者就能够想象出现有范畴的非历史方案,无须注意质的变化。在1912年,受到历史主义批判的时候,某些更年轻的边际主义者简单地反驳说,他们当然接受了进化论的观点(最终,克拉克设想了从原始社会到文明社会的进化),或者声称,经济学的静态模型,当然最终会得到动态因素的定量方法的支持。[29]

二 与边际主义联手的历史经济学

克拉克的动态理论,并非边际主义者唯一可用的动态理论。泽利希曼阐述的对历史的经济解释,成了沟通自由派历史主义者和边际主义者的重要桥梁。泽利希曼的职业生涯始于镀金时代,他也具有历史经济学家的伦理的观念论和政治动机。1882年,他在写给亨利·卡特·亚当斯的信中说,希望经济学能够发展一些理论,"符合历史顺序并观察事实的真相,并且更重要的是,讨论许多急需进行的改革的可行性和方法"。很快,他出版了有关基督教

---

[29] 见在 "Theories of Distribution-Round Table Discussion" 中 B. M. Anderson, Jr. 的答复,以及 W. M. Adriance 给西蒙·N. 帕滕的答复, AER, 3, Suppl. (March 1913): 90-4。

社会主义和中世纪基尔特的研究，并希望那种"每个工人都是，或者总有一天能够成为他自己的主人"的法团原则，可能"在某一天根本改变现有的关系"。1890 年，他仍然痛惜于美国人没有充分意识到劳工问题的重要性。"什么时候人们才会认识到，与有关社会问题的重大难题相比，自由贸易还是保护主义只不过是件小事情呢？"[30]

然而，泽利希曼同样希望经济学家止步于社会主义面前，被社会行动软化的竞争原则仍然处于经济的核心。亨利·卡特·亚当斯出版了公共管制理论的简写本，他对之赞不绝口："这最好地证明了这个事实：抛弃自由放任并不意味着社会主义或任何实质上接近社会主义的东西。"[31]然而，泽利希曼不能一直满足于亚当斯的推理。阿道夫·瓦格纳的历史主义策略和亚当斯追随的德国历史经济学家们，始终使经济学从属于民族的历史。对德国人来说，这种策略将经济发展约束在自己国家主义的民族道路上。对亚当斯来说，美国的民族历史严格限制了社会的发展。泽利希曼为美国的社会变革找到了奇特的支持，1893 年，他读到了阿基利·洛里亚［Achille Loria］*"出色的"理论说明，"法律、政治和道德的成长，在根本上基于经济关系"。与德国历史学派强调特定的民

---

[30] Seligman to Adams, November 30, 1882, Henry Carter Adams Papers; E. R. A. Seligman, in "A Symposium on Several Phases of the Labor Question," *Age of Steel*, 59 (January 2, 1886): 15-16; "Owen and the Christian Socialists," *PSQ*, 1 (June 1886): 206-49; "Two Chapters on the Medieval Guilds of England," *PAEA*, 2 (November 1887): 100-1; "Review of *nouveau dictionnaire d'économie politique*," *PSQ*, 5 (June 1890): 336.

[31] E. R. A. Seligman, "Review of H. C. Adams, *The Relation of the State to Industrial Action*," *PSQ*, 2 (June 1887): 353.

* 阿基利·洛里亚［1857—1943］：意大利经济学家，认为人与土地的关系是历史的关键，自认为是历史唯物主义的真正创始人。英国、法国和意大利的许多评论家也支持他的观点。恩格斯则对他报以奚落。——译者注

族传统不同，洛里亚说明，"如果经济条件相似，我们必然会有相似的法律体系"。[32] 泽利希曼找到了一种历史理论，能够切断与美国例外论的过去的联系。

泽利希曼同样需要保护历史经济学的领域免受克拉克和吉丁斯的攻击。虽然他是个强硬的妥协派，但也仍然与他们争论，努力劝他们要认识到经济学是"伦理性的，因此是一门历史科学，因为伦理和社会事实都是历史的产物"[33]。在对历史的经济解释中，泽利希曼发现了使历史经济学合法化的道路。他声称自己的经济学论题的重要性在于，补充了"现代经济学的一个重大收获，它全然不同于先前的收获"，这个收获，就是认识到"社会制度是进化的产物，它们形成了历史和相对的范畴，而不是绝对的范畴"[34]。

泽利希曼对历史的经济解释，明确源自马克思的历史唯物主义，但是，他转向了一种自由主义的历史观，这种观点既支持市

---

[32] 洛里亚对泽利希曼的影响更多的是实质性的而非理论性的。像大多数经济学家那样（爱德华·罗斯是个例外），他立即拒绝了洛里亚认为资本主义的发展要归功于抑制土地自由的理论。他觉得"有创造性和有趣"的是洛里亚"将[经济]解释扩展到许多众所周知的社会、法律和宗教事实"的能力。E. R. A. Seligman, "Review of Achille Loria, *Les Bases economiques de la constitution sociale*," *PSQ*, 8 (December 1893): 751-3; "Review of Achile Loria, *la Proprieta fondiaria a la questione sociale*," *PSQ*, 12 (September 1898): 531-2.

[33] E. R. A. Seligman, "Review of *The Quarterly Journal of Economics*," *PSQ*, 1 (December 1886): 702-4; "Review of Gustav Schmoller, *Zur Literaturgeschichte der Staats-und Sozialwissenschaften*," *PSQ*, 4 (September 1889): 544; Franklin H. Giddings, "Review of Friedrich von Wieser, *Der Naturliche Werth*," *PSQ*, 4 (December 1889): 684; E. R. A. Seligman, "Review of Maurice Block, *Les Progrès de la science economique depuis Adam Smith*," *PSQ*, 5 (September 1890): 534-5.

[34] E. R. A. Seligman, *The Economic Interpretation of History* (New York: Macmillan, 1902), 161.

场资本主义，也拥护自由主义变革。恩格斯给了马克思的思想进化论的基础，借鉴他的做法，泽利希曼给历史设定了一个自由派达尔文式进程。迄今为止的所有历史，都服从于"自然无情的法则，通过为生存而斗争来进行自然选择……个体的竞争、阶级的竞争和种族的竞争，全都可以归因于自然的吝啬、人类天赋的不平等和社会机遇的不同"。私有制的体系和竞争性资本主义成了获得那种斗争利益的文明的方式。虽然泽利希曼没有详细论述这个问题，但他明确表示，资本主义的发展必定伴随着阶级斗争和国际竞争。

然而，作为经济进步的发动机，资本主义在人民大众和民族之间创造出了更多的手段，更广泛的平等。在这样的经济和社会基础上，社会能够建立起伦理结构来缓和这种斗争。经济关系并没有严格地决定政治和文化，但确实是它们支配性的条件，更为富足的现代经济与社会联合一道，鼓励着集体性的伦理行动。改革者是"伦理的教师，……社会的侦察员和先锋"。但他必须慢些行动，因为"只有条件成熟了，改革才会产生效果"。[35]

泽利希曼希望，进步将在某一天消除短缺和不平等，从而结束由经济斗争统治的历史。

> 当科学使我们完全掌握了生产手段的时候，当人口的增长得到了社会群体的有目的控制的时候，当个体和种族的进步只是由于不自私的目的才产生冲突的时候，当人民大众的生活像今天最高贵的人那样的时候，毫无疑问，那个时候，经济条

---

[35] E. R. A. Seligman, *The Economic Interpretation of History* (New York: Macmillan, 1902), 154-155, 131.

件将遁入背景之中，其他进步的社会因素将会完全遮蔽它。[36]

和密尔笔下的静止状态一样，在泽利希曼的和谐社会秩序的景象中，道德动机支配着经济动机，这景象出现在自由历史的终点。但与泽利希曼的未来相比，密尔的未来就谦虚得多了。这种差异或许是由期待更大的富足造成的，19世纪晚期的产业发展创造了这种期待。这也可能要归功于某种千年王国的期待，甚至持怀疑论的泽利希曼自己也不能否认，包括他的读者们。他的乌托邦被很安全地放在了遥远的未来，但并没有远到它的成长不会激发某种和缓的改革，并使这种改革显得崇高。

泽利希曼对历史的经济解释为历史经济学家们提供了重要的模型，他们想要在自由主义例外论的框架内研究。同样重要的是，它开辟了一条康庄大道，历史主义者和边际主义者可以走到一起来。自由派历史主义者和边际主义者都认为，资本主义经济是现代历史的动态力量。如果假定市场按照边际主义法则来运转，那么历史扮演的就是补充性角色。在古典观点看来，市场的基本法则的运作受变化的经济环境的作用而改变，而对新古典经济学来说，这些环境同样能够很好地发挥作用。资本主义市场的有益倾向，真实地约束了向历史开放的行动，市场的历史特征，又使它能够面对自由主义的改革。

例如，费特的边际主义文本将"经济过程"定义为进化的过程，要借助对历史的经济解释来理解。如果价值主要是由市场因素创造的，它同样也会受到"立法、集体行动和社会制度的影

---

[36] E. R. A. Seligman, *The Economic Interpretation of History* (New York: Macmillan, 1902), 155-156.

响"。政策的最终裁判人是"舆论",而舆论是由变化着的经济条件和伦理意识塑造的。然而,因为市场的运行主要为的是公共福利,所以费特认为,"残余"或"历史的偶然"的产物是不义的,舆论应当消除它们。[37]

与来自另一阵营的边际主义者相比,接受边际主义的自由派历史主义者们给予了历史更大的权力,他们侧重在劳工问题上更有力地使用历史。历史主义者和边际主义者的关键差异,在于他们对平等的关注。那些忠于边际主义的学者,强调贫困和道德堕落之间的联系,担心社会保险会削弱道德品质,强有力的工会可能扭曲经济作用,但是那些扎根于历史主义的学者强调环境对贫困的决定作用,以及社会保险和强大的工会产生的分配方面的好处。[38]平等更需要依赖于历史而不是市场产生的规范。

新的自由派历史主义者接受边际主义,一个主要的原因是后者得到了美国经济学的青睐。明智地结合了边际主义理论与自由派历史主义,历史主义者同样能够将现代资本主义合法化,并对之加以改革。在这种适应的背景下,历史主义要生存下去,根本依赖于历史是否能够保持一种独立于自由市场的重要地位。历史主义能够在多大程度上,改变和重塑经济理论的方法和规范呢?对历史结构的意识能在多大程度上,作为市场运作其中的环境而存在下来呢?历史主义的假定又能在多大程度上,摆脱边际主义去历史化的趋势和美国例外论的信仰呢?

---

[37] Frank A. Fetter, "The Fundamental Conceptions and Methods of Economics," in *Congress of Arts and Science*, 7: 18; *Principles of Economics*, 249, 366, 555.

[38] 比较 Fetter, *Principles of Economics*, 248-53, 509-13, 554; 及 Fisher, *Introduction to Economic Science*, chaps. 25-6, 与 E. R. A. Seligman, *Principles of Economics* (New York: Longmans, Green, 1916), chaps. 37-8, 及 Richard T. Ely et al., *Outlines of Economics* (New York: Macmillan, 1916), chaps. 22-3。

对这些问题，泽利希曼自己给出了答案。早在 1890 年与吉丁斯和克拉克的争论中，他就承认存在着"真实的经济法则，它具有广阔的基础，能够使自己适应变化着的时间、空间和条件的要求"。然而，直到 1901 年完成了自己对历史的经济解释之后，他才开始像边际主义者那样著述。他发现，边际主义最显眼的地方，是克拉克有关边际效用的"社会的"概念，以及它有利的伦理意涵。克拉克和泽利希曼用"社会的"表示，价值要由交换价值和市场中汇聚的价值判断来衡量，而不是由个体的私人效用来衡量。在市场的汇聚功能中，泽利希曼确认自己发现了有机的社会概念。"价值的社会理论得出的最终结论将向我们说明，只有通过社会，个体才能达到他最高的目标。"[39]

在他首版于 1905 年的教科书和他更具技术性的著作中，泽利希曼用"社会效用"的概念来融合市场的运行和自由派眼中的历史。泽利希曼说，伦理规范的根源是社会，因此代表了社会的长期利益。"泛泛而言，从社会作为整体的观点出发，经济上有利的必定从长远看来是正确的；伦理上正确的必定最终也有利于商业的世界。"

事实上，泽利希曼并非只是在"泛泛而言"。私有制的历史发展，反映了社会"模糊意识"的判断，财产权有利于"社会福利"，或他一直讲的"社会效用"。泽利希曼接受了克拉克的乐观判断，认为商业联合是市场竞争的更高级的形式，而不是对市场竞争的限制，他声称"除非能够带来某些真实利益，否则联合就不会持续下去；仅凭它持续和繁荣的事实，就足以证明它的形成是合理的"。在征税讨论中泽利希曼发现，美国对不动产征税的实

---

[39] Seligman, "Review of Block, *Les Progrès de la science economique*," 535; "Social Elements in the Theory of Value," *QJE*, 15(May 1901): 347.

践偏离了他的理论，后者认为，支付能力是最平等的征税原则，他由此得出结论，一定是自己的理论出了问题。我们会被带向不义吗？不会，他回答。"如果这是真的，我们同样可以抛弃那种观点，不再认为在经济和道德法则之间存在着本质性的相关。"在泽利希曼规范性的综合中，历史控制了市场，但这个历史是一个自身无法摆脱市场的历史。[40]

在历史决定论中，泽利希曼为人的主动性留下了空间。如果市场是伦理和政治生活的主要决定因素，政治和伦理行动也必然会促进它的实现。政府可以强制执行公平竞争，联合可以通过向雇员强索市场分配给他们的工资而得到加强，虽然"美国明显尚未成熟"，它终究会接受广泛的社会保险体系和最低工资法。泽利希曼将自己置于历史进步的前进的风口浪尖。过去的并不都正确，但即将到来的都是正确的。"伦理改革者使人感到自己的影响，总是在从旧的社会必然向新的社会便利转变的边界线上"，他写道。在进步主义经济学家中，哲学加上气质，把泽利希曼置于意见的战略中心。按照多尔夫曼的说法，"他引领着流行的学说，力求和那些得到启蒙的商业共同体保持一致……他的观点被认为能够很好地指明，还要做多少调整就能跟上舆论的潮流"[41]。

更年轻的经济学家阿林·扬 [Allyn A. Young]* 和托马斯·亚

---

[40] E. R. A. Seligman, *Principles of Economics* (1905), 34, 134, 341; "Social Aspects of Economic Law," *PAEA*, 3d ser., 5(1904): 62.

[41] Seligman, *Principles of Economics* (1905), 434; *Economic Interpretation of History*, 131; Dorfman, *Economic Mind*, 4: 267.

* 阿林·扬 [1876—1929]：美国经济学家。生平著作不多，但指导奈特和张伯伦完成了博士论文，深受美国经济学界的尊敬。他是伊利的经济学教科书的 1908 年、1916 年和 1923 年版本的修订者之一，并重写了其中 10 章的内容。——译者注当斯［Thomas S. Adams］，是伊利教科书 1908 年和 1916 年版的修订者。与泽利希曼相比，他们给了自由历史更加独立的地位。在伊利修订过的教科书中，边际主义的内容不多，不像对泽利希曼来说是主要的解释对象，对费特而言，边际主义更是几乎完全占据支配地位。在同时代的美国，对进步和相关问题的讨论来说，经济交易的真实环境的控制力量和理论原则的控制力量同样大，甚至更大。这本教科书清楚地提供了真实的信息，它造福了那些教授初级学生的教师，也给现实主义提供了担保，这无疑说明了这本书为什么会流行。在"二战"之前它都是最畅销的教科书。

这本书在论证的线索中展示了边际主义学说的基本原则，并从历史的角度做了策略性的修正。"在自由竞争的条件下，对货币利润的追求会带来生产上的最佳适应，使生产力求满足消费者的需要"，这个边际主义者的论点得到了接受，作为支持自由企业的主要论点来反对社会主义。但它立刻服从于事实上不平等的收入分配造成的限制，服从于"有悖于更持久的社会利益"的企业家活动的限制，服从于伦理考虑的限制，因为满足消费者的需要，必须既考虑满足的量，也考虑满足的质。伊利的旧的历史法则认为，社会越来越趋向于相互依赖，因此也越来越需要集体行动，这法则原本是全球性的，它的陈述也没有限制，现在这条法则受到了限制，但仍然是高亢的宣言："所有的迹象都表明，正是在那些对金钱利润的私人追求已经证明其自身缺陷的地方，有组织的社会活动要有相当程度的扩展。"在历史、经济和伦理判断之间，并没有什么预定和谐。[42]然而，对伊利的激进主义的继承人来说，

---

［42］ Ely et al., *Outlines of Economics*(1916), 538-40.

这条信息并不完全清楚。出于对平等的利益的考虑,联合应当越来越多地控制商业,但是它们必须与雇主对商业成功的追求相协调,因为"从长远来看,妨碍生产效率的制度应当消亡"。[43]那么,最终应当是市场而不是伦理理想来控制历史行动吗?

在对美国历史的描述中,修订过的教科书仍然带有某些伊利的镀金时代观点,认为人们丧失了过去,突然间面对了"新的产业体系可能带来的恶"。但是《美国经济评论》[*American Economic Review*]的评论家高兴地看到,1916年的版本已经朝着切除"革命的"经济变革概念迈出了一大步,那种概念带着伊利的原创色彩,他尖锐地说明了从工匠到工资劳动者、从旧的美国到新的产业时代的变化。然而,修订过的教科书仍然保留着太多伊利的老看法,不能使评论家感到满意。"在社会关系方面,并没有发生革命性的变化,也没有一种造成变化的修正了的正义标准,"他斥责道,"更多的是,对工业和社会组织领域发生的重大变化,立法做出了明智而必要的调整。"[44]这个文本或是它的所有读者,从自由派进化论的平稳运行中,抢救出了一定程度的历史变迁。在那时,在某些职业小团体中,历史主义还存在着,但是并不明确,多少有些摇摆不定,它对抗着边际理论和自由主义例外论的规范性力量。

对自由派历史主义的政治和理论局限的某种最终尺度,来自有关经济学家角色的争论。耶鲁大学的保守主义经济学家阿瑟·哈德利在1898年作为美国经济学协会主席的致辞中,不经意地开启了这场争论。哈德利从老旧的士绅之路走进经济学,他站在自然

---

[43] Ely et al., *Outlines of Economics* (1916), 468-469.
[44] Charles Persons, "Review of Richard T. Ely, *Outlines of Economics*," *AER*, 7 (March 1917): 102.

贵族的立场上发言，敦促新的一代抛弃他们的学院派取向，担负起公共职责。早期在社会主义的挑战之下，哈德利试图使经济学家的公共职责最小化，但现在他可以回到原有的取向上来了。此外，他还表现出了一个现代保守主义者的敏锐洞察力，敦促经济学家们集中针对行政分支来提出建议。[45]

在随后的讨论中，泽利希曼的答复实际上是新自由主义的，历史主义则是批判工具，他用它来破坏哈德利的新版保守主义。在民主社会中，经济学家的首要功能是影响舆论；哈德利心中的那种专家，只存在于君主制和贵族制的统治下。此外，经济学说的流行，依赖于它所促进的阶级利益以及阶级权力的实际分配。英国的古典经济学理论与受益于它的工商业阶级共同兴起，它能广泛流行起来，是因为大多数劳动人民相信自己也从中得到了好处。经济理论将再次流行起来，只要它"能够宽大到代表所有的利益，而不是仅仅一个阶级的利益"。泽利希曼对历史的经济解释，把古典理论刻画成为某个统治阶级的意识形态，并暗示当前支持理论的经济学家也是在服务于同时代的阶级利益。不过，他认为现在经济学家可以选择一种理论来"代表所有人的利益"。[46]

康芒斯既向哈德利挑战，也向泽利希曼挑战。他已经因为自己激进的观点两次丢掉了学校的教职，康芒斯同意泽利希曼对过去经济理论做的阶级分析。"但是，一个人不可能代表社会全体。如果他宣称要这么做，这其实只意味着他希望让事情保持原来的样子。"任何经济立场都始终牵涉着阶级利益，经济学家的功能在

---

[45] Arthur T. Hadley, "The Relation between Economics and Politics," 7-28.
[46] "Discussion–The President's Address," *PAEA: Economic Studies*, 4 (April 1899): 108-11.

于说明"某个阶级的立场是最好的立场"。[47]

康芒斯的反驳掀起了辩论的风暴,哈德利觉得不得不在第二年做出答复。他说,经济学家能够克服或者接近于克服"主观的"错误;他们能够比任何其他人更接近"整个共同体的永久利益的拥护者"[48]。这一次,康芒斯着手准备了一套充分展开的历史分析。他堂堂正正地力主要认识历史强加给每个经济学家的局限性:"我们应当承认彼此不同,我们的基本差异大体符合社会中的阶级对抗。我们是社会情境的一部分。只有历史将对我们做出裁决。我们现在的视野极为有限……并非个别的经济学家,而是联合起来的经济学家代表民族全体的永久利益。"康芒斯说,它在实践方面意味着,经济学家只有与某个阶级相联合才能发挥影响。如果我们的政府代表的是真实的利益和各个阶级,而不是不同的地区,那么斗争就会很清楚了,陶西格或者哈德利可以选来代表一组利益,而伊利代表另一组。实际上,哈德利的政策导致的实践结果,就是经济学家成为"向政治头目和不负责任的受托人传道的宫廷传教士"[49]。

泽利希曼被吓住了。康芒斯的历史分析是从他自己对历史的经济解释中推演出来的,把同时代的经济学家说成阶级利益的代表,这比新自由主义者走得远得多,超出了他们能够接受的范围。

---

[47] "Discussion–The President's Address," *PAEA: Economic Studies*, 4 (April 1899): 111-3.

[48] Arthur T. Hadley, "Economic Theory and Political Morality," *PAEA*, 3d ser., 1 (February 1900): 45-61, 特别是第 49 页。

[49] "Discussion–The President's Address," 79-80, 73, 74. 古典经济学中更早和更谨慎的对阶级偏见的谴责的例子,见 Francis A. Walker, "Recent Progress of Political Economy in the United States" (1888), in *Discussions in Economics and Statistics*, 2 vols., ed. Davis R. Dewey (New York: Augustus M. Kelley, 1971 [1899]), 1: 321-9; Richard T. Ely, "Political Economy in America," *North American Review*, 144 (February 1887): 113-19。

他们所有人都发现历史主义是个方便的工具,可以用来攻击过去,并谴责社会主义是个乌托邦,但没有把批判的矛头对准自己。泽利希曼又做了一次尝试。确实,对历史来说,阶级冲突是基本的,但是"民主意味着……所有人的利益逐渐借助更高的联合而得到表达,这个联合代表着共同前进和社会进步"。对哈德利则相反,经济学家不能摆脱主观性,这是由在历史时间中他所处的位置决定的。"但是这种误差,与其说是源于任何一个特定阶级的偏差,倒不如说是源于不同于其他时代和地方的社会整体的偏差。"[50]

除非我们想象,当下有阶级冲突的自由历史已经是——在某种更深层次的实在上——将会在某天实现的无阶级的民主,除非我们想象,经济学家已经能将道德主张放在经济主张的前面,泽利希曼的历史景象才有意义。在理想的民主未来中,他将经济学家定位为前锋,这种未来始终潜在于美国的当下。康芒斯想将自己完全置于历史当中,并让自己和真理认同于某个阶级的位置,这种想法在进步时代并不常见。1899年争论结束了,哈德利表示,大多数的发言者都达成了一致,无论是历史主义者、古典主义者还是新古典主义者,经济学家都代表着作为全体的社会。[51]

三 自由历史的各种变异

不是所有的美国经济学家都接受边际主义,无论它的纯粹形式,还是它与历史的自由主义经济解释的共生形式。帕滕是老一

---

[50] "Discussion-The President's Address," 82-3.
[51] "Discussion-The President's Address," 87-8. 一个前康芒斯的讨论者的例子出现在第287—288页。

代人的少数几个领导者之一，他终生都在寻找一条不同的道路。虽然接受了功利主义的价值论，但他从未认为边际主义不只是个小小的分析工具。相反，借助古典理论和功利主义理论的要素以及历史进化论，他试图对经济进化做出动态的说明。虽然他的阐述特异而繁复，但其著作极富启发性。正如克拉克认识到的，帕滕的视野回应着"我们所有人的乐观信念"，虽然敏锐的心灵和冲突的灵魂使他探究存在着的矛盾，这种矛盾正存在于新自由主义重新构建美国例外论的尝试中。他是一个野心勃勃的伊利诺伊农场主的儿子，父亲想将他同时培养成长老会派的义人和福音派的希望信徒，资本主义的信仰者和民主派的异议分子，他的斗争来自自己这代人的核心关怀。[52]

其实，帕滕的著作跨越了整个危机时代。在他发表第一篇论文的时代，弗朗西斯·沃克为了将扩展了的美国例外论合法化，对李嘉图经济学的基本原理做了重新检讨。帕滕一开始就指出，先前反驳李嘉图的尝试都是不科学的；而自己尝试以科学为基础来反驳李嘉图。基于某些物理事实，李嘉图的土地报酬递减理论是正确的，但它没有考虑到，某些重要的社会事实可以抵消这些效果；这就是，工人阶级的相对理智 [intelligence]，以及有理智

---

[52] Daniel M. Fox 的 *The Discovery of Abundance: Simon N. Patten and the Transformation of Social Theory* (Ithaca: Cornell University Press, 1967) 是一本富于洞察力的传记和思想解释。不幸的是，它宣称帕滕是"丰裕" [abundance] 的发现者而造成了相当大的混乱。Fox 把他和欧洲古典经济学家相比较，却忽略了产生其著作的民族话语。Fox 将丰裕定义为消除匮乏 [scarcity]，而匮乏则被定义为"存在大众贫困，或社会缺乏能力来产生足够的货物和服务以确保每个人都能够维持一种健康而有生产力的生活标准" (pp. 2-3)。按照这种定义，美国经济学家认为，自 19 世纪早期以来，在美国就没有匮乏而只有丰裕。像他在第一本著作中解释的那样，帕滕关心的是如何把美国维持在例外论的轨道上。这就是为什么帕滕的同时代人似乎并没有认识到他的"发现"的原因。

的工人与无知工人的比率。有理智的工人不仅用自己的工作增加了土地的生产力,还需要更多的产品,从而能激发出最大的生产力,使土地能够负担不断增加的人口。这种适度多样化的"自然"的消费,与低劣的消费[debased consumption]和无知的消费[ignorant consumption]形成了鲜明的对比。所谓低劣的消费,指的是工人甘愿靠粗茶淡饭糊口,而无知的消费指的是工人追求粗糙和昂贵的奢侈品。无论那时帕滕是否读过杰文斯的著作,他都认为对某些特定愉悦的需求是经济的驱动力,这种看法反映了美国经济学家的"正确消费"的道德世界,弗朗西斯·韦兰德、阿马萨·沃克和弗朗西斯·沃克都持有这样的观点。[53]

驱使帕滕做此分析的动力,是想发现美国出了什么问题。如果在文明的最早期阶段,李嘉图的报酬递减律具有控制性的影响,如果在技能和资本得到小规模利用且美国例外论长期盛行的温和进步状态下,个体的努力会不断产生出更高比例的有理智工人、正确的消费和广泛的分配效益,那么如何解释"为什么现在分配如此不均,工资如此的低?"简而言之,为什么有那么多的"社会苦恼"?帕滕的答案是,美国正在进入英国所处的文明的高级阶段,这个阶段带来了低俗的工人、垄断和衰退。退步的力量存在于进步的力量之中。"每种减少了体力劳动的改善,"帕滕说,"都增加了劳动力阶级的缺陷的数量,如果没有这些改善,在为生活资料而进行的斗争中,它们就能得到克服,无知者的生存将它们带给了社会。"拿萨姆纳用过的严格的术语来说,资本主义的进步,有赖于在"为生活资料而进行的斗争"中,保存理智者并消

---

[53] Simon N. Patten, *The Premises of Political Economy* (New York: Augustus M. Kelley, 1968 [1885])。帕滕构思这部著作的时间是1879—1882年间。参见 Fox, *Discovery of Abundance*, 24-31。

灭无知者。但与萨姆纳不同，帕滕认识到，运行在经济中的社会力〔social forces〕可以得到人的引导。在第一本书中，帕滕提出的解决方案具有生产者的自由共和主义逻辑：减轻工人的负债压力，减少投机事业和过多的贷款，鼓励生产者相互协调，最重要的是，借助一切教育手段来弥补劳动分工带来的专业化的无知。[54]

后来，在19世纪80年代中期，帕滕接触到了受过德国教育的同事，并在1889年加入了宾夕法尼亚大学的沃顿学院，随着经历的增长，他改造了自己建立在自由历史主义上的理论。美国面对的困难，不再像共和主义对历史的想象，是更高层次的衰退的先兆，而是转向新的更高文明阶段的标志。当前阻碍进步的无知的消费习惯属于文明的初级阶段，它所处的经济形态，要用痛苦来不断威胁才能约束强烈的欲望。然而，随着外在威胁的减少和财物的增长，人们开始对快乐而不是痛苦产生反应，培养出了"更弱的"欲望和更多样的需求，这给经济进步以动力。帕滕的独创性在于，他认识到了在新的产业经济中，消费和消费心理学将要扮演的核心角色。[55]

然而，共和主义式的衰退恐惧潜伏在这种自由历史的阴影之中。"民族一个个衰落"，因为它们进入了快乐的经济，没有了过去的保护者来防止品行堕落，避免陷入恶习和呆滞。现代的民族

---

[54] Patten, *Premises of Political Economy*, 19, 14, 220, 216, 120, 222-24.
[55] Simon N. Patten, "The Effect of the Consumption of Wealth on the Economic Welfare of Society," in *Science Economic Discussion*, Henry Carter Adams et al. (New York: Science, 1886), 123-35; Simon N. Patten, "The Theory of Social Forces," *AAAPSS*, 7, Suppl. (January 1896); Fox, *Discovery of Abundance*, chaps. 3-4. 一种根据真实的消费类型的背景而进行的敏锐的消费观念研究，见 Daniel Horowitz, *The Morality of Spending: Attitudes toward the Consumer Society in America, 1873-1940* (Baltimore: Johns Hopkins University Press, 1985).

处于长期的转变阶段，虽然条件发生了变化，旧的习惯和欲望还存在着。此外，移民带来了大量的初等民族，它们带着原始的习惯。帕滕不愿意接受历史的不确定性，他宣称必然存在着"正常的"进化路线，趋向于实现快乐的经济。个体能够选择自己的快乐，"然而他们的选择将必然符合社会福利的条件，否则种族无法延续下去"。只要那些有利种族的"社会"动机还存在，自然选择就会一直发生下去。正在成长的纯粹快乐经济将会是一个"社会国家"[social commonwealth]。[56]

尽管相信终极和谐，但随着帕滕进一步接近自己理论的根基，越来越明显的是，资本主义经济的自然选择法则，与培养"社会"动机的社会的自然选择法则之间存在着冲突。1889年他说，只有依赖性的阶级"灭绝"，资本主义竞争才能创造出自主而有理智的工人，虽然人道主义的情感减缓了这个进程。1896年，在"社会力的理论"[Theory of the Social forces]中，他一方面强调社会纽带和更高的民主理想的发展，会鼓励社会责任的包容感，然而他同时宣称，只有创造出歧视性的关系来排斥无知者，社会才能向前进步。第5章引用的帕滕的观察说明了，美国的群体将自己和那些更低层的群体区分开，与黑人、"工贼"和移民区分开，这种做法最终得到了赞成。虽然边界"还不清楚，或者说还没有得到适当的划分，然而随着现在的划分，将会显示出成长中的公民本能将遵循的那种行为方式"。像吉丁斯一样，帕滕相信，通过选择和歧视性的竞争，美国将发展出有包容性的社会国家的纽带。[57]

与吉丁斯不同的是，帕滕越来越对这种带有冲突性的观点感到

---

[56] Patten, "Theory of Social Forces," 77, 84.
[57] Simon N. Patten, *The Consumption of Wealth* (Philadelphia: T. and J. W. Johnson, 1889), 65; "Theory of Social Forces," 133-43.

不安。1899年,他宣称"进步是比平等更高的法律,一个民族必须选择进步,不管付出什么代价"。唯一确定的进步方式是"消灭邪恶和无能"。1902年,他能够区分哪些贫穷是由经济原因造成的,哪些未能得到调节;只有后者才是进化的真正失败者,需要种族改良的处理。虽然他的精力主要集中在改善而不是歧视方面的改革,但他从未抛弃后者。如果能够知道,忠实的社会工人大军和帕滕在宾夕法尼亚大学训练的改革者们,是分享还是忽略了他的这种好恶交织的心态,那么将会非常有趣。[58] 不过在今天十分清楚的是,他的拥护者们,无论是支持歧视性竞争的,还是拥护包容性民主理想的,都不是19世纪的遗老,而是坚强地认识到了新的自由主义尝试所体现的冲突,那种尝试想要将社会伦理嫁接在竞争性资本主义上。

在将经济进步的想法转变为连贯一致的历史进化理论方面,帕滕感觉敏锐,但未能取得成功。他第一个运用威廉·詹姆斯和詹姆斯·鲍德温的机能心理学来解释"社会力"如何形成。他说明了"心理机能的建构活动"如何创造出了理想和"思维形式"[forms of thought],进而影响了所有知觉,产生出人类生存其间的"主观"环境。他开始写一本英国思想史,他自己的"历史的经济解释"基于生物学、心理学和社会进化论的普遍本原,这些本原是他从理论中演绎出来的。因为历史条件十分复杂且不断变化,所以不能用归纳性的历史研究来证明这些普遍法则,他认为,这些归纳性的研究只具有说明的作用。为了连接普遍法则和历史特殊性,他极为依赖气候对种族心理的影响,以及运动和感觉心理取

---

[58] Simon N. Patten, *The Development of English Thought* (New York: Garland, 1974 [1899]), 302-3; Fox, *Discovery of Abundance*, 89, 93, 210-11n.; Steven A. Sass, *The Pragmatic Imagination: A History of the Wharton School, 1881-1981* (Philadelphia: University of Pennsylvania Press, 1982), 98-9, 102-9.

向对不同文化时期的影响。结果产生出了甚至对帕滕来说也比以往要加怪异的大杂烩。[59]

虽然又尝试了一次，帕滕也没能创造出一个能够与边际主义经济学竞争的历史模型。在这方面他并不是唯一的失败者。经济和历史的自由主义模型禁止或排除了对历史变迁的扩展意识，在其中，历史的潜在可能被包容和侵蚀掉了。然而历史主义通常仍然是可用的，并且对经济学家来说，并不像帕滕看来的那样，必然发生不可救药的冲突。问题在于如何使用历史主义。虽然某些历史经济学家相信，历史研究可以产生出能够与古典理论中的经济法则相比的法则，但是在世纪之交，这样的期待大半消失了。历史经济学家在美国遭到了广泛的批评，被认为只生产出了缺乏形式的经验细节。这样的指控并不完全正确。古斯塔夫·施穆勒的研究、西德尼·韦布［Sidney Webb］与比阿特丽斯·韦布［Beatrice Webb］*的英国劳工组织史、维尔纳·桑巴特［Werner Sombart］**和 J. A. 霍布森［J. A. Hobson］***的综合研究以及一

---

[59] Patten, "Theory of Social Forces," 37, 54, 45, 70, 80-5, 126-33; Patten, *Development of English Thought*, v, vii. 帕滕在一般法则和真正的普遍法则之间做出了区分，前者应用于地球上的人类的进化，后者只能产生于对宇宙中的其他生命形式的知识。

* 西德尼·韦布和比阿特丽斯·韦布［1859—1947，1858—1943］：社会学家和政治哲学家。他们的主要兴趣在于对资本主义社会及其社会组织的历史、结构和功能方面，如有关工会和劳工组织的历史的研究。他们是费边社成员，具社会主义倾向，创建了伦敦经济学院并积极参加社会活动。——译者注

** 维尔纳·桑巴特［1863—1941］：德国社会学家和经济学家，韦伯的同时代人。早年受马克思的影响，后日益转向对马克思思想的批判研究以及对资本主义起源的研究。试图从犹太教和奢侈的角度来探讨资本主义的起源。——译者注

*** 约翰·阿特金森·霍布森［1859—1940］：英国经济学家、宣传家。他认为贸易萧条的原因在于过度储蓄而导致的消费不足。基于这样的观点，他提出了有关帝国主义的理论，认为用于不发达地区的投机资本是帝国主义的原因，这些资本产生于国内寄生阶级的过度储蓄。而帝国主义只有利于一部分特权阶层，不符合大多数人的利益，要用民主的手段来遏制它。——译者注

群社会主义和半社会主义学者的著作,都创造出了有用的综合范畴和历史分析的模型。然而,即便是抱有同情心的美国经济学家也不怎么晓得如何开发利用他们的方法和洞察力。比如说,雅各布·霍兰德[Jacob H. Hollander]虽然在1898年欢迎韦布有关劳工联盟的研究,把它作为经济学的模型,但却无法形成有关历史经验研究的连贯一致的观点,他对经济学的经验基础抱有的兴趣,很快就从它的历史主义根源那里移开了,转向了对得到证实的理论的科学需求。[60]

历史经济学家遭遇的困难,部分源于历史学科在美国的情况。这个时代的经济学家常常把历史作为次要的领域来研究,在研究生院里,选择经验主题就会涉及某些历史。但这种经验不会给他们带来多少鼓励,促使他们在历史的基础上重新构建经济学。正如我们将要看到的那样,历史学家们忙于为历史研究提供基本的材料和翔实的基础。此外,分散化和职业发展的结构,也使历史学家和经济学家一样,陷入了缺乏联系的专题研究的模式。更为基本的是,经验主义的认识论和现实主义的文化动力将历史学家们引向了事实主义。由于认识不到在历史知识中一切知识具有概念性质,理论具有启发性的价值,他们难以在历史中找到对经济学有用的分析性的概括。

在世纪之交,面对各种对历史的经济解释,历史学家做出的答复耐人寻味。他们不仅反对卡尔·兰普雷希特[Karl

---

[60] Broadus Mitchell, "Jacob Harry Hollander," *DAB*, Suppl. 2, 310-12; J. H. Hollander, "A Study of Trade Unionism," *PSQ*, 13 (December 1898): 697-704; "The Scope and Method of the Theory of Distribution," *PAEA*, 3d ser., 7 (February 1906): 40-3; "Economic Theorizing and Scientific Progress," *AER*, 6, Suppl. (March 1916): 124-39 and "Tendencies in Economic Theory-Discussion," 162-9.

Lamprecht]*和帕滕的特异理论,认为其中只有经济因素,是经济决定论,甚至泽利希曼的理论也遭到了反对,虽然他还没有往里面添加边际主义经济学。泽利希曼原本希望,他的理论能够"更多地为历史"而不是经济学做出贡献,因为他看到历史学家们正在转向有关"社会制度"的更广泛的研究。但即使是那些同情"新史学"[new history]的人也强烈反对他有关分类和组织的预定原则。在进步时代,经济理论只有开始吸引一群更为激进的年轻历史学家,并在经验研究中证明了自己,它才能开始进入历史解释。[61]

就吸收历史学家的历史主义观点和特殊主义教规方面而言,历史经济学家们从历史经济学被带向了经济史,在世纪更替后,这个领域变得更为狭窄,集中于商业史方面。许多有天赋的历史经济学家感到紧绷的绳子放松了。威廉·阿什利原本是牛津史学革命的一分子,发现在哈佛,自己越来越被局限在了中世纪经济史的细节研究上面。阿什利抱怨,细节研究的真实义务,以及"懒惰和科学上的谨慎,常常结合在一起,把职业历史学家们约束在一个相当狭小的兴趣范围内"。他放弃了更广阔的机会和更具实践性的影响力,离开哈佛回到了英国,创办了一所商学院。埃德温·盖伊[Edwin F. Gay],一个施穆勒训练出来的博学的历史经济

---

* 卡尔·兰普雷希特[1856—1915]:德国历史学家。他认为历史学基本上是一门社会心理科学。他在德国掀起了"兰普雷希特论战",挑战兰克史学的传统,大力提倡群众的文化史和经济史,激烈反对单纯叙述个人的政治史。——译者注

[61] Seligman, *Economic Interpretation of History*, 163-4; Edward P. Cheyney in "Discussion," to E. R. A. Seligman, "The Economic Interpretation of History," *PAEA*, 3d ser., 3 (February 1902): 393-7; C. W. Alvord, "Review of E. R. A. Seligman, *The Economic Interpretation of History*," *AHR*, 8 (April 1903): 517-19.

学家，受到艾略特的鼓励而在哈佛做了同样的事，创办了哈佛商学院。[62]

某些在镀金时代幸存下来的历史经济学家如康芒斯，依然努力寻找着综合性的结论。他原本是福音派分子，目标是在地上建立"上帝之国"。和镀金时代危机塑造出的其他人一样，他主要关注的是劳工阶级的不平等。康芒斯的独树一帜的观点，结合了对不平等的顽固承认，以及传统的个体主义与例外论的前提。从一开始他就强调，个体有责任去利用他们的机会。共和主义政治和生产者的经济得到了自由大陆的支持，曾经用经济的独立和实际的公民权来回报个体的努力。到了19世纪90年代，政治变得堕落，资本家垄断了市场获利。美国需要极大的努力来争取新生。[63]

在世纪之交，康芒斯和他那一代的大多数人一样，不再对转变即将来临抱有希望。他被赶出了学术圈，开始为独立的商业组织做研究，在1902—1904年又为美国工业委员会[United States Industrial Commission]以及全国公民联合会[National Civic Federation]工作，随后一个新的自由阶段来临了。在这一时期，受到启蒙的商人和保守主义的劳工领袖们集合在了一起。在这样的

---

[62] W. J. Ashley, "The Study of Economic History: After Seven Years" (1899), in *Surveys Historic and Economic* (London: Longmans Green, 1900), 29-30; Herbert Heaton, *A Scholar in Action*, *Edwin F. Gay* (Cambridge, Mass., Harvard University Press, 1952). 对于创造一种经济史的分支，与在历史职业的范围内开展的进步的经济史相区分这种做法的讨论，见 Steven A. Sass, "Entrepreneurial Historians and History: An Essay in Organized Intellect" (Ph. D. dissertation, John Hopkins University, 1977)。

[63] John R. Commons, *Social Reform and the Church* (New York: Thomas Y. Crowell, 1894), 4, 36-7, 92; Commons to Ely, January 30, 1894, Ely Papers; John R. Commons, *The Distribution of Wealth* (New York: Macmillan, 1893).

背景下，他开始看到"在过去二十年中，没有什么社会运动比私人利益组织更安静，更有力"。在这个统一的经济体中，孤独的个体不再希望去运用自己的意志，只有结合为一个阶级并组织起来，他们才能保护自己的利益。康芒斯想要围绕着利益群体来重新组织政治代议制，在宪政秩序中给予劳工阶级一个平等的地位。结合了共和主义传统的平衡逻辑和克拉克有关的海洋比喻，他想要"回到最初的本原"。[64]

> 为了使一个从属阶级与统治阶级相平衡，需要采纳自大宪章时代以来我们就坚决维护的伟大的宪政保护措施……如果这发生了，那么就没有一个阶级或者它的一部分能大到摆布所有的投票者。就像那海浪，虽然会上下翻滚，却总是回到海平面的一般高度上。[65]

阶级之间有着利益冲突，政治学和经济学是阶级冲突的战场；必须重新构建政治权力，以便允许工人通过自己的联合来进行一场公平的决斗。但阶级最终是利益聚合的群体，在竞争性市场和共和主义的平衡宪政的范围内，斗争将持续下去并保持均衡。

在威斯康星大学，康芒斯得到了卡内基研究院的经济史计划的资助，开始进行一项关于美国劳工史的大规模研究，用来支持

---

[64] John R. Commons, "Representative Democracy" (1900), in *Representative Democracy* (New York: Bureau of Economic Research, 1900), 20, 23-4. 关于阶级平衡的讨论，见 J. G. A. Pocock, *The Machiavellian Moment* (Princeton, N. J.: Princeton University Press, 1975), on James Harrington, 383-400。

[65] John R. Commons, "Class Conflict: Is It Growing in America, and Is It Inevitable?" (1906), in *Labor and Administration* (New York: Macmillan, 1913), 82-4.

自己的政治经济学。他和他的学生使劳工史领域向严肃的研究开放，为这个领域带来了历史学的学术方法，分析的目的浸透着经济和政治理论，结果创造出了关于美国劳工的例外论解释。康芒斯的中心论点认为，美国劳工组织是独特的，是竞争性市场经济和美国独特的历史环境的产物，与马克思相反，康芒斯认为在工厂存在前，美国工人就已经组织起来保护自己在市场中的地位了。其促成原因不是资本主义的剥削而是市场的扩展及其造成的关系变化和不公平的竞争。欧洲的理论家漏掉了这一核心事实。

> 在欧洲的历史中，某些思考漏掉或混淆了纯粹的经济事实。产业进化，虽然被认为仅仅是一种经济进程，但为了闯出一条路，不得不冲破种族、军事、宗族、封建、教会和基尔特的重重规章和限制……美国个体主义的这种赤裸裸的简单性，没有种族、军团、基尔特和主教的遮盖，使我们能够描绘出所有经济结构的进化过程，从幼年到成年。

简而言之，阶级利益分化和工会组织的发展是竞争性市场的自然结果，在美国最自然，因此，可以期待一种与众不同的美国结局。[66]

"随着历史的结果为人所知，它的意义也就得到了理解"，康芒斯如是说。康芒斯的历史走向的结局是美国劳工联合会，并且它的阶级意识局限在工资和职位上。劳工想要的是"工资、时间

---

[66] John R. Commons et al., *History of Labour in the United States*, 4 vols. (New York: Macmillan, 1918-35); "American Shoemakers, 1648–1895" (1909), in *Labor and Administration*, 259-61. 亦见 "European and American Unions" (1911), 同上, 149-57。

和安全，不负金融责任，但有足够的权力来要求获得尊重"。美国劳工的历史是工会逐渐发展的历史，工会是这种哲学的反映。人道主义和"知识分子"有时为劳工条件的改善提供了帮助，但在更多时候，他们转移了劳工对其真实利益的注意。劳工的未来在于集体性的劳资谈判以及对劳工利益的司法认识。进行自愿谈判是历史和政治性的活动，没有预定和谐。但康芒斯信任这种活动，因为这是以现代多元主义的姿态来重新创造自由共和主义对公民权的独立发挥。[67] 这是康芒斯面对新移民的洪流遭遇的最大问题。他相信："旧世界的品质无力承担公民深思熟虑的自我治理。"没有这些，无论是资本主义经济还是共和制的政体都无法良好地运作。[68]

康芒斯的美国劳工例外论理论在进步时代迅速风行起来。无论它的历史经济分析本来能对经济学起到多大的影响，这影响都受到了康芒斯想法的限制，他认为自然市场和美国历史是一致的。此外，和历史一样，劳工研究的日趋隔离和专业细分，也消解了它对经济理论包含的作用。与此同时，康芒斯的工作逐渐趋于从更开阔的历史视野来看经济学，这种视野能捕捉到激进主义和传统主义的独特混合。

正如他的例子所表明，方法论上的发明有着政治意愿的动力。

---

[67] Commons, "Introduction," in *History of Labour*, 1: 3-21, 特别是第9页; "The Opportunity of Management," in John R. Commons et al., *Industrial Government* (New York: Macmillan, 1921), 267-9; Jack Barbash, "John R. Commons and the Americanization of the Labor Problem," *Journal of Economic Issues*, 1 (September 1967): 161-7。

[68] John R. Commons, "Review of Julius Drachsler, *Democracy and Assimilation*," *PSQ*, 37 (March 1922): 147; *Races and Immigrants in America* (New York: Macmillan, 1907)。

它需要用更具批判性的视角来看待现代资本主义,还需要自己民族的历史,像霍布森、桑巴特和马克斯·韦伯的理论那样,产生出真正不同的资本主义发展观。因此,对边际主义统治美国的最持久的挑战,来自凡勃伦的社会主义进化论理论。

四 凡勃伦的历史进化论

在世纪之交有许多富有创造性的社会科学家,凡勃伦是其中唯一真正的局外人,以至于到了晚年,他将自己认同于19世纪欧洲的疏离的犹太知识分子。凡勃伦的祖辈从挪威的贫农变成了明尼苏达的农场主,而他则深切地体会到,无论是在故乡还是在接受他的世界,自己都找不到位置。他也同样具有深邃的被动攻击人格 [passive-aggressive personality],陷于自己的冲动,用才华横溢的颠覆性才智来对抗世界的既定秩序。虽然镀金时代的大多数继承人抛弃了社会主义而转向自由主义,并试图以某种形式保留镀金时代的伦理姿态,凡勃伦却保留了社会主义并鄙夷镀金时代的伦理主义。虽然有着激进的冲动,但他的人格又令其偏斜,所以在某种程度上又免遭攻击。虽然他的思想总是令自己遭受怀疑,但他不断地被炒鱿鱼,更多是源于和女人"不传统"的关系,而不是由于激进的主张。[69]

在耶鲁拿到博士学位后,凡勃伦因为其反宗教的态度而未获得哲学教职,他回到西部的乡野,度过了七年散漫的时光。那些

---

[69] 见前注 [3],及 Thorstein Veblen, "The Intellectual Pre-eminence of Jews in Modern Europe" (1919), in *Essays in Our Changing Order*, ed. Leon Ardzrooni (New York: Viking, 1934), 219-31。

年的农业激进主义和爱德华·贝拉米的社会主义著作，吸引了他具有人民党主义态度的家庭，他们把凡勃伦送到康奈尔大学去学习经济学。在那一年，他以经济学家的身份发表了第一篇文章《社会主义理论中的某些受忽略之处》[Some Neglected Points in the Theory of Socialism]，这篇文章已然是卓尔不群，它既运用了镀金时代左派的观点，又颠覆了传统的形式。

凡勃伦的战术来自他在卡尔顿学院的第一位老师，年轻的约翰·克拉克，他用斯宾塞的思想来对抗斯宾塞本人。凡勃伦在开始的时候带着"门徒的精神"，他最后的结论是，有理由相信现代的产业处境将导致在美国建立社会主义。社会主义的社会组织形式，不像斯宾塞认为的那样，寻求颠覆身份地位制度，而是"宪政政府"体系，它已经出现在了政治领域之中，是已经成为美国特有的"讲英语的人民引以为豪的自由制度"，是"民主传统和心灵的习性"。三年后在芝加哥大学，他把考克西的大军看作社会向同一方向进化的征象；美国的宪政体系可能变成"社会主义者的产业共和国"。在镀金时代的经济对话中，他持有的是现在已为人熟知的观点：将转向社会主义的进化和对美国例外论的民主解读联系起来。[70]

然而，他论证的语气和实质已经是独树一帜了。他并没有用共和主义的转变来柔化变革，却发掘了其反讽意味。他的观点也不是伦理历史学派的协作国家。社会主义由普通人的需要和不满创造出来，它清清楚楚地意味着工业的民族化，以及附属于民族性的民主政府。心里明显想着伊利，他讽刺性地写道，有些人主要从伦理的角度来支持社会主义的立场，"教授的社会主义大西洋

---

[70] Thorstein Veblen, "Some Neglected Points in the Theory of Socialism," *AAAPSS*, 2(November 1891): 345-62, 359; "The Army of the Commonweal," *JPE*, 2 (June 1894): 456-61, 458; Dorfman, *Thorstein Veblen*, 3-16.

航线，启程点是国家的神圣权利"，这其实是感动于家长制的反动精神而非民主精神。[71]

凡勃伦对普通人的新社会主义情感的分析，是他惊人论证的思路的起点，在那个十年之末，这论证在《有闲阶级论》[*The Theory of the Leisure Class*]中得到了阐述。社会主义根源于"忌妒"。毕竟，竞赛[emulation]是人性的普遍特征："要努力地比邻人更好，更直接地说，要被认为比邻人更好。"但是将这种欲望引入物质竞赛的是现代产业社会，它使财富成了成功的普遍标准；使收获和安逸更容易得到；它为竞赛开辟了更广阔的领域；并"拓宽了环境"，因此人必然很容易接受这些能够达到的成功标志。现代社会的"社会标准"并不确定且能够扩展，因为每一代新人出生的社会"已经积满了心智的习性"，这种效果是积累性的。正是这种被拔高了的竞赛，使人产生了"正义受损的感觉"和"些许的男子气概"，造成了社会主义。在社会的社会主义组织里，竞赛能够转为"或许更为高尚，更能服务于社会"的活动。社会主义甚至能够产生——虽然这当然是乌托邦式的——劳动的尊严感。[72]

凡勃伦注意力的焦点集中在竞赛上，在那一代的美国经济学家中，他与帕滕一道最先感觉到，在现代资本主义社会中，消费和它的习俗特征变得越来越重要。对帕滕和他的大多数同僚而言，关注消费导致了一种和平的观点，认为消费品的蔓延将缓和阶级意识。[73]对凡勃伦来说，竞争性的消费更成问题。它产生出了阶

---

[71] Dorfman, *Thorstein Veblen*, 460.
[72] Veblen, "Some Neglected Points in the Theory of Socialism," 345-62.
[73] David B. Schulter, "Economics and the Sociology of Consumption: Simon Patten and Early Academic Sociology in America, 1894-1904," *JHS*, 2 (Fall-Winter 1979-80): 132-62.

级冲突，可能造成社会主义，但也同样产生出了他描绘的某种虚假意识，这种受到过度刺激的物质竞赛，社会主义可以用"更为高尚，更能服务于社会"的目标来取代。有关这种虚假意识的存在的问题，是凡勃伦发展的一条分析线索。而另一条在1891年仍然处于讽刺性的边缘地位，劳动的尊严，这社会主义哲学的核心价值，还需要理论上的合法化。

和帕滕一样，凡勃伦认识到需要一种"文化理论"，这也使他走向心理学。他在耶鲁的研究题目一直是康德，就像杜威走黑格尔观念论的路线一样，他沿着新康德主义观念论的道路走到了心理学自然主义。凡勃伦似乎把康德有关反思判断的规范原则等同于查尔斯·皮尔士［Charles S. Peirce］*的"推理的指导原则"，他在霍普金斯听过后者的课。皮尔士说，"决定我们从给定的前提出发，做出这样而不是那样的推理的原因，是心智的某种习性，无论它是天生的还是习得的。"在他最初对物质竞赛以及民主宪政的偏好的分析中，凡勃伦就把"心智的习性"看成历史经验的产物。[74]

在接下来的几年，他思想发展的背景是对社会主义文献的阅读，特别是马克思和马克思主义的修正主义者。在芝加哥，他定期讲授社会主义的课程，并为劳克林的《政治经济学杂志》撰

---

* 查尔斯·皮尔士［1839—1914］：美国哲学家，逻辑学家，自然科学家。实用主义的创始人。在哲学上，他提出作为实用主义核心的意义理论，把观念的意义和实际的效果联系起来，断言一个观念的定义是该观念的可感觉的效果。在逻辑学方面有两大贡献，一是改进了希尔代数，一是发展了关系逻辑，即引入新的概念和符号，把关系逻辑组成为一个关系演算。在自然科学方面，先于A.A.迈克尔逊以光波波长作为测量单位。——译者注

[74] Thorstein Veblen, "Kant's Critique of Judgment" (1884), in *Essays in Our Changing Order*, 175-93; Stanley M. Daugert, *The Philosophy of Thorstein Veblen* (New York: Kings Crown Press, 1950), 16-23.

写所有这方面的书评。他很快认识到马克思是最重要的社会主义理论家，认为卡尔·考茨基［Karl Kautsky］的修正主义与他自己的"产业共和国"异曲同工，并赞扬意大利的修正主义者如恩里科·费里［Enrico Ferri］和安东尼奥·拉布里奥拉［Antonio Labriola］，他们把马克思与达尔文和进化论理论结合在了一起。到了1897年，他认同于那些更为现代和"明智"的意大利马克思主义者的观点，认为物质条件要影响制度，只能通过影响"个体对事物的习惯性观点"。他说，拉布里奥拉的历史的"唯物主义概念"提供了"研究社会生活和社会结构的指导原则"［Leitfaden］。借助一种"选择性排除"的过程，"经济活动以及它们培养出的习惯，决定了其他方面而不是经济方面的活动和对事物的习惯性观点"。凡勃伦是美国的葛兰西，他从虚假意识的问题和观念论的哲学训练出发，走到了对马克思的历史理论的修正。[75]

凡勃伦理论的其他材料是机能心理学和种族人类学。在新的心理学中他发现了人性的基本规范。人"是一个行动者，在每一个行为中，他试图实现某种具体、客观的非个人目的"。厌恶劳动的通常观点只是"习俗性的厌恶"，因为没有物种会本能地厌恶"任何维持该物种生命的活动"。这种朝向"有目的行动"的基本本能，凡勃伦称之为"作业的本能［instinct of workmanship］；在对浪费的厌恶中，它以消极的方式表达着自己"。正是"弥漫着的这种行动

---

[75] Thorstein Veblen, "Review of Thomas Kirkup, *A History of Socialism*," *JPE*, 1 (march 1893): 300-2; "Review of Karl Kautsky, *Der Parlamentarismus, die Volksgesetzgebung und die Sozialdemokratie*," *JPE*, 2 (March 1894): 312-14; "Review of Enrico Ferri, *Socialisme et science positive*," *JPE*, 5 (December 1896): 97-103; "Review of Richard Calwedr, *Einführung in den Sozialismus*," *JPE*, 5 (March 1897): 270-2; "Review of Antonio Labriola, *Essais sur la conception materialiste de l'histoire*," *JPE*, 5 (June 1897): 390-1.

规范""在一切使用物质事物方面，指导着人们的生活"。"有目的行动"的倾向创造出了积极的工作者，也创造出了他正直之人的标准，然而，习俗性的文化塑造着他的思想习惯。人们看待世界的方式"依赖于利益，利益使人区别对待诸般事实"。[76]在天然具有创造性的人性和文化决定的人性之间的紧张，处于他的理论和由它描绘的历史的核心。

对今天的读者来说，贯穿凡勃伦著作的种族理论是最缺乏吸引力的内容。凡勃伦接受了生物学的种族类型理论，他阅读的达尔文社会主义的著作运用了这种理论，并且渗透了美国人对盎格鲁-撒克逊遗传性和例外论命运的讨论。对凡勃伦来说，这种种族人类学有着重要的意义，它为历史进化提供了稳固的生物学基础，并与美国历史相联系。"长颅金发"的种族终究是创造者，继承了"讲英语的人民引以为豪的自由制度"。侵略性创造出了暴烈和热爱自由的性格，也使源于长颅种族的资本主义精英成了狡辩、强力和欺诈的大师。凡勃伦的风格，始终是颠覆而不是抛弃习俗性智慧，同时对自己的种族根脉发生了兴趣。他对北欧神话有着深厚的感情，最终翻译了一部冰岛的萨迦［Saga］*。在进步时代种族偏见的气候中，对流浪者来说，防御性的种族认同司空见惯。[77]

---

[76] Thorstein Veblen, "The Instinct of Workmanship and the Irksomeness of Labor," *AJS*, 4 (September 1898): 187-90; *Theory of The Leisure Class* (New York: Modern Library, 1934[1899]), 9.

* 萨迦：产生于1120年到1400年间冰岛的一种叙事散文，主要描述首先在冰岛定居的家族及其后代的故事、挪威国王的历史和早期日耳曼神和英雄的神话传说。——译者注

[77] Veblen, *Theory of the Leisure Class*, 215. 他特别引用了乔治·德·拉波日的学说，而后者有着暧昧的社会主义倾向。见 Linda L. Clark, *Social Darwinism in France* (Alabama: University of Alabama Press, 1984)。

在 1899 年有关有闲阶级的进化论理论中，凡勃伦令这些主题开花结果。野蛮时代是人类生活的最早也最漫长的时代，它原本是和平的时代，团体的生存利益优先于个体的自利动机。因此，在这个漫长而野蛮的史前时期，借助习惯和自然选择，作业的本能成为人性的基本组成部分。因为使用工具导致了剩余的创造，掠夺成为工作的新的通常标准，思想的习惯也出现了。猎人和勇士的剥削力量得到仰慕，采集和务农的仆役性劳动则受到了蔑视。随着财富的积累，逐渐发展出了一套种姓体系，它首先基于性别和年龄——女人和年轻人被强迫从事仆役性劳动，随后基于阶级来区分。在野蛮的较高级阶段和封建阶段，拥有财产和财富的有闲阶级为了显示自己的权力，发展出了一套高等艺术，表现出对工作和有用的明显厌恶。[78]

随着"准和平"的工业阶段的到来，凡勃伦也收起了他的利矛，因为封建精英的后继者是现代产业的所有者和管理者，他们对金钱收益的关注，使自己羡慕和投入到祖先从事的同样的掠夺中去，也接受了同样有关名誉的上流社会标准。如果在现代的条件下他们较少关心强力，那是因为他们宁愿以欺诈取胜。如果现代产业的发展产生出了对生产力的新的关注，那么所有的人都必须表现出工作的样子，"炫耀性消费"代替了明显的闲暇，作为名誉的主导性标志。

现代社会的工人阶级，就像他们的奴隶前辈们一样，较少受到金钱收益标准的触动。但是，尤其在工业社会中，有闲阶级的名誉标准渗透了社会阶层，为较低阶级已经难耐的剥削重担添上了一重

---

[78] Veblen, "The Instinct of Workmanship," 190-201, 197. 在《有闲阶级论》的第 1、2 章中，凡勃伦同样表述了这些内容。

虚假意识。在他的一段最令人心寒的文字中，凡勃伦声称：

> 有闲阶级制度的运作为使较低阶级变得保守，尽可能多地抽取他们赖以维生的手段，用这样的方式来减少他们的消费，使他们可用的能量随之减少，直到这样的程度：较低阶级无力去努力追求学识，接受新的思想习惯。

同时，"上层阶级为了确定名誉的标准，设立了律令式的榜样，从而培养出了炫耀性消费的作风"。作为美国社会的解释者，凡勃伦证实了托克维尔的推测，后者认为围绕着资产阶级日渐增加的权力，美国可能产生出贵族制。在镀金时代，美国成为阶级社会，民主没有摧毁阶级，只是扩大了竞赛的范围，从而加强了上层阶级的霸权。

但有一种相反的趋势在运动着。机械进程及其无情的工具理性，正在逐渐支配现代文化。工业化正在使作业的本能得到新生，产生出非个人的和就事论事的态度，这暗中破坏了旧的有闲阶级的思维习惯，特别是对那些工人和参与产业工作的下层管理者。随着科学的兴起，"新女性"、更具功能性的审美标准以及工人阶级的激进主义出现了，凡勃伦看到旧的有闲阶级的思想处于崩溃之中。游戏终结了，虽然他并没有大声疾呼，但其进化论结构给予了潜藏的产业进程以未来，它总是历史中的进步力量，满足了人性中不变而基本的生产本能。[79]

或许《有闲阶级论》中最重要的经济思想是区分了"产业的"

---

[79] Veblen, *Theory of the Leisure Class*, chaps. 8-9, 特别是第 196、204 页；Alexis de Tocqueville, *Democracy in America* (New York: Vintage, 1954 [1835]), vol.2, chap.20。

[industrial]功能和"金钱的"[pecuniary]功能。生产性劳动的合法性，资本积累的非法性，贯穿于社会主义、战前激进的例外论和人民党主义中的利益追逐，这一切都是相同的。凡勃伦在真实劳动和纯粹思辨之间的区分，在生产者和寄生虫式的所有者、二道贩子、投机分子之间的区分，变成了整个资本主义的发展过程。他声称，在现代产业中，工人和技术人员履行的产业功能和所有者及管理者履行的金钱功能，二者之间的分裂正在变得更为显著。凡勃伦做出的区分成了不断进行的批判的基础，这种批判的对象是美国的商业制度和美国资本主义社会的获取性文化。[80]

1904年，凡勃伦发展了原有的思想，建立了有关商业性企业的新理论。他吸收了施穆勒和桑巴特的资本主义发展的历史范畴，对边际主义忽视的内容展开了分析。1870年后，美国的市场经济从受货币交易支配转变为受贷款支配，随之而来的是日趋集中的商业控制，提供贷款的金融家成为支配性的角色。凡勃伦集中考察了一再发生且日趋严重的繁荣与萧条的循环，他解释的基础是越来越尖锐的分化，即生产与商业取向之间的分化，后者来自所有者和管理者。对美国工业委员会的报告的引用，产生了与马克思引用英国官方报告同样良好的效果，他证明了"产业首领"具有排他性的金钱动机，出于这种动机，他们在凶残的竞争中创造了混乱，将纸币价格哄抬到了真实价值以上，由此产生出繁荣与萧条的循环。他创造出反讽的效果，几乎不会使读者回忆起边际主义者乏味的说明：价格会寻求正常的均衡。他预言，这样浪费的体系，其结果必然是毁灭，或许正像霍布森警告的

---

[80] Dorfman, *Thorstein Veblen*, 3-16; Thorstein Veblen, *The Theory of Business Enterprise*(New York: Scribner, 1904).

那样，如果"战争、军备和帝国主义政治""出于更高的政治紧急状况"而牺牲了商业利益，其结果必然是毁灭。更相似的是，结果都是社会主义，因为机械进程在工人中间复活了作业本能。"工联气质"的逻辑结果——尽管有着许多金钱的"残余"——是社会主义。[81]

和我们一直研究的其他人的理论一样，凡勃伦的理论既要塑造他学科的取向，也要塑造美国历史的进程。在1896年，达尔文派马克思主义的意大利著作首先促使他发问，为什么经济学和社会学不是进化论科学。两年后，他直接向经济学同行提出了问题。凡勃伦说，经济学不是进化论科学，因为支配古典经济学的是非常不同的方法，它常常引用历史事实和因果解释，但是却借助"常态"[normality]，把关于经济进程的分析推回到了本质上属于目的论的解释。基于任何别的因果联系发生的现象，不过是个"干扰因素"。这样的心智态度本质上是唯灵论的，源于古老的自然法传统和享乐主义心理学，在它们背后，是心智陈旧的泛灵论的习性。

经济学应当试图解释历史问题："做事以及处理物质生活手段的方法变化的顺序。"因为历史是文化进程，"进化论经济学必定是文化成长进程的理论，这种成长由经济利益决定，经济制度渐进次序的理论要由进程自身来陈述"。这大概是呼吁用历史主义模式来进行经济分析。[82]

然而，很快凡勃伦就抵制将经济学的历史学派作为模型。它

---

[81] Veblen, *Theory of Business Enterprise*, 特别是第7章, 第328—355页及395页.
[82] Veblen, "Review of Ferri, *Socialisme et science positive*," 97-103; Thorstein Veblen, "Why Is Economics Not an Evolutionary Science?" *QJE*, 12 (July 1898): 384, 387-8, 390-1, 393.

以描述和叙事的方式，用不完全的因果联系来说明历史变迁，这不是历史变迁的理论。他提出的进化论科学模型运用于生物学、心理学和人类学，提供了"对发展过程的演变的说明"。[83] 凡勃伦将历史理解为单一的演变过程，一个封闭的体系，主要变量植根于普遍的生物学范畴，随时间的发展而相互作用。这样对待历史是进化论实证主义的方法。他追溯的"经济制度的渐进次序"常常远离历史证据。事实上，他认为文化变迁通过"选择性的淘汰"进行，这使他避开了周密的历史分析。不过，凡勃伦师从马克思和斯宾塞，对文化差异和制度变迁有着敏锐的观察力。他能将目光集中于有限的历史时期，用这样的方法分析了现代商业性企业，在"一战"期间，他研究了德国军国主义的制度根源，在"一战"后，出版了关于不在地主所有权的著作，他的著作既具备历史基础，也有着广泛的重要性。

历史主义前提和实证主义前提的分离越来越困扰着他。在《企业论》[*The Theory of Business Enterprise*]出版之后的那个十年，他逐渐意识到生物学和心理学动摇了他的种族和本能范畴。历史变迁产生的效果，远比他说明过的更复杂和矛盾。结果，他在1914年重新阐述了自己的理论，试图适应这种复杂性。凡勃伦承认，在历史中，没有原初人性努力回归其统治地位的趋势，没有什么历史时期"比已经过去的任何阶段，更适于这些本能不受干扰地发挥作用"。然而，他仍然能够勾勒出曾经设想过的例外论经济共和国的轮廓。他看到了"就时间、空间和种族而言，在现代机械技术、物质科学、宗教怀疑论和不服从的精神之间存在着联系，正是这种联系创造出了称为自由和人民制度的实体"。大厦

---

[83] Veblen, "Why Is Economics Not an Evolutionary Science?" 378, 388.

仍然屹立不倒，但它现在处于历史的紧要关头，需要错综复杂的条件才能前进。[84]

实证主义不仅存在于凡勃伦的进化论模型，也存在于他的科学概念。对凡勃伦来说，科学是非个人的、就事论事态度的精髓形式，产生于产业的发展。和他在芝加哥的最亲密的朋友们——机械论生物学家雅克·洛布 [Jacques Loeb]*、物理学家 A. A. 迈克尔逊 [A. A. Michelson]、经济学家威廉·考德威尔 [William Caldwell]——一样，他相信自然科学，特别是心理学和人类学引导着社会科学前进的方向。人类学家乔治·德·拉波日 [Georges Vacher de Lapouge] 的汹涌的实证主义，是其种族理论吸引凡勃伦的部分原因。"社会和政治科学必须跟随这股潮流，因为它们已经身陷其中。"虽然他小心地避免预言产业进程是否会导致社会主义，但是他乐于预言产业进程将带来现代科学的胜利。[85]

1898 年，凡勃伦向经济学家发出了实证主义宣言，在那之后的几年，他退回到了更和缓的立场上。在凡勃伦那里，过了头的

---

[84] Thorstein Veblen, *The Instinct of Workmanship* (New York: Macmillan, 1914), 19, 201, 亦见 Veblen, "Christian Morals and the Competitive System" (1910), in *Essays in Our Changing Order*, 200-18; "The Mutation Theory and the Blond Race" (1913), and "The Blond Race and the Aryan Culture" (1913), in *The Place of Science in Modern Civilization and Other Essays* (New York: B. W. Huebsch, 1919), 457-96。

* 雅克·洛布 [1859—1924]：德国出生的美国动物学家和心理学家。他提出了用于动物行为的向性理论，认为动物是一种在某种压力下具有倾向性的有机体。洛布对行为主义理论的创始人 J. 华生的思想产生过很大的影响。洛布坚信，动物能对施之于它们的某一种压力做出选择性反应。他与同时期的其他心理学家一样，也试图搞清楚能反映进化程度的动物达到的意识水平。他判断意识的标准是动物是否具有"联想记忆"的能力。尽管洛布的研究也涉及意识概念，但他对心理学的主要贡献在于促进了排斥意识的行为主义运动。——译者注

[85] Veblen, "Why is Economics Not an Evolutionary Science?" 373, 396; Dorfman, *Thorstein Veblen*, 93-4。

机械论从未完全支配人文主义理想。在 1906 年发表的《科学在现代文明中的地位》[The Place of Science in Modern Civilization] 一文中，他试图给科学划定范围，不允许它的实证主义形式为生活和心智制定一切标准。他响应沃尔特·白哲特的思想，认为科学可以追溯到"闲散的好奇心"，这是制造神话的游戏冲动，起源于野蛮时代的生活。在现代文明中，科学用非个人的因果联系来看待世界，但它的闲散以及游戏目的仍然保留着，现代人文主义学术仍然是古老而深刻的人的幻想之蓄水池。

将科学追溯至"闲散的好奇心"而不是作业本能，凡勃伦或许是在重复某些老生常谈，但他似乎同样反对在实用主义和世界本来的样子之间的联系。现在他偏离了原来的路线，以便使自己的观点和取自实用主义者的机能心理学，脱离对实践行动以及传统目的的贡献，那些贡献原本包含在其中。凡勃伦说，科学与包含着许多"个人利益"和"权宜行为"的实践行为毫无关系。来自无益好奇心的科学"仅仅创造了理论。它对政策或效用、更好或更坏一无所知……将科学知识用在有用目的上的是技术"。凡勃伦希望科学具备批判进化过程的洞察力，而不是变成控制它的工具。虽然最终他自己也未能完全遵守这一禁令，但这足以清楚地分开他和那些自由主义的同行，后者对自己任务的概念和凡勃伦的并不一样。[86]

但是，凡勃伦的实证主义和他同行的实证主义也有交叉之处，并部分重塑了后者，这交叉的部分就是他主张的客观性。凡勃伦

---

[86] Walter Bagehot, *Physics and Politics* (New York: D. Aoppleton, 1873); Thorstein Veblen, "The Place of Science in Modern Civilization" (1906), in *What Veblen Taught*, ed. Wesley C. Mitchell (New York: Viking, 1936), 3-38, 特别是第 7—13、21—26 页。

失望地看到，大多数评论者都把《有闲阶级论》看成一部讽刺作品。他向罗斯夸耀，"自然科学领域中有几个人将它看成真正科学方法的范例！"他的同行约翰·卡明斯［John Cummings］在一篇评论中声称这不是客观科学，说它充满了伪装起来的道德判断，凡勃伦则为自己达到客观性的策略做了辩护。[87]

他原本避免公开做出道德判断，也避免预测未来。但由于保守主义的进化论已经出场，所以任何进化论性质的说明都带有暗示意味。此外，他将价值体系建立在原初人性之上，基于作业的本能和浪费的范畴，而后者的确定取决于行为和产品是否"直接有助于在整体上促进人的生活"。卡明斯指责他主观地下了这些判断，他答复说，对于什么构成了浪费，人们的判断相当一致，这就是他的唯一回答。

> 这种观点一致的某种原因，可以在有着共同血统的共同体中找到，可以在传统和环境中找到，可以在过去和现在找到，可以在人们居住的任何现存的共同体中找到，在较小的程度上，可以在所有共同体的一切人中找到。因为人们的观点是一般人的观点，是有关生活的合理目的的观点，在人与人之间，这些观点并不会有太多不同，因为人们能够生活在共同体中，有着共同的利益。

这种人类的常识［common sense］来自凡勃伦在耶鲁的哲学老教师诺厄·波特［Noah Porter］，在这里又重新出现了。凡勃伦宣称，

---

［87］ Veblen to E. A. Ross, December 7, 1899, Ross Papers; Thorstein Veblen, "Mr. Cummings's Strictures on *The Theory of the Leisure Class*" (1899), in *Essays in Our Changing Order*, 16-31.

自己的语言学方案响应着共同意义。如果像"炫耀性消费"和"掠夺"行为都带有道德含义，那么人们自己带给"说话的制度性事实"的就只有道德态度了。[88]

凡勃伦最后的防线在于宣称，"受过训练的科学家"出于对客观性的兴趣，能够"冷眼看待流行思想的范畴"。[89] 他用人类学的姿态表明自己有着冷静的态度。无论是不是年轻的约翰·克拉克最先向他提示了这种可能，他都看到，人类学家的外来观察者的视角，能够使现代的习俗性世界变得陌生，令这个世界向批评敞开，同时也保持了客观的距离。用无情的非个人式修辞风格，凡勃伦规划出了科学的距离。他的形式性的语言，冗长、刻板的节奏，模仿着"渐进的因果序列"本身。然而，这种形式化的非个人的语言，也为有效的讽刺创造出了完美的冷面角色。所以：

> 由妻子执行的代理有闲，当然不是游手好闲、安坐而食的那种简单表现。这时看到的几乎百无一失的情况是，这位主妇总是在这样或那样的借口下忙忙碌碌，她不停地忙活的或者是某种方式下的工作，或者是家务，或者是社交活动，但试分析其内容就可以看出，这些活动除了用来表明她没有并且也无须从事任何生利或实用的工作以外，很少或根本没有其他目的。[90]

---

[88] Veblen, *Theory of the Leisure Class*, 99; "Mr. Cummings's Strictures," 18-19, 30.
[89] Veblen, "Mr. Cummings's Strictures," 30-1.
[90] Veblen, *Theory of the Leisure Class*, 81-2. [这段译文摘自中文本的《有闲阶级论》，略有改动。见凡勃伦：《有闲阶级论》，蔡受百译，北京：商务印书馆，1964，62页。——译者注]

事实上，凡勃伦私下承认，讽刺确实是他的一部分目的。甚至在对卡明斯的反驳中，他也情不自禁地说自己的书在某种程度上是个"恶作剧"。如果碰上了这样的矛盾，凡勃伦能够回答说，科学的真理总是反习俗的真理。凡勃伦采用了激进启蒙和马克思传统的颠覆性姿态，科学本质上是个去合法化的工具，它的真理总是与既定权力的习俗性谎言相对立。因为，经济和文化制度的各个层次，其变化的比率总是不均等的，凡勃伦说"无论它是什么，都是错的"。指出这一点，正是客观科学的任务。[91]

自然科学给了凡勃伦对非个人事实和坚定批判的偏好，通过他，我们第一次接触到了现实主义的严苛风格，这种风格在20世纪的社会科学中将变得极富影响力。如果在镀金时代，"现实主义是与传统断绝关于的审美观点"，那么在20世纪早期，在继承下来的传统文化和当前现实之间的鸿沟就更加难以跨越了。只有用冷酷无情的态度，才有希望驱逐落后的习俗性智慧，在一个"无论它是什么，都是错的"世界里把握住现实。若不再允许旧的理想以本来的面目出现，它们就只能带着伪装。凡勃伦的文化疏离使他能够体会到距离，规划出坚定的现实主义，这种现实主义将很快吞噬掉一代人。[92]

凡勃伦的作品也为制度经济学家提供了模型。他展示了经济

---

[91] Veblen, "Mr. Cummings's Strictures," 19; Theory of the Leisure Class, 207. Ellsworth R. Fuhrman 的 The Sociology of Knowledge in America, 1883-1915 (Charlotte: University Press of Virginia, 1980) 与在美国社会科学中占统治地位的"社会-技术"传统相对立，继承了马克思主义的"批判-解放"传统，采取了"不加掩饰的批判"姿态。

[92] 这种坚定的现实主义风格的一位先驱是小奥利弗·霍姆斯，虽然他没有采取讽刺的态度。见 Yosal Rogat, "The Judge as Spectator," University of Chicago Law Review, 31 (Winter 1964): 213-56, 及 Saul Touster, "In Search of Holmes from Within," Vanderbilt Law Review, 18 (1965): 437-72。

学家如何能以科学客观的姿态来接受历史,将变革合法化,甚至对激进的变革也如此;他们如何能够既破坏传统,又打着普遍真理的旗号。如果制度主义者用结构变迁腐蚀了他的历史主义洞见,将他的社会主义进化论变成对自由主义的社会控制的呼吁,那并不是凡勃伦的本意,虽然这是实证主义鼓励的结果。

五 结论

在进步时代的过程中,大多数美国经济学家接受了边际主义者的新古典范式。作为知识建构,它为不同的经济现象提供了简单抽象的逻辑,且能够广泛而详细。作为意识形态的建构,它为自由主义的资本主义秩序提供了表面上的科学保护,前者开始在美国落地生根。作为历史的建构,作为既隐晦又直白地将自己投射在时间中的经济学模型,它想象出了一个自由变革永存的世界,一个自由秩序不断动态重建的世界,用克拉克的话说,"一个进步的天堂"。

自由主义经济学家在镀金时代受到了历史主义的吸引,或是在世纪之交认识了它,他们在历史中看到了资本主义市场的平衡力量,政治、社会和伦理行动的领域可能改变和限制资本主义的发展。然而,因为他们潜在地支持市场,因为他们受着市场标出的确定的进步之路吸引,自由派历史主义者们陷入了尴尬的历史二元论。自由主义经济学是历史中的动态和控制力量,然而伦理-历史行动是基础,是历史变迁的最终裁判人。所以,面对市场和历史的不同要求,帕滕从未能够调和二者之间的冲突,泽利希曼将二者融合进了单一的规范进程,自由派历史主义者试图维持历史的相对独立却常常陷入市场决定论，所有这些都不足为奇。对美国例外论来说，自然与历史的联盟始终是核心问题。泽利希曼被引向了与萨姆纳相同的例外论方案，虽然他的历史的实质是社会民主而非自由主义。与弗朗西斯·沃克相比，伊利规划了更严格的历史方案，但他们都将历史构想为限制的条件，其基础是有益的经济原则。

对于激进历史主义者来说，资本主义仍然是历史的核心，但是资本主义正在变得有些不同。用凡勃伦自己更严格的术语来说，他遵循了镀金时代的历史经济学家的路线，将例外论的共和国变成了即将到来的社会主义乌托邦。其他人面对远去的乌托邦未来，很快退回到了美国历史的规范路线，但凡勃伦仍然抱有希望，即便是犹豫着将它丢给了不确定的历史变迁的动力学。然而，凡勃伦坚决主张科学。虽然以进化论生物学而非物理学作为模型，他仍然希望经济学完全跟随自然科学的脚步，在这一点上，和他的新古典主义对手并无差别。同样，凡勃伦的实证主义，也是在不安地回应其生活的处境，他生活在工业化美国的历史正在戏剧性变化的时期。

美国例外论的镀金时代危机产生出许多经济研究的模型，但无论是边际主义还是历史主义，是自由主义还是激进主义，他们全都构建出理论来支持克罗利所说的"美国的前途"。受到工业生产力的鼓舞，他们能够想象，美国传统中宏大的例外论理想在可期的未来实现。克拉克、泽利希曼、帕滕和凡勃伦都表示，正如克拉克所言，"信仰在我们每个人心中"。但是他们所走的不同道路却界限分明，各成一家，因为他们有着同样的目标。边际主义占据了职业的主流，但却发现与凡勃伦彻头彻尾地对立，遭遇到迥异但活跃的挑战，这些挑战来自有感于历史主义的形形色色的批评者。在整个进步时代,对边际主义的批评仍然是分散的。直到"一战"时期,制度主义才在经济学中分出一个"学派",立起了山头。但美国经济学家仍然维持着始于19世纪80年代的方法论之争。由于攻守易势,又远不及德国和奥地利的冲突那么激烈,它逐渐变成了美国经济学的一个显著特点。

德国和美国经济学的方法论之争在英国并没有那么明显。一群历史经济学家和经济史学家继承了阿诺德·汤因比的历史-伦理目的。但是艾尔弗雷德·马歇尔的地位,以及英国学术和文化生活的等级制特征,使马歇尔的新古典范式能够吸收或完全盖过它在英国经济学界的竞争者长达两代之久。在美国,分散化的大学体系和文化生活使历史主义的支持者能够取得更大的职业权力,赢得更广泛的读者。[93]

此外,这种差异有其更深层的原因。德国和美国在19世纪晚期,由于国家的形成和快速的工业化造成了创伤,民族认同遭受着破坏的威胁。在美国,对例外论历史认同的威胁使历史变迁问

---

[93] A. W. Coats, "The Culture and the Economists: Some Reflection on Anglo-American Differences," *History of Political Economy*, 12 (Winter 1980): 588-609,这篇文章追随了在美国与欧洲之间构造对立的例外论实践,将美国的模式作为自由主义潮流的一支。然而,Coats 有说服力地指出,美国的职业结构更为松散,允许相对立的派系之间的竞争,并接受与政治相关的公共压力。他认为在这一时期,美国的学术界吸纳的人员的社会背景要比英国更广,这种看法可能是正确的。但是 Alon Kadish 在 *The Oxford Economists in the Late Nineteenth Century*(Oxford: Oxford University Press [Clarendon Press], 1982)中说明,英国的异端派历史经济学家通常有着下层中产阶级和上层下等阶级的背景;即便进入了学术界,他们的阶级和经济地位也会妨碍他们在更为科层化的英国社会和文化中前进。Kadish 有启发性的研究说明了这些英国经济学家无法有效地挑战马歇尔思想占据的统治地位。亦见 Alon Kadish, *Historians, Economists and Economic History*(London: Routledge, 1989)。对于马歇尔抵抗和消除分散的历史主义的挑战的能力,见 Maloney, *Marshall, Orthodoxy and the Professionalization of Economics*,第 5 章。

题处于核心地位，并迫使一整代人面对它的挑战。相反，英国的知识阶级在其民族认同方面更安全，经过一个世纪的进程，已经适应了工业化，因此更容易想象现代性的转变发生在历史延续之流的范围内，更不容易越出新古典的范式。格雷厄姆·沃拉斯对美国和英国都很了解，他相信"在一代人之内，一个新的环境出现了，其变化之迅速，对美国人想象的影响，远远超过对爱德华七世时期英国人心智的影响"。在世纪之交，英国经济学家关心的不是新的历史世界的诞生，而是不列颠可能在工业发展的道路上走得太远，正在迈向经济衰退。[94]我们将看到，在英国，通过在所有社会科学领域中分化的发展模式，更强烈的历史延续感得以展现自身。而美国和德国一样，破坏性的历史变迁产生出了破坏性的知识反应。想要平衡边际理论的欲望，将真实地记录下工业世界的变化，并在美国经济学界培育出持久的历史主义论争。

---

[94] Martin J. Wiener, *Between Two Worlds: The Political Thought of Graham Wallas* (Oxford: Oxford University Press [Clarendon Press], 1971), 168. 对于英国只在小范围内体验到19世纪晚期的历史间断之感这个问题，一份有启发性的研究是 P. B. M. Blaas 的 *Continuity and Anachronism* (The Hague: Nijhoff, 1978)。关于从19世纪90年代到"一战"期间英国对经济和社会衰落的恐惧，见 Mark Thomas, *The Edwardian Economy: Structure, Preformance, and Policy, 1895-1914* (Oxford University Press, forthcoming), chap.1. C. F. G. Masterman 的 *The Condition of England* (London: Methuen, 1909)是对那种观点的流行表述，并根据历史背景用罗马帝国的衰亡以及繁荣与衰落的循环作为其核心形象。

第七章　迈向社会控制的社会学

在 1905 年夏天，莱斯特·沃德在华盛顿的一个同事提议，社会学家应该形成自己的组织。每个人都同意爱德华·罗斯，认为美国社会学学会［American Sociological Society］将有助于"使我们的头脑清醒，令我们熟悉彼此的意见，并提高社会学在公众心目中的地位"。社会学家们经过深思熟虑，采纳了普遍适用的职业政策，避免任何意识形态或理论上的联合关系，并给予社会工作的实践者们与学院派同样的成员资格，只要他们声称对社会学具有"科学的"兴趣。沃德被指定为第一任主席，他原来的对手威廉·萨姆纳成了副主席和下任主席。在这个过程中，吉丁斯和斯莫尔都扮演了活跃的角色。社会学新的皈依者如爱德华·罗斯和查尔斯·库利也崭露头角。就像我们在经济学方面看到的那样，职业的融合产生出了实实在在的运动，使社会学走向了新的自由主义政治和美国历史的自由主义例外论视角。[1]

---

［1］ "Organization of the American Sociological Society: Official Report," *AJS*, 11 (January 1906): 555-69, 特别是第 556、557 页；*PPASS*, 1(1906)。

一　职业的汇合

最初沃德和萨姆纳两相对峙，在世纪之交过去之后，斯莫尔和吉丁斯代表着镀金时代的转向，在更小的范围内相互对立。随着斯莫尔放弃了转向社会主义的可能，这四个人都设想出了现代社会的进化论，以及美国以自由主义方式发生的进化。现在的问题是，进化在多大程度上，走向新的自由主义变迁。是不是像萨姆纳原来声称的那样，现代社会有着固定的历程，受自然选择过程的决定，而这个选择过程与市场相联系，却不受理性、政治和道德的影响？或者说，像沃德反驳的那样，人和历史行动的成果，对塑造未来有着重要的作用？职业上的相互礼让和意识形态的汇合产生了影响，对这个问题的不同回答，开始从种类上的不同转变为程度上的差异。在1906年的第一次大会上，有个社会学家评论道："我认为没有必要担心我们会像神学家那样分裂成敌对的派系。我们社会学各自拥有的特点，虽然似乎有所不同，但其实只是对讨论对象整体不同状态重要性的强调不同。"[2]

---

[2]　Frederick Morgan Davenport, in "How Should Sociology Be Taught as a College or University Subject? Discussion," *PPASS*, 1 (1906): 23. William F. Fine 的 Progressive Evolutionism and American Sociology, 1890-1920 (Ann Arbor: UMI Research Press, 1979) 是对进步时代社会学的进化论和改革派的前提有洞察力的研究。Roscoe C. Hinkle 的 Founding Theory of American Sociology, 1881-1915 (Boston: Routledge & Kegan Paul, 1980) 将进步时代的社会学基本置于同样的界限之内，但提供了形式化的分析。Ellsworth R. Fuhrman 的 The Sociology of Knowledge in America, 1883-1915 (Charlottesville: University Press of Virginia, 1980) 是对进步时代大军的"社会-技术"方法的社会学知识进行的细致研究。

吉丁斯原本强调，在社会中发生的选择过程是真正的自然选择，但他始终相信，"借助社会的调节，适者生存将会变成最优者生存"。对类的意识，通过社会价值和制度发生作用，维持着社会选择的过程。因此吉丁斯不必非得像斯宾塞那样，强制性地要求自由放任。社会选择允许有意识的试验，进步中包括消灭社会极端，加强类的意识。在进步时代，吉丁斯变强制性的改革为温和改革，鼓励平等的经济机会和社会团结。[3]

甚至威廉·萨姆纳也从他的进化决定论的立场上有所后退，那种立场体现在他的《民风：对惯例、方式、风俗、民德和道德的社会学重要性的研究》[*Folkways: A Study of the Sociological Importance of Usages, Manners, Customs, Mores, and Morals*]中。19世纪80年代，他认为美国的进步是沿着李嘉图式的道路走向共和的衰落，现在萨姆纳放弃了这种进步的理念，转而从人类学来考察人的社会的开端。《民风》认为进化受到自然选择的控制，在人的社会中，选择要借助工业化进程、阶级斗争和民族间的战争。"强权创造出了一切公理，无论是存在过的还是存在着的。"含蓄地说，美国历史是进化的一部分，这种进化带来的是经济发展而不是道德进步。

在这个自然过程中，萨姆纳放进了民风与民德的心理建构，后者是对伦理标准更为理性的表述。《民风》总的调子是宿命论的，但是民德允许某种程度的理性的更正。这些社会心理形式本

---

[3] Franklin H. Giddings, *The Theory of Socialization* (New York: Macmillan, 1897), 38-9; *Inductive Sociology* (New York: Macmillan, 1901), 6; "Sovereignty and Government," *PSQ*, 21 (March 1906): 1-27; Robert C. Bannister, *Sociology and Scientism: The American Quest for Objectivity, 1880-1940* (Chapel Hill: University of North Carolina Press, 1987), 79.

身由进化创造；他们具有"自然过程的特征"，然而在某种程度上，"难于分析的是"，受民德决定的人们也能够对自己起作用。"政治家和社会哲学家"能够对民德发挥作用，"估计创造它们的力量，并极大地有助于结果"。实际上，运用科学、批判的理智和意志，能够反抗民德，建构出"社会的科学"，这种科学能够"为理智、有效和科学管理社会的技艺做准备"。不能信任由历史来创造进步；而科学或许能够创造进步。虽然在进化决定论的汹涌大海上，这只是片刻的平静，但这种科学控制的蛛丝马迹，甚至使萨姆纳做出了职业上的妥协。[4]

对斯莫尔而言，他想要表明自己的观点能够与他的保守主义同行的观点相容。在美国社会学学会第一届大会上他宣称，现在所有的社会学家都同意，无论是在程度上还是在种类上，社会的进化过程都不同于那种产生出"植物和动物区系"的进化过程。他说，主要是强调侧面的不同，使某些社会学家把社会现象和物理因素联系了起来，另一些学者比如他自己，则从社会进化中抽象出了心理因素，将注意力集中于斯。[5] 就像在经济学领域已经发生的那样，在自由主义范围内的理论差异能够转变成职业性的劳动分工。

虽然老一辈的社会学家还没太理解它的影响，但年轻的社会学家认识到，奥古斯特·魏茨曼［August Weismann］*的发现激

---

[4] William Graham Sumner, *Folkways* (Boston: Ginn, 1906), 66, 117-8.
[5] Albion W. Small, "Points of Agreement among Sociologists," *PPASS*, 1(1906): 63-4.
* 奥古斯特·魏茨曼［1834—1914］：德国动物学家。他对各种无脊椎动物的胚胎发育进行了研究，但后来由于眼病，主要作为理论家从事遗传、胚胎发育、进化等理论的研究。他根据粒子学说的见解，主张种质的连续性（即种质学说），否定获得性遗传。在进化上主张种质学说也适用于自然选择的理论，称自己的理论为新达尔文主义。——译者注

发出了斯莫尔对进化论的复合观点。魏茨曼反对获得特性能够遗传，这种看法带来了对社会因果关系重要性的新理解，使人们对优生学产生了新的兴趣，因为优生学是对生物遗传施加社会影响的唯一手段。好像是为了反对这种共识，有位优生学家站出来主张，社会学家应当沿着弗朗西斯·高尔顿［Francis Galton］*和卡尔·皮尔逊在英国开辟的道路，对种族、性别和生殖进行研究。然而，这种纯粹的生物学主义只是个例外。大多数社会理论家只同意为优生学留下有限的空间，让它来处理生物学上不健全的变异，用库利的话说，如"遗传性白痴，或者倾向于邪恶和犯罪的神经性不稳定……只有浅薄的头脑才会认为，在生物社会学和心理社会学之间有着任何必然的冲突"[6]。

职业融合同样包含着调整社会学与其社会科学近邻之间的关系，特别是与经济学的关系。斯莫尔的社会学旨在挑战古典经济学：与经济学相对，社会学将带来更广泛的社会伦理利益；社会学是综合性的社会科学，经济学只是补充。甚至吉丁斯这个新古典经济学的同盟者，也含蓄地发起了挑战，与经济

---

* 弗朗西斯·高尔顿［1822—1911］：英国优生学家、心理学家，差异心理学之父，也是心理测量学上生理计量法的创始人。其表兄达尔文出版的《物种起源》引起了他对人类遗传的兴趣。他创设了人类测量实验室，与其弟子皮尔逊创办了《生物统计学杂志》，并捐赠基金在伦敦创办优生学实验室。他强调遗传是形成个体差异的原因。他借助谱系调查，试图通过统计分析来研究遗传因素与个体差异的关系，证明人的能力和心理完全是遗传的。他第一个明确提出人的普通能力和特殊能力。高尔顿根据遗传与个体差异的关系倡导善择配偶，改良人种，并在1883年《人类才能及其发展的研究》一书中首创"优生学"［eugenics］这一术语。——译者注

[6] D. Collin Wells, "Social Darwinism," *PPASS*, 1 (1906): 117-30 及 "Discussion," 131-8; Charles Horton Cooley, *Social Organization: A Study of the Larger Mind* (New York: Scribner, 1909), 296. 亦见 William I. Thomas, "The Significance of the Orient for the Occident," *PPASS*, 2 (1907): 123。

学提供的资源相比,他试图在社会学中找到对现代社会的更深层的合法化,以及社会组织更为基本的基础。在进步时代,带有敌意的评论时有传入新的职业阵线。斯莫尔坚守着他综合性的火力网,对抗经济学更狭窄的范围。其他社会学家则试图运用更具外交性的策略来表达自己。比如罗斯就声称,社会学是社会科学这棵大树的主干,但就像印度榕树一样,这树干由有着独立根脉的茎组成。[7] 经济学家则不断表示蔑视社会学的主张,怀疑它能够取得成功。对社会问题和社会工作感兴趣的学生们,极为需要社会学,但这种需求并未改善经济学家们的态度。1909 年的一项评估显示,选择社会学课程的本科生人数大约是选择经济学课程人数的 65%。芝加哥大学有个很大的社会学研究生部,加起来的招生人数几乎和经济学相当。在大学中,职业化可能加剧对立状态。[8]

然而,两边都没有什么实质性的互相干涉。在帝国主义的修辞下面,是事实上的休战。随着边际主义的新古典范式逐渐扎下了根,经济学中的历史冲动也基本上平静了下来,社会学对经济学家构不成什么威胁。唯一觉得有必要对社会学理论发动实质攻击的经济学家是西蒙·帕滕,他拒绝了边际主义,并且正试图在经济学的领域内构建自己的社会学。世纪之交过去后,甚至他也退

---

[7] Edward A. Ross, "Moot Points in Sociology, I. The Scope and Task of Sociology," *AJS*, 8 (May 1903): 770-3; 重印于 *Foundations of Sociology* (New York: Macmillan, 1905), chap.1。

[8] 笔者的数字来自 Luther Lee Bernard 的估计,见他的 "The Teaching of Sociology in the United States," *AJS*, 15 (September 1909): 188-9。亦见 Hamilton Cravens, *The Triumph of Evolution, American Scientists and the Heredity-Environment Controversy, 1900-1941* (Philadelphia: University of Pennsylvania Press, 1978), chap. 4.

却了。[9] 像我们很快将看到的那样，社会学家同样拒绝站在自己的立场上来攻击经济学家。

在这些新的意识形态和职业的界限内，20世纪早期的社会学家力争找到学科化的模型，以便得到自己和富于批判性的职业邻居的赞同。历史进化的自由主义概念将他们联合在资本主义市场周围，后者作为进步的核心力量，与社会分化和共和政府相联系。他们的社会学性质要求拒斥对历史的任何决定论的经济解释，而新自由主义理论在市场与社会之间模糊的边界，又为经济性的因果关系提供了相当大的空间。斯莫尔发现，泽利希曼的前边际主义阐释是如此接受伦理行动，以至于"坚持不同意他的结论是极端困难的"。[10] 然而，社会学家想要强调，有着广泛的社会决定因素尤其适用于理解历史。这种根深蒂固的自我概念构建也许有助于解释，他们为什么普遍反对用凡勃伦的进化理论作为自己学科的模型。凡勃伦理论的社会主义性质或许就够作为原因了。对于正在寻求学术地位的学科，他不是合适的思想来源。但即使不考虑这方面，社会学家也同样不会青睐他的论证，因为那种论证认为，产业的和金钱的经济过程是现代意识的唯一决定因素，虽然可以期待这一洞见有助于理解美国文化。

---

[9] Simon N. Patten, "The Failure of Biologic Sociology," *AAAPSS*, 4 (May 1894): 919-47; "The Organic Concept of Society," *AAAPSS*, 5 (November 1894): 404-9; "The Relation of Economics to Sociology," *AAAPSS*, 5 (January 1895): 577-83. 对帕滕的答复，见 Franklin H. Giddings, "Utility, Economics, and Sociology," *AAAPSS*, 5 (November 1894): 398-404; "Sociology and the Abstract Sciences: The Origin of the Social Feelings," *AAAPSS*, 5 (March 1895): 746-53; Albion W. Small, "The Organic Concept of Society," *AAAPSS*, 5 (March 1895): 740-6。

[10] Albion W. Small, "Review of E. R. A. Seligman, *The Economic Interpretation of History*," *AJS*, 8 (November 1902): 417-18.

即使排除了经济决定论，新的职业的自由主义例外论因素仍然为争论留下了相当大的空间。和经济学一样，在镀金时代显露出的方法论和政治上的差异得以重构。职业主义不能决定这些原则将具有的分量和相互关系。1910年，吉丁斯的一个信徒骄傲地调查了社会学领域的"综合趋势"，但他也只能简单地列举出各个组成部分而已。"因为没有哪个分支能够正当地宣称优先于另一分支，所以说明的次序无关紧要。"在斯莫尔的煽动下，有好些年社会学家通过调查问卷和圆桌会议来彼此攻击，希望能就这个领域的性质和如何教授达成共识，但收效甚微。[11]

二　斯莫尔的芝加哥大学和吉丁斯的哥伦比亚大学

　　斯莫尔不断规划着通向科学的社会学的大道。虽然这条路和斯莫尔始终身处的状况一样，从未到达目的地，但它的失败仍然有启发价值。斯莫尔在寻找现代社会的进化理论，能有着综合的把握和历史的逼真，并且，具有进化论实证主义的风格，建立在扎根于自然的"更深"的范畴上。虽然他不指望变化即将来临，但仍然具有矛盾心理。他既想触及又想超越阶级冲突，它始

---

[11] Alvan A. Tenney, "Some Recent Advances in Sociology," *PSQ*, 25 (September 1910): 505; Frank L. Tolman, "The Study of Sociology in Institutions of Learning in the United States," *AJS*, 7 (May 1902): 797-838; 8 (July 1902): 85-121, (September 1902): 251-72, (January 1903): 531-58; Bernard, "The Teaching of Sociology in the United States," 164-213; F. Stuart Chapin, "Report on Questionnaire of Committee on Teaching," *PPASS*, 5 (1910): 114-25; "Report of the Committee of Ten," *PPASS*, 6 (1911): 40-59; "Round Table," *PPASS*, 7 (1912): 133-47.

终笼罩在美国未来上空。最终，在古斯塔夫·拉岑霍费尔［Gustav Ratzenhofer］对奥地利历史的反思中，他发现了令人满意的理论：由积极的国家来调和奥地利的阶级和文化冲突。拉岑霍费尔视历史为生存进行的进化斗争，将群体冲突和社会的进步性分化联系了起来。在现代社会中，由于社会群体陷入扩大了的冲突模式，"文化国家"以及增长着的社会化力量能产生出更大的平等和利益的一致。拉岑霍费尔认识到了产业资本主义带来的经济冲突，但他用更大的社会调节过程包容了它们，并将阶级冲突分散在了经济、伦理和政治群体之间的更具特殊性的斗争之中。[12]

斯莫尔将拉岑霍费尔的理论改造成美国例外论，重新定义社会学为研究群体的联合过程，这是一种冲突和融合的多元化进程，产生出更广泛的和谐。虽然他仍然指责现有产业秩序产生不平等和冲突，但他明确否认阶级冲突在美国不可避免。斯莫尔牢记着历史主义倾向的开端，声称美国和任何其他国家一样，"我们的历史并未确定"。然而他继续说道，激进主义并非在美国不可避免。"不考虑与之相反的那些熟悉的悲观论调，除了很小的一部分例外，在美国人人都有机会。"恶的确存在，但这并不证明"社会秩序有着结构性缺陷"，也不能通过结构变迁来解决。他总结说，社会中的真正冲突，更多发生在思想领域和既得利益者之间，发生在那些愿意重新思考、将社会问题"社会化"的人与那些不愿变革的人之间，这种冲突跨越了经济阶级，赋予了他所属职业阶层的理智功能特别的重要性。[13]

---

[12] Albion W. Small, *General Sociology* (Chicago: University of Chicago Press, 1905), pts. 4, 5; Don Martindale, *The Nature and Types of Sociological Theory* (Boston: Houghton Mifflin, 1960), chap. 8.

[13] Small, *General Sociology*, 375-9, 387-93.

斯莫尔还在另一个方面重新定位了拉岑霍费尔的社会学。将社会过程奠基于为生存进行的进化斗争，拉岑霍费尔在进化论实证主义和历史之间架设了一座桥梁，但他的理论止于彻底的历史社会学。现代社会的冲突是"各种利益"的冲突，这些利益是历史形成的权力中心，包括国家、教士、官僚、榨取性工业和工资劳动力等等。斯莫尔辩称，这些社会利益来源并根本等同于人性中的六种基本"利益"：健康、财富、社会性、知识、美和正当。他保留了沃德的进化论心理学前提，依然相信欲望或需要是真实的"社会力"[social forces]，因此也是科学社会学合适的基础。更重要的是，它们是自己的规范社会学的基础。利益不仅是社会行动的单位，也是社会价值的单位，目的在社会过程中得以表现；这些目的正是经济学所缺少的；社会学家必须将这些目的建构进一个和谐的秩序中去。想要一种历史哲学的欲望引着他离开了历史中具体的群体斗争，退回到了人性的规范范畴。[14]

斯莫尔的政治压抑也走向了同一个方向。拉岑霍费尔的理论指引着社会学家对现代社会中相互冲突的利益群体进行经验性的研究。从激进的角度来说，斯莫尔本人也趋向于同一方向。在自己新理论陈述的结尾，他下了这样的指示："经济情境"[economic situation]是"最需要研究的社会面向"。[15]然而，由于存在着矛盾心理，他怎么能无情地对待产业资本主义呢？考虑到职业的专业化问题，一个社会学家如何能够从事有关经济制度的研究呢？斯莫尔本人从未尝试过。他的学生们也是如此。唯一的例外是对芝加哥出版业的研究，该研究的经验性细节极为丰富，

---

[14] Small, *General Sociology*, 249; chap. 27、31.
[15] 同上书，第394页。

对商业考虑造成出版决定的方式有着相对的洞察力。作者总结道，"审美兴趣"依赖于"商业或财富利益活动"。斯莫尔的范畴似乎为作者提供了分析的动力，然而最终，它们变成了钝化而不是磨利分析的大熔炉。这项研究体现了斯莫尔的理论作为社会学研究框架的弱点。但它同样确定了理论包含的具体方向，这个方向也为他最具原创性的追随者阿瑟·本特利［Arthur F. Bentley］*所采用。[16]

这项研究也很有趣，因为它似乎具独创性。我们下面马上会看到，斯莫尔的理论并不比吉丁斯的理论更难运用，吉丁斯的学生们还设法运用后者。如果不考虑职业性的礼让，社会学家原本能够围绕冲突的具体过程以及当代资本主义产生的真实的调整，确定相当大的未开拓领域。政治禁令肯定同样重要。斯莫尔指导下的芝加哥社会学，在那些年中出了名的胆小。需要一定程度的政治勇气，给社会和历史说明带来当代美国社会的自由派的冲突理论。[17]

繁荣于芝加哥大学的具体经验研究，是对城市处境的调查，它受到城市的慈善和改革工作的激发。斯莫尔的社会福音派同事查尔斯·亨德森［Charles Henderson］是社会学系相关研究的主

---

* 阿瑟·本特利［1870—1957］：美国社会学家、政治学家、哲学家，用行为社会学研究的方法来研究人的政治行为。他把特定活动看作集团的活动、利益的表现和压力的运用，政治过程就是各种不同社会团体之间的互动行为。本特利认为研究政治的正确方法是要像研究自然科学一样来观察事实，研究明显的行为是深入理解人类事态的途径。他主张知识是一种社会现象。——译者注

[16] Herbert E. Fleming, "The Literary Interests of Chicago, VI and VII," *AJS*, 12（July 1906）: 68-118.

[17] Ross to Ward, September 16, 1905, in "The Ward-Ross Correspondence, 1904-1905," ed. Bernhard J. Stern, *ASR*, 13（February 1948）: 93.

要发起人，哲学家米德和杜威，政治科学家厄恩斯特·弗罗因德[Ernst Freund]和查尔斯·梅里安[Charles Merriam]*以及其他一些人也加入了他的队伍。他们工作的灵感大部分来自赫尔堂**和城市慈善运动。赫尔堂增强了其学院来访者与简·亚当斯[Jane Addams]***的著作之间的共鸣，她大概是最有思想的进步主义社会改革者，常常向库利、米德和他们的同事请教。更明确的是，《赫尔堂的地图和报告》[Hull House Maps and Papers, 1895]开启了城市研究和对地图的应用，后来芝加哥社会学因这两者而声名鹊起。[18] 研究公民与慈善事业的芝加哥学派和来自拉塞尔·塞奇基金会[Russell Sage Foundation]的研究资金，将赫尔堂的朱莉娅·莱思罗

---

* 查尔斯·梅里安[1876—1953]：美国政治学家，"新政治科学运动"的代表人物，主张用社会学、心理学和统计学方法来研究政治问题，使政治研究科学化。他提出"新政治科学"的概念，主张运用科学方法研究政治过程，将政治行为作为调查研究的基本对象，重视在政治分析中理论与经验研究必然形成的相互关系。他特别强调应用心理学、社会学和统计学的概念和方法，以解决政治学积累起来且日益增多的事实材料。他认为，尽管在20世纪初已经出现涉及观察和测量的归纳科学的发展，但政治学要取得进一步的突破，必须对政治和政治行为进行更具理论性和以心理学为基础的深入研究。这一时期梅里安所在的芝加哥大学继哥伦比亚大学之后，成为美国政治学的另一个学术中心，形成了以梅里安为首的所谓的"芝加哥学派"。——译者注

** 赫尔堂[Hull House]：芝加哥著名社会活动家、学者简·亚当斯于1889年建立并管理的福利机构，专门为移民提供住处、帮助他们在美国落脚并建立社区联系。——译者注

*** 简·亚当斯[1860—1935]：美国社会活动家、社会学家和改革者。第一位赢得诺贝尔和平奖的美国女性。赫尔堂的建立者，美国"定居之家"[settlement house]运动的创始人。她出身于富裕家庭，却决定要改善她周围民众的生活，并终生致力于社会改革。她与乔治·赫伯特·米德有很多交流，虽然有社会学家把她的工作定义为社会工作，但她本人并不认为自己只是个社工。她将符号互动论的核心概念和实用主义结合在一起，形成了自己的社会学思想。——译者注

[18] 赫尔堂的工作无疑是斯莫尔和乔治·文森特[George E. Vincent]的城市研究富有启发性的来源，见他们的著作 *An Introduction to the Study of Society*（New York：American Book Co., 1894），165-6。

普［Julia C. Lathrop］和两个芝加哥的哲学博士索芙妮斯芭·布雷肯里奇［Sophonisba Breckinridge］、伊迪丝·阿博特［Edith Abbott］带到了一起，后两人在社会学系兼职代课，并指导有关工人和移民生活条件的广泛研究。虽然缺乏理论，但他们相信描述真实的处境将唤起公民良知并使公众行动起来，这些城市考察的传统和研究技术，直接导致了威廉·托马斯［William I. Thomas］*、罗伯特·帕克［Robert Park］**和厄恩斯特·伯吉斯［Ernest W. Burgess］***的学院

---

* 威廉·I. 托马斯［1863—1947］：芝加哥学派初期的代表人物，斯莫尔和亨德森的研究生。他与兹纳涅茨共同完成了《身处欧美的波兰农民》（1918—1920）。在这部著作中力图描绘经历了从波兰的乡土生活到美国芝加哥的城市生活这样重大变迁的波兰农民，在社会态度与社会行为方面的变化。他们富有创见地提出，只有将个人的态度和社会客观文化的价值观综合起来加以考虑，才能充分理解人的行为。《身处欧美的波兰农民》（以下简称《波兰农民》）被科塞称为"美国经验社会学第一部伟大的经典著作"。托马斯也是"情境定义"和"四种愿望"概念的提出者，被视为符号互动论的代表人物。——译者注

** 罗伯特·帕克［1864—1944］：芝加哥学派的代表人物，城市社会学的创始人之一。以其对城市生活和社会问题的研究最为知名。他与伯吉斯合作写成的《社会学科学导论》（1921），内容涉及人性、人类生态学、人的社会化和集群行为，规定了 20 世纪 20 年代后美国社会学的基本发展方向。在与伯吉斯、麦肯齐和沃斯合作的《论城市》（1925）中，帕克和此时芝加哥社会学的几位主将旗帜鲜明地提出，城市决不是与人类无关的外在物，也不只是住宅区的组合，相反，"它是一种心理状态，是各种礼俗和传统构成的整体，……城市已同其居民的各种重要活动密切地联系在一起，它是自然的产物，尤其是人类属性的产物"。这本著作连同这些作者的其他文献，确立了城市社会学的最初地位。——译者注

*** 厄恩斯特·伯吉斯［1886—1966］：美国社会学家，芝加哥学派的代表人物之一，罗伯特·帕克的亲密合作者。1916 年后任教于芝加哥大学。1934 年任美国社会学会主席。1945—1946 年任美国社会科学研究会主席。著有《社会学科学导论》（与 R. 帕克合著）、《家庭——相互影响的个性之统一体》、《婚姻关系成败预报》（合著）、《家庭：从建立到伙伴关系》（合著）、《订婚与结婚》（合著）。——译者注

派社会学。[19]

斯莫尔在镀金时代的对手吉丁斯能将自己的社会学视角更直接地传授给学生，虽然这些思想并非一成不变。作为后来的"哥伦比亚社会学"的建立者，在某方面他可以说斯莫尔不能代表"芝加哥社会学"。与斯莫尔模棱两可和摇摆不定的历史主义相比，吉丁斯直率的进化论实证主义更容易在美国的学院环境中传播和变化。[20]

在世纪末，吉丁斯对于自己正在尝试做什么有了更为清楚的概念，显然，这是因为阅读了卡尔·皮尔逊以及皮尔逊的主要影响者之一恩斯特·马赫[Ernst Mach]*的著作。在19世纪90年代早期，吉丁斯不能确定社会学如何能将归纳和演绎结合既是历史也是自然的同一个研究领域中。1898年他追随皮尔逊和马赫，断言科学就是描述，从而摆脱了这个进退两难的局面。马赫认为理论仅仅是间接的描述，它使我们能够掌握更复杂的混合的事实，并能回过头来发现新的事实。随着科学的进步，理论的范围越来越广，相互联结。按照皮尔逊的说法，社会和历史不会给科学

---

[19] Steven J. Diner, *A City and Its Universities: Public Policy in Chicago, 1892-1919* (Chapel Hill: University of North Carolina Press, 1980). Mary Jo Deegan 的 *Jane Addams and the Men of the Chicago School, 1892-1918* (New Brunswick, N. J.: Transaction Books, 1988) 过于具有倾向性，但提出了简·亚当斯和美国社会学关系的有趣问题。

[20] 哥伦比亚社会学学派是由吉丁斯开创的这种看法，在很大程度上要归功于班尼斯特[Bannister]的优秀的著作《社会学与科学主义》[*Sociology and Scientism*]，它在一定程度上恢复了国内社会学历史编纂的平衡，迄今为止，这种社会学历史编纂基本都掌握在芝加哥学派的手中。

* 恩斯特·马赫[1838—1916]：奥地利物理学家、生物学家、哲学家。马赫在研究气体中物体的高速运动时发现了激波。他确定以物速与声速的比值（即马赫数）为标准来描述物体的超音速运动，在力学上做出了历史性贡献。在生理学和心理学领域，他的研究围绕感觉的分析而进行，是后来的格式塔心理学、精神分析和发生认识论方面的先驱。——译者注

描述的方法造成障碍，也不会妨碍拓展了的科学网络对自身的吸收。[21]

将科学定义为描述，是避免在解释中包含内在力或原因的"形而上学"概念的一种方法。科学所知的一切就是对伴生与共变的事实的描述。作为统计方法的开拓者，皮尔逊强调这种相伴的可靠性始终要借助概率来衡量。正是在测定相伴和概率方面的精确性，使量化对科学如此重要，并且表明统计学是社会科学的一种主要工具。社会学作为社会的科学描述，对社会事实的变化和相关性进行经验和统计性的研究。皮尔逊同样是将达尔文的自然选择理论加以数学化的开拓者。通过分析个体如何在统计均值的左右变化，他希望证明达尔文是正确的，并为优生学控制生育提供便利。吉丁斯可能发现，皮尔逊的精英主义社会价值和他的数学达尔文主义都很有吸引力。他根据自己的社会学理论调整方法，希望找到统计证据来证实种族和社会特征越来越趋于和类型相一致，这样根据他的社会选择理论，可以认为现代社会正处于进化之中。[22]

在这种理解的基础上，吉丁斯很快从自己的一般理论发展出了具体的研究方案。在《归纳社会学》[Inductive Sociology, 1901]中，他为研究当代社区建立了研究计划，这项研究将考察

---

[21] Franklin H. Giddings, "The Practical Value of Sociology," *AAAPSS*, 12 (July 1898): 3; Karl Pearson, *The Grammar of Science* (London: Walter Scott, 1892); Ernst Mach, "On the Economical Nature of Physical Inquiry," 载 *Popular Scientific Lectures* (Chicago: The Open Court, 1894), 186-213。

[22] Pearson, *Grammar of Science*, chap. 9; Franklin H. Giddings, "Review of Karl Pearson, *The Chances of Death and Other Studies in Evolution*," *PSQ*, 13 (March 1898): 156-61; Donald A. MacKenzie, *Statistics in Britain 1865-1930* (Edingburgh University Press, 1981), chap. 4。

社会进化在现代社会中的进行状况。他甚至动员了自己的一年级生来参与这项调查计划，他的研究生则在 20 世纪的最初十年发表了一系列城市和社区研究。吉丁斯在寻找证据，以促进商业行为的标准更具协作性，社会竞争的标准更精确。这些进程将把移民的血统吸收进盎格鲁-撒克逊的文化，并缓和由产业资本主义带给美国的阶级冲突。例如，詹姆斯·威廉斯 [James M. Williams] 对东北市镇的研究能够识别新旧形式的社会行为，以及考察经济变化的社会效果，这些努力开辟了一条有趣的研究线索。但威廉斯需要与吉丁斯的精细范畴做斗争，这些范畴包括社会心理类型、社会活动和选择形式。吉丁斯的范畴形成了观察活动要遵守的确定格式；它们更多是妨碍而非帮助分析，慢慢从他自己的著作和学生中消失了。[23]

保留下来的是潜在的进化论假设以及定量方法。虽然在这些早期的研究中，统计学主要是描述性的，但是吉丁斯试图把统计学作为分析工具，用来发展自己有关现代社会中成长的"类意识"的理论。早在 1897 年，他就提出了一套规则：运用人口普查的数据，借助种族亲缘度来测量美国社会中的"同情度" [degree of sympathy]。相似性的四个范畴，按照差异增加的顺序排列：本国父母本国出生、外国父母本国出生、外国出生和有色人种。1909 年，他提出了更广泛的"社会标记体系" [social marking system]，用来测量宗教、教育和行为举止方面的相似性。吉丁斯的社会同质性指数仍然是舶来品。但它们体现了美国社会学家对社会碎片化的深深恐惧，以及越来越强的量化社会经验的冲动。对于多种

---

[23] Giddings, *Inductive Sociology*; James M. Williams, *An American Town* (New York: James Kempster Printing, 1906); Bannister, *Sociology and Scientism*, 80-1.

族和宽容的城市文化，吉丁斯越来越感到悲观，1912年他经历了精神崩溃。置身于新的历史世界带来的不确定性和重重压力之下，数字似乎为他提供了确定性和秩序的表象。[24]

吉丁斯在哥伦比亚大学建立的社会学传统集中于统计方法。他对美国的未来越是担心，对精确测量的科学方法就宣传得越多。与其他社会学中心相比，哥伦比亚大学也为统计方法的训练提供了更多机会，然而，和斯莫尔一样，吉丁斯和他的学生保留了作为这门学科主旨的历史进化论概念。无论是历史哲学还是实证主义的进化理论，社会学都关注着随时间流逝发生的变化，特别是美国经历的现代社会的变化。斯莫尔将历史进化论的领域部分转化为了可认识的历史世界，但吉丁斯的方法论将其转化为可变行为的统计性的同质领域。从某种意义上说，这是人们熟悉的美国原子式个体的海洋。在另一种意义上，这是某些人诉诸的最后手段，他们不再能相信美国在时间中的位置。

三 罗斯与库利的自由主义例外论社会学

当吉丁斯和斯莫尔在历史进化论的道路上斗争的时候，这门学科的两个新手正在重新审视自己继承的传统。爱德华·罗斯和查尔斯·库利都是从经济学转向社会学，他们也都是为了解决镀金时代的美国例外论危机而来。他们的解决方案将社会学引向了自由主义前提和对社会心理过程的研究。罗斯在这个方向上最早踏出

---

[24] Giddings, *Theory of Socialization*, appendix; "The Social Marking System," *PPASS*, 4(1909): 42-61; Bannister, *Sociology and Scientism*, 76-8, 81-2.

了关键的一步，提出了"社会控制"[social control]的理念。从1896年开始，他在斯莫尔的《美国社会学杂志》上发表了一系列文章定义了这个理念，并在1901年出版了以此为名的著作。[25] 社会控制的前提是这样的理念，在个体和社会利益之间有着基础性的冲突。为了维持自身，社会不得不改变个体的感觉、思想和行为，以符合社会的利益。正式和非正式的重构过程，要借助罗斯称之为社会控制的权力运用——从法律到社会建议。罗斯记得，最初想到这个理念是在1894年12月，且草草记下了社会实施社会控制的33种途径。他开始规划这个理念，相信自己做出了"社会学伟大的新发现"。[26]

他发现的原初背景是发生在镀金时代的资本主义和社会主义争论，他曾经是其中的一分子。在一年内，他在约翰·霍普金斯大学伊利那里拿到了经济学博士学位，并开始了与莱斯特·沃德的亲密关系。罗斯在经济学与社会学、社会主义与自由主义之间往返运动。[27] 他认同自己在伊利的"新学派"中的位置："抛弃私人和

---

[25] *AJS*, 1 (March 1896): 513-35, (May 1896): 753-70; 2 (July 1896): 96-107, (September 1896): 255-63, (November 1896): 433-45, (January 1897): 547-66, (May 1897): 823-38; 3 (July 1897): 64-78, (September 1897): 236-47, (November 1897): 328-39, (January 1898): 502-19, (March 1898): 649-61, (May 1898): 809-28; 5 (January 1900): 475-87, (March 1900): 604-16, "The Genesis of Ethical Elements" (May 1900): 761-77; 6 (July 1900): 29-41, (September 1900): 238-47, (November 1900): 381-95; Edward A. Ross, *Social Control* (New York: Macmillan, 1901).

[26] Edward A. Ross, *Seventy Years of It: An Autobiography* (New York: D. Appleton, 1936), 56; Ross to Ward, September 16, 1895, in "The Ward-Ross Correspondence, 1891-1896," ed. Bernhard J. Stern, *ASR*, 3 (June 1938): 390.

[27] 罗斯主要的传记资料来自他的自传，见上面他和斯特恩的著作，以及 Julius Weinberg, *Edward Alsworth Ross and the Sociology of Progressivism* (Madison: State Historical Society of Wisconsin, 1972)。

公共利益一致的信仰；使个体的观点服从于社会的观点。"他斥责沃德对这种看法的反对，并认为需要"同情来防止 [社会] 成本昂贵的追逐个体收益……我认为在伦理学对社会学的重要性方面，我们并不十分一致"〔28〕。他同样很快对社会主义产生了兴趣。在1891年12月，他计划写一本有关现代欧洲社会主义的书，扩充社会学中的社会主义原理。"对于在历史上和当代社会中能够发现的社会主义，应当有人去进行研究和报告。我发现在国外，到处都有社会主义和共产主义。家庭、教会、自由学派和科学等各领域都有。"然而，1892年到1893年，他在康奈尔时经历了一次精神崩溃，医生说是由于工作过度，为了削减工作量，他放弃了这个计划。在多大程度上，他的决定受到了有关这个问题的政治危险的影响还很难说。但清楚的是，伦理基督教社会主义引导他将社会控制作为过程，"对于积聚的个体目标的反作用，使他离开了自我关注的路线，带他走上了共同福利的大道"〔29〕。

从现实存在的角度说，有关社会主义的冲突从另一个方向影响了罗斯。他敏锐地意识到激进经济学家承受着社会压力，要求他们改变观点，很快，在著作中他将这种现象描述成不健康的社会控制形式。他本人也近于陷入这样的局面，1892年，他的导师伊利被赶下了美国经济学学会秘书的职位，罗斯同意担任这个职务，同时也表示同情工人、激进农场主和某种形式的通货膨胀。

---

〔28〕 Edward A. Ross, "The Unseen Foundations of Society," *PSQ*, 8 (December 1893): 722; Ross to Ward, February 22, 1892, 载 "Ward-Ross Correspondence, 1891-96," 368。
〔29〕 Ross to Ely, June 12, 1891; November 5, 1891; February 9, 1893, Richard T. Ely Papers; Ross to Ward, December 13, 1891, 载 "Ward-Ross Correspondence, 1891-96," 364; Edward A. Ross, "Social Control," *AJS*, 1: 518。

他担心在学术梯级上每一步的学术自由。[30] 令人吃惊的是，在1894年夏天伊利受到审判之后，对于社会施加在自己和同伴身上的压力，倘若罗斯并非意识不到那种感觉，仍然没有影响自己有关社会控制的发现。

如果这确实发生了，那也是因为罗斯远不同于福音派社会科学家，他对社会主义和社会价值的至高无上抱有同情，不过这种同情也得到了另一种同情的平衡，即对与社会相争的个体的同情。罗斯的著作呼吁对个体自利的社会控制，但也潜在地表达了不安的忧惧，担心个体被社会压力打倒。罗斯八岁就成了孤儿，被衣阿华农场的陌生人抚养长大，他敏锐地意识到了自己的边缘性，用卡莱尔和爱默生的作品来安慰自己，那两位作家的著作表达了对创造性个体和反社会习俗的崇拜。他也不能坚持着基督教的理想主义和千年王国的希望，却让别人寻找解决个体和社会之间冲突的和谐之路。阅读斯宾塞，使罗斯陷入了基督教信仰和不可知论的自然主义之间的斗争，他在德国研究哲学时，后者终于取得了胜利，那正是他去约翰·霍普金斯大学前夕。[31]

通过在霍普金斯研究边际主义经济学，罗斯的个体主义也得

---

[30] Ross, *Social Control*, 398; "The Standard of Deferred Payments," *AAAPSS*, 3 (November 1892): 293-305; "The Unseen Foundations of Society," 722-32; Ross to Ward, March 27, 1892; August 31, 1892, 载 "Ward-Ross Correspondence, 1891-96," 371, 373; Ross to Mrs. Beach, May 14, 1892, Edward A. Ross Papers, Wisconsin State Historical Society.

[31] Edward A. Ross, "Turning Towards Nirvana," *Arena*, 4 (November 1891): 736-43; R. Jackson Wilson, *In Quest of Community: Social Philosophy in the United States, 1890-1920* (New York: Wiley, 1968), chap. 4. 然而，威尔逊对罗斯的富有洞见的解释忽略了后者1890—1896年的经济学和社会学著作及其对《社会控制》的影响。

到了巩固。有一到两个月他被这个学说吸引,除了用边际效用的递减曲线来构造经济问题的图解模型,别的什么也没做。虽然他极大地受到沃德的影响,以至于无法相信经济进程本身是有效率的自然选择过程,但他仍然被边际主义的分析方法说服了。[32]

或许边际主义向他提示的最有价值的推理思路,是检查那些社会主义的支持者提出的各种公平标准,1891年,他首先将这项分析交给了伊利。他借助边际效用的曲线图表明,对具有不同能力的个体来说,没有合适的正式公平标准。在他的《社会控制》[Social Control]中,这种洞见居于他对"社会控制的需要"分析的核心,不只适用于社会主义,也适用于私有财产的资本主义体系。竞争不可避免地会给某些能力更多回报,多过那些同样可以认为有价值的能力。"我们的制度并不是由任何一种简单的伦理原则塑造的,那种原则可以吸引一切好人……他们陷入了无望的矛盾。无论是现代的不平等,还是共产主义国家人为精心呵护的平等,都不能赢得所有人的公平竞争的情感。"罗斯说,结果是某些个体总是不能满足,所以始终需要社会控制。[33]

如果我们看到,罗斯的社会控制理念的发展发生在紧张的意识形态背景之下,我们就很清楚他做了些什么。与基督教社会主义者不同,罗斯的道德同情其实分给了个体要求和社会协作两部分。他缺少植根于宗教的渴望社会平等的深切欲望,那种欲望激励着福音派社会科学家如伊利和斯莫尔,并最终在美国的背景下妨碍了他们思想的发展。罗斯带着更冷静的世俗眼光,也有着对自由派个体主义者的同情,将他们的道德和政治困境转化

---

[32] Ross to Mrs. Beach, February 1, 1891, Ross Papers; Ross, "The Standard of Deferred Payments," 293-305.
[33] Ross to Ely, June 12, 1891, Ely Papers; Ross, *Social Control*, 54-5, 441.

为了社会学问题。他超越了社会主义和资本主义价值之间的冲突，宣称那是社会自身的客观特征，从而能够对社会化过程进行理智的分析。[34]

说罗斯克服了镀金时代的意识形态极端化，并不是说他超越了意识形态。个体必然得到不平等的回报，因此不满不可避免，从而需要治理，这种假设是自由主义理论的起点。罗斯宣称，自己的分析排除了高度的社会道德，虽然那对社会主义来说是必要的，也是无政府主义坚持的，罗斯的《社会控制》是对新自由主义的论证。[35] 它认为资本主义产生的不平等和冲突无可避免，并寻求用扩大的社会控制来对抗。

正如罗斯的种族分析所揭示，社会控制也是对美国例外论的镀金时代危机的具体反应。和凡勃伦一样，罗斯把条顿族的遗产转变为了似乎更现代和科学的生物种族主义术语。他总是把英语种族的进步活力视为理所当然，并反对用无限制的移民来抑制美国的劳工。然而，在1896—1898年发表的有关社会控制的最早的文章中，他很少涉及种族问题，即使有也相对次要，在1898年之前的其他著作和大量信件中也如此。如果罗斯开始注意并担心美国的地中海移民，那也是在1898—1899年，那一年他在巴黎接触到了种族理论。他在写给沃德的信中说道，"我的研究的总的结果，使我确信在人种中存在着多样的道德，并引导我把这作为自己的问题：解释雅利安人的社会秩序，特别是凯尔特 - 日耳曼血

---

[34] 在这里笔者采纳了 David A. Hollinger 的意见，"The Defense of Democracy and Robert K. Merton's Formulation of the Scientific Ethos," Knowledge and Society: Studies in the Sociology of Culture Past and Present, 4 (1983): 1-15, 可以把某些社会科学理论理解为传统话语的客观化。

[35] Ross, "Social Control," AJS, 3: 825-6.

统的人"。事实上,非雅利安文化中社会控制的例子也出现在这本书中。雅利安背景起到的主要作用,是使他能直接处理美国例外论的危机。[36]

在著作的开头,罗斯陈述了自己的核心关怀:如何将具有强烈意志的"西欧种族"置于社会控制之下。"在这种大胆而不爱服从的类型的人中间却有着秩序,这对解释提出了挑战。对于在美国和澳大利亚的欧洲人来说,这一点特别真实。这种选择性移民使条顿族比温良的斯拉夫人和沉默的印度人更独断专行,也使美国甚至比西欧更加意志强烈和难以管理。"随着他对问题的提炼,美国例外论的危机越来越明显。通过描述在早期加利福尼亚矿区的原初自然平等状态,他阐明了对社会控制的需要。

> 平等给了有土地的定居移民和淘金者几天阿卡迪亚式的日子,没有门锁和栅栏,没有国家和法律,但这样的日子很快就过去了。……先于法律的平等,政治平等、宗教平等——这些可能会延迟但不能阻止经济分化的进展,……事实上,私有财产是重大的转变力量……创造出了刚性的结构。

我们同时处于洛克和美国的自然状态,见证了政府的建立,以及美国的"阿卡迪亚时代"被产业资本主义毁灭。

危险在于"机会的巨大不平等"。在美国,"新大陆上环绕着

---

[36] Ross to Ward, December 12, 1898, 载 "The Ward-Ross Correspondence II, 1897-1901," ed. Bernhard J. Stern, *ASR*, 11 (October and December 1946): 593-605, 734-48, 特别是第 604—605 页。罗斯引用了乔治·德·拉波日、古列尔莫·费雷罗和埃德蒙·德摩林的著作;见 Linda L. Clark, *Social Darwinism in France* (Alabama: University of Alabama Press, 1984)。

西方文明的地带，机会的大门仍然敞开，……有能力的穷人……默认了现状，因为他们希望自己某一天也成为有产者"。但是，在古老的社会中，这种社会流动的资源却趋于干涸："公共精神的衰退，社会团结的衰退，以及作为道德权威的阶级兴起就像人们常说的那样成了旧社会的疑难病症。"唯一的出路就是变得"再次动态化"。英国成了美国未来的典范而不是反乌托邦。通过扩展市场、加速资本主义生产，英格兰缓和了阶级冲突，实现了民主化，并保留了传统的自由。美国同样必须"通过建立殖民地、鼓励产业和贸易来平息向上的压力"[37]。

虽然罗斯仍然及时将美国置于熟悉的环节，但面对自由共和主义的衰落，他也开始用历史转变的新社会学图式重新表达自己的担忧。与德国社会学家费迪南德·滕尼斯 [Ferdinand Tönnies] *同处一个时代，罗斯阐述了两种社会组织之间的区别：滕尼斯称之为 Gemeinschaft 的小共同体有着面对面的个人关系，现代社会或 Gesellschaft 则是非个人和受规则管制的关系占主导。美国和欧洲一样，分析反映出了社会科学家的矛盾心理，他们面向变化

---

[37] Ross, *Social Control*, 3, 53, 401-3.

* 费迪南德·滕尼斯 [1855—1936]：德国社会学家。德国社会学学会和霍布斯协会的创始人之一，曾任这两个学会会长。滕尼斯认为社会学是研究人及其生理、心理和社会本质的实质科学。他把社会学分为一般社会学和特殊社会学。在《共同体与社会》一书中论述了社会学的两种基本形式"共同体"和"社会"。在他看来共同体是通过血缘、邻里和朋友关系建立起的有机的人群组合，它的基础是"本质意志"；社会是靠人的理性权衡即"选择意志"建立起的人群组合，是通过权力、法律、制度的观念组织起来的，社会是一种机械的合成体。从中世纪向现代的整个文化发展就是从"共同体"向"社会"的进化。他关于"共同体"和"社会"的理论观点，在美国社会学界具有深远影响，R. E. 帕克、R. 雷德菲尔德、H. 贝克、T. 帕森斯等人都大量吸收并发展了这些思想。他著有《共同体与社会》《托马斯·霍布斯》等著作。——译者注

了的产业资本主义的城市世界。现代社会的非个人关系正是自愿、理性的纽带,是分化的自由社会的理想。但是小共同体和它的个人关系,为一切属人的价值提供了理想化的乐土,那些价值正受到新的社会的威胁。滕尼斯全然痛惜于 Gemeinschaft 的逝去,甚至自由主义者也对此爱恨交织。马克斯·韦伯认为社会组织的这些非个人和官僚制的形式是一种新的僭主制,爱弥尔·涂尔干看到它们创造了团结也创造了失范［anomie］。〔38〕

罗斯称社会控制的共同体形式为"自然的",而其社会形式为"人为的",他在历史转变中看到的这种模糊响应了美国例外论传统的恐惧。"人为的"控制是指定的、脆弱的,成长的速度可能跟不上需要——正是帕滕在转向快乐经济学的时候所担心的处境。"巨大的崩溃终将随着阶级斗争到来,每个人都不能通过自己的影响力来控制他人,这使社会能够制服个体。"要避免这种崩溃,现代社会只能发展出更为微妙和有效的控制形式来处理"新的、盲目的经济力量,我们尚未学会如何管制它"。

突然,罗斯的担忧转向了共和主义的历史想象一极。如果强有力的控制即将到来,我们难道不会面临丧失能量和意志的危险吗?没有边疆来进行"无情的过滤","难道不会在我们精心构造的道德教育制度下产生某种程度的品质衰退吗?——这种衰退转过来,会最终以某种形式复活教会-政府制度,而我们以为早就丢掉了它们"。这本书的开头提出了一个社会学问题:如何控制雅利安的个体主义,而在这本书的结尾,这个问题变成了传统的美国问题:如何能够避免衰退?罗斯最终的希望依赖于种族特性,

---

〔38〕 Harry Liebersohn, *Fate and Utopia in German Sociology*, *1870-1923*（Cambirdge, Mass.: MIT Press, 1988）. 亦见 M. J. Hawkins, "Traditionalism and Organicism in Durkheim's Early Writings, 1885-1893," *JHBS*, 16（January 1980）: 31-44。

北方雅利安人内在的"精力充沛、自我确信和个体主义的"血统。他暗示，甚至在现代社会的社会控制下，他们也不会轻易丧失自己的 *virtû*［优越］。[39]

罗斯的社会控制概念间接假定了一种精力旺盛的双重生活。在所有的社会科学学科中，它指定了新的自由主义改革方案。对个体自利的社会控制意味着对私有制资本主义经济的公共控制。1884 年，亨利·劳埃德［Henry Demarest Lloyd］*已经在这种意义上运用了这个术语，在耸人听闻的对"产业的主子"的揭露中他描述道，在我们的"在历史中例外的时代"，他们已经占据了统治地位并迅速摧毁了自由竞争。"垄断与反垄断……代表了我们时代的两大趋势：垄断是联合的趋势，反垄断是要求对它加以社会控制。"[40] 经过罗斯的宣传，经济学家和政治科学家广泛使用这个术语来指代新的自由主义经济任务，它具有的政治和社会目的和新自由主义本身一样广泛。最激进的改革者们最狂热地采用它，无论有没有"社会"这个前缀，"控制"这个术语风靡美国社会科学界。

罗斯的社会控制理念对社会学有着更具体的影响。和吉丁斯的类意识的理念一样，它也是在 1896 年第一次正式发表，社会控制开始令社会学家集中注意不同的社会过程，在其中，社会将个

---

［39］ Ross, Social Control, chap. 6, and pp. 432-8. 在去欧洲和被斯坦福大学解聘之前，罗斯在一篇较早的文章中指出，崩溃的原因在于"财富的错误分配"。"Social Control," *AJS*, 3：815.

* 亨利·德马雷斯特·劳埃德［1847—1903］：美国新闻记者，毕业于哥伦比亚大学，他揭露工业独占集团弊端的作品成为新闻界揭发黑幕的典范。——译者注

［40］ Henry D. Lloyd, "Lord of Industry," *North American Review*, 138（June 1884）：551-2.

体约束在一起。和罗斯本人一样，进步时代社会学家的核心兴趣仍然是现代社会在时间中的命运以及这种命运得以展现的历史进化论领域。但在这个框架内，他们开始特别关注社会控制的社会心理过程。"社会化的"［socialized］和"社会化"［socialization］这样的术语迅速出现了，并且比罗斯认可的含义要更广。社会学家开始说，这种个体与社会之间的联结［nexus］——他们称之为"社会律令"［social imperative］、"社会控制"、"社会共同的心理生活"［the common mental life of the society］——是社会学的关键。[41] 美国社会学后来强调的社会心理学、社会互动以及社会的解组，全都来自这个原初的框架，社会学以为自身的任务就是说明个体如何被带入社会秩序之中。

当然，这个任务显然是个自由主义任务。自由主义理论要求社会学家从原子式个体的聚集开始，将社会构建为在这些个体之间进行的一套互动作用和心理影响。从约翰·密尔的经典论著《论自由》［*On Liberty*］开始，自主个体与这种社会纽带之间成问题的关系就一直是自由主义的核心问题。密尔是笔者发现使用"社会控制"这个术语的第一人，并且他运用这个术语非常类似罗斯的用法，指的是社会施加在个体行为上的社会心理控制。重大的差异在于，密尔虽然认识到了社会施加这种控制的必要性，却竭尽全力反对它。从

---

[41] John Dewey, "The Significance of the Problem of Knowledge" (1897), *EW*, 5: 11; Daniel M. Fox, *The Discovery of Abundance: Simon N. Patten and the Transformation of Social Theory* (Ithaca, N. Y.: Cornell University Press, 1967), 77-8; Giddings, *Theory of Socialization*; Samuel Lindsay, "The Unit of Investigation or of Consideration in Sociology," *AAAPSS*, 12 (September 1898): 214-28; Albion W. Small, "A 'Unit' in Sociology," *AAAPSS*, 13 (March 1899): 81-5; Samuel Lindsay, "A 'Unit' of Sociology-a Reply to Professor Small," *AAAPSS*, 13 (March 1899): 86-9.

19世纪早期的优越地位出发，他认为现代自由社会应当保持最小化的社会控制，这样个体能够走他自己的自我发展之路，这样社会才能进步。他想要将自由放任的政策从政府扩展到社会。[42] 罗斯和新自由主义的一代对传统的自由主义理论做了某种颠倒。现在寻求的是社会控制，个体的自主则成了次要主题。事实上，在现代社会控制的重重限制之下，个体无望逃脱社会的影响。在那些自由主义社会科学家中，罗斯相信只有借助某种不受这个侵入性社会侵入的东西才能保存个体自主：种族特性，或者后来弗洛伊德所说的，顽固不化、以自我为中心的生物性的驱动力。

社会控制的任务将新的自由主义规范固定在了美国社会学的分析框架之中。抛弃了镀金时代极端化的意识形态冲突，带着对社会的根本经济基础的关切，社会学家转而考察，存在着的社会——其经济制度被视为给定的——如何社会化其成员。寻求嵌入社会自身的和谐进程，使资本主义市场的行动、社会中的权力焦点以及随时间流逝而发生的结构变化趋于消失。[43]

无论如何，从例外论历史和实证主义进化论之间的地带来看，这些具体的历史构造并不是清晰可见的，而社会学家正是选择了这个地带。罗斯以某种方式依赖着历史。他有着一种挥之不去的

---

[42] John Stuart Mill, *On Liberty*(1859), 收录于 *The Six Great Humanistic Essays of John Stuart Mill*(New York: Washington Square Press, 1963), chap. 3, 特别是第 181 页。

[43] Geofferey Hawthorn 在 *Enlightenment and Despair: A History of Sociology* (Cambridge University Press, 1976) 的第 9 章中讨论了美国社会学的自由主义特征，这一章的标题是"被忽视的历史"，但他的做法是例外论的极端形式。美国社会学从范畴上就不同于欧洲；它根本不是"理智的"思想。"自启蒙以来，欧洲社会理论大体上是尝试在破碎衰败的正统父权制的废墟上确保一种连贯一致的自由主义。美国社会理论则尝试从零开始来建立连贯一致的自由主义。"（第 216 页）J. D. Y. Peel 的 *Herbert Spencer*(New York: Basic, 1971) 虽然较为公正一些，但也断定美国社会学相对缺乏对社会冲突和自由主义统治的注意正反映了美国社会对自由价值的一致态度。（第 250 页）

感觉：社会控制并未完全解决个体和社会之间的冲突。对于具体的事实以及历史中的冲突，他也有着敏锐的感觉。"我要尽可能地远离生物学和心理学的比喻和概念，"他在给沃德的信中写道，"称呼事物要直接用它们普通的名称。"他的文本的大多数内容是人类学和历史方面的讨论，内容是通过法律、教育、宗教和风俗来实现社会控制的具体例子。然而这些只是例子，除了假定的在西方历史、美国史与从 Gemeinschaft 到 Gesellschaft 的进化之间的联系，历史是缺席的。罗斯意识到了这种缺席。

> 社会学家解释社会均衡机制的成长和主要变化，并没有承诺要说明历史上所有的道德现象。实际的社会以及它们的控制体系，受到战争、饥荒、人口减少、移民、种族退化和阶级冲突的作用而粉碎、损伤和变形，没有法则能根据这些作用来构造并适用于一切事例和情境。

他说，社会学家就像生理学家，必须将自己限定在"社会均衡机制"的"健康状态和明确的疾病状态"的范围内。他不能如历史的常规记录一般来说明那些"灾变"。罗斯同样将历史融化在了自然进程之中，要避开"实际社会"的混浊的构型，以便寻找到在其中运作的和谐进程。他对冲突的怀疑还存在，但现代社会冲突的真实来源，已经没有理论可以依靠了。[44]

将自由个体约束在一个和谐社会中，对美国社会学家来说，

---

[44] Ross to Ward, March 11, 1896, and July 1, 1896, in "Ward-Ross Correspondence, 1891-96," 394, 397; Ross, "Social Control," *AJS*, 1: 513-35; Ross to Ward, December 12, 1898, 载 "Ward-Ross Correspondence II," 604; Ross, *Social Control*, 409-10。

这似乎显然是个心理学问题。将自由社会的结构接受为给定的，控制就存在于社会意识的领域中，存在于教育和劝说中。为了寻找自由主义的社会心理学基础，吉丁斯一开始就回到了亚当·斯密的《道德情感论》[*The Theory of Moral Sentiments*]。斯密对"同情"[sympathy]的讨论肇始于大卫·休谟，这条讨论思路得到了欧洲理论家和民主社会的批评者的发展，如加布里埃尔·塔尔德[Gabriel Tarde]*的"模仿"[imitation]理论，以及古斯塔夫·勒庞[Gustave Le Bon]**的群众理论，也包括机能心理学的"暗示"[suggestion]。同情、模仿和暗示这些机制，指个体按照他人的欲望和期待去塑造自身行动。在《社会控制》中，罗斯吸收了暗示的理念。在现代社会中，对奖励和惩罚的公开执行较少使用，而借助风俗、意见和教育起作用的暗示越来越重

---

* 塔尔德[1843—1904]：法国社会学家。著有《模仿的法则》。社会心理学中模仿理论的创始人，模仿理论对从社会心理学角度研究传播在人格形成和人的社会化过程中的作用有重要的影响。后出版《舆论与群集》，对舆论的结构及其形成、运动过程作了详细的分析，认为报刊是公众的"精神纽带"，它在"理性的舆论"的形成过程中发挥着重要作用。塔尔德认为模仿是先天的，是我们生物特征的一部分。模仿是社会学习的重要形式，在个体社会化过程中起着重要的作用。婴幼儿就是因模仿而获得最初的知识。模仿也是人们彼此之间相互影响的重要方式之一。——译者注

** 古斯塔夫·勒庞[1841—1931]：法国社会心理学家、社会学家，群体心理学的创始人。勒庞以对群体心理特征的研究而知名。他认为，"民族的精神"或"种族的灵魂"是整个社会生活的基础。一个民族、种族或文明都具有民族的精神，即共同的感情、利益和思维方式。国家精神是从人们心中无形的民族精神的非理性途径中产生的，支配着一切社会制度的形式。历史就是民族或种族性格的产物，民族或种族性格是社会进步的主要力量。他认为欧洲社会日益增长的特征是群众的聚合物。个体的意识个性淹没在群众心理之中，群众心理诱发情绪，意识形态通过情绪感染得到传播。一旦被广泛传播，意识形态就渗透到群众中个体的心理层次，使个体丧失批判能力，从而影响他们的行为。群众的行为是一致、情绪性和非理性的。勒庞认为他的这种观点可在现代群众和群众组织中得到证实。他最著名的著作是《乌合之众：大众心理研究》（1895）。——译者注

要。[45]因此,罗斯着手撰写他希望的社会学综合理论著作,却写出了一本社会心理学的开拓性著作,这一点并不令人感到奇怪。[46]

罗斯的书把社会化和自由主义社会变革的核心问题转到了心理学的层次。他的榜样是沃尔特·白哲特和加布里埃尔·塔尔德。在亨利·梅因和维多利亚时代人类学的基础上,白哲特建构的解释说明了进步的社会如何借助"讨论"来冲破"风俗的积垢","讨论"既是自由主义进步的标志,也是盎格鲁-美利坚政治制度的标志。塔尔德阐述的自由主义进步的观点,集中于模仿的概念,模仿能够使个体具有社会相似性,并把现代冲突溶解在社会一致之中。[47]罗斯吸收了他的历史范例的语言以及对权力博弈的洞察力,从而说明模仿如何在社会现象中起作用,这些现象包括群众、社会习俗和随时间变化而有所变动的风俗。他创造了社会心智[social minds],将其置于冲突之中,并讨论冲突的解决模式。社会的理性和历史的进步,其关键就在于讨论,它是风俗的破坏者、理性革新的温床以及和平融合的机制。

罗斯自己的特征,体现在他拒绝接受塔尔德的和平主义观点,塔尔德认为,基于社会的相似,冲突可以得到完全解决。罗斯太确信利益的冲突不可避免,也太担心现代的个体和"美利坚类型"。社

---

[45] Ross, Social Control, 25-6, 61, 71. 塔尔德在他的《模仿的法则》[The Laws of Imitation], trans. Elsie Clews Parsons(New York: Holt, 1903 [1895]), 79n 中把模仿与斯密的同情联系了起来,亦见 Robert A. Nye, The Origins of Crowd Psychology: Gustave Le Bon and the Crisis of Mass Democracy in the Third Republic (London: Sage, 1975), 及 Susanna Barrows, Distorting Mirrors: Visions of the Crowd in Late Nineteenth Century France(New Haven, Conn.: Yale University Press, 1981)。

[46] Ross to Ward, July 20, 1905, 载 "Ward-Ross Correspondence, 1904-1905," 92; Edward A. Ross, Social Psychology(New York: Macmillan, 1908)。

[47] Walter Bagehot, Physics and Politics (New York: D. Appleton, 1873); Tarde, Laws of Imitation.

会心理学著作的结尾与《社会控制》的结尾一样，表现出了罗斯同样的矛盾姿态。目前是一个"失衡"的时代，在这个时代，变化的步伐是如此之快，以至于不可能形成稳定的社会一致。这就是我们当前一切困难的原因。然而，个体也有着可取之处。"转变时期是个性的太平盛世。因为随着社会心智在容量上的增长，人格个体性的命运何去何从，这将是一个问题。"[48] 在《社会心理学》[*Social Psychology*] 之后，罗斯延缓了撰写大部头著作的脚步。他转而开始游历欠发达国家，将自己的旅程转向大众的广阔地域。这部分是由于他受到了大众注意力的诱惑，有关"种族自杀"的大众著作使他获得了注意。但他的新领域也使他能够斥责"独裁政治"，并探察通向进步之路，而无须面对他所惧怕的最终的下坡路。[49]

库利对抹消自身的个体主义和有机体论冲动之间的冲突更为熟练，对自由主义历史的进程更为乐观，也对美国社会学的心理学方向有着更大影响。[50] 库利的心智和罗斯的心智一样，都是在

---

[48] Ross, *Foundations of Sociology*, 260-71；*Social Psychology*, 363.

[49] Ross, Seventy Years of It, chaps. 12-17, 特别是第 161 页。

[50] 有关库利的传记资料，见 Edward C. Jandy, *Charles Horton Cooley: His Life and His Social Theory* (New York: Dryden Press, 1942)；以及他的侄子 Robert Cooley Angell 写的两篇导论，载 Charles H. Cooley, Sociological Theory and Social Research (New York: Holt, 1930), vii-xiii； 及 Albert J. Reiss, Jr., ed., Cooley and Sociological Analysis (Ann Arbor: University of Michigan Press, 1968), 1-12。所有传记作家的主要资料来源都是库利从青少年期就开始写的一生的"日志"，现在保存在 Charles Horton Cooley Papers, University of Michigan。Vernon K. Dibble 在 "The Young Charles Horton Cooley and His Father: A Sceptical Note about Psychologographies," *JHS*, 4 (Spring 1982): 1-26 中辩称，仅凭 Jandy 极为依赖的"日志"所呈现出的库利形象，比他事实上的样子更多病、害羞、神经质和缺乏能力。在笔者看来，Dibble 努力从库利的个性中消除任何深层心理学污点的努力受到了误导，虽然认为"日志"只是提供了局部洞见的看法是正确的。事实上，"日志"是值得注意的自我沉溺的记录，真实生活和与真实生活的联系极少进入其中或迟迟方得进入。只有库利完成了的著作及其对复杂智力的富有活力的反映才能驱散由于沉溺和回味"日志"而留下的印象。

镀金时代的劳工冲突和社会主义问题中形成的。在他走向经济学研究院的时候，他确信"产业条件对个体发展的不利效果是当前最严肃的社会问题。……我要做什么？我回答自己，'弃绝一切，只保留最低限度的世俗之物，将剩下的全部精力奉献给自己适于促进的改革。'"[51] 他很快承认，身处杰出的法学家父亲托马斯·库利［Thomas McIntyre Cooley］的舒适的家中，他不可能放弃。此外，他天生的志业是知识性而非实践性的工作。在研究经济学和深入阅读浪漫主义文学的过程中，他的改革派倾向和人文主义兴趣将他引向了社会学。[52]

他相信，社会学面对的核心问题，业已由资本主义和社会主义之间的冲突限定，这就是竞争问题。

> 英国古典政治经济学学派……相信，在经济世界中有一个普施万物的仁慈进程。而另一方面，社会主义者甚至更有根据地主张，这是一个破坏性的浪费进程，是现代生活的祸害……这两种意见之间的地带是当前社会讨论的战场。一切别的问题都从属于它。[53]

在踏进这个"战场"的时候，他已不信任社会主义，而是期待"一种对社会理想的改良"来产生"近似的平等"。爱默生的个体主义和父亲的超然派政治培养了他，他也受到基督教社会主义改革者的兄弟之爱和平等主义理想的吸引，开始着手把市场的竞争

---

［51］ Charles H. Cooley, "Journal," vol.6, May 9, 1890.
［52］ 同上。May 28, 1890, June 2, 1890.
［53］ Charles Horton Cooley, "Competition and Organization," *Michigan Political Science Association*, 1 (December 1894): 33.

性个体主义嵌入更高层次的社会有机体。[54]

他使用的综合方案是 1893 年杜威在密歇根大学讲授的课程中设计的。[55] 库利拾起了经济学个体主义的核心,他在杜威那里发现了它,并借助吉丁斯的影响将它磨得尖锐,后者在密歇根大学考察过他的社会学,并对他早期的工作加以鼓励。杜威认为,竞争支配着社会分化和发展的过程。库利说明了它如何在社会系统中给每个人安排一个位置,并驱使"懒散的大众"和精英投入更高形式的竞赛,从而实现进步。和杜威相似,库利也声称统一、联合和同情随分化、个体化和竞争而发展。经济斗争越来越多地得到意识的调节,竞争能够借助舆论和政府行动而提升到更高、更具伦理性的层次。[56]

---

[54] Cooley, "Journal," vol. 6, May 9, 1890. 对于库利父亲的价值,一份有价值的研究来自 Henry Wade Rogers, "Biography of Thomas McIntyre Cooley," Thomas M. Cooley Papers, University of Michigan.

[55] 在他的"日志"第 11 卷,1897 年 6 月 28 日那一天,库利记下了带领他进入社会学的影响力量。他说自己最大的激励来自麦考雷、爱默生和杜威的心理学。1894 年在写出自己最初的社会学课程时,他表示自己主要受到舍费尔的影响,并且"同样也受到了 1893 年杜威的政治哲学课程的很多影响"。在 1928 年写下的自传性的陈述中,库利的表述有所不同。"杜威在 1893—1894 年教授的政治哲学课程,无疑给上了那课的我留下了持久的印记,但我认为,更多是受到了他的个性而非他的课程的影响……现在我能回忆起的他课程的主要的东西是对斯宾塞的批评,杜威坚持,社会是一个有机体的意义比斯宾塞设想的更为深刻,那种说法是它的'感官系统'。我已经得出了某种相似的观点。" Charles H. Cooley, "The Development of Sociology at Michigan," 载 *Sociological Theory and Social Research*, 6。事实上,虽然较为简洁,但基本上库利社会学中所有明确的分析线索都在杜威的课程中得到了最初的表述,正如库利的笔记所记下的,见 "John Dewey, Political Philosophy Lectures, 1893," Cooley Papers。

[56] Cooley, "John Dewey, Political Philosophy Lectures"; "Personal Competition: Its Place in the Social Order and Effect upon Individuals; with Some Considerations on Success," *PAEA: Economic Studies*, 4 (April 1899); "懒散的大众"见第 156 页。

杜威指出，"时间进程依赖于空间进程，……孤立的社会不可能是进步的社会"。进步和同情都需要增加共同体之间、阶级之间和个体之间的接触。库利追随阿尔伯特·舍费尔的精深的研究，后者详细分析了社会的各项有机功能，库利撰写的博士论文是有关运输理论的，研究的内容是经济地区的各种关系和运输作为社会基本的沟通功能。[57] 随着他完全进入社会学，他将注意力转向沟通的心理形式。历史揭示了"快速并正在加速的社会变化"，在这种变化的后面是多种多样的能感受到的影响，它们创造出了更高程度的个体化、自愿联合与同情。原始社会就像许多狭小的水域，彼此之间分割开来。"现代社会……更像不受干扰的海洋，变化的波浪不会遇到任何障碍，除了彼此之间的相互作用，传播的影响能把它们带得多高多远，它们的浪头就有多高多远。"[58]

在19世纪90年代，库利发表的有关竞争和沟通的研究中的理论和谐，与他在日记上表达的私人情感不相匹配。在那时，个体主义和有机体论相互冲突的吸引力仍然对他起着支配性的影响。随着社会冲突在1896年达到顶峰，他吐露："在同情和不可避免的竞争之间的普遍对立，是我们社会的悲剧性因素。"两年后，美国在古巴参战，他欣喜于美国仍然是具侵略性的盎格鲁-撒克逊国家，没有被自然选择所消灭。战争"使我为种族和美国的血统感到骄傲"。他在学生"好战的"面孔上看到了"自由和竞争性的社会秩序有益的效力"。很快，库利就耻于自己"孩子气的战争兴奋"，但这确实是他的性格。受性情所限，他基本上过着隐居和沉

---

[57] Cooley, "John Dewey, Political Philosophy Lectures"; "The Theory of Transportation," *PAEA*, 9 (May 1894). 关于舍费尔，见 Small, *General Sociology*.
[58] Charles H. Cooley, "The Process of Social Change," *PSQ*, 12 (March 1897): 73, 79.

思的生活，在想象中，他既渴望有机社会同情式的共同生活，也渴望积极的自我决断的竞争。[59]

通过在心理学的层面调和有机体论和个体主义，库利解决了自己的理论问题。他断定，进化中的"选择的本原"就是人性，在人性中，相互冲突的关于个体和社会的主张能够调和。[60] 要达到完全社会化的自由个体，需要重新定义个体，对社会做出心理学的解释。"如果认为人格主要是分离的物质形式，在其中栖息着思想和感觉，这些思想和感觉经由类比而被同样构想为相互分离的，"库利说，"那么要得到社会，唯一的途径就是增加新的本原，如社会主义、社会能力、利他主义或类似的东西。"但是社会和个体并不是可以分离的现象，它们只是同一事物的不同方面，这种事物就是心理 [mental]。我们知道，人格只是作为"心智想象出的理念"。事实上，我们要知道自己是个体，只能通过与其他人格进行心理交流。我们的自我意识是一个借助语言、并通过想象而内在化的沟通过程；我们的认同的构建，借助的是"镜中我" [looking-glass self]，它反映了我们如何想象他人看待自己。所以，社会"是一种人格的理念 [personal ideas] 之间的关系……他们聚集在一起，只是作为人格的理念存在于心智中"[61]。

库利创造了这样的个体，它的"一切都是社会的……一切都是人的共同生活的一部分"，因此库利能够设想，现代社会的进步是一个同情和正义不断扩大的过程。敌意、竞赛和对抗可以保留

---

[59] Cooley, "Journal," vol. 11, May 7, 1896; vol. 12, September 22, 1898; June 26, 1898; July 18, 1898; July 24, 1898.

[60] Cooley, "Development of Sociology at Michigan," 5-6; "Notes on Giddings' outline," Cooley Papers; "Process of Social Change," 81.

[61] Charles H. Cooley, *Human Nature and the Social Order* (New York: Scribner, 1902), 89-90, 86, 152, 84.

下来，作为各种自我决断的冲动，但总有共同的元素允许社会沟通的发生。"如果我想象一个人遭受了某种不公……它是我的生活，那样的真实和直接，和任何别的东西一样。"因此"谁接受了他人的思想和感觉，就几乎不能不公正地拒绝它们，他使这些成为自己的一部分。像我们所看到的那样，对某种情感来说，没有第一人称或第二人称；如果它活在心智中，那么所有的人的那种感觉都是一样的"。德性不过是"发挥想象"。同情的自由主义概念，杜威的有机体论的洞察力以及机能心理学，威廉·詹姆斯的意识流理论中的流动和精神性概念，全被库利用来消解自我和他人之间的固定障碍。对一个基本活在自己思想中的人来说，这是个合适的解决方案。[62]

然而，库利自己知道，搬掉社会化的心理障碍，仗还只打了一半。个体生活在社会中，由组织和历史来塑造，库利的分析从人性扩展到了社会组织，他发明了一种中介结构。人性在每一个体中得到发展，是通过在"初级群体"[primary groups]中的经验，具体来说，就是"家庭、孩子们游戏的群体、邻里群体或老人的社区群体"。这些是普遍的制度，产生出了"人性或人的理想中普遍的东西"。在这里，亲密的面对面的联系创造出了"在共同整体中，某种程度的个体性的融合"。初级群体的统一，"始终是分化的统一，通常是竞争性的统一，允许自我决断和多种多样的独特激情"，但是，"要由同情来社会化"，并接受"共同精神"[common spirit]的纪律。简而言之，这就是新的自由社会的人性。[63]

---

[62] Charles H. Cooley, *Human Nature and the Social Order* (New York: Scribner, 1902), 12, 115, 366.
[63] Cooley, *Social Organization*, 23-4.

事实上，库利心有所想。在初级群体中产生的理想是那些有关忠诚、合法和自由的理想，包括真实、殷勤、善意和民主，以及自然权利哲学的理想：个人自由的权利、劳动的权利、财产的权利以及公开竞争的权利。库利说，当前最具活力的理想——民主和基督教，正是以初级群体的理想为基础。民主产生于地方共同体，"正确的民主只是对原则在大范围内的应用，这些原则应用于小群体时，被普遍认为是正确的"。基督教同样以家庭为基础。把初级群体的理想扩展到全社会，在新的自由主义人性模式的基础上重建社会组织，这是"人类伟大的历史任务"。[64]

库利设想的自由社会之源，本质上是永恒的。它和初级群体本身一样长存，"不受制度变化的影响"。无论社会的条件如何，自由社会化的社会心理基础都能随着每一代而被重新创造出来。库利的思想是浪漫派的自由主义。他看到，可以缓和滕尼斯和罗斯在共同体和现代形式之间构造的历史对立。从这种长久的源泉之中，社会能够向前进步，并恢复原初的纯真。"我们将变得更像小孩子，更加简单、坦率和具有人性。"事实上，在现在这个节点上，人性"明显处于能比过去任何时代都更充分地发现自己的位置"。库利阐释的概念已经隐含在美国社会学中，并且未来的道路还很长。库利称现在的时代为"解组"[disorganization]，或"人性和它的工具"之间的不和谐。事物这样的状态甚至威胁到了家庭和共同体的健康，它们是社会的初级群体，但这种状态是过渡性的，快速的变化创造了它。"打破传统把人抛回到了直接的人性"，松散的自私、纵欲和怀疑论。"但是它也唤醒了人内在的孩子，自然冲动有着孩子一般的可塑性，既可能更好，也可能更

---

[64] Cooley, *Social Organization*, 38-48, 51-3, 119, 200-5.

坏。"向着更广泛的同情和更高程度组织的趋势随处可见。[65]

库利的浪漫派自由主义有着明确的美国例外论形态，这并不令人感到惊奇。他相信在美国，人性"非常接近它本来的样子"。美国精神特别地与"人性的一般精神一致"，他将其归功于美国的例外历史。库利谈到了一切例外论文献的参照点：罗马的榜样、建立庞大而有活力的共和国的问题、美国的个体性与法国的团结之间的对比、与托克维尔的对话。但是在人性和美国之间的关键联系太过简洁。初级群体的互助和民主式自由的理想，其历史根源存在于条顿族的村庄共同体之中，这就是美国的制度和种族遗传性的来源，这些理想随后在边疆共同体中得到了进一步发展。"我们的先人和我们接受的锻炼特别幸运。"一个结果是，"总体上讲，美国人肯定能够声称，在他们之前，没有哪一个伟大的民族的人民，像他们这样地感到像一个家庭，有这样宜人和欢欣的共同生活的感觉"[66]。初级群体是库利最具影响力的理念，库利本人对其影响感到惊讶，因为它是后来才产生的想法。原先《社会组织》[Social Organization]的完整草稿上并没有它，开始部分是有机的人性心理学理论，随后直接进入他对美国社会的自由主义例外论分析。[67]后来他才认识到在论证中缺了一环。初级群体的概念成了整体的枢纽。

库利的例外论历史解读将美国放在了进步的最前线。美国生来就没有过去欧洲的那种丰富的特殊性。"当一个人口众多的社会迅速从少数移植的种子中长出来，无论它有多么巨大，其结构也必定多少有些简洁和单一。"在美国，新的产业现代性"胜利得更

---

[65] Cooley, *Social Organization*, 419、113、399、318、343、347、354-5.
[66] Ibid., 168、331、114-6、152-3、160、25、51、107、144、196.
[67] Cooley, "Development of Sociology at Michigan," 12.

为彻底"。此外，美国是第一个真正的民主国家，这场运动几乎完全"不同于过去的一切"。美国"或许更接近即将到来的秩序"。对于丧失过去，库利也表示了某种遗憾。

> 优秀的英国情感经由殖民者而传给了我们，或许，比在古老的英国时更为纯粹，但它逝去了。也就是说，作为一种独特的潮流，消失在了世界主义生活的洪流中。毫无疑问，在我们之前，是更博大的人性，但之后，就成了几乎不可能再活过来的值得珍视的精神。像离开家门的孩子一样，我们必须让自己的思绪离开无可挽回的过去，充满希望地走向未知的地方。

站在新的世界主义历史的前沿，库利只能希望简·亚当斯是正确的，"我们城市中迷惘而匮乏的大众"将成为"我们文明的新的更高理想的创始人"。斩断了旧的传统，杂乱地混在一起，"一切都被取消了，只剩下人性，它们被抛了回去，重新开始"。无论如何，美国仍然保留着创造新事物的自然能力。[68]

库利确信，合众国将仍然保留着民主的轮廓，那是在原初的制度上建立起来的。《社会组织》的大部分内容是考察美国的民主和阶级。将托克维尔作为起点，库利让美国的现实既与欧洲相对比，又与民主的理想相对比，从而刻画出这些制度的特征。与理想相比时他发现还有许多欠缺，但与欧洲相比时，他就滑向了美国例外论的理想化图景。美国的现实既是理想的，也是不够理想的，这种不一致驱使他对政治和社会制度展开了微妙的例外论

---

[68] Cooley, *Social Organization*, 166-7, 157, 169-170, 137.

分析。[69]

例如，对于阶级问题，库利支持托克维尔的发现，认为在美国没有无产阶级。因为美国的阶级没有继承性，是"开放的"，它们只意味着共同的统一体之中的"专业化"。他预示了美国的社会分层分析，主张美国人通常属于不止一个阶级，能够从职业、收入和文化等不同角度来划分。结果，在美国将不会有阶级战争，只存在有益的斗争。"在一个像我们这样群体交错的社会中，阶级的不同利益的冲突，在更大的程度上不是个人之间的冲突，而是共同的社会介质中的理念的冲突。"事实上，更大规模的"专业化"、阶级意识和职业传统经由家族世系而传承下来，总的来说是有好处的。在美国"资本主义阶级的优势"中，他既发现了益处也发现了恶，最终，恶将得到民主原则的抑制。他把劳动者描绘成"手艺人"，就像他自己用木工活来打发空余时间一样，他用透镜来观察美国社会，那透镜带有他安逸的家庭、职业和小城市的特征。在参观过一个定居救助之家之后，他发现自己通常生活在"上层社会的氛围"中，但这种偏差已经无可救药了。[70]

进步时代的库利是对镀金时代的威廉·格雷厄姆·萨姆纳的补充；从美国例外论的危机中，他们共同构造出了自由主义政治的谱系。共和主义政治理论和例外论历史的传统势力包围着他们。萨姆纳阐明了占有性个人主义的宗旨，库利则阐述了新的自由主义有机体论。库利揭示自己的有机体论信条的乐观前提和萨姆纳阐述自己竞争学说的粗糙基础一样大胆。两人都因为极端的情绪而遭到了同时代人的直接批评。然而两人的分析力量和意识形态

---

[69] Cooley, *Social Organization*, 279-280; pts. 3 and 6.
[70] Ibid., 116-7、248-9、242、180、272; pts. 23、24.

反响，使他们的作品在整个 20 世纪都活力非凡。就像萨姆纳所保留的仓库能够支援自由主义者与新自由主义作战一样，库利的作品同样为新自由主义者提供了资源，使他们能够捍卫理想化的美国民主。[71]

四 社会控制的意义

在世纪之交，社会控制的概念框定了广阔的领域留给社会心理学、社会互动和社会去组织化，从这些内容中，美国社会学开始逐渐成形。社会控制，按照社会学家给它的定义——社会对个体行为的社会心理上的控制——意味着的某些东西，与它们今天的含义完全不同。近来的历史学家和社会科学家，借用葛兰西的作品，赋予这个术语新马克思主义的意涵；按照当代的用法，社会控制意味着阶级统治，通常指以文化霸权为媒介实现的资本主义阶级的统治。[72] 从某种程度上说，这种新马克思主义分析，可以针对社会学家自己使用的社会控制概念。社会控制记下了或想要记下一种现代资本主义社会的规范图景，在当时，这种图景引起了严肃的争论。结果，自由资本主义规范被固定在了社会性的本性之中，并在科学的安排下闪闪发光。

---

[71] 对于库利的著作及其后来的影响，延续那种传统而具洞察力的解释，见 Marshall J. Cohen, *Charles Horton Cooley and the Social Self in American Thought* (New York: Garland, 1892)。

[72] T. J. Jackson Lears, "The Concept of Cultural Hegemony: Problems and Possibilities," *AHR*, 90 (June 1985): 567-93; Lois Banner, "Religious Benevolence as Social Control: A Critique of an Interpretation," *JAH*, 60 (June 1973): 23-41.

按照罗斯本人的定义,社会控制既是一般的社会秩序,也特别是有益的自由秩序。他说,"从真正的意义上说",阶级控制不是社会控制。在竞争性的社会中,底层的人们"软弱而无能",所以不需要沉重的阶级控制系统。而控制"将表现得真诚、自发和富有弹性,这标志着控制真正是社会的"。这个理想化的版本是竞争性自由社会认同的,并借助社会自身的本性而合法化。[73]

自由主义社会控制暗含在人性和社会中。罗斯的分析常常展现出个体和社会之间尖锐的冲突,但是观念论的社会科学家似乎抹消了这种冲突,它们把社会控制的规范定位在人性自身之中。米德宣称,"人本质上是社会性的。"他同时也宣称,"社会力争要达到的目标是揭露我们行为的社会面向,这样,以某种有意识的方式,它就能够成为控制的要素"。以这种观念论的形式,社会控制由社会强加于个体,并被认同于个体自身的本性。社会控制不止失去了自身的强制力,还渗透进了自我实现的过程。在社会控制的概念中,社会权威的不同来源和相互冲突的规范变得模糊了,恰好遮蔽了谁在控制谁。[74]

遮蔽权力问题的倾向被社会学家进一步加强,他们把政治范畴化为了社会范畴。在1893年的政治科学课程中,杜威展示了

---

[73] Ross, *Social Control*, 376, 394.
[74] George H. Mead, "Review of C. L. Morgan, *An Introduction to Comparative Psychology*," *Psychological Review*, 2 (July 1895): 401; George H. Mead, "Review of Gustave Le Bon, *The Psychology of Socialism*," *AJS*, 5 (November 1899): 406. Morris Janowitz, "Sociological Theory and Social Control," *AJS*, 81 (July 1975): 82-108; 及 *The Last Half-Century: Societal Change and Politics in America* (Chicago: University of Chicago Press, 1978), chap. 2, 他评论了社会学家使用这个术语的传统,并试图重新将其运用于当前。然而,他的分析忽略并印证了埋藏在这个术语中的概念和意识形态的模糊性。

这种方法。复述并抛弃了传统的主权政治理论,杜威声称,主权只是社会的有机统一的表现。对权利的要求和实施权威完全依赖于社会的有机互赖。个体和社会的相互实现是其最终标准。对政治权力问题长期积累起来的讨论,消融在了这些有机的比喻之中。杜威认识到民主要求"服从社会纪律";这是社会主义中的真理萌芽。但在他的社会心理学语言中,服从没有成为政治权力问题,而是成了"社会调解"问题。把社会控制构想为社会过程而不是实施政治权力,有机体论社会科学家从未对之抱有自由共和主义传统中对权力的不信任。[75]

这种疏忽的另一个原因是,当社会科学家谈论社会建立了针对个体和经济的社会控制时,他们同时也在谈论自己。这是社会控制概念的最终含义,或许也是最有力的含义。1894年罗斯拾起了这个术语,那时候在社会学家当中它刚获得了另一种用法。斯莫尔和他的同事谈论"社会控制",指的是沃德理论的"应用"部分以及斯莫尔的社会学规划,表示新的理论将用它的知识来指导进步主义改革。[76] 罗斯将这两个概念叠在了一个术语里,暗中把社会努力控制其成员和社会学家试图控制社会看成了一件事。借助这样的等同,社会科学家能够为社会代言,并用自己有关法则的知识来控制社会,他们的手段和目的不过是社会化的机制和社

---

[75] Cooley, "John Dewey, Political Philosophy Lectures"; Frank Tariello 的 The Reconstruction of American Political Ideology, 1865-1917 (Charlottesville: University Press of Virginia, 1981)是从意志自由论者的视角撰写的著作,呼吁注意进步主义者强调社会控制带来的值得警惕的后果,但未能将其置于他们著作的更广阔的背景之中。

[76] Small and Vincent, *Introduction to the Study of Society*, 345; Bernard Moses, "The Nature of Sociology," *JPE*, 3 (December 1894): 27; George E. Vincent, "The Province of Sociology," *AJS*, 1 (January 1896): 487-8.

会自身的社会目的。借助这个符号，他们的努力得到了社会自身的领域和权力。社会控制的理念席卷了 20 世纪早期的社会科学，并普遍带有这双重的含义以及双重的意识形态负担。

因此，新马克思主义分析没有抓住社会控制理念的复杂性，除非葛兰西的霸权概念定义得足够宽泛，甚至包括知识分子和文化的相对自主。[77] 因为在社会控制概念中表达的阶级偏见较少属于资本主义，更多来自学院派的社会科学家，这个阶级依赖于资本主义，并且其理性的利益常常使他们与资本家结成同盟，不过这个阶级仍保留着某种程度的自主。像他们的前辈士绅社会科学家一样，他们担负起了守卫美国例外论传统的角色，并且身为资本主义秩序的良知和验证人。社会控制的理念直接继承了辉格派的信仰，认为个体权力附属于社会和政府定义的公共利益，这种信仰弥漫于美国社会科学的辉格派学院文化之中。它原本用来反对工人和农民的激进个人主义，在进步时代，它扩展到了资本家的获得性个人主义。社会控制针对的是高于和低于职业社会科学家的阶级。此外，社会科学家还受到了美国例外论双重目标的推动；他们既试图保护美国历史的既定进程，也使它向假定自身固有的理想更靠近一些。

---

[77] Lears 的 "The Concept of Cultural Hegemony" 尝试以有用的方式来扩大这个概念。亦见 Jerome Karabel, "Revolutionary Contradictions: Antonio Gramsci and the Problem of Intellectuals," *Politics and Society*, vol. 6, no. 2 (1976): 123-72，对于葛兰西称为"传统"知识分子的相对自主，见第 147、153—154 页。在对文化霸权概念的运用中，笔者断定它以某种精练的形式存在于 Thomas Haskell, David Brion Davis 和 John Ashworth 之间的《美国历史评论》的争论之中。Haskell 宣称，严格的经验证据的标准必须应用于个体动机层面，这种看法是还原论的，会妨碍形成任何对利益和权力关系塑造历史选择方式的分析。然而，笔者不想像 Lears 的论文有时威胁要做的那样，把霸权和意图完全分开。见 vol. 90 (April 1985): 339-61 和 (June 1985): 547-66; vol. 92 (October 1987): 797-878。

这么多的社会科学家接受社会控制的语言，在很大程度上要归功于他们对历史的不确定。从亨利·劳埃德到爱德华·罗斯，美国例外论的危机引发了对社会控制的呼吁。在美国社会科学中，这个术语和它扮演的职业角色由自由主义社会科学家们传播，他们为历史打开了一个有限域。认为美国的未来依赖于创造性的历史行动，这使他们的新天职更重要，负担更重。我们已经看到莱斯特·沃德和斯莫尔填补了历史不确定的新空间，他们承诺社会科学将能近于控制历史的进程，社会控制的概念灵巧地捕捉到了这个目标。

按照他们的方式，社会科学家只是在做些前几代美国知识分子做过的事情。正如萨克凡·伯克维奇［Sacvan Bercovitch］所说明的，牧师和共和派的精英一再面对美国例外论使命的危机。每一次，他们都用崇高的天命之感和对自己能力的憾人信心来平息焦虑，他们相信自己能够给恩典或理性的权能套上美国的历史目标。[78] 与那些前辈不同，社会科学家手中既无恩典也无理性来保证历史的进程，他们只有科学的实证主义概念。然而，现在只有科学的实证主义概念承诺能够摆脱历史经验的变幻莫测。唯独科学承诺能够达到潜藏在历史之中或之下的自然，并超越其相对化的效果。

实证主义观点的科学承诺能够进行预测和控制，反过来，预测和控制又给他们有关自身社会角色的概念赋予了技术统治的形态。但这决不意味着所有美国社会科学家都信仰实证主义的社会

---

[78] Sacvan Bercovitch, *The Puritan Origins of the American Self* (New Haven, Conn.: Yale University Press, 1975), 特别是第 122—123、132—136、184—186 页; *The American Jeremiad* (Madison: University of Wisconsin Press, 1978), 9, 24, 62-5, 86-92, 120, 135-6, 181, 190, 197。

控制。例如,查尔斯·库利坦率地批评了这个目标,认为社会科学与艺术的相似之处和与科学的相似之处同样多。[79] 但技术统治概念的社会控制确实开始在进步时代扎下根来,在罗斯的著作中,我们能够看到这一点。

在关于社会控制的讨论结尾,罗斯用启示性的语气坦白了自己感到的新的力量。他相信,自己发现了社会控制其成员的秘密,这种知识如果被错误运用,将会颠覆一切社会秩序,如果得到正确的运用,就是有益的控制。

> 因此,不应当到处传扬秩序的秘密,……社会的研究者……将极为崇敬这个道德系统,而不是把它赤裸裸地完全揭露出来。他会对成年人而非年轻人谈论。他将向那些管理社会道德资产的人们进言;向着教师、牧师、编辑、立法者和法官,他们操纵着控制的机器;向着诗人、艺术家、思想家和教育者,他们是人类队伍的向导。

罗斯本人反抗牧师和独裁者的权威,他清楚感受到了社会学知识的激进潜力。但毫无疑问,他总是认同于那些政治和文化精英,他们身为"立法者"和"教育者",保卫着古老的共和国。新的社会科学家将与自然的贵族统治结成同盟,同时微妙地转变它的立场。在为大众读者写的论述社会控制的著作中,罗斯把控制的知识交给了社会科学家,这个尼采式的"强者"将选择保卫"可敬的法团"。与过去精英普遍和集中化的智慧不同,社会科学家的知识是专业化的危险科学,只能小剂量地给予人民。

---

[79] Charles H. Cooley, "The Roots of Social Knowledge," *AJS*, 32(1926): 59-79.

在为杂志写的文章中，他声称社会科学家有理由让这种知识处于"半秘传"的状态。"毫无疑问，最高屋建瓴、远见卓识的人，创造着自己的共同福利，发动持久的战争来对抗掠夺的欲望、贪婪的野心、厚颜无耻的冲动和野蛮的不义，对于这样的人，可以将控制的秘密安心地交给他们！"他催促社会科学家们加紧自己的研究。"控制的社会系统是相互敌对的游击队盘踞的一片黑暗丛林；但只要拥有科学方法的研究者完全占领了这个地区，无序和抢劫就会结束。"他们会发现，"某些一般原则"将允许他们裁定个体和社会之间相互冲突的要求。"那些用进步来使秩序和谐的条件，一旦向意见的领袖们加以澄清，社会对其成员的控制就会比现在更有意识、更有效，那种在变革与保守之间来回摇摆的糟糕局面也就应该消失了，它一直是这个世纪的祸患。"

简而言之，社会科学知识的目的不是阐明和扩大政治判断，而是基于科学权威的立场，一劳永逸地判决。他们的知识一旦产生作用，就能够纠正历史的曲折路线，并将"科学方法"和理性置于控制之下。这样的科学能托付给社会科学家，是因为作为创造"自己的共同福利"的人，他们高于社会中其他自私自利的群体。[80]

同一时期，杜威也是罗斯核心前提的主要提倡者。那种前提认为，社会科学能产生出实证主义的知识，建立起对社会和历史的理性控制。杜威相信，哲学自身必须成为某种社会科学，以社会实践为取向。它的方法必须是科学方法，其兴趣领域将主要在于"心理学和社会伦理学，它们将对行为加以指导"。杜威敏锐地意识到公民人文主义理想和上帝之国必须在历史中实现，他求助

---

[80] Ross, "Social Control," *AJS*, 3: 820-1; *Social Control*, 441-2.

于科学作为建立理性控制生活的手段。[81]

杜威说，物理科学的方法尚未完全应用于生活。如果它们在心理学领域得到了完全的发展，并且"逐步应用于历史和一切社会科学，我们唯一的预期，将是越来越能控制伦理的领域，对于这种控制的性质和程度，我们能够得到的最好判断来自在控制物理自然方面发生的革命，那场革命，借助的正是一种有关其秩序的知识"。在1899年美国心理学协会的主席发言中，杜威声称，只有物理科学的方法，有能力"将事物作为某种机制相互连接的部分来阐述"，能够产生出真正的因果知识并允许进行控制。他的前任主席胡戈·闵斯特贝尔格［Hugo Münsterberg］*批评运用科学心理学来进行教育的做法，其理由不过是因为科学尚未有多大的发展。"如果我们教师受的训练，能比得上建筑师们受的训练；如果我们的学校真的能够基于心理学基础来控制，就像大工厂基于化学和物理科学来运行，……我们做梦也不会想到要讨论这个问题。"对于社会科学家使命的技术统治观，杜威甚至比他们自己阐述得还要生动。[82]

杜威与罗斯和许多社会科学家的不同之处，在于他承诺了民主的进程。与罗斯和闵斯特贝尔格不同，杜威相信，科学不应当有什么专家精英式的"半秘传的"保留，而是应当向社会的各个层次加以解释，并在各个层面上重新制定。他认为科学是实用主义理智的精致形式，是"我们如何思考"的模范。这就回答了为

---

[81] Dewey, "Significance of the Problem of Knowledge," 21-2.

　* 胡戈·闵斯特贝尔格［一译雨果·闵斯特伯格，1863—1916］：德国出生的美国心理学家，工业心理学的主要创始人，被称为"工业心理学之父"。他应用实验心理学的方法研究大量问题，包括知觉和注意等方面的问题。——译者注

[82] John Dewey, "Psychology and Social Practice"（1899）, *MW*, 1: 131-50，特别是第144、149—150页。

什么教师可以像建筑师那样,在其科学领域加以训练,也回答了为什么杜威相信科学能够向民主的进程做出报告并授权于它而不是优先于它。在这里和其他地方一样,杜威想要抹消分隔,却忽视了真实的差异。实证主义概念的科学及其技术知识以及对自然的控制方法,不容易与民主相调和,也不容易和"大工厂"相调和。[83]

如果在罗斯和杜威的社会控制概念中,技术统治概念的社会科学家的任务清晰可见,那么这仍然是"软式"的社会控制概念,不同于其他社会科学家特别在"一战"爆发后将接受的观点,罗斯的技术统治目标仅仅是个轮廓,并且和传统的道德目的紧密相连。他仍然能够想象自己领导着古老的人类队伍的旅程,继承着保卫共和国的事业。战前的某些美国社会科学家和战后的许多社会科学家都感到与过去更加疏远了,这促使他们更具侵略性地努力运用实证主义科学来控制历史。杜威的社会科学和控制的概念与他们走的原本是同一条路,但最终却与其分道扬镳。

五 结论

和进步主义经济学家一样,在镀金时代危机的经验中,进步主义社会学家锻造出了自己学科的新概念。除了基本已放弃希望的萨姆纳,社会学家们接受了已变成工业世界的美国,并试图在自由历史的进步主义潮流中重新安排美国例外论的理想。他们同意,冲突是现代社会发展的不可避免的特征,但这是经济、种族和民族群

---

[83] John Dewey, "Psychology and Social Practice" (1899), *MW*, 1, 134-6.

体之间的冲突。在 1904 年的圣路易斯大会上,桑巴特发表了一篇有关现代社会中的"产业无产阶级"的演讲,这个词为美国听众而译成了"产业群体"。[84] 在美国,在任何意义上,冲突不是也不会成为阶级冲突。事实上,当前的社会冲突状态标志着旧的前工业社会和新的工业社会之间的暂时的转变。工业社会的方向是自由式的和谐:利益的调整更加趋于和平、理性与合乎伦理。斯莫尔和吉丁斯、罗斯和库利的著作,都传达了相似的信息。

"社会控制"意味着社会学家必须运用新的学科来平息历史的转变。这个概念表达了他们想探索社会和心理的方法,来使自由社会将竞争性的个体引向社会秩序,结束这个美国的麻烦时代。社会控制也表明了他们自己的职业野心,这些野心已表露出了迹象,要走向预测和控制的技术统治科学。关乎和谐的意识形态,常常使他们看不见具体的历史现实和自己面对的困难。他们希望社会统一的欲望,常常掩盖了资本主义社会和人性中存在的分歧。想象着自己来实施控制,他们也就想象实施社会控制能够全然有益。

生活在新的工业世界之中,美国社会学家和欧洲社会学家一样,也开始重塑历史,将其视为两个理想型阶段的交替:共同体为中心的传统社会和现代的分化的工业社会。欧洲的社会学家构造出了同样的二分的观点,稀释了历史的复杂形态并避开了真实的历史分析。然而在欧洲,现代社会学家的想象遮盖的历史变化已得到了充分的了解。[85] 而在美国,它遮盖的历史意识,已经由

---

[84] Werner Sombart, "The Industrial Group," 载 *Congress of Arts and Sciences: Universal Exposition, St. Louis. 1904*, ed. Howard J. Rogers, 8 vols. (Boston: Houghton Mifflin, 1906), 7: 791-9。

[85] Philip Abrams, "The Sense of the Past and the Origins of Sociology," *Past and Present*, no. 55 (May 1972): 18-32; Liebersohn, *Fate and Utopia*.

于依恋例外论的隐喻变得稀薄了。两阶段的模型以及当前正处于转折点的情况，完美适应了源自镀金时代危机的基本变化的历史感。对传统衰落的畏惧和新的失落之感，为探索在充满威胁的工业世界维持传统活力开辟了道路。罗斯诉诸"美利坚类型"，是对欧洲人诉诸生物种族的响应。库利的初级群体和完全社会化了的个体人性，缓和了大陆理论家表述的更为僵硬的变化，这是美国力图激发和谐理想的浪漫自然主义的反映。

与经济学家相比，美国社会学家进入镀金时代，其思想传统更为零散也更缺乏发展，他们的思想缺乏任何类似于新古典经济学的范式性的明晰。然而，他们在学术界建立了坚实的据点，对理论和研究有许多清楚的指导。正如菲利普·艾布拉姆斯［Philip Abrams］所指出，在英国，社会学直到"二战"后才结合成一个学科。如果社会学回应了某种合法化现代社会的需要，那么相对延续的英国历史就磨灭了在社会学领域内进行类似经济学领域内的意识形态发明的需要。取而代之的是，政府服务和改革组织给那些人提供了职位，他们感兴趣的是促进社会和谐，将政治关注投入到时间管理和改革而不是社会科学中去。从理论上加以合法化的需要，进入了业已充分发展的人类学领域，它回应了英帝国的角色。[86]

有人可能会断定，这正是英国和美国的差异所在。美国腹地

---

[86] Philip Abrams, *The Origins of British Sociology, 1834-1914* (Chicago: University of Chicago Press, 1968); J. W. Burrow, *Evolution and Society* (Cambridge University Press, 1966). Reba N. Soffer 的 *Ethics and Society in England: The Revolution in the Social Sciences 1870-1914* (Berkeley: University of California Press, 1978). 他认为英国社会科学也经历了一场可跟大陆社会科学相比的革命，但笔者相信，他在不经意间却支持了英国社会思想相对具有延续性的事实。

而非腹地之外的多种族特征，造就了美国对社会学更大的需求。然而就像我们已经看到的那样，社会学冲动早于人们对新移民的影响的觉察，并最先指向了工业化造成的社会变化和工人阶级的命运。美国社会科学家，更类似于法兰西第三共和国的涂尔干派和社会政策协会周围的德国社会学家，面对政治和产业的转变，他们力求确保民族认同。扩展性和分散化的美国大学体系提供了重要的支持基础，它既允许也激励着社会学家来打造一个可靠的思想领域。然而，和法国、德国一样，有意识形态意志出现的地方，即使在制度条件更不利的处境下，学院派的社会学也能开拓出一片疆土。[87]

在进步时代，美国的大学为结合社会改良的理论雄心和实践兴趣提供了机会，这种结合是理解美国社会学力求实现经验研究和理论相结合的关键。[88] 然而，这种结合要求正确地混合高尚的意识形态和科学性的保持距离。吉丁斯的自由派进化论实证主义很快就做出了实践的飞跃。斯莫尔则由于自己在政治上的胆怯和矛盾心理而从未成功。我们将很快看到，新人上马的芝加哥社会学派将引领潮流。

---

[87] Anthony Oberschall, "The Institutionalization of American Sociology," 载 *The Establishment of Empirical Sociology*, ed. Anthony Oberschall (New York: Harper & Row, 1972); Terry N. Clark, *Prophets and Patrons: The French University and the Emergence of the Social Sciences* (Cambridge, Mass.: Harvard University Press, 1973)。

[88] Oberschall, "The Institutionalization of American Sociology".

第八章　从历史政治学到政治科学

在过去的几章中，笔者较少关注历史政治学的学生们。经济学和社会学上演了一出两幕剧，挑战了镀金时代建立的学科传统，对这些传统做了自由主义的修正。这种挑战引发了社会主义的威胁，必须首先理解这种威胁，才能理解在其阴影下形成的经济学和社会学的自由主义修正。在历史政治学领域，这两阶段合到了一起。对历史政治学的士绅建立者们的挑战，形成得更为缓慢，并且从一开始，就规划了美国例外论的温和的自由主义版本。

一　自由派历史主义的挑战

和经济学与社会学一样，历史政治学的年轻一代生于19世纪五六十年代，但他们的政治取向更为保守。虽然经济学和社会学中的不满来自对现代资本主义的平等主义觉醒，但历史政治学中的不满更主要来自对民主的精英主义觉醒。从一开始，年轻一代寻求的自由派历史主义修正，针对的就是美国例外论的原则而非激进的转变。

镀金时代的危机及作为其核心的社会问题，似乎将那些情感上更为激进的年轻人引向了经济学和社会学,在这里,他们可以直接处理工业化、阶级冲突和不平等的问题。历史政治学中的年轻一代则缺乏抗议性的福音派虔敬和社会千年王国主义的背景,那种思想对伊利、斯莫尔及其同盟者来说极为重要。弗兰克·古德诺、亨利·琼斯·福特 [Henry Jones Ford]、弗雷德里克·特纳、J. 詹姆森 [J. Franklin Jameson]* 和詹姆斯·鲁滨逊 [James Harvey Robinson]** 的父辈们活跃于商业和政治领域,他们取向世俗,在宗教方面持宽容态度。在这支队伍中,赫伯特·奥斯古德 [Herbert Levi Osgood] 是唯一的农场主之子。[1]

对少数几个人来说,家庭的宗教背景相对重要,它导致了温和与保守的政治取向。伍德罗·威尔逊是保守的南方长老会牧师的儿子,这束缚着他,使他更多为个人公义而战而不是为社会的完美而战。查尔斯·安德鲁斯 [Charles McLean

---

* J. 詹姆森 [1859—1937]: 美国历史政治学家,提出美国革命是一场社会运动。他受比尔德和特纳的影响,将后者经济的、区域的历史解释运用于各种各样的数据研究,使社会史学获得了长足发展,并且一度处于历史研究的"中心地位"。他指出社会史家的局限在于倾向具体细节的考究,着重探讨社会行为的外在表现,而不是直接调查思想的运动,感知思想背后的东西。——译者注

** 詹姆斯·鲁滨逊 [1863—1936]: 美国历史学家,"新史学"的代表人物,也是实用主义者,认为历史的价值就在于它对当前有用。倡导多元论文化史观,认为决定历史发展的有多种多样的因素,它们互相影响,互为因果。著有《新史学》。——译者注

[1] 这些人物的生平资料,见 Arthur W. Macmahon, "Frank Johnson Goodnow," *DAB*, Suppl. 2, 250-1; W. L. Whittlesey, "Henry Jones Ford," *DAB*, 3, 515-6; Ray Allen Billington, *Frederick Jackson Turner: Historian, Scholar, Teacher* (New York: Oxford University Press, 1973); Morey David Rothberg, "Servant to History: A Study of John Franklin Jameson, 1859-1937" (Ph. D. dissertation, Brown University, 1982); Harry Elmer Barnes, "James Harvey Robinson," 载 *American Master of Social Science*, ed. Howard W. Odum (New York: Holt, 1927), 321-408; Dixon Ryan Fox, *Herbert Levi Osgood: An American Scholar* (New York: Columbia University Press, 1924).

Andrews]*则与他的父亲关系疏远,后者是早期基要派的游方传教士,持保守的政治观点,安德鲁斯很容易就转向了自由派宗教和温和的政治观。印第安纳和衣阿华的废奴主义贵格派家庭培养了杰西·梅西[Jesse Macy],他却具有福音派的社会使命感,不过这种力量并不尖锐。他受父亲的鼓励而研究科学和数学,并将科学中找到的直率而开明的理性认同于贵格派共同体热爱和平与诚实的理想。震惊于内战的暴力,他开始相信科学辩论是"处理一切意见分歧的方法",是共同体实行纪律的方法,控制冲突,并排除"一切骗子、蠢人和倾向于相信小圈的谣言的人"。梅西的贵格派和平主义将他对社会公义的关注引向了一致性的科学理想,这缓和了他的社会激进主义。[2]

在政治学领域,新的一代正好处于辉格主义的有限民主传统之内,从19世纪早期开始,这种思想就统治了历史政治学。和超然派的士绅一样,他们显示出的最强的政治冲动是想要从腐败的党派政治中拯救人民的政府,那种倾向主导了内战后的美国政治。在镀金时代,他们对工人阶级只表现了有限的同情,也并不喜欢社会主义。1889年,伍德罗·威尔逊宣称"自从我有了自己的独

---

* 查尔斯·安德鲁斯[1863—1943]:美国教师,历史学家。曾任耶鲁大学美国史教授。著有《殖民时代美国史》。他的历史观点属于"帝国派",强调美洲殖民地是大英帝国体系的一部分。——译者注

[2] Arthure S. Link, Wilson, *The Road to the White House* (Princeton, N. J.: Princeton University Press, 1947); Abraham S. Eisenstadt, *Charles McLean Andrews: A Study in American Historical Writing* (New York: Columbia University Press, 1956); Samuel J. Andrews, *William Watson Andrews: A Religious Biography* (New York: Putnam, 1900); Plato E. Shaw, *The Catholic Apostolic Church* (New York: King's Crown Press, 1946); Catharine Macy Noyes, ed., *Jesse Macy: An Autobiography* (Springfield, Ill.: Charles C. Thomas, 1933); Jesse Macy, "The Scientific Spirit in Politics," *APSR*, 11 (February 1917): 1-2.

立判断，就一直是个联邦党人"。在就读于霍普金斯期间的日记中，J. 詹姆森吐露说："我参加的每一个政治会议都有同样的效果，制止我对人民的政治能力抱有更多的尊敬，并使我鄙视他们。"无论他们持有什么样的政治态度，这门学科的保守主义环境都鼓励温和并强制要求谨慎。1894 年，查尔斯·肯德尔·亚当斯抱着同情的态度写信给伊利，说有许多年"我理智努力的一大部分……都花在防止遭到误解上面"[3]。

在约翰·伯吉斯的领导下，哥伦比亚大学的氛围尤为保守。丹尼尔·德莱昂[Daniel De Leon]* 在 19 世纪 80 年代中期毕业于哥伦比亚大学，他回忆起有一天，一队罢工成功的工人游行队伍走过大学窗外，而他的同事们都对这些人表示轻蔑。事实上，对于镀金时代的历史政治学行业来说，德莱昂是其保守主义特征的一个例外。他是新从南美来的移民，有着犹太血统，跌跌撞撞进了哥伦比亚学习国际关系。德莱昂的才华很快得到了回报，获得了政治科学的讲师资格，但是，他具有激进的社会同情心，公开拥护亨利·乔治和人民党，所以他最终失去了这个职位，但这个结果还是令德莱昂感到满意，因为他从未厌倦于奚落自己过去的同事。19 世纪 90 年代，伯吉斯的晚辈从未走到左翼那一边。赫伯特·奥斯古德对社

---

[3] Wilson to A. B. Hart, June 3, 1889, 引用于 Link, *Road to the White House*, 22; Rothberg, "Servant to History," 54; C. K. Adams to R. T. Ely, January 17, 1894, Ely Papers.

* 丹尼尔·德莱昂[1852—1914]：美国工人运动活动家，社会劳工党领袖。生于荷属西印度群岛库拉索岛。在荷兰莱顿大学毕业后，1872 年移居美国。当过报纸编辑、律师，并继续求学。1878 年哥伦比亚大学法学院毕业后留校任教。1888 年加入劳动骑士团。1890 年参加美国社会劳工党，随即成为该党的领袖和理论家，主编党报《人民》。主张建立以产业工会为基础的社会主义社会。维护"美国例外论"，认为通过议会选举即能夺取政权，可以避免暴力革命和无产阶级专政。——译者注

会主义产生了兴趣,但深思熟虑之后还是全盘拒绝了它。虽然弗兰克·古德诺将在 1910 年成为左翼进步主义的领袖,但在 19 世纪 90 年代,他还没表现出多少对大众的同情。他原本是伯吉斯在阿默斯特学院和哥伦比亚大学的学生,注意力几乎完全集中于政府制度的改革,但不考虑改革它们的目的。[4]

在宾夕法尼亚大学,有埃德蒙·詹姆斯和西蒙·帕滕的领导,在霍普金斯大学,伊利在滔滔不绝地发表意见,宽大的赫伯特·亚当斯当领导。在这些地方,历史政治学的年轻一代暴露在这个时代的经济和社会冲突之下。然而,面对社会正义和积极政府的问题,他们却表现出了中立派的立场。在 1887 年夏天,威尔逊阅读了伊利的《劳工运动》和克拉克的《财富哲学》,那时候他已经完成了自己的基本著作,在《国家》[The State] 中做出了系统的论述。他认识到社会主义和民主有着同样的动机,"人人都应当拥有和他人平等的机会"。但他没有像经济学家那样拥护产业协作,并且从一开始就用自由主义的术语定义了民主的理想:平等的竞争机会。[5]

似乎只有中西部的市镇和学院在历史政治学的学生们中间鼓吹民主的狂热,但即使在那些地方,似乎也不乏超然派的怀疑。

---

[4] R. Gordon Hoxie et al., *A History of the Faculty of Political Science*, Columbia University (New York: Columbia University Press, 1955), 30-1, 71; L. Glen Seretan, *Daniel De Leon: The Odyssey of an American Marxist* (Cambridge, Mass.: Harvard University Press, 1979), 12-21; Fox, *Herbert Levi Osgood*, 31-5; Herbert L. Osgood, "Scientific Socialism: Rodbertus," *PSQ*, 1 (December 1886): 560-94. 古德诺第一本论行政的著作,在 "The Socialistic Action of the Administration" (2: 130-4) 这样的标题下花了四页来讨论公众健康和收集信息这样的功能。

[5] Arthur S. Link, ed., *The Papers of Woodrow Wilson* (Princeton, N. J.: Princeton University Press, 1966-), 5: 561-2; 6: 303-9.

弗雷德里克·特纳的父亲是一名正在崛起的共和党政治家和商人，他继承了杰克逊式的民主。1878年在威斯康星的波蒂奇，在毕业告别演说中，年轻的特纳对之表现出了赞许之情，那时正是镀金时代危机的第一次高潮，他赞扬了民主和人民，却担心共产主义会在无知的"群众"中兴起。[6]

在衣阿华的格林内尔学院，杰西·梅西发现自己处于中间地带。他既同情试图管制铁路、谴责用美钞和银元货币来补偿损失的农人协进会，但也憎恨自己邻居过分的东部做派的谴责。他撤回了一本批判美国司法制度的著作出版，那时在他的院系中，激进的社会福音派乔治·赫伦正在猛烈地攻击司法制度，在那之前，联邦最高法院刚做出判决反对国家铁路管制。"对我来说，在这样的条件下出版我的文章只能被视为火上浇油，支持对历史悠久的美国制度进行狂热的攻击。"随着赫伦更深地信奉了基督教社会主义，梅西赞同他对改革的兴趣，但却不赞同"感情用事地拥护不可能的乌托邦"。梅西有关一致同意的科学理想，使他满足于很一般地陈述进步主义的自由派立场，并保持在"历史悠久的［各项］美国制度"的轨道上。[7]

虽然年轻一代的政治态度或是保守的自由主义，或是温和的自由主义，与历史政治学的士绅派创立者并无多大不同，但他们在政治和学科的姿态方面的差异，却足以造成对其前辈的挑战。这个结果主要是因为他们更深地信奉历史主义和现实主义。士绅们将自己的文化要素引入了历史政治学，但他们的学生更清楚地认识到，美国例外论的传统原则有着更深远的含义。虽然他们更

---

［6］　Billington, *Frederick Jackson Turner*, 11.
［7］　Noyes, *Jesse Macy*, 123-4, 131-2, 154-5.

可能在本国拿到哲学博士学位，有时也会去德国和法国做进修，但自己学科的核心历史传统、对文化整体日渐加深的进化论狂热和美国社会可见的转变，使他们比士绅更深切地感受到了历史变迁。他们著作的主要意义在于说明美国的制度是变化的历史的一部分，而不是永恒的例外论原则。

他们敏锐地意识到了变化，所以感到继承的传统不再适用于新的现实，这反过来又给了他们新的能量来奔向现实主义。只有威尔逊拥护浪漫主义的认识论，它用文学使历史和政治科学结成了同盟。他相信，用语言来重新创造生活是"洞察力和解释"的任务，这要求作者有着自己的"个人程式"。而威尔逊的同事们试图逃避"个人程式"，发现现实。[8]

现实主义的关注集中于经验事实，这种倾向可能因更严格的科学经验主义而得到加强，后者来自卡尔·皮尔逊这样的批判实证主义者。而历史政治学的年轻一代对科学需求的感觉，更多来自历史科学的兰克式纲领，强调从第一手材料中重新建构历史，也来自拥护并在很大程度上示范了经验方法的达尔文。身为美国常识实在论传统的继承人，他们很容易得出结论：基于观察到的事实做出归纳，怀疑预先做出的概括，这是通向历史科学的康庄大道。对这一代来说，科学方法意味着抛弃过时的理想，在真正的

---

[8] Woodrow Wilson, "Of the Study of Politics," *New Princeton Review*, 62 (March 1887): 188-99; Woodrow Wilson, "The Variety and Unity of History," 载 *Congress of Arts and Sciences, Universal Exposition, St. Louis, 1904*, ed. Howard J. Rogers, 8 vols. (Boston: Houghton Mifflin, 1906), 2: 3-20。圣路易斯大会的发言人追随威尔逊，以这样的评论开头："可以认为对历史的科学研究已经完全取代了作为文学的历史。" William M. Sloane, "The Science of History in the Nineteenth Century," 载 *International Congress*, 2: 23。詹姆斯·鲁滨逊也这么看，见他的 "The Conception and Methods of History," 载 *International Congress*, 2: 40。

历史事实中寻求真相。[9]

历史主义本身就能对这种信仰提出疑问,但其含义尚未得到完全掌握。认识到随着历史的变迁,每一代人都能重写历史,历史政治学的学生们将进程构想为进步主义式的累积真理,变化着的环境起到引发的作用,但产生的结果仍然是某个更大的真理的一部分。和历史经济学家们一样,他们未能达到自反性的历史主义;此外,在这个学科内缺乏尖锐的政治冲突,无法使植根于历史的偏见的问题进入他们的视线。[10]

在1890年左右,历史政治学的年轻一代开始为自己的学科阐发新的自由派历史主义纲领。与他们的先驱者和同时代人一样,这肇始于美国例外论的危机。特纳相信"我们正在逼近国家历史的关键时刻"。梅西预料到了泽利希曼的反应,担心"几个世纪来我们都一直处于黄粱美梦之中"。他得出结论,"为了预防旧的共同体在新世纪遭受更大的考验",需要"新的历史教诲"。[11]他们全都同意,问题在于,旧的例外论信奉美国的完美和制度的不变。

---

[9] 这一代的成员远比历史政治学的建立者配得上历史实证主义者的称号。他们相信历史方法作为一种科学方法,能使他们接近真正的事实,也就是历史的真理。笔者将避免使用这个名称,因为很容易与笔者在这本书中一直讨论的更广泛的实证主义潮流相混淆。历史实证主义并不必然意味着——通常并不意味着——想要追随自然科学的逻辑模型。关于建立者,见前面第三章注〔34〕的那部分。对美国历史学家的认识论所做的清晰讨论,见Ian Tyrrell, *The Absent Marx: Class Analysis and Liberal History in Twentieth-Century America* (Westport, Conn.: Greenwood, 1986), 8-9, 15-23;也见Peter Novick, *That Noble Dream: The "Objectivity Question" and the American Historical Profession* (Cambridge University Press, 1988), pt. 1; John Higham, *History, Professional Scholarship in America* (New York: Harper & Row, 1973), pt. 2。

[10] Novick, *That Noble Dream*.

[11] Frederick J. Turner, "The Significance of History" (1891), 载 *The Early Writings of Frederick Jackson Turner* (Madison: University of Wisconsin Press, 1938), 61; Jesse Macy, "History from a Democratic Standpoint," *University Extension*, 3 (April 1894): 299。

美国国体的原则应当得到历史化，这样才能在历史变迁的新世界对它们加以合法化并保存下来，也能使它们服从于逐步的自由主义改造。

在对过去学派的工作所做的评论中，古德诺宣称寻找条顿族的起源是浪费时间。美国人可能带来了英国的制度，但很快就会反思"殖民地社会更为原始和民主的特点"。奥斯古德对此加以附和。他宣称，"指出当前的人民主权学说是原始的真理，这满足了群众的骄傲"。但是这种理论"在很大程度上"忽略了"历史视角和历史发展的理念……一个原始的半游牧民族的民主极为不同于19世纪的民主，以历史科学的名义，是时候来反对将两者混淆起来了"[12]。

1892年，安德鲁斯出版了一本有关英国采邑制的研究，这是他们一代的决定性时刻，他这本书的背景是他们的民主政治和新的现实主义的幻灭。

> 欧洲的自由派乐观主义，事实上也包括美国的自由派乐观主义，早在1870年前就带上了更为阴郁的色彩，并且……理想化了的原始自由人渐渐消失在了背景之中……随着这世界了解到……个体的人性和群众的联合行动充满着野蛮的本能并易于犯错，于是就愿意了解，原始人，无论是撒克逊人、条顿人还是雅利安人，从人的发展的尺度上来说，都远低于旧观点愿意承认的水准，他的自由，无论曾经具有什么样的

---

[12] Frank J. Goodnow, "Review of George E. Howard, *An Introduction to the Local Constitutional History of the United States*," *PSQ*, 4 (September 1889): 525; Herbert L. Osgood, "Review of James K. Hosmer, *A Short History of Anglo-Saxon Freedom*," *PSQ*, 6 (March 1891): 162, 164.

本性，都非常不同于自由公民的自由。

安德鲁斯辩称，自由的成长是缓慢的，在每个阶段都发生着调节，以便适应它存在的经济和社会条件。[13]

安德鲁斯想要历史化条顿的民族链条，说明虽然不存在"不变的道德准则"，但存在着进步，它在历史缓慢的有机运动中不断进行。历史研究将照亮它的道路。"对于安全和保守的进步来说，根本的是我们的道德标准应当具备实践性，标准总是超前于履行它的条件……［但不能］过于理想化。"宾夕法尼亚大学年轻的讲师詹姆斯·鲁滨逊对改革更为狂热，他也持有相似的历史主义前提。"在这个国家，政治科学处于实践的停顿状态已经有一百年"，他抱怨，"缺乏思考和夸大其词地信仰现存制度的完善"应当让位于"觉醒了的对进步的兴趣和欲望"。虽然鲁滨逊没有批评美国宪法，但在1890年他已经看到了变化的进展，与英国模式的联系被切断了。宪法更多源于建国者们身处的环境和他们时代的条件。[14]

与之相似的是弗兰克·古德诺，这个伯吉斯的优秀学生指出，伯吉斯自己对国家主权进行的历史分析能够扩展到政府的所有方面，他继续对美国的政治进行自由派历史主义的分析。古德诺认为，无论倾向于保护主义者还是改革派，他的读者都不应当谴责一切变革的尝试，"虽然我们对祖先的信仰淡化了，但是，我们坦

---

[13] Charles M. Andrews, *The Old English Manor*, *JHUSHPS*, extral vol. 12 (1892): 4.
[14] Charles M. Andrews, "History as an Aid to Moral Culture," *National Education Association Journal of Proceedings and Addresses*, 33 (1894): 400-2; James H. Robinson, "The Original and Derived Features of the Constitution," *AAAPSS*, 1 (October 1890): 203-43; "Review of Henry Sidgwick, *The Elements of Politics*," *AAAPSS*, 3 (September 1892): 212-13.

率地承认新的条件需要新的尺度，做能够做的事情"。[15]

一结束对传统例外论的学徒期，梅西就加入了自由派历史主义的挑战。在衣阿华研究地方政府的时候，他已经与赫伯特·亚当斯有了接触，并皈依了条顿族起源说。在1886年的一个文本中，他暗示在美国到处都建立了自治的村庄，殖民地仅仅是它们的联邦，就像国民政府是殖民地的联邦一样。然而，经过一年在英国的学习，1890年他修正了自己的文本，指出有许多类型的地方制度是从英国带过去的，殖民地和国民政府原本是好几种政治实体。此外，他还慎重地加了注释，指出他的著作虽然详细论述了过去和现在的政府权力，却不能预测这种权力将来会如何。梅西的两个文本图解般地说明了他从亚当斯的例外论概念的美国史转向了自由派历史主义及其改革派的后果。此后，他主要的历史资料就来自英国历史学家S. R. 加德纳［S. R. Gardiner］的著作，后者通过详细的论证颠覆了制度具延续性的英国辉格党神话，但却支持变化与过去存在有机联系的观点。梅西在加德纳的著作中发现了证据，民主"与许多基本信仰和原则相和谐，这些信仰和原则深深扎根于过去的土壤，获得了对人的心灵的控制"[16]。

威尔逊是伯克、白哲特和英国史的热心读者，他带着自己的自由派历史主义来到了约翰·霍普金斯大学。像伯吉斯一样，他是南方的联邦主义者［Unionist Southerner］，对联邦权力的增长有着深刻的印象；在评论伯吉斯的著作时，他特别注意到了伯吉斯的

---

［15］ Frank J. Goodnow, *Politics and Administration*（New York：Macmillan, 1900），260-1.

［16］ Jessy Macy, *Our Government*（Boston：Ginn, 1886）; revised ed., 1890, 特别是第49页，"The Relation of History to Politics," *AHAAR*（1893）：185；"Twentieth Century Democracy," *PSQ*, 13（September 1898）：526. 关于加德纳，见 P. B. M. Blasas, *Continuity and Anachronism*（The Hague：Nijhoff, 1978），40-3.

民族主义的历史主义前提,并惋惜历史分析未能更为深入。威尔逊明白,民主不是绝对的,也不是上帝赐予的理想,而是一种相对的善。但它仍然由西方历史中伟大而持久的原因创造出来,并且在现在和未来的各种国体中"静静矗立在最前端"。"我发现自己过分宽容所有的制度,无论是过去的还是现在的",威尔逊承认,"这是由于我敏锐地认识到了它们存在的理由——可以说,最宽容我自己这个时期的制度,在我看来,从历史的角度来说,它本质上相当合理,虽然它当然不是最终的"。对历史的塑造力量有着新的感觉,对流传到美国的条顿制度的历史有着深深的亲切感,在这样的人看来,永恒的真理王国并不必然保证美国的政治进程。威尔逊的伯克式历史主义认可的是逐渐的变化,与过去有着有机的联系。[17]

从伯克式历史主义的角度出发,或许最引人注意的共和党的保守陈述是1898年的《美国政治的兴起和成长》[*The Rise and Growth of American Politics*]。这本书的作者是亨利·琼斯·福特,布法罗的一个新闻编辑。福特敏锐的分析给学术界留下了深刻的印象,他们力劝他加入自己的阶层,后者也很快就这么做了,1906年,他成了约翰·霍普金斯大学的研究员,1908年,他成了普林斯顿的教授。福特对早期美国历史的说明仍然能使历史学家感到吃惊,它的结论只有最近的职业人士才能(再次)得出。它似乎产生于对宪法的传统保守主义理解,这种理解通过对第一手资料的广泛阅读形成。福特说明,殖民地美国的政治是英国贵族社会的支脉,美国的政治理想建立在辉格党政治之上。他声

---

[17] [Woocrow Wilson], "A System of Political Science and Constitution Law," *Atlantic Monthly*, 67(May 1891): 694-9; Link, *Papers of Woodrow Wilson*, 5: 55, 61-2.

称，宪法体现了士绅统治阶级的保守反应，用来反对由美国革命和十三州邦联释放出的民主和无政府力量。政党体系也是这个阶级的创造，它的支持力量是大众的"服从"，但是政治竞争很快使这些士绅政治家们寻求大众支持，在这个过程中，他们使政治实现了民主化。福特声称，政党体系发挥的功能在于，在由宪法分开的政府的不同分支和层次之间加以协调。在华尔波尔当政期间，英国的政党体系在试图协调立法和行政分支的时候同样不负责任，腐败流行，但英国设法转变了自己的统治结构，以便使政党承担责任。这正是未来美国政治的任务。[18]

可以看出，为什么年轻一代发现福特的分析如此地有吸引力。在了解宪法的保守基础的同时，他还说明了历史的发展如何随时间的变化而转变了政治体系，使之更加民主，并为进一步发展开辟了道路。同时，福特为美国的共和主义命运得以实现的希望找到了基础。关于内战他得出结论："种族的优势得到了重建。"如果我们的政治是腐败的，我们产业的巨大发展就意味着"正直……才智和技能……英雄品质的资源罕有地体现在了交战中"，它们仍然存在。

> 如此迹象显示出了民族伟大的资源尚未腐败，所以在我们政治爱国主义的有害的混乱之中，或许能够怀有希望，一个得到净化的高贵的共和国将出现——
> "死亡的火焰和狂暴的混沌的产物，
> 自它剧烈的痉挛和毒素中，

---

[18] Henry Jones Ford, *The Rise and Growth of American Politics* (New York: Macmillan, 1898).

最终生出了完善的权力和美。"

人民仍然具有德性,千年王国的共和国能够从当前的危机中重生。[19]

二 历史和政治学中的历史主义和现实主义

在历史政治学领域,自由派历史主义对静态例外论原则的攻击占据了整个年轻一代,但他们的专业领域很快分裂为二。虽然哈佛大学的艾伯特·哈特(Albert Bushnell Hart)和哥伦比亚大学的威廉·邓宁(William Dunning)将自己的时间和认同非常均匀地分给了历史和政治学,但对于在历史中寻找可用于当前政治行动的本原这个综合任务,这个领域中的大多数人或是强调它的历史面向,或是强调它的政治面向。[20] 年轻的政治科学家和历史学家从他们共享的前提中创造出了虽有所重叠但却相当不同的工作日程,来开展他们的政治和历史研究。

历史学家们的历史政治学方案使现实主义服从于历史主义。对历史学家来说,要真正理解政治,最重要的是从前后关系上去理解过去。在无论什么主题的研究中,他们都一遍遍地指出,对论题进行分析的要点,不能通过无时间性的普遍人性本原来理解,

---

[19] Henry Jones Ford, *The Rise and Growth of American Politics* (New York: Macmillan, 1898), 379-82.
[20] Charles E. Merriam, "William Archibald Dunning," 载 Odum, *American Masters of Social Science*, 134; Robert L. Church, "The Development of the Social Sciences as Academic Disciplines at Harvard University, 1869-1900" (Ph. Dissertation, Harvard University, 1965), vol. 1.

而要通过时代的特定条件来理解。[21] 安德鲁斯和奥斯古德从事的主要研究,是关于殖民地美国作为英帝国一部分的那一时期历史,他们试图将其置于合适的时空背景之中;从它源于早期现代英国历史的角度看待它,而不是从现代美国的民主形式出发来理解它。特纳有着同样的动机不过策略相反,他放弃了寻找欧洲的源头,转而关注"美国的因素"。在向西运动穿过自由大陆的过程中,美国人不断地重新塑造自己的遗产。"要真正理解这个民族的历史,不能盯着大西洋沿岸,而是要看大西部。"[22]

在过去的背景中重建历史的观点,认为历史学家的主要任务是通过研究原始文献发现事实。除非历史学家摆脱了任何狭隘的派性,将说明建立在资料上面,他们才有希望断定——用兰克的话说——"真正发生了什么"。对资料的重视花了历史学家的大量精力去发现、编目、复制和考察基本的手稿材料,这些材料以往一直遭到忽视。身为美国历史学协会的历史手稿委员会的主席、《美国历史评论》[American Historical Review]的编辑以及协会一个时期的秘书,詹姆森在自己的事业中贯彻了兰克式的方法论纲领。他非常谨慎,犹豫着不愿挑战流行的种族起源说,对他而言,这个职位十分合适,虽然他蔑视那种理论以及赫伯特·亚当斯的

---

[21] Robinson, "Original and Derived Features of the Constitution"; Edward P. Cheney, "The Recantations of the Early Lollards," *AHR*, 4 (April 1899): 423-38; Claude H. Van Tyne, "Sovereignty in the American Revolution: An Historical Study," *AHR*, 12 (April 1907); 529-45; Herbert L. Osgood, "The Political Ideas of the Puritans," *PSQ*, 6 (March 1891): 1-28.

[22] Fox, *Herbert Levi Osgood*, 70-3; Charles M. Andrews, *The Colonial Period* (New York: Holt, 1912), v-vii; Frederick J. Turner, "The Significance of the Frontier in American History" (1893), 载 *Early Writings*, 187-8.

学问。[23]

对于决定讨论主要论题并达到综合观点的学者来说,原始文献研究的要求占有压倒性的地位。为了写殖民地美国的历史,奥斯古德考察了汗牛充栋的英国和美国档案。在19世纪90年代中期之后,这项任务几乎占去了他醒着的全部时间,实际排除了他的所有其他兴趣,他在去世前完成了最后一卷。他的同事泽利希曼说:"我们全都极为钦佩他的方式,他坚决摆脱一切无关紧要的事务,决不粗制滥造,全心全意地将自己奉献给了崇高的目标。我们为他而感到骄傲。"学术研究的伦理规范得到了普遍共识,它可能引导着历史学家做出"服务,有如任何僧侣一般坚毅不屈"。[24]

虽然现实主义的历史主义引导着历史学家去关注资料,它同样引导着他们透过表面的政治制度形式,去看到潜藏在下面的历史中基本的社会和经济力量。在历史政治学的跨学科环境中,"政治科学"最初包括了经济学和社会学,年轻的历史学家相信政治必然植根于人民的经济和社会生活。同样,进化也向他们指出在历史表层的下面,有着起作用的长期力量。正如莫雷·罗思伯格[Morey Rothberg]发现的,发展社会史的兴趣甚至影响了詹姆逊。在约翰·霍普金斯大学就读时,他最初的野心是书写联盟各州的历史,这意味着,不仅要开发未使用的文献,还要揭示政治史的社会基础。1891年霍普金斯大学他讲授的南方政治史的课程,主题是民主的兴起,这引导着他去讨论杰斐逊的启蒙理念、美国革命释放出的平等主义热情以及老西南部更为民主的经济条件。到了

---

[23] Rothberg, "Servant to History," chap. 2. 美国历史学协会的《年度报告》证实了这种关注,鲁滨逊、哈特、安德鲁斯和其他人的出版记录也证实了它。
[24] Fox, *Herbert Levi Osgood*, 122, 143, 146, 112.

1895年，他仍然跟随着那种洞察力，在巴纳德学院的课程是"作为社会运动的美国革命"。詹姆森说明，虽然造成美国革命的盎格鲁-撒克逊人的欲望不是要"摧毁和重建它的社会体系"，但美国革命确实重新建立了土地所有制、商业、宗教和对奴隶制的各种看法。[25]

然而，没有人知道詹姆森早就是个社会史家，因为他从未出版过这些讲稿。三十年后，《作为社会运动的美国革命》[American Revolution as a Social Movement] 最终于1925年出版了，这是詹姆森的主要著作中唯一的历史著作。罗思伯格得出结论，和思想上的谨慎一样，政治上的谨慎也阻碍了詹姆森。他有着保守主义的政治信仰，禁不住要受到自己发现的含义的困扰。美国革命是一场社会运动，它的影响不仅仅局限于保守主义所重视的辉格党原则，这个结论还是个具有扰乱性的政治教诲，那时候正是19世纪90年代的危机时期。在1891年课程的末尾，他把杰克逊式的民主比作当前人民党主义的兴起，"威胁着要把公共事务的行动交给一大群缺乏理智的农场主〔和〕政治煽动家"，这段评论被巴尔的摩的报纸摘录了下来。詹姆森的道德是无瑕的保守主义，但最终，杰克逊的信徒们胜利了。对于有詹姆森这样的政治立场和高度谨慎的人来说，社会史也不安全。[26]

安德鲁斯也具有詹姆森的社会史野心，在自由主义的历史编纂中，他为其找到了一条可接受的出路。安德鲁斯声称，在美国历史学协会，欧洲史的课程应当扩展到现在，并说明"政治、社会和经济方面变化着的条件，在这些方面，我们已经进入了一个

---

[25] Rothberg, "Servant to History," 64, 67-9, 123-6, 128-9. 笔者受惠于与罗思伯格的交谈和他的论文，它们突出了詹姆森工作的这个维度。
[26] 同上书，第125—126、129页。

新的时代"。他坚持，历史的最终目的就像安德鲁·怀特在第一届会议上力主的那样，是"历史的哲学综合"。历史必须从过去的观点出发来研究，把概括向前拓展，但目的是要理解"现在的时代"。[27]

安德鲁斯试图贯彻这一做法，在一篇有关19世纪欧洲大陆历史的文本中，他围绕着"那些有助于进步的运动"进行组织。在对欧洲史的旧的共和主义说明中，欧洲的失败而不是成功对美国更具有指导意义。安德鲁斯指出了过多的革命和乌托邦激进主义的失败，但他的说明可靠地依赖于历史的前进运动。按照他的说法，自由主义兴起于欧洲，肇始于法国革命，终止于中欧和东欧帝国仍然不确定的现代化的努力。[28] 鲁滨逊相信安德鲁斯取得了成功，并把他列入"新史学"旗下，所谓"新史学"，"本质上是现代和科学概念的历史"。[29]

在安德鲁斯转向殖民地美国史时，他感到同样需要引入潜在的政治、社会和经济因素，它们在走向进步的过程中发挥着作用。虽然他的大作直到1934年才出版，但在1912年的一篇简短的文

---

[27] Charles M. Andrews, "Should Recent European History Have a Place in the College Curriculum?" *AHAAR* (1899), 1: 547, 541-2.

[28] Charles M. Andrews, *The Historical Development of Modern Europe from the Congress of Vienna to the Present Time*, 2 vols. (New York: Putnam, 1896-98), 1: iv, 25-8, 320, 447-8; 2: 3-4, 278, 343-4, 349, 369. 亦见 James T. Shotwell, "The Political Capacity of the French," *PSQ*, 24 (March 1909): 115-26。

[29] James H. Robinson, "Review of Charles M. Andrews, The Historical Development of Modern Europe," *AAAPSS*, 9 (March 1897), 253-4. 鲁滨逊将这种"新史学"与卡尔·兰普雷希特的著作相联系，后者想要抛弃那种"个人主义、描述和政治性的"旧史学，并致力于普遍的"观念"，给予集体性的、进化的、社会—文化和经验性的历史应有的位置。虽然兰普雷希特特有的理论从未在美国获得信奉，但他的基本取向与想要走向社会史的年轻的历史学家们相同。见 Earle Wilbur Dow, "Feature of the New History: Apropos of Lamprecht's 'Deutsche Geschichte,'" *AHR*, 3 (April 1898): 431-48。

本中，他早期的思考已经初露端倪。和乔治·班克罗夫特（George Bancroft）*一样，他的主题是殖民地美国的民主特征和美国民族主义的出现，但政治经验、社会态度和经济条件开始起作用，对走向独立的殖民地运动做出了更为多样化的说明，这在过去的历史著作中难得一见。虽然集中于政治制度，奥斯古德的殖民地史带着同样的重担，也要把美国的民主和独立与分化的历史条件联系在一起。事实上，奥斯古德觉得需要证明自己的政治方法是正确的。"政治和社会科学现在达到了这样的发展程度，不可能在某一种观点中展现任何历史时代的所有已知方面。"所以，虽然他的注意力集中于政治制度，他也将包容"社会或经济性质的材料"，它们对政治的发展起着作用。[30]

其实，安德鲁斯只比奥斯古德稍好一点。虽然他组织自己的叙述，围绕的是殖民地发展的综合观点而不是政治形式的进化，但是社会和经济因素仍然是政治发展主流的"背景"。虽然他们有着更为广阔的抱负，但安德鲁斯和奥斯古德仍然受缚于国家意识形态和学科传统的政治原则。在把美国史融入自由派历史主义潮流的同时，他们仍然讲着美国例外论的故事。不仅殖民地美国的历史仍然说明的是美国的自由和民族性的兴起，条顿族理论的轮廓和世界历史的目的也得到了保留。1895年，安德鲁斯在对一位法国作者著作的评论中说，否认英美与自由有着某种特殊的益格

---

* 乔治·班克罗夫特［1800—1891］：历史学家，海军部长。曾在哈佛大学按照德国的方式来改进教育。1845—1846年任海军部长，创办美国海军军官学校。在内战中支持林肯。他的10卷本《美国史》一改前辈史学家仅重资料收集或编年史之风，较全面地论述了从美洲殖民地建立到美国独立战争的历史，被称为"美国历史之父"。——译者注

［30］ Andrews, *The Colonial Period*; Herbert L. Osgood, *The American Colonies in the Seventeenth Century*, 3 vols.（New York: Macmillan, 1904-7）, 1: xxv.

鲁-撒克逊联系，这样的看法他不太能接受。他认为，这位作者没有适当地说明英国的政治斗争，没有解释"为什么英国人的本性对民主的理念回应得如此之快"。奥斯古德公开承认在17世纪的美洲和英国撒克逊时期的历史之间有着某种"类同"。在撒克逊人统治时期，英国人的自由基础已经奠定了，"在英国历史后来的整个发展过程中，它都没有丧失掉"，他补充说，美国的历史也是如此。对许多年轻的历史学家来说，传统的政治历史编纂仍然具有吸引力，美国的建立仍然是"英国历史发展的一幕，在已知的世界中，是最长久、最具延续性、意义最为重大的历史戏剧"[31]。

特纳第一个在经济和社会的基础上直接建立了美国例外论的说明。在历史学家的队伍中他独树一帜，想要把例外论的美国经验植根在美洲大陆本身快速变化的条件之中。他如此飞跃的能力，在某种程度上要归功于自己中西部小城镇的出身，在那里，边疆生活的痕迹仍然清晰可见。为了博士学位，他在霍普金斯的第一年重写了在威斯康星大学的硕士论文，这篇文章论述的是威斯康星的毛皮贸易。在很大程度上，边疆主题同样要归功于他在威斯康星大学和霍普金斯大学学到的历史主义，而种族起源说从未对他有多少影响。他听了几门伊利的课程，理解了历史经济学家的视角。1891年他回到了威斯康星，宣布"机器的时代，工厂体系的时代，同样是社会主义研究的时代"。经济事实影响了"大多数的人民"，它们常常是"民族兴衰的秘密，但与作为历史的大多数

---

[31] Andrews, *The Colonial Period*, 66-7, 105; "Review of Charles Borgeaud, *The Rise of Modern Democracy in Old and New England,*" *AAAPSS*, 6 (September 1895): 306-8; Osgood, *American Colonies in the Seventeenth Century*, 2: 440-2; Edward P. Cheney, "The England of Our Forefathers," *AHR*, 11 (July 1906): 778.

事情相比，却被认为只是无用的东西"。人民的经济经验似乎来自威斯康星的有利位置，它是自由之地的定居点。[32]

令这种洞察力引人注目的是他在霍普金斯大学获得的意识："我们正在接近我们国家历史的关键时刻。"1890年的人口普查说明，边疆已经消失了，他更加确信历史经济学家和所有其他社会思想家自1877年以来就一直在说的事情。美国历史的扩张阶段和取得普遍独立的机会即将结束。[33]人民党主义的兴起和19世纪90年代达到顶峰的危机加强了特纳和他读者的危机感。在1893年讨论"边疆在美国历史中的重要性"的论文中，特纳将自己的理论与人民党主义相联系，1896年，他为美国历史学协会重新陈述了这篇论文，强调了当前的政治局势。在1896年笼罩布莱恩的歇斯底里中，他的论题第一次获得了公众的注意和职业性的支持。[34]

特纳的边疆论题将国家意识形态的危机相当忠实地转化为了历史编纂的客观术语。从一开始他就想说明"美国制度的独特性"和"美国生活的独有特征"。把边疆描述成美国的 *virtù*［优越］的动态来源，他宣称"这种长久的不断新生，这种美国生活的流动，这种向西扩展去发现新的机会，它持续地触碰着原始社会的

---

[32] Billington, *Frederick Jackson Turner*, 25-31, 60, 67; Wilbur R. Jacobs, ed., *The Historical World of Frederick Jackson Turner, with Selections from His Correspondence*(New Haven, Conn,: Yale University Press, 1968), 60; Turner, "The Significance of History," 51, 47, 48.

[33] Turner, "The Significance of History," 61. Lee Benson 在 *Turner and Beard* (Glencoe, Ill.: Free Press, 1960)中发现了意大利经济学家阿基利·洛里亚对特纳的影响，前者同样点燃了泽利希曼对历史的经济解释的兴趣。就像19世纪90年代的人口普查的影响一样，洛里亚的影响可能使特纳意识到了一系列业已存在于镀金时代中的政治文化和社会科学的讨论。

[34] Turner, "The Significance of the Frontier," 222; "The West as a Field for Historical Study," *AHAAR*(1896), 1: 282; Billington, *Frederick Jackson Turner*, 188-95.

单纯，并供应着支配美国特性的力量"。边疆最重要的效果在于"促进这里和欧洲的民主"。他忠实于自由共和主义的逻辑，看到"只要自由之地尚存，有能力的人就有机会，经济力量保护着政治力量"。[35]

他也继承了超然派的焦虑，看到在边疆民主中也存在着某些恶："强烈的自私自利和个体主义，不宽容管理知识和教育，令个体自由扩展到了合宜的界限之外。"人民党正是美国的最后一拨"原始的"边疆激进分子，分析的结果预示着他们也只是一个短暂的阶段。"他们反映了这个社会的斗争，想要调整过去的西部理想，那种理想的基础是美国的孤立、没有阶级分化以及机会自由，他们使这种理想适应变化了的条件，在新的条件下，一个定居民族与其他定居民族相互竞争，分享着社会趋势。"但特纳的分析似乎既把模范的德性托付给了边疆，也把一再发生的恶推给了过去。"边疆已经消失了，随着它的离去，美国历史的第一个时期结束了。"[36]

像特纳这样一个深深忠于美国例外论理想的人，如何能够把美国的未来和过去联系起来呢？和他的朋友威尔逊一样，特纳起初希望民族的性格和帝国主义将延长"那种支配性的个体主义"。

> 如果有人断定美国生活的扩张性格现在已经完全消失了，他一定是个轻率的预言家。运动一直是其占统治地位的事实，并且，除非这种训练对民族没有影响，美国的才智始终需要一个更广阔的地域来供它发挥力量。

---

[35] Turner, "The Significance of the Frontier," 186-7, 219, 221.
[36] Ibid., 220-2, 228-9. 从"他们反映了斗争"开始的引文来自 Turner, "The West as a Field for Historical Study," 1: 282-3。

他赞同美国向太平洋的扩张,也支持创造机会来为美国的性格提供扩张的能量。[37]

特纳并不满足于给予美国的未来性格学和帝国主义的基础,也不满足于1893年他提出的边疆主题的粗略轮廓。但是他从未设法完成巩固自己主张的大作。他部分被引向以实证主义的态度来思考美国历史,将其作为社会进化的普遍进程的范例。阿基利·洛里亚声称,"没有历史的大陆清楚揭示了普遍历史的进程"。特纳相信"他是正确的。美国就像社会历史的一张巨大书页。我们一行行地阅读,从西到东,能够发现社会进化的记录"。他正好转向正确的资料,开始引用亨利·亚当斯,大意是"北美是地球上最好的地方",在此基础上建构历史的普遍科学。[38]

为了自己的科学,特纳主要转向了地理学。他认识到移动的边疆揭示了区域的存在,试图将自己的论题转向不同区域力量的动态互动。他想要通过分析区域来勾画美国政治史的主要线索和美国民主性格的发展,以及确保在不断分化的区域和持久的西部民主性格中,美国传统的个体主义将得以生存下来。他的历史冲动将他引向了高度复杂的区域经验,但实证主义使他寻找一种地理决定论,从而越过人口和文化的多样性,给美国的人民打上土地不可磨灭的印记。他在进行一种例外论的努力,试图融合历史与自然,这种努力

---

[37] Turner, "The Significance of the Frontier," 228; Billington, Frederick Jackson Turner, 103, 虽然Billington避开了特纳观点的这个方面; Woodrow Wilson, "Democracy and Efficiency," Atlantic Monthly, 87(March 1901): 289-99。

[38] Turner, "Significance of the Frontier in American History," 198; "The West as a Field for Historical Study," 284; "Problems in American History," 载 Congress of Arts and Sciences, 2: 185-6. 亨利·亚当斯的引文来自他的 History 中认同美国的民主"海洋"的同一段落。见前面第三章。

在修辞上很容易做到，却超出了历史主义能力所及。[39]

特纳的边疆论题是历史学家努力建构"新史学"的第一个可见的成果，过去的美国例外论历史既激发也阻碍了这项努力。应当将它看成历史学家完全用自由主义术语来重新概念化美国的过去的最初成果。边疆论题定义镀金时代之前的美国经验只用了两个术语：自然和个体主义。造就美国的是它与自然的不断遭遇，而非它的政治文化或经济制度，也不是它从英国带来、在美国改造的理念或社会结构。传统的美国历史编纂总认为个体自由是美国经验的定义性的特点。在班克罗夫特那里，它是美国民主的核心线索，可以追溯到新教改革。[40]但特纳认为个体主义是美国性格和政治文化的唯一成分，并剥去了承担和改变它的理念和制度。特纳的浪漫自由主义有助于抹掉过去的自由共和主义话语，即使在它对之加以转述的同时也是如此。它打开了通向自由主义例外论历史编纂的大门，可以赞美不假思索的美国经验和它对自由个体主义的专一奉献。[41]

在政治学的学生中，现实的历史主义纲领被倒转了。政治科学的新的冲动是历史的现实主义。正如古德诺所说，他想要说明"特别考虑到美国现存的政治条件，法律确定的正式政治体系并不总是事实上的体系"。他继续说道，只有通过这样的认识才能够使

---

[39] Billington, *Frederick Jackson Turner*, chap. 9, pp. 351-2, 367, 372-4; Jacobs, *Historical World of F. J. Turner*, 57-8, 135; Frederick J. Turner, "Social Forces in American History," *AHR*, 16 (January 1911): 224-5.

[40] George Bancroft, *A History of the United States from the Discovery of the American Continent to the Present Time*, 10 vols. (Boston: Charles Brown, 1834-74), vol. 1, chap. 10, vol. 2, chap. 18, 4: 167-79, 8: 474-5.

[41] 前者的一个有代表性的例子是 Daniel Boorstin, *The Genius of American Politics* (Chicago: University of Chicago Press, 1953); 后者的例子可见 Louis Hartz, *The Liberal Tradition in America* (New York: Harcourt Brace & World, 1955)。

事实上的体系更接近于和"作为正式体系基础的政治理想"相一致。在历史确定了讨论问题术语的同时,也提供了这种现实主义分析的钥匙,因为历史变化改变了政治制度,将旧的形式转变为了无用的空壳,它创造出的新的功能也需要新的形式。[42]

历史的现实主义使年轻的政治科学家转而研究政党、行政部门、市政府和美国政治的害群之马。他们的超然派先驱已经充分认识到了问题:政治上的党派偏见、地方腐败和管理不足,但他们认为这些是对规范的偏离,并没有在任何程度上改变共和政府和政治科学依赖的基本原则。年轻一代认为它们是政治研究的合法领域,在政治生活中发挥着功能。

然而,他们也在某种程度上延续了由超然派开启的对美国政治的批判。他们看到美国政治制度的核心困难是分权体系。为了避免美国的问题,现代英国政府将政治和行政权威集中到了议会,它可以作为美国仿效的模范,美国制度的政府组织可能由此向前进化。在《国会政府》(*Congressional Government*, 1885)中威尔逊声称,联邦政府不再是相互平衡的分立权力,而是由国会来统治。"我们宪法的历史只是对制度变化的普遍原则的另一个说明。"威尔逊赞同变化的方向。他批评政党责任的扩张。反对削弱国会中的辩论,并希望国会政府能够进化为更接近议会体系的模式。[43]

---

[42] Goodnow, *Politics and Administration*, v, 2-3. 亦见 L. S. Rowe, "The Problems of Political Science," *AAAPSS*, 10(September 1897): 165-86。

[43] Woodrow Wilson, *Congressional Government* (Boston: Houghton Mifflin, 1885), 5-7; Link, *Papers of Woodrow Wilson*, 4: 6-13. Niels Aage Thorsen 提供了对威尔逊的政治科学有启发性的讨论,见他的 *The Political Thought of Woodrow Wilson, 1875-1910* (Princeton, N. J.: Princeton University Press, 1988),这本书为 *The Papers of Woodrow Wilson* 提供了补充,虽然 Thorsen 夸大了威尔逊的著作在政治科学中的原创性和重要性。

在新政治科学家对行政、市政府和政党的研究中，分权的破坏性效果以及通过集中权威对其加以纠正的模式是核心主题。

1887年，威尔逊打响了研究行政的第一枪。他宣称"只要基本原则的建立得到了关注"，制宪时代就结束了，他认为未来的变化将主要处理行政问题。虽然他限定的研究范围包括了"政府能够适当和成功做到"的事情，以及如何有效率地施行，但他也只是一般地讲了讲面对复杂的现代环境，政府的扩张不可避免。行政主要涉及有效率的执行。存在着某些行政的"稳定原则"——行政权威的集中化和准许"巨大的权力和不受阻碍的判断力"——既产生出有效率的行动，也使责任得以明确。在这里，他回应了拿破仑改革实现的内容以及杰里米·边沁的影响，是公认的行政实践的智慧。威尔逊强调存在着"好的行政的唯一规则，适用于一切政府"，面对承担着人民主权和分权的美国国体，威尔逊需要向其证明集中化的科层制类型的合理性。他选了一条容易的路出发，声称行政只是"事务"或"机制"的领域。能够自由地借鉴欧洲大陆的方法，而无须破坏美国的政治制度。[44]

市政改革史的现实主义方案，体现在古德诺有关市政问题的研究之中。古德诺声称，为了发现"城市到底是什么"，必须"把城市看成政府体系的一部分而不是一个孤立的现象"。通过研究欧洲和美国的历史，他得出结论，城市始终是国家行政的代理人，也是满足地方需要的中心。完善地方自治并想要将国家政党完全

---

[44] Woodrow Wilson, "The Study of Administration," *PSQ*, 2 (July 1887): 197-222; A. Dunsire, Administration: The Word and the Science (New York: Wiley, 1973), 62-73. Dwight Waldo 的 *The Administrative State: A Study of the Political Theory of American Public Administration* (New York: The Ronald Press, 1948). 他将公共行政视为全国国民参与经营、改革和科学的意识形态媒介，但并未将其视为政治科学家及其反多数主义的辉格党观点的意识形态媒介。

排除在市政选举之外因此是不切实际的。但通过应用行政原则、剧烈减少所选官职的数量以及将责任集中到选出的市议会和强有力的市长手中，地方治理能够得到加强。[45]

有关政党的问题，福特的《美国政治的兴起和成长》是关键文献。虽然英国政党体系的历史、华尔波尔的榜样和杰克逊时代政党分肥制的出现始终是超然派讨论的主要问题，但政党一直只被简单地看作组织意见的手段，因此它们理想的功能是代表正式的意见或原则。与这种理想相反，政党活动的增殖和腐败被视为更为原始的历史冲动和共和主义的衰落。通过考察政党在新共和国中形成的历史细节，福特指出，政党的快速发展更多是由于在协调美国政府特有的分裂体系中发挥了积极的功能。借助历史作为分析工具，他揭示政党的一个核心功能是维持政治行为的持续性，而超然派只能谴责它。[46]

以进步时代最错综复杂的形式，古德诺在《政治与行政》[*Politics and Administration*，1900]中将所有这些主题汇聚到了一起。他认为政府有两个主要功能。一方面是政治性的，即表达人民的意志，一方面是行政性的，即执行那种意志。他强调，行政不仅仅属于事务领域，也是一种治理功能，要巧妙地既与政治相协调，也要和它分开。政治控制行政的程度，要能够确保它与人民的意志相和谐。但政治不应当扭曲行政功能；实际上，集中化和科层制的行政原则将更有效地实现公众意志，使其领袖更负责任。

---

[45] Frank J. Goodnow, *Municipal Problems* (New York: Macmillan, 1897), v, 22-32, 176-92, 195-9.

[46] Cf. Dorman B. Eaton, *Civil Service in Great Britain* (New York: Harper, 1880), 116, 369, 382, 及第1、2章的各处。

在整理为市政改革设计的方案时，古德诺试图既分开城市的行政和政治任务，又将它们整合在一起。政党促进了美国去中心化的行政体系和选举职位的增加，而宪政结构严格的分权又防止了政党不受责任明确的控制，就像英国政党那样。民主的领域需要缩减，独立的集中行政需要加强。只有美国人接受了独立行政的原则，才可能向政府"安全地托付这么多工作"。但是，古德诺超越了福特，它认为在选举官员的时候，政党同样发挥着基本的政治功能。必须使这种功能更加对公众负责，这可以借助对政党活动的司法控制，这种设计合法地保护了初级选举。[47]

20世纪的政治科学家常常指责他们的前辈，说他们缺乏现实主义，认识不到现实主义是由历史背景限定的。他们也责备前辈在偏好历史方法方面缺乏现实主义，认识不到历史主义是他们现实主义的基础。[48] 历史提供了分析性的切分手段，能够分开18世纪的形式、19世纪的功能和20世纪的条件。这支持了古德诺对政治功能多样化和整合的洞见。虽然《政治与行政》被视为研究美国政治的经典著作，但随着学科变得更强调科学方法，它的许多微妙之处遭到了忽视。与古德诺对分离和整合做的更微妙的尝试相比，威尔逊对政治和行政的划分更多地被看成政治科学的目标。古德诺在市政、政党和行政改革中将表达人民意愿的潜在政治功能铭记在心，但它常常淡出了人们的视线，因为功能分析与历史分了家，并被装进了自然科学模式

---

[47] Goodnow, *Politics and Administration*, chaps. 3-7 and p.87.
[48] Martin Landau 在 "The Myth of Hyperfactualism in the Study of American Politics," *PSQ*, 83 (September 1968): 378-99 中重新发现了福特和他的同伴的现实主义和功能分析，但没能认识到那项成绩中的历史和比较分析的主要角色。

的政治体系。[49]

早期的政治科学家因为专注于历史和制度约束而遭到责备,他们犹豫着不愿直接研究同时代的政治。[50]在那种解释中有着某些真理。威尔逊在《国家》中对现代西方政治体系进行了比较研究,他认为至少要在欧洲待三个夏天来研究"活的"题材。当他不能在经济上负担这种研究时,就只好从最新的德国手册上抄录他需要的说明。但早期在研究国会政府的时候,他从未接近华盛顿来观察国会的行动。[51]他的历史取向也许使他习惯了从书本和期刊上了解情况,但威尔逊没有去华盛顿,是因为他确信从白哲特和超然派的传统智慧中预先得到的分析。如果现实主义要求认识所继承的传统的不足,那么这些政治学学生的现实主义必定瑕疵甚多,并且受到政治情感和例外论原则的妨碍,他们仍然和自己的超然派及辉格党先驱者共享着这些情感和原则。

古德诺和他的同事们提出了历史的现实主义纲领,它扩展了辉格党传统的历史政治纲领,将它带进了新的时代。美国共

---

[49] Waldo, *The Administrative State*, 110-14 and chap. 8. 例如,福特不像古德诺那样,他相信政党有一种统治功能,就是行政协调。政府对舆论的顺应是辅助性的任务,并且他相信在任何情况下,政党已经做得够好了。Henry Jones Ford, "Review of Frank Goodnow, *Politics and Administration*," *AAAPSS*, 16 (September 1900), 184-8. Landau 在 "The Myth of Hyperfactualism" 中正确地看到福特的狭隘的功能主义比古德诺的更为现代和科学。亦可比较 Austin Ranney, *The Doctrine of Responsible Party Government. Its Origin and Present State* (Urbana: University of Illinois Press, 1954), 107-10。Michael H. Frisch 揭示了古德诺对城市改革的观点中的某些复杂性,见他的 "Urban Theorists, Urban Reform, and American Political Culture in the Progressive Period," *PSQ*, 97 (Summer 1982): 295-315。

[50] Albert Somit and Joseph Tanenhaus, *The Development of American Political Science: From Burgess to Behavioralism* (Boston: Allyn and Bacon, 1967), 69-76.

[51] Woodrow Wilson to Herbert B. Adams, December 5, 1886, in Link, *Papers of Woodrow Wilson*, 5: 416-17; 6: 249-51; 4: 12.

和主义制度深深地嵌入在历史之中。通过温和的改革，可能出现一个"得到净化的高贵共和国"。在古老的辉格党方案看来，有机政府的权力、缩减的民主和自然贵族的统治仍然有效。在《国家》中，威尔逊发展了"政府的绝对本性"的旧主题，它的根在亲族关系，将道德目标合法化，能够用这种有机概念的政府来对抗罢工的产业工人和违法的资本家。[52]虽然在威尔逊和他的同事们的著作中只是一个次要主题，但他们响应了新的自由主义社会科学家，同意接受资本主义，赞同在有限的方面扩展国家的权力。

想要容纳民主是一个更为有力的主题。虽然古德诺有着敏感的民主关怀，但他也继承了对民主的传统畏惧，民主"不适合于任何达不到人类生活理想条件的情况"。他相信，"能够达到的民主政府，不体现为官员的深思熟虑和人民对政策的积极决定，更多是否决的权力和改变政党领袖的权力"。这种民主受到了削减，行政限制了它的范围，它的权威也限于某种否决权，它延续了超然派和辉格党指定给人民的恭顺角色。虽然更为民主的政治科学家对此有异议，但它为资本主义的政府行政观开辟了道路，那种观点依据的是商业原则和战后的技术专家治国论。[53]

他们著作的最强有力的主题没有将治理交给资本家，而是交给了他们自己。如果古德诺笔下在政治和行政之间的微妙关系倾向于消失，那也是因为他原初的目的和自己的传统一样，都是要

---

[52] Woodrow Wilson to Herbert B. Adams, December 5, 1886, in Link, *Papers of Woodrow Wilson*, 6: 303.

[53] Goodnow, *Politics and Administration*, 171, 249-9; Martin J. Schiesl, *The Politics of Efficiency: Municipal Administration and Reform in America, 1880-1920* (Berkeley: University of California Press, 1977). Cf. Henry Jones Ford, "Municipal Corruption," *PSQ*, 19 (December 1904): 680-1.

分开它们,这样行政才能交给"最好的人"。在新的政治科学看来,士绅的规划是要训练一个阶级有教养的领袖,专家公务员通过研究行政来进入核心。正如"社会控制"之于社会学家和经济学家,行政对政治科学家来说,既是对自己学科改革的集中关注,也包含着他们职业的行业野心,它承载着双重的意识形态。仁慈的行政权力和管理者按照公共利益理性行动的能力,并不比相似的社会控制的益处有更多疑问。社会科学家高估了自己控制资本主义和社会化社会的能力,与之相应,政治科学家高估了自己理性化公共决策和分开政治与行政的能力。[54]

要知道旧的辉格党传统对新的政治科学家有多少影响,得看他们在论文和教科书中写下的政治理论。[55] 他们理论的实质仍然是讨论国家及其主权,设定有限政府和公民自由,弗朗西斯·黎白最先运用日耳曼和辉格党术语对它们加以规定。事实上,受内战民族主义的影响,并且想要控制产业的无序,他们著作强调的是国家的主权。对这种传统的不断适应反映在它对进步主义成就的价值上,它扩展了政府的功能,同时也对它们加以限制。教科书

---

[54] Raymond Seidelman 和 Edward J. Harpham 在 *Disenchanted Realists: Political Science and the American Crisis, 1884-1984* (Albany: State University of New York Press, 1985) 抓住了新政治科学的这种职业精神。Schiesl 在 *Politics of Efficiency* 中出色地说明了由行政改革者建立的制度结构是如何变得屈从于外界政治利益和他们自己政治利益的核心。

[55] 主要的论述是 Westal W. Willoughby 的 *An Examination of the Nature of the State* (New York: Macmillan, 1896)。四个重要文本是 James W. Garner, *Introduction to Political Science* (New York: American Book Co., 1910); Raymond G. Gettell, *Introduction to Political Science* (Boston: Ginn, 1910); James Q. Dealey, *The Development of the State* (New York: Silver, Burdett, 1909); Stephen B. Leacock, *Elements of Political Science* (Boston: Houghton Mifflin, 1906)。见 "Report of the Committee of Seven on Instruction in Colleges and Universities," *APSR*, 9(May 1915): 368。

作者们一开始较少注意对主权的抽象讨论，更关注现代政府的具体功能。新自由主义观点仍然占据了相当大的领域。韦斯托尔·威洛比［Westal W. Willoughby］是最大的保守主义分子，他将国家和政府等同起来，并给予它绝对主权。詹姆斯·迪利［James Q. Dealey］这个主要作家中最大的民主派，将人民称为主权者的臣民，"但他们不仅仅是臣民，他们也是公民；因为他们既拥有权利，也负有义务"。加拿大人斯蒂芬·里柯克［Stephen Leacock］*预见到了国家权力在指导社会福利方面的扩展，大多数人都小心地只允许政府功能有温和的扩张。[56]

旧理论的政治有用性阻碍了借助自由主义理论来重新思考它的前提。传统的辉格党原则已经提供了有力的政府和社会化的个体。对那些作家来说，最为坚定也无异议的立场就是反对"过时的社会契约论的个体主义"。[57]为了使个体权利现代化，某些理论家回到了黎白和布伦奇利曾用过的观念论自由主义传统。威洛

---

* 斯蒂芬·里柯克［1869—1944］：生于英国汉普夏郡农村。幼年随父母移居加拿大安大略省锡姆科湖畔，以垦荒为生，家境贫困。多伦多大学毕业后，曾在美国芝加哥大学攻读政治经济学，获博士学位。历任加拿大麦吉尔大学讲师、教授等职。里柯克十分推崇狄更斯和马克·吐温，他的创作深受他们的影响。里柯克认为幽默来源于生活，由于美好的理想与渺小的现实发生矛盾而产生，并且经常是眼泪和微笑的混合。著有《我在英国的发现》《繁杂的高等教育》等二十几本幽默随笔以及长篇小说《小镇艳阳录》等。——译者注

[56] Dealey, *Development of the State*, 300; Leacock, *Elements of Political Science*, 386. Daniel Rodgers, Contested Truths: Keywords in American Politics since Independence (New York: Basic, 1987) 的第 5 章提出了具有洞察力但过于单一的说明，认为进步时代的政治科学是对国家的神化。国家主权的主题受到了相当大的调整，并且基本上被限制在理论文本中来反对进步主义政治科学家在政党、市政与国家改革、行政、殖民地治理和法律解释方面的广泛利益。

[57] James Q. Dealey, "Review of H. J. Ford, The Natural History of the State," *APSR*, 9(November 1915): 798-9.

比利用了 T. 格林［T. H. Green］*的伦理国家概念，虽然他将其与约翰·奥斯汀［John Austin］**的主权概念不协调地结合在了一起。沃尔特·谢泼德［Walter Shepard］在康德思想的基础上建立了一套选举权理论，力主选举是"实现人格价值"的本质性手段。然而，对大多数人来说，为了调和个体的道德主张和国家的权威，这些作家的努力前后不一。[58]

在这种传统的政治理论框架内，最基本的不一致并不在于实质的内容，而在于理论的认识论地位。威洛比虽然是赫伯特·亚当斯的学生，但后者的历史主义似乎对他没有影响，他试图建立一种理性主义的立场。威洛比认为"本质性的自然"对立于政治制度"纯粹的表象"，并将"它们在公民生活的竞技场中的真实运

---

* 托马斯·希尔·格林［1836—1882］：英国哲学家和社会改革家，黑格尔主义者。他用观念论改造了自由主义，适应了那个时代的政治实践和宗教危机。他反对功利主义，认为人是自觉的主体，社会的基础是成员间对他们本身就是目的的承认，国家并不是个体维护自身权利的工具，而是要积极地协助公民实现其道德目标的伦理国家。——译者注

** 约翰·奥斯汀［1790—1859］：英国法学家，分析法学派创始人。他认为，法学只应研究"实际上是这样的法"，即实定法，而不是像自然法学家那样研究"应当是这样的法"，即理想法或正义法。法与道德无关，或至少两者并不存在必然的联系，法律尽管是不道德或不正义的，但只要是合法地制定的，仍应具有法律效力。奥斯汀认为法（实定法）是掌握主权者责成或禁止在下者从事一定行为的命令，如不服从即以制裁作为威胁。这种法的定义包括三个要素：主权、命令、制裁。掌握主权者是指一个或一群被人习惯地服从的人，他或他们本人并不服从其他人；命令仅指一般命令，这种命令不一定来自立法机关，也可以来自掌握主权者授权的人。他的学说在西方法学界尽管备受攻击，但仍有重大影响。H. 凯尔森的纯粹法学和 H.L.A. 哈特的新分析法学都是在继承和修改他的学说的基础上形成的。——译者注

[58] Thomas I. Cook and Arnaud B. Leavelle, "German Idealism and American Theories of the Democratic Community," *Journal of Politics*, 5（August 1943）: 222-8; Walter J. Shepard, "The Theory of the Nature of the Suffrage," *PAPSA*, 9（1912）: 106-36. 亦见 Raymond G. Gettell, "Nature and Scope of Present Political Theory," *PAPSA*, 10（1913）: 56。

作"委托给了表象的领域。政治哲学的任务是"演绎出普遍适用的原则"。历史变化着的条件并不产生"新的真理（因为是不可能的）"。而是揭示出"纯粹的思辨思维"可能犯下的错误和错过的改进。与英国的亨利·西季威克（Henry Sidgwick）*不同，后者尝试证明其革新观点对政治学的哲学分析的合理性，宣称历史主义分开了对过去和现在的理解，而威洛比似乎不为历史主义所动。他的认识论属于19世纪美国法律的传统，在去约翰·霍普金斯大学之前就已经研究过它，那种传统相信在历史变化着的形式下面隐藏着固定的理性原则，历史条件只是揭示出它们。威洛比试图"在现代现实主义的世界面前"捍卫自己的理论概念，但并不怎么成功。他和另一群理论家进入了国际法的领域，特别是在"一战"之后。[59]

在威洛比把黎白的观念现实主义引向理性主义的同时，大多数这个时代的政治理论家则把它引向了历史主义。他们声称理论达不到绝对真理的领域，也不仅仅是抽象的思辨。理论是历史的产物且随着历史而变化。他们阐述的主权和公民自由的原则是激发现代西方民族国家的原则。事实上，他们的理论只表现出与历史极为松散的联系。然而，在一个尊重对政治实践进行现实主义

---

* 亨利·西季威克 [1838—1900]：英国哲学家、作家。以其功利主义道德理论和《伦理学方法》而知名。他同意密尔的功利主义，也接受康德的绝对命令原则，他对这两种思想的吸收体现在《伦理学方法》中。西季威克试图调和个人快乐和他人快乐之间的冲突，建立一个"普遍快乐主义"的体系。——译者注

[59] Willoughby, *Nature of the State*, viii, 4-5, 380-1; "The Value of Political Philosophy," *PSQ*, 15 (March 1900): 76; William H. Hatcher, "Westal Woodbury Willoughby," *DAB*, Suppl.3, 830-31; James W. Garner, "Westal Woodbury Willoughby: An Evaluation of his Contribution to Political Science," 载 *Essays in Political Science in Honor of Westal Woodbury Willoughby*, ed. John M. Mathews and James Hart (Baltimore: John Hopkins University Press, 1937), 3-32. 关于西季威克，见 Stefan Collini, Donald Winch, 及 John Burrow, *That Noble Science of Politics* (Cambridge University Press, 1983), chap. 9.

研究的学科中，理论的历史特征及其与变化着的历史形态的相关性，是这些理论家能做出的主要的现实主义保证。[60]然而，他们的著作一出版，就遭到了现实主义同事们的攻击，说他们"在非常狭小的信息基础上进行大量的理论化"。理论本身并没有通过现实主义的检验。[61]

三 职业分工

没有尖锐的政治异议的刺激，针对士绅的历史政治模型的这些挑战就引不起多少憎恨。赫伯特·亚当斯不赞同在德国大学中实践的那种"野蛮的"批评；他不声不响地向那些反对他的条顿族起源说的人们让了步，只是将精力转向研究美国教育史。他并不打算将自己的历史概念作为过去的政治学来捍卫。他认为，应当从包容性的亚里士多德主义的意义上来理解政治学，并且历史政治学能够包容公民社会的任何公共方面。亚当斯仍然是美国历史学协会的秘书，虽然年轻的历史学家们将自己的纲领凌驾于他温和的反对之上。他把协会和联邦政府联系起来，让史密森学会*（有时也让审查员）出版它的《年度报告》[Annual Reports]。美国历

---

[60] Garner, *Introduction to the Politics Science*, 228-35; Gettell, "Nature and Scope," 50-2; Dealey, *Development of the State*, 210; Leacock, *Elements of Political Science*, 5-11.

[61] Edgar Dawson, "Review of Raymond Gettell, Introduction to Political Science," *APSR*, 5 (May 1911): 311; William A. Schaper, "Review of James Garner, Introduction to Political Science," *APSR*, 5 (February 1911): 140-1.

* 史密森学会 [Smithsonian]：英国化学家、矿物学家詹姆斯·史密森捐款创建的研究机构，于1846年在美国首都华盛顿成立。——译者注

史学协会每年都在华盛顿召开大会。为了把事务掌握在自己手中，1895 年，年轻的历史学家们创立了《美国历史评论》，投票决定在其他城市而不是首都召开大会，并创立了历史手稿委员会。他们给予自己的兰克式方法论纲领以制度化的形式和它所需要的纯粹的历史主义。[62]

同样，政治科学家也在谨慎地行动，相对于攻击伯吉斯的黑格尔主义原则，他们更为公开地攻击亚当斯的种族起源说。如果说古德诺在 1900 年出版的《政治与行政》是一份独立宣言，那也是一份沉默的宣言，伯吉斯表现出了相对宽容的自由派立场，承认了传统美国原则的力量。年轻的政治科学家开始结合起来，围绕着他们对行政的兴趣及其创造的以专家姿态面对政府问题的机会。在 19 世纪八九十年代，哥伦比亚大学的政治科学家在城市政治改革方面尤为活跃，对所有的社会科学家而言，专家活动的步调在世纪之交加快了。在这样的行政实践活动的背景下，年轻的政治科学家逐渐感到，需要更系统地收集和交换在市政、国家、民族和殖民地层面的有关立法的信息。由古德诺和康奈尔大学的经济学家杰里迈亚·精琦充当先锋，在 1902 年建立起了一个委员会，考虑到为实现那个目的建立协会，它很快就转变为了一个范围更大的组织：美国政治科学协会［American Political Science Association］。[63]

---

[62] Records of the Historical and Political Science Association and of the Seminary of History and Politics, Johns Hopkins University, p. 57; Herbert B. Adams, "Is History Past Politics?" *JHUSHPS*, ser. 13, nos. 3-4（March-April 1895）: 69-71. David D. Van Tassel, "From Learned Society to Professional Organization: The American Historical Association, 1884-1900," *AHR*, 89（October 1984）: 950-1.

[63] Hoxie, *History of the Faculty of Political Science*, 76-9, 102; Mary O. Furner, *Advocacy and Objectivity*（Lexington: University Press of Kentucky, 1975）, 282-9.

自它于 1903 年成立、古德诺当选为主席以来，美国政治科学协会就力图避免冲突。赫伯特·亚当斯于 1901 年英年早逝，伯吉斯基本忽略了新的协会并回过头来关心哥伦比亚大学，在理事会中给了安德鲁·怀特一个礼节性的位置。古德诺的主席致辞小心地使用不具争议的术语来定义政治科学。他的定义涉及的范围，既包括"应该是什么"，也包括"是什么"，既包括法定制度，也包括"法定之外"的制度。无论是科学还是历史都未引入定义的框架之内。他顶着有所冒犯的风险而引入的唯一有关政治科学家的说明，是将"纯粹的政治哲学家"完全交给了"哲学思辨"，因为他知道出席者中没有谁会对号入座。有关社会科学家公共角色的争论困扰着经济学家和社会学家，但在这里却惊人地缺席了。在社会科学中，除非有争议的意识形态各方的方位清晰可见，拥护才会成为一个问题。[64]

美国政治科学协会形成了，历史政治学的年轻一代围绕着行政或兰克式方法论纲领结合了起来，我们不再能忽略，这门联合性的学科被分为了政治科学和历史。如果政治学、历史主义和现实主义在年轻一代身上结合在一起，是因为他们攻击士绅概念的固定的美国原则，那么他们理解的这些文化要素的不同用途，也将他们分成了历史学家和政治科学家。

在某种层面上，分裂只是兴趣分歧的产物，并混合着上升中的职业主义。虽然政治科学家集中关注同时代的政治，但大多数历史学家，无论是美文学传统的传人，还是一心一意想要以兰克式的方法来重建过去，都对同时代的政治不感兴趣。在快速扩张

---

[64] "The Organization of the APSA," *PAPSA*, 1 (1904): 5: 15; Westal W. Willoughby, "The APSA," *PSQ*, 19(March 1904): 107-11; Frank J. Goodow, "The Work of APSA," *PAPSA*, 1(1904): 42-3.

和去中心化的大学体系中，专业化相对容易实现，并能够带来制度上和学科独立方面的地位回报。此外，历史学家的人数多过政治科学家不少，更加剧了双方的紧张关系。[65] 在美国历史学协会大会上置疑政治论题是否相干，在联合计划中强调历史还是政治训练，这些问题在19世纪80年代浮出了水面，到1895年终于爆发为公开冲突。哥伦比亚大学的历史学家觉得在伯吉斯的历史和政治科学的联合学部中遭到了轻视，他们要求成立单独的科系，伯吉斯促成了这件事，也从自己职位的头衔上拿掉了历史学。1895年，亚当斯捍卫了自己的历史作为过去的政治学的概念，这同样是一份宣言，表明他反对霍普金斯大学的任何分离活动。[66]

或许是这次分离的刺激，促使伯吉斯在1896年的美国历史学协会中做出了不寻常的事，并向历史学家们发起了挑战。虽然他保留着原初的共同领域的概念，但他围绕着一段煽动性的文字来限定它，这段文字引自J. R. 西利这个剑桥大学历史政治学的设计师，大意是："在某些科学占有了一组接一组的事实之后，留下的残渣的名字就叫历史。"政治科学将很快占有大部分剩下的事实，因为正是政治科学将历史的事实转变为了"科学的形式和

---

[65] 关于做出这种粗略估计的根据，笔者的结论是，从1882—1907年授予政治科学的博士学位是历史学博士学位的三分之一到一半，在20世纪20年代，美国历史学协会的规模大约是美国政治科学协会的两倍。Somit and Tanenhaus, *Development of American Political Science*, 55, 58, 91; John Higham, *History: Professional Scholarship in America* (New York: Harper & Row, 1973), 19, 27.

[66] Charles K. Adams, "Recent Historical Work in the Colleges and Universities of Europe and America," *Papers of the AHA*, 4 (1889): 44-5; Anson B. Morse to Herbert B. Adams, March 29, 1893, Adams Papers; Hoxie, *History of the Faculty of Political Science*, 60-3; Herbert B. Adams, "Is History Past Politics?" 80.

结论"。[67]

历史学家不能接受这样的说法，安德鲁斯和康奈尔大学的 H. 斯蒂芬斯 [H. Morse Stephens] 对伯吉斯的观点进行了广泛的反驳。斯蒂芬斯认为，政治科学家们把自己看得太高了。他表示，历史才占据至尊的地位。虽然双方都努力想要控制火气，但在接下来的几年中仍然是你来我往，交战不断，年轻的历史学家想对政治科学家的著作发表评论，却发现这些人严重缺乏历史学的学术标准。[68]

然而，到了 19 世纪 90 年代，在历史学家和政治科学家之间出现了更严重的对立趋势，其程度超过了由专业化和职业野心引发的对立。历史学家们感到，政治科学家们对政治规范和同时代政治的复杂牵连的研究，威胁到了自己力求达到历史真相的努力。正如梅西注意到的，历史学家"通常断定政治学是对历史的歪曲……为了达到真正的历史精神，作者们必须在时间和空间上从活跃的政治领域摆脱出来"[69]。

虽然所有的历史学家都想避免与同时代的政治有所牵连，但他们在需要哪一种历史这个问题上达不成共识。斯蒂芬斯要求与

---

[67] John W. Burgess, "Political Science and History," *AHAAR* (1896), 1: 207, 210.
[68] H. Morse Stephens, ibid., 211-15; Charles M. Andrews, "The Teaching of History-Discussion," ibid., 256-7; "A Retrospect," *PSQ*, 10 (December 1895): 567; Albert B. Hart, "The Historical Opportunity in America," *AHR*, 4 (October 1898): 17; Frederick J. Turner, "Review of Harry Pratt Judson, *The Growth of the American Nation*," *AHR*, 1 (April 1896): 549-50; William Garrott Brown, "Review of Jesse Macy, *Political Parties in the United States, 1846-1861*," *AHR*, 6 (April 1901): 592-6; William Garrott Brown, "Review of John W. Burgess, *Reconstruction and the Constitution, 1866-1876*," *AHR*, 8 (October 1902): 150-2; William Garrott Brown, "Review of John W. Burgess, *The Civil War and the Constitution, 1859-1866*," *AHR*, 8 (January 1903): 368-70。
[69] Macy, "The Relation of History to Politics," 181.

政治科学一刀两断。他是一个英国人，两年前才到美国，他向听众们详细叙述了威廉·斯塔布斯［William Stubbs］在牛津与西利作战的情况，后者想要使历史从属于政治科学。斯蒂芬斯说，斯塔布斯教我们要"为了历史本身"而研究历史。在历史中寻找真实与寻找政治原则不可共存，而后者占据了美国历史政治学的舞台。

> 我们研究历史，应当尽力找出真相，而不是要尽力理解这个或那个国家有多么自由；不是为了解释我们国家的政府多么优于其他国家的政府，更不是为了证明任何关于政府的特定理论。

政治科学家们致力于写出糟糕的历史。为他们提供的解决方案是，限制自己研究现存的政治制度，至于那些政治制度得以建立的过去，要依赖历史学家的客观理解。斯蒂芬斯告诫历史学家要抛弃历史政治学的联合任务，在客观的历史和规范性的政治科学之间划清界限，在过去和现在之间划清界限。[70]

安德鲁斯为那些寻找新史学的人们代言，他试图为历史学家拯救现在。他说历史并不是残渣。其实是历史满足了伯吉斯的最终目的：说明"各族人民的有机进化"。确实，为了达到不偏不倚，历史学家必须一开始就研究"那些和我们的任何方面都无关的历史，无论是政治还是宗教"。但历史学家最终必须说明过去和

---

[70] H. Morse Stephens, "Political Science and History-Discussion," 213. 对斯塔布斯影响的出色讨论，见 Doris S. Goldstein, "The Professionalization of History in Britain in the Late Nineteenth and Early Twentieth Centuries," *Storia della storiografia / History of Historiography*, 3 (1893), 3-26。

现在的相关性，表明"现在的主要倾向"。他说，通过研究过去三十年的历史，他发现偏见并非不可逾越的障碍，只要研究是由历史学家而不是搞实务工作的人来做。事实上，这种研究将缓和当前的党派偏见，并使"一方的沙文主义者更少，也使另一方的教条主义者更少"。安德鲁斯规划了一个方案，保留了现代主义的关注焦点和历史政治学的综合目的，从而为连接新历史主义和分化的政治和社会科学创造了可能性。但他和斯蒂芬斯一样，拒绝政治科学的监护，接受兰克的历史主义纲领，并寻求无党派偏见的历史。[71]

政治科学家也和历史学家一样，逐渐认识到探索过去的历史主义与探索法则来指导政治行动之间的鸿沟正在扩大。杰西·梅西以他敏锐而天真的方式，论证了历史主义本身能够侵蚀历史和政治的相关性，成为最早这样做的人之一。在消除亚当斯的种族起源说的字面信仰时，他也受到了全盘丢弃历史的诱惑。他向历史学的兄弟们致辞，宣称如果美国宪法或大宪章在过去意味着非常不同的东西，那么它们的重要性就在于"今天相信和遵照而行的是什么"。梅西同样看到历史决不是知识的特权形式。它常常基于有偏差的报告和出于党派激情的著作的歪曲。如果像亚当斯声称的那样，历史是过去的政治，那么解决的办法就是使政治成为真正的科学。虽然梅西没有放弃对政治的历史研究，但他希望寻求真理的自愿共同体能将它转变为科学，从而实现预测和控制的力量。"历史随着成为科学，变得越来越具有预言性。科学揭示法则，有关法则的知识带来了预报未来的力

---

[71] Charles M. Andrews, "The Teaching of History-Discussion," 1: 256-56; "Should Recent European History Have a Place in the College Curriculum?" 547-8.

量。"[72] 他对复杂的差异和过去的主观图景感到不耐烦,这表现出历史主义对心灵迟来影响的效果,这样的心灵受着千年王国共和主义的历史和常识现实主义的长期滋养。如果历史主义意味着过去不再能清楚明白地与现在和未来相连接,那么它也不再能作为行动的基础。

事实上,梅西更为老谋深算的同事们同样感到,为了寻找政治规范,需要离开历史的领地。弗兰克·古德诺在《政治与行政》的开篇,对自己的基本范畴做了普遍主义的分析。他断定"人的政治生活主要以人性为条件"。虽然历史有着极大的差异,历史表现为按阶段运动,在相似的阶段有着相似的政治制度。普遍的人性在普遍的变化过程中确定,它是政治生活的基础,古德诺继续说道,正是由于这个基础,从霍布斯到自己的社会学同事吉丁斯的所有理论家才能够"将国家构想为一种抽象",它就像一个有机体,"有生命,能够行动"。因为它像一个有机体,所以才能构想它表达自己的意志并加以执行。[73]

这样的命题是古德诺讨论的核心要点,但他并未完全满意。他继续说道,无论国家的有机体概念是否真实,"政治功能都会自然地聚集在"意志的表达和执行这两个方向上。劳动分工和心理效能似乎需要它,事实上,在历史上的一切政府中都能辨认出这两种功能和它们的器官。最后,他引用了一位法国的权威,"只能

---

[72] Macy, "The Relation of History to Politics," 184; "Twentieth Century Democracy," 514.
[73] Goodnow, *Politics and Administration*, 6-9. 在这一段的开头,古德诺赞同地总结了鲁道夫·格奈斯特的历史主义观点,认为形式上的宪法原则与基本的人民的行政过程相联系,因此如德国就不能任意地只采取英国的宪政形式。古德诺得出结论,"不同民族的政治制度将表现出的相似性,比只考虑宪法的形式认为存在的更大。"并继续提出一种有着相似的进步阶段的普遍人性。

构想出心灵有两种力量"。使基础合法化的思维只使他更迫切地需要找到"一切政府体系中的两种主要或最终的治理功能"。当然,这种发现的目的是为政治和行政的分离做辩护,这才是政治科学家们最要紧的政策处方。[74]

古德诺在明确寻找一种更深刻的理由,比能从历史那里强求得到的更深刻。通过研究过去十年的行政,他明白了孟德斯鸠的分权学说在历史中的任何地方都没有充分实现过;孟德斯鸠描述的三种权力,以及它们的政府机构都从未充分地区分开来过(在政治和行政之间,古德诺分出了司法权力)。他得出结论,学说能够作为"应该是什么"的理论而发挥影响,但它要得到应用,必须根据"特定国家的历史和政治需要"。[75]古德诺感觉需要为"应该是什么"找到比历史能提供的更为绝对的基础。

同样,另一位卓越的历史思想家威尔逊在历史不能确保他的基本规范的时候,也诉诸普遍的判断。威尔逊相信民主植根于历史之中,但他从历史经济学家那里了解到,社会主义是一种真实的民主形式。在未来,历史进程自身将决定个体主义和社会主义之间的界线。但最终,威尔逊并不满足于将决定留给历史或历史分析。他转向了人类学和社会学,声称在个体、家庭和国家的本性中,毫无疑问有着"国家行动的自然限制",以便排除社会主义。[76]古德诺和威尔逊含蓄地承认,历史主义不能向他们提供政治行动需要的固定规范,所以他们转而求助于社会学和人类学,他们的经历揭示了科学开始对美国政治科学产生吸引力。在历史和政治科学之间的职业分工的断层线,是由历史主义和以科学的

---

[74] Goodnow, *Politics and Administration*, 9-13, 22, 37-8.
[75] Goodnow, *Comparative Administrative Law*, 1: 23, 22.
[76] Link, Papers of Woodrow Wilson, 6: 303-9, 308.

方式探求政治规范之间的区分打开的。

四 政治科学中的科学热望

政治科学中的科学冲动导致学者们直接尝试将政治研究转变为独立的科学。值得注意的是，这些努力主要来自保守主义例外论原则的两个保卫者。像克拉克和吉丁斯一样，他们以科学法则的形式重新表述了美国共和国在自然中的传统基础。

随着进步时代的成形，亨利·琼斯·福特对改革潮流逐渐产生了敌意。他不喜欢直接民主的设计，它们损害了美国共和制度缓慢的有机发展。他憎恶进步时代对家庭和性别关系的改变。那些年他对天主教的兴趣逐渐增加并最终皈依了天主教，他的保守主义反应可能既是原因也是结果。他也变成了科学的政治科学的拥护者，认为它将提供"具有持久适用性的普遍原则"来取代只是"从'发展的偶然事件'中获得的印象"。我们共和制度的"类型"按进化法则而逐渐进化。他觉得可以肯定，这种进化包含着足够强有力的"再生的原则"，能够将美国从罗马的命运中拯救出来。为了寻找这些法则，政治科学家必须接受达尔文式进化论科学的策略和语言。[77]

1905 年，福特号召政治科学要"为治国术的指导提供一般原则"。到那时为止，美国政治科学还只是聚焦于雅利安世系的欧洲和北美的政治形式。"如果我们将西方文明的民主和人民国家作

---

[77] Henry Jones Ford, "The Results of Reform," *AAAPSS*, 21 (March 1903): 224, 235, 237; "Necrology: Henry Jones Ford," *Catholic Historical Review*, n.s. 5 (October 1925): 450.

为政治科学的基础，有什么能保证我们拥有真正的规范呢？"现代西方国家决不是普遍的，一切政治形式都是变化的。政治科学"必须将公共权威的本性作为自己的主题，无论它采取什么样的形式……必须把关于它的抽象术语与其起源中的历史偶然事件分开，为它本身提供一套系统的术语"。换句话说，必须找到"客观的基础……与自然史有条理地连接"。虽然这种努力面临困难，也必须进行这种尝试。"成功就意味着，能够有力量来对各个民族的命运加以理性的判定。"[78]

十年之后，福特给自己设定的任务的困难和他寻找的规范的特性都变得清楚了，他尝试对国家进行进化论的分析。他相信，达尔文自己并不清楚人类进化的基础是个体还是社会群体。他考察了生物学、心理学、人类学和语言学的最新证据，得出结论，自然选择的运作有利于社会群体而非个体的生存。因此，在用自然选择来定义单位的意义上，就可以把国家定义为有机体。国家的有机体本性可以反过来作为"社会和政治理论有效性的决定因素"。国家的社会进化的主要结果是：

> 国家是个有机体……个体是国家的组织生活中的一个独特的实体。个体不是原初性的而是派生出来的……政府从国家那里得到权威……权利不是内在的而是派生性的。他们存在于国家中，但不与国家相分离。因此，权利与义务相关联。自由并不意味着没有约束，而是指存在着秩序……通过参与到更大的生命之中，个体的生命也扩大了并借助结合进更高的生命而得到提升。

---

[78] Henry Jones Ford, "The Scope of Political Science," *PAPSA*, 2(1905): 198-206.

这些结论最惊人的特点是,虽然前面是对最新科学文献的扩展考察,但它们却令人感到如此熟悉。到 1915 年为止的一百年间,它们几乎都是辉格派政治科学的惯用手段,虽然猛烈地转向了传统的保守方面。在福特寻求科学的政治学的背后,是传统的规范性目标。[79]

美国政治科学家更多受到另一种实证主义风格的吸引。阿博特·洛威尔 [Abbott Lawrence Lowell] *是波士顿名门望族之后,他拒绝自由派历史主义的政治科学纲领。他并不完全相信美国的制度应当变革,虽然是政治腐败的敌人、专家管理的拥护者,但他严重怀疑美国民主是否有能力维持职业性的行政机构。虽然他加入了新的美国政治科学协会,但并未参与创建工作。洛威尔在政治科学界的独特之处,在于他以科学自然规律的语汇重新阐述了保守主义版本的美国例外论,并且像吉丁斯在社会学领域那样应用了统计学的方法。[80]

洛威尔是剑桥实证主义者的继承人。他求学于哈佛,十分重视数学,于 1880 年毕业于法学院。他很快发现法律实践十分无趣,他的一位法律教师认为他"心里面数学太多"。他大量阅读了英国哲学和法律实证主义的著作,对法律实证主义的年轻的美

---

[79] Henry Jones Ford, *The Natural History of the State* (Princeton, N. J.: Princeton University Press, 1915), 170, 174-7.

  * 阿博特·洛威尔 [1896—1943]:美国律师和教育家,政治学家,曾任哈佛大学校长。出身波士顿望族,是天文学家柏西瓦·洛威尔和诗人艾米·洛威尔的兄弟。1909 年任哈佛大学校长。他修正了前任艾利奥特的选修制,设计了综合考试,实施个别辅导方案以补充本科的课堂讲授。对美国的教育有着重要影响。——译者注

[80] 对洛威尔的主要传记资源见 Henry Aaron Yeomans, *Abbott Lawrence Lowell, 1856-1943* (Cambridge, Mass.: Harvard University Press, 1948)。对于行政机构的怀疑的一个表述可见 Lowell to Charles Homer Haskins, January 16, 1907, Lowell Papers, Harvard University。

国信徒小奥利弗·霍姆斯的著作也很熟悉。他很快就响应了小霍姆斯和弗雷德里克·波洛克爵士［Sir Frederick Pollock］*，对德国政治科学将法律和道德混在一起表示厌恶。大体上讲，他认为政治科学需要更多的归纳研究；德国的理论"在我们的大学中广为传授……在我看来它全然只有次等的重要性"，只与德国的制度相干。我们将会看到，盎格鲁—美利坚的制度完全反映了自然法。[81]

在他第一本论文集的导论中，洛威尔暂时没有用"科学的精神"来陈述政治原则。他这样的做法，清楚地表明了自己讨厌德国伦理理论和想要归纳方法的政治意义。洛威尔相信，"最能促进共同体的道德和物质福利的政府体系"是美国的个人自由和私人权利的体系。只有这样的体系才能鼓励和保护"个体的事业和努力"，从而产生出自立和强有力的男儿气概。像萨姆纳一样，洛威尔将美国制度集中于古典经济学的自由主义及其核心的占有性个人主义前提上。他断定，社会主义只不过是千年王国主义，而千年王国决不会来临。"归纳性心智"的成长将消除这种乌托邦主义。在随后的研究中，不再涉及社会主义，但归纳的建议仍然服务于同样的警戒性目的。[82]

洛威尔卓越而公正地分析了美国政治。他认为威尔逊的《国

---

* 弗雷德里克·波洛克［1845—1937］：英国法学家，以其与梅特兰合著的《爱德华一世之前的英国法历史》和与美国最高法院大法官小奥利弗·霍姆斯六十多年的通信而闻名于世。曾在牛津大学讲授法理学，任王室法律顾问。也是《法律评论季刊》的创办人。——译者注

[81] Yeomans, Lowell, 42; A. Lawrence Lowell, *Essays on Government* (Boston: Houghton Mifflin, 1889), 172-3; Lowell to Albert Bushnell Hart, April 13, 1901, Lowell Papers. 对于实证主义对哈佛法学院的影响，见 Mark De Wolfe Howe, *Justice Oliver Wendell Holmes*, 2 vols. (Cambridge, Mass.: Harvard University Press, 1957), 1: chap. 5; 2: chap. 5。

[82] Lowell, *Essays on Government*, 8-19; A. Lawrence Lowell, "The Influence of Party upon Legislation in England and America," *AHAAR* (1901): 1: 350.

会政府》犯下了严重的崇英派错误,希望美国能够更接近英国的议会政府。如果美国接受议会实践,或是一无所得,或是会颠覆宪政秩序。那种秩序反映的是一种合理的意图,其目标在于"保护个体,防止多数压迫少数",并且只有"在某些确定的界限之内,才满足人民的愿望"。议会政府的目标极为不同,在于为大多数选民提供表达意愿的途径。社会主义立法能够在英国扎下根来,正是因为议会政府易于执行人民的意志。美国的政治体系更容易引发"含混措辞的煽动性",那种措辞想要联合所有的阶级,并将获胜政党的利益与所有议题联系起来。

> 结果是,美国的政党煽动并不涉及任何对私人财产和权利的威胁,那些可以归于社会主义的法规难以在政党的计划中找到位置,也不会借助政党选举而得以实行。事情的这种状态并非偶然。这是美国政治体系的自然结果。

和古德诺与福特一样,洛威尔也是个现实主义者,但他的政治意图极为不同;他说明,美国政党政府的"法定之外的制度"严格遵循着它的法定制度的反多数主义精神,并且应当始终如此。[83]

洛威尔继续发展对跨文化研究的分析。1896年,他出版了有关大陆政党体系的比较分析研究,这是美国人第一次把政党作为政治体系的组成部分进行经验研究,随后的几年他成为讲师,继而担任哈佛历史与政治学系的教授。他最惊人的经验研究被古德诺称为政治科学的"辉煌榜样",在其中,他大量运用统计学来分析美国和英国的政党投票。洛威尔测量了英国国会下院、美

---

[83] Lowell, *Essays on Government*,第2章及第22页,第107—108页。

国国会和五个国家的立法机构在19世纪几个间隔时期的政党的立法表决，说明在1860年之后英国的政党投票比美国强得多。但是如果以合适的标准来评判政党对立法的控制，发现美国的政党事实上软弱，那么为什么它们常常被谴责为过分有力呢？答案正是它们的软弱。分层的美国政府缺乏任何机制使政党能够强制执行其规范，这导致它们寻求保护人以维持生存。[84]

洛威尔的现实主义分析显然是比较性的而非历史的，他自称为研究"现存政治体系"的教授。他了解历史，在对美国、英国和法国的政党分析中也结合了大量的历史资料，但他更多是把分析的对象作为单纯的运作体系，它们表现出的是跨文化而不是跨时间的差异。在对英国和美国政党投票的研究中，他虽然注意到了19世纪英国投票模式的变化，但经过深思熟虑，放弃了从历史的角度来理解更为多变的美国的数字，因为它们没有表现出紧密遵循任何固定的进化法则。[85]

洛威尔认为历史贮藏着相对不变的人性特质。各种文化沿着某些轨迹确定下来，这些轨迹按照某一条进化路线排列，这是美国例外论的实证主义版本。他说，为了发现政党在"任何民主中的本质功能"，需要考察英国和美国的政党体系，在这两个国家，"人民政府的自由进程持续了最长的时间"。法国的多党体系表现出了人民政府的偏斜的进化。而两党体系是"政党体系的正常情况……人民有充分的自由来摆脱偏见，自然地自发组成群体"。美国的政治原则体现了自然法和历史进步指向的规范。他后来用数学模型来说明

---

[84] A. Lawrence Lowell, *Governments and Parties in Continental Europe*, 2 vols. (Boston: Houghton Mifflin, 1896); Lowell, "The Influence of Party upon Legislation".

[85] Lowell, "The Influence of Party upon Legislation," 1: 322.

"成熟的"两党体系的自然性。他说,因为政治意见按照钟形曲线分布,所以那种体系的中间趋势能够最好地代表意见。[86]

随着进步时代的到来,洛威尔认识到美国的制度必须按照指定的路线来调整进化的变动。像政党、公司和工会这样的自愿结合体变得更为重要。任何解决当前问题的方案都必须接受"进步时代的自然趋势,而不是试图与之背道而驰"。美国政治制度的主要领域并未反省历史进化的普遍原则,它们缺乏专家的管理,美国民主的这种缺陷在复杂的现代国家无法被继续容忍下去。[87]

洛威尔认为政治学是不精确的实证科学而不是历史科学。追随着约翰·密尔的逻辑,洛威尔相信政治经济学通过隔离出单一的动机,能够达到"有价值的足够近似的"结果。但在政治学中,两种动机或两项制度一起作用产生的结果,十分不同于它们单独作用时能预测到的结果。"能得到的唯一确定的结论是,在给定的环境中,一定的结合在一起的原因能够产生出我们观测到的结果。"他回忆,有关椭圆函数的数学问题"始终徘徊在我的脑海中,它表达了任何真正原理的界限"。虽然密尔得出结论,政治学的语境特征意味着它决不会成为一门科学,但洛威尔的结论只是政治"必须永远保持作为一门不精确的科学"。[88]

洛威尔阐述他的政治科学纲领是在1910年他担任美国政治科学协会主席期间,因此他将其打造为一部科学现实主义的纲领,

---

[86] Lowell, *Governments and Parties in Continental Europe*, 1: 71, 84; A. Lawrence Lowell, *Public Opinion and Popular Government* (New York: Longmans Green, 1913), 65-6, 70.

[87] A. Lawrence Lowell, "Social Regulation," 载 *Congress of Arts and Sciences*, 7: 263-75。

[88] A. Lawrence Lowell, *The Government of England*, 2 vols. (New York: Macmillan, 1908), 2: 505-6; Lowell to Petrim Sorokin, January 14, 1933, Lowell Papers.

而非历史现实主义的纲领。政治科学必须像生理学那样，研究政治器官的实际功能。他痛惜道，我们大多数著作的内容是历史而不是当前的功能。"政治制度实际运作的主要实验室不是图书馆，而是外面的公共生活的世界。现象必须到那里去寻找。在那里对它们进行第一手的观察。"正像他不指望从历史中得到任何收获一样，他宣称抽象的政治思考同样徒劳无益。进步来自对数据的汇总、安排和分类，运用统计学和对现存条件进行比较研究。洛威尔分割了进步主义者的历史实在论方案，将历史交给了过去，把现实主义只放在现在。他能够遵循这样的策略，因为他相信历史进化的自然进程会维续美国例外论。[89]

美国政治科学家寻求普遍原理来为实践提供规范，因此自然科学的模式就具有了吸引力。不只是詹姆斯·布赖斯[James Bryce]*这个论述美国的权威人物，观察到并原谅了这样的趋势。他是历史现实主义纲领在政治科学领域的英国支持者，写了一部杰出的美国政治研究著作，是洛威尔和他的美国同事的密友，于1909年当选为美国政治科学协会的主席，同时他还是英国驻美国的大使。他选择的主席致辞的主题是"政治科学与历史和实践的关系"，他透露的信息十分清楚，虽然彬彬有礼，不露锋芒："我希望你们不会以为我在'背弃'你们的科学，如果我说一定不能期待有权威方案来解决当前的问题和争论的话。"[90]

---

[89] A. Lawrence Lowell, "The Physiology of Politics," *APSR*, 4 (February 1910): 1-15, 特别是第 7—8 页。

* 詹姆斯·布赖斯[1838—1922]：英国政治学家和历史学家。其著作《美利坚国》从联邦、州和地方政府三个层次分析了美国的政治结构，详细论述了各个层次上的党派和政党组织。他也是比较政府研究的创始人之一，著有《现代民治政体》。——译者注

[90] *APSR*, 3 (February 1909): 1-19, 特别是第 16 页。

布赖斯以提问开始：在什么意义上政治是一门科学？他得出结论，它是一门历史政治学的专业人士熟悉的历史科学。它基本的法则是人性法则，但是人性的普遍和持久的趋势少而抽象。为了理解它们在任何时间和地点如何起作用，必须对它们进行历史性的研究。"每个政治有机体、每股政治力量都必须得到研究，并且对它们的理解不能脱离它成长和运动的环境。那种环境中的所有事实并非都相关，但在你考察它们之前，不能断言有任何东西是不相关的。"结果就是，将产生的这种政治科学知识只能做历史知识一直在做的事情。它能够"在领导一个民族的阶级中创造正确的情绪和态度，来面对政治中时常产生的问题"。它能够扩展他们的观点，促进他们的同情心，缓和他们较为狭隘的激情，并提供有关事实和普遍原则的知识。在这些之外，布赖斯还警告了大家它不能做的事情。在"解释历史事实和把它们应用于具体争论"的时候，不可能摆脱个人的主体性或党派的偏见。"不要抱有虚幻的希望，想要将科学的确实性或权威性带进政治学。"[91]

在布赖斯的警告中有一个注释值得特别注意。他感到，美国政治科学家想要把"科学的确实性和权威性"运用在同时代的政治争论中。涉及的不只是因历史变化而变得不安定的美国政治的规范，还有相互竞争的实践政治的规范。虽然历史政治学的学科环境比经济学或社会学更保守，且避免了在其阶层内部的社会主义挑战，但它仍然生存在公共世界之中，社会主义的威胁仍然是真实的，因此威尔逊不得不召唤自然来与它作战。政治科学家想要使美国政治的实践世界感受到自己的理念，而那个领域在传统上对知识分子和局外人的建议抱有敌意。在他们自己中间，本来没有什么规定比分开

---

[91] *APSR*, 3 (February 1909): 8, 16-8.

政治和行政更少争议,但在整体的政治世界之中,它需要能得到的一切帮助才能让自己得以贯彻,就像古德诺必定感到的那样,他试图以一切可能的方式,将它落实在事物的本性之中。

政治科学家也逐渐受到吸引而加入改革活动,走到激进社会科学的轨道上来,虽然进步主义情感本身向着有争议和极端化的方向前进。以最具侵略性的姿态提倡政治科学的两名政治科学家本身是保守主义者,他们觉得,进步主义的社会和政治学的自由主义之音日渐增强,自己遭到了围攻,因此最强烈地感觉到需要科学的权威。洛威尔和福特描绘的对政治的科学研究,抛弃了当下急于寻求改进的急躁情绪,转而试图客观地"追求真理"。

布赖斯的警告遭到了忽视,但科学的语言要想占领这门学科,还有很长的路要走。行政植根于有教养的审慎的传统,那种传统更倾向于经营而非控制,所以和满载价值的政治领域自身一样,在行政的领域似乎不太适合发展实证主义科学。尽管如此,政治科学家选择的规定性角色和美国例外论的绝对主义需求还是把他们引向了这个方向。

随着政治科学逐渐脱离历史走向科学,它最可靠的同盟就成了社会学。社会学家同样在努力寻找规范性的法则,他们中的许多人如斯莫尔强调历史进化论规划的历史面向。进步主义社会学家毫不犹豫地宣称,政治科学这个领域依赖于综合的社会学。正像杜威很快发现,可能将政治理论瓦解为一种有关社会的理论,社会学家宣称,主权也仅仅是一种社会控制或聚合的形式。[92] 对他们而言,政治科学家似乎趋于走向社会学家。进步主义时代的

---

[92] Edward A. Ross, "Moot Points in Sociology, I: The Scope and Task of Sociology," *AJS*, 8 (May 1903): 774-5; Franklin H. Giddings, 载 "The Study and Teaching of Sociology," *AAAPSS*, 12 (July 1898): 7。

四个主要文本全都同意,政治科学是更大的有关社会的社会学科学的一部分。[93]

得到最彻底研究的重复出现的主题是公共舆论。爱德华·罗斯最初将它作为现代控制的工具来讨论,他对白哲特的"讨论"的分析,把公共舆论与社会行动及政治制度两者联系了起来。进步主义讨论的基调是乐观的,它考虑到了大众心理的非理性特征,但认为抽象的理性并不必然适合作为政治选择的标准。例如,查尔斯·库利声称,普遍情感、常识和人格的良好判断足以使普通人完成他们的任务,设定基本的道德方向并选择领袖。

洛威尔的书或许是第一本由政治科学家撰写的有关公共舆论的著作,他承认政治意见像大多数意见一样,并不形成于独立的理性反思,接受它们——这样也非常合适——是因为,它们"符合业已存在于心智中的信仰准则"。它们适合人们有关"事物的普遍合适的概念",环境将它们传给了人。虽然沃尔特·谢泼德狂热地预见到了"公共舆论的政府将没有代议团体的介入,后者不同于范围非常广大的选民",洛威尔说明了,如何借助立法、党派和专家,使公共舆论有效地维持在自身合适的界限之内。但进步主义分析的调子,无论属于社会学家还是政治科学家,都与"一战"爆发后出现的对大众非理性的谴责判然有别。[94]

尽管有着共同的利益,政治科学和社会学之间的联结仍然是尝试性的且流于表面。社会学本身就存在着分裂,也无法拿出确

---

[93] Dealey, *Development of the State*, 53; Leacock, *Elements of Political Science*, 11; Garner, *Introduction to Political Science*, 31; Gettell, *Introduction to Political Science*, 4.

[94] Charles H. Cooley, *Social Organization* (New York: Scribner, 1909), pts. 3, 6; Lowell, *Public Opinion*, 18-22; Walter J. Shepard, "Public Opinion," *AJS*, 15 (July 1909): 60.

定的模式提供给政治的科学研究。在注意到古丁斯的有机体社会概念的十年之后,古德诺怀疑社会学能否帮助自己来理解市政府。他说,不可能为"大多数城市"框定一个城市政府的模型。此外,对于社会条件如何影响政府,也没有普遍一致的意见。社会心理学还不十分发达,运用的时候必须极为小心。也没有试验性社会心理学可用的实验室。"因此,可以用来研究过去的唯一方式就是归纳法。这样的研究能够形成某些一般原则,乍看之下,似乎非常值得推荐。"古德诺对社会学表示相当大的怀疑,对历史方法的相当大的依赖仍然存在于政治科学之中。[95]

福特对社会学表示了最尖锐的抵抗。他因为大众权利的爆发和进步主义时代的放纵不羁而责备社会学的兴起。1909 年,他在《国家》(Nation) 上发表了一篇文章,严厉攻击了"社会学的自负"。他声称,分裂性的自然权利学说一开始就根植于社会学,来自沃德和斯宾塞基础性的个体主义。避免这种后果的唯一方式就是像他自己那样,阅读达尔文、亚里士多德和政治科学。也就是说,基本的社会性单位是国家而不是社会,个体是国家及其制度创造出来的。[96]福特的极端态度有些不寻常。关于国家优先于社会的理论似乎为他所独有,就像经济学中的帕滕那样,他被迫在社会学的领地上与之相竞争。但他的保守主义立场和保护政治学的势力范围不受社会学帝国主义侵略的愿望,毫无疑问为政治科学界共享,也为社会学的吸引力设下了界限。

---

[95] Goodnow, *Municipal Government* (1909), 41-4.
[96] Henry Jones Ford, "The Pretensions of Sociology," *AJS*, 15 (July 1909): 96-104. 扩大了的争论:见 Charles A. Ellwood, "The Science of Sociology: A Reply," 同上, 105-10; Henry Jones Ford, "The Claims of Sociology Examined," 同上. (September 1909): 244-59; Charles A. Ellwood, "The Origin of Society," 同上. (November 1909): 394-404.

五 结论

  历史政治学和经济学与社会学的情况有些相似，年轻一代的学者们挑战了士绅的固定的美国原则概念，并修正了美国例外论。但如果没有社会主义的威胁，无论是反抗还是改变都不会像在经济学和社会学中那样明显。历史政治学的学生的主旨是神圣的共和政府。他们不需要直接面对新的产业机器和充斥着各种语言的城市社会。此外，正如伊恩·蒂勒尔〔Ian Tyrrell〕所指出，19 世纪的历史主义纲领强调民族历史传统的独特性。在"历史个体"之中，国家占据着突出地位，因此 19 世纪 90 年代历史主义的侵入不需要使历史学家的注意力从美利坚共和国的独特历史上移开，只是把例外论的基础变成了历史的持续运动着的力量和变化着的条件。美国的同一性变得更脆弱和不确定，但历史学仍然找得到保证自己生存的条件。[97]

  接受了历史现实主义的纲领，政治科学家们试图深入宪法原则的传统结构之内，考察政党政治、城市政府和行政如何在美国的政治生活中实际发挥作用。他们开始在这些主题上应用有关行政结构、城市权力和政党冲突的西方历史经验。但他们的分析范畴和方案，就像这些论题本身一样，遵循着自己继承的传统，反多数主义的自由概念、想要扩展精英的统治以及注意力集中于制度分析。建立在自由的利益群体政治的自利动机之上的政治科学仍然还在未来。

  历史学家同样没怎么从忠于美国过去的例外论条件转向自由

---

[97] Ian Tyrrell, "American Exceptionalism in an Age of International History," paper delivered at the Organization of American Historians, April 1989.

主义现代性的新力量。他们在朝那个方向移动，想为美国政治学寻找经济和社会基础，但还坚持着南北战争前的见解，常常将美国独特的原则和英国的遗产联系起来。特纳的边疆论题是大陆处女地版本的例外论信仰。他将美国历史的区域解释交给美国社会学协会，并预言区域主义将仍然是主要的民主化力量，会使美国的性格长存，但没能得到社会学家的支持。后者和经济学家们一样，开始相信加强联邦力量和产业资本主义将使民主的理想开花结果。[98]

然而特纳的边疆论题完美地适合于进步主义经济学家和社会学家正在建构的自由主义图景。他们对工业化未来的忠诚让自己将美国农业性的过去视为迅速消失的世界。伊利、泽利希曼和其他人许多很快接受了特纳的边疆论题，将美国的过去刻画为简单的农业自然的领域，人民的性格完全是个人主义的，这种过去因为新的工业化世界的到来而过时了，并且需要社会控制。[99]特纳退回到农业的过去，使经济学家和社会学家更容易将美国的历史简化为 Gemeinschaft 的变种，或将历史性的美国的过去重构为自然，从而作为浪漫主义的自由理想发挥作用。

虽然历史学家和政治科学家认可了历史主义在过去和未来之间开掘的鸿沟，仍有许多历史主义政治科学家和当前史学家对过去具有脉络性的理解，想要将历史加以分析和综合的运用。职业分工并不要求政治科学家放弃对自己政治学任务的历史的理解。在进步时代出现的真实的政治世界的新奇之处并不必须与过去相分离。但政

---

[98] Billington, *Frederick Jackson Turner*, 229-30; Frederick J. Turner, "Is Sectionalism in America Dying Away?" *AJS*, 13 (March 1908): 661-75 及 "Discussion," 同上。(May 1908): 811-19.

[99] E. R. A. Seligman, *Principles of Economics* (New York: Longmans Green, 1905), chap. 7; Richard T. Ely et al., *Outlines of Economics* (New York: Macmillan, 1916), chaps. 5-6.

治科学家们想要用科学的权威来平息历史的相对性与冲突的声音，这使他们重新审视自己的亲密联系。他们开始将自己视为社会学综合而不是历史学综合的一部分，并寻找使工作科学化的方法。

而历史学家们越来越意识到自己和那些所谓的社会科学之间的距离，1903年，他们尚处于和政治科学家们分离的痛苦之中，却又受到了社会学家的攻击，原因是他们抵制生物科学的进化论方法。吉丁斯简单地说明了自己基于种类的历史进化论理论，使历史学家们惊讶于他的"普遍概括"的方法。反过来他们也引用了狄尔泰和李凯尔特，争辩说历史要求的是个体化的方法。[100]

乔治·亚当斯［George Burton Adams］总结了许多历史学家的感觉：他们遭到了"从许多观点出发、同时展开的系统性的协同攻击"。这种"敌对的运动"的阵营包括政治科学、地理学、对历史的经济解释、社会学和社会心理学。如果说科学是运用细致的科学方法来决定事实，那么它就远不是科学的，而是一种思辨的运动，试图基于孔德和巴克尔的模式或解释种族命运的历史哲学来构建历史科学。为了反对这种思辨趋势，亚当斯强调了历史学家的承诺：要"发现和记录下真实发生了什么"。他既拥有历史学学位也拥有神学学位，并且是忠于盎格鲁-撒克逊制度的历史学家，认为它们是"这世界上永久和最终的自由制度"。然而，亚当斯保留了历史政治学更广阔的综合目标。他回忆起1884年安德鲁·怀特在美国历史学协会上的开幕词，相信历史哲学应当作为"灵感和勇气的源泉"而存在，虽然可以和科学工作相分离。今天

---

[100] Franklin H. Giddings, "A Theory of Social Causation and Discussion," *PAEA*, 3d ser., 5 (May 1904): 139-99, 特别是192-3. 亦见 "The Meeting of the American Historical Association at New Orleans," *AHR*, 9 (April 1904): 9-22。

的历史学家正在为后来的科学综合打下基础、提供材料。[101]

然而，亚当斯并非全然持否定态度。他说，历史学家不应当忽略社会科学的运动。"对历史的新解释带给我们许多令人信服的东西，尽管有不少只不过是思辨之物与之相伴而来。为更好地理解我们的问题，它做出的贡献已经极具价值了。我们自己同样清楚地意识到，在近来混乱的相互影响之中，我们正在奋力解脱出来。"历史学家更应该具备"辨别力"来运用新的作品。他说，老一辈人已经在职业中开辟了疆土，他们可以留守其上，从对事实有限的寻求中得到安慰。而留给年轻一代的是"与新的运动的领袖们相遇……他们带着自己的武器，去改变他们中某些人的立场，使他们成为我们防御阵线的一部分……为所有的工作者寻找共同的立足之地，来完成真正的共同任务"[102]。事实上，亚当斯铺下了路，而新的历史学家将在这条路上前行几十年，这条路与社会科学的道路相分离，它坚持着历史主义的假设和兰克式的方法论纲领，但由于它对综合的希望和新史学的不断发展，仍然与社会科学保持着某种平行路线。

与社会科学家不同，如果历史学家能够将美利坚共和国历史化，在某种程度上那是他们的训练和免除当下实践的结果。他们能够在历史中找到有用的过去，并将应用它们带来的困难留给别人。如果他们信任历史，那也是按照美国例外论的标准改造过的历史，是仍然将美国的经验与古老的盎格鲁-撒克逊原则以及独有的美国土地相联系的历史。他们信任历史会使美国始终如一，即便它有着许多变化。但变化正在以更快的速度蚕食着社会意识，在某些社会科学家身上，它的效果已变得更富戏剧性。

---

[101] George Burton Adams, "History and the Philosophy of History," *AHR*, 14 (January 1909): 224, 236, 234-5; *European History* (New York: Macmillan, 1899), 511.
[102] G. B. Adams, "History and the Philosophy of History," 230, 235.

第四部分

作为自然进程研究的美国社会科学，1908—1929

第九章 美国自由变迁的新模式

在20世纪的第二个十年中，进步主义继续推进，然后崩溃于世界范围的战火之中，此时，面对由美国例外论的危机所引发的动荡，一批社会科学家以较之其同时代人更为深刻的方式做出了反应。他们想象自己身处于一个全新的世界，这样，就可以在自由变迁进程本身中，寻找乌托邦式的现代性。到目前为止，他们发展出的概念和范式，一直是20世纪美国社会科学最基本、最有特色的内容，其中包括罗伯特·霍克西［Robert F. Hoxie］和韦斯利·米切尔［Wesley Clair Mitchell］的制度主义经济学，威廉·托马斯和罗伯特·帕克的城市社会研究，以及阿瑟·本特利和查尔斯·比尔德的群体政治学。从本特利1908年的《政府的过程》［*The Process of Government*］开始，这些新研究计划的目标就是要掌握自由历史进程。然而，由于这些研究被设想为以自然进程为对象，所以它们往往摒弃了历史背景、结构和时代。在本章中，我们将考察这批具有创造力的社会科学家，并检视他们的新作所带有的意涵；而到了第十章，我们将要更广泛地考察，科学主义如何在这些学科中取得压倒性的分量。

一　自然进程的历史背景

这批晚期进步主义分子的名单并不完全是根据年龄确定的。尽管很多人比较年轻，出生于 19 世纪 70 年代，并且有少数少年成名者出生于 19 世纪 80 年代，但其余那部分人并不比那些传统的进步主义者更年轻。托马斯和帕克，与爱德华·罗斯和查尔斯·库利一样，都出生于 19 世纪 60 年代中期。[1] 从社会出身上看，这群人主要来自本土的新教中产阶级——商人、教士——偶尔是乡村中的中产阶级，而前几辈的社会科学家也正是从这些阶层中间产生出来的。同样地，传统进步主义者的社会良知、改良主义倾向，以及关心劳动的工业化转变和财富不平等分配等等，在这些新成员身上也都清晰可见。本特利是内布拉斯加州一个小镇银行家——他关心的是他的农场主顾客的信用紧缩问题——的儿子，

---

[1] 关于托马斯生平的主要资料来源是 Fred J. Baker, "The Life Histories of W. I. Thomas and Robert E. Park," *AJS*, 79 (September 1973): 243-60, 以及 Morris Janowitz, "Introduction," *On Social Organization and Social Personality*, by William I. Thomas (Chicago: University of Chicago Press), vii-lviii. 更多的一手资料可以参考 Herbert Blumer, *An Appraisal of Thomas and Znaniecki's "the Polish Peasant in Europe and America"* (New York: Social Science Research Council, 1939), 103-6, and University Press, 1979, chap.8. 在下面这份报纸中有关于托马斯早期生活环境的材料: *the Holston Nethodist*, 他父亲 Reverend Thaddeus Peter Thomas 在 1872—1875 年间是该报的编辑之一；还可以参考 Lucile Deaderick 编 *Heart of the Valley: A History of Knoville*, *Tennessee* (Knoxville: East Tennessee Historical Society, 1976). 关于帕克，也有一本很有洞察力的传记: Fred H. Matthews, *Quest for an American Sociology: Robert Park and the Chicago School* (Montreal: McGill-Queen's University Press, 1977). 亦可参见 Baker, "Life Histories"; Robert E. Park, "An Autobiographical Note," in *Race and Culture*, 载 Everett C. Hughes et al. (Glencoe, Ill.: Free Press, 1950), v-ix; 以及 Raushenbush, *Robert E. Park*.

是带着对人民党的同情长大的。比尔德是印第安纳州一个富有的贵格会家庭的后代,他继承了废奴主义的传统,前往牛津接受研究生教育,还立即去了汤因比服务所[Toynbee Hall]*,并参与了工人教育运动和费边社政治活动。[2]

这一拨人中的不少人——包括其中那些社会民主派——发现,持续存在的社会问题与进步时代新出现的社会和文化问题汇合在了一起。自由主义式的例外论[the liberal exceptionalist]往往将阶级理解成群体,在这种背景下,从前的例外论所关注的平等问题,此时常被这些人归结为多元主义秩序下的自由问题。托马斯和帕克都认为,工业劳工问题和阶级冲突问题不如种族、族群和越轨问题来得重要。在劳工问题和资本主义改良问题上,托马斯与进步主义中间派紧密保持一致,帕克的立场则比中间派靠右一点。托马斯总是把劳工问题和资本主义包含在他对现代美国社会危机的描述中;帕克则总是试图为资本主义制度辩护。但两人都将平等的问题置于多元主义问题之下。

---

* 这是世界上最早的社会服务组织,创立于1884年,其创始人阿诺德·汤因比[Arnold Toynbee]是社会学家、经济学家,社会服务运动的先驱,著名历史学家阿诺德·约瑟夫·汤因比(Arnold Joseph Toynbee)的叔父。——译者注

[2] 已出版的本特利的传记资料只有一种,即 Sidney Ratner, "A. F. Bentley's Inquiries into the Behavioral Sciences and the Theory of Scientific Inquiry," *British Journal of Sociology*, 8 (March, 1957): 40-58。本特利自己曾有一个简短的"结语",可以作为上述材料的补充,收入 Richard W. Taylor 编, *Life, Language, Law: Essays in Honor of Arthur F. Bentley* (Yelow Springs, Ohio: Antioch Press, 1957), 210-13。关于本特利的父亲,参见 Charles F. Bentley Papers, Lilly Library, Indiana University。关于比尔德,已经有了一本很好的传记,Ellen Nore, *Charles A. Beard: An Intellectual Biography* (Carbondale: Southern Illinois University Press, 1983),另外,在认识他的几个人所做的描述中,我们推荐 Mary R. Beard, *the Making of Charles A. Beard* (New York: Exposition Press, 1955)。

晚期进步主义社会科学家与其前辈共享的经验,经过由专业主义［professionalism］、城市化和政治危机所编织的历史之网的过滤,在他们身上产生出一种新的气质,更加怀疑、更急躁和反传统。19世纪90年代和20世纪初,由于职业化开始出现,晚期进步主义者们成为新的研究生培养规划的产品,这些规划促成了专业化的视角、科学化的目标和学院化的取向。一旦学院化生涯得以建立,它就开始吸引那些最倾向于知识工作的人,而不是那些立志献身社会正义的人——譬如镀金时代那些想成为传道人而未得的人,也不是那些渴求公共权力的人——像那些比较现实一些的辉格派。米切尔在很多方面都是一个典型。尽管出身于一个体面的中产阶级家庭,但他却不得不常常为经济问题发愁,于是很早就开始埋头书本,希望能由此得到一个稳定的职业生涯。在芝加哥大学,他成了一个明星学生,并且"明确地知道"自己毕业后"要从事研究工作"。

对科学理念的迷恋是支持米切尔一生的最深沉的思想潜流。由于在一个比较宽容的新教家庭中长大,他最热衷的事情莫过于戳穿传统的宗教信仰。在芝加哥的时候,凡勃伦的挑战传统倾向立刻吸引了他;而雄辩地鼓吹实证的、技术化的科学概念的雅克·洛布,则成为他的终身偶像。另一方面,我们无法在他的家庭中或在他的青年时期发现任何政治性关切,在芝加哥期间,尽管经济萧条、劳资冲突,他却一直沉浸在他的学业之中。他坦承,对他而言,"把工作做好就是践行德性"。不过米切尔还是非常理想主义的,而且,在度过世纪之交之后,他的理想主义越来越明晰地表现出凡勃伦式社会主义的轮廓。但这些社会目标已经在他的科学理想中被升华了:"阻碍进步的并不是意志的不足,而是知识的匮乏。我们热衷于慈善事业,热衷于改革……我们所需要的、能够指导这项伟大事业的东西，当然是关于社会现象之间因果关系的那些知识。"科学，而不是进步主义的改良，才是当务之急。[3]

对那些本来学习理工科——这些似乎正是这个新工业世界中的中产阶级年轻人的恰当选择——的学生而言，这些职业培养规划所承担的科学抱负具有很大的吸引力。经济学在整个19世纪一直在吸引训练有素的数学人才，而大学改革使这样的后备人才愈益充沛，并且他们转行经济学也更容易了。1890年，欧文·费雪在耶鲁从数学转向经济学，这是一个值得注意的开端。到了1920年，经济学家们觉察到，越来越多的学生从硬科学［exact sciences］转入经济学。这些学生看到自己转入的新领域缺少确定性和精确性，往往对此表现出不耐烦。[4] 在社会学领域，修辞性的理想与现实之间的差距要大得多。库利和帕克入大学的时候分在当时流行的工程班，但他们很快发现自己的才能另有所在。F. 斯图亚特·蔡平［F. Struart Chapin］则练就了一身过硬的数学功夫，并于1909年从哥伦比亚理工学院毕业，在富兰克林·吉丁斯的鼓励下，他发现他的功夫在社会学中大有用武之地。[5]

蔡平同时也觉察到这种新的专门化训练有狭窄化之嫌。毕业

---

[3] 关于米切尔的传记资料的主要来源是 Lucy Sprague Mitchell, *Two Lives: The Story of Wesley Clair Mitchell and Myself*（New York: Simon & Schuster, 1953), chaps. 1-2, 5; pp.183, 167, 187。

[4] "The Teaching of Elementary Economics: Round Table Conference," *AER*, 11, Suppl.（March 1921）: 175.

[5] 关于蔡平，参见 Robert C. Bannister, *Sociology and Scientism: The American Quest for Objectivity, 1880-1940*（Chapel Hill: University of North Carolina Press, 1987), chap. 10。

两年后他拿到了社会学博士学位，此时他已经发表了关于教育、进化论的宣言，也开始鼓吹统计方法的卓越性。蔡平动作迅速、积极性高，他不仅师从吉丁斯，同时也修习詹姆斯·鲁滨逊的新史学和弗朗兹·博厄斯的人类学课程。在美国和德国，前几代人所接受的训练更广泛、更迂回，一般包括历史和哲学等，并不一定更严密。不过，如今这样的专业化设置，似乎为日益专业化、有时甚至肤浅的训练提供了一种膨胀的权威。

与专业化类似，城市化中的中产阶级所拥有的社会经历也深刻地形塑了这批晚期进步主义分子。从小镇或农场向城市的迁移已经成为19世纪人们的主要经历，并造就了哥伦比亚、约翰·霍普金斯和芝加哥等大学在新兴社会科学方面的赫赫声名，自从镀金时代以来，这种迁移就一直是社会科学家们的主要经历。对晚期进步主义者这一拨人来说，新体验在于，进步时代城市中语言混杂，社会标准［social standards］松懈，而且更让人惊异的是，这些居然成为它们吸引力的来源。他们中的很多人在来大城市之前就准备好了过一种超越族群偏见的都会生活。

出生于明尼苏达州密西西比河小镇雷德文的罗伯特·帕克，早年与一些斯堪的纳维亚移民相交往，变成了一个宗教怀疑论者。在密歇根大学，他攻读哲学与文学，希望最终能够像歌德笔下的浮士德一样，追求关于生活的多种多样具有活力的知识。毕业之后，他成功地实现了自己做新闻工作者的愿望，采集底特律、芝加哥和纽约这些城市的新闻。他同时也希望能"像爱默森和卡莱尔那样从事思想事业"。1892年他在安阿伯市跟杜威偶然相见，之后就误打误撞地卷入了"思想新闻"计划，并对此产生出极大热情。在这个项目的激发下，他产生了研究"新闻事实产生的公众影响的哲学意义"的强烈兴趣，所以1898年就去了哈佛师从威廉·詹姆斯学习哲学。但是，当帕克从德国拿到一个博士学位回到哈佛时，詹姆斯却断言他的思维不适合成为一个哲学家。[6]由于无望得到学术职位，他就来到塔斯克基学院［Tuskegee］，先是为刚果改革协会*奔忙，接着又为布克·华盛顿［Booker T. Washington］**做宣传代理。在这七年的绝大部分时间里，他都住在塔斯克基学院，并"在这段时间里，彻彻底底地变成了一个黑鬼［Negro］"[7]。生活在美国的底层，但却从事着一项伟大的事业，这种暧昧和罗曼蒂克的情势对帕克似乎是再合适不过了。

威廉·托马斯1912年在塔斯克基学院的一个关于黑人的研讨会上见到了帕克，两人一见如故。"我亲爱的主内兄弟，"托马斯对他的这种称呼，精妙地体现了他们俩共享的戏谑的、世故的口吻和潜在的理想主义信念。[8]在接下来的年岁里，他把帕克带到了芝加哥大学。托马斯的童年也是在乡间树丛中度过的，不过是在弗吉尼亚的西南部。他在回忆时说，他的最大兴趣是"步枪射击，这是山里人普遍从事的运动"。他的青少年时代和大学时代是在田纳西州的诺克斯维尔度过的，这是一个新南方*的新兴

---

[6] Mattews, *Quest*, 57.
* 即Congo Reform Association。19世纪晚期，比利时国王利奥波德使刚果成为他的私人领地，并对之进行残酷的强制劳动剥削，引起此起彼伏的反抗。从1903年开始，先后在英国、美国和德国爆发了抗议刚果的非人状况的运动，在这些抗议活动中，刚果改革协会起了重要作用。1906—1908年期间，刚果改革协会持续揭露在刚果土地上发生的总体性和猖獗的劳工虐待，这导致比利时吞并了刚果。——译者注
** 布克·华盛顿［1856—1915］：非裔美国教育领袖，创立了"塔斯克基学院"，同时也是作家，著有《超越奴役》。——译者注
[7] Baker, "Life Histories," 258.
[8] William I. Thomas to R. E. Park, April 23, 1912, Robert Ezra Park Papers, University of Chicago.

工业城市，他父亲是这里的一个商人，并任卫理公会［Methodist Episcopal Church］的传道人。在这里，他目睹了镀金时代激烈的种族冲突。在田纳西州立大学读哲学和文学的时候，他往往沉迷于在树林里搜集"幸存于山里人语言中的"乔叟式和莎士比亚式的话语。[9]通过在德国的研究生学习和他自己的阅读，他转向了民族心理学［Volkpsychologie］和人类学，而这最终又引导他得到了芝加哥大学社会学的学位和教职。在这些年里，他也从虔诚的宗教信徒变成了现世主义的怀疑论者。

托马斯还对城市体现出来的社会关系的松散化有很大兴趣。他的社会学著作的主题不仅包括种族和族群，也包括性别差异和性行为。由于自身也算雅士一名，并且对城市底层生活抱有兴趣，所以他也成为该市惩治邪恶委员会［vice commission］的顾问，并鼓吹性关系的自由化。由于早年在美国种族和族群多样化的环境中接受教育，并受到浪漫的和世界主义同情气氛的熏陶，托马斯和帕克都着迷于芝加哥这个城市，并把它的多元化和城市特征不折不扣地带进社会科学之中。

最能体现这些社会科学家身上的城市精神的职业就是记者。作为受过大学教育的中产阶级所从事的新职业之一，它是进入危险刺激的城市世界的合法途径。[10]被记者职业吸引的不只是帕克一个人。

---

* 即 the New South，美国内战后，南方重建，"新南方"是说明其后工业发展的一个术语。最先提出这个词的 F. D. 道森认为，南北战争最伟大的意义是将黑人从奴隶制和种棉业中解放出来。1865 年以后，这一术语也被普遍用来说明南北战争之后的南方。在与"老南方"对比的意义上，"新南方"就是指在各个方面正在发生变化的南方。——译者注

[9] Baker, "Life Histories," 246-7.
[10] 见 Michael Schudson, *Discovering the News: A Social History of American Newspapers*（New York: Basic, 1978), chap. 2.

在做了一年的社会学讲师并且未能得到芝大的续聘之后，本特利把自己接下来的十三年奉献给了芝加哥的记者和编辑事业。甚至米切尔也在成功地为《芝加哥论坛报》报道了美国钢铁公司（the United States Steel）的一次罢工之后，考虑过从事记者生涯。这些人中的任何一个都不是"扒粪主义者"［muckrakers］*，而是以扒粪为手段的城市现实主义，这是一种探寻生活隐秘面的风格，崇尚"客观"事实，并产生出一种众所周知的犬儒主义［a knowing cynicism］。道德式进步主义改革的徒劳无功，不实际改良主义者的愚蠢，及其腐败了的敌人的更高明的现实主义，都成为他们的日常发现，正如它们也被林肯·斯蒂芬斯［Lincoln Steffens］**经常发现一样。本特利1908年发表的《政府的进程》中充满着这类城市现实主义的成果。本特利抱怨道，如果一个人插手把一个男孩从欺凌中解救出来，我们就赞扬他的好心肠；但同样是这个人，却容忍童工、对工人的虐待在他的身边肆虐。

> 我看到从含蜜的蜂巢汲取到的是苦楚的汁液，而甜美的滋味却来自腐臭的生活……我怀疑人类的善良是不是存在着净增长。我想要知道，构成了人的这种爱恨欲望混合体为什么采取了这种新的行动方式。

---

* 19世纪下半叶，美国资本主义的自由竞争走向了垄断。上百个经济巨头控制了美国的经济命脉，他们为了巩固这种垄断地位，对内根本无视员工的利益，对外以侵害公众利益作为赚钱的重要手段，奉行所谓"只要我能发财，让公众利益见鬼去吧"的经营哲学。这引起舆论的强烈不满和抨击，出现了数千篇揭露实业界丑闻的文章，形成了近代美国史上著名的"扒粪运动"。——译者注
** 林肯·斯蒂芬斯［1866—1936］：美国著名记者，"扒粪运动"的代表人物。——译者注

这种脾性向学院延伸，沉重打击了社会科学中的老一辈进步主义者，并在一部分青年专业化知识分子中激起进行一场科学主义清算的渴望。[11]

尽管有这种共鸣，这拨人的城市脾性融入专业学术世界的过程并不轻松。在最基本的层面上，专业学术环境中传统的士绅文化并不鼓励直接接触和同情式关联，而这些恰恰是城市现实主义所需要的。一个规模不可小觑的女性群体——她们下定决心要冲破传统的樊篱——已经进入了这个城市，但男性学者跟上的速度就慢多了。特别地，在政治科学保守的和上流社会式的文化中，从事现实主义政治学研究的愿望，由于美国（特别是城市的）政治实践的粗俗和非法性而受到阻碍。当阿博特·洛威尔鼓励他的同事们对当代政治展开第一手研究时，他敏锐地指出，这要求对所有行动者、对各种人和他们的活动都抱有同情之心。不过值得指出的是，此项建议最初来自信心满满、上流社会出身的布莱明·洛威尔 [Brahmin Lowell]，他所接触的是欧洲的而不是美国的政客。[12] 从本特利和比尔德身上体现出来的这拨人的世俗气质，第一次使利益群体政治成为政治科学的中心。

社会学对城市探究的容忍度要更大一些，不过这种容忍并不包括托马斯想做的那些东西。他承认，他对知识的追求包括了"与卖淫者、小偷和流浪汉打成一片；包括了去那些似乎不符合你的身份的场所、与那些不该与之打交道的人打交道……我曾在许

---

[11] Arthur F. Bentley, *The Process of Government*, ed. Peter Odegard (Cambridge, Mass.: Harvard University Press, 1967 [1908]), 8-9. Daniel T. Rodgers, *Contested Truths, Keywords in American Politics since Independence* (New York: Basic, 1987), chap. 6, 这里描绘了本特利的著作在政治学中造成的重大影响。

[12] A. Lawrence Lowell, "The Physiology of Politics," *APSR*, 4(February 1910): 9.

多地方与许多被称为妓女的女性接触过"。[13]当从现实主义研究中产生出某种程度的宣传效果时,学院式限制就开始产生了。"我感到同事们把我描绘成间歇性精神病患者,"托马斯承认道,"他们在观望我能保持多久的平静,猜想我何时会再次发病。"一次主要的发作发生于1915年的夏季,当在女性普选组织的芝加哥集会上发言时,他倡导增加生育控制的途径,废除"非法出生者"的合法地位,以及非婚女性生育的权利。托马斯说他的受众中有一些"芝加哥城里最严肃的人",他们是支持他的,但其他的人都被震惊了,并告到了大学里。[14]

托马斯所经历的磨难成了对那些没这么坚强的人的警告。阿尔宾·斯莫尔在校长亨利·贾德森[Henry Pratt Judson]——这个统治者不如威廉·哈珀(Wiuiam Rainey Harper)开放——面前努力为他辩护,托马斯也努力为自己的著作辩护,但最终,他还是被迫放弃了原来的主张。"用这种方式向这群受众演说,表明我的判断力很糟糕",他在给斯莫尔的信中写道,因为他们并不属于"'话语的世界'[universe of discourse],这个世界是更高级的公众才拥有的"。事实上托马斯不得不感激芝大"无比大度地"让他把时间花在研究上。当他写下一本书——它可能是关于卖淫的——的时候,"它将基于一项校外资助,并且我不会作为学校的一个成员去从事这项研究,除非我已经向学校详细展示研究计划并得到校方的热忱支持"。[15]当这些学者的接触行为和鼓吹行为都只剩下

---

〔13〕 "Thomas Tells His Own Story," *Chicago Herald*, April 22, 1918, pp. 1, 4.
〔14〕 William I. Thomas to Albion Small, June 17, 1915, *President's Papers*, University of Chicago.
〔15〕 William I. Thomas to Albion Small, June 23, 1915, *President's Papers*. 亦参见 Henry Pratt Judson to Albion Small, June 19, 1915; William I. Thomas to Albion Small, July 5, 1915, President's Papers。

个人性质，不再与学校有关之后，学校最终正式否认了这些世界主义价值。帕克是一个个人和家庭道德都比较保守的人，托马斯则不是。1918 年 4 月，在郊区一个旅馆里，他在与一个年轻已婚女性在一起时被逮捕，被指控为有不正当行为嫌疑，并在媒体上被嘲笑。[16] 在指控被解除之前，学校解雇了他，芝加哥大学出版社也停止出版他的经典研究《身处欧美的波兰农民》，这部书只出版了五卷中的两卷。

托马斯的例子以最戏剧性的方式体现了这拨新人的先锋气质与学院制约之间的冲突。如我们将要看到的那样，比尔德离开了哥伦比亚和稳定的学院教职，为的是抗议战时政治迫害。本特利仅仅由于没得到芝加哥大学的续约保证就改行当了记者，而据他朋友说，这完全是因为芝加哥大学当局政治上和知识上的胆怯。[17] 如果说本特利、比尔德和托马斯的学术生涯是被人为切断的，那么帕克则是自愿离开。芝加哥大学对帕克而言不过是二十年的歇脚地而已，1933 年他又回到了塔斯克基学院，并在那里度过了他最后的活跃时光。

但是，并不是只有学术环境才对这些人形成制约。记者确实可以广泛接触城市，但资本家老板和广大读者同样也施加了沉重限制。当记者对一些人而言是一种吸引，对另一些人而言则是避难所，但不是自由的避难所。由于必须要写无聊的社论，本特利越来越感到幻灭，所以当得到一笔遗产时，他就去印第安纳当了一个农场主和独立学者。最终的真相是，在美国社会科学史上最具创造性的这拨人，发现自己很难适应于学术环境，甚至根本就

---

[16] "Thomas Tells His Own Story."
[17] Sidney Sherwood to A. F. Bentley, August 3, 1896, Arther F. Bentley Papers, Indiana University.

不能见容于学术环境；但当他们身处学术界之外时，又并不都觉得如鱼得水。米切尔自始至终都是一个学院人，但绝大多数其他人就不同了。斯莫尔曾对本特利作过这样一个敏锐的评价："当他表情严肃地履行他的专业职责的时候，他其实同时也是这整个过程的一个着了迷的分析家。"[18] 其实这个评价可以用在这拨人中的绝大多数身上，他们会回答说，不管是在学院里，还是在大街上，他们都找不到自己的"家园"。

学院专业主义对这拨人的影响是模棱两可的，不过这种影响仅仅是这个城市对他们的作用的一种表层回响而已，而城市对他们的作用同样也难以明辨。他们的脾性并不完全是这个城市的魅力塑造的。这些社会科学家中的大多数是在成年之后才来到这里的，他们来自小镇或农场，来自有着盎格鲁-撒克逊式的体面家庭，有时候这些家庭还是宗教上保守的家庭。正如我们从他们的理论著作中将要看到的，他们对这个城市和它包含的多样性的着迷，既出于他们的向往，也出于他们的厌恶。他们对它的同情常常被一些值得尊敬的价值规范和这些规范所激起的恐惧所限制。他们每个人的内心就进行着相反的冲动之间的斗争。托马斯发现农民文化十分有趣，但他又发现美国的波兰农民"非常讨厌"。[19] 帕克哀悼这个城市的混乱无序，即使是在他赞扬这一点时这种哀悼也不稍减。从学院解脱出来之后，他和比尔德都像本特利那样隐居于乡村。

相互冲突的性标准所造成的张力在这拨人中间产生了特殊的混乱。本特利最早的关切之一，就是对个体性冲动的社会控制问

---

[18] Albion Small, "Review of Arthur F. Bentley, The Process of Government," *AJS*, 13 (March 1908): 698.
[19] William Thomas to Dorothy Swaine Thomas, "How the Polish Peasent Came About," January 1935, *Archival Biographical File*, University of Chicago.

题。[20]或许此项议题在路德·伯纳德 [Luther Lee Bernard]——能和蔡平相提并论的芝加哥科学神童——那里是最核心的问题。正如罗伯特·班尼斯特已经表明的，伯纳德在私生活中是一个成瘾的性交运动员，但在他的公开宣告中，他是现代社会女性解放和性自由的批判者。由于在一个正统原教旨主义基督教氛围下的西得克萨斯小镇里和家庭冲突不断的情况下长大，所以毫不奇怪他会觉得芝加哥的情况绝对需要控制。[21]托马斯也不厌其烦地重复同一个主题。他说，性活动是对兴奋和活力的正当需要的回应，不过他的目标是把这个主题——像现代生活的所有其他方面一样——置于"理性控制"之下。在他为自己的行为所写的辩护里，"效率"这个词不断重现。[22]

控制是晚期进步时代出现的科学取向的社会科学的核心主题，这个主题在20世纪20年代达到全盛。在这拨人的手中，社会控制的观念变得更坚定了，而且其轮廓也更坚硬了，强调客观性、数量化方法和行为主义心理学。[23]美国行为主义的主要发明人约翰·华生 [John B. Watson] 是这拨人在心理学中的一员，而且他的背景是他们整体的一个绝好缩影。华生在南卡罗来纳州乡村长大，那里处在基要派基督教 [fundamentalist Christianity] 的影响之下，并就读于附近一个新南方工业镇上的浸礼会学院。作为一个破碎家庭的雄心勃勃的儿子，他带着自己的精神问题 [demons] 来到了芝加哥这个大都会，进了这里的研究生院，并在结束学业

---

[20] Arthur F. Bentley, "On the Social Discredit of the Sexual," and "On Social Discredit of the Sexual (Second Attempt)" [1894], Bentley Papers.
[21] Bannister, *Sociology and Scientism*, chaps. 8, 9.
[22] Thomas to Small, July 5, 1915; "Thomas Tells His Own Story."
[23] Bannister, *Sociology and Scientism*，这本书很有洞见地探讨了城市化、性冲突的主题，也探讨了客观主义社会学家想要对其施加控制的愿望。

前经历了一次精神崩溃。与动物们一起工作是他能真正感到舒适的唯一活动，不管是在实验室里还是在他退休后的农场里。行为主义既代表了他对正统宗教的背叛，同时也是他无意识里对其规范的再生产：他努力达成严格的控制，既是针对自己所遭遇的异己的外在世界，也是针对自己充满冲突的内心世界。[24]

华生阐明了一种极端的行为主义，这种行为主义否认意识在科学心理学中拥有任何地位，他还教导说，所有的精神行为最终都可以用对环境的反射来加以解释。但他更为一般的假设影响力更广泛：精神生活会在行为中显著地表现出来，并必须通过行为主义术语来加以衡量；行为主要并不是被理性思维所引导的，而是被生物性冲动和环境条件的结合所引导的。对于感觉到自己的生活越来越失去控制的一代人来说，行为主义向他们许诺了对生活的科学控制。[25]

现代主义历史意识

20 世纪早期的城市化经历，加剧了晚期进步主义者的历史无序感。城市的无序乃是历史无序的一个方面，而且，对于那些在变幻着的自由世界中感到迷茫的人们来说，努力实现对周遭世界的控制，也不过是一种自我安慰的手段。托马斯在 1918 年发表的

---

[24] Kerry W. Buckley, *Mechanical Man: John Broadus Watson and the Beginnings of Behaviorism* (New York: Guilford Press, 1989); Paul G. Creelan, "Watsonian Behaviorism and the Calvinist Conscience," *JHBS*, 10 (January 1974): 95-118; David Bakan, "Behaviorism and American Urbanization," *JHBS*, 2 (January 1966): 5-25.

[25] Franz Samelson, "Struggle for Scientific Athority: The Reception of Watson's Behaiviorism, 1913-1920," *JHBS*, 17 (July 1981): 399-425; Lucille T. Birnbaum, "John Broadus Watson and American Social Thought, 1913-1933" (Ph. D. dissertation, University of California, Berkeley, 1965).

《波兰农民》开篇，就说了一句在当时美国社会科学界被普遍认可的话："对理性控制的需要，源自越来越快的社会进化速度。"[26] 随着这拨人开始发挥作用，在进步主义时代开始形成的历史意识进入了一个新阶段。在1928年写的自传中，托马斯对历史在过去与现在之间所划开的距离做了生动的见证：

> 当有人建议我从社会学角度回忆我的过去时，这个过去对我来说非常遥远。近来生活方式的改变速度太快了，它使我们每个人都与自己的早期经历深深隔离开来。对我而言这种隔离尤为深刻，因为我出生于老弗吉尼亚的一个几乎与世隔绝的地方，从那里到铁路要走20英里。那里的社会环境与18世纪相仿佛，所以当我逐步向文化更高级的地方移居时，我感觉自己经历了三个世纪。

托马斯从少年时代生活的"丛林"出发，最终"到达了文明"。[27] 在几十年的时间里，他穿越了三个世纪，也穿越了美国从自然到文明的整个历史。出身乡村和正统宗教氛围的伯纳德和华生也能感到通往城市之路跨越了三个世纪。除了蔡平这个例外，这拨人中的其他人，由于家乡的封闭性要小一些，家庭的宗教气氛也温和一些，所以穿越的时间可能是两个世纪。进入这个世纪第二个十年的时候，对历史的迅速变迁以及过往的迅速远去

---

[26] William I. Thomas and Florian Znaniecki, *The Polish Peasant in Europe and America*, 2 vols. (New York: Alfred Knopf, 1927 [1918]), 1: 1. 这个重印本最容易找，也被引用得最多；它是从最初的刻板印刷而成的，不过作者自传从书的中间移到了末尾。

[27] Baker, "Life Histories," 246.

的感觉，已经十分普遍。在这拨人的世界里，尤其是在 20 世纪 20 年代，过去已经遥远得甚至可以忽略不计了，而变迁则无所不在，以至于它本身成为规范。米切尔说："'所有历史'都教导我们一件事，那就是社会环境和社会组织处在永不停息的变迁之中。"[28]

人们对变迁的这种强烈意识，造成很大的张力，历史主义本身在这种张力之下开始瓦解。最引人注目的例证来自詹姆斯·鲁滨逊，他在 1908 年发动了一场全新的"新史学"运动：

> 让我们这样设想，在过去至少三十万年的人类历史中，有一些事迹和进程是值得我们关注的；让我们设想……每一千年用一页的篇幅。那么在我们这本三百页的小手册中，只有最后的六到七页可以被分配给有文字记载——在这个词的通常意义上——的历史，而且这种记载有时也是零星的和残缺不全的。

到了 1912 年鲁滨逊找到了另外一种更生动的意象来表达历史时代的短暂：

> 让我们设想人类的全部历史被浓缩成十二个小时，而我们生活在这漫长一天的正午……在我们的十一个半小时里，什么记载也没留下……在十二点差一分，培根勋爵写下了他的《学识的进步》(*Advancement of Learning*)……而人们开

---

[28] Wesley Clair Mitchell, "Social Problems and the Social Sciences," January 27, 1920, Wesley Clair Mitchell Papers, Columbia University, p. 4.

始用蒸汽机为自己工作则仅仅是不到半分钟以前的事。[29]

构建这些意象的目的是为了表明历史变迁的加速度。鲁滨逊说道,进步,"倾向于以不断加快的节奏增加其速度"。他被当下的新奇所震撼。我们正处在进步的开端,这使得我们与古人成为同时代人:

> 从此种观点来看,历史学家的目光,不是回溯至地球刚刚诞生的遥远时代,而是局限于他自己所处的时代;拉美西斯二世、提革拉-帕拉萨*和所罗门实际上是恺撒、康斯坦丁、查理曼、圣路易和维多利亚的同时代人;[不仅如此]培根、牛顿和达尔文也不过是泰勒斯、柏拉图和亚里士多德年轻的同时代人。让那些试图确定人类进步或者退化的法则的人罢手吧。这种努力与以下企图是一样的:通过观察一个四十岁成年人一周的生活来确定他是否在发展。

---

[29] James H. Robinson, *History* (New York: Columbia University Press, 1908), 22;同前作者, The New History: Essays Illustrating the Modern Historical Outlook (New York: Macmillan, 1912), 239-40。钟的比喻是鲁滨逊从莱斯特·弗兰克·沃德那里借用来的:*Pure Soiology: A Treatise on the Origin and Spontaneous Development of Society*, 2d. ed. (New York: Macmillan, 1907), 38-40,而沃德则是从恩斯特·海克尔(Ernst Haeckel)那里借用来的。沃德跟海克尔一样,很大程度上依然是在19世纪进化论历史主义的意义上使用这个比喻的,他用这个比喻想表明,历史是一个缓慢积累的进程:"社会学家们可能会忘记历史的那些琐碎的增量变化……而是去研究人类已经在这些增量变化之上所建立起来的里程碑。"但是,沃德也看到,与地质时代相比,"社会学家处理的是一个新鲜的、年轻的世界。他能看到它的生长,他完全有权去揣测社会的未来,也有权去推动它的生长"。

* [? —1077? BC],亚述国王[1115? —1077? BC在位],实行军事扩张,打败入侵小亚细亚的穆什基人,进占巴比伦,扩充版图至幼发拉底河上游。——译者注

历史在整个人类史中过于短暂,如白驹过隙,人们很难据此来确定自己身处何处。为了获得宽广的视野,人们不能仅仅盯着眼下,而应该一方面回顾人类在自然界中的前历史,另一方面展望远方的未来变迁。他说,从历史而来的新讯息在于"人们开始企盼进步,不过是十二点差一分时的事情;而人们能够按照意愿进步,并且实现了进步,则是更晚近才有的事"。历史学家的任务,在于细述近来的进步,并鼓励革新。下面这两种方式,不管是用迅速变迁的观点来看待过去的自然,还是用它来展望未来,都会使已写下的历史本身的重要性大为褪色。[30]

这样,我们就在这拨人中看到了一种新的、现代主义的历史意识所产生的影响。现代主义历史意识乃是历史主义本身的产物,因为历史主义把历史看作对新奇事物的不断创造。1870年之后,欧洲的历史主义遇到了自身的危机,因为它包含着历史相对主义,认为现代社会的特征是不确定性,并且拥有一种不断加速变迁的历史观。尽管职业历史学家找到了消除危机的方式,并坚守了对历史主义的忠诚,但西欧文化的领导部分的历史意识还是转向了现代主义。过去开始被当作过时的负担,而当下则总是成为永续不停的转变的一环,这种转变指向不可知的未来。价值不可能在过去中寻找;它必须在当下的每一时刻、在未来的每一时刻中创造。据雷纳托·波吉奥力〔Renato Poggioli〕的看法,现代主义历史意识基于这样一种意识:"感到属于某种过渡状态,属于某种区别于过去的当下,属于某种潜在的未来,不过这种未来只有实现

---

[30] Robinson, *New History*, 240, 57-8, 251. 鲁滨逊对历史连续性的感觉使他强调变迁的渐进性和累积性方面,但这种强调是连续性变迁的一部分,而不是像沃德所设想的那种"文明"的"里程碑"的增量。见 *New History* 的 16 页和 256 页,以及接下来对"进程"的讨论。

之后才具备有效性。"用卡尔·荣格［Carl Gustav Jung］的话来说，"今天是一个转变的过程，为了赶往未来，它将自己与昨天分离开来。懂得了这一点的人就有权将自己称为一个现代人"。从对历史时代的这种新理解中，生发出一系列历史态度，这些态度被我们划入现代主义文化的范畴：对过去的拒斥，对未来的肯定，将历史本身化解为无时间性的存在［a timeless existence］，这种无时间性的存在，可以是原始的自然，也可以是抽象的、空间性的形式，或者永不停息的转变，还可以是永续的自我创造。[31]

到了晚期进步主义时代，对这种新历史意识的表达开始在美国出现。年轻的制度主义经济学家沃尔顿·汉密尔顿［Walton H. Hamilton］是最明显的例子之一。1916年时他说过，在美国，"变化无所不在"，它存在于社会、经济、人口和文化中。"蕴含着无限力量的大潮……正将这个工业社会推向不可知的未来……我们不是在既存事实中，而是在未来趋势中看到了实在［reality］的标记。相对次要的'存在'［being］被更加重要的'将在'［becoming］所吞没。"他的结论是，当下的美国处在"永续不停的变化"之中。[32]

或许，最具影响力地表达了现代主义历史意识的是约翰·杜威。尽管早些时候，杜威的社会心理学和实用主义哲学就已经开

---

[31] Renato Poggioli, *The Theory of the Avant-Garde* (Cambridge, Mass.: Harvard University Press, 1968), 特别是 pp. 66-7, 72-4, 以及 chap. 10; Joseph Frank, "Spatial Form in Modern Literature," in *Criticism*, 2d ed. Mark Schorer (New York: Harcourt Brace, 1958): 379-92; Gerald Graff, "Literary Modernism: The Ambiguous Lagacy of Progress," *Social Research*, 41 (Spring 1974): 104-35。

[32] Walton H. Hamilton, "The Development of Hoxie's Economics," *JPE*, 24 (November 1916): 860. 汉密尔顿相信，这种历史变迁感使霍克西的经济研究中具备了历史视野，但我们在下面将看到，霍克西最终走向一种现代主义看法，即把历史看作"永续不停的变换"。

始影响一些社会科学家,不过,直到这个世纪的第二个十年,他的理念才被广泛引用,他的姿态也才常被作为美国社会科学的榜样。最初,派给实用主义的角色是把过去和将来织结在一起。可现在,它成为抛弃过去、进入变幻不定的将来的手段。"达尔文对哲学的影响在于,他成功地把变化的原则 [the principle of transition] 用在了生命现象上。"他造成了一种"兴趣的转移,从永恒转向变迁"。杜威说,对哲学而言,这种转移意味着需要抛弃过去两千年来的全部哲学话语,同时也抛弃它们对永恒不变的实在的寻求。相反,哲学必须转向当下变幻中的世界,成为"道德和政治诊断的一种方式"。[33]

在《创造的智慧》(*Creative Intelligence*,1917)一书中,他最雄辩地表达了指向未来的现代主义转向。"由于我们是面向未来而生活的……所以除了隐含在现在中的将来,经验还能是什么!"杜威宣布,

> 用这种方式把握心灵——从它与产生新奇元素的过程的联系中把握它,就会看到,理智本身就是最有前途的新奇元素,它是对以下这种转换之意义的揭示,即,将过去转换成将来,而这种转换就是每一个当下 [present] 的实在 [reality]。

如果说杜威此时看起来乐于抛弃过去历史的规范力量,那是因为他已经将现在作为规范性的来源,因为将来正是从现在中产生的。"机体反应能够成功的秘密——也就是说,最大可能性的成功的秘

---

[33] John Dewey, "The Influence of Darwin on Philosophy" (1910), *MW*, 4; 7, 13.

密——在于，它能够将自己与当下的有利变迁结合在一起，增强自己的力量。"在杜威的战时激情逝去之后，他那种顺从当下的引导的观念依旧保留着。对这个他在十年中一直在提的主题，《哲学的改造》[*Reconstruction of Philosophy*] 又做了一次更镇静的声明。他提倡人们去信仰"当下所带来的这种活跃倾向"，鼓吹"让我们的理智有勇气去跟随社会和科学变迁所指引的方向，不管这种指引指向何方"。[34]

杜威希望将未来系于当下的历史过程，这保持了实用主义与新的自由主义政治之间的关联，也保持了它和美国历史的规范过程的关联。他将实用主义心智称为"美国……自己的、导向成功行动的潜在原则"，认为它是使"我们得到救赎"的手段。[35] 从长时段历史的观点来看，现代主义时间意识最让人吃惊的地方在于，它是美国例外论历史意识的某种回响。如果说历史主义在19世纪的大部分时间里忤逆了这个民族的民族意识形态，那么如今情况变了，现代主义在很多方面与20世纪修正后的自由主义例外论重新合上了拍。现代主义打断了历史主义在美国造成的短暂幕间休息，它迅速使社会思想家们相信，美国过去和将来的历史，乃是永续不断的自由变迁。在现代主义的氛围中，实质性的历史变迁会消失，自然的例外论策略可以继续发挥作用。

对历史的现代主义体验，不管是把它当作永续的变换，还

---

[34] John Dewey, "The Need for a Recovery of Philosophy" (1917), *MW*, 10: 9, 47, 16; 同作者, *Reconstruction in Philosophy* (1920), MW, 12: 201。

[35] John Dewey, "The Need for a Recovery of Philosophy," 47-8. 值得注意的是，在杜威的启发下，以创造性未来的名义拒斥了历史法则的年轻社会主义者们，最终却向美国的当下缴械投降。见 Mark Pittenger, "Science, Culture and the New Socialist Intellectuals before World War I," *American Studies*, 28 (Spring 1987): 73-91。

是用一种美国眼光把它看成永续的自由变迁,都能够从"进程"[process]这个概念逐渐显赫起来这个现象中看到。这个术语已经出现在进步主义社会学、边际主义经济学和米切尔的"无休止的变迁进程"中了。按照汉娜·阿伦特的说法,进程这个概念在历史主义中兴起,是因为人们渐渐采取了这样的看法:历史是连续的,不是一系列分立的事件,而是一系列目的-手段关系,通过有序的变迁,历史的每一个片段都会生产出下一个片段。作为历史进程,历史更深刻地体现了其自身所有的连续性、运动性和力量。阿伦特认为,最终,对历史的深层连续性的追求导致历史事件失去了本身的意义,而只能在历史进程中寻求意义。[36]

更进一步,进程是自然与历史之间的"共同特点",因为它们都能被理解为指向某种结果的一系列有序变迁。由此,对于想要理解历史的连续变迁的历史学与想把历史理解为一种自然进化的社会科学而言,进程的概念标志着它们之间的交汇点。早期美国社会科学家在社会学和经济学中谈论进程概念,想要捕捉一种例外论经验,在他们看来,这种经验既是历史的也是自然的。当历史之流加速、它的特性变得不确定的时候,这种汇合的效应就完全显现出来了。作为永不停息的一种进程,现代主义历史失去了它的独特性,历史混融于自然。鲁滨逊认为历史与前历史之间是连续的,将历史变迁的进程向前追溯到自然进程,向后推衍至连续进步的未来,这是将历史置入自然的开始。社会科学家开始将美国历史看作一个自我更新的自然进程,这种进程是自由社会的

---

[36] Hannah Arendt, *Between Past and Future* (New York: Viking, 1954), 61-2.

一个内在组成部分。[37]

顾名思义,现代主义指的是现代性进化过程中的一个关键阶段,也是历史时代中的一个问题。它的通常用法仅仅是指对那个问题的美学反应。文化现代主义者下定决心要在艺术的创造和自我创造中发现这样一个价值领域:它尽管身处一个变幻不定的世界中,却能够规避历史的相对性和暂时性。恰如大卫·霍林格已经表明的,美学"工匠"[artificier]与我们已经考察过的科学"知识者"[knower]有本质的不同。但科学主义与唯美主义却都是对某种危机的反应,这就是20世纪之交在西方文化中出现的历史意识方面的危机。由于美国社会科学的传统特别关注社会变迁问题,所以,在现代主义作用下不断加速的历史时代感,加重了传统上就存在的焦虑,加剧了要进行控制的欲望。通过把变幻不定的历史经验重构成自然进程,并对其加以理性控制,美国的社会科学家们重新找到了永恒与价值。[38]

如果真像阿伦特所说的那样,人们谈论进程就意味着事件本身失去了价值,那么这就必然开始扭转镀金时代以来就统治着美国社会科学界的现实主义。对具体经验的现实主义研究还在继续,因为一种新的现实不断在观察面前展示自己。在建造学术和

---

[37] Hannah Arendt, *Between Past and Future* (New York: Viking, 1954); 对这个概念的有洞察力的讨论,见 Paul Kress, *Social Science and the Idea of Process: The Ambiguous Legacy of Arthur F. Bently* (Urbana: University fo Illinois Press, 1970)。亦参见 Max Lerner, "Social Process," in *Encyclopeadia of the Social Sciences* 1930 ed., 14: 148-51; C. Wright Mills, "The Professional Ideology of Social Pathologists," *AJS*, 49 (September 1943): 165-80; William F. Fine, *Progressive Evolutionism and American Sociology, 1890-1920* (Ann Arbor, Mich.: UMI Research Press, 1979), chap. 2。

[38] David Hollinger, "the Knower and the Artificer," *American Quarterly*, 39 (Spring 1987): 37-55。

科学职业的背景下，经验研究似乎保证了所进行的是真正科学的研究。这批晚期进步主义分子急于消解他们前辈留下来的道德化概括和冥想式理论，所以，对当下社会中变幻不定的事实展开经验研究，成为他们新纲领的标志。理论仍旧是可疑的。才能只集中于理论方面的伯纳德，由于一次也没有完成过受到承认的经验研究，所以经常落到要为自己辩护的地位。[39] 不过纵使是这般根深蒂固的现实主义，在现代主义的冲击下也要有所改变。由于社会科学家开始把事实看作进程，他们努力把握的具体实在也蜕化为事实之流［flux］。比如，在一次诉诸性别定见来攻击现实主义的事件中，经济学家艾伯特·沃尔夫［Albert B. Wolfe］批评爱德华·罗斯的近作"只知归纳事实，十分肤浅"，而不是寻求"更深入的心理学归因"。他说，罗斯仅仅"在捕捉具体细节方面拥有女人特有的迅捷"。一种关于自然进程的科学，应该深入具体事实的层面之下，进入因果进程，并时时留意什么是表面、什么是实质，什么是具体、什么是抽象，什么是男性的、什么是女性的。[40]

对历史的现代主义观念同时也受到人类学理论新进展的影响。在19世纪里，历史主义已经与进化论纠缠在了一起；现在弗朗兹·博厄斯和其他人的著作开始挑战固定的、线性的进化发展模型。在旧的进化理论中，后天获得性特征［acquired characteristics］的遗传是一个理论支柱，但它如今已被证伪：这同样有助于人们消解进化的固定结构。人类学家的注意力转向产生人的多样性和进步的相互交织的特定因素，越来越重视对文化

---

[39] Bannister, *Sociology and Scientism*, 137.
[40] A. B. Wolfe, "Review of E. A. Ross, The Outlines of Sociology," *APSR*, 18 (August 1924): 639-40.

的研究。对长时段变迁的进化论式描绘开始被短时段历史进程研究所取代。与此同时,凡勃伦开启了对人类学方法的批判性使用,社会学家则通过继续发展这种批判性使用来探寻现实。[41]

政治危机,1912—1920

社会变迁与经济变迁一起对历史意识产生影响,在此之上,又添上了这些年中政治危机愈演愈烈的影响。一方面,这一代美国人开始认识到,自己身处其中的世界的唯一确定性,在于它永不停息地变化着;另一方面,他们也是在麻烦不断的20世纪历史的激流中驾驭这场变迁的第一代美国人。大约从1912—1920这几年,美国的社会科学家们好像坐上了过山车,一会儿处在雄心万丈的理想主义之中,马上又跌入痛苦的幻灭。进步主义与战争的结合,以各种方式使美国人远离了自己的过去,并更加强烈地召唤对社会的科学控制。

进步主义改革的高潮和没落带来了理想的第一波受挫。在1912—1914年之间,尽管对进一步改革的日程的支持越来越强,保守主义的反对力量却限制了立法行动,最高法院废止了进步主义立法,资本家力量被动员起来压制劳工,控制出版,并对学院左派施加压力。社会科学家们通常是这场左翼运动的一部分,他们感到了一系列反动迹象。1914年,美国经济学协会主席约翰·格雷 [John H. Gray] 带着一种恼怒的幻灭,高声疾呼要进行社会控制。像库利这样的社会学家,尽管曾否认在美国存在真正的阶级,也开始断言美国资产阶级 "像强有力阶级通常所做的那样支

---

[41] 关于进化论在人类学中的转变,见 George W. Stocking, Jr., *Race, Culture and Evolution* (New York: Free Press, 1968),及 *Victorian Anthropology* (New York: Free Press, 1987)。

配了弱势阶级"[42]。或许意识形态战争加剧最可靠的标志在于，阿尔宾·斯莫尔恢复了他的半社会主义腔调。在1912年的主席就职演说中，斯莫尔再次控诉他的同事们没能跟资本主义展开搏斗。1913年他发表了自己最激进的政治宣言，其形式是小说，其中零散的、讽刺性的作者声音表明，斯莫尔正处在激进信念已遭幻灭、内心极度矛盾、严重自我悔恨的境况之中。[43]政治学家们则聚集在司法审查问题的周围：比尔德的《宪法的经济解释》(*An Economic Interpretation of the Constitution*，1913）仅仅是更广泛的专业抗议［professional protest］中的一部分。[44]进步主义行动同经济、社会变迁保持一致步调的努力失败了，这加剧了抛弃无用的过去，进而建立社会控制的欲望。

1914年欧战的爆发将美国的注意力从国内问题上移开了，也尘封了进步主义的命运。然而绝大多数社会科学家并没有抛弃他们的对内理念，而是将它们投入战争中。尽管他们有的像杜威那样，认为应该"用良知来牵制"那些把美国推入战争陷阱的力量，有的被协约国的说辞和激情所俘获，认为应该起而保卫世界民主，但他们有一个共同的希望，那就是民族主义激情、政府权力的扩张以及西方世界的明显失序，将导致美国和欧洲社会在战

---

[42] John H. Gray, "Economics and the Law, " *AER*, 5, Suppl. (March 1915)：3-23; Charles H. Cooley, "The Institutional Character of Pecuniary Valuation," *AJS*, 18 (January 1913)：554-5.

[43] Albion Small, "The Present Outlook of Social Science," *PPASS*, 7 (1912)：34-7; 同作者, *Between Eras：From Capitalism to Democracy* (Chicago：Victor W. Bruder, 1913)。

[44] Frank J. Goodnow, *Social Reform and the Constitution* (New York：Macmillan, 1911); Roscoe Pound, "Courts and Legislation," *APSR*, 7 (August 1913)：361-83; Horace A. Davis, "Annulment of Legislation by the Supreme Court," *APSR*, 7 (November 1913)：541-87; Charles A. Beard, *The Supreme Court and the Constitution* (New York：Macmillan, 1912)。

后的根本性"重建"。欧文·费雪1919年对经济学家们的演讲，就非常好地体现了战争对社会-科学［social-scientific］改良情绪的激进化作用。费雪本来是一个中间偏右的边际主义者，现在却期待一种"迫在眉睫的世界重建"：重加课收遗产税、对大公司施行公私混合控制，以及建立广泛的社会保险计划。[45]可是战争的结束并没有产生出国内改革的狂潮；相反，反动运动却开始对劳工、国际主义和国家权力扩张趋势展开肆无忌惮的攻击。社会科学家们所能做的，仅仅是反思自己对历史的关键点究竟有多少理解，对它们究竟有多少影响力。1920年，一些经济学家开始问自己："为什么经济学的教导（teaching）对公共生活产生的影响力如此微弱？"[46]

深深困扰这些社会科学家们的不仅是国内改革的失败，更有意识形态的两极化。他们承认，学院内外的社会观点都被意识形态而不是科学所统治了，于是，他们觉得应该创造出"更硬"的科学，一个关于事实和数字的科学，这样才能缓解或者消除政治生活中甚嚣尘上的非理性冲突。比如米切尔很早就辨识出，他的老师J. 劳伦斯·劳克林作品中包含着道德偏见，而且凡勃伦的著作中也被人们斥为充满先入为主的猜测。米切尔总结道，唯一的解困方案在于数量化的事实：

---

[45] John Dewey, "Conscience and Compulsion" (1917), *MW*, 10: 264; Irving Fisher, "Economics in Public Service," *AER*, 9, Suppl. (March 1919): 5-21. 关于"重构"的代表性文献，见 Frederick A. Cleveland and Joseph Schafer, eds., *Democracy in Reconstruction* (Boston: Houghton Mifflin, 1919).

[46] "The Teaching of Elementary Ecomomics," 171. John A. Thompson, *Reformers and War: American Progressive Publicists and the First World War* (Cambridge University Press, 1987), 进步主义运动的终结和战争的开始导致人们产生幻灭感，这本书对这种状况提供了一个切近的分析。

> 我希望用尽可能可靠的方式证明 [prove] 事物，证据 [proof] 通常意味着求助于事实——而统计形式则是记录事实的最好方式。撰写由断言和敏锐的观察组成的书，并不能说服那些习惯于做另一种断言或者用不同视角来看事物的人……当我认识到凡勃伦的著作在其他经济学家中产生的影响是如何轻微的时候，这种感觉与日俱增。对我而言，他是率直和清晰的；但当别人挑战他的结论时，我通常发现，唯一的真正答案在于做更多的统计工作。

当美国工业关系委员会发表分别来自其劳工、商业和公共问题专家的报告时，这些报告间的相互冲突让米切尔更深刻地认识到，社会冲突是无比棘手的。科学并没有解决"阶级冲突"的能力，但相互对立的论断在某种程度上可以化约为一些事实问题，这是科学可以解决的。[47]

同样，令人不安的战争暴力、它对现代进步的干脆拒斥，也暴露了社会科学的软弱无力。一个经济学家说："说欧战已经使社会科学中的任何文本都成了过时的废物，这可能言过其实，但并不是无稽之谈。"社会科学家第一次意识到，自然科学的进展并非绝对的善。杜威在1917年指出，当它变成技术的时候，就"把工业和政治问题无限地复杂化了"，而且创造出可怕的毁灭性武器。"很明显我们并不控制它们；是它们控制我们并对我们施加报复。"杜威的结论是，"人类的乐观未来在于继续努力前行……直到我们对人的自然有了能够等同于对物理自然的控制"。对人的自然的控

---

[47] L. S. Mitchell, *Two Lives*, 186, 176; Wesley Clair Mitchell, "Social Progress and Social Science," September 6, 1915, Mitchell Papers.

制可能同样导致毁灭性后果，这是杜威的文本没有出现的。确实出现并得到许多读者共鸣的是，如果进步指的是进化法则所描绘的那种"批发式"的进步，或者指的是不断提升的人性，那么打了保票的进步并不存在；存在的只是"零售式"进步的可能性，这种进步只能通过支付个人努力来零星购买。[48]

战时暴力导致了震惊，也导致了对历史进步观的质疑，这反映在非理性主义心理学的流行上。20世纪"进步"过程中，人类残暴本性的大暴露，很可能是如许社会科学家投入行为主义和弗洛伊德心理学怀抱的原因所在。尽管两种心理学对理性和意识经验的理解不同，但它们都强调人类行为中生物性的、前理性的因素。战争确实激活了人们对优生学的兴趣，原因也是一样的：生物学上的疾病需要生物学治疗。在进步主义刚兴起的时候，蔡平指望通过教育来改良"落后的民风"，尽管这要很长时间才能见效。但到了1915年，欧战使他开始质疑教育的充分有效性："道德行为通常不过是一件稀薄的虚饰，它下面掩藏着无限的原始残暴和粗鲁冲动。"唯有自然选择才能永久性地提升人类种族的道德品质，这就意味着需要优生学。直到1919年，事情也没有好转，实际上，阶级冲突已经把美国弄得与德国相差无几，使它也陷入了"社会迷惘、自我欺骗、伪善和悲观"的状态中。蔡平以弗洛伊德式的语言重新表达了他的担忧。[49]

---

[48] A. B. Wolfe, "Review of W. H. Hamilton, Current Economic Problems," *AER*, 7 (March 1917): 106; John Dewey, "The Need for Social Psychology" (1917), *MW*, 10: 62-3; 同作者, "Progress" (1916), 同前引文献, 234-43。

[49] F. Stuart C. Chapin, "Education and the Mores," 载 *History, Economics and Public Law*, Columbia University, 43 (1911): 103; 同作者, "Moral Progress," *PPASS*, 14 (1919): 100-10。在战时，精神分析、行为主义和优生学在生物学的力量作用下重新焕发出力量，并表现出融合的趋势，但这一点被下面这

米切尔也发生了类似的转变,尽管他并没有采取精神分析的立场。在1915年给英国朋友格雷厄姆·沃拉斯的信中,他向对方表达了自己的震惊:战争将人们的兴趣从建设性问题上挪开,"并将我们重新投入一堆混乱情感之中,这些情感是围绕着那些我们无力想清楚的问题形成的"。对于非理性的这种重新泛滥,他的本能反应就是采取更为强有力的社会控制手段。沃拉斯担心战争将导致人们鼓励优生学的发展,米切尔的意见却是,他希望战争会"打破陈旧的禁忌……如果英国突然下决心用她的良种畜[breeding stock]来补充她的废损人口[wasted population],我将为这个美好结果而欢呼"[50]。

进步主义失败了,战争爆发了,它们加剧了焦虑和非理性,暴露了社会科学的软弱无力,所有这些产生的负面影响集中体现在托马斯身上。托马斯很早就接受了一个科学的习惯性说法,希望在人类学中发现"社会物理学的法则",在芝加哥,他与雅克·洛布广泛合作。不过,由于他因自己对哲学没什么兴趣而自豪,所以托马斯极少提及他研究工作中的科学预设。况且,他是对美国的进步最有信心的人。1907年他开始处理在美国日趋严重的劳工、族群和种族问题,这些问题是由于殖民主义和日本的崛起造成的——"东方世界是如此庞大,它能够压倒我们,并用我们递到它手中的剑给我们致命一击。"但托马斯确信美国不会经

(接上页)些主要的二手研究忽视了:"Birnbaum, Behaviorism"; Nathan G. Hale, Jr., *Freud and the Americans. The Beginnings of Psychoanalysis in the United States, 1876-1917* (New York: Oxford University Press, 1971); Mark H. Haller, *Eugenics: Hereditarian Attitudes in American Thought* (New Brunswick, N.J.: Rutgers University Press, 1963)。

[50] Graham Wallas to W. C. Mitchell, January 4, 1915, and W. C. Mitchell to Graham Wallas, February 3, 1915, Mitchell Papers.

历罗马帝国式的衰落:"我们很安全,因为我们有寻求变革的习惯。"直到 1915 年他在芝加哥受磨难,直到第一次世界大战,他的信心都没有被触动。[51]

一个全新的注释出现在托马斯 1917 年的著作中。由于在性问题上的观点被公众责难,他大受刺激,于是对基督教、进步主义改革和爱国主义的原始道德主义大加讽刺:"社会处在似睡非睡的状态中,只是偶尔才有清醒的时候。"他第一次清楚地表明了对科学至上主义的自我意识,这种态度将在《波兰农民》的那篇篇幅很大、影响深远的方法论导言中出现。面对如此之多的蒙昧主义现象,他再也无法坚持对美国变迁的信仰。变迁来自个体,但社会压制个体。变迁来自那些"创造性的人",他们在适应变迁的同时创造出"具有更高社会价值的规范"。现代社会的变迁首先来自科学,科学将搅扰一切规范,并最终建立"最一般最普遍的规范,即科学法则"。在托马斯的个人紧迫感背后,是当下的社会危机,以及这样的感受:历史变迁已经抹去了过去留下的路标。"我们生活在一个全新的世界之中,它是独特的,史无前例的。"他说,能帮助我们的唯一东西就是一门社会控制的科学:"这样我们就能建立任何需要的态度和价值。"从战争中走出来的托马斯听起来就像一个专家治国论者。[52]

焦虑和幻灭仅仅是通向控制的科学的途径之一,仅仅是这些

---

[51] Baker, "Life Histories," 248; William I. Thomas, "The Scope and Method of Folk-Psychology," *AJS*, 1 (January 1896): 434, 440-1; 同作者, "The Significance of the Orient for the Occident," *PPASS*, 2 (1907): 119, 122。

[52] William I. Thomas, "The Persistence of Primary-group Norms in Present-day Society and Their Influence in Our Educational System," in *Suggestions of Modern Science Concerning Education*, by Herbert S. Jennings et al. (New York: Macmillan, 1917), 191-2, 179-80, 185, 188-9, 196, 107.

年的政治经验的一个面向。经常在同一个人身上并存和交替出现的另一个面向,是对社会科学和美国民族主义的积极信仰。绝大多数社会科学家很快被战时爱国主义俘虏了。一方面对德国知识分子的民族主义偏见和美国大众的过激情绪表示遗憾;另一方面他们自己也沾染上了这些东西。很快,美国在战争结束时将要拥有的强有力的世界地位,给已经很高涨的战时爱国主义又添了一把火。即使这种情绪采取了呼吁更多国际主义和批判"回到故态"的形式,它还是激起了社会科学家们的期望,并给予他们承担世界历史责任的自信心。

在这些年中,他们也有理由对自己的科学能力感到自信。社会科学家们越来越多地作为专家参与到进步运动中来,而且他们的科学专业技术也由战争而得到可观的推进。经济学家进入协调战争努力的统计机构;政治学家作为预算或者行政专家,继续在他们战前建于华盛顿的据点里工作,或者从事宣传与国际组织活动。历史学家被特别召集来从事宣传,并计划和平谈判。像蔡平那样与这些事业没有什么瓜葛的社会学家,则运用他们的地方性知识从事社区组织工作。[53]

米切尔是满怀信心地转向科学的最好例子。到了 1920 年的 1 月份,他仍然能够焦急地感觉到美国面临的问题,但不耐烦的迹象已经消失了。激励他的原因,部分在于美国在战争中的努力比较成功,这激发了他的爱国主义。"我们先辈的精神并没有被丢失,我们应该从近来的歇斯底里中把它恢复过来,并积极投入工

---

[53] Carol Gruber, *Mars and Minerva: World War I and the Using of the Higher Learning in America* (Baton Rouge: Louisiana State University Press, 1975); Paul B. Cook, *Academicians in Government from Roosevelt to Roosevelt* (New York: Garland, 1982), 82-92, 172-5.

作。"美国工业的力量让他产生了深刻的印象:"我们的祖国比世界上任何其他大国所处的地位都有利。"

不仅如此,米切尔希望他对科学的雄心能够实现。他从个人经验中体会到,"战争给予华盛顿的统计工作以强有力的推动"。而且,他对私人从事统计工作的机会的增加也有个人体会。米切尔和时任哈佛商学院主任的埃德温·盖伊,都是战时统计服务的主任,打算成立国家经济研究局 [the National Bureau of Economic Research],这个机构由拉塞尔·塞奇基金会赞助。"看起来经济学研究会很快会与医药研究比肩成为慈善事业的时髦受益人。"在米切尔主持下,这个局的理事会中囊括了来自商界、劳工界和学术界的代表,既包括工业民主社会主义者联盟 [the Socialists League for Industrial Democracy] 的人,也包括美国银行家协会的人,目的是进行"确凿和中立的调查"。他带着对困难的深切意识从战争中走出来,但他仍然坚信,统计学提供了通向经济科学与社会控制的康庄大道。[54]

使美国社会科学发生转型的政治经验的最后一个面向,在于对不满的压制。战时的反动力量从学院中将一批危险的个人声音清除了出去,查尔斯·比尔德就是一个例子。他痛苦地回忆道,在调查委员会的"一番屈辱的质询"之后,他从哥伦比亚大学辞职,这场质询"有我的三四个同事在场,他们似乎觉得这个程序很正常……"。三年之后,他又被迫从纽约市政研究局的主任位置上退

---

[54] Wesley Clair Mitchell, "Social Problems and the Social Sciences," January 27, 1920, Mitchell Papers, pp. 3, 7, 11, 14, 16; Herbert Heaton, *A Scholar in Action*, Edwin F. Gay (Cambridge, Mass.: Harvard University Press, 1952); David M. Grossman, "American Foundations and the Support of Ecomomic Researth, 1913-29," *Minerva*, 20 (Spring-Summer 1982): 59-82.

下来，因为卡内基基金会通知该局的理事们，如果这个人还在，基金会就不会给他们任何钱。"所以我退下来到康涅狄格的农场去。"比尔德仍然拥有令人生畏的声音，但他的遭遇，使他那种温和的激进主义立场都遭受诬蔑，而且即使在学院中，他的影响也受到了限制。[55]

在女子学院中建立了立足点的激进女性学者也成为牺牲品。在韦尔斯利学院，凯瑟琳·科曼和爱米莉·巴尔奇早在战前就创造出一个有强烈改革倾向的、颇受尊敬的社会科学计划。由于政治观点总是处在严密监控之中，所以当巴尔奇在战争中变成一个和平主义者之时，她被挤出了韦尔斯利学院，她们的社会科学研究计划也几乎停滞了十年之久。宾夕法尼亚大学的沃顿学院也经受了相似的命运。帕滕在进步主义时期已经在给予社会福利活动以断断续续的支持，并将一大批活动分子聘为教员。经济学家斯科特·尼尔林［Scott Nearing］就是其中之一，他强烈要求对童工现象立法，并越来越猛烈地抨击该城的财富不均现象，这招致了商业利益的反对，特别是那些对宾州大学有资助的商界人士。1915年，由于族群和宗教敌对现象以及原教旨主义的复兴吸引了大家的注意力，董事会悄悄解雇了尼尔林，并迫使帕滕和他那些不服管教的部下退休或者离职。战争结束之后，沃顿就能很自在地把它的注意力完全转向"商业科学"了。[56]

在这个遭到裁剪的学术领域中，幸存下来的异端性政治冲动

---

［55］ Social Researth Council, Hanover Conference, 1926, transcript, p. 499, Charles E. Merriam Papers, University of Chicago.

［56］ Mary Jo Deegan, "Sociology as Wellesley College: 1900-1919," *JHS*, 5（Spring 1983）: 91-117; Steven A. Sass, *The Pragamatic Imagination: A History of the Wharton School, 1881-1981*（Philadelphia: University of Pennsylvania Press, 1982）, chap. 4.

被聚集起来，导入新的学科纲领之中。晚期进步主义分子不仅被学术性的冲动动员起来，也被异端性的政治冲动动员起来。在经济学中，新制度主义者自觉地处在新古典经济学主流的左翼。同样，对群体政治学的开拓性分析也要比传统政治科学激进。在社会学中，斯莫尔和吉丁斯代表了这个学科的进步主义主流。所以，新运动在政治光谱上的位置各不相同，既包括了文化激进主义，也包括了帕克和托马斯的政治寂静主义。

科学的新概念

在历史和政治之外，这些社会科学家还受到关于科学的新理论的影响。由于他们一开始就致力于发展社会科学，并且到了1920年左右就下决心要创造出真正的科学，所以他们更加关注那些正在修正实证主义的哲学家和科学家。卡尔·皮尔逊1911年新版的《科学的语法》就是重构实证主义的范例。尽管这本著作支持培根式的对经验方法的强调，但它还是检讨了下面这种立场的意涵：现象经验［phenomenal experience］实证化地决定知识。奥古斯特·孔德、赫伯特·斯宾塞和他们的追随者们相信，从科学中可以推断出综合性的知识体系。他们经常假定，社会世界中像自然界中一样，存在着像法则一样的规律性。皮尔逊则部分地追随恩斯特·马赫，反对这种"系统化的"实证主义，描绘出一种更严格地抛弃了形而上学的"批判性的"实证主义。[57]

皮尔逊说，科学的真理并非实在的镜像，而是从感官经验中形成的概念和命题。它们的真理性在于它们的普遍性，而这种普

---

［57］ Maurice H.Mandelbaum, *History, Man, and Reason: A study in Nineteenth Century Thought*(Baltimore: Johns Hopkins University Press, 1971), 10-20.

遍性是正常人类的感官和心智逻辑进程的产物。所以，科学仅仅是由它的方法构成的，这种方法就是被检验了的观察和逻辑推理。它的标准产品乃是因果法则，但这些法则仅仅是关于现象序列及其重现可能性的判断。不仅如此，科学仅仅出于实用主义的原因才生产法则。科学是"思想的经济学"，它能使活动变得更顺畅，是帮助进行"深谋远虑"的简洁"公式"。尽管进行了这种哲学上的剪裁，对皮尔逊来说，科学仍是通向关于宇宙的"真正知识"的唯一途径。由于组成科学的现象经验判断不仅来自观察，而且逻辑上也有序，所以科学是真理性的唯一保证。除了重申科学的特权地位，皮尔逊的著作也再次强化了新社会科学的行为主义倾向。皮尔逊认为社会科学的构成应该是这样的：对个体聚合而成的总体的可测量特征进行统计描述。正如我们已经看到的，吉丁斯迅速采用了这个假定，并从1920年开始，把他的社会学改名为"多元主义的[pluralistic]行为主义"。[58]

影响人们对科学的理解的另外一个因素是实用主义，特别是杜威的著作。今天，人们对实用主义的理解是这样的，即否认有任何知识优先于其他类型的知识。知识是社会建构出来的，它的有效性取决于它对人们目标的有用性，而这些目标本身则是多种多样、变幻不定的。如果说科学是由其方法来定义的，那不是因为方法提供了通向现象经验的特殊途径，而是因为方法能够带来关于现世的实际知识，并且它也是由社会性地组织起来的经验世界支撑着的。正如斯蒂芬·图尔敏[Stephen Toulmin]所指出的，杜威对固定真理的根本拒斥，其逻辑结果是对人文知识各领域的"实际讨论中出现

---

[58] Karl Pearson, *The Grammar of Science*, 3d ed. (London: Adam and Charles Black, 1911), 77-8, 110; Franklin H. Giddings, "Future Inquiries of Sociology," *PPASS*, 15(1920): 60-7.

的合理的功用、推论的方法与判断的标准"的探究。但杜威从来没有完全达到这个地步。在他绝大多数著作中,自然科学的方法或隐或显地被当作所有知识类别的模范。如果说自然科学还不是享有优先地位的知识的话,那么它至少"为知识设立了标准"。[59]

在杜威的著作中,我们看不清楚的是,他是鼓励所有的知识领域都采取自然科学那种抽象的、概括化的和数量化的方法,还是把自然科学方法作为一般性探究的代称,这种代称能够把所有有效的求知途径都囊括在内。比如,他被凡勃伦的进化论分析模型所吸引,并在1902年勾勒出一种能够既包含自然的科学式的方法,又能包容历史的方法的知识概念。他说,尽管历史方法寻求特殊事件而不是一般事件的原因,但它也能像自然科学一样,提供对事件起源的因果洞见,因为它可以在历史现象的起源中分离出一个单独的共同因素,并将历史的复杂进程类同于控制性实验来进行分析。杜威自己也利用发生学分析 [genetic analysis] 表明,过去的理念与当下需要之间是不相关的。他承认,在《哲学的改造》这本书中,他对哲学的起源的叙述"是有意如此。对我来说,要想颠覆这种类型的哲学理论化,发生学方法比任何逻辑的驳斥要更为有效"。看起来科学工作的入门活动似乎是发生学分析而不是科学方法本身。[60]

杜威继续以自然科学为典范:"只有当自然被看作是机械性的时候,它才能被用于人类目的。"只有"当质化为量和数学关系之

---

[59] Stephen Toulmin, "Introduction," to *The Quest for Certainty* (1929), by John Dewey, LW, 4: xxi; John Dewey, LW, 4: 172. 亦参见 Richard Rorty, "Dewey's Metaphysics," in *Consequences of Pragmatism: Essays, 1972-1980* (Minneapolis: University of Minnesota Press, 1982), 72-89。

[60] John Dewey, "The Evolutionary Method as Applied to Morality" (1902), *MW*, 2: 3-38, 特别是 7-11; 同作者, *Reconstruction in Philosophy*, 93。

时",它们才能被掌控。尽管他批判了化精神现象为物理术语的极端行为主义,但他还是认可了社会心理学中更宽泛意义上的"行为主义运动",因为正如孔多塞所理解的那样:"社会现象是一种需要统计数学的事物。"[61] 随着人文学和各门实证主义科学越来越分离,杜威也渐渐认识到,自然科学方法与道德和实践知识之间有断然的差异,前者是抽象的、概括化的,而后者是对具体特殊的同情性观察。但他仍然企图把这两种知识并在一起,因为在杜威看来,它们都研究具体社会问题,而且研究这些问题的目的都是相同的。[62]

随着科学权威性的继续提升,它的概括化模式和抽象化知识的声望也提升了,这就使历史知识失去了其稳固的正当性。特别是在德语世界的历史学家和哲学家们中间,历史学的危机激发人们去解释历史知识的性质。威廉·狄尔泰*发展了解释学理论,并把理解[*Verstehen*]作为历史知识的特有模式。威廉·文德尔班与海因里希·李凯尔特把个别化逻辑作为历史的特性,马克斯·韦伯则跟随他们的路向,向人们展示如何建构一种历史的社会科学。历史主义使现在与过去之间渐行渐远,面临这一现实,这些理论家们提供了理解过去,并让 20 世纪在历史时代中重新定向的方法。正如克洛彭伯格所表明的,杜威的实用主义前提可以导致狄尔泰的解释学结论,但杜威自己并不遵循这种指向历史学方向的逻辑。由于杜威对统一性的偏爱,由于自然科学的实证模型能够承诺对事物的控制,而他心仪于这一点,更由于他坚信美国社会保有民主未来的种

---

[61] Dewey, *Reconstruction in Philosophy*, 120; 同作者, "The Need for Social Psychology," 57。
[62] Dewey, *Reconstruction in Philosophy*, 179。
  * 原文为 Friedrich Dilthey,应为 Wilhelm Dilthey。——译者注

子,所以他在很大程度上回避了如何理解历史世界——一个具体的、由历史所构成的世界——的问题。[63]

由此,杜威就给社会科学家们留下了一个不确定的实用主义基础,在此基础上,他们可以朝不同方向前进。比如罗伯特·霍克西,他虽然处在凡勃伦的影响之下,还是利用杜威的发生学分析发展出一种历史学方法。通过利用实用主义,米切尔、本特利和帕克发展出种种虽然比较异类,但仍算实证主义的社会科学概念。对这一时期的绝大多数社会科学家来说,实用主义不过是一种比较表面化的力量,它所起的作用不过是强化了历史的经济决定论所教导的相对主义观念,重申了社会改革对"机会主义改策"的呼吁。[64]实用主义和实证主义这两种关于科学的理论所造成的影响在于,它们推动了社会科学向关于社会控制的科学的转变;同时,它也导致那些更有思想的社会科学家们去检讨,自然科学方法如何能用于由社会经验形成的历史领域。

二 本特利和比尔德的政治学

在政治学领域里,后期进步分子中最具创新性的成员是阿

---

[63] James T. Kloppenberg, *Uncertain Victory: Social Democracy and Progressivism in European and American Thought, 1870-1920* (New York: Oxford University Press, 1986), 101. 强调了杜威和狄尔泰的"相互和谐"。作者辩称,他们两个人分享一种对知识的激进理论,这种理论"体现了"历史主义,并会"逻辑性地达到一种解释学"。但是,杜威把科学机械地理解成控制,这与解释学的敏感相龃龉,并使他产生的影响与狄尔泰有方向上的不同。见 David Hollinger, "The Problem of Pragmatism in American History," *JAH*, 67 (June 1980): 88-107。

[64] 比如,Goodnow, *Social Reform and the Constitution*, 3-4。

瑟·本特利和查尔斯·比尔德，不过与在经济学和社会学中的同伴相比，他们在本学科中的地位没有那么核心。当本特利的著作出版时，他已经是学术界的弃儿了，他的理念进入政治科学的方式也是迂回而缓慢的。比尔德尽管在自己的学科中是个重要人物，却把最具原创性、最重要的著作写到史料编纂学领域去了，他的影响力日盛，却是在历史学家中而不是在政治科学家中。在更保守的政治科学中，这拨人的偶像破坏主义气质惹人生厌。但本特利的《政府的过程》不仅是新研究风格中的第一本重要著作，而且是影响最广泛的著作。

本特利的利益群体政治学

本特利并不是科班出身搞政治学的，他在政治科学中并没有学术背景。他接受的训练是经济学的，而他发展出自己的很多理念，则是他在斯莫尔手下教社会学的时候。他的书给人的最直接的冲击，是他对几乎所有人都展开了攻击。他宣布政治学的传统"已死"，已经不值得认真加以批判。而社会学中的几乎每个重要人物也难免被攻击。斯莫尔的理论是"完全无用的空话"；吉丁斯对类的意识也"不过是同义反复"[tautology]；皮尔逊的社会生物学派的这个假设毫无根据："精神或者道德品质会凝结成块，可以被比作个体占有物，而且这种占有还能够被继承。"吉丁斯或者其他理论家也无法确证他们的如下信念：理念、理想或者自我意识在现代世界比在古代世界更有力量。而一旦这一点无法保证，那么他们为了支持进步的结论而建构的社会进化的精致图式，也会轰然倒塌。[65] 由于已被学术界所弃绝，所以本特利干脆毁掉了

---

[65] Bentley, *The Process of Government*, 162, 35-7, 100n., 106, 128-36.

退路。他成功地在斯莫尔未曾阅读他的手稿的情况下从芝加哥大学出版社出了他的书。出人意料的是,斯莫尔不像本特利的同事们那样用沉默来应对他,而是严肃地回应了他挑起的思想挑战,尽管这个回应有点无力。[66]本特利的批判和他的实证主义理念在暗中造成的冲击,很快就昭然若揭了。

本特利自己的起点是经济学。他说:"我对政治学的兴趣并不是原初性的,而是源自我对经济生活的兴趣。"[67]这种经济生活的关键,以及对本特利形成影响的关键,在于它会自发地同时趋向事物的具体方面和抽象方面,趋向事实与过程的实在。本特利一开始是在霍普金斯大学师从理查德·伊利学历史经济学,所以他有历史经济学家对捕捉经济经验中具体特质的兴趣。他的第一本著作的主题是,通过对一个内布拉斯加州城镇的细致考察,来致力于理解人民党的抱怨。"如果数字分析的范围尺度过大,那么所有对个体经济生活的实际感受都将丢失。"他发现,只有那些最早定居的人才能获取一定量的利润,因为他们能够以较低价格购买到土地。本特利学到了历史经济学的一般经验:要想理解人类行为,哪怕是市场上的行为,也必须研究整个历史领域。在《政府的过程》这本书里,本特利最崇敬的理论家是历史法学家鲁道夫·冯·耶林[Rudolf von Jhering]。他说,"真正的问题——我们必须面对的问题,是为什么活生生的、行动中的男人和女人们改变了他们行动的方式,不再去做他们之前在做的事;为什么他们在某些场合而不是另一些场合使用他们的'品质'[qualities]。一

---

[66] 笔者得到这个结论,证据来自 K. Miller to Bentley, October 12, November 1, November 4, and December 2, 1907, Bentley Papers. 斯莫尔对这本书的评论载 *AJS*, 13(March 1908):698-706.
[67] Bentley, *The Process of Government*, 210.

言以蔽之,为什么他们采取目前的这种特定的社会生活方式来生活。"正是这种对变化、对"特定的社会生活"的历史感,使得本特利对那些理论家进行严厉的批判,在这些人看来,社会生活是用人性的普遍特性来解释的。[68]

本特利也从历史经济学那里学到了对政治问题的意识。引导他跟随理查德·伊利的最初动因是他对经济不平等的关注,这种关注也激发他产生了"解决人类社会的迷惑"的雄心。他的朋友哈钦斯·哈普古德[Hutchins Hapgood]曾跟他一起在德国学习,他这样描绘本特利,他是"一个不快乐的、烦躁不安的灵魂,因自己无力达到顶点而严厉地自责"的人。哈普古德回忆道:

> 一段时间之后,那时他在伦敦,给我写了一封很雄辩的信,说他对自己没能解决社会学的秘密感到深切失望。他告诉我,他曾逛遍了伦敦的贫民窟,看到了那么多正在遭难的人类同胞,这些人是如此地不幸,以至于竟然不知道自己身处不幸之中。这种客观的、非个人的苦难几乎让他陷入了精神错乱。

本特利对社会感到不满,这种不满指涉的范围很广,他早期的一篇文章《社会对性的贬抑》就已经体现了这一点。他认为,"个体与社会的对立"造成了"人类社会的困惑",他的政治经验和个人经验告诉他,如果关于社会的科学还有可能的话,那么这种对立

---

[68] Arthur F. Bentley, "The Condition of the Western Farmer as Illustrated by the Economic History of a Nebraska Township," *JHUSHPS*, 11th ser., no. 7-8 (1893): 9-10; 同作者, *The Process of Government*, 56-91, 18。

必须在理论上得到解决。[69]

本特利对经济学有兴趣的另一个方面在于它的抽象。吸引他的不仅有历史经济学家们对具体的探寻，也有卡尔·门格尔的抽象边际主义理论。他想要发展出一种既能应用于经济行为，也能应用于社会行为的理论，这来自门格尔对他的启发。门格尔曾说："我已经努力化简人类经济行为现象的复杂性，把它变成最简单的、可以加以精确观察的各种要素。"本特利也很明显地从皮尔逊那里获得了同样的教导。皮尔逊努力寻找社会科学中的基本"考察单元"，以及进一步，寻找不仅在方法上更有用，而且在本体论上最简单的单元，正是这些单元构成了社会实在。他在寻求的是一种"现象一元论"[phenomenal monism]，以便为了科学的目的把社会现象分解为相似的社会单元，这种分解同时也能解决个体与社会间的存在性对立。[70]

本特利曾一直相信，这种基本单元不是作为整体的有机社会，而是它的对立面，即个人的观念。在离开大学并在芝加哥从事新闻工作之后，他有时会激烈反对自己从前的个体主义和观念论的立场。他在教书的时候就去听过杜威的演讲，后来他把自己的转变归结为"对杜威演讲中关于个人的论断的毫无想象力的理解"。[71]杜威的影响在后来才真正开始，也就是说，当本特利在离

---

[69] Hutchins Hapgood, *A Victorian in the Modern World* (New York: Harcourt Brace, 1939), 84, 99, 112; Arthur F. Bentley, "The Units of Investigation in the Social Sciences," *PPASS*, 5(June 18, 1895): 915.

[70] Carl Menger, *Principles of Economics* (New York: New York University Press, 1981 [1871]), 46-7; Bentley, "Units of Investigation"; 同作者, "Phenomemal Monism as the Basis for the Study of Society" [1895], Bentley Papers; Arthur F. Bentley to Albion Small, Novermber 26, 1910, Bentley Papers。

[71] Arthur F. Bentley, "Memorandum," February 8, 1941, attached to "On the Relation of the Individual to Society in the Social Sciences," November 1894, Bentley papers.

职后反思自己的科学问题的时候，当"这个国家的所有政治问题都堆在自己的办公桌上"[72]，有待他用大脑去清理的时候，杜威才真正进入他的头脑。1908年他宣布，社会研究的基本单元乃是群体活动。

由于受到詹姆斯和杜威的实用主义，以及鲍德温和杜威的社会心理学的影响，他把所有的社会现象都定义为活动，把所有的活动都定义为社会性的、意向性的和情境性的。这样，活动概念就能处理社会情境包含的所有因素，甚至"人的灵魂状态这种棘手的东西"也是被如此处理的。这样它就能通过社会科学的观察法来从外部进行解读。通过使用华生在分析意识状态时曾用过的技巧，本特利不仅把"外部"活动，也把"潜在的活动"与"活动的倾向"全都囊括在他的框架之中。在社会生活中，不管是外显的活动还是内隐的活动，总不外是群体的活动。民族则是由"相互重叠交错的群体"构成的，"每个人都同时属于许多不同的群体"。个体的观念是对群体的苍白而虚假的反映："实际上，观念的唯一现实性在于它们是对群体的反映。"群体并不是固定的；它们不是由个体而是由活动构成的。所有的科学都需要度量，群体则可以通过它们的数量、活动强度、技术以及它们与其他群体的因果关系来加以度量。"当群体已经被充分说明了的时候，所有的事情就都明白无误了，"作为皮尔逊观点的回音，本特利断言，"彻底的描述就是彻底的科学。"[73]

本特利的群体活动概念是两种活动的产物：一是对社会现实的性质的抽象理解，二是他对进步主义政治现实的具体观察。他

---

[72] Bentley, "Epilogue," 211.
[73] Bentley, *The Process of Government*, 191, 184-6, 204, 206, 208-9.

在一封给斯莫尔的信中写道：在五年左右的时间里，"我除了报纸没读任何别的东西，我只是泡在芝加哥这个城市里"。他的目标是政治生活。"杜威在分析个体行为方面，已经有了统一的经验，这种经验来源于他自己和亲友们的日常生活。我呢，我已经有了，或者断定我会有同样的经验，不过这种经验来自美国在1900—1908年间发生的政治生活，这种生活以罗斯福为它的象征。"本特利的论断是，1900—1908年间美国在政治上发生的，是利益群体政治。步斯莫尔和拉岑霍费尔的后尘，本特利认为，促成群体的有意识活动的乃是利益。群体和利益是同义词。政治学是对群体"压力"的研究，在一个附录里，他向读者展示了研究可以具体到什么程度。通过对城市公投、市政议会和州议院选票的统计，并把这些选票分布与城市地图相匹配，他分析了在市政社会主义这个问题上的群体压力。除了用选票代替了土地价格，用各种群体利益的压力代替了决定经济选择的各种因素，他在这里所用的方法，与他研究内布拉斯加州城镇的第一篇论文所采用的方法并无二致。[74]

对于他在政治学领域里的读者而言，本特利的利益群体政治学是他著作的最显著特征，因为在很多方面他都表现出全新的视野。正如它的标题所显示的，它首先把政府看作一种过程，这个词也是门格尔曾用过的。"群体之间存在着无穷无尽的相互联系"，对它们的刻画工作也是无止境的。"除了群体现象之外并无其他的政治现象"，而群体现象就是过程。作为过程的政治使得传统政治学的那些人们熟知的特征变得毫无意义。用过程的术语来说，组

---

[74] Bentley to Small, November 26, 1910, Bentley Papers; Bentley, *The Process of Government*, chap. & and appendix.

织与功能的区别不过是长期活动与短期活动之间的区别。历史仅仅是"活动系列的线索"之一,而且并不是最本质的那一条。正如在现代绘画中一样,政治世界被刻画在一个平面上。

政治的规范向度也消失了。"社会本身不过是组成它的各个群体的联合而已。"作为一个整体的社会的利益并不存在,也不存在所谓"公共的善"。政治中的所有美妙修辞不过是群体利益的理想化,不过是利益之争的工具。这本书的最显著特征在于它对行政方面的讨论微乎其微。管理者也与其他所有人一样,是政治过程中的一部分。他们代表了与其他人相对的利益。"政府中并不存在所谓总体性的群体。"本特利一举击溃了政治科学的传统原则和职业目标。剩下来的就是自私的利益、腐败的交易、永不停息的施压。[75]

不过这些东西并不是一切。政府的过程是个自由的过程。他的这种看法,即认为"人们是由群体组成的,每个群体都同许多其他群体交错在一起,每个个体都同时是许多不同群体的成员",是从德国社会学家齐美尔那里学来的,他曾短暂地跟齐美尔学习过。齐美尔把对自由主义的现代性观念精致化了,从这种观点看,现代性是个体化和相互联系增强的时代。齐美尔表明,在现代都市生活中,个体参与了无数组织和志愿群体,这些被他称作"社会域",所以每个个体都参与了纵横交错的联系。现代的个体性诞生于不同社会域的交接处,在这里个体能感到一种自由。阶级是许多"社会域"中的一种,它可能会约束或者抢占人们对其他社会域的参与,但不必然如此,尽管齐美尔自己相信,阶级冲突在

---

[75] Bentley, *The Process of Government*, 206, 220, 243, 219-20, 222, 354.

现代工业社会中正在变得越来越显著。[76]

本特利借用齐美尔来论证"阶级"并不是科学分析中一个可行的范畴。"只有在一个严格的等级［caste］社会里……群体在分散的人群中才会如此固定，以至于只有使用阶级划分……才能展开有用的调查研究。"实际上，除了社会主义者的说法之外，"在大的现代国家里"并没有真正的阶级存在。他坚持认为，从来没有人证实过"这种明确的群体划分的存在"，"据我们所已知的，社会主义一旦向人口中的相当部分延伸，那么它也就会终结于妥协之中。而妥协——不仅仅是在逻辑的意义上，同时也在实际的意义上——恰恰是相互交错的群体在行动中展开的过程"。适用于一般性现代社会的分析更适用于美国。在美国，群体过程得到了充分发育，所以"各种群体根据它们的利益而自由地合并、解散和重组"[77]。

对本特利而言，现代社会，尤其是典范性的现代美国社会，是无阶级的。这个说法被美国社会科学家们迅速采纳。查尔斯·库利在后来谈论美国的"阶级开放性"，谈论等级与阶级的不同原则，其实源自本特利和齐美尔。我们将看到帕克和霍克西也同样如此。尽管本特利从未对南方特别留意过，但库利和帕克注意过

---

[76] 进步主义社会学家从格奥尔格·齐美尔那里学到这种对现代社会的这种看法：*Über sociale Differenzierung* (Leipzig: Verlag von Duncker & Humblot, 1890)，以及阿尔宾·斯莫尔不准确的翻译，"Superiority and Subordination as Subject-Matter of Sociology," *AJS*, 2 (September 1896): 167-89, (November 1896): 392-415。Nicholas J. Spykman, *The Social Theory of Georg Simmel* (Chicago: University of Chicago Press, 1925)，是对齐美尔著作中引起美国社会学家兴趣的方面的一个很好的英语导论；关于齐美尔对阶级的看法，见 pp.118-19。齐美尔关于社会领域的概念是 Kreise，字面意思就是"圈"，但笔者遵从 P. A. 劳伦斯的看法，他认为"域"能更好地表达齐美尔的意思：*Georg Simmel: Sociologist and European* (Sunbury-on-Thames: Thomas Nelson, 1976), 95ff。

[77] Bentley, *The Process of Government*, 206-8, 358-9.

南方。可能的情况是，种族隔离的南方的新等级体系被暗自当成了标准，在这个标准的反衬下，阶级是流动的。如果这一点属实，他们就是在重复内战的经验，当时资本主义劳动被命名为"自由的"，与奴隶的劳动相对。[78]

本特利的分析也是美国多元主义政治学的先驱，这种政治学与美国无阶级的观念一起，成为20世纪美国例外论意识形态的中流砥柱。进步主义政治学是一个特别好的例子。"与阶级支配的情况相反，我们……打破了固定的阶级，拥有了方便运用群体手段的技术，"本特利建构了美国多元主义的理想图景：

> 在美国的这些政府中，我们看到各种多重利益，它们通过成千上万的官员而得到了不同程度的表现，有时这些利益还把某些官员打倒在地……在各个不同的广大区域中，这些利益一次次地沉寂下去……然而又在另一些地方兴盛起来，并展开支配……此外，尽管这种利益之争非常激烈，但人们会惊异地发现，它居然很少涉及身体上的暴力冲突。

这里——如果不是在形式上那也至少是在实质上——是美国海洋，美国社会体中自由移动的原子，此时被重塑为美国政治体中自由行动的群体。[79]

---

[78] Charles H. Cooley, *Social Organization* (New York: Scribner, 1909), pt. 4, 特别是 pp. 248-9。库利对"圈"的参考是齐美尔影响的直接标记。本特利把他对齐美尔的拷贝传给了吉丁斯和克拉克，至少在他从德国回来时情况是这样。他很可能向斯莫尔引介了齐美尔的著作。Franklin H. Giddings to Arthur F. Bentley, April 23 [1895], Benley Papers.

[79] Bentley, *The Process of Government*, 358, 453. 对多元主义理论的批判，见 William E. Connolly, ed., *The Bias of Pluralism* (New York: Atherton, 1969)。

把这些运动约束在正常轨道上的是"系统"。本特利花了相当篇幅来论证"这些活动相互纠结,形成一个系统"。他说,所有的活动都被"系统化了。甚至物理学家所处理的最简单运动也是运动系统的一部分。当一个几何学家确定一个点的位置时,他也承认了系统的存在。对于生物来说,不存在未被系统化的功能"。过程属于系统,而"政府就是一系列利益群体进行调整的过程,而这种调整是在特定的、与众不同的群体或者系统中完成的"。尽管他否认系统有任何"自我实现的潜能",但他还是承认它确实有能力形成"利益的调整或者平衡"。他以边际主义经济学理论的方式来描绘群体中的压力,它能够通过自身达到"一个结果或者说平衡",尽管这是一种抽象的平衡,从来不彻底,也不是最终的平衡,而是通过"利益的均衡与群体的权衡"而永远处在调整之中。

这种平衡导致的结果是秩序。"秩序必然会产生,因为秩序是现在和过去的现实,我们需要秩序,尽管所有关于秩序具体形式的预言都失败了。"一方面,秩序是群体冲突的必然结果。所有压力都对政府的平衡产生影响,即使这种压力是无声的。"没有任何奴隶,哪怕是最被虐待的奴隶,不曾对政府的形成有所作用。"而另一方面,冲突导致的秩序是一种非暴力的妥协,它们是在自由社会中的"利益均衡"过程中产生的。各种利益"本身是和谐的"。我们身处一个例外论的镜像世界,对这个世界,我们已经很熟悉了,在这里,一般性的和美国独有的,理想的与现实的,都融合在了一起。[80]

在他对过程的分析中,本特利略显生硬地使用系统概念,不仅反映出他的自由主义政治倾向,也反映出他从变化中找到永恒

---

[80] Bentley, *The Process of Government*, 218, 285, 260-3, 287, 264-7, 271-2, 274, 301-5.

的愿望。系统是呈现出静止面向的过程。看起来的"骚动"实际上是"有组织的"。涨落之间,美国社会的自由轮廓时隐时现。本特利寻找永久性结构的愿望在他的结论里显得十分触目,此时他突然改变了原先对社会的隐喻,从平面化的过程变成了三维的历史世界。他说,他所做的,乃是"构造出历史的骨架"。

> 我们经常听说,历史应该在每一代都被重写,这是一种谬见。在历史变幻不定的外套下面,其实有着实质性的脊柱和骨架,它们是由已被确定的关系构成的……我们可以很容易地想象,在我们已知的漫长历史时代中,群体关系形成了稳定的结构,这种结构不可避免地会规定历史书写的基本轮廓,尽管书写本身会随世代不同而有所变化。如果历史书写想要拥有超出了党派偏见之外的任何意义和价值的话,情况就必然如此。

起先,历史主义曾引导本特利去寻求对变幻的、"独特的社会生活"的解释。而现在,通过一种关于流[flux]的科学,他希望能够摆脱历史的相对性。无论如何,这种"流"很"轻易地"揭示出,"由确定关系构成的实质性的脊柱和骨架",潜藏在表面上变幻不定的社会生活之下。很清楚,这种自由社会的结构形成了他的概念框架[categories]。从表面上看,他对美国政治的看法新颖得令人侧目,特别是在一个很大程度上仍被历史主义实在论统治的学科里,情况更显得如此。但在实质上,它带来的信息却是人们已经熟悉了的。[81]

---

[81] Kress, *Social Science and the Idea of Process*, chap. 5; Bentley, *The Process of Government*, 481-2.

本特利的双重视域还被事实与过程的不稳定性所困扰。他的理论关切使他强调群体活动的连续性和过程性，此时，独立于活动过程的个体、观念或者群体就不存在了。但他对经济生活和美国政治的具体理解，使他把社会实在定位于看得见摸得着的利益群体。他的理论目的在于清理出一条道路，让研究这种群体的经验科学得以健康发展。正如克雷斯指出的，本特利的理论把群体化约为活动，并把活动化约为"同质的、连续的行动"，这样，它就失去了重新引入不连续性的基础，也失去了确定"观察的单元"的基础。至少直到20世纪20年代，本特利自己似乎并没有意识到这个问题。他既坚持自己的理论意图，也坚持自己的具体主张，并且相信，他的理论意图有助于推进他的具体主张。[82]

《政府的过程》出版之后，他觉得这本书并没有把自己的理论意图表达充分。在1910年写给斯莫尔的信中，他说"近来一段时间，我一直忙于考虑知识论问题，同时也对用社会语言重述杜威的实用主义很感兴趣"。在继续使用社会这个词的时候，他担心自己并没有完全消除个体与社会之间的对立，当时这种对立已经被人们广为接受。"我必须使用这样一个词，它能够让社会的面向和个体的面向在其中共存，而且是作为强调的不同侧重点而共存。"尽管他宣布自己已经不再追求一种纯粹方法论，但他仍然期望能在一个一元论的理论中，把经验统一起来，并调和个体与社会之间的对立。[83]

---

[82] Kress, *Social Science and the Idea of Process*, 71. 克雷斯其实在暗示，本特利的基本立场是一个抽象的、过程性的立场，他关于群体利益的具体建议仅仅是一些有缺陷的例子而已。Norman Jacobson, "Causality and Time in Political Process: A Speculation," *APSR*, 58 (March 1964): 15-22, 这种见解把本特利中的所有具体方面都贬低了。

[83] Bentley to Small, November 26, 1910, Bentley Papers; Bentley to Richard P. Baker, October 3 [1910], Bentley Papers.

数年之后，本特利离开了芝加哥，到印第安纳去过乡村生活，但他当小农场主的体验和"一战"的爆发很快重新激活了他的具体目标。他成了印第安纳红十字会的主席，而且当战事结束的时候，他又成为非党派联盟*的活跃支持者，这个联盟在北部几个中心州迅速扩大影响。1908 年，由于充满了对进步运动的乐观情绪，他对美国自由主义政治的成功满怀希望，但到了 1920 年，随着进步主义改革与战后重建被人为破坏，他的立场就转为激进，对美国社会的看法也变得严厉起来。

本特利对 1920 年的政治危机进行了长篇分析，这个分析鲜明地体现出，他主要的处理对象是具体事实，尽管他还必须通过抽象理论把它们统一起来。他通过对群体过程的研究来展开这一分析。"数量化的事实是这种分析的主要支柱……只要有可能，它们就会被客观地陈述……通过群体，以及群体之间相互联系的利益来陈述。"通过对财富分配的统计分析，这本书表明，企业主阶级 [corporate class] 唯利是图、毫无用处，鼓励中产阶级为了他们在机会和效率上的利益采取行动，从而抑制企业主阶级的权力。

同样引人注目的是，本特利通过一种历史方法来搭建他的群体分析。财富和权力向一个由大资产者组成的阶级极端集中，这是在内战之后才开始的事情；这种集中构成了对美国社会和政府权力结构的革命。中产阶级必须要进行一场"反革命"，才能恢复宪政政府。"屈服是美国人的天性吗？美国人不会屈服。"本特利

---

* 即 "the Nonpartism League"，该组织 1915 年建于北达科他州，是农场主为了保证对农产品行销的基本设施的国家控制而成立的组织。为了得到政府支持，它保证支持任何一个上台的多数党派。它认为投机者和官员试图对小麦贸易进行垄断，进而伤害农民，所以它呼吁对磨坊、谷仓、银行和农业保险公司进行国有化。1919 年北达科他州将这个联盟的纲领立为法律。这个联盟的建立时期正值美国西北部的进步主义运动达到高潮。——译者注

很可能会说，作为面向中产阶级受众的一个中产阶级写手，他正在从事的是政治"谈话"，这里对历史叙述和对历史原则的应用，是以政治劝说中适当的方式为标准的。但他同时也宣称了科学性的目的。他的手稿表明，在没有解释性的历史结构赋予意义的情况下，这种关于群体的科学是贫乏的。当本特利把群体分析置于历史之中时，他其实已经隐讳地承认了这种贫乏。当然，他选择的历史是例外论。他拯救了美国作为机会均等乐土的自由主义模型，因为他把资产阶级权力视作一种能够加以克服的暂时性失常，一种对美国历史理路的反动。跟库利一样，他对美国阶级结构的激进看法，并没有改变他理论的主调。[84]

本特利的手稿无一例外地被出版商拒绝了。它太激进，也太冗长了。《政府的过程》这个更乐观的自由主义分析则获得了持久的生命力，它提前十年预示了托马斯、帕克和华生的行为主义社会科学；提前二十五年预示了政治科学中的当代利益群体政治学；提前五十年预示了多元主义政治学中的系统分析，这些分析明确宣称本特利的著作是它的先驱。在现代主义的自由主义例外论刚露出端倪的时候，本特利就看出它意味着什么，而且他丝毫没有受到历史政治学的束缚，举手之间就抹杀了陈旧的传统。

比尔德关于利益群体冲突的历史科学

与本特利不同，查尔斯·比尔德所做的是努力把传统现代化。1901年时，他还在牛津大学攻读历史学学位，已经开始着手一项

---

[84] Arthur F. Bentley, *Makers, Users, and Masters*, ed. And "Introduction" by Sidney Ratner (Suracuse, N. Y.: Syracuse University Press, 1969), chaps. 19-24, and pp. 2-3, 282. Charles H. Cooley, *Social Process* (New York: Scribner, 1918), 第8章再次承认美国的阶级并非完全是开放的，但趋势是走向更加开放。

工人教育计划，此时他写了一本工业革命的简史，从许多方面看，这项工作都设定了他整个研究生涯将要遭遇的过程和问题。比尔德把西方置于自由历史的广泛潮流之中。这个潮流的主体体现在经济方面，过去一百五十年中的发现和发明推动了工业革命，也加速了这个潮流。不过，到当下为止，它也是这样一种性质的发展：把生产工具集中在了一小撮资本家手中。从另一方面看，自由化的进步同时还意味着民主的推进，从原始的暴政到现代的信仰自由和政治自由，最后将达到对"物质环境"的集体控制。最终的结果将是"在民主取向下对工业社会的重组"。

这到底意味着什么，比尔德没有说。站在激进自由主义与费边式社会主义之间的某种开放性立场上，他引用罗斯金，认为经济学是一门伦理科学，并完全乌托邦式地期望，随着未来经济的一体化和组织化，冲突会终结。年轻的韦斯利·米切尔用一种凡勃伦的方式评论道，这本书是历史经济学伦理学派的愚昧产物。由此看来，比尔德是拽着镀金时代对社会转型的希望的尾巴而进入我们所关注的舞台的。当他转到哥伦比亚大学完成他在政治学方面的研究生课程时，他已经学会了把自己的著作限定在"是什么"的客观风格中，而不是预言家式的对未来的预测。但工业社会的未来，以及它进行民主转型的潜力，仍旧是他的中心问题。[85]

比尔德也是在历史政治学达到尾声时进入我们的舞台的。由于受到兰克式方法的训练，他向约翰·伯吉斯提交的论文讨论的主题是中世纪英国治安法官职能的演化，这是另一个更大过程的一部分，即"将所有的人和制度，都置于国家直接的、无上的权威

---

[85] Charles A. Beard, *The Industrial Revolution* (London: George Allen & Unwin, 1901), *Introduction*, 86; Wesley Clair Mitchell, "Review of Charles Beard, The Industrial Revolution," *JPE*, 9 (June 1901): 459-60.

之下的漫长过程"[86]。历史和政治科学分道扬镳了，比尔德仍旧是少数将两者联系在一起的学者之一，并且当然是其中最重要的那个。他既从事对过去的历史性重构，也从事对当下政治的实际改良，而且并不觉得这两项工作之间有什么冲突之处。实际上，如果意识不到比尔德一直保有历史政治学的复合目标，就不可能理解他的著作，也理解不了他在分叉中的两门学科中的地位。他的历史研究总是服务于一种实际的政治目标，而他的政治科学则总是通过历史分析来做的。

比尔德的原创性来自下面几种因素的交叉汇合：他对现代历史的自由主义理解，他的学科性目的，以及他对美国的特殊希望。尽管在1901年的时候，这些因素之间的联系还只是潜在的，但比尔德已经把美国划到工业社会范畴中去了。在历史经济学和社会学中，把美国历史放在工业社会的进化框架里这种做法已经很常见，但在历史和政治学这样更保守的领域，这样做还是很新奇的。实际上，还没有历史学家把美国的民主作为其经济发展的产物来看待，因为特纳已经不断地把民主归因于自由大陆那种独特的经济原初条件。在哥伦比亚，比尔德开始受到埃德温·泽利希曼的《历史的经济解释》影响，这本书早已将美国历史与那个更大的动力学过程相联系。[87]泽利希曼也把政治民主和伦理行为视作经济进步的伴生物，并相信，自由资本主义最终将把自己转变为更和谐、更多合作的社会。比尔德最大的原创性将在于，他第一个对美国历史做出了这样一种经济解释，它把民主与工业资本主义的

---

[86] Charles A. Beard, "The Office of Justice of the Peace in England In It's Origin and Development, " *Studies in History, Economics and Public Law*, Columbia University, 20(1904): 11.

[87] Nore, Charles A. Beard, 30-2.

发展联系在一起。

在政治学中,比尔德也扮演了一个类似的中介角色。身处进步主义历史现实主义传统之中,他把本特利对政治作为群体利益冲突的强调带进了这个传统。他对《政府的过程》做了一个少有的积极评论,并将其中的信息吸收进历史学的现实主义冲动之中,也把自己对历史的经济解释植入其中。比尔德说,本特利"已经有效地利用了'群体利益'这个概念,这个概念与马克思主义的阶级利益是不一样的"。他的论证并不是原创性的,但却十分有益。它将"有助于将政治学置于现实的基础之上,这门学科本该如此"。他在1908年做的关于政治学的演讲中,使用群体理论来构建一个更有现实视野的政治学,把主权〔sovereingty〕转译成一个经济群体或阶级的支配〔dominance〕。他在1910年对美国政府的分析——这一分析很快风靡整个学科——中,把利益群体分析纳入研究联邦、州和地方政府的组织和功能的传统框架之内。[88]

比尔德的利益群体分析深化了历史现实主义的研究手段,但也在这个研究传统内部制造出了紧张,这是本特利一直没有认真面对的。首先,比尔德把他新的社会民主与传统的辉格党政治合并在一起,这种政治是他所从事职业的特征,也是他父亲——一个"顽固的联邦主义-辉格党-共和党分子"——的政治信念。对比尔德来说,首要的政治实践就是大规模利用全国政府来控制大公司资本主义。为了做到这一点,他像他的同事们那样倾向于政治的中央集权化。像古德诺一样,他鼓吹使用行政专家、行政权

---

[88] Charles A. Beard, "Review of Arthur F. Bentley, The Process of Government," *PSQ*, 23 (December 1908): 739-41; 同作者, *Politics* (New York: Columbia University Press, 1908); 同作者, *American Government and Politics* (New York: Macmillan, 1910), particularly 35-58, 100, 118-19, 134-45, 250, 721。

威的集中化，以及减少选举和党派的控制力量，这样官员才可以向民主化了的选民负责。秉承辉格党传统，比尔德不信任直接的多数民主和投票箱中数字的直接统治。进步主义运动对公民立法提案权、表决权和罢免权的要求，使问题变得更糟糕，增加了需要投票解决的问题的数量，分散了大众的注意力。腐败的政党同时也扭曲了真实利益的表达。与康芒斯一样，有一次他主张，选区划分应该按照经济利益而不是地域，通过比例代表制或者其他的方式。当最高法院遭受攻击时，他为其司法审查权进行了辩护，认为应该让这种权力在当初设计时的意图范围内存在下去。美国需要一个强有力的全国政府，这个政府既要能够驾驭地方主义，也要能够摆平暂时多数的力量。有问题的不是权力本身，而是目前行使权力的方式。在进步主义政治的大环境内，比尔德的工作把古德诺早已提出来的民主目标结合在一起，并加以放大。但他的社会民主激情与他反多数主义的怀疑论形成了尴尬的对立。[89]

比尔德的社会经济分析与他的政治学之间的张力就更深了。他希望发展出一种因果性科学，这门科学的基础是潜在的利益群体冲突。这个目标使他像本特利一样把政治看作一个社会过程，比尔德很赞同把政治学当作社会学的一个分支。但与此同时他反对"把主体消解于历史、经济学和社会学"，主张仍然保留对政治

---

[89] Nore, *Charles A. Beard*, 3. 对比尔德的政治学作了最富洞见的阐释的是 Pope McCorkle, "The Historian as Intellectual: Charles Beard and the Constitution Reconsidered," *American Journal of Legal History*, 28 (October 1984): 314-63。关于比尔德站在进步主义政治学的民主派一边的立场，见 Jane S. Dahlberg, *The New York Bureau of Municipal Research* (New York: New York University Press, 1966), and Charles A. Beard, "Reconstructing State Government," *New Republic*, 4 (August 21, 1915): 1-16. 对比尔德在多数主义民主问题上的含混性，更多的例子见 Charles A. Beard, *The Economic Basis of Politics* (New York: Knopf, 1922), 79-80, 84, 86-7.

的规范性理解。国家是"人类业已发明出来的最高形式的联合"。政治科学不仅应该加强因果分析,也该产生出理念、智慧、政治家德性和大众美德。

这些相互冲突的意图在因果分析的层面上也出现了。如我们已看到的那样,对历史的自由主义经济化解释,使得经济学与政治学之间的关系暧昧不清,政治行动的自主性也变得不稳固。比尔德相信政治和经济都是历史进化的潜在进程的一部分。他说"每个公民都是社会有机体的一部分,通过自己的知识和努力,他能够修正它的结构,改变它的功能"。但经济和政治合在一起却制造出"一个巨大的、不可分的自然进程,自然进程既能产生出花岗石一样的山峰,也能建造起巨大的国家"。那么,在这个"不可分的自然进程"中,政治能够控制经济吗?如果公民们的知识和努力仅仅反映出他们的经济利益,那么政治规范的意义何在呢?经济利益如何转化为政治智慧?部分的利益如何转化为群体的利益?他著作的要点总是在于把政治化约为经济,但他从未很轻松或者不矛盾地做到过这一点。[90]

在一个层面上,比尔德的信息是积极的。美国政治是,而且应该是群体冲突的产物,因为真正的民主本身,就是利益群体冲

---

[90] Beard, Politics, 6, 15, 33-5, 10. "每个公民都是一个部分……"引自 Beard, *Industrial Revolution*, 99。比尔德的许多解释者把经济决定论看作比尔德始终摆脱不掉的魔鬼,他经常在历史归因的层面上出现冲突,不知道应该把经济利益还是观念作为历史的原因。这类讨论见 William Appleman Williams, "Charles Austin Beard: The Intellectual as Tory-Radical," in *American Historical: Some Problems and Personalities*, ed. Harvey Goldberg (New York: Monthly Review Press, 1952), 295-308, and Lee Benson, *Turner and Beard: American Historical Writing Reconsidered* (Glencoe, Ill.: Free Press, 1960)。笔者的意思是,在比尔德身居其中的更广泛的历史学领域和政治学领域,这个冲突在每个层面上都存在,从经济到政治,从自然到历史。

突通过国家机器产生的结果。比尔德的主要著作《宪法的经济解释》以最鲜明的方式体现了这一点。宪法的通过和批准都是由在全国政府中拥有强大经济利益的群体促成的,这些群体的财富储藏在国家债务和公共土地的信用之中。而反对宪法的群体,其财富则在于土地,相应地,其政治也是地方性的。国父们建立的原则,即全国性政府要强有力这个原则,是稳固的,而且由于它的基础是他们的真实利益,所以就显得愈加稳固。从一开始,宪法就为调控全国经济提供了一个全国性的机制。[91]

然而,如果说经济利益为全国宪法提供了一种历史正当性,那么它同时也使后者失去了正当性。比尔德在生动展示美国的共和政体的历史基础的时候,也就是在把它去神圣化。与泽利希曼一样,比尔德苦心研究"这样一个人们习以为常的观念,即在政治制度上,我们生活在特殊的天意安排之中"[92]。与所有其他制度一样,美国的政治制度,是在经济利益的冲撞之下形成的。最初,宪法是用来控制民主的,而不是创立出来给民主赋权的。在当前进步主义立法所遇到的僵局中,这个历史信息有特别重要的政治意味:18世纪并非20世纪,它的原则也不是神圣的。

比尔德将宪法去神圣化的努力,还进一步要求经济利益化解为个人的财务利益。如我们已经看到的,宪法的反多数主义特征如果不是流行政治修辞的一个固有成分的话,也是辉格派政治学的固定部分,这些内容很难触动他的同事们。如果比尔德想要打

---

[91] Charles A. Beard 的 *An Economic Interpretation of the Constitution*(New York: Macmillan, 1913)需要跟他的 *The Supereme Court and the Constitution* 联系起来读。亦参见 Beard, *American Government*, 46, 以及 McCorkle, "The Historian as Intellectual"。

[92] Beard, *Politics*, 21.

破困扰着当代政治学的那种迷思的话,他必须诉诸国父们的个人自我利益。但他从更大的政治视野出发,豁免了他的民族主义英雄汉密尔顿和麦迪逊。[93]仔细阅读就可以发现,比尔德所作的是既拥抱,又逃避经济利益的双重努力。

紧随《宪法的经济解释》这一番历史调查之后,比尔德又在1914年出版了《当代美国政治》一书,这本书对当前的处理与前一本书对历史的处理如出一辙。为了避免让任何迷思流传下来,比尔德对镀金时代工业资本主义大发展的描绘,有意地与传统的美国例外论观点相龃龉。工业化意味着"把人民大众转变成彻底意义上的无产阶级"。腐败与特权在非常大的尺度内存在着,"而所谓'自然贵族'成为资本主义的经纪人"。不过比尔德并没有否认,工业发展是不可避免的,而且会带来巨大的好处。实际上,兼并是不可避免的,试图恢复竞争的努力是反动的。真正应该做的是激活政治民主。但在这一点上,比尔德只能追溯那些以有限的阶级纲领为指导的行动。首先是西奥多·罗斯福发起的进步主义运动。

> 16世纪新教的叛乱导致天主教会展开反宗教改革运动,在清除了很多滥用和腐败的同时,保留和加固了信仰的基本原则。同样,迄今为止,工人阶级对资本主义体系广泛和激烈的不满,也导致了一种反宗教改革运动,以便那些想要保留资本主义基质的人能够在达到目的的同时,抑制其过分之处。

在别的地方,比尔德将这种"反宗教改革运动"等同于俾斯麦式

---

[93] McCorkle, "The Histories as Intellectual," 335.

的进步主义努力。其他进步主义运动努力同样基于局部性的经济利益和局部性的政治视野。比尔德没有预测未来，而且他也说不清楚，阶级和利益群体的大杂烩，如何能为他所寻求的人性的政治民主加冕。[94]

这个问题设定了比尔德成熟著作的风格。他既是现实主义的大师，也是现实主义的牺牲品。偶像破坏者比尔德用他那最具煽动性的语言陈述了一些事实，这些事实挫败了他的受众心中的流行教条。国父们所干的事情的实质是自己赚大钱。美国工人已经变成了一个"无产阶级"。这位印第安纳贵格派教徒还说，进步主义就是天主教反宗教改革运动的当代美国翻版。他用一种客观化的语言说，这没什么不好，历史本来就是这样的，这是经济利益的现实主义力量。然而讽刺的是，他不仅在冒犯他的受众的信仰，也在冒犯他自己的信仰。因为他自己并不比他的受众们更能接受这些事项：用经济自利来解释一切的充分性；工人们已经退化成了一个无产阶级；或者反宗教改革运动的胜利。比尔德紧紧坚守着他自由资本主义不断进步的希望，这迫使他对现实主义语言加以扭曲，以便覆盖那些相互冲突的价值。这种风格既给予他历史学家的力量，但与此同时也标示出，而不是解决了他在思想上和价值上的自我矛盾。

比尔德的进步主义历史学是詹姆斯·鲁滨逊的新史学所结出的硕果。自从19世纪90年代之后，这样的努力就没有停息过：让美国的历史研究转向针对现代性的社会经济力量，并使它与当下的政治紧密相关。比尔德和鲁滨逊宣布了它的到来，他们的著作也为直

---

[94] Charles A. Beard, *Contemporary American History, 1877-1913* (New York: Macmillan, 1914), 33-5, 303.

到 20 世纪 60 年代的美国历史学设定了议程。进步主义政治刺激了这个新运动，但它潜在的能量反映了重新给当代历史定位的需要，这种当代史背负着零落的传统关怀，身处整个历史的潜在进程之中。这里，历史的潜在进程既可以是比尔德式的"一个巨大的、不可分的自然进程，它既产生出花岗石一样的山峰，也建造起巨大的国家"，也可以是鲁滨逊式的历史与自然之间的连续，还可以是特纳那种更为传统的不断移动的边疆——这是一个一年四季不断重生的过程。新史学根据现在来给过去定位，它意识到，在变迁的激流中，别无立足之地。这个意识是历史思想中的一个重大推进，所以毫不奇怪，对于历史学或者政治学所宣称的客观性，比尔德成为不断加以质疑的少数历史学家或者政治学家之一。

新史学说着晚期进步主义分子所用的语言，并且还在利用历史学与社会科学之间的联系。相应地，社会科学家们对此项运动的评价就十分友好。1912 年斯莫尔就说，"就像变化中的中国人一样"，历史学家们最终动起来了，将来的某一天也许会赶上。[95] 但新史学仍然强有力地把自己定位在兰克式的方法和历史学重构上。另一方面，社会科学家们却在给边际主义经济学继续施加行为主义的自然因素，尽管这种经济学已经处在自然化中了；所以，社会科学实际上是在以更快的步伐远离原先的位置。尽管在法国，历史学有足够强大的智力和专业地位来吸收社会学家的科学冲动，但在美国，历史学与社会科学却渐行渐远。[96]

这个比较框架向我们提供了考察美国例外论的后果的最终视

---

[95] Albion Small to Edward A. Ross, October 15, 1912, Albion W. Small Papers, University of Chicago.
[96] William R. Keylor, *Academy and Community: The Foundation of the French Historical Profession* (Cambridge, Mass.: Harvard University Press, 1975).

角。正如伊恩·蒂勒尔十分恰当地展示的,从很多方面看,美国的新史学都处在英法历史学之间的中间位置。英国历史学家们所做的还是集中精力重构自己的政治传统,与他们相比,新史学派的学者们像法国年鉴派一样,开始研究社会现实,这是风险性更高的举动。但法国的新史学在以下方面远远超过了它的美国同行:拥抱社会科学的分析目标,并勇敢面对马克思的挑战。结果是,法国的历史学更有理论性,更结构化,也拥有更广泛的文化好奇心。而新史学对社会实在的探索则局限于考察自由进程的运作,以及美国民主的故事。[97]

美国例外论的危机塑造了历史学,就像它塑造了经济学和社会学一样。对美国的士绅知识分子和他们的职业化后继者而言,这个危机使人更强烈地意识到民族变迁,如果跟英国的情况比的话。所以,他们就更卖力地试图把握住社会现实,不管是用制度主义经济学,还是社会学,抑或新史学。但保留美国在历史中的例外地位的愿望,又使美国思想家们偏离了欧洲的结构化和历史化的传统,走向了对自由进程的神化和赞颂。它是一个与欧洲现代主义相似的运动,但它利用现代主义潮流的目的是重建民族永恒性。

三 芝加哥社会学与哥伦比亚社会学:托马斯、帕克和蔡平

在比尔德开始把自由进程理念融入历史学和政治学的传统框架的同时,社会学里也有人在做类似的努力。本特利对群体过程

---

[97] Ian Tyrrell, *The Absent Marx, Class Analysis and Liberal History in Twentieth Century America* (Westport, Conn.: Greenwood, 1986), 23-8, 47-50, 62-3.

的系统分析，不仅对政治学来说太过新颖，对社会学来说也是如此。但本特利的行为主义方法、对流动性群体的理想化理解，以及他认为美国社会没有阶级这种看法，却在社会学家中间产生了可观的回响。我们从芝加哥开始，在这里，针对斯莫尔的社会学概念展开的一系列批判体现出社会学中新出现的反叛情绪。本特利在《政府的进程》中的批判，就是一种更广泛的科学反叛运动的一部分，这种反叛针对的是以人性的普遍范畴为基石的、综合的、规范的社会学。

罗伯特·霍克西试图在经济学中划分出属于他自己的社会领域，这在1906年造成了争端。霍克西说，每一门社会科学都处理"作为整体的人类经验"，只不过是从各自特定的问题意识出发。科学是"说明 [explanation]，解释 [interpretation]"，而一件事物"不能通过自身得到解释"。当斯莫尔试图对社会进行综合性说明的时候，他就必须引入"超经验的目标或者生活的理想"。当霍克西发现斯莫尔并不能理解这种批判的时候，他告诉斯莫尔，他们之间的分歧源于后者对实用主义的无知。在这样的压力下，斯莫尔被迫向同行们发放了一份问卷，它开头的第一个问题就是："你相信实在有其固定的最终本质和构成吗？"他得到的回答非常少，答案也非常不集中，但他还是得出结论说，绝大多数社会科学家不再像他一样相信"在人类事务中存在着一种潜在的道德经济学 [moral economy]"[98]。

---

[98] Robert F. Hoxie, "Sociology and the Other Social Sciences: A Rejoinder," *AJS*, 12 (May 1907): 739-55; Albion Small, "Are the Social Sciences Answerable to Common Principles of Method?" *AJS*, 13 (July 1907): 1-19, and (September 1907): 200-23, 特别是第219页; "The Relations of the Social Sciences. A Symposium," *AJS* (November 1907): 392-401。

还是在这一年,斯莫尔又听说他犯了"社会力谬误"[social forces error]。芝加哥一个有牧师背景的研究生,名叫爱德华·海斯[Edward C. Hayes],他读过皮尔逊的著作,认为社会学应该采用"严格的科学方法",应该研究可观察的行为而不是人的精神状态。把动机当成"社会力"实际上是乞灵于形而上学解释,就像在生物学中用"活力"[vital force]来解释问题一样。到了1910年,当他在社会学集会上对"社会力谬误"展开全方位攻击的时候,一个评论者认为他是在踢一匹死马,尽管斯莫尔和爱德华·罗斯还是起来为自己的老观点辩护。[99]

托马斯的社会心理学

这位芝加哥社会学家为开创新的社会学研究模式做得最多,但他并没有攻击斯莫尔,而是径直走自己的路。威廉·托马斯发展了心理学取向的社会学,这门关于自由变迁的学科,早在进步主义时代就已经在罗斯和库利手中开始形成了。与库利一样,托马斯也是个浪漫派,怀有对乡间树林的童稚之爱,对自己在山里人、淳朴乡民和调查时接触的未开化人的亲情。《民族心理学》[Volkpsychologie]的一个引人之处就在于,它强调了"各个地区人类精神的共同性"。从一开始,他就喜欢这个信息中透露出来的反叛力量,并用它来刺痛那些文明化了的人:他们与自然中更低级的存在"毫无共同之处,这种说法是彻头彻尾的假象"。托马斯的研究生涯使他不断向自然回溯,向生物学和人类学回溯,"因为进程的起点才是最重要的。我们在那里才能更接近生命本身的源

---

[99] E. C. Hayes, in "Discussion," *PPASS*, 1 (1906): 74-7; 同作者, "The 'Social Forces' Error," *PPASS*, 5 (1910): 77-89 and "Discussion," 90-100.

头和秘密"。他的第一本主要著作是对未开化社会的社会学研究：《社会起源集录》[Source book of Social Origins]。[100]

不过，托马斯的浪漫主义是一个现代自由主义者的浪漫主义。无论从他的新南方卫理会背景来看，还是从他对斯宾塞的阅读来看，他早就接受了下述自由主义观点：现代历史是由生存性经济斗争、资本积累和劳动分工所推动的。与他的自由主义新同事一样，他相信美国正处在"意识分裂"[divided conciousness] 的关键时刻。迅急的变迁已经打破了旧习惯，但新理想还没有创造出来。他的解决方案是打破交流的障碍，打破阶级意识和男性至上意识，打破"种族偏见和部落式的自大"，迈向和谐的、多元的自由交流世界。美国未来的关键在于进步性的变迁。实际上，那些"自然民族"将要展示的"生命的秘密"就是它们为什么不能进步的秘密："它们并没有变成我们这样，通过这一事实本身，我们有望发现使我们高于它们的社会物理学法则。"[101]

托马斯发现的法则，就是对亨利·梅因、沃尔特·白哲特和机能心理学所发展出来的自由主义理论加以精致化。变迁伴随着习惯和危机而发生，这在未开化社会和我们自己的社会都是一样的。现代西方社会与其他社会的唯一真正区别在于，通过科学、民主和工业化，现代西方社会已经使变迁本身成为一种习惯。托马斯在原初性的自然中发现的不是持久的原则，也不是生生不息的不

---

[100] Thomas, "Scope and Method of Folk-Psychology," 440, 434; 同作者, *Source Book for Social Origins: Ethnological Materials, Psychological Standpoint, Classified and Annotated Biliographies for the Interpretation of Savage Society* (Chicago: University of Chicago Press, 1909), 4。

[101] Thomas, "Significance of the Orient," 117-8; 同作者, "Scope and Method of Polk-Psychology," 441。

变理念，而是永恒变迁的原则。[102]

托马斯有意地在自然中而不是在历史中寻找那个原则。他认为就对社会的理解而言，人类长期的未开化生活要比人类的"历史时代"重要得多。为了寻求支持，他从鲁滨逊1908年的"杰出"文章中摘引了七页之多。这是鲁滨逊书中的一部分，在其中，鲁滨逊引用书中的数据，用自然作对比，把历史的相对长度缩短了。作为自然的前历史也为科学提供了基础。不完善的历史记录是事件发生的间接证据，与之相比，从神话中得到的人类学证据更适合于作为"社会意识"和"变迁的某种一般原则"的可靠标记。如果说，库利的自由主义的浪漫主义，是对美国的过去和现在之间距离加大的一种反应，那么托马斯在面对更大的时代加速时，则用确定有序的自然的变化，用变化的进程，取代了不确定的、无法测知的历史变迁。[103]

如果说从一开始，变迁就是托马斯的问题，那么心理学就是他提供的解决方案。在雅克·洛布的指导下，托马斯形成了他的基本心理学方法。洛布的学术倾向是用机械的观点来理解生物反应。由于受到马赫工程主义科学观的影响，也是为了与进化论中残留的自然哲学［Naturphilosophie］作斗争，洛布认为，进化的秘密存在于下面这两者的互动中：一个是环境动因，还有一个是生命存在，而生命存在的首要特征就是应激性。托马斯说："有了应激性这个特性，从完全机械性的反应性逐渐过渡到意向性的应激性，我们就有了解释人的生理能量的起点。"一旦语言被发明出来，影响个体的就不再是自然力量，而是社会力量："词汇、观念

---

[102] Thomas, "Significance of the Orient," 122.
[103] Thomas, *Source Book*, Introductory.

和情感就取代了光线、重力和疼痛"。这样,智力就能够把反应行为变成新的行动。恰恰就是这种刺激和反应的机械进程,让洛布产生了进行实验控制的希望,也让托马斯产生了进行社会控制的希望。[104]

托马斯首先假定,生物学特性决定了反应的方向。他的博士论文是对两性之间新陈代谢差异的研究——男性以分解代谢为主,而女性则以合成代谢为主,他还把人类两性的情感差异和劳动分工也追溯到这种生理层面。不过很快,他开始把重心转向环境经验的特征,而不再是原初的生物学倾向。正如罗萨林德·卢森博格〔Rosalind Rosenberg〕表明的,托马斯在芝加哥与大学女性相处的经验,以及海伦·汤普森〔Helen Thompson〕对智力的性别差异的研究,对他的思想产生了重大的冲击。托马斯开始认为,传统的性别角色和种族偏见乃是进化的早期阶段形成的产物,而现在它们都过时了。托马斯有机能心理学的支持,再加上他了解到博厄斯人类学的发现,即原始人拥有与文明人相同的心智能力,这使他能够断言:"智力表现上的差异,原因不是生物性的,而是社会性的。"[105]

当托马斯转向机能心理学的时候,他发现有一系列现成的概念可供他利用:"注意、兴趣、刺激、模仿"。他很快发展出一个

---

[104] Thomas, "Scope and Method of Polk-Psychology," 442-3; Philip J. Pauly, *Controlling Life: Jacques Loeb and the Engineering Ideal in Biology* (New York: Oxford University Press, 1987), 49-51, 75-86.
[105] William I. Thomas, "On a Difference in the Metabolism of the Sexes," *AJS*, 3 (July 1897): 31-63; Rosalind Rosenberg, *Beyond Separate Spheres: The Intellectual Roots of Modern Feminism* (New Haven, Conn,: Yale University Press, 1982), 120-31; William I. Thomas, "The Mind of Woman and the Lower Races," *AJS*, 12 (January 1907): 435-69.

新概念"态度"[attitude]，这个概念不仅成为他自己著作的核心概念，也成为此后美国社会心理学的主要概念。这个概念首先在1907年出现于他对性心理学的研究中，此时它强调的是个体与环境之间的关系：当"个体与外部世界的一部分之间形成联合的[assciational]与同情的关系，而且这种关系相对环境的其他部分又具有排他性"的时候，一种"心理态度"[mental attitude]就形成了。像那些致力于打破心理能力的固定范畴的机能心理学家一样，托马斯也意识到，对环境的这种反应既会激活心理联合也会激活情感。他在接下来的十年里一直在用态度这个术语，这个术语重要性在于，它能代表心灵与不断变化的环境之间的关系。在《社会起源集录》中，托马斯说，控制变化是一切有意识行为的目标，而注意则是建立控制的手段。"注意是这样一种心理态度，它关注到外在世界并操控它；它是进行适应性调节的工具。"很快，托马斯把所有那些作为对社会文化变化之反应的"态度"都扔进"注意"这个筐里，这是一种"心理态度"。[106]

此时，托马斯的兴趣发生了根本性的转变。他对欧洲的第一

---

[106] William Thomas, "Race Psychology: Standpoint and Questionaire, with particular reference to the Immigrant and the Negro," *AJS*, 17 (May 1912): 726; 同作者, *Sex and Society: Studies in the Social Psycology of Sex* (Chicago: University of Chicago Press, 1907), 105-6; 同作者, *Source Book*, 17. In "Attitude: The History of a Concept," *Perspective in American History*, 1 (1967): 287-365, 唐纳德·弗莱芒指出，托马斯在态度这个概念的形成中扮演了先锋角色，他还认为这个概念是20世纪美国社会科学发展的里程碑，这个发展即是指从理性主义向深度心理分析的转变。但是，有必要指出的是，托马斯和美国社会科学在深度分析的问题上，一般而言都是关系比较含混的。托马斯工作的背景是达尔文主义，它的方向是，将人类的机能自然化，它关注的焦点是进步主义变迁的问题。见 Janowitz, "Introduction," xxii, 以及 David Shakow and David Rapaport, "The Influence of Freud on American Psychology," *Psycological Issues*, 4, no. 13 (1964)。

个研究，就想要比较性地考察欧洲的农民在家乡与在美国有什么不同。1908年，一位芝加哥慈善家海伦·考文［Helen Culver］给了他5万美元，让他研究新移民的问题，对社会科学研究而言，这是一个闻所未闻的数目。在一番广泛的初步调查之后，托马斯决定研究波兰移民，这主要是因为波兰的民族主义运动已经积累了关于农民的可观文献。我们已经了解过，当他1912年在塔斯克基学院遇到帕克时，他正在对作为农民的美国黑人发生兴趣。在那一年他发表了芝加哥社会学的奠基性文献，一份题为《种族心理学：立场与问卷，特别参考移民与黑人》的研究草案。它提出的问题，将要占据托马斯和帕克的族群与城市社会学研究的中心位置，这就是"不同社会群体的此消彼长"。托马斯建构起来的理论立场对这项事业的作用是关键性的，因为它将研究对象置于一个不断变化的自由社会之中，并假定种族都是平等的。[107]

托马斯的研究草案是这样设计的，把学生送到城市中，让他们跟研究对象进行访谈，并记录下任何形式的证据，从历史到历史学家们熟悉的"未经设计的"信息源，包括书信、日记、报纸，法庭、教堂和俱乐部的记录，布道、演说、学校课程，甚至传单和历书。托马斯的这种研究姿态，是他在很大程度上借鉴人类学的结果，不仅是借鉴了博厄斯关于各种族在生物学意义上平等的理论，也借鉴了人类学对人们千奇百怪的遗存物那种既超脱又同情的态度。帕克晚年试图解释托马斯如何创立芝加哥社会学的时候，追溯了托马斯那广受欢迎的关于社会起源的人类学课程，他教给学生"这样一种观点，把包括规范、习俗和社会规划在内的

---

[107] William I. Thomas to D. S. Thomas, "How the Polish Peasant Came About"; Thomas, "Race Psychology," 725.

社会，看作一种自然现象"。它把学生从"传统的和实际的兴趣"中解放出来。如我们将要看到的那样，帕克的"自然现象"这个短语不是托马斯的，而是他自己的。不过帕克感觉到的是人类学同时能够让陌生熟悉化，又能使熟悉陌生化的这种能力。凡勃伦早已开发了这种辩证可能性的一半，而托马斯的气质中拥有某种凡勃伦式的对科学的激进理解。托马斯也涉及了赫尔堂，在那里，与城市居民保持同情性接触、尊重移民文化本身就是一种生活方式。如果说托马斯自己对波兰移民的态度，混合着向往与厌恶的话，这并不能阻止他在保持距离的同时保有一定程度的同情，也不能阻止他把他的学生作为人类学探险家而派到城市的各个角落。[108]

在托马斯的研究草案中，他警告学生不要有傲慢施恩的态度，要对所接触素材的陌生性有思想准备。差异应该被理解为态度的产物，而不能作为生物遗传的结果胡乱打发掉。一个有启发性的例子是他对"家庭、社区和帮派"的讨论。尽管他引用了库利对初级群体的定义，他给的例子是关于父权制下的俄国农民家庭的。在这个例子中，由于小孩违反了社区设定的家庭规范，母亲就把儿子往死里打。在没有明说的情况下，托马斯巧妙地化解了库利那种理想化、美国化的人性观念。托马斯总是说，对社会学而言最有用的知识，在于对以情境为基础的态度的了解。[109]

当1918年《身处欧美的波兰农民》登场的时候，它迅速成

---

[108] Thomas, "Race Psychology," 770-2, "Robert E. Park's 'Notes on the Origins of the Society for Social Research'[1939]," introd. Lester R. Kurtz, *JHBS*, 18 (October 1982): 336-7; Rivka Shpak Lissak, *Pluralism and Progressives, Hull House and the New Immigrants* (Chicago: University of Chicago Press, 1989), Chp. 2.

[109] Ibid., 726, 730-1, 753-5.

为这拨人正在开创的那种经验性新社会科学的典范之作。它由于其分析力量而著名,这种分析力远高于这个学科中任何已有的分析;但另一方面,它的出名也与它意图的模棱两可,以及人们接受它时的暧昧态度有关。在一个特定的层面上,这部书的指向是明确的,这个指向直接体现在书的形式上。作为一本长达 2200 页的著作,它表明,细致掌握关于研究对象的经验知识,这一点是何等重要。与托马斯的《社会起源集录》一样,他的《波兰农民》一书的结构,也是一个简短理论陈述的纲要再加上展示性的文献,包括大量在波兰和美国之间传递的家信和一份长达三百页的自传,这是根据一个波兰-美国移民的口述整理出来的。这种形式使读者能够听到那种语言本身,能够看到书中理论观点指涉的语境本身。在社会学仍然处在流动不定状态的情况下,它起到了把观察资料和概念指涉加以标准化的作用。但在一个更深的层次上,这种形式揭示了托马斯的主要任务。他想做的是对文本进行解释。

托马斯清楚地宣称,他的著作是一项社会心理学研究,更进一步说,是对态度的研究,这与研究规则的社会学是截然不同的。他的主题是广泛的社会变迁问题,不过更具体地说,他研究的是在波兰和美国,农民对他所谓的现代化的反应。当现代化发生时,在波兰的农民社区和社区中的农民个人中发生了一个调整的过程,这个过程可以被描述为组织[organization]—解组[disorganization]—重组[reoganization]构成的环。这里,解组就是社会规则对个体行为的影响下降。托马斯表明,波兰农民并不是作为一块白板来到美国、准备被"美国化"的。他们是带着在波兰形成的习惯和态度来到这里的,在美国,他们重组了他们的社区。托马斯说"令人吃惊的现象,我们调查的核心对象",是"一个新的波兰-美国社会的形成,这个社会是由从波兰社会中分离出来并嵌入美国社会的那些碎片拼凑而成的。实际上，这个波兰-美国社会作为一个整体，不断地从波兰色彩向美国色彩慢慢进化……但这种'同化'并不是个体层面的现象，而是群体现象"。通过将波兰农民放置在欧洲和美国的社会变迁之流中，放置在拥有合法性的族群社会和美国社会之内，托马斯极大地丰富了对移民和同化问题的大众讨论和学术讨论。他非常得体地指出，世界上并不存在唯一的、理想的文化组织模式："每一个民族应该尽最大努力把自己的文化体系发展到完美。"还应该通过相互学习，发展对历史差异的容忍。他自己的社会科学应该为实现那个目标做贡献。[110]

但是，不管是在方法上，还是在研究带来的实际教导上，托马斯都在很多方面削弱了自己那种启蒙的世界自由主义的力量，也削弱了他对社会经验的情境性特征的敏感。《波兰农民》体现的是有自我意识的科学主义，他于1912—1918年，在面临公共的检查制度和大学的检查制度时，在受到战时的歇斯底里和历史焦虑煎熬的情况下，接受了这个立场。他在书中宣称："我们必须准备好经验的和精确的社会科学，以备最终的应用。只有在我们把它本身当成目的的情况下，这样的科学才能建构起来。"他还再次断言："人类生活领域里，没有任何一个现象不是有意识的控制迟早能够达到的。"此时，为了努力建构一门关于控制的科学，托马斯甚至贬低他过去对人类学的运用。民族学不再是比历史更可靠的社会知识。我们使用关于现在的知识来理解过去，而不是相反。科学研究的唯一对象是现在，"实际存在的文明社会"[111]。

---

[110] Thomas and Znaniecki, *Polish Peasant*, 1: 31-5, 85-6; 2: 1469.
[111] Ibid., 1: 15, 66, 17-8.

把托马斯导向科学主义的原因，除了1918年之前发生的争执和历史危机之外，就是年轻的波兰哲学家弗洛里安·兹纳涅茨基[Florian Znaniecki]，"一战"爆发时，他来芝加哥找到托马斯。托马斯让他投入对芝加哥波兰人社区的研究工作，他写了这本书的相当一部分初稿。在这项工作的过程中，托马斯把他当作一个完全的合作者，而兹纳涅茨基也把自己变成了一个社会学家。尽管我们不可能弄清他的贡献到底有多大，但看起来很清楚的是，兹纳涅茨基的哲学训练和关怀使他对具体东西的感知要远少于托马斯，另一方面，他关于波兰农民的看法，早在他参加贵族性的波兰民族主义运动时就已经形成了。兹纳涅茨基似乎强化了托马斯对社会学法则的兴趣，而且他也可能巩固了托马斯对美国的波兰农民的厌恶之情。[112]

托马斯的实证主义科学目标与他的解释性任务之间有相龃龉之处。他一开始就宣称，与所有的社会科学一样，社会心理学的目标是成为一门"规则性的科学……用尽可能少的法则去解释尽可能多的事实"。社会科学的任务正是在于预测变化着的环境中的行为，为了做到这一点，社会法则必须把态度纳入考虑之中。进步主义改革的失败表明，仅仅改变物质条件是不够的，因为条件如何被运用，有赖于使用它们的人们的态度。这样，一种新态度总是两个因素的产物：社会因素的变化，以及"一种先在的态度，正是以这种态度为前提，前面那种变化才能发挥作用"。在研究某一个文化时发现的一般行为法则，在将来能够从对其他文化的研究中得到修正和补充，这样就能产生出最终的、普遍的法

---

[112] W. I. Thomas to D. S. Thomas, "How the Polish Peasant Came about"; Florian Znaniecki, "William I. Thomas as a Collaborator," *Sociology and Social Research*, 32(March-April 1984): 766.

则。托马斯收集了种类丰富的具体态度，他这样做的目的仅仅在于从中抽取出组织化和解组化的普遍进程。这种抽象的科学意图导致了这本书中常被人指摘的缺陷，即对所呈现文献的"分析不足"。他对信息源的广泛收集产生的经验材料是美国社会学家们闻所未闻的，但与能够得到的收获相比，他们的实际收获显得比较单薄。[113]

当托马斯开始分析那份自传文献，并努力处理单个生活史的复杂性的时候，我们能够很清晰地看到，他的阐释意识与他的实证化目标产生了冲突。他说，态度不能从孤立的个案中抽取出来，而是应该从整个生活史的背景中加以解释。这样，生活记录或者个案研究就是"完美的社会学素材"，要比统计材料好得多，因为统计材料"所包含的不过是未知的因果进程的一些征象而已"。他重新表述了对法则的理解，他现在希望它能够结合最大程度的概括与"最大程度的具体……使用尽可能少的法则来解释尽可能多的具体社会生活"。托马斯后来对在方法论导言中过多地谈论"法则"感到后悔，并将其归咎于兹纳涅茨基。但《波兰农民》从头到尾都浸染着实证主义意图，并因此体现出某种内在不一致，而这种意图是托马斯在著书之前和出版之后一直在鼓吹的。[114]

托马斯的自然科学模型也使书中的历史背景变得稀薄了，尽管分析中大量的具体丰富性实际上来自对历史的使用。理论上，他将他的态度置于变换的"情境"[situations]中而不是特定的

---

[113] Thomas and Znaniecki, *Polish Peasant*, 1: 62, 13, 42-5; Norbert Wiley, "Early American Sociology and The Polish Peasant," *Sociological Theory*, 4 (Spring 1986): 35; Blumer, *An Appraisal*, 38-9.

[114] Thomas and Znaniecki, *Polish Peasant*, 2: 1832-4; W. I. Thomas to D. S. Thomas, "How the Polish Peasant Came about."

历史语境［contexts］中。我们看到的任何社会结构都是由态度创造的，而不是社会结构创造了态度。但是他所建构的波兰语境其实是历史形成的。[115] 给予波兰的历史特殊性比美国要远远大得多——实际上波兰占据了全书三分之二的篇幅，这毫无疑问是因为托马斯把美国的历史视为当然。在这本书中，美国社会被赋予的唯一特性，是资本主义所创造的自由主义现代性。

当托马斯转向对波兰裔美国的分析时，同样出现了分析不足。对于世俗民族主义组织和教会取向的组织，他只做了简短的描绘，并告诉大家它们在相互争夺社区领导权，但既没有对它们最醒目的特征提供有洞见的分析，也没有对它们的波兰裔美国追随者进行有启发性的分析。他为理解那些态度提供的主要分析是对解组的讨论，即个体向邪恶、犯罪、失业、依附和暴力的堕落。尽管后来的历史学家强调了波兰裔美国社区的相对稳定性，托马斯与他们不同，他描绘了一幅去道德化程度很高的图景。[116]

问题部分在于托马斯自己对材料的态度。托马斯后来提到："很奇怪的是，我收集的全是从波兰来的资料，兹纳涅茨基收集在美国的波兰人的资料……他写了那一部分，我最后加以修改。"当然，托马斯曾经随意地在芝加哥的贫民窟逛过一些年，并且也一直在督察兹纳涅茨基的研究工作。但实际上很奇怪的是，这位强

---

［115］Thomas and Znaniecki, *Polish Peasant*, 1：68-9.
［116］请注意，这里没有能够将有关下述方面的历史-文化态度考虑进来：缺少慈善机构；组织的公共性；这些组织虽然在成员数量上有增长，但却失去了功能。同上引书，2：1538—44，1622—3. 对这些特征的社会学解释，见 Helen Znaniecki Lopata, *Polish Americans: Status Competition in an Ethnic Community*（Englewood-Cliffs, N.J.：Prentice Hall, 1976），特别是第 54 页。关于解组，见 Thomas and Znaniecki, *Polish Peasant*, 2：1476 以及 Wiley, "Early American Sociology and The Polish Peasant," 35-6.

调实地研究的芝加哥社会学的创始人,虽然自己就懂波兰语,却有意远离波兰裔美国人。这跟伍德罗·威尔逊*不去华盛顿观察国会如出一辙。在对待波兰裔美国人的问题上,托马斯想不起来他跟兹纳涅茨基有什么实质性分歧,尽管在波兰,他很快就看穿了对他进行的民族主义宣传,出现这种情况的结果是:"我不信任波兰人,他们也不信任我。"在芝加哥,两位作者都把那些农民看作客体,而不是看作能动者,这种态度一直支配着他们对波兰裔美国人的分析。[117]

托马斯在波兰既看到了解组又看到了重组,而在美国,他和兹纳涅茨基都只看到了解组。实际上,"除非受到社会教育的控制和组织,一个个体的自然倾向"必然导致"反常"行为。即使对一般在美国的移民来说,都有"某种道德滑坡现象"。在第二代,这种局势只会更坏。托马斯指出,第二代移民小孩的犯罪率奇高。除非第二代"能够与美国生活的光亮面有直接和持续的接触",否则永远不会形成充分的重组。

在1921年写的一本关于同化的书里,托马斯澄清道,他的目标是同化,而不是多元主义。移民的"态度和价值、他们对生活行为的观念"必须"要变得与我们自己的态度、价值和观念和谐混融"。美国本来就有可观的"欠发达的"文化质料,包括黑人的、印第安人的、南方山里人的,以及其他群体的。"在不丧失其文化特征的情况下,一个国家能够容纳的此类素材的数量……是有限度的。"美国化者[Americanizers]应该利用移民的态度、记

---

* 即威尔逊[Woodrow Wilson]总统。他从政前为著名政治学者,博士论文为《议会制政府:对美国政治的研究》。——译者注

[117] W. I. Thomas to D. S. Thomas, "How the Polish Peasant Came about"; Thomas and Znaniecki, *Polish Peasant*, 2: 1526-1623.

忆和组织，而不是去毁灭它们，但最终，移民应该放弃他们的独立认同，移民群体也应该消失。托马斯可以想象一个多元的世界，但不能设想一个多元的美国。[118]

《波兰农民》出齐的时候，托马斯已经逃往纽约，在那里他开始了自由社会科学研究的生涯。他1921年写的关于同化问题的手稿不得不以帕克的名义出版。在接下来的十年中，《波兰农民》依靠自身的魅力发挥它的影响，激励着这样一门科学的发展：它既是实证的，又是解释性的；既有都市包容性，又有地方排他性。通过帕克的著述，这种有内在矛盾的方法和教导变得更加流行起来，因为帕克是一个内在矛盾更鲜明的人。他对特殊经验同时抱有人文主义和浪漫主义的兴趣，而他将这种经验转化为客观主义科学的决心则更大。

帕克的社会学自然主义

当被要求列举当代社会学中典范性的理论家的时候，帕克举出了两个人：托马斯和威廉·格雷厄姆·萨姆纳。托马斯提供了研究变化的态度的范式；萨姆纳则在下面这一点上与帕克英雄所见略同：对社会进程力量的命运般的崇拜。对帕克而言，自由经济在历史进化中的中心地位要比在托马斯那里来得更明显。他私下里对成功的态度，他早期对德国军人的崇拜，以及他后来的社会学中，通过市场和社会冲突而展开的竞争性生存斗争，等等，这些都在他的思想中据有核心地位。同时，他对美国的例外论地位也更加呵护，对改革抱有的希望也要小一些，因为他相信，自由进化会伴随着自然的缓慢必然性而发挥作用，很显然，这个教训

---

[118] Thomas and Znaniecki, *Polish Peasant*, vol. 2, pt. 3, 特别是 pp. 1649-51; Herbert A. Miller and Robert E. Park, *Old World Traits Transplanted* (New York: Harper, 1921), 262-5。这本书的草稿是托马斯写的。

在塔斯克基学院得到了加强。而且,就像托马斯的浪漫主义好奇心一样,萨姆纳的悲剧宿命论与帕克的感性也有亲和性。[119]

帕克第一次涉足社会学就是他1904年的博士论文《大众与公共》[*Massen und Publicum*],这是朝托马斯的方向迈进的社会学研究。在齐美尔讲课的启发下,通过对社会学这个新领域的调研,帕克甚至在托马斯之前,就洞悉到社会学这门关于自由变迁的学科的轮廓。从技术上说,这是一篇哲学论文,并且它混合了哲学应有的一些特征,当然这种混合采取的是让威廉·詹姆斯沮丧的方式,不过它漂亮地抓住了在美国逐渐成形的自由主义社会学的潜在意涵。帕克提到,因为社会学研究的是个体之间的社会关系,所以,对这些关系的解释必须在互动中的个体的心理学中寻找。由于不管是个体还是社会群体都不是固定的实体,而是处在不停变化中,所以它们都不能作为社会心理学的最终单位。各种制度也不成,因为它们本身就是由不停变换的个体和意图构成的。由此,社会心理学的基本单位就必须是"意志态度"[Willenschaltung],这个术语同样能够包含被早期理论家当作他们研究对象的基本单位的观念和欲望。举手之间,帕克已经觉察到,一门关于流动的自由世界的社会学存在于对态度的研究之中。[120]

伴随着类似的洞见,他论证道,交流态度和形成社会群体的过程是"同情"[sympathy]的过程,这是大卫·休谟和亚当·斯密

---

[119] Robert E. Park, "The Sociological Methods of William Graham Sumner, and of William I. Thomas and Florian Znaniecki," in *Methods in Social Science: A Case Book*, ed. Strewart A. Rice (Chicago: University of Chicago Press, 1931), 154-75; 同作者,"The German Army: The Most Perfect Military Organization in the World," *Munsey's Magazine*, 24 (December 1900): 376-95。

[120] Robert E. Park, The Crowd and the Public, and the Other Essays, ed. Henry Elsner, Jr. (Chicago: University of Chicago Press, 1972), 24-31.

最早提出的，并在后来塔尔德的社会模仿概念和吉丁斯的类的意识［consciousness of kind］概念中得到了阐发。帕克强调，这是一个形式概念；它涵盖了所有人类情感和态度，并不仅限于那些狭义上社会性的或者是利他性的情感。它不仅提供了维系集合人群［crowd］的纽带，也提供了公众［public］之间的纽带，尽管在某种意义上，公众之间的交流是为理性的过程。最后，帕克通过把人群和公众界定为以同情为纽带的，流动的、变幻的群体形式，来把它们区分于像国家或者教会这样更为固定的制度，后者产生出权威性的规范来维系自己。正是这种具有可塑性的、流动的社会形式才使社会变迁成为可能。法国大革命中的集合行为，以及现代社会中的舆论能够修正规范和它们的制度形式。对帕克而言，社会心理学的机制同样被放大成一种关于自由的社会变迁的理论。[121]

帕克离开了塔斯克基之后，于 1913 年来到了芝加哥。这里有托马斯关于态度和解组的社会心理学在等着他，他很快就接受了这些，但同时也感到需要一个更根本的"理论框架"。[122]他在与同事欧内斯特·伯吉斯合著的《社会学导论》中展示了这一点。帕

---

［121］Robert E. Park, The Crowd and the Public, and the Other Essays, ed. Henry Elsner, Jr. (Chicago: University of Chicago Press, 1972), 31-6, 43-81. Leon Bramson, *The Political Context of Sociology* (Princeton, N.J.: Princeton University Press, 1961), 特别是 pp. 49-50, 62, 70-2, 90, 讨论了帕克和其他美国社会学家对那种相对保守的欧洲群体理论的自由主义运用。步路易斯·哈茨的后尘，布莱姆森将两种社会学的差异归因于美国的例外论现实。美国没有"那种社会问题"，即不存在不同社会阶级之间的关系问题，只有"各式各样的社会问题"。美国人都是自由派，对于帕克和他的同事们身上带有的保守元素，诸如对"群体凝聚力、地位、一致同意"等等的强调，都被布莱姆森认为是从社会学的奠基概念中继承下来的，他们只是无意识地继承了 19 世纪欧洲的一些东西。笔者已经指出，美国确实有一个"社会问题"，美国政治传统中拥有自己的有机资源和保守传统来应对这个问题。

［122］Baker, "Life Histories," 259.

克与伯吉斯文本的构架与托马斯的《集录》和《波兰农民》类似，它们扮演了标准化的功能。作为在之后二十年里主导了这个领域里的文本，它也广泛传播了帕克对社会学的理解。

文本的中心是一系列关于竞争、冲突、适就［accommodation］和同化的章节。帕克和伯吉斯把竞争作为社会中最基本的"互动"形式。竞争"不可避免地倾向于创造出一种非个人的社会秩序"，在这种秩序里，个体在追求自己的利益的同时，推进了"共同的福祉"。通过指向他在接下来的十年里将要大加发展的生态学理论，他用植物群落［community］来作为"竞争性合作"的模型，宣称"社会的经济组织，在它作为自由竞争的后果的意义上，是一个生态性组织"。不过，在社区中存在着不能由市场中的竞争者来扮演的共同利益，这就要求有政治层面的组织出现。竞争性的和政治性的斗争都会产生冲突，而社会秩序是由对竞争和冲突的"适就"而得到建构的。"财产的权利、各种各样的既得利益、家庭组织、奴隶制、等级与阶级、整个社会组织"，都代表了"适就"。适就是"与通过习俗和民德［mores］而固定和建立起来的社会秩序联系在一起的"。相应地，同化，包含了一种"更彻底的人格转化"，这种转化源于亲密的接触。

帕克和伯吉斯的社会模式的一个结果是，社会结构转化为社会过程。实际上结构基本没有在书中直接出现，而阶级则根本没有出现。不过，过程中隐含的结构乃是自由社会中的资本主义结构。经济竞争被等同于一个自然过程，它导致竞争性合作的自然秩序。适就的社会过程本身就披上了自然过程之必然性的外衣。帕克说，正是在这个社会层面上，"而不是在政府的形式化程序中，才是我们寻找社会控制基本机制的所在"。"自然"把经济的和社会经验的领域指派给了帕克，这个领域深藏在有意识的政治选择的层面之下，并且带着自然法的必然性。但帕克常常不能肯定自然在社会中的边界在哪里，也不能肯定自然对美国意味着什么。[123]

帕克1913年来到芝加哥的第一项工作就是处理种族和族群同化的问题。他从他的自由社会模型开始，在这个模型里，异族人作为个体而被同化。通过采用该社会的表面性的举止和习俗，异族个体可以进入市场的竞争过程和社会的志愿性组织，从而找到自己的个体性。帕克热切地意识到，肤色这种表面记号已经阻止了美国黑人采取这种个体化路线。而且，特别是在南方，黑人属于臣属人民。自从形式上的解放之后，"共同利益把黑人团结在一起，而等级情绪一直让黑人和白人区分开来"。于是，"在……个体自由和个体竞争的状况下——这是现代文明的特征，被压制的种族群体倾向于采取民族的形式"。就像东欧被征服的斯拉夫各民族一样，同化只能通过文化民族主义来发展。美国南部的隔离状况实际上有利于种族自尊和种族雄心的发展。但分离主义也会使差异永久化。就像奥匈各民族在寻求建立联邦一样，在南方，"种族之间似乎倾向于建立一个双种族组织的社会……这个运动的最终结果还很难预料"[124]。

帕克1913年的种族分析包含了布克·华盛顿的分析的所有模棱两可之处：表面上是取代隔离的适就，然而潜在的实质却是集体敌对状态。但它额外地带来了后果的真正不确定性。到了1921年，当他以自己的名义修改并出版托马斯关于同化的著作时，他

---

[123] Robert E. Park and Ernest W. Burgess, *Introduction to the Science of Sociology* (Chicago: University of Chicago Press, 1921), chaps. 8-11, 特别是 pp. 509-11, 668. 帕克将社会学看作对社会进程的研究，并将竞争性的经济过程作为考察的中心，这很可能是受了库利的《社会进程》的启发。

[124] Robert E. Park, "Racial Assimilation in Secondary Groups, with Particular Reference to the Negro," *PPASS* 8 (1913): 70-1, 77, 82, 83.

接受了托马斯的结论：欧洲来的农业民族将在几代人的时间里逐渐抛弃他们单独的文化认同并同化入美国社会。但帕克的首要关切对象是种族群体，非裔美国人以及后来的东方人，因为对他们而言，可见的种族标记阻碍了自由社会的自然进程。在这个问题上，帕克自始至终都没有把握。[125]

帕克的种族分析给他带来了另外的问题。在现代社会中，在"心智能力有重大差异"的状况下的同化有可能吗？同化最经常被当成心智上的相似，这需要大致的平等，需要"标准的智力水平"。与之相反，他主张，同化并不需要相似，只需要忠诚——从"各部分之间的相互需要"中产生的习惯和情感。帕克说，毕竟，"再也没有比狗对主人的忠诚更大的忠诚了"：

> 一只没有主人的狗是一个危险的动物，但处在畜养状态下的狗却是社会中的一员。当然，它不是一个公民，尽管它并不是完全没有权利。但他卷入了某种实际的工作关系之中，这种关系把他和他所属的群体联系在一起……正是这种实际的工作安排，使心智能力有重大差异的个体成为相互协作的部分，这赋予社会群体以合作特征，并保证了它们的团结。[126]

无论这个异乎寻常的比喻在多大程度上暴露了帕克无意识中对种族问题的态度，它都清楚地揭示出他那斯宾塞式的功能互赖社会理论所包含的政治意涵。同化并不意味着在平等的公民之间形成一个政

---

[125] 关于帕克在这个问题上的举棋不定，富有洞见的讨论见 Stow Persons, *Ethics Studies at Chicago, 1905-45* (Urbana: University of Illinois Press, 1987), chaps. 4-5。

[126] Park, "Racial Assimilation," 69-70.

治体，而是在有一般性差异的不同类的人之间形成的最低程度的社会统合［cohesion］。帕克的老师乔赛亚·罗伊斯［Josiah Royce］听到这一点将会感到惊骇，尽管帕克的忠诚概念是从他那里借用的。在一个层面上，帕克在他的文本中解决了这个困难，办法是区分适就与同化，前者是导致竞争的社会组织，而后者是一个更接近于文化濡化［acculturation］的过程。同化并不需要相似性，但它确实需要参与"共同生活"，既包括社会上的也包括政治上的。帕克仍然没有探究的是，不平等的人之间形成的一个功能上整合的社会如何能够进行一种真正民主的"共同生活"。[127]

帕克对芝加哥社会学最重要的贡献在于他对城市的重视。在一份1915年出版的研究草案里，他宣布城市乃是现代社会的标志性特征，是社会学调研的恰当场所。他宣称，城市是一个制度，而制度是"自然生成的，而非人为过程所产生的"。从根本上说，正在运行的自然过程乃是市场。"城市，尤其是现代美国的城市"是由"人性的不可避免的过程"造就的，而在克拉克那里，这个人性的过程意指对竞争着的个体进行的经济和社会选择：

> 比如，在我们的个体所有制体系下……我们把城市边界、居民区和工业区的划分等问题的绝大部分决定权都交给了私人企业。个人的趣味和方便，职业的和经济的利益，无一例外地倾向于把大城市的人口加以区分，并使之形成阶级。通过这种方式，城市要求的组织形式既不能是预先设计的，也不能是人为控制的。

---

[127] Park and Burgess, *Introduction*, 730-40, 763-8. 亦见 Miller and Park, *Old World Traits*, 260-2。

城市是资本主义成长的产物,而对帕克而言,资本主义是一个自然过程,它植根于"人性的不可避免的过程"。"美国城市"和"我们的个体所有制体系"是通用的 [archetypal],是现代城市、经济过程的一般形式。[128]

然而,这个自然的经济进程是发生在稠密的社会介质中的,而这种介质会放大冲突,并让美国的命运在某种意义上变得不确定起来。帕克的自由主义视野的上空,一直徘徊着共和主义式担忧的阴云。由于市场分配偏好,它聚集种族的和阶级的情感,把它们变成能够形成分隔的邻里 [neighborhoods],这样隔离它的居民,让他们免于竞争。实际上,"在欧洲的老城里,由于分离的过程进行得更彻底,邻里区隔很可能比在美国表现得更加明显"。

帕克通过采纳本特利的策略来减轻这种威胁,以便使美国避开欧洲的覆辙。他反对把阶级作为一个在"现代民主国家"中进行分析的可行范畴。自由社会确实倾向于越来越多地根据"行业兴趣"来组织自己,而手艺人(注意这个古式词汇)、商人和职业人士确实倾向于把自己组织成"阶级"。但是,他雄辩地问道:"社会阶级倾向于具有文化群体的特征吗?也就是说,这些阶级倾向于拥有像一个等级或者民族那样的排外性和独立性吗?"帕克重申着本特利的观点:只要阶级不是等级,它就不是可操作的分析范畴。"即使是社会主义也从未成功地创造出一个超出政治政党之外的东西。"由此,社会学家应该调研的是"行业类型":

> 研究起来将会变得十分有趣的类型包括:售货女孩、警

---

[128] Robert E. Park, "The City: Suggestions for the Investigation of Human Behavior in the City Environment," *AJS*, 20(March 1915): 577-9.

察、小商贩、马车夫、守夜人、千里眼［clairvoyant］、街头卖艺的、庸医、酒吧老板、狱警、破坏罢工者、劳工煽动者、学校教师、股票经纪人、典当商；所有这些都是城市生活的典型产物；每一种都有自己独特的经历、洞见和观点，这些决定了每一个行业群体和整个城市的个性。

很难设想还有比这种特性化和混杂化的编排更能消解阶级界限的方式了。帕克对城市多样性的兴趣是真实的，但在这里，这种兴趣很清楚地服务于自由主义例外论的职能。[129]

最后，帕克让美国免于欧洲式的社会控制。自由社会必须发展出次级的社会控制形式来代替正在衰落的初级群体控制。在城市中，这意味着增加对实定法、行政管理的运用，也要利用有分隔的城市群体形成的新民德。但是，他警告说，"了解下面这一点很重要：目前正在对个体大量施加成文限制的动机，在这个国家中是不是有必要走得像在德国那样远。它们最终会带来一种近似社会主义的状况吗？"帕克所希望的回答是十分清楚的。[130] 帕克模仿自己的德国导师齐美尔的一篇文章《大都会与精神生活》来展开研究，不过两者还是有着显著的差异。在齐美尔的计算中，现代进步的代价是都市上层阶级付出的，因为他们要努力使内在自我抵得住城市里排山倒海而来的强刺激。在面对这种冷漠、这种现代文化的客观性的时候，个体"为了保存他的人格内核"，必须在自身中唤起"最大的独特性"。而帕克注意到的邪恶则是中产阶级改革者所带来的，它们是：社会中教会、学校和家庭的解

---

[129] Robert E. Park, "The City: Suggestions for the Investigation of Human Behavior in the City Environment," *AJS*, 20(March 1915): 583, 586-7.
[130] Ibid., 600.

体；犯罪和邪恶行为的增加；由于种族敌对和阶级利益而变为相互孤立的区域的邻里关系。齐美尔的最终关切在于现代自由社会中如何保护个体自治；帕克的规划则指向"社会控制"，在他那里，这种控制也就是对自然的社会控制。[131]

在齐美尔的文章中，主观经验的自治是分析的中心。而在帕克那里，客观的和不以人的意志为转移的过程才是分析中心。个体并不通过抗拒城市的力量而创造自己的个性；相反，是城市创造了"个体类型"。在帕克最具有个体主义倾向的时候，他描绘了这样一幅图画：个体由于"一种趋向性"[tropism]而被城市吸引，它发现，"自己的天性从道德气候中获得了刺激，这让自己的内在品质得到了完善和自由表达。"简言之，齐美尔研究的是"精神生活"，而帕克研究的则是"城市环境中的人类行为"。通过从行为主义者雅克·洛布和西格蒙德·弗洛伊德那里汲取养分，帕克强调了潜意识过程的重要性，强调了感觉原动力[senso-motor]和观念原动力[ideo-motor]。他并不否认意识的存在，但他决心把它变成一种自然的对象。[132]

齐美尔的分析与历史相连，而帕克的分析与自然相连。齐美尔总结说："都会自身显示出，它是最伟大的历史型构之一。"不仅货币经济本身是历史的创造，而且都会中的个体主义也是18世纪启蒙运动和19世纪自由主义和浪漫主义运动的文化力量形成的。由此，20世纪大都会代表了"特殊的状况"[conditions]，这

---

[131] Robert E. Park, "The City: Suggestions for the Investigation of Human Behavior in the City Environment," *AJS*, 20 (March 1915): 593-4; Georg Simmel, "The Metropolis and Mental Life," in *The Sociology of Georg Simmel*, ed. Kurt H. Wolff (Glencoe, Ill.: Free Press, 1950), 422-4.

[132] Park, "The City," 608, 598, 610-11. 亦见 Robert E. Park, *The Priciples of Human Behavior* (Chicago: Zalaz Corp., 1915).

种状况"获取了独一无二的地位,因为它为精神存在的发展孕育了不可估量的意义"[133]。对帕克而言,城市是自然进程的结果,这种进程只有在美国的土壤上才得到了最充分的发展,它孕育的意义是关于建立一种关于社会的行为科学的意义。

在坚定地信仰自然,在把"制度"定义为"自然"的作品的时候,帕克并没有显得天真。实际上,自然与历史之间的麻烦关系正是他一生关切的中心问题之一。由于他在研究生阶段受到的是哲学训练,所以与他的绝大多数同事相比,他对建设一门社会科学的过程中涉及的理论问题有更多的兴趣。他回忆说,当他在哈佛攻读哲学的时候,"闵斯特贝尔格对自然科学和历史科学之间的区别的讨论"给他留下了深刻印象。在德国的时候,他曾下决心从威廉·文德尔班那里拿学位,因为发现这位海德堡哲学家在从事"对方法论问题的进攻,而我已经认识到这些问题是根本性的"[134]。

文德尔班当时正在努力做的是:通过各种经验科学的认知目的所具有形式化特征,来为它们奠定逻辑基础。区分不同科学的标准不在于它们研究对象的性质,而在于它们针对自己的研究对象采取的逻辑姿态。社会学就像物理学一样,也能成为一门自然科学。自然科学或者寻求规则的科学[nomothetic science]的特征在于,它们寻求的是以自然法则的形式体现出来的一般性。相

---

[133] Simmel, "The Metroplis," 423. 齐美尔在这里既有"一般"社会学分析,也有"特殊"社会学分析。前者是可以应用于所有历史生活的社会分析方法,后者是对社会生活的抽象"形式"的研究。但不论是哪种分析,他都能意识到,这些分析是从历史中抽象出来的,他会指出社会学范畴和历史范畴之间的关系。见 Georg Simmel, "The Social and Individual Level: An Example of General Sociology," and Kurt Wolff, "Introduction," in *Sociology of Georg Simmel*, xvii-xlii, 26-39。
[134] Baker, "Life Histories," 256.

反，历史科学或者表意性科学［ideographic sciences］寻求的是历史地决定的特殊性。帕克在1904年写成的博士论文开篇就用了文德尔班的区分，而在1921年的文本中，他干脆大段地引用了这个区分，把它看作对社会学这门科学的授权法案［enabling charter］。社会学家的研究对象与历史学家是相同的，只不过它把事件抽离于"它们的历史背景……它们的时空关系……这样才能强调它们的典型性和代表性"。任何可以通过这种方式来处理和确证事实的学科，"从方法上来讲，都是一门自然科学"[135]。

对帕克而言，采用这种方法的问题在于，必须付出文德尔班早已指出的那些代价。通过创造出一个抽象概念的世界，科学获得了法则，以及它想要的实际力量；不过与此同时，"它们具体的感性品质也被剥夺了"。与之相反，历史方法在刻画生活的时候不会失掉它的"独特活力"，而事件的独特性乃是生活的所有旨趣和价值的来源。[136] 两种方法都吸引了帕克，他宣布两者有同等的价值，但他在一个重要方面误解了这种区别。文德尔班在某种意义上并没有发展历史性知识这个概念，而他的学生，帕克也读过的李凯尔特却澄清了这个概念：历史性知识与科学知识一样，也是概念性知识；区别在于历史学家如何定位和发展他们的概念。李凯尔特和文德尔班拒斥了狄尔泰的观点，不再认为历史性知识是一种不同的知识，也不认为研究历史需要一种特殊的直觉洞察力或是对人类动机的同情。[137]

---

[135] Park and Burgess, *Introduction*, 8-12.
[136] Ibid.
[137] Herbert Schnädelbach, *Philosophy in Germany*, *1831-1933*（Cambridge University Press, 1984）, 57, 及 Heinrich Rickert, *The Limits of Concept Formation in Natural Science*, ed. and Introduction by Guy Oakes（Cambridge University Press, 1986）。

但帕克总是在他在哈佛最初的导师闵斯特贝尔格的影响下去理解文德尔班和李凯尔特，而闵斯特贝尔格更像狄尔泰，强调历史知识的直觉性、体验性特征。由此，作为具体科学，历史学和地理学"扩大了我们的生活体验……激发了新的兴趣、创造了新的同情……唤起本能和潜力"。而抽象科学则是"把经验转化为知识，并把由此获得的知识付诸实用的工具"。与闵斯特贝尔格一样，他赋予历史知识以很高的修辞性价值。他说，历史是做解释［interpretation］，而"正是在对经验事实的解释的基础上，我们才形成了我们的信条，才建立了我们的信仰"。但"自然科学是做说明"［explains］，而正是在这种说明之上，我们才学会去控制"自然和人的自然"。尽管他承认历史的解释性或体验性价值，他还是把社会学当作实证的、寻求规则的科学，并赋予它独一无二的说明性科学的地位。[138]

帕克所做的演绎的一个后果是，在社会学中追求理解性解释成了不正当的活动。他倾向于把历史和解释当成社会学的预备阶段，它们提供的仅仅是"经验"，这些经验需要社会学去把它们变成"知识"。另一个后果是历史性概括和普遍性概括之间的区别被模糊和取消了。帕克说，社会学出现于：

> 历史学家从研究"历史时期"转向研究制度的时候。研究制度的历史……不可避免地导致比较、分类，类别名目和概念的形成，以及最终法则的形成。在这个过程中，历史变成了

---

[138] Max Weber, *Roscher and Knies: The Logical Problems of Historical Econmics* (New York: Free Press, 1975), 129-52; Hugo Münsterberg, "The Position of Psychology in the System of Knowledge," *Psychological Monographs*, 4 (1903): 641-54; Park and Burgess, *Introduction*, 15-16, 23-4.

自然史,进而成为自然科学。简言之,历史变成了社会学。

帕克在这里举的例子是韦斯特马克[Westermack]对婚姻的研究,他从"一些基本的人类本能对一系列社会制度的反应"推衍出婚姻的普遍形式。在这项演绎过程中,历史性制度和历史性概括都悄悄失去了它们的历史性特征,渐渐滑向普遍性法则和类型。帕克说:"当我们用自然(本性)这个词的时候,我们意指事物的这样一些方面和特征:它们能允许我们提出一般性命题和法则。"社会学被设想为应当研究自然的类型,而不是历史的类型,尽管帕克似乎常常没能意识到这里的区别。而一如我们已经看到的,帕克在用"自然"这个词的时候,所指远远超过一个逻辑范畴。[139]

在某种意义上,帕克与伯吉斯一起写的 1921 年的文本代表了他最彻底的实证主义立场。在 1913 年的时候,他还敢于说,个案研究提供了本来只有历史研究才能提供的对"内在生活"的洞见,而且个案研究对应用社会学家也有所助益,因为它可以向他们展示如何将社会学这门普遍科学应用于特定环境中。但所有这些在 1921 年的文本中都不见踪影。[140] 由于科学主义运动在 20 世纪 20 年代得势,他努力在社会学和他的二元论知识框架中为解释性知识寻找更安全的容身之处,尽管他同时一直保留着实证主义的目标。詹姆斯曾认为帕克是个哲学家,笔者非常想同意詹姆斯的这个判断。但如果把帕克在韦斯特马克的影响下对文德尔班和李凯尔特的实证主义解读与马克斯·韦伯做个比较,收获将会更大,因为这一时期韦伯也在利用这些资源发展出一种历史性的社会学。

---

[139] Park and Burgess, *Introduction*, 11, 16.
[140] Robert E. Park in "Informal Conference: Is It Possible for American Sociologists to Agree upon a Constructive Program?" *PPASS*, 8(1913): 167-8.

韦伯认为，一门关于社会的自然科学是可能的，但毫无意义，因为"真正的问题在于，最终可能发现的一般性有效的法则，能否有助于我们去理解文化现实中那些我们认为值得了解的方面"。与在历史学中一样，我们在社会-文化科学中想要做的是理解具体现实，理解"具体模式的有意义的和根本性的方面"，以及它们的"具体原因和效应"。然而，自然科学的逻辑理想"将是一个绝对普遍有效的公式体系。这个体系将构成对所有历史事件的共有特征的抽象代表。很明显，包括那些'世界历史性'事件在内的历史性现实，以及我们认为意义重大的文化现象，永远不可能从这些公式中推导出来"。紧随李凯尔特开创的思路，他提出，历史知识同自然科学知识一样是概念性的和说明性的。不过，它寻求的是能够捕捉文化现象个体特征的概念，并且通过自然科学中所没有的关于动机的知识，它能够提供某种程度上的可说明性［accountability］。通过使用在历史研究中形成的具体性构型［configurations］，社会学有充分的空间去研究一般性（而不是普遍性）过程和历史性（而不是自然的）类型。[141]

在力图把社会学发展成一门科学方面，在平衡因果性说明和同情式理解这两种相互冲突的立场方面，韦伯所做的并不比帕克少。抚养韦伯成长的是这样一种文化：在一个多世纪的时间里，其民族历史的独特型构都一直在与重复出现的自然法则作斗争。在他看来，社会文化世界中，重要的是历史中的具体事件，以及它们那独特的因果模式。而抚养帕克成长的则是另一种文化：

---

[141] Weber, *Roscher and Knies*, 217n., 64-5. 关于韦伯，见 Thomas Burger, *Max Weber's Theory of Concept Formation*, exp.ed.(Durham, N. C.: Duke University Press, 1987), 及 Lelan McLemore, "Max Weber's Defence of Historical Inquiry," *History and Theory*, 23, no. 3 (1984): 277-95。

在一个多世纪的时间里,其民族历史的独特型构被等同于重复出现的自然法则。所以尽管他珍视历史的个体独特性,但还是让它们从属于自然的规则性,或者说,把它们与自然的规则性合并在一起。

社会学中的客观主义

当1921年帕克出版那本书的时候,他已经就任芝加哥大学社会学系的主任。他和托马斯一起为社会学工作勾勒了大致轮廓,他们自己和众多学生们都在为实现这个蓝图而奋斗着。尽管他们公开鼓吹社会学应该是一门行为主义的科学,它能为社会控制服务,但他们同时也意识到,把历史和精神生活转化为科学的对象,把科学知识转化为改革纲领,这些都是非常复杂的。但是,从事这项职业的许多更年轻的人,对这种复杂性的意识似乎就少得多,他们更有把握地相信,通向科学之路笔直而简单,而且就在他们脚下。罗伯特·班尼斯特把他们称作美国社会学的客观主义派。从背景、气质和他们提出的目标性纲领来看,他们身上有在那拨人中广泛存在的冲动和个性,就是喜欢走极端。[142]

路德·伯纳德1907年从西得克萨斯来到芝加哥,他的本科是在圣·路易斯的浸礼会学院读的,在密苏里大学读了硕士。发育完全的客观主义的第一次亮相,是在他1911年提交的博士论文《转向社会控制的客观标准》。伯纳德辩称,斯莫尔和所有从前的理论家都是从功利主义心理学中抽取到这个标准。社会被理解为个体间的互动;个体被假定为是根据快乐和痛苦的权衡而行动;而

---

[142] 班尼斯特的《社会学与科学主义》是一个很好的分析,其错误仅仅在于,他把科学主义及其历史脉络等同于更为极端的行为主义和数量化论者,实际上,他们的历史经验和把科学用作控制的愿望在这一代人中很普遍。

社会的善是个体对幸福的判断的组合。这个推理序列的每一个环节都被伯纳德推翻了。社会是个有机体；感觉完全不是个体活动的可靠向导；而个体感觉——它们反复无常、主观性强、快乐至上——并不是社会的善的充分标准。"在这个必须由训练来修正本能的世界上，在文化的和人为的东西，而不是习惯的和'自然的'东西设定标准的情况下，在这个社会的和道德的世界上"，个体感觉并不能提供标准。

在伯纳德看来，真正的社会标准在于有机社会的最充分发展，而只有科学能够揭示和强化这种发展的条件。"当一个社会事实建立起来的时候，它应该像天文学或物理学中的规律一样有强制性[obligatory]。"这将涉及某种人为强制[coercion]，尽管它不超过莱斯特·沃德所设想的民主体制中科学专家的强制。它将能够兼容个人自由。真正的自由不可能产生自"主观的或者个人的首创性，而只能产生于活动的所有条件都整齐划一，并得到彻底调控的情况中。在这种情况下，个体就不再屈从于不可预知的刺激和冲动，而这些东西才是他真正无法防备的"[143]。

伯纳德完全不信任未受教育的人性，认为社会具有绝对的超越性，希望对人类任性的经验加以彻底控制，他还将科学法则完全等同于道德规范。所有这些都折射出了一种从基督教教义到科学主义的转变，以及现代自由主义世界备受冲突折磨的体验。它们还折射出，社会科学家们中间广泛存在着一种愿望，那就是要创造出一门关于社会控制的科学，尽管这种愿望不像伯纳德表现出来的那么强烈。当爱德华·海斯评论伯纳德的论文时，他并不否

---

[143] L. L. Bernard, *The Transition to an Objective Standard of Social Control* (Chicago: University of Chicago Press, 1911), 27, 82, 92.

认社会控制的客观标准存在的可能性,只是否认伯纳德已经找到它了。海斯认为,伯纳德是反民主的,社会目的必须由个体价值组成。伯纳德后来不得不努力为自己的立场辩护,这表明他遭遇了可观的质疑,但他好像也有支持者。[144]

但是,新纲领的要领并不在于芝加哥的道德客观主义,而在于吉丁斯在哥伦比亚培育的方法论客观主义。吉丁斯对统计学的强调来源于他对生物进化论的兴趣。和卡尔·皮尔逊一样,他相信历史进化是由自然的或者社会的选择过程所统辖的,这些过程可以通过总体[populantion]特征的统计分布来加以度量。此时,吉丁斯的学生们,一定程度上也包括他本人,正在丧失对他描绘的细致图景的信心,这个图景是他为现代社会的这个选择过程所描绘的。但他们仍然相信,进化性的选择还在继续,社会学家们应该研究它。而且,恰恰由于这种选择造成了有问题的现代后果,对社会的统计研究反而变得愈加重要,因为只有通过客观的、定量的手段,一幅真正的地图才可能最终被绘制出来。

斯图亚特·蔡平接受了吉丁斯的观点,但他1913年关于社会进化的文本没有讨论到现代社会,因为在那里,吉丁斯的理论用起来是有问题的;而且他还质疑了吉丁斯的种族理论,尽管这个理论在吉丁斯那里非常重要。他把吉丁斯和博厄斯关于种族差异的起源和特征的理论放在一起比较,然后轻轻地走到了博厄斯那一边。证据对智力平等和进步潜力平等的观点有利。假如自然的、

---

[144] Edward C. Hayes, "Review of Luther L. Bernard, The Transition to an Objective Standard of Social Control," *AJS*, 17(May 1912): 852-3; L. L. Bernard, "The Objective Viewpoint in Sociology," *AJS*, 25(November 1919): 298-325; L. L. Bernard, "The Function of Generalization," *Monist*, 30(July 1920): 623-31.

社会的和性的三种选择机制的结合并没有像吉丁斯想象的那样发挥作用,没有在进步的和非进步的民族之间造成先天性的差异,那么,这些种族差异在现代社会中又有何重要性呢?[145]

对这个问题和其他问题的唯一答案只有通过统计才能得到。1912年蔡平就向同事们展示了一项统计研究。通过对选举的统计,他测度了自1856年以来总统选举中大众投票的变异性[variability]。研究发现,1876—1896年的变异性出现了实质性的增长,出现这种增长的原因有两个,一是参与投票的人口比例增加了,二是投票在党派之间的变换增多了。蔡平假设投票中变异性的增加标志着"理智性投票"的增长,这样,他就能宣称——也要请本特利原谅的是——进化论社会科学最迫切需要的事实已经得到了证实,这就是舆论的理性化与它变得"越来越容易调整"的趋势。[146]

两年之后,他发出了一个纲领性呼吁,倡导在社会学中使用统计方法。他控诉道:"演绎的、哲学化的概括已经太多了,而归纳性的证实则太少。"统计方法是积聚大量观察的最好方法,也是减少偏见与个人错误的最好方法。而且,通过统计性的"平均",社会学能得到一个衡量个别事物的客观标准。他宣称,从这样的研究中得到的概括"在有效性和精确性方面差不多能和应用科学中的概括相比"。蔡平言语中决绝的客观风格掩盖不了他对通往科学的金光大道的乌托邦式向往。如果一个统计专家感到有必要告

---

[145] F. Stuart Chapin, *An Introduction to the Study of Social Evolution: The Prehistoric Period* (New York: Century, 1913), chap. 7. 在"前言"中,蔡平通过引用托马斯和鲁滨逊关于时间的论述来支持他对史前时代的讨论。

[146] F. Stuart Chapin, "The Variability of the Popular Vote at Presidential Elections," *AJS*, 18 (September 1912): 222-40.

诉社会学家，统计很有用，但不是万灵药，那么他的这种感觉是很恰当的。在使用投票数据的时候，蔡平回避了社会学中的一个主要困难——如何将人类现象数量化。看起来精准而又确定的数字，使研究对象的质性区别完全消失了，这保证了"对一切阻碍社会科学之路的不确定性和疑问的祛除"[147]。

1917 年蔡平又发表了一项方法论声明，这项声明廓清了将这种方法运用于历史的后果。他从已经取得成功的自然科学的核心特征开始，这个特征就是实验。"实验法的基本规则就是仅让一个条件发生变化的同时，对其他条件加以严格控制。"过去的社会学家只能依赖像阿巴拉契亚地区的那些相互孤立的族群那样的"自然实验"；或者依赖社会实验，比如19世纪的乌托邦社区；以及通过社会立法而形成的社会实验。但在所有这些情况中，得出的结果都"既不明确也没有结论性"。问题就在于"社会单元要比其他科学中的简单单元复杂"。社会学单元并不是同质的；它们是各自独特的。"福利试验……尽管能在德国和英国取得成功，但却不能最终证明它也将在美国成功。"情境中发生了变化的条件总在一种以上，而条件总是处在变化之中。答案在于使用统计方法，因为它能发现不同因素的独立作用，并能通过相关技术和抽样技术来克服总体中的异质性。[148]

自孔德以来，社会学家们一直在谈论，历史是社会学家的实验材料的储藏库，但在蔡平手中，历史开始变成一个盒子，社会

---

[147] F. Stuart Chapin, "The Elements of Scientific Method in Sociology," *AJS*, 20 (November 1914): 371, 391; F. A. Dewey, "An Application of Statistical Method," *AJS*, 21 (November 1915): 334-8.

[148] F. Stuart Chapin, "The Experimental Method and Sociology," *Scientific Monthly*, 4 (February 1917): 133-44, (March 1917): 238-44, 特别是第 133、135、240、244 页。

学家可以从中挑出切片加以检视，而这些切片的特征和所处的背景都完全通过统计相关来加以界定。同样，心态也被可测量的行为所取代。如果细心阅读托马斯在第二年出版的《波兰农民》中所写的方法论导言，不难发现他是在跟蔡平对话。托马斯的回答是，社会事实并不比自然事实复杂。但在社会现象中，变量从来不止一个，而是两个，在变化的条件之外还有主体的态度。生活史，而不是统计，才是社会学应该做的方法选择。虽然托马斯和帕克都忠于科学主义，但他们也都在致力于发展一门关于人类经验的科学。

四 从凡勃伦到制度主义经济学：霍克西和米切尔

镀金时代的历史主义经济学运动衰落之后，在新古典主流内外，现实主义仍然是一股强大的力量。具有反叛气质的新现实主义不可避免地要受到凡勃伦的影响。除了米切尔，我们还将考察霍克西，他在1906年继承了凡勃伦在芝加哥的教席。还有赫伯特·达文波特［Herbert Davenport］，他是经济学从商界招募来的带有新鲜血液的老兵。这些人一同把凡勃伦的历史进化论转化成自由进程的自然主义模型，如我们已经看到的，这个模型在社会学和政治科学中也正在形成。

凡勃伦提供的历史经济学模型既是激进的，也是实证主义的。从一开始，他就宣布历史学派已经失败了，应该采用一种历史"理论"，这种理论以进化论生物学为样板，以人类学为基础。在一个层面上，由于有他早年对康德和皮尔士的研究作为基础，凡勃伦对理论有很好的理解，这使得他和他的后继者们愿意对历史进行综合的和分析的建构，在这一点上，他们超前于绝大多数历史学家。但在另一个层面上，他的实证主义把他引向一个封闭模型，在这个模型里，历史是由本能的和种族的固定范畴所催生的。米切尔被凡勃伦鼓励去研究人种学，而不是历史学，并且还要把研究本能心理学作为准备工作，这样，他走了一大段弯路。当米切尔和霍克西试图深入发掘凡勃伦理论的历史基础时，他们发现自己手头没有工具来从事这项工作，所以必须发展出自己的方法论策略。作为催生另一种历史经济学的催化剂，凡勃伦的进化论经济学前景并不光明。

霍克西劳动经济学的交换理论

尽管如此，凡勃伦的著作还是开启了好几条研究进路，更年轻的经济学家们迅速采用了它们。第一个是对劳动和"工会气质"[animus]的研究，这种态度被他当成通向社会主义的手段。罗伯特·霍克西在他执教生涯早期的流浪岁月里，开始研究这个问题。他首先是劳克林古典经济学的信徒，其次是费特的边际主义的信徒，在此基础上，他接受了凡勃伦的主张，认为经济学需要一种历史动态理论。在1906年之后，他在芝加哥大学安顿下来，开始用凡勃伦的假设来集中研究美国的劳工运动。[149]

面临这项历史任务，霍克西首先要对付历史学方法给经济学家带来的困难。他声称，历史方法已经堕落为"事实的堆砌，它希望规则能从事实堆中自动浮现出来"。历史学家认为，我们知道得还不够多，这当然有它的道理，但这并不必然意味着，我们不

---

[149] Hamilton, "Development of Hoxie's Economics," 862-71; Robert F. Hoxie, "The Demand and Supply Concepts: An Introduction to the Study of Market Price," *JPE*, 14(June 1906): 337-61, (July 1906): 401-26.

能以确已知道的东西为基础来进行推理。更重要的是,因为过去与现在是不同的,所以历史学家告诉我们的关于过去的原因,并不能自动地用于解决当下的问题。尽管如此,只有历史才能区分连续和变化。到了 1906 年,霍克西已经开始把"历史方法"定义为联系过去与现在的分析性工具,这与仅仅进行"历史叙事"形成对比。他明显地受到杜威的发生学分析的启发,他辩称,"科学的历史方法"乃是有目的的科学研究中的一种:

> 以下这一点难道不是事实吗?现实中所有的科学研究都是为了推进某些确定的、关键的、人类的利益?我们希望能够轻松控制各种力量,以便更好地实现一些人类目的,于是我们从当下兴趣出发寻求对现存情势的理解……所以,一切科学研究都必然是选择性的。

霍克西并不是说,对问题的解释必然会形塑"事实",它只是选择事实。尽管如此,"科学的历史方法"在双重意义上是选择性的,因为它要求对作为研究焦点的当下问题的独立观察,接下来需要对过去展开有目的的调查,以便找出究竟是什么让事情变成了现在这个样子。霍克西意识到一个人去接近历史的时候要带着清晰的问题,意识到历史方法是一种能够产生说明的分析性工具,这些表明,他要比他的同事们先进许多。[150]

根据这种方法,霍克西开始探索劳工史,也开始调查工会活动和劳工对科学管理的反应。他调查的方法是参与性观察,还有

---

[150] Robert E. Hoxie, "On the Empirical Method of Economic Institution," *JPE*, 9 (September 1901): 481-526, paticularly 500; 同作者, "Historical Method vs. Historical Narrative," *JPE*, 14 (November 1906): 569-70.

访谈和问卷技术，这在当时是一种创新。他创造的模型不仅对制度经济学有用，而且对芝加哥社会学家也有用。通过使用凡勃伦在产业性运用和商业性运用之间所作的区分，他在美国劳工联盟［American Federation of Labor］中发现了一种强烈的"金钱"精神，也就是对即时经济所得的关注，以及使工人与雇主与行会而不是与其他工人联系起来的那种短视且本位主义的［particularistic］兴趣。但霍克西不知道怎样从他的发现中得出结论。它们可能意味着，"在这个国家中缺少真正的阶级意识和阶级冲突"，或者它们也可能是有缺陷的劳工运动领导方式造成的，也可能是严酷的经济必然性把工人变成了"即时需要"的奴隶，迫使他们放弃了阶级意识情感："如果是这样的话，那么它强调的是经济状况所树立起的反对力量，尽管孕育了阶级和阶级冲突的正是这些经济状况。"[151] 到了1916年，在做了更多的现状研究和历史研究之后，他拒绝了这种看待历史的辩证观点，开始从美国例外论中寻求解释。

霍克西对美国劳工组织的历史研究在某种意义上是很精准的。在经济发展的各个不同阶段，他都发现了一些不同类型的工会主义。他发现，具有金钱取向的行会或者工联［"business" union］，在19世纪20年代劳工组织刚开始出现的时候就出现了，而这种工会直到现今一直在美国劳工联盟中占支配地位；在19世纪30年代，乌托邦式的、想要改善社会的工会也迅速出现了，其精神在劳动骑士团中一直存续了下来，这个组织想要把所有"人民"

---

[151] Hamilton, "Development of Hoxie's Economics," 873-5; John P. Frey, "Robert F. Hoxie: Investigator and Interpreter," *JPE*, 24 (November 1916): 884-93; Robert F. Hoxie, "The Convention of the Socialist Party," *JPE*, 16 (July 1908): 442-50; 同作者, "President Gompers of the Labor Vote," *JPE*, 16 (December 1908): 693-700, 特别是第 700 页。

都囊括进来。但骑士团在另外一种意义上也是乌托邦式的,因为它不仅落后于时代,而且也超前于时代:它居然想把工匠和工人焊接在一起,让他们获得一种工人阶级团结感。工会组织的最发达形式,即行业工会,既创造也反映了那种阶级意识,但在那时的美国,它还只是一个微不足道的因素,在可预见的将来也是如此。一言以蔽之,美国工人缺乏阶级意识。[152]

霍克西辩称,原因在于美国根本就没有阶级:

> 任何使个体具有相似意向的力量都会把他们聚拢成一个群体……任何在性格、信仰和利益上强调和创造差别的东西都易于引起个体的反感,并迫使他们形成分殊的和对立的群体。于是,这些群体是个体所有特征的相互吸引性或相互排斥性互动的产物,它们的显现和结合有的相对持久,有的相对短暂,并且不断变化。

在这种原子式的永无止息的运动中,经济利益在群体形成中有突出的作用,但至少在美国,这种作用不是支配性的:

> 一个像我们这样民主地组织起来的社会,其特征就在于,来自不同机械性群体[mechanical groups]的个体之间,存在多种多样的相互接触。这个社会对来自各个民族的理念和理想开放,其人口也是由不断流动的各个种族和地位的人形成的……这个社会不断扩张和变换它的需要,不停出现新

---

[152] Robert E. Hoxie, *Trade Unionism in the United States* (New York: D. Appleton, 1917), chap. 4, 特别是第 95 页。

的社会问题。所有这些都使得产生等级或者阶级的概率很小。

本特利和帕克把美国想象为无阶级民主社会，而霍克西在这里的描述，正是这种想象的理想代表。持续不断的运动抹杀一切结构性差异。那么，对以下这个问题，即经济约束把工人变成了"即时需要"的奴隶，霍克西又是如何处理的呢？霍克西并没有研究美国阶级流动状况到底是什么样的，也没有考虑这种可能性：即使不同个体可以进进出出，但阶级本身可以一直存在。美国工人有政治的和族群的认同，这种认同也能够不期然地为他们的阶级团结服务，这一事实可能意味着，他们有一种与欧洲工人不同的阶级意识，而不是根本没有阶级意识。霍克西正确地辩称，凡勃伦"在研究形成性［formative］力量时，过分强调了经济环境的重要性……这么严格的经济环境和经济约束并不存在。社会互动的分量比他想象得要重"。但经济决定论必须转变为如此随机和原子化的社会运动吗？"欧洲式"阶级意识的唯一替代物就是美式民主的理想化想象吗？美国永远是这样的吗？1830年、1870年的美国与1917年的美国一样吗？[153]

霍克西在这里表现出科学当下主义［presentism］的特点，并以此为基础，强调要对研究对象进行类型划分，但这种做法会与史实本身有龃龉之处。当人们从当下状况回溯性地研究历史时，很容易把现在读解进过去之中，但这并不是必然的。霍克西把工

---

[153] Robert E. Hoxie, *Trade Unionism in the United States* (New York: D. Appleton, 1917), 355-8, 367. 由于凡勃伦没有把例外论考虑进来，所以霍克西抛弃了他，关于这一点的详细讨论，见 Paul J. McNulty, "Hoxie's Economics in Rectrospect: The Making and Unmaking of a Veblenian," *History of Political Economy*, 5, (Fall 1973): 449-84。

联视为最早的和最持久的美国工会类型,而且为了做到这一点,他把它身上有的乌托邦、改善社会的特征都分离了出去,可如今的历史学家认为,直到19世纪70年代,乌托邦特征也是工联工会的一部分。这正是霍克西想要寻找的阶级意识早期的和不一样的形式。这样,霍克西那种永续不断的变化的观点,就跟乔治·米德在1899年的观点一样,包含着隐蔽性信息。一如他的编辑所注意到的,霍克西已经发现了"相对稳定的工会类型"。美国经验那永不停息的变化,却维持着不变的多元论个体主义的再生产。[154]

实际上,霍克西并没有放弃对最终变化的希望。当他再也不能接受凡勃伦的理论时,他就开始接受一种更为实际的[hardheaded]理论,他敏锐地将其称为进步主义的有机社会控制理论。社会在迈向更多的社会互动,因此也变得越来越民主。霍克西鼓励说,如果我们放弃对彻底共识的希望,我们可以期待对"游戏规则"形成越来越多的社会一致,由此缓和那些冲突,并改变这些冲突的性质。在美国现有的状况下,工资劳动者将只能在一个更大的社会控制的支持下才能有效地组织起来,并达成"工业中的宪政政府"。雇主群体本身就在软化,并开始考虑他们自己工人的福利问题。他假定,舆论和立法可以为劳资冲突设定"上限"和"下限",设定最低工资原则。他在自己的最后一项研究中发现,科学管理的新方式使工人去技术化[deskilling]和原子化,这样劳工组织就更加困难了。为了与这一趋势相抗衡,他提出了公共职业教育计划,这在一定程度上能够恢复工人们正在失去的道德和智力上的力量,使他们重新组织起来。

---

[154] Hoxie, *Trade Unionism in the United States*, "Introduction," by E. H. Downey, xxiv. 关于当时的劳工史,见 David Montgomery, *Beyond Equality: Labor and the Radical Republicans, 1862-1872* (New York: Knopf, 1967), chaps. 4-6.

不幸的是，这是霍克西最后的话。在与间歇性抑郁症做了一辈子斗争之后，他于1916年自杀，当时他48岁。他最后的著作是一本身后的文集。约翰·康芒斯认为，他自杀是因为他关于科学管理的研究失去了赞助者。对凡勃伦抱有深切不信任感的经济学家阿尔文·约翰逊则报告说，他在霍克西死前不久见到过他，他当时为凡勃伦的理论误导了他的劳工研究而非常沮丧。但从霍克西写下来的著作看，情况似乎是，在自杀之前他已经找到了一种替代性理论。很可能真正的原因是，他并不十分相信，自由主义的个体主义和社会控制能够并存。[155]

达文波特和米切尔非典型的凡勃伦式道路

在凡勃伦的劳工理论发生这种例外论转变的时候，他的商业企业理论也发生了同样的转变。赫伯特·达文波特1893年失去了在南达科他州的财产，之后才开始学习经济学，此时他已经30多岁了。从一开始，达文波特就喜欢用新边际主义理论来细数社会主义的缺陷。1896年的时候他就写出了一篇边际主义文章，这可能是美国第一篇讨论边际主义的学士论文，1898年他在芝加哥得到博士学位。也是在那里，他成为凡勃伦的一个学生和朋友。凡勃伦对新古典经济学的快乐至上心理学预设进行了批判，也对旧式古典经济学中仍然能看到的带有价值倾向的护教学［apologetics］进行了批判，这些都让他印象深刻。[156]可能因为他自己就是金融危机的牺牲品，

---

[155] Hoxie, *Trade Unionism in the United States*, chaps. 8, 10, 12, 14, 特别是 pp. 367-42; John R. Commons, *Myself* (New York: Macmillan, 1934), 177-81; Alivin S. Johnson, *Pioneer's Progress* (New York: Viking, 1952), 204-7。

[156] M. Slade Kendrick, "Herbert Joseph Davenport," *DAB*, Suppl. 1, 224; Joseph Dorfman, *The Economic Mind in American Civilization*, 5 vols. (New York: Viking, 1946-59), 3: 375-90.

所以他同意凡勃伦对信用体系和金融操纵的指控。但凡勃伦的如下主张，即在资本主义社会中，货币价值应该保持支配地位，却在达文波特身上产生了讽刺性的后果。它强化了达文波特对边际主义的信仰，因为边际主义的价值分析完全以市场价值为基础，为资本主义经济提供了客观的计量基础。

达文波特构建了一个凡勃伦和边际主义相混合的独特经济学。他从凡勃伦的史实前提开始，那就是，市场是历史的产物，它处在不断的变化中。从这一点中，他得出一个非历史的结论：经济学家的任务在于，尽可能少地关注过去和未来，而是研究"实际的情境"。实存的是一个货币经济。达文波特清除了凡勃伦分析商业企业时的核心要素，即历史的、制度的变迁。"兼并与垄断可以看作竞争和个人创造性的次要方面。"说经济已经变成一种信用经济，"不过意味着货币以一种新的、不可思议的方式变得更重要了"。经济科学可以变成单单对货币经济的研究，它是由价格所表现出来的。他对市场计算中的复杂关联的了解，使他赢得了欧文·费雪的尊敬，但他从企业家及其获利动机的角度来解释市场，这又说明他继承了凡勃伦式反叛精神。他最有影响力的观念是对"借贷基金"的强调。他说，资本来自银行，而不是来自节欲。[157]

当达文波特偶尔评论经济学的"艺术"而不是经济学的"科学"的时候，他回归了凡勃伦。在这里，可以考虑货币经济的"社会意义"；也是在这里，凡勃伦对货币操控者与贪婪的富人的攻击——其来源是人民党主义——同达文波特的自由主义反垄断

---

[157] Herbert J. Davenport, *The Economics of Enterprise* (New York: Macmillan, 1913), 26, 21-2; Dorfman, *Economic Mind*, 3: 386-7.

情绪完美地结合在了一起。达文波特估计,至少三分之二的美国总财产都是"由这样或者那样的……资本主义掠夺而形成的",这种掠夺的最常见方式,就是操纵公司股票。通过"严厉的遗产税"和对公司管理的控制,竞争性领域就可以清除一些人非法取得的优势。"紧迫的问题在于建立机会均等——消除对竞争的障碍。"并不奇怪的是,达文波特的判断背后是传统的美国例外论历史观。他说,从世界的长期贫困的历史中:

> 最终出现了现代文明……盎格鲁-撒克逊人开始开发世界上最富饶的大陆上的几乎无穷无尽的资源。……尚未开发的大陆已经没有了……但我们仍然保有科学和机会……然而大量工人虽然勤恳工作却食不果腹的情况依然存在。……只有一种解释,那就是富人的高收入让他们过于挥霍。

作为世界历史的顶点,美国的历史就像货币经济一样,也悬浮在时间之上,但它受到腐败的威胁。[158]

达文波特的大多数读者都被迷惑了,或者可能被迷惑了,因为他把凡勃伦和边际主义,历史主义和非历史主义混合在了一起。但在一个方面,他偶然触及的一个分析进路,成为后来更年轻的制度主义者进行尝试的方向,尽管他们将要从更偏历史的角度来切入。韦斯利·米切尔就认为,像达文波特、费雪,以及在某种程度上的弗兰克·费特,这些边际主义者采取的商业观点,确证了凡勃伦的以下分析,即商业价值支配着货币经济。需要做的是用历史-进化论的术语而不是边际主义的术语把这一洞见的意涵展现

---

[158] Herbert J. Davenport, *The Economics of Enterprise*, 519, 525-8.

出来。米切尔就在致力于完成这个任务。[159]

作为芝加哥大学的一个本科生和研究生，米切尔主要是在倾向保守的劳克林手下工作，劳克林投身于一种经验的、历史的研究，这种研究是在某种经典理论的指导下进行的，而该理论所反映的，是查尔斯·邓巴和19世纪70年代经济学传统主义的不变教条。到了19世纪90年代，货币问题已经凸显，劳克林开始作为一个反对通货膨胀的公共发言人出现，同时他也成为货币数量论的职业批判者，因为后者支持通货膨胀。他派米切尔去研究内战中发行美钞的经济效应，他希望这个研究能够支持证明，纸币有负面后果，货币数量论是有问题的。米切尔的研究得出了这两个结论，但他的研究也意外地把他送上了职业成功之路，因为它展现了他作为一个经验分析家的优异天分。[160]

凡勃伦对金钱性运用和产业性运用的区分，使米切尔决定性地成为他的信徒。他在一篇1900年的文章和1904年的《商业企业论》[The Theory of Business Enterprise]一书中提出了这种观点。也是在1904年，米切尔去了伯克利加州大学。他相信，这本书证伪了对凡勃伦著作的流行看法：仅仅基于想象，而不是基于观察和推理。1906年，凡勃伦转到了斯坦福，并开始经常与米切尔见面。在接下来的一年里，米切尔一直在写关于货币经济演化

---

[159] Wesley Clair Mitchell, "The Role of Money in Economic Theory" (1916), in *The Backward Art of Spending Money, and Other Essays* (New York: McGraw Hill, 1937), 156-60.
[160] Alfred J. Bornemann, *K. Laughlin* (Washington, D. C.: American Council on Public Affairs, 1940); Wesley Clair Mitchell, "A History of the Greenbacks, with Special Reference to the Economic Consequence of Their Issue: 1862-65," *Decennial Publications of the University of Chicago*, 2d ser., no. 9 (1903); 同作者, "Gold, Price, and Wages under the Greenback Standard," *University of Califonia Publications in Economics*, 1 (1908).

的手稿，在研究开始支配现代社会和文化的"高度有组织的金钱机构"的演化问题。米切尔打算把他那令人生畏的经验分析才能用于展示和发展凡勃伦粗略勾勒出来的理论。1908年12月，当他第一次参加美国经济学年会时，他发现参会的都是改革家和边际主义理论家，但没有人想要像他那样遵循凡勃伦的历史-进化理论。[161]

为了充分地完成这个主题，他一头扎进早期欧洲的历史中——"我对经济史无知到了极点"——起初他觉得经济史沉闷无聊，现在却发现它趣味无穷。与此同时，他已逐步搭建起关于价格体系如何运作的统计材料。在1909年的3月份，他决定暂停那个篇幅更大的手稿以及完成它所需要的历史-进化分析，而把关于当前商业周期的统计分析单独发表。他同时发表了一个呼吁，号召大家发展出一种新的、历史-进化论的经济理论，就像他自己正在迎难而写的那种。这种新经济学的首要问题在于"通过追溯习惯和制度从人的本能中生长出来的过程，通过检视在支配性经济行为中，新特征和老特点是如何结合在一起的，从而搞清楚在每一个国家中都能找到的实际人文类型[human types]"。在凡勃伦的进化论模型及其本能心理学的影响下，他认为经济学家应该受到更多的心理学训练。很可能正是这个巨大障碍使他停下了那个重大规划，而把注意力转向现代商业进程。[162]

1913年出版的《商业周期》[Business Cycles]是米切尔的

---

[161] Wesley Clair Mitchell, "Review of W. J. Ghent, Mass and Class: A Study of Social Divisions," *JPE*, 13 (March 1905): 283; L. S. Mitchell, *Two Lives*, 167-71.

[162] L. S. Mitchell, *Two Lives*, 171-3, 175-7; Wesley Clair Mitchell, "The Rationality of Economic Activity," *JPE*, 18 (February 1910): 97-113, (March 1910): 197-216, 特别是第216页。

主要作品，这是所有在经济学中倡导经验研究的人进行号召时要依靠的典范，正如托马斯的《波兰农民》若干年后将要在社会学中成为经验研究的典范一样。同一年，他在哥伦比亚被指定为约翰·贝茨·克拉克的教席接替者。对于他的新同事们而言，他看起来是一个"用真正的科学精神武装起来，准备向理论问题发起攻击"的人。然而，米切尔在《商业周期》中所获得的成就，同时也是客观的混乱产生的根源，而且直到今天，情况仍是如此。对于他的分析所具有的品质和指导价值，人们并无异议。正如欣赏他的学生阿瑟·伯恩斯［Arthur Burns］所指出的，米切尔为经济分析带来的是一个好历史学家的力量：在一般和特殊之间来回往返的能力；对证据的评估；通过有想象力地构建和掌控数据来检验假设，推测正在发生的是什么。让他的读者和他自己感到迷惑的是，他们不知道他的著作的更大旨趣是什么。[163]

米切尔自己的意向必须在凡勃伦式的框架中才能得到理解，这是他工作的出发点。他对商业周期的分析透露出明显的凡勃伦风格。他考察了英国、法国、德国和美国在1890—1911年的数据，并以此为基础，集中分析了发达金融资本主义阶段，这个阶段是凡勃伦辨识出来的。在这本书的开头，米切尔就展开了对当代经济的描述，在他看来，资本主义是一个历史形式，其核心特征是挣钱而不是生产物品。由此，经济的工业功能就被价格体系

---

[163] Henry R. Seager to E. R. A. Seligman, May 14，1913，转引自 Joseph Dorfman，"A Professional Sketch," in Wesley Clair Mitchell: *The Economic Scientist*, ed. Arthur F. Burns（New York: National Bureau of Economic Research, 1952），133; Arthur F. Burns, "Introductory Sketch," 同上引书，11—15。请参考约翰·莫里斯·克拉克［John Maurice Clark］、米尔顿·弗里德曼、阿尔文·汉森［Alvin H. Hansen］，以及约瑟夫·熊彼特等人对米切尔方法论的意涵的观点，同上引书，193—206, 245, 306—7, 329—35。

和获利动机所控制。像凡勃伦一样,在米切尔眼中,价格体系的运转出自一种动荡的经验,而不是出自任何内在的法则,他追踪了扰动 [disturbance] 在经济体环环相扣的商业机构之间传播的过程。他的结论是,凡勃伦关于商业周期的理论总体上是站得住脚的,尽管它还能通过各种方式加以修正和强化:

> 我在这里提出来的理论,在绝大多数关键点上十分接近凡勃伦的见解——预期净收益的下降导致商业信用的缩水,并进而造成未结算账户的清算。但我的统计工具使我能够对整个过程提供一个更有说服力的展示——当然同时也是温和一些的展示。

比凡勃伦的观点更温和一些,跟蔑视凡勃伦式框架,这两者是完全不同的。[164]

凡勃伦很清楚,他所提出的是历史-进化"理论",一个关于历史的封闭模型,它所强调的是推动历史发展的各个影响因子。米切尔有时认为他的著作处理的是商业周期的问题,有时候又觉得他处理的是整个经济史进程。有时他称自己的著作是关于商业周期的"理论",有时又当它是一个"描述性分析",一个相对广泛的、本质上带有历史性的分析,它富于启示性地运用理论来丰富理解、集中探寻的焦点,而非预先定义它;所以它可能为某种理论提供证据,本身并不是"理论"。由此,他无法确定,自己在多大程度上提供了一个关于商业周期的"因果性"理论,抑或他

---

[164] Wesley Clair Mitchell, *Business Cycles*, *Memoirs of the University of California*, 3(1913), 特别是第 2 章以及第 579-581 页; L. S. Mitchell, *Two Lives*, 178。

根本没有提供这种理论。他将自己的方法描述为"把猜测……付诸实用主义的检验",但杜威那种无所不包的公式,无助于他在科学的方法和历史的方法之间做出区分。[165]

米切尔在方法层面的不确定性,与他在分析实质上的更根本的模棱两可有关。他对货币经济的分析最初是凡勃伦式的,尽管角度上有所变化,概念上有些格式塔化[Gestalt-switch],然而最后却转变为对价格体系的新古典视角。他把货币经济中的逐利动机理解为商业算计现象,并暗地里把这种现象发生的场所设定为新古典主义的市场。在米切尔那里,商人经营的并不是有用之物[real utilities],他们像新古典经济学中的商人一样,也在做边际利润的计算。在米切尔那里,货币经济既对实际竞争产生反应,也对潜在竞争产生反应,并会考虑到物品的可替代性。[166]边际主义理论家可以,而且已经非常好地理解了米切尔的分析,并同意他的判断,但他们不能理解凡勃伦把逐利视为掠夺的看法。

米切尔还赞扬了价格体系的灵活性,认为它有激发个体效率与合作的优点。它"毫无疑问是人类业已尝试的最好的一种指导经济活动的体系"。虽然如此,像新的自由主义者(new liberals)一样,他还是看到它"有严重的局限性"。他界定了货币经济中

---

[165] W. C. Mitchell, *Business Cycles*, 19-20, 449-50. 亚伯拉罕·赫奇(Abraham Hirsch)把劳克林的经验方法和杜威的假设方法作为摆在米切尔面前的两种尖锐对立的研究风格,但笔者并不认为两者之间的差异构成了米切尔所遇到的困境的核心方面。见 Abraham Hirsch, "The American Setting and Wesley Clair Mitchell's view of Traditional Economics," *Journal of Economic Issues*, 1 (June 1967): 74-85; 同作者, "Mitchell's Work on Civil War Inflation in His Development as an Economist," *History of Political Economy*, 2(Spring 1970): 118-32; 同作者, "The A *Posteriori* Method and the Creation of New Theory: W. C. Mitchell as a Case Study," 同前引期刊, 8(Summer 1976): 195-206.

[166] W. C. Mitchell, *Business Cycles*, 27-9, 31.

的两种无效率。第一个批评与所有新的自由主义经济学家的批评一样：总体福利与个体福利并不一样，不能通过利润来衡量。但"不断重现的失序"产生的首要原因是不完善的计划。在这里，通过计划这个概念，米切尔想要做的是，在他自己对科学控制的信念的影响下，扩张新的自由主义的规制冲动［regulatory impulse］。计划在个体企业中才有效率，在企业之间并没有效率。在排斥了国家社会主义［state socialism］之后，他建议政府收集和出版更多更准确的经济参数，这样个体企业就能更好地进行计划，同时也可以抵制那些强有力的金融家为了自己的利益对市场的操纵。米切尔预见了这样一种市场经济，在其中，通过避免无知和非理性的预期，个体行动者将更理性地算计利润，从而避免商业周期波动过于剧烈。计划创造出一个更有效运转的自由市场。[167]

最后，米切尔把商业周期定义为一种自我纠正的机制，这样，他就把新古典主义市场铭刻进了他的分析之中。在他那里，商业周期永远会从萧条摆向繁荣。凡勃伦曾认为，自从信用经济开始之后，商业周期已经变得越来越严重，而且，经济体要向下走的压力不断积聚。经济可能走向慢性萧条。但米切尔在一开始下定义的时候，就抛弃了凡勃伦的开放性视野。

> 由此，价格形成了一个体系———一个非常复杂的体系，其组成部分以各种方式相互联结，其细节无限可变，但其内部的相互关联形成的基本平衡却是稳定的，这个体系就像一

---

[167] W. C. Mitchell, *Business Cycles*, 31-40, 586-96. 关于计划，见 Ellis Hawley, *The Great War and the Search for a Modern Order*（New York: St. Martin's Press, 1979），120-3, 以及 Guy Alchon, *The Invisible Hand of Planning: Capitalism, Social Science, and the State in the 1920's*（Princeton, N. J.: Princeton University Press, 1985）。

个活的有机体一样，虽然周期性地陷入严重的紊乱状态，但却能够依靠自己从中恢复过来。

商业周期是从一个"有机体"或者自发调节的体系中产生出来的。"与变成长期萧条相反，（商业周期）在一段时期之后导向繁荣的复归。"很清楚，米切尔并不理解这种观点意味着什么。跟凡勃伦一样，他斥责他的同事们，告诉他们，真实世界中并不存在所谓"静止的"或者"正常的"状态，价格也不会向某个确定的点会聚。"事物总是在进行累积性的变化，总是从商业周期的一个阶段进入另外的阶段。"但他没有看到的是，他所描绘的"累积性变化"并不真正是累积性的，而是自我封闭的。约瑟夫·熊彼特回忆说："当我试图向他表明，他1913年那本伟大著作，就其论证的基本骨架而言，其实是一种动态均衡论的时候，我永远不能忘记他吃惊到说不出话的表情。"[168]

米切尔当然不会同意这种看法。他反复地把每一个周期中的变化描绘为一个历史进程，并标示出不同周期之间的变化。没有任何一个周期跟另外一个非常相近。商业史不断重复自身，但每次重复又有所不同。"这正是经济活动进程是一个累积性的变化过程这种说法的意涵所在，尽管商业周期是在这个进程中发生的。"而且，他又在书的末尾提示说，不同商业周期之间的变动的原因恰恰在商业体系之外，要在战争、和平、关税和经济组织的变迁之中去寻找。"由于外因的影响是累积性的，所以它们对商业周期现象的支配性影响超出于年份跨度之外。很有可能，每一代经济

---

[168] W. C. Mitchell, *Business Cycles*, 31, 39-40, 86; Joseph Schupeter, "The General Economist," in *Wesley Clair Mitchell*, 329.

学家都可以找到理由,去抛弃他们年轻时所学的商业周期理论。"但在米切尔的分析中,他没有考虑周期之间的变化,而是找到了适用于所有这些周期的本质特征。他也没有分析跨周期的变化。实际上,读者不得不假定,在"多年之后",如果商业周期还存在的话,它们还是自我纠正的机制,因为定义就是如此。[169]

米切尔把现代历史中的经济过程描画为一个不断重现的周期,这当然是有意为之。美国例外论的语言在他的著作中并没有出现,但他的思想中确已深深嵌入这样一个假定:不管过程如何,最终的结果一定是令人愉快的。当他逐步展开他的分析的时候,他打算把分析的过程呈现给他所教的班级。他问他未来的妻子:"你觉得这个计划怎么样——"

> 让价格体系的精美和谐去激动由150个大一新生组成的班级?他们会不会掌握不了推动工资涨落的剧烈力量之间,间不容发的调整所带来的美学上的完美性?当压力开始在体系中无情积累时,他们能不能感受到悬于一发的毁灭就在眼前?恐慌能不能在他们轻浮的头脑中带来恐惧?冗长的演算会不会让他们感到昏昏欲睡?当整体性调整已经完成的时候,他们会不会错失一个幸福结局和一个崭新开始所带来的欢乐?[170]

米切尔的语调是调侃式的,但它表达的情绪并不全是假装的。他相信货币经济的"紊乱"总是会导致"一个幸福的结局和一个崭

---

[169] W. C. Mitchell, *Business Cycles*, 449, 582-3.
[170] L. S. Mitchell, *Two Lives*, 175-6.

新的开始"。与传统的美国经济学家一样，对米切尔而言，自由经济是无穷活力的源泉。所以阿尔文·汉森有这样的回忆毫不奇怪，他说："'商业周期'成为一个流行的、好听的术语。它把自由企业体系描绘为在持续的和自生的周期中运动，这让商人们没有从中发现责备之意。相反，他们把这些摆动视作一个鲜活能动的体系的'心跳'。"[171] 米切尔用自己的方式造成了一种与达文波特类似的混合。商业周期存在于历史之中，但这个历史仅限于新古典主义市场，并永不停息地以不断重现的周期来更新自己。对市场的自由主义想象，还有美国式的四季常青的活力，这些东西都太难以抹去了，连凡勃伦的门徒都做不到这一点。

《商业周期》发表之后，米切尔也在哥伦比亚接替了克拉克的位置，此时他发现自己处在了一个非常重要的专业地位上，这种重要性还由于他就任国家经济研究局的主任而大大加强。他开始致力于廓清他给自己预设的前提，首先就是凡勃伦遗留下来的老问题，即心理学。他受到爱德华·桑代克［Edward L. Thorndike］*的启发，认为凡勃伦那里的作业本能［distinct of workmanship］不可能是来自遗传的简单性状，而至多是通过文化经验得到传递的稳定的倾向性。米切尔很快进一步发现，心理学并没有给出毫不含糊的帮助。华生对本能的理解就与桑代克的很不一样。毋宁说，心理学家们给出的确定信息在于，他们强调了对行为进行研究的

---

[171] Alvin H. Hansen, "Social Scientist and Social Counselor," in *Wesley Clair Mitchell*, 302.

* 爱德华·L. 桑代克［1874—1949］：心理学家和教育家。他早年在詹姆士指导下从事动物学习的研究，后来将动物研究技术应用于儿童。桑代克确立了教育心理学的名称及其体系，把教育心理学的对象确定为研究人的本性及其改变的规律，它由人的本性、学习心理学和个体差异三部分组成。桑代克把行为分为先天的反应趋势（本能）和习得的反应趋势（习惯）两类。——译者注

重要性。[172]

米切尔向这个方向转变,很可能也受到了杜威的影响。在芝加哥,杜威已经重新强调了,与理性主义理论对人民大众的具体活动的蔑视态度相反,它们应该得到尊重。米切尔可能从凡勃伦和劳克林那里自发地学到了这些东西。在到达纽约之后,他重新建立了与杜威之间的联系,并通读了他所有已出版的著作。一系列笔记表明,米切尔对杜威社会心理学的回顾,更坚定了他的如下感觉:经济科学研究的应该是人民大众的真实活动,应该研究他们所从事的各种活动。米切尔也应该知道杜威是支持行为主义观点的心理学的,因为他很快做出了这样的表态:行为主义心理学为经济学提供了一个新的心理学基础。[173]

米切尔在"行为"这个范畴之下囊括了许多不同的东西。研究经济行为意味着研究经济过程中涉及的所有行为,并不局限于获利行为。一如他在一篇知名的文章中所说,人们可以研究家庭主妇的消费选择。在这个宽泛的行为主义标题之下,米切尔也包括进了对经济福利、劳动关系的研究,以及凡勃伦、韦布夫妇和桑巴特所从事的长时段制度变迁研究。[174]

---

[172] Wesley Clair Mitchell, "Human Behavior and Economics: A Survey of Recent Literature," *QJE*, 29(November 1914): 10, 16, 22-3; 同作者, "Prospects of Ecics," Notes, March 24, 1920, p. 6, Mitchell Papers。

[173] Lucy Sprague Mitchell, "Personal Sketch," in *Wesley Clair Mitchell*, 92; [Wesley Clair Mitchell], Notes, [1914]: "Use of Dewey's scl psy in Ecic Th," "Problem of Ecic Th," "Ecic Method," "Charac of Ecic Laws," "Two Types of explan in Ecics," Mitchell Papers.

[174] Wesley Clair Mitchell, "The Backward Art of Spending Money" (1912), in *Backward Art*, 3-19; 同作者, "Prospects of Ecics," Mitchell Papers. 米切尔也受到以下方面的影响, Charles H. Cooley, "Institutional Character of Pecuniary Valuation"; 同作者, "The Sphere of Pecuniary Valuation," *AJS*, 19(September 1913): 188-203; 同作者, "The Progress of Pecuniary Valuation," *QJE*, 30(November 1913): 1-21。

如果说，行为这个范畴意味着要研究所有经济活动，那么同时，它也意味着要研究的是人们的外显行为。经济学家们可以撇开对本能心理学和快乐主义满足的"那个黑暗的主观世界"的深奥研究。你可以"在日常生活中"研究经济行为。经济学家们并不依赖于心理学家，而是后者的伙伴。在可行的时候，他们可以应用心理学发现，但他们也可以提供自己的分析。[175]

最后，与动机不同，行为可以通过客观的方式加以研究。实际上，研究经济行为的最重要方法在于统计。到了第一次世界大战结束时，在米切尔对自己学科的认识中，统计方法至少取得了与行为同等的地位。他一面宣称社会科学仍然"不成熟"，可能更像"形而上学而不是力学"；另一方面又鼓励说，量化分析为社会科学成长为类似自然科学的学科提供了最大的希望：

> 社会统计……拥有许多物理科学中的先进特征。它表明，社会科学在事实方面、分析技术方面和结果的精确性方面取得了直接的进步。它是客观的……（它有助于）发展出一套方法，让我们得以在社会组织方面获得有累积性的进步。

米切尔对统计科学的赞颂，甚至使他说话的措辞都改变了，一开始他关心历史的"累积性变迁"，而到了最后，他开始谈论科学理性的"累积性进步"。[176]

米切尔老是强调行为和统计学，这加剧了他早在研究商业周期时就表现出来的含混性。行为和统计将要成为一种新经济学的

---

[175] W. C. Mitchell, "The Role of Money in Economic Theory," 175.
[176] Wesley Clair Mitchell, "Statistics and Government" (1919), in *Backward Art*, 51-53.

口号，他的更年轻的同事们已经开始称它为"制度主义"。米切尔曾说，经济学应该是对经济行为的经验研究，正如他对商业周期的研究所表明的那样。统计学是研究不断前进的历史进程的一个工具，它是一种研究方法，这种方法的对象不是根据理性主义理论研究人们应该怎么做，而是往往超出我们的预计的、他们实际做了什么。但如果历史行为被理解成货币经济中的市场行为，那么统计学所衡量的就是市场中的聚合体〔aggregates〕的行为，而不是历史中行动主体的行为了。

即使是在市场的框架之内，米切尔仍然预期，对实际经济过程的经验研究能够产生新的概括，进而产生新的理论框架，而这种框架仍然贴近事实。经济理论将成为"对经济行为的有意识的分析性描述"，以便使"价值论著作中的观点与利率决定理论中的观点保持一致"。在另一方面，他发现新古典经济学大致是"可用的"，因为它反映了市场所灌输的算计理性行为。恰恰由于货币把经济行为理性化了，"描述那种经济理性生活的理论才有了现实基础"[177]。那么，他那种基于经验的理论又有什么不同呢？为什么它不会也像《商业周期》那样，产出一种对市场行为的说明，与得到验证的新古典前提一致呢？他正在发展的工具，是用来描画正在改变新古典市场的历史进程的呢，还是用来对这种典范性的市场做一般性分析的呢？

在他1916年对美国经济协会发表的第一次纲领性的演讲中，米切尔画了一条线，既为边际主义经济学家研究商业中的理性逻辑分出了地盘，也为历史经济学家研究制度变迁留出了空间。他

---

[177] Wesley Clair Mitchell, "Prospects of Ecics," pp. 6-7, Mitchell Papers; 同作者, "The Role of Money in Economic Theory," 170-1。

相信，市场的制度特征使经济理论和经济历史得以"同台"工作。[178] 他没有看到的是，这个共同平台要么搭建在市场范式之内，要么搭建在它以外，不同的选址，意味颇有不同。

在这个关于凡勃伦的第一批门徒的故事中，最让人瞠目的地方可能在于，他们远远偏离了导师的理论。在朝见凡勃伦之前，达文波特就抱有一个旧的美国例外论成见，他后来所做的不过是抱紧它。霍克西和米切尔的情况有所不同，当他们遭遇含混的历史状况时，本来凡勃伦自己的范畴就能让他们把这些状况辨识清楚，可他们却偏偏要去借用自由主义例外论视角，借用永不停息的变迁、自我更新的市场社会这样的观念。当他们在凡勃伦的社会主义框架中找不到美国乌托邦时，他们就全盘抵制他的分析，并转向一种能够保存他们的例外论理想的视角。这种视角在一定程度上能够说明他们的观察和数据，但它并不是能解释这些观察的唯一选择。实际上，为了应用这种视角，他们不得不放弃自己从前看到过的事实，也放弃他们一直奉行的逻辑。尽管自由主义"美国应许"[promise of America]已经被稀释了，但它仍然保有强大的力量，一种能把美国社会思想家拉向例外论的力量。

五 结论

出现在进步主义时代晚期的这拨有创造力的社会科学家重塑了美国社会科学的面貌。尽管他们不过是按照既有的方向推进自己的学科，但他们确实创造出了强有力的社会科学新模型，这些

---

[178] Wesley Clair Mitchell, "The Role of Money in Economic Theory," 175-6.

模型塑造了这些学科自此之后的面貌。霍克西、米切尔、托马斯、帕克、蔡平、本特利和比尔德等人创造出的概念和方法,适应了对现代美国社会进行自由主义理解的需要。这些发明是他们对发生在自己身边的历史变迁的反应,这些变迁包括:族群混杂的[polyglot]、城市化的和世俗的世界出现了;十年中接连不断地发生政治危机;对变迁本身的敏锐觉察力也随着每次历史转折而增长。但本章乃至本书的观点在于,他们的新概念和新方法形塑变迁的程度与它们反映变迁的程度是相当的。这拨人在这样一个社会中工作:资本主义的结构性力量不仅能被明显地感觉到,也能被清楚地看到;族群和阶级不仅在分化[divergence],也在加强;快速的历史变迁开启了一个空间,让人们不仅可以抛弃过去,也可以跟过去展开对话。他们的选择是自由主义美国例外论者所做的选择,这样做出的选择更能贴近他们的民族的、学科的和职业的话语倾向。

他们的作品对流动性进程[fluent process]的强调,很可能是其最主要的新颖之处。这些流动性进程的表现各异:在米切尔那里,是遍布货币经济的累积性商业周期;在托马斯那里,是关于态度的社会心理学和关于解组的社会学;在帕克那里,是关于城市竞争、冲突、适就和同化的社会学;在本特利那里,是平衡性利益群体压力;而在比尔德那里,则是通过历史表现出来的经济利益斗争。进程这个概念使他们处于历史和自然的交汇处,在这里,他们既希望捕捉经验的具体特殊性,也希望找到普遍的自然形式,既不错过现代社会多变的形式,也要抓住它内核中不变的动力机制。他们作品中大量的富有创造性的丰富内容,以及他们一直未曾解决的矛盾冲突,都生自这些相互分歧的冲动,这些冲动在进程这个隐喻中扭结在了一起。

在美国例外论的习惯用法中，美国本身也站在历史和自然的交汇处。进程这个概念的部分魅力在于，它能够制造出一幅自由图景，以便将现代美国社会理想化。社会是互动着的个体的产物，个体组成的群体不断地形成和再形成社会——也许形成的过程不那么自由，但至少，约束这种形成过程的规则具有流动性，而不是僵化的。在这种由流动形成的溶剂中，阶级消失了；只剩下种族还在孤军奋战，威胁着这种流动性。对于这样一个社会，下面这些研究方法，即对总体的统计分析，以及对行为的外部观察，就显得特别合适。自由主义例外论的另外两个特征也是这样的，它们在本文中重复出现。一个是循环性变迁，比如米切尔的商业周期，托马斯的社会组织 - 解组 - 重组循环。我们很快将同样看到，帕克也发展出了同化理论和生态性生长的循环理论，蔡平则发展出了关于历史变迁的循环理论。第二个特征是亨利·亚当斯和约翰·贝茨·克拉克的那种民主和自由的海洋，那种处在均衡中的、永续不停的原子化运动的想象。本特利、帕克以及霍克西的那种由运动的、弥散的个体构成的社会，看起来非常像相互冲撞的原子形成的海洋。实际上，欧文·费雪的 18 世纪机制 [mechanism]，由于完全取消了历史，所以也可以产生同样的想象：自我调节运动在永续不停地进行着。在美国，由于历史和自然相互交汇，社会科学家们可以穿过历史主义或者绕过它，达到一个取消了历史的现代主义幻象。

于是，流动性仅仅勾画出他们著作的一个方面，因为进程同时也产生出静态平衡 [stasis]。美国社会的自由主义轮廓，还有经济的、社会的或者政治的体系，都是前面提到的那些涌流 [flux] 的承载者，这些体系使冲突得到调解，使经济滑坡变成暂时现象，使进步变得可以期待。然而，即使在自由民主和美国民族主义的氛围中，不停息的历史变迁进程也需要施加控制，而这些社会科学家中的多数人认为，必须发展出更严格的科学来指导这种社会控制。19世纪80年代出现的那一代社会科学家，只有通过集结在历史主义大旗下才得以挑战学科传统。而这些后来的挑战者，虽然是想要现实主义地理解变迁，却大致上是在实证科学的旗帜下联合起来的。历史再也不是答案；它是问题本身。似乎只有一个硬的、技术化的科学，才能够控制变化如此迅速的社会，或者控制变化如此之慢甚至在倒退的公众意识，美国公众意识就是这样的。现在与过去之间的鸿沟，同时也是他们自己与落后的公共政策和公共理解的机体之间的鸿沟。他们越来越指望通过科学来拉近这个距离。

这拨人的开创性工作标志着社会科学面貌的重大转变，这一点在20世纪20年代才表现得越来越明显。我们已经勾勒出了历史变化：现代主义历史意识的出现，职业化和专业化的力量日益增长，科学方法意识越来越明确；上述变化交互影响，在社会科学中造成了缓慢的范式转换。[179] 转换的结果是，社会科学从遵循历史-进化论范式转变成专门化的科学，这些专门科学考察的对象是短期进程，而不再是长时段的变迁。

这些因素在社会科学的不同学科里的互动方式是不一样的。

---

[179] 这种范式转换的最有说服力的例子，可以在人类学中找到：George W. Stocking, Jr., Race, *Culture, and Evolution* (New York: Free Press, 1968). Hamilton Cravens, *The Triumph of Evolution, American Scientists and the Heredity-Environment Controversy, 1900-1941* (Philadelphia: University of Pennsylvania Press, 1978), 这本书认为职业化对于推动人类学和社会学的转变起了核心作用。但是，经济学也可以被囊括进这个广阔的范式中来，这说明真正的原因是潜在的历史意识发生了变化，而不是进化理论本身的改变。职业化同样应该置于更广阔的思想转型的背景中才能得到比较好的理解。对这个范式转换及其原因的有深度的讨论，见 Fine, *Progressive Evolutionism*, 190-207。

边际主义经济学家们最先摆脱了历史主义。实际上，古典经济学家们在19世纪已经开始这种摆脱的过程了。到了19世纪90年代，人们往往把历史主义跟政治激进主义相联系，把它跟偶然因素在历史中造成的不确定性相联系。而边际主义经济学家们，由于在专门化的道路上走得最快，所以比较排斥历史主义。曾经抵制过边际主义的社会学家、政治学家和制度主义经济学家，在十年到二十年之后发生了反弹。由于自身的学科传统中在一定程度上存在着历史主义因素，所以他们常常跟随着历史主义自身的洞见，进入现代经验的流动性和相对性。在经济学中，米切尔由于面对静止的新古典主义范式，所以有时会以历史主义为名来发言。在社会学中，由于面对的是历史进化论思辨的长期传统，所以托马斯变得完全反对历史。同时，在人类学中，对进化决定论的批判拆解了遗传进化论范式，社会学家们也受这种变动的影响。在社会科学的所有领域，历史主义都在向现代主义转变，而遗留下来的历史视角也逐渐让位于自然进程和关于社会控制的科学。

第十章　科学主义

我们已经看到，在 20 世纪第二个十年中，形成了关于自由变迁的诸种科学，它们在社会科学的各门学科中都获得了实质性的支持。但是，这些科学有内在的不稳定性，因为它们想要通过历史中的自然进程来捕捉历史变迁里的现实。在这种情况下，这些关于自由变迁的科学自身也发生了变化。它们曾开创了对科学方法的自觉追求，但这种追求本身迅速凌驾于它们之上，并改变了它们，正如它曾改变了更广阔的学科传统一样。

一　科学主义的来临

跟唯美主义一样，科学主义是对现代主义历史危机的反应。它的目标是，让科学成就成为目的本身，并由此在历史的涌流中寻找秩序。它也是一个长期以来未能兑现的承诺的后果，是一种力图使实证主义的宣言得以实现的努力：只有自然科学能够提供确定的知识，并拥有预测和控制的能力。由于科学现在只有通过方法才能得到定义，所以科学主义要求，自然科学方法应该支配社会科学实践。"一战"之后，科学主义在美国兴起，为了检视这个过程出现的背景，我们将首先考察专业主义力量的不断增长，接下来考察专业主义向科学中注入的政治的历史性焦虑感和幻灭感；最终，我们会考察在 20 世纪 20 年代，支持科学主义的一系列制度和概念。

科学主义的专业化背景

20 世纪 20 年代中，参与辩论的各方的领袖，既包括晚期进步主义时代的那些创新者，也包括 19 世纪 70 年代出生的人，还包括出生在 19 世纪 80 年代的更年轻的一代，他们接受研究生训练的时间是进步主义时代，地点是美国本土研究生院。从出身背景来说，20 世纪 20 年代的学院社会科学家的来源比进步主义时代要更广泛，核心还是新英格兰受尊敬阶层，但中产阶级、女性和不同种族背景的人也大量成为社会科学家。20 世纪 20 年代美国社会学会成员的来源地组成，很像从当时大学教授中做的抽样，来自中西部和南部地区的比例比上一代中的更大了，出生在美国之外的人的比例也有所提高。同样，20 世纪 20 年代的社会学家，在其他各个方面的构成也都与大学教授整体的构成相当，与上一代人相比：族群背景更广泛；更多的女性；更少的教士家庭；更少的宗教倾向；在政治取向上，共和党色彩也不那么浓了。[1]

但是，如果考察 20 世纪 20 年代整个社会科学家群体的组成结构，就会发现，它们跟整个大学教授抽样群体之间有着有趣的差别，而且逸闻性的证据将表明，在不同社会科学之间，也存在着显著的差异。与社会科学家整体的平均指标相比，社会学家要更多地来自教士家庭，而且来自学术家庭的概率要高出两倍，他们的父亲是商人、农场主和工人的概率显著偏低。而且社会学家群体招募的女性也明显更多。由于社会学拥有关切社会问题的传

---

[1] James T. Carey, *Sociology and Public Affairs: The Chicago School* (Beverly Hills: Sage Pulications, 1975), Chap. 2. 凯里的数字关于社会学的数据是笔者能找到的唯一可信的比较性数据。

统,而且理所当然地被赋予开展社会工作和组织改良的职能,所以它的成员更多地来源于职业化阶级家庭,因为这个阶层继承了老一代新教士绅的公共伦理。

笔者的印象是,经济学对女性的开放度要小很多,对商人的儿子们更有吸引力,但也对大有抱负的新移民家庭的儿子们更开放。来自新移民家庭的年轻经济学家的数量在战时和战后就已可观,此时更是引人注目:阿尔文·约翰逊〔Alvin Johnson〕,丹麦移民农场主的儿子;雅各布·维纳、伊萨多·卢宾、泽利希·佩尔曼〔Selig Perlman〕,还有其他一些人,都来自犹太移民背景。20世纪20年代芝加哥大学社会学的学生中,有15%也来自新移民背景,但这个比例比全体社会学从业者中新移民的平均水平要高。种族主义者吉丁斯控制下的哥伦比亚社会学是不会鼓励招收这样的学生的。政治学似乎遵循了经济学那种更"世俗"的面貌:它从商业和法律家庭中招收的学生比例,要远远高于从教士和学术家庭中所招的,而且对女性也比较冷淡,但它对种族多样性的开放度却比经济学和社会学要低许多。跟历史学一样,政治学保持了浓厚的盎格鲁-撒克逊教养。约翰逊告诉大家说:当他来到哥伦比亚大学,并告诉约翰·W.伯吉斯他对政治学和经济学的兴趣时,伯吉斯便把他送去学经济学。但是,即使在经济学中,机会也只是在一定程度上的,因为种族主义、性别主义和反犹主义仍然在所有学术专业中流行。[2]

---

〔2〕 笔者在这里依赖于从很多来源收集到的印象,包括 Anthony Oberschall, "The Institutionalization of American Sociology," in *The Establishment of Emprical Sociology*, ed. A. Oberschall (New York: Harper &Row, 1972), 187-251; Joseph Dorfman, *The Economic Mind in American Civilization*, 5 vols. (New York: Viking, 1946-59), vols. 4, 5; 以及上引资料来源, Chapter 6, n. 1. 关于历史, 见 Peter Novick, *That Noble Dream: The "Objectivity Question" and the American Historical Profession* (Cambridge University Press, 1988)。

社会科学中表现出人口学意义上的多样性,但这种多样性被另外一种力量所扼制,这就是学科职业化结构日益增长的力量,通过职业规范,它能够对新招募的成员进行强有力的学科社会化规训。这种职业化力量部分地来自专业的规模。尽管完全的数据无法得到,但专业团体的成员数可以作为一个标记。在镀金时代,每个专业团体的成员数都在 100 到 200 人之间,而到了 1920 年,社会学的成员已经增加到 1000 人,政治学达到 1300 人,经济学达到 2300 人。除了这些团体中的业余爱好者之外,实际从事教学和科研的社会科学家数量必然大大增加了。这些学科已经有能力形成某种程度上的亚文化了。[3]

职业结构也变化了。当年轻的福音派经济学家在 19 世纪 80 年代来到这里的时候,他们遭遇了政治壁垒,并建立了知识上的传统,但专业组织还只是非正式的和灵活多变的。到了 1910 年,学生们发现,一个专业结构已经就位了,行为的规范、偏好的模式、有等级序列的职业生涯轨迹已经被规定好了。行动主义分子[activist]的精力和改革兴趣,只能通过在自由多元主义边界内的专家角色进行发泄。遵奉制度主义的约翰·莫里斯·克拉克是约翰·贝茨·克拉克的儿子,他就曾生动地描绘了一幅图景,表明在 20 世纪 20 年代,一方面,经济学"行会"中行动主义分子角色增加了;另一方面他们也受到了限制:

> 从一所名牌大学里出来的哲学博士,由于代表联邦贸易委员会的利益,可能会用自己的智慧、自己对事实和原则的掌握,来与另外一个名牌大学里出来的哲学博士的智慧和学

---

[3] 各个协会的会员数在他们的年度报告上都有公布。

识相竞争，因为后者受雇于一个大公司……而一本铁路账目，记录它的体系是密歇根大学的一个教授发明的，它的统计是在威斯康星大学的一个研究生的监督下完成的，却可能很自然地被用来反对这个铁路公司，只要先前的教授变成了评估专家，或者先前的监督员成了受雇于铁路协会的经济学家，并且他们想这么做的话。

由于已经学会了把政治不满限制在例外论的范围内，学会了从政治目的中区分科学技术，学会了把中立定义成多元主义，所以，这个行会在通过大学教育和职业网络把行动主义分子标准化的同时，也能为他们提供可观的活动空间。[4]

尽管如此，在行动主义分子和专业主义之间还是存在着相当的紧张，特别是当这些行动主义分子染上政治激进主义色彩时，情况尤其如此。同样，比起社会学和政治学，经济学为专家精神提供了更多的释放渠道，因为在这里，穷人中的劳工问题，以及劳工在政治中的意义问题，都不那么被重视。当威廉·奥格本〔William F. Ogburn〕1911年在哥伦比亚拿到社会学博士学位，并前往华盛顿大学的里德学院〔Reed College〕时，他被民权和劳工活动所吸引，与世界国际劳工组织〔the International Workers of the World〕颇有接触，还对社会主义很有兴趣。尽管里德学院的院长鼓励他这种为该学院做公共宣传的行为，奥格本还是担心自己的行动主义分子性格会阻碍他做好科学研究，威胁到他的职业升迁。他还担心他那容易引起争议的活动会"影响到学校的声誉"

---

[4] J. M. Clark, "Recent Development in Economics," in *Recent Development in the Social Sciences*, ed. Charles A. Ellwood et al.（Philadephia: Lippincott, 1927）, 218. 亦参见 Wisley Clair Mitchell Papers, Columbia University。

并因此"对不起我的雇主"。不仅如此,他还有自己的专业标准。"为什么要放弃我已经受过的训练,而去从事那些我没受过训练的工作?"当他在战时前往华盛顿从事生活成本研究时,他突然之间拥有了大量的时间和制度支持,并一口气发表了十七篇论文。1919年,他被任命为哥伦比亚大学教授,一下子晋升到职业等级的顶点,这使奥格本下定了决心:他"决心放弃社会行动,全心投入科学事业"[5]。

历史的和政治的焦虑

社会科学强有力的职业结构,不仅可以用来容纳多样性和行动主义分子,也有助于掌控由历史和政治所产生的焦虑,让它们服务于科学。个体经验中的历史断层[displacement]与民族层面的历史断层一样,也一直持续到20世纪20年代。来自南方或中西部小城镇的年轻社会科学家所跨越的社会距离,同样也是美国社会的工业化转型所跨越的距离。在佐治亚州小镇长大的奥格本,在该州的萨凡纳市待了一年,又在巴黎待了一个夏天,然后才在1908年来到纽约州。他四岁就丧父,不得不在寄人篱下的环境中长大。来到哥伦比亚之后,吉丁斯立即成为他的偶像,因为吉丁斯是"一个具有异乎寻常说服力的科学传教士",而一旦奥格本来到这里,他也开始扮演同样的角色。[6]他说:"我对统计有种近乎宗教性质的崇拜。如果我想要去崇拜、去忠诚、去献身,那么统计学就是答案,它是我的上帝。"因为作为一种权威性的原则,

---

[5] "A Few Words by Professor Ogburn," June, 9, 1951, Banquet in Honor of Ernest W. Burgess and William F. Ogburn, William Ogburn Collection, University of Wyoming. 感谢芭芭拉·拉斯莱特将这篇讲话的复印件给了笔者。
[6] 同上引文献。

它提供了进行控制所不可或缺的手段。与托马斯、伯纳德和华生一样,奥格本有着极其古怪的工作习惯,以及在性方面的恼人冲突。针对这些他无法理解和控制的情绪,他开始打一场"为了回到现实的持久战"。在职业权威的结构和科学客观性中,他找到了距离感和控制感。[7] 通过社会科学的学科训练,移民的后代也能发现,社会科学的普遍主义、非人格性 [impersonality] 和严格的学科训练等,对他们都是有吸引力的,因为这些东西能够抹去不公平的族群差异,也能使他们对社会急速变迁的体验变得有序起来。

进步主义时代和"一战"中所发生的历史转型也打破了传统的性别角色,造成了对女性化的恐惧。奥格本和他的许多同事们都使用带有进攻性的男性化语言来描述科学和它的社会控制作用,这表明性别恐惧也是历史变迁所释放出来的焦虑之一,而科学可以减缓这种焦虑。这一点在社会学中体现得特别明显,这个学科吸引了那么多女性学生,以及那么多具有非凡文化敏感的男学生,而且这里的职业地位显得尤其不稳定。科学主义有助于社会学建立自己的男性化边界,以区别于社会工作和社会改良的女性领地,区别于新城市文化那种注重表达的价值取向。斯图亚特·蔡平担当了训练女性社工的学术职位,他同样也决心把社会工作实践

---

[7] 笔者对奥格本的理解来自芭芭拉·拉斯莱特富有洞见的研究,"Unfeeling Knowledge: Emotion and Objection in the Rhetoric of Sociology,"未发表论文,引用得到作者允许;以及 Robert C. Bannister, *Sociology and Scientism: The American Quest for Objectivity, 1880-1940* (Chapel Hill: University of North Carolina Press, 1987), chaps. 11-12. 关于统计学的引用来自奥格本藏于芝加哥大学图书馆的日志,转引自 Laslett, 35-6;"……持久战"这一句的来源也相同,转引自 Bannister, 166。

科学化。[8]

在战后，学术界氛围从政治化转向科学主义的最好例子，是政治学家查尔斯·梅里安［Charles E. Merriam］的经历。晚期进步主义分子很早就体验到，变迁在加速，他们对这种加速做出了反应，梅里安与他们不同，他就生活在进步主义时代。他生于1874年，所以，尽管经历了下面这些变化：从爱荷华来到哥伦比亚，从长老会教条到怀疑主义，但所有这些变化都不包含与自己的过去之间的痛苦决裂。梅里安的父亲是共和党员，拥有很大的政治抱负，他在父亲塑造的政治氛围中长大。到了哥伦比亚，在弗兰克·古德诺和威廉·邓宁的影响下，他对社会主义产生了常见的批评意见，并迅速转向新式自由主义的历史主义。[9]

梅里安的分析深度很有限，但他拥有在这块土地上生活的普通人所具有的敏锐性。在邓宁笔记的帮助下，他于1903年写出了他的第一本也是最好的一本书，这是一部简短的美国政治理论史，它完全抓住了新视角的优势。他在书中表明，美国的政治观念是植根于一个变化的历史中的，最初与清教有关，然后是英国的革命的、自由主义的个体主义，以及杰斐逊、杰克逊，最后是"一种完全不同的、关于共和主义制度的理论"，这是弗朗西斯·黎白和内战中的民族主义者创造出来的理论，他们抛弃了

---

[8] 在以下文献中存在一些有启发性的材料，Laslett, "Unfeeling Knowledge," Bannister, *Sociology and Scientism*，以及Donald C. Althouse, *The Intellectual Career of F. Stuart Chapin* (Ann Arbor, Mich.: University Microfilms, 1964). 关于科学主义支持男性气概的另一个例子，见Dorothy Ross, *G. Stanley Hall: The Psychologist as Prophet* (Chicago: University of Chicago Press, 1972), chap. 5。

[9] Barry D. Karl, *Charles E. Merriam and the Study of Politics* (Chicago: University of Chicago Press, 1974)，是一本有洞察力的梅里安传记，尽管它没有给予梅里安的科学主义以足够的注意。

社会契约的观念,而将国家置于民族的有机性和进化性的基础之上。他的总结是:"不管是在工业化的情境中,还是在殖民的情境中,都基本没有发生过对民主化进步线路的偏离。"在这种乐观的历史解读之外,梅里安还把新的政治学添加上去,因为它是对民族化民主传统的发展,也是它的后嗣,这样,它就被囊括进了民族主义历史中了。在整个进步主义时期,他都一直保有这种看法。[10]

这段时间里,他将自己的精力投入到进步主义政治中。在芝加哥大学,他于1909年被选为市议会的议员,并在1915年成为市政改革的一个领导者和潜在的市长候选人。但他的希望由于一个新的蛊惑人心的党老大[boss]的出现而受到打击,而到了1919年,梅里安不得不经受这个人施加的最为致命的打击。这是梅里安的人生转折点,造成了他对政治的幻灭感,并使他下定决心把抱负完全转向学术职业。约翰·亚当斯对人民的信仰随着他的选举失败而告终,梅里安的情况与之类似,在政治失败后,他第一次开始质疑,自由主义的历史和自由主义的历史主义究竟能不能保证美国的民主。如果政治信条是由历史决定的,是由"环境的副产品"决定的,那么它们又有什么真理性呢?"各种体系可以自居为自己时代的传声筒,但这样一来,潜藏于历史之下的那些原则的有效性又如何得到保证呢?"况且,深刻的意识形态冲突仍在折磨着政治和政治学。如果在讨论基本问题的时候,连政治学的专业学生都不能避免发生剧烈争论,那么这"难道不意味着应该重新塑造和组织他们所使用的方法吗"?

---

[10] Charls E. Merriam, *A History of American Political Theories* (New York: Macmillan, 1903), 201, 343; 同作者, "Outlook for Social Politics in the United States," *PPASS*, 7(1912); 113-25.

借着他对传统潮流的敏锐洞察力，梅里安转向了科学。他对这个选择在专业上的意味尤其敏感。如果政治学忽视了历史主义的那种致命的虚弱性，它就会"失去作为一门科学的发言权（*locus standi*）"。意识形态冲突的重大问题在于，它使政治学的言说"无法具有权威性"。梅里安最经常发现的问题是，他感到政治学落后于自然科学和社会科学的最新进展。梅里安的哥哥是生物学家约翰·梅里安 [John C. Merriam]，后者在1918年被任命执掌国家研究委员会 [National Research Council]，这个机构是"一战"期间成立的自然科学的交流中心 [clearinghouse]。梅里安与他哥哥及其同事的接触，让他对自然科学的力量有了新的认识，也让他认识到形成职业组织的可能性。在原来的进步主义氛围中，他脑中的科学是历史的一部分，而推动社会改良的办法在于让人们了解到，社会是一个相互依赖的整体；如今，他认为科学是以"方法"定义的，目的在于"控制"，而科学需要通过组织起来的职业化结构来推进研究，这样才能使自身得到维系。[11]

尽管梅里安对历史的不确定性的认识显得有点姗姗来迟，而且他在专业上采取的科学主义立场也显得有点突然，但他由于幻灭而从政治倒向科学这一点，却折射出更为广泛的观点转变。这个转变的部分原因在于战争本身，因为它给历史进步的观念打上了问号。跟在欧洲的情况一样，在美国，战争摧毁了杜威所谓的"批发来的"进步观念，但与欧洲不同的是，在美国，战争带来的震撼和对未来的恐惧不像在欧洲来得那么深重。绝大多数美国人都与梅里安一样，并没有完全体验到战争的可怕。况且，美国还

---

[11] Charles E. Merriam, "The Present State of the Study of Politics," *APSR*, 15 (May 1921): 174, 177, 176.

带着某种经济上和国际上的强权[power]从战争中崛起了,这种崛起使它的未来看起来要比欧洲的未来更光明一些。若要与亚洲相比,自由主义的进步观念则似乎要明媚得多了。在战争期间,大量的美国社会科学家访问了中国和日本,对比之下,他们对现代性的进步主义特征的信念更加巩固了,就像早年爱德华·罗斯的信念也由此得到了巩固一样。[12]

但是,战争还是预示了进步观念的一个显著变化,这种变化如果不是质变,也至少是一种量变。即使是在战前,美国的社会科学家就已经开始抵制历史决定论,并这样看待一种历史进步观:它是让人乐观的历史趋势和有意的人为努力之结果。到了战后,历史趋势与人为努力之间的力量平衡发生了变化,所以那些曾经"批发着来"的东西如今只能"零售着来"获得。历史的权重减低了,而人类理性的权重增加了。战争给进步带来的更大不确定性,加强了人们对历史的抵制,这种抵制具有现代主义性质。它也使科学控制的成就看起来更加重要。不过,在越来越严格的科学典范的约制下,进步的存在本身变得无法加以证明了;实际上,它看起来正是若干情绪性观念中的一种,这些观念使早期社会科学家们变得盲目、使他们没能建构起真正的科学。所以在20世纪20年代,社会科学家们开始像奥格本一样,经常说社会"变迁"而不是社会"进步"。因此,很有必要仔细检视,他们著作的潜在意涵是什么,这些著作中隐藏着的规范承诺是什么。只有这样才能发现,进步的可能性[possibility]和希望[likelihood]这种美国式信念依然强有力地存在着。

---

[12] 远东之旅的名单包括:Henry Carter Adams, Charles A. Beard, John Q. Dealey, John Dewey, Frank J. Goodnow, 以及 Robert E. Park。关于杜威的"批发"进步和"零售"进步,见前文第九章注释53。

专业主义有助于把对战后世界的政治焦虑升华为科学动力。在战后的最初几年中，人们还生活在战争的恐惧和重建的希望中。劳工借着战时形成的强有力的组织，与资本家的反击和战后的经济萧条展开艰苦斗争，希望保持它在战时的所得。韦斯利·克莱尔·米切尔执掌下的国家经济研究局的首要行动之一，就是发表一份关于美国收入分配的权威研究，许多社会科学家都被这项研究揭示的现实震惊了：美国的绝大多数人的生活水平是如此之低，而它在人口中的分布又是如此之不平等。阿林·扬也许是那个时代最受尊敬的新古典经济学家，他也承认"现有状况的不公平……已经使我们对民主、机会均等的讨论沦为空谈了吗？先人从旧大陆来到这里建造一个新文明的努力都是徒然吗？"然而，接下来的一些年里，经济又复苏了，劳工攻势也被击破了，而且有迹象表明，战前制造业中出现的实际工资下降趋势已经得到了扭转。当扬于1927年在他的论文集中再版他的那篇文章时，他把对资本主义的控诉删除了。[13]

经济复苏仅仅起到了加深对政治的幻灭感的作用。在"经济正常期"里，工会成员数量减少，虽然对经济繁荣的分享状况严重不平等，但繁荣本身是明显可见的，福利资本主义和自愿的计划工商业的试验也在推进，有些社会科学家开始希望，资本主义能够在没有国家的强干预的情况下挺过来。而对另一些社

---

[13] Wesley Clair Mitchel et al., *Income in the United States: It's amount and Distribution*, 1909-1919, vol. 1., Summary (New York: Harcourt Brace, 1921); Ally A. Young, "Do the Statistics of the Concentration of Wealth in the United States Mean What They Are Commonly Assumed to Mean?" *AER*, &, Suppl. (March 1917): 144-6, 55-6; A. A. Young, "The Concentration of Wealth and Its Meaning," in *Economic Problems New and Old* (Boston: Houghtong Mifflin, 1927), 95-107.

会科学家来说，下面这些事实表明，政治无力应对当下的任务，这些事实是：《凡尔赛和约》签订了，加入国联的动议也被参议院否决了，1920年选举出一个反动的政府，有组织劳工的失败程度甚至比战前更加严重。年轻的政治学家哈罗德·戈斯内尔〔Harold F. Gosnell〕在1924年指出，左翼社会科学家中存在着广泛流传的悲观情绪，认为社会民主很难达成。沃尔顿·汉密尔顿是一个顶尖的年轻制度主义经济学家，他认为，试图去改变资本主义制度会立即遭到惩罚，在这种惩罚面前，"穷人和富人一样，都已经退缩了"。这就意味着，专家们必须接受这个艰巨任务，而他们完成这个任务的方式只能是诉诸科学控制，这是他们从未尝试过的。[14]

然而，从政治身边走开并不是一件容易的事，这个转变既在政治身上，也在社会科学身上打下了烙印。斯图尔特·赖斯〔Stuart A. Rice〕是在社会科学中提倡客观化科学方法的领袖人物，对于这种方法的拒斥和接受过程，他提供了一个颇具启发性的自传体分析。直到1915年，赖斯都在华盛顿大学，而在战争爆发的那几年，他积极活动于福利管理和西北地区的激进政治领域。两个活动看来都归于失败，而他也从富兰克林·吉丁斯那里拿到了博士学位，此时的他只剩下对从前的自己的鄙视。他说，中产阶级和上层阶级中的激进分子，都是些无法从自己的阶级中获得情绪满足的可怜虫。他们潜意识里是在为自己被挫败的情绪寻找发泄渠道，通过激进主义，他们找到了满足自己的"利己主义冲动"的方式。赖斯已经学了一点精神分析，由此，他不仅对政治展开

---

[14] Harold F. Gosnell, "Review of Fred Haynes, Social Politics in the United States," *PSR*, 18 (August 1924): 627; Walton H. Hamilton, "The Price System and Social Policy," *JPE*, 26 (January 1918): 65.

攻击，也开始审视自己的政治动机。但在这种心理学敏感的背后是阶级的作用，尽管人们认为阶级在美国社会中是不存在的。阶级让一个中产阶级青年与他的工人阶级委托人之间产生如此隔膜，以至于他无法使自己在动机上全心地认同他们，并因羞愧于自己立场的伪善而退缩。[15]

人们从心理上对激进主义和政治活动的不信任，在一项研究中被客观化为一种科学，这个研究很可能是美国关于政治态度的第一项研究。弗洛伊德·奥尔波特 [Floyed H. Allport] 是一个在哈佛接受训练的社会心理学家，他研究了大学里自己学生的政治观点，并得出结论说，左翼的激进主义和右翼的保守主义这些"非典型"观点之间的相似性要大于它们之间的差异性。这种比较的结果，来自它们在解决冲突的风格上的心理学相似性，这种相似性又表明，它们很可能在深层心理冲突上也是相同的。对中间派路线来说，奥尔波特对左右翼的意识形态政治的不信任，给它的老例外论带来了新的科学工具。这种科学不信任也将为中间派政治带来一脉丰厚的资源，让它得以从社会-科学的角度为自己辩护，得以反抗激进主义、意识形态和极权主义。[16]

政治对科学有深入的反作用力，这让科学染上了额外的情感色彩。赖斯认为，"文明再也没有时间去等待不受指导的、通过试错而取得的进步"。另一方面，"冷酷的理性"也是不够的。解决方案在于将科学本身变成"情感依恋的对象"，科学是坚定无畏

---

[15] Stuart A. Rice, "Motive in Radicalism and Social Reform," *AJS*, 28 (March 1923): 577-85. 参见 Harold F. Gosnell, "Stuart Rice," in *International Encyclopedia of the Social Sciences*, 1968 ed., 13: 512-3。

[16] Floyed H. Allport and D. A. Hartman, "The Measurement and Motivation of Atypical Opinion in a Certain Group," *APSR*, 19 (November 1925): 735-60.

的英雄主义的领域，是献身的对象："再也没有什么东西，比科学更值得作为社会改革的动因了。"奥尔波特是在社会学和政治学里倡导行为主义变革的领袖人物，他把自己在成长过程中得到的强烈宗教情感灌注到他的科学使命之中。雷克斯福德·塔克韦尔[Rexford Guy Tugwell]是西蒙·帕滕的一个理想主义信徒，他宣称，制度主义经济学跟其他学科一样，已经否认了万灵药存在的可能性，也抛弃了对乌托邦的向往，但他又说，在新经济科学的建构过程中，"存在重新塑造世界的可能性——至少这种可能性不比原来少"。莱斯特·沃德和阿尔宾·斯莫尔已经精确地预示，科学主义可以用来作为乌托邦的替代品。[17]

辛克莱·刘易斯的《阿罗史密斯》[Arrowsmith]很可能是美国科学英雄崇拜的经典文本，它证明，20世纪20年代里，科学拥有广泛的道德权威。知识阶层目睹了他们的民族信仰变成了原教旨主义，爱国主义变成了沙文主义，政治变成了反动，心悸之余，他们就寄希望于科学，把它看成现代世界上一个纯净的、能够长存的专业。[18]在社会科学领域，反对卷入政治和改革的潮流，加剧了纯科学和应用性科学之间的区分，在它们之间画出一条清晰的界线。社会科学应该是一个自足的知识体，应该致力于以某种方式发展自己的科学品性，不过它应该向加强技术控制能力的方向发展。科学在政治领域中的应用应该留给别的人，或者留给那

---

[17] Rice, "Motive in Radicalism," 55; Floyd H. Allport, "The Religion of a Scientist," *Harper's Magazine*, 160 (February 1930): 365-6; Reforx G. Tugwell, "Introdution" to *The Trend of Economics*, ed. Rexford G. Tugwell (New York: Praeger, 1988).

[18] Charles Rosenberg, "Martin Arrowsmith: The Scientist as Hero," in *No Other Gods: On Science and American Social Thought* (Baltimore: Johns Hopkins University Press, 1976), 123-31.

些虽然在科学体中但负有专门职责的"专家"去给政府或者业界提供建议。然而，能够付诸实用、有助于加强控制的潜能，仍然是他们想要创造的纯科学的标志。

得到经济支持的科学主义

在20世纪20年代，资本家赞助的慈善基金向社会科学研究中投入了大笔的钱财，这加强了社会科学中科学主义的专业基础。早在这些钱财投入之前，让社会科学变得更科学的运动已经开始了，但直到"一战"爆发前，这个领域的主要基金会赞助的只是社会福利取向的研究，而不是社会科学研究本身。卡内基基金会开始资助经济学中的主要项目，包括一部多卷本的美国经济史和米切尔主持下的国家经济研究局。洛克菲勒基金会在20世纪20年代早期大举进入这一领域。洛克菲勒家族希望以此雪洗洛克菲勒家族的财产所遭受的非议。他们希望能够为解决社会问题提供帮助，以此使这个家族从非议中解脱出来，并使这个国家从更激进的变革中解脱出来。对于他们所有这些目的而言，社会科学正在浮现的科学形象是具有吸引力的，因为它既承诺与政治纷争拉开距离，又保证能带来可以真正控制社会变迁的知识。

把洛克菲勒家族引向社会科学家的是比尔兹利·拉姆尔[Beardsley Ruml]，那时他26岁，并且已经是芝加哥大学的心理学博士，他与社会科学家们有很多共同语言。在社会科学家那一边，关键人物是梅里安，他除了对科学的新兴趣之外，同样也拥有政治技能和人脉。他能感觉到，政治科学家和社会学家在面对更科学化的姊妹学科时有一种自卑感，而且他所处的位置也使他能对这种自卑感采取行动。拉姆尔自己的兴趣在于促进跨学科的研究，国家研究委员会为这种研究提供了样板。1923年，社会科学研究委员会［Social Science Research Council, SSRC］成立，资金是洛克菲勒提供的，它展开对社会科学方法的探究，组织夏季讨论会，召集关于各个问题领域的咨询讨论会，还对个人研究展开资助。[19]

SSRC 把不同的社会科学学科之间的独立合作模式制度化了。联合的能力本身就是一个信号，表明各门社会科学对本学科的独特性有充分的信心。SSRC 所资助和规划的研究计划并不是在概念化层面上的、泛泛的跨学科行动。让各门学科走到一起的，是它们对提升各自研究领域的共同关切。他们各自都有自己的专业团体身份，这是他们更深切的认同基础。直到 1929 年，绝大多数社会科学家都只隶属于一个专业团体。大约有 7% 的社会学家和政治学家同时也是经济学协会的会员，而经济学家中有 17% 同时也是美国统计协会的成员。[20] 尽管 SSRC 并没有打破这种越来越固定的学科兴趣范围，但它确实起到了在学科边界之间交流想法的媒介作用，替代了学科之间的人员流动，这种流动只有在学科边界变得更松散时才会发生。

SSRC 的资助活动和促进交流的活动，成为社会科学普遍采用科学化方法的主要催化剂。这十年中最典型的产品很可能是

---

[19] David Grossman, "Philanthropy and Social Science Research: The Rockefeller Foundation and Economics, 1913-1929," *Minerva*, 20 (Summer 1982): 59-82; Karl, Merriam, chap.7; Barry D. Karl and Stanley N. Katz, "The American Private Philanthropic Foundation and the Public Sphere, 890-1930," *Minerva*, 19 (Summer 1981): 251-7. 对梅里安的描绘来自 Harold Lasswell, "The Cross-Disciplinary Manifold: The Chicago Prototype," in *The Search for World Order*, ed. Albert Leawsky et al. (East Norwalk, Conn.: Appleton-Century-Crofts, 1971), 419, 426。

[20] Stuart A. Rice and Morris Green, "Interlocking Memberships of Social Science Societies," *AJS*, 35 (November 1929): 439-44.

由 SSRC 发起主编的一部书——《社会科学的方法》[Methods in Social Science],这部书是斯图尔特·赖斯召集并编辑的。赖斯花了十多年时间找人评鉴各部关键著作的方法论,不管是经典著作还是当代著作,这些著作的范围囊括了 SSRC 旗下的所有学科。尽管书中各部分的撰写者并没有一致的观点,但有一个一致的信息,那就是:至今为止所用的方法都不够科学,即使是那些最客观的研究,其方法也不够科学。文献想当然主义 [fileopietism] 不时出现。大体上,史学家们最容易相互从宽要求,他们太急于宣称,历史学中的科学化标准已经提升了,但真正的科学标准则会礼貌地指出,还存在着严重的缺陷。SSRC 让人们明白,献身于科学方法是一个要求极高的召唤。[21]

在 1922—1929 年间,拉姆尔执掌的劳拉·斯培尔曼·洛克菲勒纪念基金和 SSRC 一起,在美国社会科学、社会工作和它们的机构中散财 4100 万美元。芝加哥大学将自己旗下那些原来分散的社科院系联合成一个研究委员会,并使那些早已开始的、以本校为基础的研究项目加快运作,这样,它在接受资助方面就占尽了先机,况且它还拥有梅里安和帕克麾下的人手。芝加哥大学获得的机构性资助份额远远超过其他实体,大约有 310 万美元,包括直接的人力支持。而且它得到了大量的研究员职位资助和一栋新的社会科学大楼。但当大楼在 1929 年举行落成仪式时,纪念基金会开始削减对芝加哥大学、对 SSRC 和它们的社会科学研究类型的资助。因为与花费的钱财相比,解决社会问题的成效显得过于单薄。新的声音促使洛克菲勒家族把钱投向医药研究、公共健康和儿童发展,这些领

---

[21] Stuart A. Rice, ed., *Methods in Social Science: A Case Book* (Chicago: University of Chicago Press, 1931).

域同样是远离政治的,而且它们的效益更直接、更可见。[22]

大量资金的突然流入产生了显著的效应,这从各个方面都能看出来。"芝加哥"社会学和政治学在20世纪20年代迅速发展,影响也急速扩大,很明显,它们在相当程度上要归功于这些资源的流入。米切尔的国家经济研究局得到的资金支持,实质性地推动了统计经济研究的建立,因为那时候联邦政府正在解散它的战时统计机构。[23]基金会里的资金不可能在缺少学科支持的情况下创造出什么东西,但它可以有选择性地大大加强某些东西。

对美国社会科学的科学化方向来说,情况尤其如此。科学方法的核心地位,是社会科学家们通过拉姆尔的中介作用自己建立起来的,而且这些社会科学家也并不完全投合洛克菲勒家族的心意。比如,梅里安就不止一次地向他们兜售这样一种想法,即为政治学单独建立一个机构,但他的资助人并不像他一样,认为这样一个机构也同样能做到科学化。[24]基金会十年之后的撤资也潜在地说明,它既无法全盘接受,也没有力量完全改变社会科学家们的目标。另一方面,二者在科学化方向上存在着实质性的一致——它对所有相关者想要达到的目的都有帮助,这样,科学化的首要倡导者得到了前所未有的经济支持,这无限地增强了他们

---

[22] Ramond B. Fosdick, *The Story of the Rockfeller Foundation* (New York: Harper, 1952). Matrtin Blumer, *The Chicago School of Sociology: Institutionalization, Diversity, and the Rise of Social Research* (Chicago: University of Chicago Press, 1984). 这本书很有用,但它低估了基金支持的作用。

[23] 关于国家经济研究局,见 Arthur F. Burns, "Introduction Sketch," in *Wesley Clair Mitchell: The Economic Scientist*, ed. Athtur F. Burns (New York: National Bureau of Economic Research, 1952, 3-54);以及 Grossman, "Philanthropy and Social Science Research"。

[24] Charles E. Merriam to F. Stuart Chapin, July 9, 1923; Charles E. Merriam to Charles A. Beard, October 23, 1924; Charles E. Merriam to Robert S. Lynd, April 18, 1920, Charles E. Merriam Papers, University of Chicago.

的正当性和力量。[25]

进一步说,社会科学家之所以对科学化有兴趣,原本是因为,美国资本主义社会的中间派政治世界早已把他们排斥在外,而他们想要打破这种排斥,并进而成为这个世界中的权威。哈罗德·拉斯韦尔[Harold Lasswell]是梅里安的一个杰出门徒,他在1923年访问了英国,在那里他沮丧地发现,美国社会科学的老朋友格雷厄姆·沃拉斯对美国的科学梦大加斥责,因为这种东西是在给社会科学的实际建议涂脂抹粉:"对格雷厄姆·沃拉斯来说,私人基金的增长,为社会科学研究提供了一头温顺的奶牛,人们可从中获利,然而问题是,这块牧场上不存在其他类型的奶牛。"

拉斯韦尔必须承认,英国学者的"武断观点"与美国学者的"不自信"形成强烈反差,美国学者用"社会进程"这个"精致的小词汇包"里的那种语言来说话。他觉得,有时科学崇拜者确实是出于"审慎"才这么做的,但其实还存在更深层次的原因。"在英国这里,这些学术人确实有种权力感。他们确实感到,他们有力量左右国家车轮的运转……在政界,他们发现,他们在牛津或者殖民地认识的男孩也在其中。"他们可以"在晚餐会上、在俱乐部的躺椅上或者周末假期里"影响这些曾经的男孩。美国的情况与之相反。"学术人散落在方圆三千英里之间……缺少爵士和教授的传统……结果产生了相对无力感,变得游移不定。"拉斯韦尔的社会学分析是敏锐的。我们从前也曾指出过,英国那种以阶级为基础的统合的文化产生的效果与美国的完全不同,美国的学术界是去中心化的,只能接触到政治的皮毛。但拉斯韦尔

---

[25] Franz Samuelson, "Organizing for the Kingdom of Behavior: Academic Battles and Organizational Policies in the Twenties," *JHBS*, 21 (January 1985): 33-47.

的分析有一个预设,那就是,美国人是向往权力的,而他和他的同事们则通过科学来追求这个目标。在美国的语境中,社会科学需要"客观"科学的标签才能在资本主义社会中建立起一种制度性的权力。[26]

经济支持的重要性,可以从社会研究新学院 [New School for Social Research] 的命运中反观出来。新学院是 1918 年成立的,它的创立者是一群左翼进步主义社会科学家,他们恼于学术自由受到的限制。这些人包括:刚被哥伦比亚大学解雇的查尔斯·比尔德,同情他的同事詹姆斯·鲁滨逊、韦斯利·米切尔和约翰·杜威;还有没有学术栖身地的索尔斯泰因·凡勃伦。除了鲁滨逊想从事成人教育之外,所有这些人都希望致力于科学化地发展社会科学。他们希望,通过教员和学生的努力来提升社会科学研究,从而使这个机构能名副其实。但与主流社会科学家不同,他们公开将他们的科学与社会民主主义哲学联系起来。由此,那些大型的保守基金不会支持他们,他们只能靠非顶级富人的那些叛逆的、进步的后代、尤其是女儿们的馈赠过活。这样的馈赠总是无法支持建立他们想要成立的研究机构。杜威和米切尔由此也不得不重新开始在哥伦比亚大学的全职工作。在阿尔文·约翰逊任上,新学院大体转向了成人教育,并开始逐步从社会科学研究转向文化研究。由此,在非政治的科学外衣下进行的研究活动,由于得到了基金支持,在 20 世纪 20 年代取得了显著的优势,并巩固了能让自己将来继续得到支持的制度基础。[27]

整个 20 世纪 20 年代,在科学主义的文化权威和社会力量

---

[26] Harold D. Lasswell to Charles E. Merriam, October 8, 1923, Merriam Papers.
[27] Peter M. Rutkoff and William B. Scott, *New School: A History of the New School for Social Research* (New York: Free Press, 1986), chaps. 1-2.

的作用下，社会科学的重心越来越偏向技术统治论，变得越来越"硬"〔harder〕。1925 年，SSRC 会议的一个出席者就报告说，那次会议，最大的强调就落在"对行为的关注上"。它是"一场强烈的、真正的思想革命"，是科学兴趣和重点的一个"重要转变——从理解转向控制"。[28] 晚期进步主义的创新者们发展出制度主义经济学、社会互动论和群体利益分析，在他们手上，迈向关于行为和控制的科学的运动已经开始了。而到了战后，新一代人把这个运动更推向极端：让以反射理论为基础的行为主义心理学成为社会科学的基石；让客观化方法和统计技术成为社会科学第一要务；开始相信科学是价值中立的，它从方法上就摆脱了人类偏见和使用目的，从而可以被专家们用于各种目的。

尽管科学主义的新一代倡导者可能在数量上并不构成多数，但他们拥有清教徒的道德权威，他们可以宣称自己最完满地履践了道德信条。在他们的强硬立场面前，不仅是旧有学科传统的守护者，甚至连科学主义的首创者们都不得不为自己的立场辩护。在经济学中，情况有所不同，因为传统的新古典经济学也宣称自己占领着科学化的制高点。但在社会学和政治学中，本特利倒向了行为主义大潮，托马斯、帕克和比尔德不得不与行为主义所隐含的东西作斗争，比尔德最终站在了行为主义的对立面上。

对于不同阵营来说，科学方法的精密程度是有很大差异的。奥格本呼吁积累事实，这看起来不过表现了社会科学家中广泛流行的幼稚的经验主义。米切尔最初信仰统计方法的能力，认为它能够给予事情以确定性的"证明"，蔡平和奥格本则一直相信，统

---

[28] Friedrick J. Woodbridge，引自 Franz Samelson, "Organization for the Kingdom of Behavior," 42。

计可以解释在社会和历史中起作用的自然法则，这些观念很难说超越了 19 世纪早期那些统计科学拥护者的信念。但是，也存在一些有知识含量的努力，斯图尔特·赖斯就修改了卡尔·皮尔逊的批判实证主义，以便为社会的科学化实践找到基础。赖斯还和其他一些人一起，借用 20 世纪 20 年代新出现的物理学概念，这样做一方面是为了充实社会科学，另一方面也是为了解放它：他们认为，观察社会世界时遇到的不确定性，与物理世界中的不确定性并没有本质的区别。赖斯和年轻的政治学家哈罗德·拉斯韦尔写道，哲学不可知论也能解放社会科学，使其追求科学的目标。拉斯韦尔说，哲学一直以来都在——错误地——教导科学，它能做什么，不能做什么。然而在尝试社会科学之前，没有人能确定能做什么。过去的失败只表明它在过去能力不足，而如今这是一个新世界。[29]

杜威的实用主义的用途多种多样。赖斯援引它，目的是要发展他的"科学虚构"[scientific fictions] 观念，这个观念在他的那种修正过了的实证主义中很重要。杜威常被那些相对温和的行为主义者引来作为自己的支持者，这些人与凡勃伦和早期米切尔一样，都属于历史的和相对主义的阵营，而不同于后期米切尔那种数量化和行为主义风格。杜威本人公开反对硬行为主义，因为他们试图把精神化约为生理范畴。但在数量化问题方面，以及行为主义那种要实现控制的抱负上，还有社会科学应该有的抽象水平

---

[29] Stuart A. Rice, *Quantitive Methods in Politics*(New York：Knopf, 1928), 3-47; Harold Lasswell, "The Comparative Method of James Bryce," in *Methods in Social Science*, 48-9. 关于早期对统计的热情，见 Theodore M. Porterm, *The Rise of Statistical Thinking, 1820-1900* (Priceton, N. J.：Priceton University Press, 1986)。

问题上，他并不偏向双方中的任何一方。[30] 我们将看到，右翼会批判杜威的实用主义，认为它要为社会科学倒向科学化这个局面负责。实际上，看待实用主义的观点十分多样，这正反映出，在那十年中，科学主义本身的范围是很宽广的。

科学主义的来临——"来临"这个词恰当地包含了科学所带有的重大意义——解决了美国例外论的危机。自从镀金时代以来，危机就已经开始困扰着美国的社会科学家了，科学主义带来了社会－科学[social-scientific]的解决方案。当然，看清问题的全部还要拉长时间线。自由主义例外论问题直到20世纪50年代还在被提出[worked out]，而且一直在被提出，但此时它已经是在一个工业化了的世界中的问题，不再被定义为与美国的过去发生断裂所造成的创伤。表明在20世纪20年代问题已经得到解决的核心声明是杜威做出的，他的实用主义在19世纪90年代镀金时代发生危机的时候就已经出现了，并且随着危机的推进而得到深化。杜威1929年发表的《确定性的寻求》[*The Quest of Certainty*]，是他自己的实用主义的经典声明，是20世纪20年代那些社会科学家的信条的哲学版本，也是对美国人的一种决心的强有力重申，这就是与历史时代的不确定性斗争到底。

1910年，杜威宣布，这个世界是一个永续不停地变迁着的世界。但如今比变迁本身更让杜威感到吃惊的是，美国人至今还没有接受这种变迁，他们仍在求助于那些古代策略，在变化着的自

---

[30] Harace M. Kallen, "Political Science as Psychology," *APSR*, 17 (May 1923): 81-203; Geoge H. Sabine, "The Pagmatic Approach to Politics," *APSR*, 24 (November 1930): 865-85; John Dewey, "Philosophy," in *Research in the Social Sciences: Its Foundamental Methods and Objectives*, ed. Wilson Gee (New York: Macmillan, 1929), 特别是第254、256、262—265页。

然世界中寻求永恒的、普遍的和完善的真理。他说，生活在充满不确定性的时代所面临的危险，是人类状况的核心问题，这个问题驱使所有西方思想去寻求确定性。他建议开展一场"哥白尼革命，让大家在变迁中寻求安全，而不是在对不变的依恋中寻求确定性"。对杜威而言，"变迁中的安全"只能来自对实用主义心智的使用，也就是说要通过探寻，通过科学方法，最终通过"让方法居于至高无上的地位"，才安全。相应地，方法的力量也就是行动的力量："行动是一种手段，一种解决困境的手段。这是科学方法的净产出。"杜威站在历史世界中的一个特定位置上，这就是我们很熟悉的美国式位置。尽管它寻求的是安全而不是确定性，他强调的仍然是用行动的力量——笔者可以把它称为 *virtù*［德性］吗？——来应对历史时代的不确定性。因为杜威总是把智识想象为历史中的行动，想象成对永不止息的时间之流的干预。科学方法作为实用主义中的行动，类似于共和主义传统中的"德性"，是杜威针对历史的无序性的伟大武器。[31]

杜威保留了美国人对安全问题的那种具有民族特色的见解。当前的问题是"语气、信念和目标等方面的混乱，而正是这些方面构成了当下生活的特点"。杜威最希望社会科学方法带来的，是人们能在价值判断的基础方面达成普遍一致："获得了这种一致，也就意味着，在揭示自身思想运动的意识方面，现代生活已经达

---

[31] John Dewey, *The Quest for Certainty*（1929），LW, 4: 245, 195. 早期这样的例子，见 Dewey, "Moral Theory and Practice"（1891），*EW*, 3: 109. 参见 Rexford G. Tugwell, "Experimental Economics," in *The Trend of Economics*, 421: "我们的文明……可能会出现滑坡或者倒退，像亚述、埃及或者罗马一样变成废墟，像一片树叶一样从时间之树上坠落下来，腐烂在泥土之中。有这种可能。但我们也可以用不同的隐喻来想象自己，不是作为时间之树上的一片叶子，而是作为一种历史力量，一种能对时间、空间和人类自身产生作用的力量。我们可以掌握自己的命运。"

到了成熟。"此时，美国的未来就是现代性，在一个有机的自由社会的和谐一致中，现代性就得到了实现。杜威的政治立场随着社会民主潮流而缓慢左移，到了 20 世纪 30 年代，他扩大了自己的范畴，把民主社会主义也包括进来了，但他的发言仍然没有超出美国例外论的话语范围。由于历史主义对他的影响要比对绝大多数其他人来得深，所以，他是在例外论话语的最深刻层次上感受到这个问题的，而且他也在这个层次上解决了这个问题。其他社会科学家能够遵循着他们的历史焦虑感、他们学科话语的内在逻辑，以及他们职业生活的压力，走向一个目标，它不像杜威的那么深刻，但性质却是一样的。[32]

二　经济学中的制度主义和新古典主义

罗伯特·霍克西和韦斯利·米切尔开创的制度主义经济学，成为 20 世纪 20 年代和 20 世纪 30 年代早期美国经济学的显著特征。制度主义进入了新古典主义范式已经获得支配地位的学科，而新古典主义再次经受住了挑战。到了 20 世纪 20 年代末，制度主义的攻击已经失去了力量，它由于自己对市场和实证科学的忠诚而被削弱了。而且，新古典范式已经在职业结构中扎下根，获得了重重保护。它不仅为美国人提供了逃离历史的空间，不仅通过市场向美国人提供了自由社会的承诺，而且还为现实主义和自由主义变革提供了一定空间。只要那些批判的冲动还属于自由主义和新式自由主义的美国例外论范围，它们就都能被吸收进新古典主

---

[32] Dewey, *The Quest for Certainty*, 248-50.

义，而与从前的历史主义反叛如出一辙。

新古典主义的轨道

我们可以简要地考察三位经济学家，他们与米切尔一样，都出生于19世纪70年代中期，并分享着他们的同时代人的很多关切，但他们选择了新古典主义而不是制度主义作为自己的效忠对象。当阿尔文·约翰逊来到哥伦比亚的时候，他发现，约翰·贝茨·克拉克完全反对约翰·伯吉斯和富兰克林·吉丁斯的种族态度，他还被克拉克那种关于资本主义进步的伦理化和普遍主义观点吸引了。约翰逊说，恰恰由于资本主义将人类生活从属于经济计算，它才轻松地胜过了"民族的、种族的和宗教的偏见"，创造出"宽容、自由和博爱"。资本主义现在可能确实是"物质的、粗鄙的和丑陋的"，但它仍处于早期阶段。它"解放人性"的进程才刚刚开始。这种自由主义自发运动的方向是"更加多样而丰富的美"，更多的个人自由和宽容，还有更大的普遍性。与克拉克一样，他承认："在革命的圣三一*中，只有平等还处在视线之外。"但即使是平等在将来也是可能的。[33]

约翰逊在1909年写了一篇边际主义论文，根据约瑟夫·多尔夫曼的说法，这篇文章"把边际主义的统治性信条呈现得如此之好，以至于教师们抱怨没有留下任何余地可供课堂讨论"。但与此

---

* 指的是法国大革命的口号"自由、平等、博爱"。——译者注

[33] Alvin S. Johnson, *Pioneer's Progress* (New York: Viking, 1952), 41, 48, 122-3, 255, 232; 同作者, "The Soul of Capitalism," *The Unpopular Review*, 1 (April-June 1914): 233, 240, 242-3. 关于约翰逊所提倡的多元主义的世界主义，见 David A. Hollinger, "Ethnic Diversity, Cosmopolitanism and the Emergence of the American Liberal Intelligentsia," *American Quarterly*, 27 (May 1975): 133-51.

同时，约翰逊并没有抛弃自己作为一个平民主义者的同情心。他变成了一个热忱的罗斯福进步主义分子和一个热忱的反社会主义者。在法律体系与经济体系的历史联结点上，在市场的不完善运转中，他找到了充分的根据，来支持政府规制和一些福利举措，与此同时却并不动摇竞争这个基本机制，不危及作为支持市场体系运转的基本结构的不平等。通过市场对收入进行分配，体现了"趋向于公平"的原则，而它的缺陷是可以纠正的。

正如约翰逊的经验所表明的，新古典范式为进步主义改革提供了更大的空间，而且它的普遍性承诺对少数族裔的美国人的向上流动有很大吸引力。不过，与他的那些同时代人一样，约翰逊希望影响大众心智，他在纽约的都市知识分子圈中发现了能够推广其观念的市场。他1914年写的对资本主义的颂歌引起了《新共和》[New Republic] 杂志的赫伯特·克罗利的注意，这样，他开始从经济学转向新闻界，并加盟了社会研究新学院。[34]

阿林·扬的情况与约翰逊形成对比，他是一个更典型的职业经济学家。拥有古老的新英格兰血统、学业骄人的他来到哈佛，并于20世纪20年代在伦敦政治经济学院短暂逗留。扬跟随理查德·伊利完成博士论文，而且是伊利那本著名的大学教程的主要修改者，这本教材是整个"二战"期间主要的经济学教材。和他那个时代的许多人一样，他希望经济学向现实主义方向发展。他在第一篇主要论文里提出，经济学里的一般均衡理论已经很多了，应该转而研究"定价过程"。弗兰克·费特和欧文·费雪的系统化架构太抽象、太脱离实际。理论不应该"试图发展太一般、太抽

---

[34] Dorfman, *Economic Mind*, 3: 421; Alvin S. Johnson, *Introduction to Economics* (Boston: D. C. Heath, 1909), 9-10, 378-80; Johnson, *Pioneer's Progress*, 14, 218, 232.

象的概念，以至于整个经济进程可以被看作一种相对简单的、相互作用的机制形成的体系"[35]。

但是，扬把现实主义看作新古典主义的一个附属品，而不是它的替代品。他急于让自己与凡勃伦和米切尔对抽象理论的批评划清界限。在1911年写给米切尔的信中他说，由于伊利的文本已经奠定了自己的地位，所以他希望"尽可能以各种方式改进它"，但"如果由他来写"，他不会写这样的书。作为统计方法的大师，他相信"价格形成过程"的统计研究必须加入进来，并与新古典理论相衔接，它将使理论得到提炼和延伸，而不是替代理论。"目标应该是这样的……理论的构造应该就像一件柔顺的衣服，能够适合经济生活中多样而复杂的现实，这件衣服应该尽可能地贴身，达到这样的标准：理论所导出的结论既具有一般性也具备有用性。"在研究方法上，扬采取了中间派立场，在政治方面，他也想如法炮制。他曾对庇古[A. C. Pigou]提出过一个有影响力的批评，因为庇古放弃了竞争的观念。他说，传统理论在竞争和产出最大化之间形成的关联是没有问题的。但另一方面，他又认为，在进步主义的范围内，对市场进行规制是可取的。[36]

托马斯·亚当斯是伊利文本的第二个修订者，他接近主流经济学的途径与前两者又有所不同。亚当斯是从经济专家开始干的，

---

[35] Frank W. Taussig, "Allyn Abbott Young," *DAB*, 10, 69-20; Joseph A. Schumpeter, "Allyn Abbott Young," *Encyclopaedia of the Social Sciences*, 1930 ed., 5: 514-15; Allyn A. Young, "Some Limitations of the Value Concept," *QJE*, 25 (May 191): 418-19, 424; 同作者, "Pigou's *Wealth and Welfare*," *QJE*, 27 (August 1913): 686.

[36] Young, "Some Limitations," 411; Allyn A. Young to Wesley Clair Mitchell, December 8, 1911, Mitchell Papers; Young, "Pigou's *Wealth and Welfare*," 683, 686.

那时他在美国人口调查局和波多黎各工作,之后才在约翰·霍普金斯大学拿到博士学位。在来到威斯康星大学之后,他调查了劳工问题,并开始越来越多地关注税收问题。1916 年到耶鲁任职之后,亚当斯成为美国财政部的首席税收顾问,他在这个职位上一直干到战后几年,是联邦所得税的设计师,也是"大卫·韦尔斯的合适继承者"。亚当斯推动了现实主义取向,并在政策专家的特殊领域内引入了改革。这些领域与新古典理论有附带性的联系,不过更重要的是,它们有专门化的、在某种程度上自足的知识和原则的体系。在这个实务专家的世界中,只有通过政治世界中进行谈判的技巧,以及对事物复杂性的敏感,才能取得成功,熟练掌握理论其实没有太大用处。然而,新古典经济理论的一般训练已经成为职业认证和职业社会化的一部分,它能提供共同的语言和思考风格,以便把这些实务专家松散地圈括在新古典的地盘之内。同样,它能容忍的政治立场差异也很大,既包括自由主义,也包括新自由主义,这样,多种多样的专家职位都能被囊括在内。大量实务经济学家遵循着专门化的离散趋势,但却并不必然脱离新古典主义范式的轨道。[37]

制度主义的挑战和没落

但是,一批人数可观的经济学家威胁着要脱离新古典主义的轨道。当初,米切尔研究货币经济的侧重点与新古典主义不同,他

---

[37] 关于亚当斯见 "Special Revolutions," *AER*, 24, Suppl. (March 1934): 213-4; "Tommy Adams," *Saturday Evening Post*, June 3, 1933, p. 20; 以及 W. Elliot Brownlee, "Economists and the Formation of the Modern Tax System in the United States: The World War I Crisis," in *The State and Economic Knowledge*, *The American and British Experience*, ed. Marry O. Furner and Barry E. Supple (Cambridge University Press, 1990)。引文来自 "Tommy Adams"。

在 1916 年比较谦逊地将自己的研究定义为与新古典主义的合作性努力；但到了战事结束时，更年轻的异议分子直接宣布他们的研究是"制度主义的"经济学，它能够为经济学奠定一个新的理论基础。首先发起攻击的是沃尔顿·汉密尔顿，他跟他的那些先驱者一样著名：亨利·亚当斯、查尔斯·库利、凡勃伦和米切尔。汉密尔顿曾在芝加哥跟霍克西做过几年同事，他开始崇拜霍克西的"发生学方法"[genetic method]。汉密尔顿宣称，对经济制度的发生学研究"就是"经济理论。塔克韦尔更是一个狂热分子，他也呼吁建立一个新的、实验的、归纳的和历史的经济科学。[38]

年轻群体中最值得关注的那些人要稳重得多。约翰·莫里斯·克拉克是在他卓越父亲的养育和教导下成长的。当他进入职业生涯的时候，他也加入了呼唤"事实"和动态理论的新兴潮流，但他从不曾期望去攻击核心的边际理论，因为他的父亲为这个理论的构建付出了艰辛的努力。当汉密尔顿在 1919 年开始他的制度主义挑战的时候，约翰·莫里斯·克拉克拒绝承认，制度主义者试图抛弃静态分析的学说。他自己只是修正了它们的前提，以便让它们能够扩展，从而与他父亲 1885 年出版的《财富的哲学》取得一致。克拉克总是返回他父亲生涯中的那场伦理和历史运动寻求灵感。[39]但即使是他，也难免被那场运动的革命性修辞所俘获，开始表现出与新古典主义的范式性区别，并在他的主要制度主义作品，即 1923 年发表的对间接成本的研究中，宣称他在为经济学

---

[38] Walton H. Hamilton, "The Institutional Approach to Economic Theory," *AER*, 9, Suppl.(March 1919): 318, 309; Tugwell, "Experimental Economics."

[39] J. M. Clark, "Review of A. C. Pigou, Wealth and Welfare," *AER*, 3 (September 1913): 623-5; 同作者, "Davenport's Eccnomics," *PSQ*, 29 (June 1914): 322。关于克拉克，见 Joseph Dorfman, *Economic Mind*, 5：438-63。

的新基础做奠基工作。[40]

在这个时候,米切尔在非正式场合也说着同样的话,当他1924年在美国经济学协会主席就职典礼上发表演讲时,他清晰地提出,他希望行为主义观点、统计学和制度主义研究合在一起,能够创生出全新的经济科学。作为美国统计学会的主席,他更加直白,把他的信仰首先放在统计方法上。[41]

由于现实主义和新式自由派理想主义无法被新古典实践完全容纳,所以它们流溢出来,给制度主义抱负添油加醋。经济理论无力引导真正的社会民主,制度主义者们对此感到不耐烦,他们汇聚起战争年代积累下来的希望和不满,以此来呼吁一门新的经济科学的产生。战争及其后遗症加重了历史变迁的问题,这个问题早在战前就出现了。跟霍克西一样,汉密尔顿相信,一个处在"永续不断的变幻"中的社会,需要用历史方法才能创出它所需要的经济学。塔克韦尔曾用他从帕滕那里学来的历史术语开展过分析,如今他全盘抛弃了这些分析,只保留了一点,即不断加速的工业化力量早已创造出了一个新世界。米切尔说,第一次世界大战已经把历史变迁的问题带到了人们面前:"即使在反动力量回潮的那些日子里,我们也无法恢复那种隐含的信念,认为战前的制度是稳固的……生活在如此的不确定之中的我们,无法满意于一种'静态'的经济理论。"

---

[40] J. M. Clark, "Soundings in Non-Euclidian Economics," *AER*, 11, Suppl. (March 1921): 132-43; 同作者, "Studies in the Economics of Overhead Costs," (Chicago: University of Chicago Press, 1923), ix-x。

[41] Wesley Clair Mitchell, "Prospects of Ecics," Notes, March 24, 1920, Mitchell Papers; 同作者, "The Prospect of Economics" (1924), in *The Backward Art of Spending Money, and Other Essays* (New York: McGraw Hill, 1937), 342-85; 同作者, "Quantitative Analysis in the Economic Theory" (1925), in *Backward Art*, 20-37。

相应地，历史的不确定性要求实行控制。汉密尔顿说，他之所以转向制度主义，因为他需要"一门与控制问题有关的经济学"。米切尔重复道，制度是"对行为的控制中的可变因素"。而控制又相应地意味着科学。克拉克说："整个现代运动可以被解释为对更加科学的程序的需要。"克拉克通过不严格地使用实用主义，论证了一种宽泛的科学概念，这样的科学概念是新古典主义不能承认的。克拉克说，经济跟自然科学的研究对象不同，它会随着时间而不断变化，所以一致性和精确性是不可能的。"在这种情况下，实用主义哲学自然成了备受困扰的经济学家的选择。"我们不能仅仅因为有些证据无法精确化，就把它们排除在外。包容性 [comprehensiveness] 才是科学的恰当标准。[42]

如果说历史不停息的变迁要求产生一门新科学的话，它也需要新的社会民主。在新式自由主义政治的左翼，制度主义阵营一般是心怀不满的新教徒，不管是由于出身，还是因为学术师承或者因为他们属于新移民的族群。他们希望，有更有创造性和更彻底的方式，来按照普遍社会福利的要求重组市场。新古典主义者从根本上太满足于市场的运作，满足于它那种长期改善的趋向，太宠爱市场的运作，不让历史的、族群的和民主的考虑介入进来，以便为了公共利益而对市场进行调控。所以，需要有一种关于社会历史经济学的真正理论来对冲 [counterweight] 市场理论。

为达到这个目的，制度主义者们重申了社会控制的逻辑。[43]

---

[42] Mitchell, "The Prospects of Economics," 33-5; Hamilton, "Institutional Approach to Economics," 313; Mitchell, "Prospects of Ecics," 6; J. M. Clark, "Recent Development in Economics," 221-2, 235.

[43] 例如, Rexford G. Tugwell, "The Economic Basis for Business Regulation," *AER*, 11 (December 921): 643-58。

这个逻辑已经被重复了二十多年，新古典主义者相信自己已经接受了它。但新古典主义者是把它作为新古典理论的限制条件来接受的，它被当成了满足市场本身需要的次级考虑。制度主义者在有些地方鼓吹破除阻碍竞争的垄断壁垒，此时他们也感觉到，如果没有历史理论来支撑他们开出的药方，来把对市场的需要相对化，他们就永远无法抗衡新古典模型所具有的权威性，无法破除它对既有资本主义实践的正当化。

通过建构一个新的经济科学来争取社会民主的努力产生出一种奇怪的混合，让言辞上的激进主义和行动上的谨小慎微结合到了一起。塔克韦尔说制度主义能够重塑世界，前提是变迁速度要"足够缓慢"。制度主义者对新自由主义的信心达到了炉火纯青的地步，以至于他们能从世界本来的样子出发得出有效的结果。作为实用主义的实验主义者，他们既不信任社会主义者和凡勃伦理论中的不中立态度，也不信任新古典主义。他们那种不温不火的态度，极大程度上是由他们自己对市场的信心造成的。工业化造成的生活水平在长时段上的提高，20 年代的相对繁荣，改革的开始，这些不仅对新古典主义的支持者们有影响，同样也对他们有影响。[44]

制度主义者在如何向前推进的问题上并没有达成一致；他们还没有构建起他们想要的统一范式。20 世纪 20 年代中，制度主义实践的两个主要范式分别是米切尔和 J. M. 克拉克提供的。正如我们已经看到的，米切尔相信，只要广泛地研究经济行为，就能产生出一种新的、经验性的和动态性的理论。在实践中，他继续用

---

[44] Tugwell, "Experimental Economics," 31; Wesley Clair Mitchell, "Is Capitalism Decaying?" *New York Evening Post*, April 7, 923, sec. 3, pp. 577-8.

统计方式刻画货币经济中的经济过程,主要是沿着他1913年开辟的道路来研究商业周期。作为国家经济研究局和总统经济趋势委员会的主任,他组织了一个广泛的统计研究计划。米切尔的《商业周期》一书在修订时不断扩充,但一直没有最后完成。他把统计经济的分析工具发展得越完善,就越感到问题的复杂性、数据的不充分性,以及对更广泛的研究的需要。[45]

在另一方面,克拉克对定性分析更感兴趣。他在给米切尔的信中写道:"我不像你那么喜欢归纳,而且我根本不是……一个行为主义者。"他著作的主要意图在于,使用新古典经济理论本身来确定"在市场价值和社会价值之间存在的分野,界定这种社会价值,要有更广泛的视野",其实,J. 霍布森和庇古已经开始了这项工作。他最重要的贡献在于把分析聚焦于"无法占有的"物品或者说外部性[externalities]之上,这些"成本和服务没有得到充分补偿,因为我们的法律体系还没有,或者说不可能像对待私有财产那样,设定权利来保护它们"。

克拉克通过扩展间接成本[overhead cost]概念来处理这个问题。间接成本是闲置产能的成本,是大型企业高比例固定成本投资,以及不可预测的市场波动的产物。间接成本的重新分配能够缓和剧烈的竞争,并由此熨平商业周期,抑制不公平竞争。他最有影响的建议——当他1920年在美国经济学协会上提出来时,得到了一致"喝彩"——是,把劳动也作为一项间接成本,因为"劳动者的健康和工作能力……必须有人承担,不管这个劳动者参不参加工作"。在工资协议中,现在承担间接成本的是劳动者自己,

---

[45] 关于米切尔在20世纪20—30年代的生涯,见 Burns, "Introductory Sketch," 以及 Dorfman, *Economic Mind*, 4: 360-77。

但更"科学"的做法是由雇主来承担,比如实行年薪制,因为这样雇主们就有动力来保持稳定就业,正如现在不得不负担工伤补偿的情况下,他们开始努力减少事故一样。在这里,跟在所有其他地方一样,克拉克所做的是,把社会价值重新定义为市场价值,这样它们就能够被植入新古典主义的框架。[46]

20世纪20年代中期发生的制度主义活动小风潮激起了主流经济学的反击。美国经济学协会上频频上演这样的剧情:制度主义者宣读论文,然后新古典派加以攻击,或者反过来新古典派的论文被制度主义者攻击:这种情况类似于当年历史主义经济学的挑战。塔克韦尔在1924年曾发表了一整卷制度主义的论文,并在其中包含了弗兰克·奈特[Frank Knight](我们很快就要讨论到他)对制度主义的批评文章。阿林·扬在评论塔克韦尔的这卷论文的时候,用他那种令人生畏的力量攻击了包括奈特在内的每一位作者,但他攻击的主旨是消解不能被新古典框架容纳的所有内容。他把米切尔跟凡勃伦放在一起,认为米切尔不应该想要搞出点区别于新古典经济学的东西。米切尔的实质性研究"非常好地处在已建立的经济学知识框架内,并丰富了这个框架……它的假设、它的思考模式,对经济学家们来说是再熟悉不过了"。他是受到了凡勃伦的蛊惑,才自认为是在干不同的事情。[47]

---

[46] J. M. Clark to Wesley Clair Mitchell, April 21, 1927, Mitchell Papers; J. M. Clark, "Economic Theory in an Era of Social Readjustment," *AER*, 9, Suppl. (March 1919): 286-90; 同作者, *Overhead Costs*, 15-16; Dorfman, *Economic Mind*, 5: 453。见 A. C. Pigou, *Wealth and Welfare*(London: Macmillan, 1912); J. A. Hobson, *Work and Wealth: A Human Valuation*(New York: Macmillan, 1914)。

[47] Allyn A. Young, "The Trend of Economics, as Seen by Some American Economics"(1925), in *Economic Problems*, 232-60, 特别是第 250—251、259—260 页。

转折发生在 1927 年。在美国经济学协会的八位杰出经济学家和统计学家参加的圆桌会议上（米切尔也在内），发生了关于统计学在经济学中的地位的辩论，米切尔的所有七个同事都反对他的立场，认为统计学提供了有用的经验工具和分析工具，但并不能重塑理论。雅各布·维纳指责他，说他重开德国六十年前关于历史经济学的毁灭性争论。人们认为米切尔在会议上收回了成见，但实际上他收回的只是他的战斗倾向。他事后宣称，他所说的与他三年来一直在说的没有什么两样。他至多也只是更简短地说道，定量工作和定性工作是相互关联的，而定性工作将会持续下去。如果我们还记得，米切尔认为，新古典经济学的概括化是对现实生活的恰当简化，因为货币经济鼓励理性的获利行为，那么，我们就能看到，他为什么可能认为新古典主义的概括化能够应用于实际研究之中，尽管它将很快被更精确的经验概括所超越。他还是回到了一种调和策略，后悔自己不该在方法上挑起冲突，并说"我们有许多任务要去完成"。米切尔继续做他一直在做的事情，并且也继续他自己的那套说法，不过他大体上远离了争议，再也没有像 20 世纪 20 年代中期那样高调宣扬自己的工作纲领。自此以后，他将依赖于长期战略，他的方法使他在任何情况下都忠于这个战略，即从内部实现突破。[48]

同一年，克拉克也抛弃了他著作中的任何异端要素。他曾一直在为边际理论的有效性辩护，现在他开始强调，他坚守着让边际理论成为经济理论核心的共识。当政府"冒犯经济法则"时，需要新古典经济理论来揭示真相。凡勃伦对利润和服

---

[48] Wesley Clair Mitchell, "Present Status and Future Prospects of Quantitative Economics," *AER*, 18, Supp. (March 1928): 28-45; 同作者, "Remarks from the Floor," December 27, 1927, Mitchell Papers。

务之间的对立的强调，是在鼓励阶级冲突，并因而是反生产的〔counterproductive〕。

　　有一件事情可以很有把握地预测到："老经济学"并不会完全消失。这是由它在教学上的致密性、逻辑上的一贯性和实用性，以及它所包含的大量实用主义真理所决定的。它可以在一本学术教程的篇幅内呈现出来，而动态的或者历史的经济学则做不到这一点。一个没有掌握广泛事实的人，只要他懂逻辑，就能利用它。而且，在一个个体主义化的体系中，它对合作效率因素的分析仍然十分有用，只要这个体系还在运转，只要"红色"激进主义或者现代重商主义这些更坏的前景仍在威胁着我们。

克拉克正在澄清，他的制度主义的推进，并没有挑战在政治、专业和知识等方面的主流共识，即新古典经济学。[49]

　　米切尔和 J. M. 克拉克的公开保证，让这两位最杰出的经济学家从制度主义争辩的前沿退了下来，但并没有阻止更年轻的经济学家继续发言，而对这项运动的批评也持续了下去。扬发表了一个"抗议，反对方法论教派之间毫无成效的争吵，反对他们的不宽容，反对他们假装排他性地占有了唯一正确的观点和唯一有效的方法"。他呼吁宽容，尽管是在古典的意义上使用这个词的。"尽管描述性的遗传学风头正劲，但数理物理学并没有向它让出自己作为完善的、终极的科学的地位。"在美国经济学协会 1932 年年会上，人们又开始就制度主义展开辩论，但此时批判的语气显

---

〔49〕 J. M. Clark, "Recent Developments in Economics," 232, 270-1, 305-6.

得更加不耐烦。保罗·霍曼［Paul Homan］曾在1928年批判过制度主义，当时还带着同情，但到了1932年，他已经受够了。在他看来，毫无疑问，制度主义确实激发了对系统理论的有益修正，但他们的工作无法与其他经济学家的工作区分开来。这个学派其实是一个"思想上的虚构"，主要是由左翼政治出于对计划的需要而推动的。"我们将不再会继续跟着吵下去了，也无此必要，因为结果马上会水落石出。"〔50〕

正如辩论已经暗示的那样，制度主义者感到了来自专业上的沉重压力。公开的冲突不仅困扰了扬和霍曼，也困扰了J. M. 克拉克，他在1927年对正统理论的辩护中惋惜道，"一场真正的喧哗出现了"，每一种声音都提供了一个不同的纲领。当然，克拉克也有强有力的理由来为自己对镀金时代的感情辩护。在1926年给米切尔的信中，他说："我记得你提起过我父亲的态度：无论我做什么，他都会用他的体系来分析。我希望我所做的任何事都不要违背他的态度：而只要我的工作是建设性的，那么就不会违背他。"〔51〕

专业上的友谊虽然不像亲情那么强大，也能导致温和的态度。米切尔和扬带着他们之间的差异在一起工作。扬在米切尔的经济研究局委员会当差，他们通过手稿交换工作。在米切尔的建议下，扬缓和了他对凡勃伦的批判。另一方面，扬继续自己对米切尔那

---

〔50〕 Allyn A. Young, "Economics," in *Research in the Social Sciences*, 63, 60; Paul T. Homan, *Contemporary Economic Thought* (New York: Harper, 1928); Paul Y. Homan, "An Appraisal of Institutional Economics," *AER*, 22 (March 1932): 10-17; "Round Table Conferences: Institutional Economics," 同上引期刊, Suppl. 105-16。

〔51〕 J. M. Clark, "Recent Developments in Economics," 220, 258; J. M. Clark to Wesley Clair Mitchell, April 8, 1926, Mitchell Papers.

种独特语汇的批评:

> 我不喜欢最近国家经济研究局刊物上你写的那一章,因为它混杂了历史哲学在其中,我不喜欢这种历史哲学,而且认为,经济学是进行严格科学分析的领域,把历史哲学混入其中,这是不对[wrong]的(但我无法证明它是不对的——没人能证明)。我不喜欢你的优生学,不喜欢你的"工业革命",不喜欢你的"累积性变迁",但我喜欢你的数据!

米切尔坚持这些,但在贯彻他的主张方面,他如今已经非常谨慎。[52]

制度主义者也感受到了政治压力。汉密尔顿在1924年被任命为布鲁金斯研究所[Brookings Graduate School]的主任,这个机构与政府研究所[Government Research]一前一后在华盛顿成立。在三年的时间里,他使这个研究所成为以制度主义视角进行跨学科教育的中心。他还准备了一份关于烟煤产业的研究报告,建议对这个产业实施实质国有化[virtual nationalization]。来自煤炭公司和政研所的保守派政治学家联合起来施压,把汉密尔顿扳倒,还一并消灭了他的研究所。新的布鲁金斯研究所被交到温和保守派的新古典经济学家手中,而汉密尔顿则加入了耶鲁法学院。[53]

---

[52] Ally A. Young to Wesley Clair Mitchell, June 22, 1927, February 27, 1929, Mitchell Papers. 扬似乎指的是米切尔《近期经济变迁》中最后总结那一章的草稿。米切尔在其中持一种优生学观点,认为十年来生活水平的提高是家庭中小孩数量减少了的结果,即以人的再生产为代价换取消费。

[53] Donald T. Critchlow, *The Brookings Institution, 1916-1952* (Dekalb: Northern Illinois University Press, 1985), 63, 75-81.

有时候，施加在制度主义者身上的政治压力与专业压力紧密交织，难以分辨，克拉克为正统理论所做的辩护就表明了这一点。事情发生在1927年，对许多知识分子而言，这一年标志着政治激进主义和政治冲突的回归。[54] 毫无疑问，曾困扰着克拉克的"'红色'激进主义"的幽灵又被萨柯-万泽蒂事件*重新激起，而麦克纳瑞-霍根农业关税壁垒**则很可能就是"现代重商主义"，它是在没有分享到20年代繁荣的农场主发动下形成的。这些国内事件造成这样一种危险：欧洲那种阴沉的激进主义和经济民族主义会侵入美国。政治因素当然有助于为制度主义冲动增添力量，但它在维护既有秩序方面则助力更甚。

制度主义的衰落是其内部虚弱和外部压力的共同结果。美国制度主义最引人注目的特征在于，整体上来说，它并不研究制度。米切尔、克拉克和其他一些人一般都列举马克思、桑巴特、凡勃伦和韦布夫妇的著作，把它们作为制度主义旗下的一种研究，但他们自己却从不从事这种研究。由于他们认为历史方法不科学，并且只关注货币制度，所以他们缺乏完全进入相对历史化立场的政治意愿和理智欲望。正如我们已经看到的那样，米切尔越来越陷入这样一种研究，即在科学的名义下，对货币经济中行为的总体进行统计分析。他的工作成果被新古典经济学攫取了，因为它

---

[54] Malcolm Cowley, *Exile's Return* (New York: Viking, 1951), 28-21.

* 这两个人都是意大利移民工人，因被指控杀人，于1921年遭逮捕定罪，1927年被判处死刑，此事引起世界各地的抗议。——译者注

** 即Mcnary-Haugen Bill（原文误作Mcnary-Haugan），在20世纪20年代农业萧条的情况下，该法案建议，在内销的农产品与出口的农产品之间做出区分，内销的农产品按照世界价格加上关税的价格出售，而出口的农产品则按世界价格出售，内销的农产品所获多余收益则以某种方式在两类农场主之间平分。这项立法分别于1927年和1928年在国会两院通过。——译者注

提供了对市场运行的现实分析，这些东西能够修正、扩展理论的抽象概括，并让这些概括得到实际应用。

克拉克的制度主义直接为新古典主义提供了扩展和修正，但他对新古典逻辑的扩展，能够潜在地削弱既有资本主义实践的主要特征，比如我们前面提到过的他的将劳动当成间接成本的建议。推动更激进的制度主义主张的年轻经济学家把他的著作高举为"真正的逻辑反叛"。但是，正如一个制度主义者遗憾地指出的："他的立场与直接成本经济学之间存在着重要的差别，但这个问题目前只是隐含着的，还没有明确勾勒出来。"所以不难理解，一个正统的评论者会"完全镇定地阅读这本书"，并得出结论说它不过成功地"纠正了正统信条的一些枝节问题"。克拉克实际上并没有在他的著作中透露激进主义的意涵。由于越来越猜疑劳工，他开始越来越多地保护市场特权。[55] 米切尔和克拉克无法从内部颠覆市场范式，因为市场及其价值早已破坏了他们自己的话语。

尽管如此，制度主义还是在新古典主流之外留下了遗产，它保留了挑战正统理论和方法的能力。克拉克将外部性带入市场分析之中的努力，在当下的环保主义时代中获得了新生。米切尔在国家经济研究局建立的描述性统计分析传统一直活跃地存留了下来，并作为经验主义而与演绎理论鼎足而立。在20世纪二三十年代，约翰·康芒斯发展出一种唯意志［voluntaristic］式的制度主义，它以政治的和经济的"议价"［bargain］为中心。这种理论时断时续地引起了人们的兴趣，尽管它在那个时代的社会民主党那里没能引起什么共鸣。更重要的是，凡勃伦的著作，特别

---

［55］ Morris A. Coeland, "Review of J. M. Clark, Studies in the Economics of Overhead Costs," *PSQ*, 40 (June 1925): 299; C. Addison Hickman, *J. M. Clark* (New York: Columbia University Press, 1975).

是其中对缺席所有者［absentee ownership］的分析，以及在赚钱［making money］和生产货物［making goods］之间所做的区分，仍然是分析商业制度的洞察力来源，也一直刺激着经济学中的社会民主冲动。[56]

但是，制度主义作为一种运动，不幸成为大萧条和凯恩斯主义的牺牲品。因为尽管他们自封为通晓历史变迁的专家，却无力提出对大萧条的更好理解，不能把他们的新古典主义同事们比下去，这确实是一个严重缺陷。特别是米切尔，他与其他人一样，都预测经济将在一到两年内实现自我调整，事实证明了他的不智，这迫使他更深地陷入经验研究的计划之中。[57]一个更强有力、更货真价实的历史的制度主义经济学能不能做得更好，这很难说。制度主义者与其他的左翼-自由主义经济学家一同被拉入凯恩斯主义对新古典主义的改革之中。

通过分析经济整体的收入和支出的总体范畴，并加上边际主义的分析技术，凯恩斯表明，经济能够在低于充分就业的情况下保持稳定。为了让市场在充分就业的情况下运转，就需要政府的干预来规制和提供投资。由此，凯恩斯主义经济学——通过扩展新古典技

---

[56] 西蒙·库兹涅茨向米切尔的纲领中加入了欧洲传统的历史主义，所以他很可能代表了国家经济研究局传统中最具经验能力和历史能力的例子，见 Kuznets, *Economic Development, the Family, and Income Distribution: Selected Essays* (Cambridge University Press, 1989), 特别是 Richard Easterlin 所作的"前言"和 Robert W. Fogel 所作的"后记"。对康芒斯的制度主义的最好研究是 Neil W. Chamberlain, "The Institutional Economics of Commons," in Joseph Dorfman et al., *Institutional Economics: Veblen, Commons, and Mitchell Reconsidered* (Berkeley: University of California Press, 1963), 68-91. 关于所有制度主义经济学家的一个非常出色的文献，见 David Seckler, *Thorstein Veblen and the Institutionalist: A Study in the Social Philosophy of Economics* (Boulder: Colorado Associated University Press, 1975).

[57] Dorfman, *Economic Mind*, 5: 266-9.

术本身——就证实了制度主义的主张,即市场并不是一个最优自发均衡化的过程,为了达到社会民主的目标,政府干预是必需的。凯恩斯主义对总收入和总支出的分析同时也把新古典主义重组为两部分,一部分是对国民经济整体的宏观经济分析,另一部分则是边际主义微观经济学。制度主义已经为凯恩斯的政府式解决方案铺设了道路,也为宏观经济学基础的奠定提供了统计信息。相应地,凯恩斯式的宏观经济学也向新古典范式中植入了新式自由主义公共目标,这些目标已经被证明能够与最优市场运转兼容,而且也是这种运转所必需的。这些公共目标包括:为了保证公平竞争而实施的政府管制、一个福利安全网和对市场的财政刺激。[58]

一个经济学家沮丧地说,凯恩斯"承诺了一些无法拒绝的东西:在不使我们的制度发生严重混乱的情况下,实现充分就业和高水平消费"。他之所以沮丧,是因为民主仍然从属于市场的要求、逻辑和前提。[59] 而且,美国的凯恩斯式的新古典主义,与英国那种受马克思主义影响的凯恩斯主义不同,在宏观经济学中植入了均衡的概念,这使它更加远离历史的事件性 [exigencies]。随着时间的推移,微观经济学的核心理论已经变得越来越厚实 [massive],越来越数量化,而且其非历史的概念世界对宏观经济学的支配也越来越多。在这种学科氛围中,历史只能偶尔出现。然而,正如制度主义者最初所意识到的,倘若没有以历史为根基的理论的平衡作用,经济生活中那些历史的和制度的面向,以及

---

[58] 关于凯恩斯主义对新古典主义的修正,见 Phyllis Deane, *The Evolution of Economic Ideas* (Cambridge University Press, 1978), chap. 12。

[59] John S. Gambs, *Beyond Supply and Demand: A Reappraisal of Institutional Economics* (New York: Columbia University Press, 1946), 3.

它们的价值,都会变得脆弱而虚幻。[60]

弗兰克·奈特与背离历史的最后一步

我们一直在讲一个故事,叙述历史意识在经济学中是如何不断减弱的,而讲述这个故事的结局,要回到20世纪20年代。在这个时代的新古典经济学家中,弗兰克·奈特是最为强有力的理论家。奈特出生于伊利诺伊的乡村,在一个虔诚的家庭中长大,接受的正规教育也不怎么完整。他从19世纪走来的旅程,不像他同时代的那些移居城市的人,而是更像西蒙·帕滕。与帕滕一样,奈特把传统信条的内容加以调整,让它们在新方向上起作用,并且十分粗暴地揭露其中不受欢迎的矛盾,这使他在某种程度上与经济学的所有阵营都有龃龉之处。[61]但奈特以帕滕从不曾做到的方式,把自己的逻辑推演至其结论。他的著述远远超出了20世纪20年代,我们也无法在这里依据其分量给予它充分的讨论。但我们能从他的早期著作中看到,他是怎样将经济学中的例外论传统的一些主要线索带进他的那种非正统的成就中去的:这种例外论传统正是我们一直在研究的,它打开了一条道路,使美国经济学中的历史主义因素逐渐消失。

---

[60] Deane, *The Evolution of Economic Ideas*, chaps. 13, 14; R. A. Gordon, "Institutional Elements in Contemporary Economics Thought," in *Economics in the Long View*, Vol. 1, ed. Charles P. Kindleberger and Guido di Tella (London: Macmillan, 1982). 关于历史和宏观经济学的衰落,以及微观经济学和数理经济学的得势,Paul Samuelson 的 *Economics* (New York: McGraw Hill) 从1948年的第一版到20世纪70年代和80年代的演变提供了最集中的说明。

[61] 关于奈特的生平资料,见 Richard S. Howey, "Frank Hyneman Knight and the History of Economic Thought," *Research in the History of Economic Thought and Methodology*, 1 (1983): 163-86, 以及 Donald Dewey, "Frank Knight before Cornell: Some Light on the Dark Years," 同上引期刊,即出,感谢作者惠赐复印件。

保留下来的奈特思想的最早表达，是 1910 年他大学二年级时，在田纳西州密立根学院课堂上的发言："一个人的生活……是由一系列的选择构成的，机智地安排这些选择的秩序，是构成他的一部分，也是他的功能，是他作为一个智慧的和道德的存在的本质。"[62] 将自由的和理性的选择行为作为人性的本质特征，正是他受到的宗教训练的主要成就。他的家庭和他所加入的小学院里的同仁，都是基督会*的信徒，这一派试图避开那些繁复的神学，认为圣经基督教信仰 [Biblical Christianity] 是合理可知的 [reasonableness]；《圣经》中，人们归向基督这个最初信息才是最为核心的。在密立根的时候，奈特称赞了彼得·安斯利 [Peter Ainsley]，他是当时顶尖的基督会牧师之一，他还赞扬了安斯利写的《上帝与我》[God and Me]，这是启示神学的一个基础读本。它传达的讯息是，尽管尘世中有太多的纷扰和诱惑，还是要选择上帝，"因为在上帝的荣耀中，我才拥有获取自由的力量，并且我将再次获得与上帝的友谊"。诱惑是"上帝试炼我们品格"的"熔炉"，生活首先是道德选择的竞技场："我的日常生活就是我的工作间，上帝和我自己就在这里锻造我的品格。"安斯利和基督会传统所强调的不仅是选择的自由，也包括理性地进行选择的能力。基督会的出现，其实是 19 世纪早期，福音主义的复兴和启蒙理性相结合的产物，所以它强调个体的理性能力，以及共同体的常识理性。[63]

---

[62] Frank H. Knight, "Culture and the Classics" (1910), p. 4, Frank H. Knight Papers, University of Chicago.
　　* 即 "the Diciples of Christ"，美国新教教派之一，创立于 1809 年。——译者注
[63] Dewey, "Frank Knight before Cornell," 35-6; Peter Ainslie, *God and Me* (New York: Revell, 1908), 22-3, 30; Samuel C. Pearson, "Faith and Reason in Disciples Theology," in *Classic Themes of Disciples Theology*, ed. Kenneth Lawrence (Fort Worth: Texas Christian University Press, 1986), 101-29.

在大二时的课堂发言中,奈特就已经开始使用经济学语言了,而在接下来的一年里,他根据查尔斯·布洛克[Charles J. Bullock]的边际主义课本学习经济学。布洛克从消费开始,他把消费看作需求[wants],它驱使人们从事经济活动,也是人们进行选择的结果,选择包括了认知上的排序和道德上的考量。布洛克对消费的处理结合了边际主义洞见和美国旧有的道德传统,在其中,"正确的消费"成为这个体系的顶点,因为他强调发展更高级的需要,强调像奢侈这样的"伤害性消费"会造成有害后果,强调了节俭的重要性。[64] 在美国经济学传统中,奈特发现了对选择的道德性的强调,这无疑给他留下了深刻的印象,因为这巩固了他在宗教训练中学到的第一课。道德的信息和经济的信息在奈特那里成为一体:自主的选择是人性中的最高特征,也是市场中的普遍特征。

奈特自由主义视野的基督教根基可能被人们忽视,因为他还有很强的宗教怀疑主义倾向。他在早年就已经质疑字面上的基督教故事。当他来到康奈尔大学学习哲学时,当时统治了这个系的那些基督教观念论者无法面对他那种侵蚀性的怀疑主义,拒绝给他上课。当他因此转学经济学时,他的老师阿尔文·约翰逊认识到,毫无疑问地,由于奈特的乡村出身,由于他一直在通过自我教育从一潭死水的环境中挣扎出来,所以他养成了独特的气质,约翰逊回忆说:"我知道你这个类型的人,你来自一个散发着恶臭的环境,在那里每个人的头脑都怀疑任何事情。你质疑我所做的每一项陈述。"[65] 但正如唐纳德·杜威所表明的,怀疑主义从来没有使奈特摆脱对宗教的依恋。他一直保留着正式的基督教信徒

---

[64] Charles Jesse Bullock, *Introduction to the Study of Economics*, 3d ed. (New York: Silver, Burdett, 1908), chap. 4.
[65] Alvin S. Johnson to Frank H. Knight, December 6, 1967, Knight Papers.

关系，终身保留着深切的基督教信仰。在质疑文字的同时，他吸收了其精神；他非常敬佩爱德华·斯克莱布诺·艾姆斯〔Edward Scribner Ames〕，他是一个基督会牧师，也是芝加哥大学哲学家，他将基督会的信仰变成了文字，强调了基督的一生和基督教信仰所带来的道德讯息。[66]

奈特的主要理论著作，也是到目前仍属经典的著作，是《风险、不确定性和利润》〔*Risk, Uncertainty and Profit*〕，这是他在1916年获得通过的博士论文，1921年修订并出版。它用道德的、自由主义的语汇来描绘市场："自由企业的本质在于它把责任的两个方面集中在了一起：一方面是做决定，另一方面是承担将决定付诸实践的后果。"他的原创性在于他对做决定的过程的分析。他吃惊地发现，关于如何做"日常实际决定"的研究非常稀少，而皮尔斯在《科学的语法》一书中对概率的讨论给了他非常大的启发。奈特说，"人们普遍假定，概然推理是我们的无知造成的。现实生活中，做决定的实际过程其实就是形成估计的过程，这种估计是不可解的或者说'直觉的'，而这个过程很容易发生错误或产生不确定性。"对可测量的概率的估计就是"风险"；而除掉风险，剩下来的则是真正的"不确定性"。[67]

奈特是在约翰·贝茨·克拉克的边际主义框架中开展工作的，所以能够看到，完全竞争和理想均衡状况隐含了一些前提，包括完全的知识和消除了的不确定性："情况会朝着完全竞争的方向发

---

[66] Dewey, "Frank Knight before Cornell." 关于艾姆斯，见 William R. Barr, "Christology in Disciples Tradition: An Assessment and a Proposal," in *Classic Themes of Disciples Theology*, 18-19。

[67] Frank H. Knight, Risk, *Uncertainty and Profit* (Boston: Houghton Mifflin, 1921), 349, 211, 212n., 218, 314.

展,这是很好解释的,因为人们是被赋予了学习能力的造物,他们会主动探寻自己行为的结果;但未能达到这个目标的原因也十分明显,因为人毕竟无法达到全知[omniscience]。"在无知的缝隙中,在一个普遍存在着风险和不确定性的世界里,才有一片奋斗的天地。"我们生活在一个变化的世界里……我们只知道关于未来的某些东西;而行动之所以构成问题……那是因为我们知道的东西太少了。"[68]奈特的专门话题就是探寻利润的问题,这是克拉克留下来的,而他能够得出的结论是,利润是不确定性的产物,是更好的直觉判断或者运气的成果。

奈特的经济学态度是在当时的进步主义背景中发展出来的,这个背景就是与社会主义的对话,以及新古典主义和制度主义之间日渐明显的冲突。布洛克的书是一个典型的进步主义文本,因为它试图厘清社会主义和资本主义两者各自的优缺点,而奈特在康奈尔大学的老师约翰逊和扬,把这个趋势推进得更远,他们虽然是在新古典主义框架内说话,但试图接受对它的批评,并扩展其改革主义和现实主义倾向的来源。奈特是在这个背景下写作的,他提到的"变化的世界"已经暗示了这一点。在其著作的序言中,奈特针对"现时代那种实用主义的、庸俗的趋势",为"纯理论"做了辩护,但他的目标是"分离并界定出自由企业制度的本质要素",以便确定"它的过错在哪里,如果确实有的话"。正是他身上的基督教道德主义使他对"过错"十分敏感,并对左派批评资本主义的言论抱有同情之心。所以,他对下面这两种选择做出了区分,一种是市场选择的眼前的道德,另一种是对目的进行选择

---

[68] Frank H. Knight, Risk, *Uncertainty and Profit* (Boston: Houghton Mifflin, 1921), 20-1, 199.

的更高道德，对市场的判断要以更高的道德作为标准。[69]

奈特的结论是，市场体系中存在着实质性的"内在缺陷"。但与此同时，他又认为"期望仅仅依靠社会机制的变化"是一种"愚蠢的过度乐观"。奈特极其有力地表达了这样一种双重信息：指出资本主义体系中的道德缺陷，与此同时，诅咒任何政治解决方案，因为它将带来更大的伤害。奈特在表达这个观点时表现出来的强悍，成为他令人生畏的个人标签。从气质上，奈特是一个顽固的真相揭露者，但他有决心将他的前提的逻辑贯彻到底，这样他就不得不一次次陷入悖谬之中。比如，在评论克拉克的间接成本概念时，奈特称赞他辨认出了"竞争体系中一个内在的、影响深远的缺陷"，并得出这样的结论："任何一种保证能充分应对这种不和谐的物资供应的方式，能熨平这种毁灭性的波动的方式，一定不可以是社会主义这种不足取的方式。"[70]

有一篇文章把奈特这种风格体现到了极致，即 1923 年发表的《竞争的伦理学》["The Ethics of Competition"]。在这篇文章中，他有意识地展示了"在纯粹理想的标准下，竞争的根本缺陷，这样做是为了建立与其他所有可能的体系进行比较的基础"。首先，出于各种各样的原因，完全竞争的理想和它无可置疑的价值没有在实践中实现。其次，竞争是一个游戏，它所奖励和创造的行为无法被既有的伦理标准所认可。让奈特感到揪心的是，"一方面，'自然自由的简单和明显体系'拥有迷人的特点；另一方面，这种体系一旦实行起来却倾向于造成很多臭名昭著的后果，这两者之间形成了鲜明的对比"。不过，贫乏的后果并不能使理想失去光

---

[69] Bullock, *Introduction*, chap. 17; Knight, *Risk, Uncertainty and Profit*, vii-viii.
[70] Knight, Risk, *Uncertainty and Profit*, vii-viii, 同作者，"Economic Theory and Practice-Discussion," *AER*, 13, Suppl.（March 1923）: 105-7。

彩，因为"许多的罪恶和麻烦都是所有像这样的大尺度组织所固有的"，而且替代性的选择可能要"糟得多"。[71]

奈特对《圣经》经文的置疑迫使他去检视，"普通百姓是什么样的"，"此世 [world] 又是什么样的"。[72] 此世是这样的，自由企业制度为人们提供了"理智地生活"的任何可能性，提供的途径既包括使"对手段的理智使用"最大化，也包括把"物质供给"条件最大化，这样才能实现对目标的理智选择。然而这个可能性从来没有在此世完全实现。彼德·安斯利说："对于此世的罪恶程度，我从来不感到惊诧；如果此世的罪恶变得更多，我也不会气馁，因为人为恶的能力是巨大的。"罪恶根植于此世，试图消灭它的努力注定是徒劳的。[73]

整个20世纪20年代，奈特针对经济学中的新式自由派展开了保护自由企业的斗争。社会控制的原则意味着民主，或者意味着多数的政治控制，他进一步将按照社会控制原则来组织社会的做法等同于社会主义。1929年的崩溃和继之而来的新经济政策摧毁了他的希望，到了1934年，他描绘了一幅荒凉的图景。自由企业现在看起来是现代历史上一个短暂的乌托邦时刻，仅仅局限于18世纪晚期和19世纪早期。从那之后，贪婪和权力就侵蚀了游戏的规则和平等的措施，这些都是公平游戏不可少的条件。然而在那时，这种裂痕也并不意味着这个体系有了致命的缺陷，它只是

---

[71] Frank H. Knight, "The Ethics of Competition" (1923), in *The Ethics of Competition and Other Essays* (New York: Harper, 1923): 105-7.
[72] 引文出自他给妻子的一封信，转引自 Donald Dewey, "The Uncertain Place of Frank Knight in Chicago Economics" (December 1987), p. 9, 尚未发表，感谢作者惠赐复印件。
[73] Frank H. Knight, *The Economic Organization* (New York: Augustus M. Kelley, 1951 [1933]), 4-5; Ainslie, God and Me, 23.

货币管理不当所造成的结果。[74]

更大的问题是政治的侵入。自由放任的民主最初支持了自由市场，但政治与市场一样，也是一种游戏，只不过玩的是权力。讨论是政治领域中的自由和理性交换，而理性协议则是它的理想成果。但是，由于缺乏类似市场中物质现实的限制，这种理性更容易被腐败。劝说作为一种强制的形式，削弱了理性讨论，导致了像富兰克林·罗斯福这样的富有煽动性的政治家的出现。美国民主正在滑向法西斯主义。在这个关于衰落的故事中，旧有的美国例外论又出现了。自由企业的短暂繁荣被归功于"开放的边疆"，但经济个体主义和政治自由放任"几乎从一开始就是生长和衰败之间的一场竞赛"。正如柏拉图和亚里士多德所看到的，政治腐败是"一种循环摆动，从自由转向独裁"。"二战"之后，奈特的忧伤消散了，尽管与他的许多自由主义追随者有很大不同，他还是继续相信，不仅政治，而且市场本身都包含了这个不完美的世界的种子。[75]

奈特对政治的处理需要进一步的关注，但我们首先必须回到20世纪20年代的早期，考察他的方法论著述，这方面的思考占据了他相当多的注意力。奈特不仅是新式自由主义社会控制论的主要对手，也是这种社会控制论在专业领域中的代表——制度主义经济学的敌人。人们通常说他有反科学主义的倾向，这种说法应该加以严格限制，因为他的方法论观点反对的是制度主义者的科学主义，而不是密尔所倡导的实证主义的、经典的经济科学概念。实际上，奈特在方法上的观点可以看作是在巩固密尔对经济科学和经济艺术的区分，所以他认为，制度主义者倡导的那种关于社

---

[74] Knight, *The Economic Organization*, 23-30；同作者，"Economic Theory and Nationalism"（1934）, in *Ethics of Competition*, 277-359。

[75] Knight, "Economic Theory and Nationalism," 289, 299.

会控制的真正科学，是不可能存在的。[76]

奈特将新古典经济学称作"经济科学，一门真正的，甚至是精确的科学，它所揭示的法则跟数学的和机械的法则具有相同的普遍性"。通过高度的抽象，经济科学达到了所有理性行为的形式，以及所有"通过组织理性行为而形成的社会关系"的形式。这样的理性法则不能预测"经济行为的内容"，它们不能预测个体将会偏好什么样的物品，但它们能预测"在一定约束下，他偏好特定物品的数量将会更多还是更少"。一种是从市场上出现的、处理手段和目的之间关联的形式理性，另一种是在目标之间进行选择的实质理性，这两种理性的区分，把市场上的眼前道德与更高的道德生活区分开来。不过，市场理性的法则还是基于此世的公理性特征之上的直觉知识，正是由于这种知识的存在，经济学家才得以预测一个自由企业体系的必要条件，并严格限制政治干预的领域。[77]

制度主义者所希望的那种科学，一个关于实际经济行为的经验科学，一个不是关于形式化经济理性，而是关于实质选择的科学，是不可能的。通过援引他自己对"日常实际决定"的分析，奈特宣布，人类行为中的经验判断本质上必然是直觉性的，是对常识的艺术化精炼，所以它们与针对经济行为中的理性要素所做的精确判断相比，有"范畴上的不同"。这样的直觉判断可以通过历史来传承；它们可以通过由统计得到的知识而改进；威廉·托马

---

[76] 参见 Allyn A. Young to Frank H. Knight, March 11, 1927, Knight Papers: "我越来越觉得我们拥有稳固的共同立场，即社会科学既是一门科学，也是一门艺术，而且更多的是艺术。"

[77] Frank H. Knight, "The Limitation of Scientific Method in Economics," in *The Trend of Economics*, 256-60.

斯警告人们，永远不要忘了将态度纳入考虑，这当然比行为主义者忽视意识的做法要高明，但无论如何，它们也无从被转化为科学。它们毋宁是将经济科学的抽象法则应用于特定情境的技艺的一部分。由于奈特与制度主义多有接触，他在经济学中划出第三类，"历史哲学"或者"制度的累积性变迁"。这个领域完全要靠"具备了直觉知识的判断……历史的运动只能被'感知'而不能被用于筹划未来"。但即使是受到训练的判断也无法走得太远，而且犯错误的可能性很大。奈特实际上已经在1934年给出了这样一部历史。[78]

奈特把自己表现为一个反实证主义者，总是宣称，伦理刻画出来的那片天地要比经济学更高，经济科学所描绘的只是生活的一部分领域。他反复攻击约翰·杜威的科学主义及其对社会控制的信仰。[79]但实际上，奈特所描绘的"直觉判断"的画面，是一种较为低级的知识，从范畴上就只是科学理性的补充知识。应用经济学在某种程度上确实有用。历史经济学是臆测活动中的有趣练习。但只有经济学的精确科学才能到达理性组织的内在本性，并奠定法则，让社会得以围绕它们组织起来。[80]

所以，毫不奇怪，当他发现那些法则被打破，当他把注意力转向具有侵略性的政治领域时，他会努力去理解，把政治变成

---

[78] Frank H. Knight, "The Limitation of Scientific Method in Economics," in *The Trend of Economics*, 267, 250, 264-6。

[79] 奈特在 "Pragmatism and Social Action" (1936), in *Freedom and Reform* (New York: Harper, 1947), 35-44。

[80] 奈特仍然保有对历史的兴趣，还在1927年翻译了马克斯·韦伯的《经济通史》。但他跟韦伯在资本主义精神上的看法相反，认为现代资本主义的精神是进步和改善的精神："将现代（特别是美国的）经济生活与此前的经济生活区分开的真正革命性因素，正是这种追求'更大更好'的精神，正是通过知识、技术和组织来建设性地转变世界和个人的努力。" *AER*, 19, Supl. (March 1929): 158.

另外一种市场,这究竟意味着什么:在这个市场里,自主的理性行动者交换的是话语而不是货物,这里博弈的是权力而不是财富,而且它将理性选择最大化的能力也比经济市场要差。我们知道,用经济学语言的隐喻来描绘社会和政治世界,这在美国社会科学家们中间已经不是新鲜事了,但除了社会均衡的观念,这种类比都是偶然的和暂时的。然而,奈特把政治化约为市场的几个维度的努力,则要持久得多。而且通过他的学生詹姆斯·布坎南[James M. Buchanan]和加里·贝克尔[Gary Becker],奈特开启了通过经济行为理解社会和政治行为的实质性努力,这也将经济理论扩展应用于社会和政治世界。由此,奈特站在了政治经济学的根本转折点上。起先,他采取了密尔的立场,在美国,这个立场从弗朗西斯·阿马萨·沃克的时代就开始得到发展,它把所有更广泛的人类目标,以及变化着的社会和制度世界,都托付给一个模糊的历史领域。但是,在对这个历史世界产生了深刻的幻灭感之后,奈特发生了转变,开始用市场分析来处理历史。而到了他学生的著作中,历史与其他所有效用最大化的个体行为以外的东西一样,都消失了。[81]

---

[81] 关于作为一个自由主义者的奈特,见 John McKinney, "Frank H. Knight and Chicago Libertarianism," in *The Chicago School of Political Economy*, ed. Warren J. Samuels (University Park, Penn.: Association for Evolutionary Economics, 1976), 191-213。关于布坎南,见 Dennis C. Mueller, "Mueller on Buchanan," in *Contemporary Economists in Perspective*, ed. Henry W. Spiegel and Warren J. Samuels (Greenwich, Conn.: JAI Press, 1984), pt. B. 557-69。布坎南对"新制度主义"之名的占用,为美国制度主义画上了一个讽刺性的句号,因为他的书不仅敌视新自由主义社会控制,并且有强烈的反经验倾向,而且还破坏了制度主义和历史主义的基本目标,而这个目标其实是新制度主义的间接基础,即将市场分析中的原子化个体主义加以限制和相对化。亦参见 Gary Becker, *The Economic Approach to Human Behavior* (Chicago: University of Chicago Press, 1976)。

三 工具实证主义在社会学中的影响

在社会学里,由于不存在既有范式的阻碍,新的自由变迁式的经验科学立刻就在制度上扎下了根。但缺少支配范式的状况也让科学主义获得了自由统治,而且社会学对方法的关注度也变得远远超过了经济学。科学主义制造出来的行为主义和统计潮流当前,芝加哥社会学中的人文与情境因素不得不为自己辩护,因为这些因素已经成为各怀目的的社会学家们想要的猎物。他们那种自由历史的视野,由于渐渐从属于方法,并被系统地疏离于历史的具体运动,逐渐蜕化为混乱的或者简单化的例外论形态。

社会学科学主义的影响不断扩大

科学主义运动冲击社会学的时间与冲击经济学的时间大致相同。露西尔·伊夫斯〔Lucille Eaves〕是女性教育与产业公会〔The Woman's Educational and Industrial Union〕的主任,她在1918年建议成立一个委员会,来推进研究的标准化。这反映出公共和慈善组织开始越来越多地进行社会研究,也反映出从大学教育中产生的这类工作越来越具有科学取向。约翰·吉林〔John L. Gillin〕是吉丁斯的一个学生,已经成为一个乡村社会学家,在威斯康星大学工作。他被任命为这个委员会的主席,并致力于在学院社会学中提升研究的科学化程度。在"富人"和基金会的经济支持下,这项工作显得很有希望。

吉林自己对科学的理解是贫乏而幼稚的,但他代表了社会学领域中科学主义的力量,这股力量在这之前已经发挥了很长时间的作用,它能够被新科学主义加以利用。社会学必须"从伪科学的指责中解脱出来";科学提供了"整个社会生活的'应许之地'";而且"严格的科学方法"将会把社会学从与社会主义的瓜葛中解救出来。[82] 同一年,社会学家们开始聚在一起讨论研究的主题和方法问题,而斯莫尔则开始提醒大家注意关于研究和方法的"黑话"问题。到了1923年,社会科学研究委员会的成立和洛克菲勒的慷慨,已经消除了绝大多数疑虑,使整个社会科学都投入了经验研究的怀抱,他们希望,一个关于社会控制的基础科学能够从中诞生。[83]

不过,对于社会学家而言,什么是科学这个问题还没有得到解决。科学的标志如今在于方法。人们很想要实现控制,这就将方法引向行为主义假设和可重复、能精确化的度量。统计成为科学的可见标志。克里斯托弗·布莱恩特 [Christopher G. A. Bryant] 曾恰当地将这种美国社会学冠名为"工具实证主义" [instrumental positivism]。自然科学方法论中所假定的严格性成为社会科学实践的首要目标,它决定该研究什么、怎样进行研究。工具主义意味着:推崇统计技术;对社会进行个体化理解;归纳式的研究策略;社会科学应该价值中立的信念;以及最后,团队研究的增加。[84]

---

[82] John L. Gillin, "Report of the Committee on the Standardization of Research of the American Sociological Society," *PPASS*, 14(1919): 252-9; John L. Gillin, 同前引期刊, 15(1920): 231-41. 引文出自第241页,以及 John L. Gillin, "The Development of Sociology in the United States," 前引期刊, 21(1926): 24-5.

[83] Albion Small, "The Future of Sociology," *PPASS* 15(1920): 181-2; "The Work of the American Sociological Society-A Symposium," 前引期刊, 16(1921): 257-63。正如奥格本所指出的,在连续几届会议中都讨论同一个主题,这意味着一种诱导,让大家只从事对这个主题的思考,而不是展开对研究本身的讨论。

[84] Christopher G. A. Bryant, *Positivism in Social Theory and Research* (New York: St. Martin's Press, 1985), chap. 5.

实际上，个体主义、经验主义和追求客观性等方法论要求，既是自由主义例外论立场的后果，也是它的原因：社会科学家们在历史的不确定性越来越增加、对历史越来越失望的情况下，不得不站在例外论立场上寻求一门关于控制的科学。正如布莱恩特所阐明的，工具实证主义的关键并不在于使用统计方法本身。统计既是实证科学的一种方法，也是历史的方法，如果它从属于具有历史性的概念框架的话。工具实证主义的信条在于，对行为总体的统计研究本身就构成了社会研究的全部。比如，当米切尔宣称对市场行为进行统计研究是制度主义的比较可取的方法时，他就在遵循这种新的社会学典范的引导，而在实践中（如果不是在意向中也是如此的话），这就将历史－制度的领域化约为可测量的市场总体的范畴了。

在1926年，社会学家们关于研究方法的委员会开会评价"学会会员今天的研究工作的客观性如何"。在被通报的研究项目中，"31%明确地（或者隐含地，这要根据委员会主席的标准来判断）使用了统计方法"。数量化的方法之所以有时候是"隐含的"，那是因为它要求一定程度的专门化技能，而在社会学家中间，发展这项技能需要一点时间。而且正如其从业者们很快意识到的，将统计技术应用于社会现象是非常复杂的，它所要求的精密性与日俱增。蔡平在20世纪20年代致力于发展出对社会地位、依附和社会变迁的客观测量方法。但到了1929年，他终于意识到"测量，并不是科学研究中解决问题的准备步骤，它本身就是一个问题，因其意义是不明确的，用法是随意的"。与米切尔一样，蔡平慢慢发现统计技术会占用他的主要精力。所以，尽管这项工作充满了困难，也恰恰是因为这种困难，统计方法越来越成为迫切需要之物。蔡平希望有人能"雄辩地申明"，这种方法仍拥有"作为一种科学描述的无可置疑的优势"。[85]

这种统计取向也有强大的制度支持。据罗伯特·班尼斯特所言，哥伦比亚大学产生的博士学位数量几乎是芝加哥大学的两倍，这些博士都被用来放大吉丁斯的影响，传播统计方法的信息。伯纳德和蔡平的两个学生，里德·贝恩［Read Bain］和乔治·伦德伯格［George Lundberg］，迅速成为咄咄逼人的发言人，他们捍卫的是社会学的严格客观性。[86]

哥伦比亚扩展行动的卓越案例是奥格本1927年在芝加哥的任职，他在那里成为工具实证主义的主要倡导者。由于梅里安的作用，芝加哥本来就对统计学有相当的兴趣。帕克自己，以及他的首席合作者伯吉斯，已经在常规化地使用初级统计来测度一些事情，比如移民报纸的增加情况，或者城市中的用地模式。帕克也对将态度数量化抱有兴趣。但奥格本的到来使问题尖锐化了，帕克不得不容忍统计方法。相应地，奥格本也越来越执着于此。专业上的竞争和个人关系的紧张似乎使他们的立场都变得更为强硬，但科学主义的逻辑本身才是迫使他们分道扬镳的真正祸首，因为它将定性的分析方法置于越来越可疑的地位。[87]

奥格本自己也与科学主义有矛盾。他本人对精神分析有兴趣，并在战时和特里甘特·伯罗［Trigant Burrow］一起投身于精神分析。最初，精神分析加强了奥格本对激进政治的迷恋。从马克思到比尔德，都对历史做出了经济解释，而且这些解释揭露了

---

[85] C. E. Gehlke, "Report of the Committee on Social Research of the American Sociological Society," *PPASS*, 21(1926): 279; F. Stuart Chapin, "The Meaning of Measurement in Sociology," 同前引期刊, 24(1930): 83, 94。
[86] Bannister, *Sociology and Scientism*, 56, 78, 152-4, 204-5。
[87] Ibid., 174-5。

被压抑的经济动机，这些工作都是精神分析，而且也证明这种解释方法是社会科学的"良好的工作工具"。但他很快意识到，他自己对这种经济理论的着迷很可能也有心理上的根源。[88]当他在哥伦比亚从政治转向科学时，他变得更加深入地反对意愿化思维[wishful thinking]。他说，约翰·杜威"认为情绪和欲望在思维中扮演主要角色，这种看法仍是不充分的"。奥格本此时打算把所有的社会哲学都看成童年时代的"情结"的产物，并由此从社会科学中把理论驱逐出去。"我们把理论理解为'未曾得到事实支持的假设，如果得到了事实支持，我们就称它为法则'。"由此，达到科学的唯一途径在于，发誓放弃理论而走向事实，并发展出一种严格的、数量化的科学方法。但即使是进行精神分析，也会迫使他从前述立场有所后退。在这个问题上"我不应该局限于对证据的严格的科学检验，因为如果我这样做，那么心理学或者精神分析（或者，实际上是很多社会科学）就所剩无几了"[89]。

所以，在1929年向社会学家们发表的主席就职演说中，奥格本表现出来的极端客观主义，其实是一种防卫性的策略。他所鼓吹并在他自己的一生中实践的解决方案，在于将社会科学从生活中分离出来，并把社会科学家分裂为两个严格分离的部分。作为一个科学家，

---

[88] Laslett, "Unfeeling Knowledge," 39; William F. Ogburn, "The Psychological Basis for the Economic Interpretation of History," *AER*, 9, Suppl. (March 1919): 305; 同作者, "Capital and Labor," in *Democracy in Reconstruction*, ed. Frederick A. Cleveland and Joseph Schafer (Boston: Houghtton Mifflin, 1919), 326。

[89] William F. Ogburn, "Bias, Psychoanalysis, and the Subjective in Relation to the Social Sciences" (1922), in *On Culture and Social Change*, ed. Otis D. Duncan (Chicago: University of Chicago Press, 1964): 294-7, 299-300; 同作者, "The Contributions of Psychiatry to Social Psychology," *PPASS*, 21 (1926): 83。

> 我们应该熄灭我们的情绪，并把我们的头脑训练得很强壮，以便在确证科学命题的过程中避免在智力上空想的乐趣；我们应该禁止我们的伦理和价值发挥任何作用（在选择课题时可以例外）；而且不可避免的是，我们会把绝大部分时间花在艰难的、沉闷的、乏味的和例行的任务上。

但在这之后，科学家可以"暂时关上他的实验室的大门，并打开他欣赏美丽星空的大门，去迎接生活中的浪漫，去为跟随他的年轻人服务"。只有这种严格的分离才能控制偏见，并且只有在这种控制之下，"才能得到纯金"，才能得到随着小块新知识的积累而不断生长的科学。奥格本承认，他在自己的整个职业生涯中都在为维持这种分离而奋斗，虽然只取得了部分的成功，但他从来没有抛弃理想，也不曾在那个美好前景面前退缩，这个前景就是：社会科学由经验的、数量化的事实的积累构成，而这些事实已经澄汰了颜色、情绪、理论或者价值。这是对抱负的申明，但也是科学主义在感到绝望和徒劳时，写下的一份引人注目的遗嘱。[90]

不过，这个理想还是穿透了整个 20 世纪 20 年代，而其力量之大，我们可以从芝加哥社会学的命运中窥见一斑。[91] 托马斯立

---

[90] William F. Ogburn, "The Folkways of a Scientific Sociology," *PPASS*, 24 (1930): 10-11, 5; 同作者, "A Few Words by Professor Ogburn." Bannister 在 *Sociology and Scientism* 中指出，在很多客观主义者那里，公共的科学和私人的感情之间存在着很明确的分殊。

[91] Bulmer, *The Chicago School of Sociology*, 这是对 20 年代的芝加哥社会学的一个很好的叙述，它强调了这个学派的内部多样性。最好地揭示了芝加哥社会学的政治背景的著作是 Carey, *Sociology and Public Affairs*. Dennis Smith, *The Chicago School: A Liberal Critique of Capitalism*（New York: St. Martin's Press, 1988）从一种欧洲的比较视野来看待芝加哥传统，从而获得了新的理解。Robert E. L. Faris, *Chicago Sociology*, 1920-1932（Chicago: University of Chicago Press, 1970[1967]），是一个有用的，但缺少批判性眼光的研究。

即感受到了新方法论的强力冲击。托马斯既把态度理解为情感性的，也把它理解为认知性的，它是塑造个体对环境的反应的倾向性〔dispositions〕。态度定义了个体在客观环境中做出反应的主观情境。里德·贝恩在1928年说，态度研究，特别是托马斯在《波兰农民》中所做的态度研究，既不紧凑也没有一贯性，所以是不值得相信的。对"假设性的主观状态"的个人验证无法告诉我们，一个人在给定环境下将如何行动。态度应该由外在行为来定义和测度。[92]

与此同时，在几条战线上都有发展态度测量技术的尝试。帕克做得最早。在他的1921文本中，他提出了"社会距离"〔social distance〕概念，这明显是从齐美尔那里借鉴来的。态度，作为行动的倾向〔tendency〕，可以被理解为"要接近一个目标和要放弃它这两种倾向形成的矛盾体"，并且，由于拥有良好的空间想象力，他在两个维度上图解了这个概念。帕克鼓励他的学生埃默里·博加德斯〔Emory Bogardus〕去发展调查技巧，来研究族群和种族态度，因为这将反映出美国社会中不同群体之间的社会距离。有一次帕克旁听一个政治学会议，与会的奥尔波特告诉他自己关于政治观点的研究，以及他把观点定序化〔scaling〕的技术。帕克听了之后就继续鼓励博加德斯："如果我们能够发展出度量社会态度的方法，并由此确定不同移民群体或我们国家里少数种族的地位，那么我们就做成了心理学家们还没有做成的事。"博加德斯在数年中研制出了一种测量方法，但他开始对被测对象的自我认知产生了怀疑，并因此也开始怀疑他们直接报告态度的价值。访

---

[92] Read Bain, "An Attitude on Attitude Research," *AJS*, 33 (May 1928): 949.

谈和生活史为分析提供的材料更深入。[93]

　　帕克自己好像也抛弃了这种想法。他不懂博加德斯的统计，而工具实证主义越来越强烈的影响为这个问题带来了新的希望。一个主要因素还是弗洛伊德·奥尔波特在1927年提出来的信条，他说，"自然科学的方法论"要求社会学完全抛弃"群体"和"制度"这样的概念，仅仅研究个体行为组成的可测量的总体。博加德斯代表社会互动论者回答道，个体并不是一个比群体更固定的单位，社会间性的［intersocial］的刺激和社会关系会影响到社会行为。[94]

　　然而奥尔波特所提倡的那种研究还是很快大行其道，它实际上把社会行为仅仅看作个体行为的加总。当然，这些研究多数是在只受过心理学训练的社会心理学家手中完成的，而不是社会学家做的。最重要的人物是瑟斯顿［L. L. Thurstone］，他是梅里安请到芝加哥来的心理学家。受到奥尔波特的启发，他决心发展一种更为先进的技术来对意见进行测量。通过使用大量的判断陈述，瑟斯顿把各种观点按顺序排列在一个连续统上，一端是最强的观点，让那些在某个问题上持最强硬态度的人选择，然后依次"等距"递减判断的强度。瑟斯顿知道这样衡量得到的观点并非态度的唯一指标——行动可以提供其他的，并且是不同的指

---

［93］ Robert E. Park and Ernest W. Burgess, *Introduction to the Science of Society*（Chicago：University of Chicago Press, 1921）, 286, 440-1；Robert Park to Emory S. Bogardus, August 2, 1924, February, 1925, Robert E. Park Papers, University of Chicago；Jean M. Converse, *Survey Research in the United States. Roots and Emergence, 1890-1960*（Berkeley：University of Caifornia Press, 1987）, 56-67.

［94］ Floyed H. Allport, "The Group Fallacy and Social Science," *AJS*, 29（May 1924）: 688-703；以及 Emory S. Bogardus in "Discussion," 703-4。亦参见 Floyd H. Allport, "'Group' and 'Institution' as Concepts in a Natural Science of Social Phenomena," *PPASS*, 22（1927）: 83-99。

标,但他和他的追随者们确实认为他们提供了衡量态度的一种客观技术。[95]

从托马斯最初的定义来看,这样测出来的并不是态度。态度是个体在一系列的特定情境中才形成的,是在全部生活的背景中形成的,而且它们的表达也是在复杂的、特定的社会情境中完成的。民意测验或者问卷调查的方法,其实假定态度是实体化的、一元的和简单的建构,能够从情境中抽取出来。所以托马斯倡导个案研究的方法,倡导他的《波兰农民》所使用的细致的生活史研究。因为与民意测验不同,个案研究能够告诉你什么是态度,并使你能进而预测从这些态度中可能会生发什么样的外在行为。与对外在行为的统计也不同,生活史能告诉你行为的意义是什么,它所表达的态度和目标是什么。随着社会学家的注意力越来越集中于方法问题,生活史方法也成为争议的中心,因为它的开放性、放任自流的特征使它无法被化约成标准化的、可测量的单元,并由此可以加以客观验证。[96]

托马斯从来没有抛弃个案研究,但与统计相比,它的地位不断下降。托马斯在 20 世纪 20 年代的个人地位使他对同事们的观点极端敏感,也就是说,在这个专业中的行为主义大潮中,他也开始随波逐流。更重要的是,他在那个十年中找到的安全带是

---

[95] L. L. Thurstone, "Attitudes Can Be Measured," *AJS*, 33 (January 1928): 529-54; Converse, Survey Research in the United States, 68-75.
[96] 奥格本的一个学生的博士论文支持了行为主义的主张,结论是这两种方法所得出的结果是相同的: Samuel A. Stouffer, *An Experimental Comparison of Statistical and Case History Methods of Attitude Research* (New York: Arno, 1980 [1930]),但 Stouffer 低估了或者没有考虑到的是,他的研究在很大程度上已经预先决定了结果。关于"对托马斯的态度概念的行为主义化",见 Norbert Wiley, "Early American Sociology and The Polishi Peasant," *Sociological Theory*, 4(Spring 1986): 20-40。

多萝西·斯韦因［Dorothy Swaine］，她是奥格本的学生，后来成为托马斯的妻子。带着对统计方法和严格行为主义假设的无限忠诚，她在20世纪20年代跟帕克一起工作。在1928年，托马斯夫妇采取了一个温和行为主义的立场。他们宣布自己追求的是一门关于预测和控制的科学，而使用的是一种概然论的科学模型，这个模型有可能是从皮尔逊那里借用过来的。由于人类行为具有多变性和复杂性，所以，不可能得到类似自然科学中的那种因果法则和完善描述。但一门关于行为的科学将有能力做出推断，"它能确定，在特定情境中，某种反应会经常出现"，这样就对行为提供了"一个虽然并非'完善的'，但却比较'充分的'因果解释"。

由于科学研究的目的在于推断和预测，所以统计研究就是关键，但托马斯夫妇同样意识到，其实涉及的因素无限复杂，而且它们相互纠结在一起。由此，统计学只测量了许多因素中的一部分，并经常会做出"未成熟"的预测。解决的方案是，囊括进

> 案例史和生活史……把它们跟统计研究放在一起，作为推断的一个基础。而反过来，当更多的因素能够数量化时，这些推断必须接受进一步统计分析的检验……但统计结果总是必须能够用尚不能测量的因素形成的构型（configuration）加以解释，而另一方面，从案例研究中提炼出来的假设只要有可能，就必须诉诸统计检验。

在这样一个表述中，生活史及其所记录的精神生活必须列入考虑，但它们是从属性材料，是行为科学的原材料，将要被转化为可被统计测量的态度和行为。托马斯夫妇在20世纪20年代提倡一种

更精密的研究，在方法上他们引入了控制组，在对象上，他们扩展到对行为的、文化的和社会的变量的研究。[97]

1938年，《波兰农民》被社会科学家们投票选为战后最有影响力的著作，SSRC也专门开了一次会，来重新表彰这本书。但是，这次会议并不是把时间都花在赞扬这本书上，而是主要在批判它。托马斯和生活史方法的支持者们无法有效地同更严格的行为主义大潮相抗衡，而且托马斯自己对统计方法的同情也使他的立场有点模糊不清。人们通常认为，托马斯和帕克都出自一个严密的学派，这就是芝加哥社会学派，他们都是符号互动论者。作为乔治·赫伯特·米德的门徒，他们在20世纪30年代与行为主义者针锋相对，认为所有的社会互动都包含了不可化约的象征意义。托马斯可能会同意这个一般命题，但他并不相信，社会互动的符号特性决定了，要理解它必须要采取非个体的逻辑。他不会离开个体心理学的基本立场，而只有离开个体心理学，才能将态度这个研究对象置于文化人类学的整体概念之上。托马斯的自由主义哲学和他的方法决定了，他的研究对象类似于原子化的个体，在对变化的情境做出反应时，这些个体会聚合成总体。[98]

---

[97] William I. Thomas and Dorothy Swaine Thomas, *The Child in America*（New York：Knopf, 1928），chap. 13, 特别是 pp. 553-4, 571; William I. Thomas, "The Behavior Pattern and the Situation," *PPASS*, 22（1927）：1-13。

[98] Herbert Blumer, An Appraisal of Thomas and Znaniecki's "The Polish Peasant in Europe and America"（New York：SSRC, 1939），特别是 83, 86-7, 16-74; Evan A. Thomas, "Herbert Blumer's Critique of 'The Polish Peasant': A Post Mortem on the Life History Approach in Sociology," *JHBS*, 14（April 1978）：124-3。关于托马斯如何滑向行为主义，见 Stephen O. Murray, "W. I. Thomas, Behaviorist Ethnologist," *KHBS*, 24（October 1988）：381-9, 比较布鲁默的符号互动论，"Social Psychology," in *Man and Society：A Substansive Introduction to the Social Sciences*, ed. Emerson P. Schmidt（Englewood Cliffs, N. J.：Prentice Hall, 193），144-98。对托马斯-帕克传统有一个非常有益的叙述，但这个叙述也具有很大

帕克不再从事对态度的统计研究，目的是发展他自己对生态过程的实证主义研究。他和一个被他派去学生态学的学生，在1925年把这个科目引入了社会学。他在给妻子的信中写道："麦肯齐[Mckenzie]和我差不多是一门新科学的创始人。每个人……现在都在谈论每件事物的'生态方面'。"帕克声称城市是"自然力量的一个产物"，是一个生态单元，而城市里的居住模式，以同心圆的方式向外扩散，描绘了一个生态过程。但如果生态过程具有决定作用，如果它统治了组织化和去组织化的社会进程，那为什么还要研究态度呢？[99]

当严格的行为主义者占据了显赫地位之后，帕克努力为自己的双重忠诚辩护。他说："很有可能，我们通常当作社会来理解的，最终被析解和描绘为个体在一个自然区域中空间位置和变化；也就是说，在一个有限区域内的竞争与合作。"实际上，社会学将会变成"一些人想要的那样，即统计学的一个分支"。把车开到这里之后，帕克开始换挡。问题在于，个体并不是恒常的和同质性的单元。社会是在沟通中形成的，而个体在沟通中被改变，积累起记忆和习惯。"不是个体，而是态度，在互动中维系了社会组织，产生了社会变迁。"帕克回想起齐美尔的个体概念，于是他开始强调，独特的生活经验在每个人身上创造出一个存储私密性的载体，每个人都会努力保护这种私密性。出于这个原因，"社会距离并不总能通过纯粹的物理术语得到充分测量"。

（接上页）的偏向性，因为它是从后20世纪60年代的视角出发的：Berenice M. Fisher and Anselm L. Strauss, "Interactionism," in *A History of Soicological Analysis*, ed. Tom Bottomore and Robert Nisbet(New York: Basic, 1978), 457-98。

[99] Robert E. Park to Clara Park, January 2, 1926, Park Papers. 见 R. D. Mckenzie, "The Scope of Human Ecology," *PPASS*, 20(1925): 141-54。

帕克又开始偷偷地换挡。这个社会世界有其自身的社会和道德秩序,他用一个自由(和生态的)竞争的隐喻来描绘它:"每个人对自己的理解,都受到了每个其他个体对自己以及对他人的理解的限制,因为他们在同一个有限的世界中交流。"由此,个体在社会中的地位和自我理解——这是他的个性的核心——是被社会地决定的。"一个人不过是一个……有社会地位的个体;但地位最终就是一种距离——社会距离。"最终,社会距离"如此频繁和不可避免地与空间关系联系在一起",这样,统计学就对社会学有了重要性。帕克爬上山,又下了山。个体主观性和社会态度被界定为社会学专属的重要领域,这样做仅仅是为了在最后宣布,这个领域其实反映了竞争性的生态过程,并且大体上决定于这个过程。[100] 随着时间的推移和方法论之争的升温,帕克不断地努力为主观经验辩护,而且每一次他都滑入决定论,将主观性从属于社会过程,并将社会过程从属于经济竞争的自然生态过程。由于他自己的实证主义作祟,帕克无法充分地为社会学中解释的和历史的方法辩护,更无法将其发扬光大。[101]

作为自然的历史

如果说历史方法在社会学中并不走运的话,那么对历史的理解同样也不走运。托马斯夫妇在1928年重申:"在过去中,并不

---

[100] Robert E. Park, "The Concept of Position in Sociology," *PPASS*, 20 (1925): 13-14.
[101] Robert E. Park, "Magic, Mentality and City Life," *PPASS*, 8 (1923): 109; 同作者, "Culture and Culture Trends," *PPASS*, 19 (1924): 30, 35; 同作者, "Human Nature and Collective Behavior," *AJS*, 32 (March 1927): 734, 739-41; 同作者, "Sociology," in *Research in the Social* Sciences, 3-49。关于对后者的敏锐评论,见 Herbert Blumer, "Review of William Gee, ed. *Research in the Social Sciences*," *AJS*, 35 (May 1930): 1107-9。

存在可以让我们据以建设现在的模型。"[102] 而且，20 世纪 20 年代对国家政治的幻灭感，将一大部分社会学注意力从历史的宏观运动转移开来，投向乡村或城市社区，因为在那里，可以从底部，或者从初级群体重建社会。但对绝大多数社会科学家而言，历史并没有消失，即使是在比较狭窄的地方范围上也没有消失。自由主义例外论的希望、进步的脆弱性，以及进化论社会学传统的核心重要性等，所有这些都结合在一起，将现代社会的历史命运置于社会学注意力的中心位置。

帕克对历史的看法与他的方法一样，和他对自然过程的观点有冲突。社会学将历史变成"自然史"，变成类型或者物种的历史。他在给 R. 麦肯齐的信中说："处理时间性关系的重要性，在于我们相信，我们最终可以把它化约为不同的类型，并测量出加速或者减缓某个类型累积速度的那些因素。"但是，从这种观点中，帕克得到的信息是，不能对自然施加干预。比如在他关于美国移民出版业的"自然史"研究中，他认为移民报纸自己就包含一种审查机制，它们全都向着商业化、大发行量的美国模式变化，这是经济上的生存斗争使然。在生态学的影响下，帕克拓展了生态变迁的循环特征。他说，在类型的参数范围内，社会变化总可以被科学地描绘为一个循环。当他的学生们研究革命或者罢工时，他们发现了一个循环模式，它终结于冲突的消散和对变化了的环境的适应。[103]

---

[102] W. I. Thomas and D. S. Thomas, *The Child in America*, 575.
[103] Robert E. Park to R. D. Mckenzie, June 14, 1924, Park Papers; Robert E. Park, *The Immigrant Press and Its Control* (New York: Harper, 1922), 354-6, 467; 同作者, "Introduction," to *The Natural History of Revolution*, by Lyford P. Edwards (Chicago: University of Chicago Press, 1927), xiii; Ernest T. Hiller, The Strike (Chicago: University of Chicago Press, 1928).

有一个社会生活领域是帕克无法纳入其自由历史观中去的，这就是种族关系。生态学对帕克看待种族问题的方式有至为深刻的影响，这种影响是与帕克个人经验经历的转变一起发生作用的，这就是对西海岸和夏威夷的种族关系的体验。直到20世纪20年代中期，帕克仍对种族同化问题举棋不定。他关于移民同化和移民新闻的研究表明，新的族群移民将会融入美国社会。只要时间足够长，自由生态过程就会磨去他们的群体认同，特别是当来自欧洲的继续移民停止了的时候，这种融入就更迅速。但黑-白种族关系可能会不一样，而且在1919年芝加哥种族冲突之后，他感到这个城市中的"阶级意识"和"种族意识"愈演愈烈。[104]

使他明显改变了认识的是他对日本人-美国人关系的研究，在研究中，他遇到了"东方人的年轻一代"。在聆听一个年轻的日裔美国女性的时候，他感觉是在聆听"一个伪装成日本人的美国女性"。帕克去夏威夷参加一个学术会议，他惊讶于那里的种族混融状况，并将其与日本代表的会面描绘成"一次在友谊中的冒险"。帕克的奇遇使他能够毫不含糊地宣布生态决定论的胜利："让现有各民族相互交融的那些力量是如此巨大和不可抗拒，以至于它所导致的变迁具有了宇宙进程（cosmic process）的特性……种族关系循环……即接触、竞争、共存和最终的同化，明显是进步性的，并且是不可逆转的。"[105]

对帕克而言，起到解放作用的永远是自然进程的决定论。在

---

[104] Robert E. Park, "The Concept of Social Distance" (1924), in *The Collected Papers of Robert Ezra Park*, ed. Everett C. Hughes (Glencoe, Ill.: Free Press, 1950), vol.1: Race and Culture, 259.

[105] Robert E. Park, "Behind Our Masks" (1926), 同上引文献, 244—246, 254—255; 同作者, "Our Racial Frontier" (1926), 同上引文献, 149—150; 同作者, "Human Migration and the Marginal Man," *AJS*, 33 (May 1928): 881-93。

这种宇宙论中，他才能解除他的例外论情感对衰败的恐惧，解除他对美国式的白种人形象的依恋之情。"种族和文化会死亡——它一直都在死亡——但文明长存。"他也能第一次宣布他的信念，即非裔美国人将被纳入美国社会。"在美国……在人性的意义上说，并不存在阶级区隔。"从林德伯格到埃尔·史密斯[Al Smith]，"美国生活的景象是迷人的，也是激动人心的"。民主的个人关系将使得人们之间相互熟识，甚至会使"种族印记"都隐而不显。[106]

帕克提出的"种族关系循环"立即被社会学文献采纳，并在美国种族关系的模糊历史中取得了一个重要地位。它助长了认为种族之间会实现整合的乐观主义，这种情绪在 20 世纪 30 年代和 20 世纪 40 年代的平等主义政治氛围中越来越强，推动了美国社会向新移民的开放，并有助于南方的种族隔离的终结。帕克也为非裔美国人社会学和与之相关的种族改革做出了贡献。非裔美国人中很早就发展出一个本土的、研究自己社区的传统，而杜波伊斯（W. E. B. DuBois）的《费城黑人》[*The Philadelphia*, 1899]是最早对城市社会进行学术调查的范例之一。南方的不少黑人学院带着进行公共的和进步主义的改革的信念，进行了一系列社会学研究，这些研究的领导者包括：亚特兰大的杜波伊斯；塔斯克基学院的布克·T. 华盛顿；还有汉普顿研究所中的吉丁斯的一个弟子。在帕克的影响下，芝加哥成为黑人社会学家的一个训练中心，查尔斯·约翰逊[Charles S. Johnson]和 E. 弗雷泽[E. Franklin Frazier]都出自这里；这里还成为改善非裔美国人处境运动的一

---

[106] Park, "Our Racial Frontier," 15；同作者，"The Bases of Race Prejudice"（1928），in *Race and Culture*, 233, 238。

个源泉，国家城市联盟就是这个运动的代表，它是布克·华盛顿的自助传统在北方的继承者。[107]

但是，帕克的世界主义观点并不是真正的多元主义，而是一种自由主义例外论，他认为文化同质化是实现同化不得不付出的代价。而且他甚至认为，继续对非裔美国人进行隔离也是必需的代价。帕克对自然进程有一种保守主义依赖，这要求他承认，冲突和等级间的适就［caste accommodation］这样的中间阶段是可以存在的。隔离是一种"礼节"，在迅急的社会-工业变迁中，它是"组织和展开有效的集体行动"所不可缺少的。他说，在隔离的情况下，黑人已经开始发展出一个商业的和职业的［professional］阶级，所以社会分层现象在黑人和白人社区都同样存在，在种族界线之间建起联系的纽带已在形成之中。隔离现在是沿着垂直方向而不是水平方向上发展的。正如约翰·尼本［John Kneebone］所表明的，帕克对垂直隔离有一种公开的乐观估计，而这种垂直隔离又会推迟基本变革［basic change］的发生，这种态度对南方自由主义者十分重要，这些人在两次世界大战之间鼓吹改善种族关系，但却抑制政治行动。这个故事最后一个含混之处在于，帕克自己也不能一直保持这种乐观主义，尽管是这种情绪让他提出了他的循环理论：他在20世纪30年代回到

---

[107] Stow Persons, *Ethnic Studies in Chicago, 1905-1945* (Urbana: University of Illinois Press, 1987); Paul Jefferson, "The Antebellum Origins of Afro-American Sociology: Research, Rhetoric and Reform, 1787-1865"; "Sociology, Race and the New Liberalism: 'Doing Good after a Plan' at Hampton Institute, 1893-1917"; "Inventing Afro-American Studies: Charles S. Johnson and the Social Construction of a Sociology of Race Relations, 1922-1930," 未发表论文; Nancy J. Weiss, *The National Urban League, 1910-1940* (New York: Oxford University Press, 1974)。

了永久性种族解决方案的可能性上,而不是同化。[108]

帕克的自然主义造成的各种相互矛盾的意涵,也体现在20世纪20年代的芝加哥城市社会学中,尽管表现出混乱的渠道不一而足。芝加哥的犯罪帮派和贫民窟吸引了学生,这既是因为有研究它们的社会需要,也是因为它们有地方特色。年轻社会学家已经成为"贫民窟访问"的老手。[109] 路易斯·沃斯 [Louis Wirth] 是社会学中的少数族裔新兵,在帕克的自然主义的引导下,他得以同情性地展现犹太社区及其标志性的"类型" [types],他表明,这是社会孤立的结果,而不是种族隔离的结果。对很多人而言,对社会无组织的焦虑会导致他们对这些社会病理现象产生片面的看法。[110]

哈维·左堡 [Harvey Zorbaugh] 写了《黄金海岸与贫民窟》[The Gold Coast and the Slum],这本书立即成为芝加哥的最佳畅销书。它与所有其他单本著作一样,既反映出芝加哥城市社会学的长处,也反映出它的短处。左堡研究了芝加哥的北郊,其中包括一个混乱的孤立区域——所谓的"黄金海岸";一片成为年轻人、单身汉和穷人居所的老房子;一片波希米亚人居住区;以及

---

[108] Park, "The Bases of Race Prejustice," 241-3; John T. Kneebone, *Southern Liberal Journalists and the Issue of Race*, 1920-1944 (Chapel Hill: University of North Carolina Press, 1985), 10-13, 84-92, 199-200; Persons, *Ethnic Studies at Chicago*, 2-3, 86-8; Robert E. Park, "The Race Relations Cycle in Hawaii" (1937), in *Race and Culture*, 189-95. Persons 的出色研究强调了帕克种族思想中的含混性。不同的观点请见 R. Fred Wacker, *Ethnicity, Pluralism, and Race: Race Relations Theory in America before Myrdal* (Westport, Coon.: Greenwood, 1983)。

[109] Faris, *Chicago Sociology*, 65, 72, 83.

[110] Louis Wirth, *The Ghetto* (Chicago: University of Chicago Press, 1928); C. Wright Mills, "The Professional Ideology of Social Pathologists," *AJS*, 49 (September 1943): 169-70, 180.

一个少数族裔贫民窟。他先钉下一根生态学支柱，然后开始勾勒人口密度和土地价值的情况。他进行了广泛的访谈，并收集了书面报告和生活史资料，其中许多都在书中得到了重印，这些材料提供了深入那些全新的城市生活的真正洞见。但他自己的洞察力却被那种病理学观点所局限，结果花了很多篇幅来试图表明，这个城市区域并不是一个真正的"共同体"，还发泄了很多感伤的情绪。他用老的新英格兰市镇的"共同体"[*Gemeinschaft*]形态来判断现代城市的"社会"[*Gesellschaft*]，说后者陷入了解组之中。

受到帕克将现代化视同个体化的观点的影响，左堡只看到了"经验和传统的共同机体"的消失，"能够成为集体行动的基础的共同兴趣、情感和态度已不复存在"。为了重新找到集体行动，左堡不得不把目光转向政治领域。左堡为了找到对议会制政府的定义，竟然求助于韦伯斯特词典，而且开始赞扬早期美国政治的纯洁性。这种状况表明，芝加哥社会学的反政治性，还有它对美国政治传统的无知，简直到了荒谬的程度。最后，他的解决方案是，唤起黄金海岸精英的公民意识，因为他们是唯一可能把这个城市视作一个整体的人群。帕克本人不会写这样一本书。在这本书的导论中，针对书中流露出的对共同体的怀旧之情，以及书中所倡导的依靠精英活动分子的解决方案，他微妙地划清了与它们之间的界限。但在那个时候，对集结在社会学门下的激进主义学生而言，帕克的保守派自然主义并不能为他们提供多少指引。这本书与其说是芝加哥社会学所解决的矛盾倾向的产物，不如说是它所倡导的矛盾倾向的产物。[111]

---

[111] Harvey W. Zorbaugh, *The Gold Coast and the Slum* (Chicago: University of Chicago Press, 1929), 227, 250-1, 253; 以及 Robert E. Park, "Introduction," 同上引书, vii-viii, x。

或许在这个主题下要说的最后一句话是，20世纪20年代在这个领域所写出的最好著作——罗伯特·林德和海伦·林德夫妇 [Robert and Helen Lynd] 的《中镇》[*Middletown*, 1929] ——并不来自芝加哥传统。在某个评论者看来，这是横空出世的大师杰作。实际上，林德夫妇的思想成长也是有特定背景的，这就是社会研究中的行动主义 [activist] 传统，以及从牧师群体和慈善团体举办的娱乐、教育机构中得到的平等主义经历；从学术经历上看，他们曾经为了逃避而加入社会工作和神学学校。他们描述了充斥在美国生活中的"拜金"文化和阶级分隔体验，这是受到了凡勃伦的启发，而其逼真效果直到现在的美国还有着回响。他们受到学术性社会科学的主要影响来自人类学；他们给书定的副标题是《对现代美国文化的一项研究》[*A Study in Contemporary American Culture*]。罗伯特·林德敏锐地认识到，对于他所做的颇具整体性和批判性的分析，他可以用新的文化概念来赋予其以正当性，并驳斥那些社会学实证主义者的质疑。

当然，林德夫妇有意选择了一个小城，其居民尚未被混入少数族裔，这样就可以捕捉工业化变革对美国的纯粹影响。芝加哥社会学家至少在努力应对现代美国的大都会复杂性，以及他们自己对这种复杂性的矛盾感情。林德夫妇也与芝加哥社会学家一样，想象了一个从"Gemeinschaft" [共同体] 开始的转变，尽管他们把这个共同体现实化为19世纪90年代的中镇，而不是殖民时期的新英格兰。我们不能忽略，参照点的这种变化，是20世纪20年代出现的一种新的、现代主义的历史意识的引人注目的印记。对出生于19世纪90年代的林德夫妇而言，镀金时代的混乱是无法亲见的。在一个永远变化着的世界上，真实的过去迅速消失，取而代之的是一种从共同体到社会的类型学转换，这种转换可以被及时地安置在任何地方，只不过它是虚拟的。[112]

到了20世纪20年代仍在西方历史的宏观进化领域辛勤耕耘着的社会学家，通常都是吉丁斯的学生，但他们给这个领域带来的是非历史的方法。奥格本的主要著作是1922年出版的《社会变迁》[Social Change]，这是一项重新处理进化进步论[evolutionary progress]问题的尝试，这个问题是吉丁斯留下来的。对他重新定义进化论社会学有重大影响的是博厄斯式的人类学。博厄斯与奥格本一样都在哥伦比亚，而受到博厄斯影响的年轻人类学家——罗伯特·洛伊[Robert Lowie]和亚历山大·戈登威泽[Alexander Goldenweiser]——早在1912年就开始出版《美国社会学杂志》，这不仅让博厄斯的生物学种族平等论广泛传播，也让他对文化的历史性理解变得众所周知。[113]

奥格本发现了一项特别令人钦佩的研究，就是艾尔弗雷德·克罗伯[Alfred Kroeber]对"超有机体"的研究，这个概念是斯宾塞讨论文化时所用的词。克罗伯说，倘若把进步分解为其生物的和文化的组成部分，那么我们会发现，自从史前时代以来，

---

[112] Robert S. Lynd and Helen M. Lynd, *Middletown: A Study in Contemporary American Culture* (New York: Harcourt Brace, 1929); Norman J. Ware, "Review of Robert Lynd and Helen Lynd, *Middletown*," *AER*, 19 (June 1929): 328-9. 也请注意Ware对1890年时的情况是不是"像我们现在回想起来那么简单"。然而，由于"变迁无处不在"，所以他觉得"文化时滞"这个概念很有用。对林德夫妇这本书的出色分析，见Richard Wightman Fox, "Epitaph for Middletown: Robert S. Lynd and the Analysis of Cosumer Culture," in *The Culture of Consuption: Critical Essays in American History, 1880-1980*, ed. R. W. Fox and T. J. Jackson Lears (New York: Pantheon, 1983), 143-73。

[113] Robert H. Lowie, "Review of Franz Boas, *The Mind of Primtive Man*," *AJS*, 17 (May 1912): 829-35; 同作者, "Social Organizaiton," 上引期刊, 20 (July 1914): 68-7; 同作者, "Psychology and Anthropology," 前引期刊, 21 (September 1915): 217-29; A. A. Goldenweiser, "Culture and Environment," 同上引期刊, 21 (March 1916): 628-33。

生物性部分的扩展极其微小，如果不是完全没有的话。但文化领域则发生了巨大的扩展。文化的扩展也无法通过个体心理学特性来解释，因为任何文化中人的能力的差异必然总是大致相同的。所以文化只能被解释成一种累积性传统和"历史的洪流"，这个洪流能够在发明创造的模式中看到，因为它不仅随着时间推移在累积性地增长，而且能够成倍放大，刺激新的发现。"一个遍及整个文明的宏伟秩序将要出现，这是明显而不可抗拒的。"[114]

奥格本利用了克罗伯的分析来解放进化这个概念，因为它已经被吉丁斯的生物学和种族遗产束缚住了。他在1921年宣称，自己倡导的是"用历史方法来分析社会现象"，并把历史社会学定义为"社会的历史，文化的发展和社会制度的进化"。在完全忽略了认识论问题之后，奥格本致力于将文化领域从种族的和生物学的解释中解放出来。但是，在方法上，奥格本仍然追随吉丁斯。他说，在对进化问题和社会问题的研究中，历史方法是一种变得越来越统计化、分析化的方法。这里，奥格本的楷模是制度主义经济学。他曾注意过米切尔的书，特别是其中的周期性经济变化趋势，而现在在哥伦比亚，他当然听到过米切尔为使用统计方法的历史经济学所做的辩护。奥格本说，正如在商业周期研究中一样，"问题主要并不在于决定……心理因素和文化因素是什么；而是在于找出，在几个可能的文化因素中，哪些是有效的，它们的有效程度怎么样"。很明显，这是统计分析才能解决的问题。[115]

"心理因素和文化因素是什么"这个问题恰恰是博厄斯式人类

---

[114] A. L. Kroeber, "The Superorganic," *American Anthropologist*, n.s. 19 (April-June 1917): 198-201.

[115] William F. Ogburn, "The Historical Method in the Analysis of Social Phenomena," *PPASS*, 16(1921): 71, 82; 同作者, "A Few Words by Professor Ogburn," 4。

学和历史学要解决的问题。奥格本用人类学对文化的概念来为文化领域划界，但他从未意识到人类学赋予这个领域的整体论特征，也没有意识到这种特征给统计分析带来的困难。他继续打量历史，试图为隐藏在历史表面之下的法则找到统计证据。社会学的中心问题在于揭示文明生长的秘密。"它生长和变化的性质能不能用一组简单的过程来加以描述？"他承认，目前还做不到这样，但"最终这些过程、原因和法则将会变得更为清楚"。[116]

奥格本对这个问题的贡献在于提出了文化堕距［culture lag］论，他是从克罗伯对发明创造的分析和统计中，受到启发而提出这个理论的。他宣称，发明创造是社会变迁的动力，也是它的指标，然后他考虑到："在现代社会里，发明创造变得越来越快，以至于今天人类在这些不断加速的社会变迁面前几乎有点不知所措了。"[117]问题不仅仅在于变迁的速度，也在于这种速度的不平衡。通过引入人类学对物质文化和非物质文化的区分，他把发明创造和快速变迁主要归于物质文化领域。因为非物质文化与物质文化之间有相互关联，而非物质文化变化得很慢，所以它们之间经常

---

[116] William F. Ogburn, *Social Change, with Respect to Culture and Original Nature* (New York: B. W. Hyebsch, 1922), 5, 58. 关于历史学家对"是什么"而不是对"为什么"有兴趣，见 Allan Megill, "Recounting the Past: 'Description,' Explantation, and Narrative in Historiography," *AHR*, 94 (June 1989): 627-53。社会学中使用文化的另一种方式见 Dorothy P. Gary, "The Developing Study of Culture," in *Trends in American Sociology*, ed. George Lundberg et al (New York: Harper, 1929)。作为一个历史唯物主义者，Gary 相信，文化提供了研究制度、阶级和结构的一种方式，这里的结构指的是模式化个体行为并对其进行限制的社会媒介。Lundberg 是一个强硬的工具实证主义者，他有对社会进行控制的左倾倾向，所以他会发现 Gary 的政治立场是与他一致的。关于文化概念用法的演变，见 John S. Gilkeson, "The Domestication of 'Culture' in Interwar America, 1919-41," in *The Estate of Social Knowledge*, ed. JoAnne Brown and David van Keuren (Baltimore: Johns Hopkins University Press, 1990)。

[117] Ogburn, *Social Change*, 99-200.

有"堕距"。奥格本的理论是他那个时代最为流行的历史观念的精致化；这个观念就是，美国社会对越来越快的经济变迁的反应，大大落后于经济变迁本身。

正如他自己感受到的，他的理论的问题在于，如何把握物质文化与非物质文化之间的关联，什么才算得上是这种关系的恰当"调整"[adjustment]。奥格本对文化堕距提供了一个详细的例子，就是19世纪末工业机械化和工作条件之间的"堕距"，生产机械化了，但工作条件没有改变，结果造成许多工人受伤甚至死亡。调整就是针对女工的赔偿法。他承认："人们可以在不同文化单元的许多种不同组合下生活，社会也可以在这些不同组合下存续。所以可能有很多种程度不同的调整。但人们生活于其中的许多种不同状态，为我们确定到底哪种才是最和谐的组合提供了证据。"调整就这样被界定为和谐的、更好的、科学的和公正的[just]。奥格本到了晚年开始认为，能够衡量调整的客观标准是存在的，而这种调整必然是一种改善。[118]

奥格本的"文化堕距"理论的广泛和迅速流行并不能说明这一理论具有很强的分析力量。它不过是给了人们广泛感觉到的历史不适[malaise]以一个名目和外形而已，它是用看似科学的形式表达了一种新的自由主义希望，即通过日益增加的变化达到进步。奥格本一方面否认，人们能够对整个进化性进步过程加以勾画，另一方面则试图表明，他仍然能够通过对发明创造的统计，描绘出社会变迁的上升趋势。有了"一战"的教训，他认识到社会控制的概念是无用的。"认为可以根据人的意志对社会进化的过

---

[118] Ogburn, *Social Change*, 267, 214, 268；同作者, "Cultural Lag as Theory" (1957), in *On Culture and Social Change*, 86-95。

程加以控制,这就像一个辉煌的白日梦。"但作为调整的社会控制则本身就是"社会进步"的一部分,而且能够预防革命。帕克很快就用自己的保守派自然主义跟这种关于文化时滞的自由理论展开竞争。被奥格本称为调整的变迁不是"人为设计的结果,也不是带来了这种变迁的人们有意所为……(物质的和非物质的文化之间的)断裂并不能引发任何激动人心或者催人振奋的东西……这种说法并没有直接的实践意义"[119]。

但是,奥格本仍然相信,一门统计性的社会学有深刻的实际作用。他开始按年度出版对社会潮流的统计调查,试图在"缺少确定性的变迁时代"提供"确定性":"对社会变迁的最好预测通常都基于从过去潮流而来的投射[projection]。"在由他领衔为胡佛总统准备的大型报告《近期社会潮流》[*Recent Social Trends*]中,他的科学目的和实际目的达到了统一。然而,这份在1929年大萧条之前受命起草、在总统下野之后才出版的报告,不期然成为政治目标和科学目标之间距离的纪念碑,也成为通过"投射过去的潮流"来预测社会变迁的危险性的标志。不过这份报告曾经是,并一直是关于早期美国社会的有用信息的丰富纲要,不仅对历史研究有用,对社会分析也同样有用。它是一种信息,能够佐证统计依赖于收集材料时的分类范畴,依赖于它们被设想要用来回答的问题,还依赖于对"心理因素和文化因素是什么"这个问题的良好把握,也就是说,要依赖于历史解释、社会理论和情境化理解。依然处在吉丁斯影响下的奥格本,还是觉得数量化事实

---

[119] Ogburn, *Social Change*, 346, 280; Park, "Culture and Culture Trends," 34-5. 对奥格本的社会变迁理论的更深入讨论,见 Dorothy Ross, "American Social Science and the Idea of Progress," in *The Authority of Experts*, ed. Thomas H. Haskell(Bloomington: Indiana University Press, 1984), 157-75。

能够自己说话，它们能够揭示出指导进化性进步的简单过程。[120]

吉丁斯的另外一个学生的情况也是这样，他就是 F. 斯图亚特·蔡平，不过蔡平更形象地体现出用定量方法处理历史进化问题带来的困难。蔡平 1928 年出版的《文化变迁》[Culture Change] 一书遵循奥格本的榜样，也界定了历史社会学的范围，但他对待历史的态度要比奥格本严肃一些。蔡平简短但不失具体地检视了西方文明的各个阶段，从希腊到罗马到中世纪，再到工业革命——这是历史上在物质文化方面发生的最突然、最重大的转变——以及当代对工业革命的反动。他的观点是，尽管文明的每个阶段都遵循着兴亡相继的循环模式，但历史并不是在完全地重复自己。针对过去的败落，解决方案已经找到了；而现代工业时代与那些早期阶段有着本质的不同。由于变迁的速度不断加码，所以现在存在失调的问题，但社会制度并不是固定的，而是能够加以改变的。简言之，蔡平所发现的历史是 1900 年左右出现的自由主义的历史主义。

确实，对那个流派来说，蔡平的自由主义历史是相信进步的。通过采用奥格本关于发明创造的理论，他强调了"文化是如何展示、积累、堆积的，它是如何显得以加速度发展的"。在奥格本那里，文化积累仍然是抽象的，是用趋势曲线来描画的。而对蔡平来说，它是一个自由主义历史进步的实质性景象，这种进步能够将旧美国吸纳进新美国，并通过物质的和社会的发明来克服循环性衰落的威胁。他的书的扉页是触目的芝加哥论坛报大厦 [Chicago Tribune Tower] 的图画，高耸入云。标题说明中写道："这个美丽的结构，代表了一个用加强了的钢结构造成的现代摩天

---

[120] "Recent Social Changes," *AJS*, 34 (July 1928): 2. 关于这篇文章，见 Karl, Merriam, 210-25；以及 Bannister, *Sociology and Scientism*, 181-7。

大楼；上面叠加了哥特式的图案。它象征并总结了这本书的主要论旨——文化变迁首先是累积性的。"蔡平可能会把他的主题称为"变迁"，但它实际上是进步，一种能够和谐地混合过去和现在的最好成分，并指向一个强有力的现代未来的变迁。[121]

但是，蔡平这本书的绝大部分并不是历史，而是对文化变迁进行数量化测度的尝试。无论他考察的是什么问题，商业周期、对慈善施舍的依赖、专利权的取得、明尼苏达州政府的膨胀，还是以城市委员会为形式的政府扩张，他都发现了同一种循环曲线，早期的迅速发展，平稳期，最后是衰落。他发现，将非同质或者未划一的单元结合到一起进行统计分析是十分困难的，然后，他开始使用一种新出现的生物有机体生长的模型，这种模型能够处理表现出相同曲线的个例。他认为，这些曲线是社会学习的结果，然后他在它们的基础上发展出"工作假设"以供进一步统计验证所需，这些假设也跟他的循环曲线一样表现出相同程度的表面一般性。最终，他转向芝加哥社会心理学，并重新定义它的操作概念，即以"言语反应"[speech reactions]和"肌肉行为模式"[muscular behavior]这样的严格行为主义语言来重新定义。[122]蔡平希望得到一个融合新旧的大厦（Tribune Tower），但由于同时使用两套话语，他实际上造出的是巴别塔，象征着他的自由主义历史学家的灵感和他所选择的工具实证主义之间的脱节。

将历史进化这个社会学传统问题，转换成科学问题来处理，这种尝试的最后一个例子，我们举弗雷德里克·特加特[Frederick J. Teggart]，他是一个特例，但同样确证了规律。特加特——以及

---

[121] F. Stuart Chapin, *Cultural Change* (New York: Century, 1928), 56-8, 275, 51.
[122] Ibid., 380-1, 427-36.

他之后的两个学生肯尼斯·博克［Kenneth Bock］和罗伯特·尼斯比［Robert Nisbet］——发展出了一个批判社会学科学主义的传统。特加特有很多专长，但在这里他首先是一个思想史学者，他将社会学的渴望追溯到亚里士多德对有机体生长的理解，这种渴望就是：在历史的具体特殊之下，寻求事物的"本性"和制约事物发展的自然的、规律性的法则。特加特对社会学的科学主义进路的批判，在他的有生之年并没有对这个专业产生太大的冲击。他潜藏在伯克利他自己的社会研究部门中，无意于去打扰外界的社会学家，但也坚决不让他们染指他的地盘。不过，特加特也同样不被历史学家喜欢，他和他们一起从事教学活动，直到他们1916年终于把他扫地出门，因为他同样对历史学也充满了批判之心。用那些历史学家自己的话说，特加特向人们展示了，文化和主观性已经深深地沾染在他们的著作中。但他说，情况本就应该如此，因为传统上，历史本身就是被当作一种文学来实践的，它在每个时代都重新唤起过去，它在描绘过去的事件的时候重新创造出经验，它并不是一门追求概括化的科学。罗伯特·帕克做得没错，他在特加特对科学和历史的区分中寻求支持。[123]

让人们感到受欺骗的是，特加特相信历史——具体的、特殊的历史——应该成为一门科学的对象。一个科学的历史学家首先应该摒弃西方种族中心主义和对进步的梦想，他应该意识到，历

---

［123］关于特加特，见 Robert Nisbet, "Teggart of Berkeley," *American Scholar*, 48 (Winter 1978/79)：71-80；Stephen Murray, "Resistance to Sociology at Berkeley," *JHS*, 2 (Sping 1980)：61-84；以及 Margaret T. Hodgen, "Frederick J. Teggart," *International Encyclopedia of the Social Sciences*, 1968 ed., 15：598-9。关于他对历史的批判，见 Frederick J. Teggart, *Prolegomena to History: The Relation of History to Literature, Philosophy, and Science* (Berkeley：University of California Press, 1916)。

史，就像社会学家的"社会"一样，并不是一个单一的整体，而是许多历史的一种串联。由此，通过切近的比较研究，关于历史发展进程的概括化命题就能建立起来，这种命题能够放之四海古今而皆准，因为在多种历史的表面之下，存在着"历史的基本同质性"。特加特炮制出这样一个理论：政治组织和文明生于接触、压力、冲突或者战争，这种过程通常发生于某些类型的地理交叉路口，它也会解放个体的创造性。阿诺德·汤因比后来声称，他从特加特那里获得了灵感。[124]

这个理论背后那种鼓舞人心的激情，远远比不上它所使用的方法的特殊性："最重要的关键之处在于，冲突通过打破旧有的组织，而从群体的支配中解放了个人，哪怕只是瞬间的解放，人们也不必去管群体的规矩、群体的程式、群体的观念……在某种程度上，个体成为自己的法律。实际上，这是决定所有历史的事实。"这意味着释放创造性，发展个人责任，以及在不受任何干扰的情况下处置个人自己的所有物的基本权利。这是人们熟悉的自由主义观念，它把社会变迁理解为从"僵死的习俗"中解放出来的个人首创性。带着他惯有的历史敏锐性，特加特把它追溯到约翰·斯图尔特·密尔的《论自由》和沃尔特·白哲特。特加特出生于贝尔法斯特，他将历史转变为科学的理论、价值和渴望，全都来自他所喜爱的苏格兰启蒙运动的和英国自由主义的文献。所以毫不奇怪，他在1932年对凡勃伦传统的"对经济活动的控制"发动了批判，并痛惜人们抛弃了"美国特色"[American]，抛弃了"进步应该适合于每个人的生活"这种"自然主义理论"。特加特的道路并不是美国社会学家

---

[124] Frederick J. Teggart, *The Processes of History* (New Haven, Conn.: Yale University Press, 1918); 引言出自第8页。

所采取的,但这条道路涉及了社会学的领域。[125]

当我们在1930年离开这个领域的时候,它处在四分五裂之中。芝加哥社会学留下了一个分岔了的传统,一方面是生态过程和自然类型所包含的自然主义前设,另一方面是符号互动论的社会心理学。吉丁斯传统中对大规模历史研究被分解为对经验趋势的零散研究。而在两种传统中都得到稳固发展的是工具实证主义,它划定一个狭小的研究范围,使用自然主义前提,并且崇尚定量方法。工具实证主义跨越了结构功能主义的兴衰,到如今都一直是主流美国社会学的决定性特征。[126]

四 政治学中的对话与抵制

与社会学一样,政治学也缺少支配性的范式,但它有历史现实主义这个支配性的传统。当这个学科迈入20世纪20年代时,它那种保守的传统主义仍然清晰可见。晚至1924年,哈里·加菲尔德[Harry A. Garfield]还惊奇于"80年代晚期与现时代的两种

---

[125] Frederick J. Teggart, *The Processes of History* (New Haven, Conn.: Yale University Press, 1918), 86-90; 同作者, *Theory of History* (New Haven, Conn.: Yale University Press, 1925), 190; 同作者, "Thorstein Veblen. A Chapter in American Economic Thought," *University of California Publications in Economics*, 11 (1932): vii, 2-3。
[126] 关于20世纪30年代的情况和帕森斯的兴起,见 Henrika Kuklick, "A 'Scientific Revolution': Sociological Theory in the United States, 1930-1945," *Sociological Inquiry*, 4, no. 1 (1973): 3-22。Kuklick 在其文的第16页,Bannister 的 Sociology and Scientism 的第15章,都认为科学的硬纲领仅仅在这个学科的一个狭小的局部取得了胜利。笔者的解释中所用的工具实证主义概念是比较宽泛的,并跟下述文献的结论保持一致: Bryant, *Positivism in Social Theory and Research*, Chap. 5, 以及 Patricia Wilner, "The Main Drift of Sociology between 1936 and 1982," *History of Sociology*, 5 (Sring 1985): 1-20。

传统之间的对立",但他还是向他的同事们说:"我们不需要因此对任何基本原则做出修正。"他建议实行微小的改革,这种改革"将在几乎不引起变化的情况下推动进步。我们从一开始就在朝这个目标前进"[127]。不过,加菲尔德似乎是最后一个代表老式美国例外论传统的美国政治学协会主席了。

梅里安的科学化规划

梅里安在1921年呼吁建立一门新的政治科学,立刻就得到了响应。他的学生,威斯康星大学的阿诺德·霍尔[Arnold Bennett Hall]领头组织起一个政治学年度夏季会议。这个会议从1923年开始举办,以圆桌会议的方式召开,议题是讨论怎样将科学化方法用于研究专门化的问题。第二年的美国政治学年会也开始讨论同一个问题。夏季会议1928年就停办了,但它已经完成了调整整个学科方向的使命。[128]

---

[127] Harry A. Garfield, "Recent Political Developments: Progress or Change?" *APSR*, 18(February 1924): 1, 16-17.
[128] 对于梅里安和20世纪20年代"科学的重生",有一个出色叙述,它强调了对民主和改革的规范性承诺仍然在新运动中被继承了下来,这就是 Raymond Seidelman with Edward J. Harpham, *Disenchanted Realists: Political Science and the American Crisis, 1884-1984* (Albany: State University of New York Press, 985), chap. 4。在对美国政治学的叙述中,到目前仍属经典的是 Bernard Crick, *The American Science of Politics* (Berkeley: University of California Press, 1959)。Dwight Waldo, "Political Science: Tradition, Discipline, Profession, Science, Enterprise," in *The Handbook of Political Science*, ed. Fred Greenstein and Nelson Polsby (Reading, Mass.: Addison-Wesley, 1975), 1-130 是很有用的, 而 Albert Somit and Joseph Tanenhaus 的 *The Development of American Political Science: From Burgess to Behavioralism* (Boston: Allyn & Bacon, 1967) 也很有用, 特别是其中关于职业化发展的方面。David Ricci, *The Tragedy of Political Science: Politics, Scholarship, and Democracy* (New Haven, Conn.: Yale University Press, 1984), 是对美国政治学中的科学主义的批判, 尽管作者似乎仍然保留着对科学的实证主义理解。

梅里安的科学化规划中包含一个重要的限定。他意识到，这个学科的传统基础是"政治审慎"，即"从国家的问题出发，对经验的总结和反思"。尽管缺乏"能够演示的、技术上的确定性"，这种知识体仍然不失为"人类的宝贵财富"。细读之下我们发现，梅里安的呼吁并不是要抛弃这个遗产，而是要补充它，并使它精炼化，途径是引入科学方法，引入"对材料的测度、比较和标准化"。然而他的要点并不在于保存或者发扬光大，而在于改变。霍尔继承了这种科学精神，也正是在这种精神的鼓舞下，他的学生响应了梅里安的召唤。霍尔告诉他的同事们：政治学的任务在于"扩展和完善它的技术，增加它的活动，这样，越来越多被政治审慎抢先占据的领域就能归到政治科学的版图内"。与这种技术相伴而来的还有显得有点乌托邦色彩的语言，比如"通过社会控制……更有效地预先辨认出社会进步的真正过程"[129]。

政治学家们的早期讨论表明，他们大体上并不熟悉科学的要求。一个学者曾预期，对投票的新研究会迅速形成"对像强制投票这样的权宜之计的有效性的最终判断，就像一个化学家判断一种除色剂的效果或者生物学家判断一种杀虫剂的效果一样"。另一些人则开始发现，测度政治现象、评估政治解决方案是极其复杂的。必须引入统计技术，甚至要比社会学更多地使用它。[130]

---

[129] Merriam, "Present State of the Study of Politics," 176, 179-80; "Reports of the Second National Conference on the Science of Politics," *APSR*, 19 (February 1925): 105; "Reports of the National Conference on the Science of Politics," 同前引期刊, 18 (February 1924): 121.

[130] A. N. Holcombe, "Review of C. E. Merriam and H. F. Gosnell, Non-Voting," *APSR*, 19 (February 1925): 202-3; "Report of the Third National Conference on the Science of Politics," 同前引期刊, 20 (February 1926): 139-43; "Reports of the Second National Conference," 108.

第一次夏季会议上提交的研究计划中，最精密的要数宪法学者爱德华·科尔文［Edward S. Corwin］的研究。它代表了在政治学的固有传统中进行系统研究所具有的潜力，这种传统就是历史的和规范的传统。他把自己的问题界定为研究联邦最高法院的实践对司法审查的影响，然后讨论了在考虑关于政治后果的价值判断的情况下，明确评判标准的重要性，并勾勒出一系列精密的问题，提请考虑下列维度的区别：不同的历史时期，宪法法律的不同领域，州法庭与联邦法庭之间的相互影响，以及法律解释的典范［canons］随着时间发生的变化。这样的研究可能不仅使他的听众们感到畏惧，也会使他自己害怕。由于完全得不到这群行为科学渴慕者的欢迎，科尔文此后再也没有参加过这个会议。[131]

关于法律的圆桌会议由霍尔接替主持，他认可了这样一种简单努力，即寻求"预测司法行为"的基础。尽管他警告说，定量方法不能单独使用，他还是赞扬了这样一个研究，它将在接下来的十年中只关注一个法庭，并且只考虑那些可以度量的事物——陈述的长度、援引先例的数量、诉讼事实摘要的长度，等等——因为它们在加以测度并通过交叉表检验之后，有可能被证明是重要的。从科尔文到霍尔的转变提供了一个非常具有启发性的例子，它表明了工具实证主义的后果：关注当下的一个短暂时间跨度而不是历时的变化；用十年的时间去收集可数量化的资料，仅仅是因为它们可能会测度出某些东西，而不是用十年时间，从已知具有重要意义的复杂问题入手来梳理研究的主题。[132]

在政治学的传统领域中，对技术表现出特殊兴趣的是行政

---

[131] "Reports of the National Conference," 148-54; Robert T. Crane to Charles E. Merriam, ［July 3, 1923］, Merriam Papers.
[132] "Reports of the National Conference," 128, 132-4.

研究。政府研究所1916年在华盛顿成立,它要处理从地方政府到州政府再到联邦政府的预算改革问题,目标是发展出一个行政预算。研究所的主任是理论家威洛比的弟弟W. 威洛比〔W. F. Willoughby〕,他把战后那些行政专家的保守气质和科学脾性都纳入考虑。进步主义预算改革,已经成为旨在打造好政府的大众运动的一部分,这项运动的通常目标是扩大公共服务的范围,并增加它的效率。威洛比对他的同事们说:"行政部门的工作,如果不是一门科学的话,那也至少是要严格运用科学方法加以研究的对象。"在对进步主义的政治技术表示轻蔑之后,他现在愿意在国家官员的配合下开展工作,而不是寻求"对现状的公开指责和公共鼓动家的举动"的支持。专家精英的治理是他的核心观点,这种治理不仅是在技术上,在实质上也是如此:"管理得最好的政府就是最好的政府。"威洛比在推动联邦预算改革方面取得了相对的成功,并且他在扼杀沃尔顿·汉密尔顿治下的布鲁金斯研究生院的行动中扮演了关键角色。但他避免涉及政策问题的愿望,使他的工作范围和影响力范围都越来越受到限制。经济学家,由于拥有更为可信的专家才能,把老式会计和政治学家都挤出了预算领域。当政府研究所1927年被并入布鲁金斯研究所时,它无可挽回地落入了经济研究的从属地位。[133]

在文官改革这个领域,政治学家也出师不利。战争期间发展起来的智力测验迅速被行政事务专家所采用,他们在人事挑选中需要进行测试,还需要测量人事效率的技术,但在这里,最具相关专业才能的是心理学家。当梅里安找到瑟斯顿,并想把他带回芝加

---

[133] Critchlow, *Brookings Institution*, 32-40, 63-6; W. F. Willoughby, "The Institute for Government Research," *APSR*, 12 (February 1918): 49, 60-1, 62. 亨利·琼斯·福特高度赞扬了那些更保守的研究项目,见 "Review of W. F. Willoughby, The Problem of a National Budget," *APSR*, 13 (August 1919): 505-6。

哥的时候，瑟斯顿正在设计选拔警员的测试。直到"科学管理"的观念从蓝领工作上行到白领工作时，行政领域才有了自己的"科学"原则体系。科学主义此时仅仅加强了行政从政治的分离，这种分离一直是某种更大范围努力的一部分，这就是在民主政体中把精英治理的原则加以正当化的努力。那种认为行政是美国政治必需品（desideratum）的一贯乐观态度，正是政治学中持续存在的辉格党阶级偏见的最好表现。直到 20 世纪 50 年代，马克斯·韦伯对科层化的悲观态度都没有对美国行政管理专业的学生形成冲击。[134]

梅里安的科学化规划在开始改变政治学的传统关切的同时，也开辟了一片新的研究领域。心理学是梅里安的首要兴趣，也是他推行科学化的特洛伊木马。他把瑟斯顿和其他心理学家安插进各种政治学研讨会和会议。与面对社会学家时所做的一样，弗洛伊德·奥尔波特和斯图尔特·赖斯也向这些政治学家展示自己的工作。但梅里安对心理学的兴趣，正如其他进步主义政治学家所偶尔表白的一样，其实是从自己的学科出发的。

在新的心理学的启发下改造政治"审慎"的传统的努力，肇始于英国人格雷厄姆·沃拉斯的《政治中的人性》[*Human Nature in Politics*, 1908]。借助詹姆斯的机能心理学，沃拉斯希望能够替换掉那种老的、名誉不佳的理智主义[intellectualist]心理学，代之以一种能够服务于民主化大众政治的新心理学，它能够认识到思想的非理性基础。为了支撑他的自由主义/费边主义政治立场，他还强调了教养[nurture]而不是自然[nature]，并呼吁对政治

---

[134] "Reports of the National Conference," 125-33; A. Dunsire, *Administration* (New York: Wiley, 1973), 92-4, 80; Dwight Waldo, *The Administrative State. A Study of the Political Theory of American Public Administration* (New York: Ronald, 1948), 92, 163, 41n.

多一些数量化思考。通过数量、估计值、均值这样一些概念来思考政治，就可以把理性的、习俗的政治传统的统治地位消除掉。沃拉斯的书在美国得到广泛追捧，比在英国还要受欢迎。所以当他在后来的两本书中发展其概念时，他开始拾美国人的牙慧，谈论政治的目标在于控制——比如"对全国性合作的控制"。[135]

梅里安和他的同事们向沃拉斯敞开美国政治学这片沃土，但他们感到他自己不愿进入。实际上，沃拉斯的著作和梅里安的运动之间的差异与它们之间的共同点一样大。让梅里安转向科学和心理学的是他对美国政治的突然幻灭。经历了进步主义运动的衰落和战争年代的歇斯底里，即使像梅里安这样的传统进步主义者也开始相信，民主投票和民选领袖运作的基础是一种非理性主义的心理学。沃尔特·李普曼［Walter Lippman］是一个具有反叛性的记者，在战前，他利用沃拉斯来鼓励建设性地和解放性地使用政治冲动；而到了战后，他开始激烈否认人民的理性能力。在《舆论》［*Public Opinion*，1922］和《影子公众》［*The Phantom Public*，1925］这两部广受社会科学家好评的书中，他对大众的疏忽、非理性和易被操纵性进行了辛辣的分析。[136]梅里安从来没用过李普曼的尖刻语言，也不曾抛弃过民主，但相信人民是可以教育的进步主义信念发生了转变，变成了对科学技术的需要，因为

---

［135］Graham Wallas, *Human Nature in Politics*（London：Constable，1908）；同作者，*The Great Society: A Psychological Analysis*（New York：Macmillan，1914）；同作者，*Our Social Heritage*（New Haven, Conn.：Yale University Press, 1921），102-3。

［136］A. N. Holcombe, "Review of Walter Lippmann, *Public Opinion*," *APSR*, 16（August 1922）: 500-1; Arnold B. Hall, "Review of Walter Lippmann, *The Phantom Public*," *APSR*, 20（February 1926）: 199-201; Robert E. Park, "Review of Walter Lippmann, *Public Opinion*," *AJS*, 28（September 1922）: 232-4. 李普曼的早期作品是 *A Preface to Politics*（New York：M. Kennerly, 1913）。

领导者可以通过它实现领导，而公众可以通过它而被训练到接受正确的道路。科学越来越成为政治审慎的替代物。

与之相反，沃拉斯并没有在对政治的专业看法和公众看法之间做出区分；他的新心理学和数量化思维意味着职业政治学家、政治家和普通选民都是相似的。他从来没有丧失他对政治理性和政治"讨论"的核心关注，所以，现实的、数量化的思维意味着要提升讨论的理性水平而不是要取代它。他希望搞懂心理学，目的是想用它来教育公民，让他们能够抵制操纵。毫不奇怪的是，沃拉斯对美国政治学自20世纪20年代以来滥用科学的取向感到很愤慨，他特别不能容忍它那种决定论的和行为主义的假设，因为这样就否认了个体公民的自由意志和首创精神。[137]

梅里安的科学化政治学源自他对历史和政治的不确定性的新感受："社会每时每刻都在解体，所以问题在于，如何在人们的头脑和生活中重建权威？"他曾经给出过进步主义的答案——更有效的政治领导和公民教育——但如今他寻求通过科学的心理学实现理解和控制。梅里安向他的哥哥和心理学家罗伯特·耶基斯〔Robert M. Yerkes〕施压，让他们设计出一个关于"领导能力"的心理测试。[138]与此同时，他开展了一项对美国政治领导人的研究，这项研究的成果揭示出，他自己其实也无力遵循他压迫别人采取的科学

---

〔137〕Wallas, *Human Nature*, 155-6, 188-90；同作者，*Great Society*, 244-5, 281-6；同作者，*Social Heritage*, chap. 11，特别是 pp. 255-7。关于沃拉斯，见 Martin J. Wiener, *Between Two Worlds: The Political Thought of Graham Wallas* (Oxford: Oxford University Press [Clarendon Press], 1971)，特别是 170-1, 205-6, 208-10。

〔138〕Charles E. Merriam, "Review of Zachariah Chafee, *Freedom of Speech*," *AJS*, 27 (July 1921): 98; Charles E. Merriam to Robert M. Yerkes, October 14, 1921; January 23, 1923; Yarkes to Merriam, January 23, 1923, Merriam Papers.

化方法。梅里安所呈现的"只是一个概要,而不是一个完全的科学分析",分析的对象是林肯、罗斯福、威尔逊和布赖恩*的职业生涯。作为一个概要,它们表现出某种理想主义和普遍的同情心,这可能会让梅里安成为一个不错的政客;而这本书体现出他的"科学性"的地方仅在于,它提供了一个表格,列举了政治领袖的六项"特质",第一项是对社会和工业趋势的敏感,最后一项是勇气。《美国政治学评论》上的一个评论者,要么是想出名,要么是完全缺乏对自己职业生涯的政治敏感,居然胆敢把这本书攻击得体无完肤。[139]

梅里安兴趣的另一半是公民教育,这种兴趣部分地来自他对战时宣传的参与。他曾掌管美国在意大利的"公关机构",他的任务是巧舌如簧地宣扬美国的利他主义战争动机,并散布美国准备参战并决心战斗的"事实"。他在 1919 年带着一种清醒的良知回到美国,告诉人们"我们的信息并不是由谎言、虚伪陈述 [misstatements]、半真半假 [half truths] 或者夸大其词组成的"。这次海外公关之行也让他清晰地认识到,如果把这些技术用于公民教育,将会发挥极大效果。[140]

在梅里安 20 世纪 20 年代对公民教育的讨论中,最重要的部分是他为处理这个问题所定下的概念框架。到进步主义时期末为止,霍克西、康芒斯、杜威和其他一些人已经开始谈论在美国取得

---

* 即 William Jennings Bryan [1860—1925],美国国会议员,曾三次竞选总统,均告失败,后任国务卿 [1913—1915],主张和平外交,因对第一次世界大战严守中立遭反对而辞职。——译者注

[139] Charles E. Merriam, *Four American Party Leaders* (New York: Macmillan, 1926), xiv, xi-xii; Ralph S. Boots, "Review of Charles Merriam, *Four American Party Leaders*," *APSR*, 21 (May 1927): 450-2.

[140] Charles E. Merriam, "American Publicity in Italy," *APSR*, 13 (November 1919): 541-55,特别是第 554 页。

某种共识的可能性,这种共识并不是基于大家对特定价值的普遍赞同,而是基于对以下这种框架的普遍同意:调整相互冲突的价值的程序,游戏规则,或者潜藏在冲突之下的那些知识和态度的框架。在面临持续不断的劳工暴力、阶级冲突和种族冲突的情况下,他们决心发展出能够消除危险的文化能力,并使这种能力得到正当化。梅里安了解这个趋势,也意识到了后来被称为政治文化的东西的重要性:"政党体系的特征有赖于共同体的政治民德(mores),有赖于政治人民大众的标准、品味和价值……在争夺经济和政治权力的斗争中,阶级冲突和群体冲突是不可避免的,但在对外战争中,共同标准又是什么呢?"梅里安寄希望于通过教育让人们具备"对更广大的群体的忠诚和效忠",这是美国政治中最基本的民德。[141]

问题在于,梅里安在重复并整理了进步主义时代对政治的理解的同时,他同样在鼓励另一种非常不同的政治语言。他一方面用科学的——特别是心理学的——方法来轰炸自己的同事,另一方面又开始用一种越来越技术化和乌托邦化的视野来看待政治学。他对新兴的动物心理学家、测验专家、行为主义者和精神分析学家所取得的成就和抱有的希望印象深刻,他相信他们已经处在"精确测量那些人性中难以捉摸的要素的边缘,这些要素一直在逃避科学方法的理解和控制"。尽管总是包含限定条件,他还是开始用优生学、"向性"(tropisms)、智力测验和大规模统计调查等词汇来谈论政治。

梅里安的乌托邦科学主义的最高峰是他 1925 年出版的《政治学的新面向》[New Aspects of Politics]。他相信自己处在"一个新世界中,有着新的社会状况、新的思考和研究模式"。尽管"人类

---

[141] Charles E. Merriam, *The American Party System* (New York: Macmillan), 1922, 429, 431.

正在以令人难以置信的速度冲向前方",他们还没有做好准备以应对变化的节奏。梅里安提供的解决方案是教育和优生学。

> 我们正在迅速地接近一个时代,在这个时代里,我们不仅可以决定订立什么样的法律,而且可以决定我们繁衍出什么样的人,我们可以通过教育,也可以通过优生学做到这一点……我们可以决定何种造物应该被生出来,尽管这种决定要受到重要限制。

梅里安对一个"全部由现代科学打造的新世界"的预言,在今天看起来更接近实现了,但也更可怕了,它表明,造成了20世纪20年代的科学主义的,是一种没有根据的天真[innocence]。[142]

继承了梅里安的技术想象力的是哈罗德·拉斯韦尔。作为一个长老会牧师的儿子,他早年既热情献身于宗教,也献身于政治,但后来他毫不犹豫地转而信仰科学。1918年,他来到芝加哥,此时他已经是一个早熟而且能言善辩的年轻人,并且已经阅读过弗洛伊德,不怵于吸收任何新东西。正当SSRC步入发展正轨的时候,他成为梅里安的研究生,很快拿到奖学金去了欧洲,还去了哈佛学心理学。他在做了一篇关于宣传的博士论文之后,在1927年成为芝加哥大学的一名教员,也成为梅里安在20世纪20年代为芝加哥带来的一批具有创新能力的年轻人中的一员。[143]

---

[142] Merriam, "Present State of the Study of Politics," 181;同作者,*New Aspects of Politics*(Chicago:University of Chicago Press, 1925), 19, 25, 2, 155, 21-2。
[143] 关于拉斯韦尔,见 Dwaine Marvick, "Introduction: Context, Problems, and Methods," in *Harold D. Lasswell on Political Sociology*, ed. Dwaine Marvick(Chicago: University of Chicago Press, 1977), 1-72。

拉斯韦尔作为新一代人，拥有抛弃老的政治传统中的那些理想主义和局限性的能力。借助赖斯的方法纲领，他剖析出詹姆斯·布赖斯分析的不充分性，否定了布赖斯的主张。布赖斯认为，由于政治现象在不同的时空环境下表现不同，所以政治学不可能是一门自然科学。拉斯韦尔则认为，那是因为我们仍然在处理总体现象。如果现象被"分解成具有相对永久性的要素"，我们就能取得进步。一门政治科学将要检视"'骚乱'或者'异议'出现的基本情境，而那种通常被称作'民主'或者'寡头'的松散社会行动模式，很可能被证明是次要的"[144]。

拉斯韦尔还吸收和发展了某些心理学概念的能力，对这些概念，梅里安只有在想象中才能遇到。他告诉政治学家们："宣传，就是通过对意义符号的操纵，而达成对集体态度的管理。"民主社会中，论证和劝说增加，宣传是这种增长的伴生物。[145]所以任何适用于民主社会的伦理体系都必然会对宣传加以赞许。实际上，宣传不仅是必要的，而且是有益的。它将戳穿"歌功颂德式民主"，促进"工程学思维框架"。

这种在文化上反叛传统的行为，其政治意涵不是纯粹地在于它意图揭穿"人民的意志"的门肯*式欲望，而是在于用技术至上论的社会控制来取代政治冲突。他说，关于冲突的政治哲学，关于"国与国、阶级与阶级、领导人与领导人、党派与党派"之间

---

[144] Lasswell, "The Comperative Method of James Bryce," 478-9.
[145] Harold D. Lasswell, "The Theory of Political Propaganda," *APSR*, 21 (August 1927): 627.
　　* 即 Henry Louis Menchen [1880—1956]，美国评论家，新闻记者，长期在《巴尔的摩太阳报》工作，与他人合编《时髦人物》杂志（1914—1923），主编《美国信使》，著有语言名篇《美国语》及其补编、评论杂文集《偏见集》等。——译者注

的政治哲学，已经过时了。宣传家知道，社会毋宁是"一个界定和巩固意义的过程"，通过使用文化象征，情境可以加以重新定义，以至于相互冲突的党派之间发生的既不是胜利，也不是失败，而是一种新的"整合"。拉斯韦尔在这里用了玛丽·弗莱特［Mary Follett］关于社会互动的那本有影响的著作，它模糊了精英指导和大众能动性之间的区别。拉斯韦尔说，实际上，民主社会一直就是这么运作的，宣传家的有意识工作也是这样的。于是，对"那些在民主状况下将要统治多数人的少数人"而言，问题不在于怎样解决经济的、社会的和政治的冲突，而在于通过文化象征来重新定义它们，这样就能让它们变得无害。[146]

拉斯韦尔对精神分析的兴趣加深了他那种反叛的现实主义。梅里安一直紧跟精神分析领域的最新进展，很早就钦佩哈佛的埃尔顿·梅欧［Elton Mayo］和 R. 亨德森［R. D. Henderson］的社会心理学著作。在招他们到芝加哥未果之后，他就开始把学生派到他们那里去。当他在1925年把拉斯韦尔送去的时候，他告诉梅欧，拉斯韦尔应该学习"精神分析的语言"，以便于他能在精神分析和政治学之间达成"有益的结合"。拉斯韦尔于1930年写成《精神分析与政治学》[*Psychopathology and Politics*]，这是一项开创性努力，它系统地将他那一代人的还原论［reductive］洞见引入政治领域。公共理想被私人动机取而代之，他相信，政治只需要通过治疗来缓解［deflate］，而不是通过讨论来决断［adjudicate］。在拉斯韦尔身上，梅里安找到了他自己所缺少的心理学能力和科学能力，可能还找到了对政治的失望的声音，这种失望是他无力

---

[146] Harold D. Lasswell, "The Function of the Propagandist," *International Journal of Ethics*, 38（April 1928）: 258-68.

加以恰当表达的。[147]

不过在这种转换中,改变的仅仅是语调而不是实质,区别在于量而不在质。温和派进步主义者相信教育和文化的力量,认为它们能够消除经济冲突;也相信精英领导和社会控制的必要性。这些信念都得到了下一代的遵循,他们看起来生活在一个新世界中,在这个世界里,理想主义明显遭遇了失败,只有科学还能承诺控制。对美国社会科学的自由主义希望从前一直处在要为自己辩护的地位上,现在突然从"软"变"硬"。梅里安偶尔会意识到这门政治科学有变成"马基雅维里式"的可能性,但这并不能阻挡他的规划。正如他在给梅欧的信中所言:"我们没办法发明一种新工具,让窃贼无法使用。"[148]拉斯韦尔成为20世纪50年代政治学中的行为主义运动之父,这是科学主义在这个学科中的扩展和提升,按照这个谱系,梅里安恰恰是这个运动的祖父。

另一种研究进路应该被纳入梅里安的科学主义之中。他的一个主要规划得到芝加哥地方共同体研究委员会和洛克菲勒的共同支持,这就是他与他的学生哈罗德·戈斯内尔一起做的对芝加哥的未投票行为的研究。如果说拉斯韦尔拾起的是梅里安进步主义信息的硬的一面的话,那么戈斯内尔发展的就是它的软的一面。他试图发现"未投票者的态度",希望能扩大有理智的政治参与。他发现,未投票的一半都是出于对不知何时何地进行投票的无知,还发现未投票率最高的单一群体是新获选举权的女性群体,这使

---

[147] Charles E. Merriam to Elton Mayo, March 21, 1925, October 22, 1926, Merriam Papers; Harold D. Lasswell, *Psychopathology and Politics* (Chicago: University of Chicago Press, 1930).
[148] Charles E. Merriam to Elton Mayo, March 11, 1925.

他提出，选举应该变得更方便，而且全部选民应该得到直接告知。在这种对民主信息的兴趣下，戈斯内尔又把一套新的科学工具亮出来：通过访谈和问卷进行态度调查，收集他的 6000 人投票者样本的人口信息，并对结果进行统计列表和分析。但令人不解的是，梅里安和戈斯内尔避免了对未投票者进行结构分析。除了女性范畴之外，他们有意识地让他们的样本的各个组成部分与选民总体成比例，这样他们就能够从无伤大雅的假设始，也以这个假设终："未投票者的特征通常只是投票者相应特征的略微放大。"[149]

梅里安的工作与本特利和比尔德的工作共享一个前提，即政治体可以通过个体的集合体 [aggregates] 的范畴加以刻画，但除此之外，他们有重大区别：本特利和比尔德关心的是利益群体，而对利益群体政治的分析并不在梅里安的议程上，因为这种分析不仅通过比尔德与过时了的历史方法相联系，还通过比尔德和本特利而与左翼自由主义政治相联系。20 世纪 20 年代，梅里安与本特利的非党派联盟或者比尔德的《新共和》都没有瓜葛，而是与全国公民联合会相联系，现在这个组织已经抛弃了它早先想要与劳工取得折中的努力，变成了一个保守派组织。联合会正在组织一项运动，鼓励公民的政治参与，它并不讳言，自己的目的在于制止"美国选民摆脱常规的两党格局、投入'第三党'怀抱的倾向"。尽管梅里安还有轻微的疑虑，他还是加入了这项努力，因为"我们在向同一个方向前进，即达到更有效的政治兴趣"。比尔德和社会研究委员会想要推动的，是一种抵制被灌输的政治信念

---

[149] Charles E. Merriam and Harold F. Gosnell, *Non-Voting, Causes and Methods of Control* (Chicago: University of Chicago Press, 1924)，特别是 chaps. 1, 4, 以及 pp. 1, 15, 48-50。

[received pieties]的教育，他们还希望激发政治变迁。梅里安不能与他们同行，因为他想做的是使自由主义公民文化更有效，而不是要把它化约为利益博弈或者去改变它。[150]

为了科学主义与为了反对科学主义

本特利和比尔德的著作在20世纪20年代有可观的影响力，对利益群体政治的研究开始吸引一些年轻的政治学家。[151]但这两个人自己所能施加的影响却是有限的，而且没有形成合力。本特利实际上与学术界没有接触。爱因斯坦的相对论激发了本特利，使他决心再次发出公共声音，自己掏钱出版了《人与社会中的相对性》[*Relativity in Man and Society*, 1925]。尽管人们在文本中能够见到与从前一样的群体分析，但它现在却是与物理学中的相对性原理和一套新词汇融合在一起："人—社会"场，"跨部分活动"，"支配：凝块[clots]：幸存[survivals]"。他对工业资本主义社会的具体攻击和激进批判没能得到出版，这可能使他受到刺激，

---

[150] Charles E. Merriam, "Progress in Political Research," *APSR*, 20 (February 1926): 1-3; 同作者, "Recent Developments in Political Science," in *Recent Developments in the Social Sciencs*, 320-5; Ralph M. Easley to Charles E. Merriam, March 30, 1925, 以及 Merriam to Easley, February 12, 1925, Merriam Papers; Karl, Merriam, Chap. 10。同时请注意 Charles E. Merriam to Harry Elmer Barnes, October 13, 1922, Merriam Papers："如果你去看看斯莫尔的《普通社会学》和拉岑霍费尔的著作，我估计你能发现本特利所说的所有东西。斯莫尔博士对本特利的能力或者说原创性的评价也不高。我在写《美国政治观念史》的时候曾浏览过他的著作，但没有发现特别重要的东西。"
[151] 华盛顿大学的激进政治学教授艾伦·史密斯成为这种影响得以发生的中介。在"一战"期间，赖斯、奥格本和一个年轻的制度主义政治经济学家 Carleton Parker 都跟华盛顿大学保持联络。在20世纪20年代期间，史密斯训练出 Peter Odegard，后者做的利益群体研究是最早的该方面的研究之一。见 Odegard 为《政府的进程》所作的导言（Cambridge, Mass.: Harvard University Press, 1967[108]）。

变得比从前更执着于通过一种概括化和原子化的抽象来把握人类利益的具体世界，尽管这种抽象已经破坏了一切特殊性。"为什么要用凝块这样的术语，而不是直接谈论某种类型的商业组织和政府形式……这是一个伟大的宗教体系吗？其实，这样做只不过是为了祛除这些结构或者系统中的任何独特性伪装，只不过是为了达到它们共有的东西。"尽管社会科学还有很长的路要走，但他相信，近来对功能、过程和行为的新强调，是发展的正确方向。[152]

这本书造成了一时的轰动。他被邀请给《美国社会学杂志》写一篇文章谈方法问题，他就写了一系列像神谕一样的方法格言。从那之后，他的所有投稿被美国期刊一致拒绝；他只能偶尔在欧洲的期刊上发点文章。在回到方法研究之后，他最终不得不放弃了自己的整体论观点，开始与约翰·杜威一起从事一种交互分析[transactional analysis]，他们努力辨认，在两人对话的情境中，基本的交流单元究竟是什么。[153]

在20世纪20年代，查尔斯·比尔德指导政治学发展的能力也受到了阻碍。他生活在一个康涅狄格州的农场里，与学术界也没有牵连，他最初避免专业上的接触，一心治愈他的"精神创伤"。梅里安很礼貌地试图把他拉入学会的事务和科学化运动，但他顽固地回答说"我没有经济条件来支持自己从事学术活动"，他

---

[152] Arther F. Bentley, *Relativity in Man and Society* (New York: Putnam, 1926), 90, 91, 179, 182; Arthur F. Bentley to S. A. Sanders, November 16, 1925, Arthur F. Bentley Papers, Indiana University.

[153] Arthur F. Bentley, "Remarks on Method in the Study of Society," *AJS*, 32 (November 1926): 456-60. 关于本特利晚期对交流的研究，见 Paul Kress, *Social Science and the Idea of Process: The Ambiguous Legacy of Arthur F. Bentley* (Urbana: University of Illinois Press, 1970), chap. 4。

必须将时间用来解决"个人经济问题"。他在1926年9月应邀向SSRC那些安然自得的先生们报告自己的研究以及自己当年遇到的阻挠,也探讨了研究经济利益的重要性,还通过对他所受阻碍的叙述,重述了他的勇气、资本主义压力和他的同事们的沉默等等这些如何造成了他被迫流亡。如果笔者对字里行间的意味理解不错的话,那么他的听众确实被他的报告惊呆了。[154]

比尔德指导利益群体政治研究的能力,在任何情况下都被他自己的矛盾心情阻碍了。他希望政治能够改良资本主义,但他又把政治化约为经济,而且他对两者都不完全信任。李普曼在1922年曾抓住了问题的实质,他说,他无法在比尔德的著作中找到"经济决定政治的清晰概念"。我们设想,对此比尔德只能苦恼地回答,他并不曾打算涉及关于这个主题的"形而上学"。[155]

就在这一年,比尔德发表了一篇文章,自从1916年以来,他就一直在处理这篇文章所涉及的主题。他大声疾呼,没有一种对历史的完美乌托邦设想是可能的,而他发现这些年里,这种理想对他又是多么重要。他曾经在某种程度上设想了E.泽利希曼所说的乌托邦转型,在这种转型中,道德目标最终会战胜经济目标。现在,战争和他对俄国革命的观察已经劝阻了他,在俄国,即使社会处在共产主义的乌托邦的激励下,还是产生了阶级。他回到美国的现实主义遗产,这份遗产继承自亚里士多德、马基雅维里、哈林顿、洛克和国父们。他宣布,政治中除了利益博弈别无他

---

[154] Charles E. Merriam to Charles A. Beard, March 6, 1924, 以及 Beard to Merriam, March 10, [1924], Merriam Papers; Social Science Research Council, Hanover Conference, 1926, transcript, pp. 504, 498-501, Merriam Papers.

[155] Walter Lipmann, "Mr. Beard on Property and Politics," *New Republic*, 31 (August 2, 1922): 282-3; C. A. Beard, "The Economic Basis of Politics," 同前引期刊, 32 (September 27, 192): 28-9。

物:"人类永无止息之日,永无解决永恒冲突的办法。这是宇宙本来的设计。"[156]

但比尔德还是不能彻底放弃希望,不能放弃让经济利益从属于规范性政治的希望。他向 SSRC 的同事们承认,他被"经济过程本身的意涵迷惑了"。他感到经济发展是"那个无限的热力学进程"的一部分,这个进程"构成了宇宙的实质"。他不能确定"我们的谈论和努力做的一切,还有政治本身"到底能不能对它产生影响。但他希望,经济分析能够"获得对政治的更现实的理解,把我们从太多的原始冲动——这些冲动源自我们的经济利益——中解放出来,让我们的头脑更清明,并为理想主义者一直在期望着的那一天的到来做好准备,这就是人类的梦想能够控制他们的经济运行的那一刻。这个想法是迷人的"。比尔德如今不得不在大众写作和市场上出售的历史书中处理这些问题。查尔斯和玛丽·比尔德的《美国文明的兴起》[*The Rise of American Civilization*, 1927] 就属于这种历史书。它让比尔德的首要影响发生在历史领域而不是政治学领域。比尔德和他的妻子以一种压倒性的乐观主义建构了一个现代化理论,在这个理论中,民主政治和经济进步松散地联系在了一起,联系的机制是大众教育。当然,矛盾心态仍然缠绕着他,这种心态潜藏在现实主义的煽动性语言中,伪装在雄辩的辞藻之下。[157]

阻碍比尔德发挥影响的第三个因素也越来越明显。比尔德曾

---

[156] Charles A. Beard, *The Economic Basis of Politics* (New York: Knopf, 1922), 44-5, 95-9. 参见 Charles A. Beard, *Politics* (New York: Columbia University Press, 1908), 9-10。

[157] SSRC, Hanover Conference, 500-1, 510, Merriam Papers; Charles A. and Mary Beard, *The Rise of American Civilization*, 2 vols. (New York: Macmillan, 1927).

是一个坚定的战时爱国主义者，特别希望美国加入"一战"。战后，当他领教了帝国主义对民主希望的背叛，并惊诧于美国在世界政治经济列强中的地位时，他开始认为，美国正在引领工业-民主化进化的进程，尽管这种领导地位不过是幸运的环境造成的。美国应该玩洲内政治，而不是国际政治，应该推动自由民主的发展，而世界将会紧随其后。[158] 1901年的时候，比尔德曾认为美国在紧跟欧洲的社会转型。现在，尽管经济进程仍然是普遍的，但这种普遍性不再是带有欧洲特征的普遍性，而成了美国自由主义想象中的普遍性，美国成为这个进程的领导者。

从"一战"中出现的例外论姿态，对比尔德来说是一个转折点，并成为他后来的史学和政治学的基础。如果他1926年在SSRC的"坦白"是可信的话，那么他也被自己战后去中国和日本的旅行影响了，他由此"坚信——这里不便发表——整个东方都值不了一副美国步兵的尸骨"。他表达了"对日本和中国的无限向往"，但他一想到"每平方英里342人"就感到不寒而栗。在这里，比尔德求助于人-地比例是恰当的，因为他正要回归传统的美国例外论的历史视野。他担忧农业落后于工业太多会破坏"国民经济体系的平衡"，而恰恰是这种平衡才保证了美国式的"经济独立"，并使它不必卷入经济帝国主义。"如果按照这种速度再持续一百年时间，我们将超出英国现在达到的那个点……对土地的耕作将大部分转移到有色人种和白人佃农的手中。"比尔德当时正

---

[158] Beard, *Economic Basis of Politics*, 29, 2; Ellen Nore, *Charles A. Beard: An Intellectual Biography* (Carbondale: Southern Illinois University Press, 1983), chaps. 6-7; David W. Noble, *The End of American History: Democracy, Capitalism, and the Metaphor of Two Worlds in Anglo-American Historical Writing, 1880-1980* (Minneapolis: University of Minnesota Press, 1985), chap.3.

在钻研共和国的早期文献，如果没有其他资料来源的帮助，那么很可能正是这些早期文献给了他一种语言，使他即使在感到自己个人被牺牲和孤立时，还是有能力表达民族主义焦虑。[159]

到了20世纪30年代，比尔德越来越敌视美国所承担的国际义务，并强烈反对美国卷入第二次世界大战，以至于他最后既和政治学家断绝了往来，也和历史学家断绝了往来。但笔者不想把比尔德描绘成一个受害者，因为SSRC的那次集会标志着他短暂地回到了专业领域中。当他1926年成为美国政治学会的主席、1927年出版《美国文明的兴起》时，他确实重拾了一点自信心，而且他迅速地成为科学主义的大力批判者。

在20世纪20年代的大部分时间里，科学主义，以及梅里安版本的科学主义，似乎有了评判一切的权威。像韦斯托尔·威洛比和雷蒙德·格特尔[Raymond Gettell]这样的老一辈理论家，都无力给出一个有效的回应。而像约翰·费尔利[John A. Fairlie]这样的进步主义顽固派则干脆避开这个问题，宣称新的科学主义继承了亚里士多德开创的政治学传统。当然，还是有可观的力量抵制心理学帝国主义。梅里安在美国政治学会中小心拦阻反对的声音，有时会自嘲为强迫症患者：他会神经质地通过"生物的和精神的最隐秘本性"来强奸政治学。[160]

另外一些人迅速公开发言。威廉·贝内特·芒罗[William Bennett Munro]，生于加拿大，拥有哈佛的博士学位和教职，他直

---

[159] SSRC, Hanover Conference, 514; Charles A. Beard, "Agriculture in the Nation's Economy," *Nation*, 125 (August 17, 1927): 150-1.
[160] Raymond G. Gettel, "The Naturre of Political Thought," *APSR*, 17 (May 1923): 204-15; John A. Fairlie, "Politics and Science," *Scientific Monthly*, 18 (January 1924): 18-37; Charles E. Merriam, "Progress in Political Research," 13.

截了当地站在历史-政治学与保守派辉格党立场上。在他 1928 年就任美国政治学会主席的演讲中,他激励政治学家不仅要脱离哲学和法律,也要脱离心理学和社会学。他说,我们有时被告知要等待社会心理学的进展。"如果真的要等的话,那么这将是一场漫长的等待。"他嘲笑了拉斯韦尔在定义宣传这个概念时所用的技术行话,并在另一个场合抨击了奥尔波特宣扬的心理学霸权。[161]

不过,芒罗还是认为,政治学家应该效仿自然科学家的客观态度和研究程式。存在着普遍的人性,也存在着政治的法则。"很明显,种族决定论在很大程度上能够解释,为什么北美大陆的政治体系处在更高、更稳定的水平上。"他自己对科学的贡献在于提出了"钟摆法则",即政治态度总有从一个极端摆到另一个极端的循环倾向。这就是 1910—1920 年之间政治态度从观望到行动,再到常态这样一个循环。如果芒罗的演说代表了政治学家们的"普遍态度"的话,那么它无疑反映了他们对新奇的心理学语言的厌恶,也反映了他们相信,通过把传统的条顿式的[Teutonist]历史-政治学稍加隐喻性地打扮一下,就能使它变成一门科学。[162]

更严厉地攻击梅里安的规划的是一些更深入地采取哲学和历

---

[161] William Bennett Munro, "Physics and Politics-An old Analogy Revised," *APSR*, 22 (February 1928): 8-10. 关于芒罗,见 Harvey Eagleson, *William Bennett Munro*, 1875-1957(私下打印本,1959)。

[162] William Bennett Munro, *The Invisible Government* (New York: Macmillan, 1928), 42, 33-7; William Y. Elliot, "The Possibility of a Science of Politics: With Special Attention to Methods Suggested by William B. Munro and George E. G. Catilin," in Methods in Social Science, 74. Catlin 构造一门政治科学的努力是值得深入发掘的,因为它代表了从经典的占有性个人主义向新的行为主义的过渡。在 Elliott 和 Catlin 接下来所作的评论之外,还参见 Catlin 的 *The Science and Method of Politics* (New York: Knopf, 1927) 以及 *A Study of the Principles of Politics* (London: Allen & Unwin, 1930)。

史取向的人，他们把火力集中在科学主义上。有一项对实证主义的批判径直将实用主义称为敌人。从"逻辑一致和规范价值"的立场出发，威廉·埃利奥特 [William Yandell Elliott] 将实用主义认作政治学中的实证主义的根源。实证主义在方法上导致了对"事实"的经验主义，在实践上导致了墨索里尼式欧洲的法西斯主义国家。尽管埃利奥特提到了客观主义方法，但他的攻击主要是针对欧洲多元主义和工团主义政治理论家，他们打碎了国家权威，并否认了规范性的公共善 [public good] 的存在，这样国家秩序就完全落在了强力的运作逻辑中。美国对多元主义主权理论也有一些兴趣，特别是哈罗德·拉斯基 [Harold Laski] 的著作体现出了这个特征，他的多元主义是受到了基尔特社会主义的启发形成的，他还希望把各种表达大众意愿的组织正当化。但是，绝大多数美国理论家，即使同情多元主义价值，也拒绝抛弃总摄性的中央主权。在任何意义上，政治理论家都不是埃利奥特的敌人，他的敌人是那些为数更多的科学主义鼓吹者，他把这些人宽泛地与杜威联系在一起。绝大多数政治学家在从这场争论中摆脱出来之前，都必须提供一个说明，告诉大家实用主义对他而言是什么。[163]

爱德华·科尔文对政治学家们的伦理角色做了更为有效的辩护。他问道，如果我们接受这种自然科学的视角，特别是当我们接受了"行为主义立场"，接受了它"对民主信条的最基本

---

[163] Wiliam Y. Elliott, *The Pragmatic Revolt in Politics: Syndicalism, Fascism, and the Constitutional State* (New York: Macmillan, 1928), 53; Sabine, "The Pragmatic Approach to Politics." 关于对多元主义哲学的典型性反应，见 Walter J. Shepard, "Review of Harold J. Laski, *Authority in the Modern State*," *APSR*, 13 (August 1919): 491-4; Ellen Deborah Ellis, "The Pluralistic State," *APSR*, 14 (August 1920): 393-407; Francis W. Coker, "The Technique of the Pluralistic State," *APSR*, 15 (May 1921): 186-213.

假设——人首先是一种理性动物——的拒斥"的时候，民主的意涵又是什么呢？他指出，行为主义对大众理性的攻击，其实只是延续了一种对理性的批判，这种批判一直以来都存在；它还为大众理性设立一种理智主义［Intellectualist］标准，而大众不可能适用于这种标准。实际上，20世纪20年代没有参加投票的那一半选民有很好的理由这样做。他们的冷漠不仅由于晚近"政治已经大体上失去了娱乐和休闲的能力"，也是源自"普通美国人对福祉的感觉和由此生发的对统治者的信心，源自他们心中那种普通的政治情感［sentiment］，那种关于政治基本原则［fundamentals］的情感"。纵使参与了投票的那一半人确实如行为主义者所说的那样是被操纵了，政治学家也更有理由继续开展他们的传统工作，即进行公共教育。如果人的本性是一块"白板……那么凭什么只有厚颜无耻和自私自利才能在这块白板上执笔涂抹呢"？具有讽刺意味的是，科尔文对美国民主的例外论辩护，含有 A. 洛威尔的现实主义所流露的保守派色彩。但同样具有讽刺意味的是，时代的风气却并不关照美国的民主事业，也没有足够的耐心来让政治学家继续扮演他们作为教育精英的传统角色。[164]

第三股批评力量来自查尔斯·比尔德。当他战后转向一种自由主义历史的例外论视角时，比尔德必须相信，给予美国世界领导地位的是美国的特定历史条件。比尔德夫妇的《美国文明的兴起》将美国民主归因于这样一些历史偶然性事件：来自英国的殖民起源，第一个现代的、资产阶级的文化，以及密西西比河谷的

---

[164] Edward S. Corwin, "The Democratic Dogma and the Future of Political Science," *APSR*, 23 (August 1929): 569-92, 特别是第 570、577、592 页。

处女地。但是，尽管比尔德有决定论乐观主义倾向，他还是不信任那种不加控制的历史进程。他在1926年对政治学家们发表的主席就职演说中，像杜威在《确定性的寻求》中所做的一样，重申了生活在这样一个历史时代的焦虑：共和主义想象被传递给了美国的自由主义分子。

以"政治学中的时间、技术和创造性精神"为题，比尔德激励当代政治学训练自己的学生，让他们学会面向未知的未来。"时间和技术总是奔流向前"，我们的任务在于让"政治学与时间和技术之流相连接"。这里是自由主义历史意识，"一种对秒、小时、天、年、世纪的不可抵挡之流的意识——这种意识已经与另外一种富有成效的18世纪观念结合了，一种无限进步的观念——通过对科学的运用来不停地征服物质环境"。为了将政治学引入这个"世界潮流"，比尔德并不赞成"在科学公式的指导下去研究那些数学上可测量、逻辑上可描述的事物"，而是提倡更伟大的训练，即练习"演绎的和想象的过程"。在变化成为潮流的情况下，在批判性的、苏格拉底式的质疑能力之外，我们还"不能缺少构建性的想象力"，这样才有可能"使人性能与命运取得和谐一致"。

让比尔德的观点变得十分有趣的地方在于，自由主义时间的前进之流满载着共和主义的不祥之兆。他通过借助一个假想的、18世纪教授关于未来的演讲来开始他自己的演讲，这就使历史意识定格在共和国的创建上。他说，尽管他谈论的是进步，它却是"时间感的无情现实"。技术以"可怕的速度向前进步"，通过时间，它的前进向人们施加了"巨大的压力"。而时间本身是"毫不留情的"，它是"吞噬我们所有人的洪流"，是"充满厄运的可能性"的无限。比尔德鼓励他的同事们去寻求建构性的想象力，去"努力实现与命运的胜利会师",但他似乎是在做不可能办到的事*。实际上,当他呼唤政治学家们批判当下、想象未来的时候,他仍在期待"不朽"的工作,期待永恒的原则体系,期待一个超越了时间束缚的、朱庇特式的解释者和指导者。如果历史是通向和谐圆满的进步,那么比尔德会认为,一门科学只要考察"是什么"和"将要成为什么"就够了;但如今他担心的是,经济进步的"巨大动力体系"实际上在冲向毁灭。[165]

比尔德实际上处在反常[anormaly]之中:在实质层面上,他通过一种传统的例外论努力,试图让时间之手在美洲大陆停止作用;在方法层面上,他进入了一条全新的道路。通过阅读先进的科学哲学和历史哲学,他得出看法,认为在任何客观科学的意义上,历史学和政治学的学生们不可能理解过去或者未来。实际上,他的怀疑主义——在剔除了个人的烦躁心情之后——很可能是针对"充满厄运的可能性"的历史的一种自我保护、自我疏离。他在1929年毫不含糊地告诉他的同事们:"任何关于政治的科学都是不可能的;或者纵然可能,也是不可取的。"政治学中曾出现过三种想实现科学化的看法。第一种是兰克的理想,即按照历史中实际发生的状况来描绘历史。他现在发现,这是不可能实现的。通过援引贝内德托·克罗齐[Benedetto Croce],他得出结论说,"我们不可能在没有哲学意涵的情况下描述实在"。第二种是亨利·亚当斯的历史科学观念,他希望历史学成为能够把握"时间

---

* 原文为"whistling in the wind",疑为"whistling for the wind",为一英语习语,早先海上的水手迷信,认为通过吹口哨可以招来想要的风来助航,引申为试图做办不到的事;另一相似俗语是"whistling in the dark",意指在黑暗中吹口哨,引申为自己给自己壮胆。——译者注

[165] Charles A. Beard, "Time, Technology, and the Creative Spirit in Political Science," *APSR*, 211 (February 1927): 1-11.

之流所投射出来的趋势"的历史科学。比尔德对此的意见是，即使我们能够得到这种科学，它也不值得我们拥有。最后是"工程"模型的政治学，这种政治学希望能够确定"精确事实"以及这些事实的"适当权重"，并根据这些事实和权重来决定公共政策。比尔德认为，在这里存在着从"事实"到"政策"的客观决定论。但比尔德偏向相对主义，认同于已经过时了的历史方法，这对历史学家产生的影响要比对政治学家来得更大一些。[166]

比尔德、科尔文和埃利奥特对反对科学主义运动的影响究竟有多大，这很难说清楚。芒罗处在这个学科的传统上的中心地带，但他可能会被比尔德的相对主义和左翼自由主义政治立场视为异己；他可能会觉得科尔文和埃利奥特的传统假定和保守价值更亲切，但他们那种精密的历史主义和哲学恐怕又无法被他的头脑所理解。科学主义中最有能力的理论家是斯图尔特·赖斯和哈罗德·拉斯韦尔，他们已经用实证主义信念和哲学不可知论建构起一堵无法攻破的城墙。梅里安的立场处在芒罗和拉斯韦尔中间。他只是在公开表示政治学应该科学化——人们批评他论证松散，这让他很受刺激——之后才开始阅读科学哲学。他敏锐地决定，他从此之后不再对科学方法做出说明。[167] 梅里安干脆忽略了实证主义探究和规范原则之间的矛盾——尽管对他的批评把这个问题挑了出来——而是继续将下面这两种东西结合在一起：一方面是客观性的科学，另一方面是以进步主义方式来维护美国民主。

---

[166] Charles A. Beard, "Political Science," in *Research in the Social Sciences*, 269-91; Nore, *Charles A. Beard*, chap. 12; Ian Tyrrell, *The Absent Marx: Class Analysis and Liberal History in Twentieth Century America* (Westport, Conn.: Greenwood, 1986), 36-9; Novick, *That Noble Dream*, Chap. 9.

[167] Lawrence K. Frank to Charles E. Merriam, February 5, 1926, and Merriam to Frank, February 10, 1926, Merriam Papers.

在政治学中，新的科学主义和根深蒂固的传统主义之间形成了僵局，它们每一方都既阻碍了对方，也渗透进对方之中。随着这个十年的结束和洛克菲勒基金的萎缩，比尔德和梅里安开始以美国政治学会为基础，合力打造一种双方都能接受的研究范式。但他们找不到资金支持。大萧条和新政让梅里安也像奥格本一样，从学术界转向政府咨询工作。提高了的政治关切使得大量金钱被投入美国政治学会，让它围绕公民教育而不是科学研究展开工作。这也使政治学与美国政治制度之间的强大规范联系，由于政治危机的出现而得到了重申：从左翼到右翼，甚至包括科学主义者，都承认了这种联系的存在。[168] 但是，从本特利和梅里安那里开始出现的科学化冲动还是存活了下来，在第二次世界大战和战后的政治气候中，它们表现为行为科学的自由派科学主义、系统分析和公共管理。

五　结论

科学主义在 20 世纪 20 年代的来临，在很多方面都标志着美国例外论在镀金时代遇到的危机得到了解决。在 19 世纪的前几十年，丹尼尔·雷蒙德、弗朗西斯·韦兰德、弗朗西斯·黎白、乔

---

[168] Somit and Tanenhaus, *The Development of American Political Science*, 88, 134-40 刻画了托马斯·H. 里德在 19 世纪 20 年代末担任政策委员会主席的形象，他成功地化解了一场"政变"，这场政变试图倡导公民教育，反对梅里安的科学主义。这种转变看起来更是政治大背景发生变化的结果。洛克菲勒家族撤资之后，里德、梅里安，以及整个委员会试图让比以前更科学化的研究计划得到资金支持，但没有成功。见 Thomas Reed to Charles E. Merriam, December 18, 1928; Merriam to Reed, July 18, 1929; and Reed to Merriam, May 14, 1930, Merriam Papers。

治·菲茨休和亨利·凯里这些人就已经修正了欧洲的社会科学模型，用它来处理美利坚共和国的命运。美国历史已经特别向自然打开了大门，而让具有腐蚀效应的时间进入的大门则被紧紧关闭。镀金时代的危机粉碎了这个千年王国，并迫使社会科学家们进入了西方历史的工业化主流。但民族意识形态的持续性力量、它那被保留下来的诸种制度以及它反历史的文化传统，都引导美国社会科学家，使他们试图以一种新颖的历史来容纳和约束［to contain］根本变迁的可能性，并把这种历史作为永久性营养的源泉。

新古典主义经济学家最先找到了一个范式，它以物理学作为自己的典范，并假定自己［presumably］植根于自然和人性的必然性，这样，美国经验就能够摆脱历史，而成为永续不停的自由主义进步。制度主义经济学家、绝大多数社会学家，以及一些政治学家，他们都更深地感受到了快速变迁和美国理想的不确定性给他们带来的紧张，开始寻求另外一种科学，一种关于变化着的自由世界的经验科学，以便他们实施技术控制。下面这两种力量，一方面是想要控制这个不稳定的新世界的焦虑，另一方面是专业主义那种狭隘视野和安逸生活对学者的诱惑，它们联合起来，把上述科学化冲动转化为科学主义。社会科学家们开始建构一种自然主义的社会科学，这种科学以其本身为目的，而且在工具实证主义的影响下，将实证主义科学化方法树立为研究的主要标准。社会科学家们提供了新的科学化世界观、技术化语言和政治建议，这些东西似乎都无限远离大众的理解和美国的过去，它们使新世界看起来更加新了。只有历史-政治学和政治学旧有的学科传统，还保有对历史和哲学的充分尊重与相当理解，并对科学主义生发出可观的抵制。在这些学科里，这种抵制又被传统主义者的自满和恐惧所削弱。

到了20世纪20年代，美国例外论的民族意识形态与社会科学话语之间的关系，本身已经发生了转变。直到镀金时代发生危机的时候，例外论语言还对社会科学各门学科有重大的影响；民族理想和社会科学传统共享一套自由主义 - 共和主义语言，以及由此而生的一系列共同问题和策略。到了世纪之交，美国人抛弃了以往的信念，不再相信人人都能对生产性资源拥有所有权，也不再相信人们可能逃脱现代性，此时，无论是民族话语还是大学里正在发育的专门化社会科学，都开始丧失它们最初的语言。专业化和科学主义使社会科学话语远离民族理想。新的、社会科学的自由主义语言使美国加入了现代自由主义世界。但那种语言还是继续在表达一种经过修改的美国例外论，而在整体文化中仍然强有力的那个民族神话，仍然能够跨越专业边界。美国例外论与社会科学话语之间的关联变得更松散了，但它仍然能够形塑社会科学家们所提出的问题和答案。

生活在"永续变换"的状态之中，美国例外论的语言和策略仍然是有用的。杜威和比尔德都是在危机中长大的，并在成年后都了解到，这种危机是有古典来源的，所以，他们的著作仍然聚焦于美利坚共和国在时代中的命运。美国式的承诺激励了帕克和梅里安写作他们的所有著作，而当他们讨论诸如阶级这样的问题时，我们可以看到，这个承诺给他们带来的传统恐惧感影响了他们的讨论。有时，会出现一个像塔克韦尔这样更年轻的人，会重新使用导师的旧共和主义语言；或者会出现一个像奈特这样的人，他把一种旧传统与现代理论联系在一起。

很可能，与美国例外论的语言结合得最紧密的是政治学家，最卖力地为民族主义辩护的也是政治学家，因为他们是被直接指派来照看美国的共和主义制度的人。这些训练有素的历史主义者无法用自然法和自然进步的语言来表达他们的见解,因此,他们更顽强地抱住传统原则不松手,抓住例外论土壤不放。但对绝大多数社会科学家来说,例外论对他们的影响,是通过政治理想和未经审查的民族主义神话而产生的,尽管奥格本下定决心要把这些东西从他的专业著作中清除出去,他还是避免不了受到它们的影响。或者它通过新的学科语言发生作用,尽管这些语言在这方面的意涵不为其使用者所知,但它们确实把例外论话语的主要成分重铸成科学术语,这些术语包括:作为流体静力学的"进程"概念*;托马斯的社会解组概念;奥格本的文化堕距概念。美国例外论危机的最终产品是学科传统本身。这些传统拥有个体主义或者多元主义的前提,它们对社会过程和历史变迁也有固定的自由主义理解,所有这些都使学科实践者倾向于以一种规范性的方式来理解美国历史。

然而与此前此后的任何时间段一样,20世纪20年代充满了冲突。学科之间的许多冲突被专业间的相互适就所阻止或者缓解了,但在学科内部,冲突仍在继续,而且内部冲突往往是以某种方式对旧有的学科间分歧的继续。制度主义者做了社会学家的后继者,延续了原初对古典经济学的战争;比尔德则延续了历史学家对政治学中的科学主义的攻击。冲突的主要来源在于科学主义的理想本身。在经济学中,冲突的轮廓被弄模糊了,因为新古典主义者和制度主义者都宣称自己才是真正的科学,尽管他们彼此不同。新古典主义者处于学科范式和职业制度的重重保护中,他们把制度主义者的反叛贬斥为左派政治,否认它们是科学,却忽视了他们自己的范式和制度中,也包含了政治,一种自由主义例外论的政治。但制度主义者的科学主义取向,以及他们对新古典

---

* 即"Process",文中有时也据上下文将其译为"过程"。——译者注

视角下的自由主义进步的依恋,让它们在凯恩斯主义综合面前不堪一击,而且它们也拒绝采取以下这个必要的行动:通过建构一种历史理论来将新古典主义的价值相对化。

在社会学里,强硬的行为主义和毫不妥协的工具实证主义为论辩定了调。自从斯莫尔的影响衰落之后,社会学中已不存在一个不仅有力量,而且没有被进化论实证主义污染的历史学派来发起一次反击。有趣的是,作为吉丁斯进化论的后继者,奥格本和蔡平一方面是工具实证主义最有攻击性的发言人,并直接从事历时性的历史变迁的研究,另一方面却将他们的统计学方法同时应用于对科学和对历史的研究。在芝加哥社会学家们那里,自由主义进化论仍然隐蔽地保留了下来,但他们关注的是短期进程。他们保留的历史因素在于语境中的"情境"[contextual "situation"]这个概念以及他们对符号意义的敏感,正是通过这种符号意义,个体才能感知和变换他们所处的情境。历史主义的标志性假设被这两个学派瓜分了,而且在两种情况中,它们都从属于科学主义的需要。

在政治学中,科学主义的影响,得到历史现实主义以及历史-政治学的规范承诺的缓冲。传统的描述性经验主义让人们可以去研究美国政治的多元主义过程,但梅里安和拉斯韦尔的心理学没有取得太多的进展,而本特利与比尔德虽然无论在政治上还是在方法上都更为激进,但也没有取得什么成功。热衷公法和政治理论的人使用公开的历史模式和规范模式来研究政治学,但同样成效不彰。他们拥有很高的哲学、历史教养,但越来越被主流政治学边缘化。更为重要的是,他们为公共价值和历史经验所做的辩护,不仅在政治上是保守的,在专业上也是保守的,因为他们并没有谈及,在一个变化着的新世界里,人们应该怎样通过实现控制来迎合它,这才是人们不耐烦地等待着的内容。

结　语

追踪美国社会科学的"起源",然后在1929年截止,这在某种程度上是一项武断的举动,因为历史在这个时间前后是连续地发展着的。但止步于1929年,我们已经在历史的脉络中走得足够远了,完全能够辨认美国社会科学的连续性,也能发现它独特的20世纪特征。

笔者的意图在于将美国社会科学历史化,想要表明,它将历史世界自然化的努力本身就是一项历史规划。与约翰·杜威一样,笔者是带着"恶意蓄谋"来使用这种历史策略的,但笔者能意识到,实证主义者早就准备好了要把它丢弃掉。他们说,在科学里,发现的背景与验证的背景之间并无关联。即便情况确实如此——而笔者并不相信这一点——这种说法也为社会科学做了一种前设,而这种前设本身恰恰是问题,即社会科学的实践与自然科学是相似的。[1]

---

[1] 实证主义者不认为对科学的起源的考察具有重要意义,见 Milton Friedman, "The Methodology of Positive Economics," 载 *The Philosophy of Economics*, ed. Daniel M. Hausman (Cambridge University Press, 1984), 210-14; 以及 Don Martindale, *The Nature and Types of Sociological Theory* (Boston: Houghton Mifflin, 1960), 128。相反的观点,见 Warren J. Samuels, "Ideology in Economics," 载 *Modern Economic Thought*, ed. Sidney Weintraub (Philadelphia: University of Pennsylvania Press, 1977), 467-84; 以及 Anthony Giddens, "Positivism and Its Crisis," 载 *A History of Sociological Analysis*, ed. Tom Bottomore and Robert Nisbet (New York: Basic, 1978), 270-83。

笔者的这项历史研究表明的是，美国社会科学一直在持续地建构关于世界的模型，这些模型体现了美国例外论这种民族意识形态的价值，遵循着它的逻辑。例外论视角一直在对历史本身的变化做出反应，而且它也一直在向多种多样的学科兴趣、政治目的和个人经验开放。但这种例外论姿态依然在这些学科内部和学科之间产生出可观的连续性。在笔者看来，所有这些相同点和不同点，都确证了社会科学事业的历史特征，也确证了例外论视角按照它的目的形塑历史的能力。

　　例外论历史最让人吃惊的后果是科学主义本身。科学主义的目标一直是建立对历史世界的预测和控制，而它最显著的成就则是在信息收集和分析方面的一系列定量技术，这些信息处理的目的是实现对下列活动的操控：货币供给、消费选择、投票行为以及社会性补救疗法。尽管这些技术在复杂社会中有非常实质性的用处，但对它们的批评还是绵延不绝。绝大多数批评关切的是，这些技术是相对无效的，因为它们铁了心要与数量化测量和抽象理论体同进退，而这些东西恰恰远离它们必须在其中运转的制度背景和文化背景。由于它们对什么是不能测量的这个问题的无知，它们也常常盲目于运用它们会产生的人性后果和社会后果。社会科学技术的操控者，由于过于倾向于工具理性，无法注意到人类世界的质性方面，而这个质性世界才是他们的技术正在建构和毁灭的对象。[2]

---

[2] 下面是一些非常好的例子：Charles E. Lindblom and David K. Cohen, *Useable Knowledge: Social Science and Social Problem Solving* (New Haven, Conn.: Yale University Press, 1979); Robert A. Scott and Arnold R. Shore, *Why Sociology Does not Apply: A Study of the Use of Sociology in Public Policy* (New York: Elsevier, 1979); Robert H. Nelson, "The Economics Profession and the Making of Public Policy," *Journal of Economic Literature*, 25 (March 1987): 44-91; Peter B. Natchez, *Images of Voting/Visions of Democracy* (New York: basic, 1985).

尽管不如其技术功能那么显著，但实证主义社会科学更强大的作用还是在于对价值的影响和对语言的形塑，因为人们正是靠着这些价值和语言才获得了对社会历史世界的理解。无论社会科学如何否认它们那些假定的科学理论具有规范特性，这些理论都必然参与对世界观的建构，而且最经常发生的是，它们被直接宣传为世界观。在这个世纪*的绝大部分时间里，社会科学家们都在努力揭示那些形塑了美国城市工业社会的非个人的影响网络。通过对种族、贫困、政治活动、经济状况、政府干预的限度等这些社会决定因素的分析，他们成为新的自由主义的活跃参与者，这种新式自由主义导致并且超越了新政，更超越了那些保守派，这些人还在为创造了美国历史的那种缓慢的自然过程辩护。

近来，在科学主义的冲击下，工具实证主义和新古典主义经济学——及其分支、社会和公共选择理论——已经成为美国社会科学中两种最有影响力的范式。这些范式最清晰地体现了自由主义例外论的个体主义和非历史前设。[3] 这些范式投射出一个理想化的图景：自我驱动的个体和利益群体，嵌合在自然之中，动态性地在美国土壤上不断创造出一个进步性的自由社会。这些范式系统地排除了对现代世界中的历史结构的注意，也排除了对维持这些结构的权力关系的注意，它们提供的那些面对未来的方式，都在既有结构允许存在的范围之内。它的预言正在自我实现。在

---

* 指20世纪。——译者注

[3] 关于近来美国社会科学及其所建构的宇宙，国家科学院（National Academy of Sciences）的一个研究提供了一个十分有启发性的观点：Dean R. Cerstein et al. eds., *The Behavioral and Social Sciences: Achievements and Opportunities* (Washington, D. C.: National Academy Press, 1988).

从新式自由主义*那里往回开倒车的过程中,它的标准正扮演着活跃的角色,正在剪除自由主义之茎上那根通过嫁接而成的社会伦理之枝。

获得普适性[universalistic]抽象和数量化方法的欲望,让美国社会科学错失了它本可以从历史和文化人类学中得到的解释性方法,也让它错失了马克斯·韦伯提供的概括化[generalizing]和解释性模型。倘若美国社会科学家们遵循了这些模式,他们就无须抛弃概括化目标和对统计分析方法的恰当使用。对金融资本主义中的垄断竞争市场,或者大众传播社会的代议制民主这些对象的研究,可以作为一种理想类型分析放在一个韦伯式的社会科学模型中,在那里,它们可以同变化着的历史构型保持关联,并向其他种类的分析的可能性保持开放。[4]如果能意识到他们的知识的解释学特性,社会科学家们就不会刻意忘掉他们自己的历史,而会去发展那种历史的能力,并以此来激发批判性的自我意识,锐化他们的概念工具。

当然,美国社会科学中出现过强有力的历史性反潮流,但这

---

*　　New liberalism,与全书各处一样,此处不同于今天流行的 neo-liberalism,指的是在镀金时代形成的、相对于古典个体占有式自由主义的、包含平等的承认公正权威等价值的自由主义。下句所说的"嫁接"正是指这些价值。

[4]　Max Weber, *Roscher and Knies: The Logical Problems of Historical Economics* (New York: Free Press, 1975) 以及同作者, *The Methodology of the Social Sciences*, ed. Edward A. Shils and Henry A. Finch (New York: Free Press, 1949)。见 Thomas Burger, *Max Weber's Theory of Concept Formation*, expanded ed. (Durham, N. C.: Duke University Press, 1987)。对韦伯式社会科学之可能性的更有怀疑色彩的观点,也是更容易读的陈述,见 Guenther Roth and Wolfgang Schluchter, *Max Weber's Vision of History: Ethics and Methods* (Berkeley: University of California Press, 1979)。由于历史性社会科学处在欠发达状态,韦伯式社会科学的解释目标和概括目标之间的张力还没有得到比较好的探讨。亦参见 *Interpretive Social Sciene, A Reader*, ed. Paul Rabinow and William M. Sullivan (Berkeley: University of California Press, 1987)。

些潮流无一例外在实证主义的科学主张面前处于不利地位。科学主义一再地在美国社会科学中获得主流地位，这在很大程度上是反主流社会科学家的同谋造成的，因为他们未能发展出对社会科学的替代性理解，即具有充分历史性的理解。今天的社会科学中再次活跃着各种异议群体，其取向各有不同，有马克思主义、历史主义、现象学，或者解释学理论，但它们也再次面临着科学主义的幽灵。[5] 如果社会科学想要发展出一种真正的多样性，一种超出迄今为止的科学主义所允许的多样性，那么它需要获得对其历史的批判性理解。

笔者必须承认，历史学这个专业没起过太大作用。自从20世纪早期它从社会科学中分离出来之后，它就变得有点狭隘。最近一些年，这个趋势有所变化。从新史学［the New Hisory］中脱胎的新新史学已经极大地扩展了历史理解的范围，有时候会将社会科学中的定量技术和系统模型用于历史研究。但是，社会科学历史学会［the Social Science History Association］虽然努力促进学科联合，却只关注研究方法的交流，而没有注意到常常与这些方法紧密相连的实证主义姿态。最重要的是，在很长一段时期里，历史学家们已经培育出他们自己对客观性的梦想，在这种兴趣的指导下，他们大体上将视野局限在过去之中，公开放弃理论探讨。与社会科学一样，学院派历史学也不能完全历史性地看待自身，从而无法充分意识到自己与过去之间的辩证关系。

---

［5］ 国家科学院的一个比较早的研究值得注意：*Behavioral and Social Science Research: A National Resource*, Part I, ed. Robert McC. Adams et al. (Washinton, D. C.: National Academy Press, 1982)，它注意到，不仅存在对社会科学的一个"支配性的"历史视角，还存在一个"替代性的"视角。当下的研究，*The Behavioral and Social Sciences*，仅仅注意到了支配性的视角。

这种关系必须包含对过去的语境性经验的重新创造，并且是按照这种经验必然的模糊性来创造它——否则历史学家就只是在跟自己对话。这样，当历史学家把这个重新创造出来的过去带入当下的对话之中时，他们就可以以更见多识广和更为自觉的方式来展开对话。[6]

社会科学家和历史学家身上都存在问题，他们应该重新考察20世纪初的现代性历史危机。历史主义确实给我们留下了一种差异：过去和未来之间有无法消除的差异；可以在没有把握过去的情况下为未来而奋斗。但并不是所有对这个问题的现代性解决方案都能经受住20世纪漫长历史的考验。我们只能假装可以摆脱历史，假装处在想象力自我创造的空间中，处在自然的机制王国中，或者处在封闭而自足的过去中。然而历史并不是待在一边等待复仇。在真实的意义上，除非我们不停地重新创造它们否则它们并不存在。现代主义背离历史是出于不得已，然而这种背离却被当成一种优点，实际上，在现代世界越来越迷失方向的情况下，它已经成为一种邪恶。笔者心中一直牢记汉娜·阿伦特的警告，她说，现代人——她这样称呼我们——有这样一种倾向，他想背叛"既定的人类存在，把它当成一种从天上掉下来的免费馈赠，想拿它做交易，比如说，拿它换取他自己所制造［make］的东西"。[7]

---

[6] 脉络论［contextualism］和对话的可能性如今已开始得到历史学家们的探讨。这方面的著作很广泛，包括我们在导论中已经引用过的 J. G. A. Pocock 的著作，以及 Dominick LaCapra, *Rethinking Intellectual History: Texts, Contexts, Lauguage* (Ithaca, N. Y.: Cornell University Press, 1983)，以及另外一些有历史主义倾向的学者出的论文集 *Vision and Method in Historical Sociology*, ed. Theda Skocpol (Cambridge University Press, 1984)。

[7] Hannah Arendt, *The Human Condition* (Chicago: University of Chicago Press, 1958), 2-3. 此处翻译与既有中译本不同。——译者注

我们并不曾制造世界，我们只是发现了它，并改造［remake］了它。在20世纪美国文化的当下主义［presentist］混乱中，这个区分显得尤为重要。对笔者来说，用自然的隐喻训练我们最严肃的学生来理解现代世界，既不人道，也是一种迷失。

但是，如果回归历史就是回归意识形态化的民族历史的话，那么这种回归就不会给我们带来什么好处。笔者对美国社会科学的历史化，是历史化美国例外论的一系列努力的一部分。在简单化的一般层面上，美国的独特性这个想法很可能是无法消除的。所有的国家都孕育了一种"特殊性"的民族情感，而且从历史事实来说，所有的国家也都在某种意义上是独特的。但美国例外论远远超出了这些简单的特点。它起源于我们的民族主义的特定特征，并由于这种特征而存续至今。美国的民族性形成的目的在于将共和国从欧洲分离出来，而将美国和欧洲视为对立两极的倾向又加强了这种民族性。欧洲人自己也在我们立国之前很早就采取这种极化思维，他们向北美，向这个新世界［the New World］投射了乌托邦——和反面乌托邦［dystopian］——幻想，而且他们出于自己的原因继续鼓励这种幻想。黑格尔就把美国从"世界历史"中排除了出去，因为历史是关于过去的而"美国属于未来……对所有那些厌倦了老欧洲历史陈迹的人而言，那里是值得向往之乡"[8]。在这些抒情的梦幻之外，还有马克思主义所发展出来的历史发展阶段论和严格的阶级结构论。这些观点夸大了美国与欧洲历史之间的分殊，也夸大了美国社会的流动性，而美国的赞赏者当然乐于赞同这些看法。

---

［8］ G. W. F. Hegel, *Lectures on the Philosophy of World History*, *Introduction: Reason in History*, trans. H. B. Nisbet from Hoffmeister ed. (Cambridge University Press, 1975), 170-1.

美国例外论话语的第二个标志性支柱可以被称为理想主义的形而上学，它倾向于把理想和现实合二为一。从一开始，美国的民族主义者就把个人自由、政治平等、社会和谐这些价值——在不同的程度上，还要包括社会平等——与他们的历史联系在一起。美国例外论的千年王国基础使它能够把这些价值既看作潜在可实现的，也看作现实存在的。我们已经在这本书中经常见到此类合二为一的支配性冲动。但我们也看到，例外论也激发了经济民主和政治民主的开阔视野，而且有时候这种视野会超越自由主义和谐而指向团结［solidarity］。抛弃例外论历史常常被等同于抛弃这些有价值的理想，抛弃实现这些理想的希望。

很容易理解，美国例外论在我们的民族想象中所占的分量已经削弱了，正如美国的历史性支配地位受到了挑战一样。生活在一个有着许多历史和许多现代性、许多民主形式和许多种族主义的世界上，站在世界的众多种族社会之间，也站在欧洲之侧，我们不得不重新检视自己与他人的共同点和差异性。我们再也不能声称，自己没有意识到自身历史中的道德含混性，没有意识到在我们的自由主义、历史和社会科学语言中包含着严重的例外论因素。一种对我们的历史的不同理解，将使我们有可能更好地辨识出，自由、平等和团结在现世中［in the world］究竟意味着什么。

参考文献

手稿

下面是笔者所参考的手稿:

Herbert Baxter Adams Papers, Special Collections, Johns Hopkins University.

Henry Carter Adams Papers, Michigan Historical Collections, University of Michigan.

Arthur F. Bentley Mss., Lilly Library, Indiana University.

John Bates Clark Papers, Rare Book and Manuscript Library, Columbia University.

John R. Commons Papers, State Historical Society of Wisconsin.

Charles Horton Cooley Papers, Michigan Historical Collections, University of Michigan.

Charles William Eliot Papers, Harvard University Archives, Pusey Library.

Richard T. Ely Papers, State Historical Society of Wisconsin.

Daniel Coit Gilman Papers, Special Collections, John Hopkins University.

Frank J. Goodnow Papers, Special Collections, John Hopkins

University.

William Rainey Harper Papers, University of Chicago Special Collections.

Albert Bushnell Hart Papers, Harvard University Archives, Pusey Library.

Philip M. Hauser Papers, University of Chicago Special Collections.

Frank H. Knight Papers, University of Chicago Special Collections.

A. Lawrence Lowell Papers, Harvard University Archives, Pusey Library.

George Herbert Mead Papers, University of Chicago Special Collections.

Charles E. Merriam Papers, University of Chicago Special Collections.

Wesley Clair Mitchell Papers, Rare Book and Manuscript Library, Columbia University.

William F. Ogburn Papers, University of Chicago Special Collections.

Robert E. Park Papers, University of Chicago Special Collections.

Presidents' Papers, 1889-1925, University of Chicago Special Collections.

Records of the Historical and Political Science Association and of the Seminary of History and Politics, Special Collections, John Hopkins University.

Edward A. Ross Papers, State Historical Society of Wisconsin.

Albion W. Small Papers, University of Chicago Special Collections.

Edwin R. A. Seligman Papers, Rare Book and Manuscript Library, Columbia University.

William I. Thomas Archival Biographical File, University of Chicago Special Collections.

Graham Walls Papers, British Library of Political and Economic Science, London School of Economics and Political Science.

　　这些资料中的相当一部分，除了告诉我们相关主人公的生平和著作的情况之外，还提供了更为广泛的信息。就镀金时代的美国社会科学而言，赫伯特·巴克斯特·亚当斯文档［the Herbert Baxter Adams Papers］，加上吉尔曼文档［the Gilman Papers］以及霍普金斯讨论班［Hopkins Seminar］的"记录"，提供了一个非常出色的叙述，让后人能够了解在这个国家里兴起的第一个社会科学中心是怎么回事。想要了解19世纪90年代的芝加哥大学，则应该去批阅阿尔宾·斯莫尔文档［the Albion Small Paper］，威廉·R.哈珀的私人文档，以及芝加哥校长文档中关于哈珀的材料。此外，斯莫尔一直在与伊利和镀金时代那些伦理派和历史派社会科学家保持接触。要想全面了解社会科学在哈佛的早期发展，得把洛威尔的私人文档与哈特和埃利奥特的文档与罗伯特·丘奇［Robert L.Church］的博士论文合在一起看。亨利·卡特·亚当斯的文档最好地揭示了从合作式社会主义到自由主义的悲惨历程。伊利的文档也有关于这个主题的内容，不过它大体上是由别人寄来的信件组成的，所以它更适合于用来了解各门社会科学内外的社会福音改革的情况。

　　从进步主义时代直到20世纪20年代的社会科学，斯莫尔文档和芝加哥的校长文档，还有在哈佛的洛威尔文档，这些对了解这些人物本身以及相应的学科仍然有用，而且通过它们还能了解施加在社会科学上的压力。康芒斯文档为人们了解威斯康星大学中社会科学活动的广泛性提供了一些洞见。作为个人智识发展的记录，罗斯和库利的文档是特别有用的。此外，库利文档中有约翰·杜威1893年政治哲学系列演讲的笔记，这是研究杜威与社会科学之间关系的重要文献。

现存的1910—1929年间的那些手稿集中包含的有价值材料仍然有待历史学家去开发。由于缺少研究本特利的著作，所以他的文档是不可缺少的材料源。奈特的情况也类似，不过他的文档利用起来难度比较大。奈特对阿尔文·约翰逊讲座的笔记，以及阿林·扬对奈特文章的评论也扩展了我们对学者网络的了解。尽管米切尔的不少信件业已出版，但他的文档中有不少笔记和手稿，这对了解他的思想发展很有帮助，而其中的大量通信对理解经济学中的关系网络有很大的重要性。不幸的是，在社会学史方面，芝加哥大学托马斯文档中他的信件比较少，而且斯莫尔、帕克和校长文档中他的信件也少，尽管这些信件是重要的文献。

芝加哥大学拥有关于20世纪20年代社会科学的大量材料。帕克文档的主要作用在于，增进我们对他自己的著作、芝加哥社会学中的种族关系研究和生态学研究的理解，尽管它们同时也为我们了解20世纪30年代之后对芝加哥社会学的解释的变化很有帮助。梅里安文档的牵涉范围最广，这是因为他在政治学和政府事务中有着广泛的接触，也是因为他在SSRC中扮演着核心的角色。文档中有20世纪20年代SSRC会议的逐字打印记录，这部分材料有重大的价值。奥格本文档对了解他的学术生涯和社会学这门学科都有帮助；关于《近期社会潮流》这个项目，他的文档中有一份不可缺少的文献，即该项目委员会会议的逐字记录。最后，沃拉斯文档中保存着他与美国社会科学家们之间的有趣通信。

读者应该得到警告，那就是关于到1929年为止的美国社会科学这个研究主题，笔者所列举的手稿文档并没有穷尽所有能够找到的这类文献。为数不少的高质量二手著作为我们提供了搜寻手稿文献的可观渠道，比如唐纳德·贝洛米的那份考证细致的博士论文，就是基于耶鲁大学所藏的卷帙浩繁的威廉·格雷厄姆·萨姆纳文档而写成的；罗伯特·巴尼斯特的《社会学与科学主义》的写作，部分是基于路德·李·伯纳德在芝加哥大学和宾州大学的文档写成的，这些文档涉及范围非常广泛。至于本书中出现的一些早期人物，比如黎白和约翰·W. 伯吉斯，也能找到相关的手稿文档，但同时也有非常有用的一手和二手著作。

已发表的一手和二手材料

这本书所依赖的已发表的一手材料包括，已出版的、这些社会科学家本人的信件、论文和著作，以及一些主要的社会科学期刊。这最后一个来源尤其有用，不仅其中的论文有价值，书评也同样有价值，因为它们常常能比正式著述更为自由地揭示各种观点，以及不同观点之间的差异。脚注缩略表同样可以当成笔者所参考的主要社科期刊列表。关于笔者所处理的每个社会科学家和特殊论题，主要的一手材料来源能够通过相关正文下面的脚注获知。

笔者所使用的二手文献也可以通过相同的渠道加以了解。笔者希望，书末的索引已经做得足够细致，能够引导读者找到讨论特定人物、主题和时段的正文的位置。当注释中出现对二手文献的评论，并且这些评论所涵盖的主题超出了一章篇幅所讨论的内容时，索引将会指示出相关的引用在哪里可以找到。比如，在"政治学"这个标题之下，将会出现一个"一般来源"的次级标题，它将指示出了解美国政治学一般历史的主要参考内容。

人名索引

（次级标题由一字线引出，所标页码为本书边码）

Abbott, Edith（伊迪丝·阿博特）227
Abrams, Philip（菲利普·艾布拉姆斯）255
Adams, Charles Kendall（查尔斯·肯德尔·亚当斯）
 and American Economic Association（与美国经济学协会）110
 and American exceptionalism（与美国例外论）73, 81
 background（背景）68
 on conservatism in historico-politics（关于历史政治学中的保守主义）259
 historical theory of（其历史理论）73
 on leadership（关于领导权）70
Adams, George Burton（乔治·伯顿·亚当斯）299—300
Adams, Henry（亨利·亚当斯）122, 387, 466
 and American exceptionalism（与美国例外论）65—6
 background（背景）64
 in historico-politics（历史政治学中的）64—6
 oceanic metaphor quoted（对大洋比喻的引用）65
 and positivism（与实证主义）64—6
 and Turner（与特纳）273, 273n38

Adams, Henry Carter（亨利·卡特·亚当斯）
 background（的背景）102—3, 104—5, 106, 108
 and Dewey（与杜威）164
 and Gilded Age crisis（与镀金时代危机）105, 108, 115—6
 historicism of（其历史主义）116, 187
 and Methodenstreit（与关于方法论的争论）111, 112, 114
 and new liberalism（和新自由主义）410
 and socialism（与社会主义）108, 109n, 113—4, 115—6, 116n37, 124, 138
Adams, Herbert Baxter（赫伯特·巴克斯特·亚当斯）
 and American exceptionalsim（与美国例外论）72—3, 75, 95
 background（的背景）68—9, 283
 on historical economics（关于历史经济学）86
 historical theory of（其历史理论）72—3, 73n37, 74, 86, 95, 282, 286
 on historico-politics（关于历史政治学）69, 69n28, 70, 76, 282, 284, 286
 —influence on（对下列人物的影响）
  Ely（伊利）109
  Macy（梅西）264
  Small（斯莫尔）124

W. W. Willoughby（威洛比）280
Adams, John（约翰·亚当斯）37, 396
Adams, Thomas S.（托马斯·S. 亚当斯）
　background（的背景）409
　and Ely text（与伊利的文本）192—3, 409
　as policy expert（作为政策专家）410
Addams, Jane（简·亚当斯）226, 227n19, 246
Ainslee, Peter（皮特·安斯利）421, 424
Allport, Floyd H.（弗洛伊德·H. 奥尔波特）
　and American exceptionalism（与美国例外论）399
　political attitudes（政治态度）399, 432
　and political science（与政治科学）452, 463
　and scienctism（与科学主义）399
　on sociology（关于社会学）433
Ames, Edward Scribner（爱德华·斯克里布纳·埃姆斯）422
Andrews, Charles Mclean（查尔斯·麦克莱恩·安德鲁斯）
　and American exceptionalism（与美国例外论）270
　background（的背景）258
　in history-political science debate（在历史政治科学的争论中）284, 285—6
　and liberal historicism（与自由历史主义）263
　new history of（其新历史）268—70, 285—6
　and realistic historicism（与现实历史主义）266
　on Teutonic theory（关于条顿民族的理论）263, 270
Angell, James Burrell（詹姆斯·伯勒尔·安杰尔）116

Arendt, Hannah（汉娜·阿伦特）317, 318, 475
Aristotle（亚里士多德）163, 282, 297, 460, 462
　on causation（关于因果关系）18, 18n26
Arnold, Thomas（托马斯·阿诺德）67, 69, 71
Ashley, William J.（威廉·J. 阿什利）112, 201
Atkinson, Edward（爱德华·阿特金森）77, 79, —80
　and American exceptionalism（与美国例外论）77—8
Augustine, Saint（圣奥古斯丁）124
Austin, John（约翰·奥斯汀）280

Bacon, Francis（弗朗西斯·培根）6
　see also scientific method：Baconian empiricism（Index of subjects）[也可参见科学方法：培根的经验主义（主题索引）]
Baer, K. E. Von（K. E. 冯·贝尔）46
Bagehot, Walter（沃尔特·白哲特）
　and Aryan theory of history（与历史的雅利安理论）64
　on "idle curiosity"（关于"闲散的好奇心"）213
　and liberal theory of history（与历史的自由理论）156, 239, 448
　and Ross（与罗斯）239, 296
　and Thomas（与托马斯）348
　and Wilson（与威尔逊）278
Bain, Read（里德·贝恩）430, 432
Balch, Emily（爱米莉·巴尔奇）326
Baldwin, James Mark（詹姆斯·马克·鲍德温）155, 199, 333
Bancroft, George（乔治·班克罗夫特）

269, 273
Bannister, Robert C.（罗伯特·C. 班尼斯特）59n9, 227n20, 311n23, 368, 368n, 430, 448n126
Bascom, John（约翰·巴斯克姆）63n16
Bastiat, Frédéric（弗雷德里克·巴师夏）78, 83
Beard, Charles（查尔斯·比尔德）124, 430
    and American exceptionalism（与美国例外论）344, 387, 461—2, 464—5, 468
    and Asian travel（与亚洲之旅）461
    background（的背景）304, 309, 310, 311, 339, 340, 341
    and Bentley（与本特利）341, 342
    on class（关于阶级）341, 387
    and Commission on the Social Studies（与社会研究委员会）458
    Contemporary American Politics（《当代美国政治》）344
    on democracy（关于民主）340, 341—2
    in discipline of history（在历史学中）330, 345, 461, 462, 466
    economic determinism and politics（经济决定论和政治学）343—5, 343n90, 460—1
    An Economic Interpretation of the Constitution（《宪法的经济学解释》）320, 343—4, 343n91
    and Gilded Age crisis（与镀金时代的危机）339—40
    in historico-politics（在历史政治学中）340
    and interest-group politics（与历史群体政治）303, 309, 341—5
    and interest-group representation（与利益群体代表）342
    and liberal economic interpretation of history（与对历史的自由经济解释）339—40, 340—1, 342—3
    literary style of（其文学风格）345
    and Merriam（与梅里安）458, 459, 467
    and New History（与新史学）345
    and New School for Social Research（与社会研究的新学派）404
    in 1920s（在20世纪20年代）459—62
    on normative basis of politics（关于政治的规范性基础）342
    political constraints on（政治限制）310, 320
    in political science（在政治科学中）330, 341—2, 464—6, 469
    and process（与进程）342—3, 387
    and scientism（与科学主义）345, 405, 464—6, 469
    on utopian transformation（关于乌托邦式的转变）340, 460—1, 465
    Whig-Progressive program of（辉格党的进步主义纲领）341—2
    and World War I（与第一次世界大战）460—1
Becker, Gary（加里·贝克尔）427
Bellamy, Edward（爱德华·贝拉米）99, 136, 169, 205
Bellomy, Donald（唐纳德·贝洛米）85n, 86
Bemis, Edward A.（爱德华·比米斯）133
Bentham, Jeremy（杰里米·边沁）16, 275
Bentley, Arthur F.（阿瑟·本特利）370, 374
    and American exceptionalism（与美国

例外论）335—6, 337, 339
background（的背景）304, 308—11 passim（各处）330, 331—2
and behaviorism（与行为主义）333, 339, 347, 405, 459
on class（关于阶级）335—6, 347, 362, 387
and historicism（与历史主义）331, 337, 338—9
legacy of（其遗产）467
and liberalism（与自由主义）334, 337
and marginal economics（与边际主义经济学）332, 334
and monism（与一元论）332—3, 338
in 1920s（在20世纪20年代）459
and political pluralism（与政治多元主义）303, 309, 336, 339
and political science（与政治科学）330, 334, 337, 339
and postwar politics（与战后的政治）338—9
on process（关于进程）334, 336—7, 387
The Process of Government,（《政府的进程》）308, 330, 331, 333—7, 339, 347
and Progressive politics（与进步主义政治）333, 336, 338
and quantitative method（与定量方法）333, 333—4, 338
and sociology（与社会学）330, 331, 347
and system（与体系）336—7
and World War I（与第一次世界大战）338
—and connections with（与下列人物的联系）
Beard（比尔德）341, 342
Dewey（杜威）329, 332, 333—4, 338, 459
Merriam（梅里安）458, 458n150
Simmel（齐美尔）334—5
Small（斯莫尔）226, 330, 331, 333, 338, 458n150
Bercovitch, Sacvan（萨克凡·伯克维奇）250
Berkeley, George（乔治·贝克莱）37
Bernard, Luther Lee（路德·李·伯纳德）394, 430
background（的背景）311, 313, 368
and Christian orthodoxy（与基督教正统）369
and empirical research（与经验研究）318
and moral objectivism（与道德客观主义）368—9
on scientific control（关于科学控制）368—9
Blaug, Mark（马克·布劳格）178
Bluntschli, Johannes（约翰尼斯·布伦奇利）68, 69—70, 280
Boas, Franz（弗朗兹·博厄斯）
and Chapin（与蔡平）306, 369
and cultural anthropology（与文化人类学）369—70
on evolution（关于进化）319
and sociology（与社会学）389, 442
and Thomas（与托马斯）350, 351
Bock, Kenneth（肯尼思·博克）14n1, 446
Bogardus, Emory（埃默里·博加德斯）432—3, 433
Bowen, Francis（弗朗西斯·鲍恩）47, 78
Breckinridge, Sophonisba（索芙妮斯芭·布雷肯里奇）227
Brownson, Orestes（奥里斯特斯·布朗

森）34
Bryan, William Jennings（威廉·詹宁斯·布莱恩）100, 135, 271
Bryant, Christopher G. A.（克里斯托弗·布莱恩特）429
Bryce, James（詹姆斯·布赖斯）
　on American political science（关于美国政治科学）293—4
　Lasswell on（拉斯韦尔论）455—6
Buchanan, James M.（詹姆斯·M. 布坎南）427, 427—8n81
Buckle, Henry（亨利·巴克尔）19, 20, 124, 299
Bullock, Charles J.（查尔斯·布洛克）421, 423
Burgess, Ernest W.（欧内斯特·伯吉斯）227, 359, 430
　see also Park, Robert E.: *Introduction to the Science of Sociology*（也可参见罗伯特·帕克的《社会学科学的介绍》）
Burgess, John W.（约翰·伯吉斯）
　and American exceptionalism（与美国例外论）71—2, 75, 95, 96
　and American Political Science Association（与美国政治科学协会）283
　background（的背景）63, 68, 69, 70, 75
　and Beard（与比尔德）340
　on civil service（关于文官制度）70
　conservatism of（其保守主义）104, 259
　and Darwinian evolution（与达尔文的进化论）106
　Goodnow on（古德诺论）263
　and historians（与历史学家）284
　historicism of（其历史主义）58, 75—6
　on historico-politics（关于历史政治学）284, 185

political science of（其政治科学）71—2, 74—6, 85, 95
prejudice of（其偏见）392, 408
and Wilson（与威尔逊）264
and younger political scientists（与更年轻的政治科学家）282
Burke, Edmund（埃德蒙·伯克）40, 86, 156
and Wilson（与威尔逊）264—5
Burns, Arthur（阿瑟·伯恩斯）379—80
Burrow, Trigant（特里甘特·伯罗）430

Cairnes, J.E.（J. E. 凯恩斯）82, 84
Caldwell, William（威廉·考德威尔）212
Calhoun, John C.（约翰·卡尔霍恩）31, 32, 34, 38
Carey, Henry C.（亨利·凯里）467
　and American exceptionalism（与美国例外论）44—8
　background（的背景）44, 46, 47—8
　economic theory of（其经济理论）44—6
　influence of（其影响）47—8, 78, 79, 83
　positivism of（其实证主义）46—7, 47n
　republicanism of（其共和主义）45—6
　sociological theory of（其社会学理论）46—7, 47n, 49, 85
　and statistics（与统计学）45
　on tariffs（关于关税）46—8
Carey, Matthew（马修·凯里）44
Carlyle, Thomas（托马斯·卡莱尔）231, 307
Catlin, George E. G.（乔治·E. G. 卡特林）463n162
Chapin, F. Stuart,（F. 斯图亚特·蔡平）306 及以下

background（的背景）306, 331, 313
and behaviorism（与行为主义）446
on cyclical change（关于周期性变迁）387, 445—6
and Giddings（与吉丁斯）369—70
and historicism（与历史主义）371, 445—6
and instrumental positivism（与工具性实证主义）446
and Ogburn（与奥格本）445—6
on race（关于种族）369—70
on scientific method（关于科学方法）370—1
scientism and gender（科学主义与性别）394—5
on statistics（关于统计学）370, 371, 387, 405, 430, 446
and World War I（与第一次世界大战）322, 324

Clark, John Bates（约翰·贝茨·克拉克）
and American exceptionalism（与美国例外论）106—7, 121—2, 140, 184—5, 216, 217
background（的背景）102—3, 102n6, 104—5
compared with Fisher（与费雪的比较）182
compared with Ford, Lowell（与福特、洛威尔的比较）288
dynamic theory of（其动态理论）184—6
and Gilded Age crisis（与镀金时代危机）105, 106—7, 115, 118
and historical economics（与历史经济学）118—119
and marginalism（与边际主义）118—22, 172, 177—8, 179—80

oceanic metaphor of（其大洋比喻）121—2, 387
organicism in（其有机论）118, 153, 190
as Progressive（作为进步主义的）145, 174—5, 184—5
on race（关于种族）147, 408
and socialism（与社会主义）107—8, 113, 115, 116, 116n37, 118, 118n41, 124, 145
and theistic basis of positivism（与实证主义的有神论基础）185n27
—and connections with（与下列人物的联系）
J. M. Clark（克拉克）411, 416
Ely（伊利）260
Giddings（吉丁斯）123, 128, 130
A. S. Johnson（约翰逊）408
Knight（奈特）423
Mitchell（米切尔）379, 383
Patten（帕滕）196
Seligman（泽利希曼）188,
Simmel（齐美尔）335n78
Veblen（凡勃伦）205, 214

Clark, John Maurice（约翰·莫里斯·克拉克）
background（的背景）392, 410—11
on economics profession（关于经济学职业）392—3
and institutional economics（与制度经济学）410—11, 413—14, 418
and J. B. Clark（与克拉克）411, 416
Kight on（奈特论）424
on labor（关于劳工）414, 415, 418
on neoclassical economics（关于新古典经济学）415
on overhead costs（关于间接成本）413—4, 418

and retreat from institutionalism（与制度主义中的撤退）415, 416, 417
on scientific method（关于科学方法）413
on Veblen（论凡勃伦）415
Cliffe Leslie, T. E.（T. E. 莱斯利·克利夫）81, 82
Coman, Katherine（凯瑟琳·科曼）326
Commons, John R.（约翰·R. 康芒斯）
and American exceptionalism（与美国例外论）202—4
background（的背景）173, 194, 201—2
on Fisher（关于费雪）181, 182
and Gilded Age crisis（与镀金时代危机）202
on Hoxie（关于霍克西）376
and institutionalism（与制度主义）418
on interest-group representation（关于利益群体的代表）194, 202, 342
labor history of（其劳工历史）203—4
liberal-republican political economy（自由-共和主义政治经济学）202—3, 204
and political culture（与政治文化）454
on race（关于种族）147
on social role of economist（关于经济学家的社会角色）194—5
Comte, Auguste（奥古斯特·孔德）15, 34, 59, 299
on historical experiments（关于历史实验）371
on history（关于历史）16
positivism of（其实证主义）17, 18, 20, 50, 327
on scientific progress（关于科学的进步）88
on sociology（关于社会学）12
—influence on（其对下列人物和事件的影响）
H. C. Carey（凯里）47n
Giddings（吉丁斯）130
historicism in U. S.（美国的历史主义）58, 82
positivism in U. S.（美国的实证主义）50, 55, 56, 64, 65, 85
Small（斯莫尔）124
Southern sociology（南方的社会学）32
Ward（沃德）90, 91, 92
Condorcet, Marquis de（孔多塞侯爵）
Dewey on（杜威论）328
and historicism（与历史主义）9
and modernity（与现代性）3, 3n, 5
on progress（关于进步）6, 9, 12
on scientific control（关于科学控制）137—8
statistical method of（其统计学方法）8
Cooley, Charles H.（查尔斯·H. 库利）
on Addams（关于亚当斯）226
and American exceptionalism（与美国例外论）245—7, 254
in American Sociological Society（在美国社会学学会中）219
background（的背景）229, 240—1, 240n50, 242, 306
on class（关于阶级）246, 319—20, 335, 335n78, 339, 339n84
compared with Sumner（与萨姆纳的比较）247
compared with Thomas（与托马斯的比较）303, 349
on Dewey（关于杜威）168
on disorganization（关于解组）244
on eugenics（关于优生学）222
and Gilded Age crisis（与镀金时代危机）

240—1, 242
and individualism（与个体主义）241—4
and institutionalism（与制度主义）410
and liberal theory of society（与自由主义社会理论）241—2, 243—4
and new liberalism（与新自由主义）241, 243, 244, 247
and organicism（与有机论）241—4, 247
on primary groups（关于初级群体）243—5, 254—5, 352
and process（与进程）360n123
on public opinion（关于舆论）296
rejects technocratic role（拒绝治国技术专家的角色）251
romantic liberalism of（其浪漫自由主义）244—6, 254—5, 348
and socialism（与社会主义）240—1, 243
Cooley, Thomas McIntyre（托马斯·麦金太尔·库利）240, 241
Corwin, Edward S.（爱德华·S. 科尔文）
compared with Lowell（与洛威尔的比较）464
on democracy（关于民主）464
historical research program（历史研究纲领）450
on scientism（关于科学主义）464, 466
Coughlan, Neil（尼尔·考夫兰）164
Croce, Benedetto（贝内德托·克罗齐）466
Croly, Herbert（赫伯特·克罗利）
and American exceptionalism revised（与美国例外论的修正）151—3, 217
and Johnson（与约翰逊）408
Culver, Helen（海伦·考尔弗）351
Cummings, John（约翰·卡明斯）213—15

Darwin, Charles（查尔斯·达尔文）
influence on（其影响）
Dewey（杜威）165, 167
Economics（经济学）105—6
empirical method（经验方法）157, 261
Ford, 288—9（福特）297
functional psychology（机能心理学）155
Giddings（吉丁斯）228
Historicism（历史主义）106, 112
liberal history（自由主义理论）156
Pearson（皮尔逊）228
religious orthodoxy（宗教正统）56
Seligman（泽利希曼）188
Veblen（凡勃伦）207
Davenport, Herbert（赫伯特·达文波特）
and American exceptionalism（与美国例外论）377—8, 386
background（的背景）371, 376
compared with Mitchell（与米切尔的比较）383
and historicism（与历史主义）377, 378
marginalism theory of（其边际主义理论）376—7
Mitchell on（米切尔论）378
and Veblen（与凡勃伦）376—8
Dealey, James Q.（詹姆斯·Q. 迪利）280
Debs, Eugene（尤金·德布斯）144
De Leon, Daniel, 丹尼尔·德莱昂 259
Demolins, Edmond, 埃德蒙·德摩林 233n36
Dew, Thomas R. 托马斯·R. 迪尤
republicanism of（其共和主义）31—2
Ricardian economics of（其李嘉图式经济学）31—2, 87
Dewey, Donald（唐纳德·杜威）422
Dewey, John（约翰·杜威）

and American exceptionalism（与美国例外论）163, 165—6, 169, 316, 406—7, 465, 468
and American social science（与美国社会科学）162
background（背景）162—4
concept on science（关于科学的概念）327—9, 329n
on democracy（关于民主）163—4, 165—6, 167, 168—9
and functional psychology（与机能心理学）155
and Gilded Age crisis（与镀金时代危机）162—3
and Hegelian idealism（黑格尔的观念论）162, 164—5, 207
on historical method（关于历史方法）328, 471
and historicism（与历史主义）164—6, 329, 329n63, 406—7
late Progressive influence of（其晚期进步主义的影响）315—6
and liberal theory of history（与历史的自由理论）156, 167—9, 167—8n34
and liberal theory of society（与社会的自由理论）241—2
and modernist historical consciousness（与现代主义历史意识）148, 315—16
and new liberalism（与新自由主义）164, 166—7, 167n33, 167—9, 167—8n34, 171, 407
on sociological basis of politics（关于政治的社会学基础）248—9, 295
and "Thought News"（与"思想新闻"）164, 166
—and connections with（与下列人物的联系）

Bentley（本特利）332, 333, 459
Cooley（库利）241—2, 241n55, 243
Elliott（埃利奥特）463—4
Hoxie（霍克西）329
Hull House（赫尔堂）226
Knight（奈特）426—7
Mead（米德）169—71
Ogburn（奥格本）431
Park（帕克）307
Pearson（皮尔逊）157
Small（斯莫尔）137, 137n83
Dilthey, Wilhelm（威廉·狄尔泰）130, 299
on historical knowledge（关于历史知识）329, 329n63, 365
Dorfman, Joseph（约瑟夫·多尔夫曼）192, 408
Draper, John W.（约翰·W. 德雷珀）56n5
Drummond, Henry（亨利·卓蒙德）74
DuBois, W. E. B.（W. E. B. 杜波伊斯）439
Dunbar, Charles F.（查尔斯·F. 邓巴）105, 112, 378
and American Economic Association（与美国经济学协会）110
and American exceptionalism（与美国例外论）81
background（背景）78
on economics in U. S.（关于美国的经济学）79, 81
historical method of（其历史方法）80
Dunning, William（威廉·邓宁）266, 395
Durkheim, Emile（爱米尔·涂尔干）235, 395
Dwight, Theodore W.（西奥多·W. 德怀

特)72, 120—1
Dwight, Timothy(蒂莫西·德怀特)120

Eastman, Crystal(克里斯托·伊斯曼)159
Eaves, Lucille(露西尔·伊夫斯)428
Eliot, Charles William(查尔斯·威廉·艾略特)63, 64, 78, 201
Elliott, William Yandell(威廉·扬德尔·埃利奥特)463—4, 466
Ely, Richard T.(理查德·T. 伊利)
　background(的背景)102—3, 104—5, 109
　compared with men in historico-politics(与历史政治学者的比较)257
　compared with Small(与斯莫尔的比较)125
　on ethical role of economist(关于经济学家的伦理角色)114—15
　and Gilded Age crisis(与镀金时代的危机)105, 115—17
　and Mthodenstreit(与关于方法论的争论)110—11, 113
　professional efforts of(其职业化的努力)109—10
　in Progressive economics(在进步主义经济学中)173, 192—3, 216
　and socialism(与社会主义)107, 108, 113, 15, 116—17, 124, 137—8
　—and connections with(与下列人物的联系)
　　C. K. Adams(C. K. 亚当斯)259
　　Bemis(比米斯)133
　　Bentley(本特利)331
　　Giddings(吉丁斯)128
　　Ross(罗斯)176, 230—2
　　Small(斯莫尔)124, 127

Turner(特纳)271, 298
Veblen(凡勃伦)206
Wilson(威尔逊)260
Young(扬)409
Emerson, Ralph Waldo(拉尔夫·沃尔多·爱默生)
　influence on(对下列人物的影响)
　　Cooley(库利)241, 241n55
　　Park(帕克)307
　　Ross(罗斯)231
　　Small(斯莫尔)135
Engels, Friedrich(弗雷德里希·恩格斯)188

Fairlie, John A.(约翰·A. 费尔利)462
Farnum, Henry W.(亨利·W. 法纳姆)103—5, 110, 113
Ferguson, Adam(亚当·弗格森)3—4n1
Ferrero, Guglielmo(古列尔莫·费雷罗)233n36
Ferri, Enrico(恩里科·费里)207
Fetter, Frank(弗兰克·费特)
　and American exceptionalism(与美国例外论)184
　background(的背景)173
　and economic interpretation of history(与历史的经济解释)189—90
　on ethics and economics(论伦理学与经济学)183—84
　and Hoxie(与霍克西)372
　on immigration restriction(论移民入国限制)147, 184
　on marginalist ascendancy(论边际主义的优势地位)176
　Mitchell on(米切尔论弗兰克·费特)378
　on origin of marginalism(论边际主义的

起源）177—8
psychological marginalist theory of（的心理学边际主义理论）181
textbook by（所写的教科书）192
Young on（扬论弗兰克·费特）409
Fisher, Irving（欧文·费雪）143
and American exceptionalism（和美国例外论）185, 186
background（的背景）173, 180, 181, 182
conservatism of（费雪的保守主义）180
on Davenport（论达文波特）377
economics of（费雪的经济学）180—1
on ethics and economics（论伦理学与经济学）157, 182—3
on history（论历史）185—6
and mathematics in economics（与经济学中的数学）306
positivism of（的实证主义）185—6, 185n27
on race（论种族）147
on reform（论改革）183, 183n23, 184, 320
and World War I（与"一战"）320
Young on（扬论费雪）409
Fiske, John（约翰·菲斯克）66
Fitzhugh, George（乔治·菲茨休）32—3, 467
Follett, Mary（玛丽·弗莱特）456
Ford, Franklin and Corydon（富兰克林·福特与科里登·福特）164, 166
Ford, Henry Jones（亨利·琼斯·福特）291
on administration（论行政）451n133
and American exceptionalism（与美国例外论）265—6, 288
background（的背景）257—8, 265

conservatism of（的保守主义）265, 288
and functional analysis（和功能分析）265, 277n48
historicism of（的历史主义）265
on political parties（论政党）265, 276, 277
scientism of（的科学主义）288—9, 295
on sociology（论社会学）297
Frazier, E. Franklin（富兰克林·弗雷泽）439
Freeman, Edward A.（爱德华·A. 弗里曼）69, 72
Freud, Sigmund（西格蒙特·弗洛伊德）见 psychology-psychoanalysis
Freund, Ernst（厄恩斯特·弗罗因德）226
Furner, Mary（玛丽·弗纳）117

Galton, Francis（弗朗西斯·高尔顿）222
Gardiner, S. R.（S. R. 加德纳）264
Garfield, Harry A.（哈里·A. 加菲尔德）448—9
Gary, Dorothy P.（多萝西·加里）443n116
Gay, Edwin F.（埃德温·F. 盖伊）201, 325
George, Henry（亨利·乔治）77, 81, 99, 259
and J. B. Clark（与克拉克）177
Gettell, Raymond（雷蒙德·格特尔）462
Gibbs, Willard（威拉德·吉布斯）180
Giddings, Franklin（富兰克林·吉丁斯）
and American exceptionalism（与美国例外论）129, 140
and American Sociological Society（与美国社会学学会）219
background（的背景）123, 127—8

and Columbia sociology（和哥伦比亚社会学）227，227n20，229，369，428，430
compared with Ford and Lowell（与福特和洛威尔比较）288，290
compared with Patten（与帕滕比较）198—9
on consciousness of kind（论类的意识）130，153，229，236，358
debate with Small（与斯莫尔争论）131—2
debate with historians（与历史学家争论）299
economics of（吉丁斯的经济学）127，128，130—1
evolutionary sociology of（的进化论社会学）127，128—30，131，156，227，254，327
and Gilded Age crisis（和镀金时代危机）129—30
and holistic critique of economics（和对经济的整体性的批判）222
and *Methodenstreit*（和方法论争论）128，188
and new liberalism（和新自由主义）145，220，326
prejudice of（的偏见）391，408
on race（论种族）129，130，147，228，229
research program of（的研究纲领）226，228—9，256
on role of sociologist（论社会学家的角色）128，132
on scientific method in sociology（论社会学中的科学方法）130—1，227—8
statistical method of（的统计方法）228—9
and study of historical change（和对历史变迁的研究）442，445，558
—and connection with（与……的联系）
　Bentley（本特利）330
　Chapin（蔡平）306
　Cooley（库利）241
　Goodnow（古德诺）287，296
　Ogburn（奥格本）442，445
　Pearson（皮尔逊）157
　Rice（赖斯）398
　Simmel（齐美尔）335n78
　Spencer（斯宾塞）127
Gillin, John L.（约翰·L.吉林）428—9
Gilman, Daniel Coit（丹尼尔·科伊特·吉尔曼）63，67
Gladden, Washington（华盛顿·格拉登）110
Glassberg, David（大卫·格拉斯伯格）148
Gneist, Rudolf von（鲁道夫·冯·格奈斯特）287n73
Goethe, J. W.（歌德）46，306
Goldenweiser, Alexander，442（亚历山大·戈登威泽）
Goodnow, Frank J.（弗兰克·J.古德诺）
　and American Political Science Association（和美国政治科学协会）282—3
　background（的背景）143，257—8，259
　and Beard（和比尔德）341—2
　on city government（论城市政府）275—6
　historical realist program（历史现实主义纲领）274—5，277，278，291，296
　on Lowell（论洛威尔）291

and Merriam（和梅里安）295
and new liberal historicism（和新自由主义）263—4，278
and norms in political science（和政治科学中的规范）286—7，288，295
Political and Administration（《政治与行政》）276—7，277n49，278—9，282，286—7
on sociology and scientism（论社会学与科学主义）296
on Teutonic theory（论条顿族理论）262
Gosnell, Harold F.（哈罗德·F. 戈斯内尔）398，457—8
Gramsci, Antonio（安东尼奥·葛兰西）207，247
Gray, John H.（约翰·H. 格雷）318
Green, T.H.（格林）280
Guyot, Arnold（阿诺德·盖约特）46

Hadley, Arthur T.（阿瑟·T. 哈德利）
  background（的背景）103—5
  on J. B. Clark（论 J. B. 克拉克）115
  and marginalism（和边际主义）175—6
  and *Methodenstreit*（和方法论争论）110，111，114
Haeckel, Ernst（恩斯特·海克尔）314n29
Hall, Arnold Bennett（阿诺德·贝内特·霍尔）449—51
Hamilton, Alexander（亚历山大·汉密尔顿）26，42，44
  Beard on（比尔德论汉密尔顿）344
  and political science（和政治科学）37
Hamilton, Walton（沃尔顿·汉密尔顿）
  disillusion with politics（政治的幻灭）398
  and institutional economics（和制度经济学）410，411，412，417，451
  and modernist historical consciousness（和现代主义历史意识）315，315n32
Hansen, Alvin H.（阿尔文·H. 汉森）383
Hapgood, Hutchins（哈钦斯·哈普古德）331—2
Harper, William R.（威廉·R. 哈珀）123，126，133，138
Harrington, James（詹姆斯·哈林顿）120—1，460
Hart, Albert Bushnell（艾伯特·布什内尔·哈特）266
Hartz, Louis（路易斯·哈茨）xvi—xvii，358—9n121
Haskell, Thomas（托马斯·哈斯克尔）54
Hayes, Edward C.（爱德华·C. 海斯）347，369
Hegel, G. W. F.（黑格尔）
  on American exceptionalism（论美国例外论）475
  on historicism（论历史主义）9，19，20
  influence on（对……的影响）
    Burgess（伯吉斯）71，76
    Dewey（杜威）162—3，165，165n27，169
Henderson, Charles（查尔斯·亨德森）226
Henderson, R. D.（R. D. 亨德森）456
Herder, J. G.（J. G. 赫尔德）3，3n，5，7n8，8
Herron, George D.（乔治·D. 赫伦）166，260
Hobbes, Thomas（托马斯·霍布斯）287
Hobson, J. A.（J. A. 霍布森）200，211，413
Hollander, Jacob H.（雅各布·H. 霍兰德）200

Hollinger, David（大卫·霍林格）93, 233n34, 318
Holmes, Oliver Wendell, Jr.（小奥利弗·温德尔·霍姆斯）66, 290
Homan, Paul（保罗·霍曼）416
Hooker, Richard（理查德·胡克尔）85
Hoover, Herbert（赫伯特·胡佛）445
Howe, Frederic C.（弗雷德里克·C. 豪）91, 159
Howells, William Dean（威廉·迪安·豪威尔斯）33
Howerth, Ira（艾拉·豪尔斯）131
Hoxie, Robert F.（罗伯特·F. 霍西）
　and American exceptionalism（与美国例外论）374—5, 386, 387
　background（的背景）371, 372, 376
　on class（论阶级）335, 373—5, 387
　critique of Small（对斯莫尔的批判）347
　and Dewey（和杜威）329, 347, 373
　and Hamilton（和汉密尔顿）410—411
　and historical method（和历史方法）329, 372—3
　and institutionalism（和制度主义）303, 407
　on labor（论劳工）373—6
　and modernist historical consciousness（和现代主义历史意识）315n32
　on "rules of the game,"（论"游戏规则"）375, 454
　on social control（论社会控制）375
　and Veblen（和凡勃伦）239, 372, 373, 375, 376
Hume, David（大卫·休谟）3—4n1
　and epistemology（和认识论）17, 37
　and experimental method in social science（和社会科学中的试验方法）6—7, 154
　on sympathy（论同情）238, 358
Huxley, Thomas Henry（托马斯·亨利·赫胥黎）88

Ingram, John Kells, 82（约翰·凯尔斯·英格拉姆）

Jackson, Andrew, 29（安德鲁·杰克逊）
参见 political traditions: Jacksonian
James, Edmund J.（埃德蒙·J. 詹姆斯）
　background（的背景）102—3, 104
　and historico-politics（和历史政治学）259
　and *Methodenstreit*（和方法论争论）111
James, William（威廉·詹姆斯）
　and functional psychology（和机能心理学）155
　and Park（和帕克）307, 358, 366
　influence on（对……的影响）
　　Bentley（本特利）333
　　Cooley（库利）243
　　Dewey（杜威）165
　　Patten（帕滕）199
　　Wallas（沃拉斯）459
Jameson, J. Franklin（富兰克林·J. 詹姆森）
　background（的背景）258
　on democracy（论民主）259
　and Gilded Age crisis（和镀金时代危机）268
　new history of（的新史学）268
　and Rankean methodological program（和兰克式方法论纲领）267, 268
Jefferson, Thomas（托马斯·杰斐逊）27
Jenks, Jeremiah W.（杰里迈亚·W. 精琦）146, 282

Jevons, Stanley（斯坦利·杰文斯）176, 196
Jhering, Rudolf von（鲁道夫·冯·耶林）331
Johnson, Alvin S.（阿尔文·S.约翰逊）
  background（的背景）391, 392, 408
  and cosmopolitan liberalism（和大都会的自由主义）408
  on Hoxie（论霍克西）376
  and Knight（和奈特）422, 423
  as neoclassical economist（作为新古典经济学家）408
  and New School for Social Research（和社会研究新学院）404, 408
  and Veblen（和凡勃伦）376
Johnson, Charles S.（查尔斯·S.约翰逊）439
Judson, Henry Pratt（亨利·普拉特·贾德森）309
Jung, Carl Gustav（卡尔·古斯塔夫·荣格）315

Kant, Immanuel（伊曼纽尔·康德）3—4n1
  and historicism（和历史主义）9
  liberalism of（的自由主义）11
  influence on
    Lieber（黎白）38—9, 50
    Shepard（谢泼德）280
    Veblen（凡勃伦）207
    Ward（沃德）90
Karl, Barry（巴里·卡尔）395n9, 396
Kautsky, Karl（卡尔·考茨基）207
Keynes, John Maynard（约翰·梅纳德·凯恩斯）419—20
Kloppenberg, James（詹姆斯·克洛彭伯格）166, 167n33, 329, 329n63

Kneebone, John（约翰·尼本）440
Knight, Frank H.（弗兰克·H.奈特）
  and American exceptionalism（和美国例外论）425
  background（的背景）420, 421—2, 423
  and Christian moralism（和基督教道德主义）421—2, 423, 424
  compared to Patten（与帕滕相比）420
  and consumption theory of economics（和经济学的消费理论）421—468
  on Dewey（论杜威）427
  on government regulation of the economy（论政府的经济管制）423—5
  and historicism in economics（和经济学中的历史主义）425, 426—7, 427n80
  and institutionalism（和制度主义）414, 423, 425—6
  libertarian economics of（的意志自由论经济学）420—1, 422—3, 424
  and Pearson（和皮尔逊）422
  positivism of（的实证主义）425—7, 425n76
  on Thomas（论托马斯）426
Kress, Paul（保罗·克雷斯）337
Kroeber, Alfred（艾尔弗雷德·克罗伯）442—3
Kuznets, Simon（西蒙·库兹涅茨）419n56

Labriola, Antonio（安东尼奥·拉布里奥拉）207
Lamprecht, Karl（卡尔·兰普雷希特）201, 269n29
Laski, Harold（哈罗德·拉斯基）463
Lasswell, Harold（哈罗德·拉斯韦尔）
  attacked by Munro（芒罗的攻击）462—3

background（的背景）455
and Merriam（与梅里安）403，455，457
on political psychology（论政治心理学）456，457
on scientific method（论科学方法）405，455—6，466
on technocratic control（论技术控制）456—7
American and English social science compared（美国社会科学与英国社会科学的比较）403—4
Lathrop, Julia C.（朱莉娅·C. 莱思罗普）227
Laughlin, J. Laurence（J. 劳伦斯·劳克林）
and American Economic Association（与美国经济学协会）110
background（的背景）103—5
on currency（论通货）378
on historical method in economics（论经济学的历史方法）378，381n165，384
and Hoxie（与霍克西）372
on marginalism（论边际主义）175
and Mitchell（与米切尔）321
on sociology（论社会学）126，133
and Veblen（与凡勃伦）160
Leacock, Stephen（斯蒂芬·里柯克）280
Le Bon, Gustave（古斯塔夫·勒庞）238
Leggett, William（威廉·莱格特）33
Lewis, Sinclair（辛克莱·刘易斯）400
Lieber, Francis（弗朗西斯·黎白）
and American exceptionalism（与美国例外论）41
background（的背景）38，39
compared with H. B. Adams and J. W. Burgess（与 H. B. 亚当斯和 J. W. 伯吉斯的比较）73—4,
compared with List（与李斯特的比较）44
on historical method（论历史方法）40，50
influence on later political science（对后来政治科学的影响）64，66—9，85，279—80，280
political science of（黎白的政治科学）39—42，49—50
and Tocqueville（和托克维尔）41
Lippmann, Walter（沃尔特·李普曼）452—3，460
List, Friedrich（弗雷德里希·李斯特）44
Lloyd, Henry Demarest（亨利·德马雷斯特·劳埃德）235—6，250
Locke, John（约翰·洛克）
and American exceptionalism（和美国例外论）25
and Beard（和比尔德）460
epistemology of（的认识论）36
liberalism of（的自由主义）11
and Ross（和罗斯）234
Loeb, Jacques（雅克·洛布）
biological theory of（的生物学理论）349
influence on（对……的影响）
Mitchell（米切尔）305
Park（帕克）364
Thomas（托马斯）323，349
Veblen（凡勃伦）212
Loria, Achille（阿基利·洛里亚）187，187n32，271n33，272
Low, Seth（塞思·洛）123
Lowell, Abbott Lawrence（阿博特·劳伦

斯·洛威尔）
  on administration（论行政）290，293
  ahistoricism of（的反历史主义）292，293
  American and English politics compared（美国政治和英国政治的比较）291
  and American exceptionalism（和美国例外论）292，293
  background（的背景）66，290
  and Bryce（和布赖斯）294
  compared with Corwin（与科尔文的比较）464
  on political parties（论政党）291—2
  on positivism of（论洛威尔的实证主义）290，292—3
  on public opinion（论公共舆论）296
  realism of（的现实主义）291，292
  scientific realist program of（的科学现实主义纲领）293，295，309
  on socialism（论社会主义）290—1
  and statistics（和统计学）291，293
Lowie，Robert（罗伯特·洛伊）442
Lubin，Isador（伊萨多·卢宾）391
Lundberg，George（乔治·伦德伯格）430，443n16
Lynd，Robert and Helen（罗伯特·林德与海伦·林德）441—2

Macaulay，Thomas（托马斯·麦考利）241n55
Mach，Ernst（恩斯特·马赫）227，327，349
Machiavelli，Niccolò（尼科洛·马基雅维里）460
McKenzie，R. D.（R. D. 麦肯齐）436，437
Macy，Jesse（杰西·梅西）

  and American exceptionalism（和美国例外论）264
  background（的背景）258，260
  consensual scientific ideal of（的一致性的科学理想）258，260，286
  and Gilded Age crisis（和镀金时代危机）260，262
  and historicism（和历史主义）264，286
  on history and political science（论历史和政治科学）286
  new liberalism of（的新自由主义）260，264
Madison，James（詹姆斯·麦迪逊）27，37，344
Maine，Henry（亨利·梅因）
  on Aryan political tradition（论雅利安政治传统）41，64，66
  historicist influence of（的历史主义影响）82
  theory of history（的历史理论）16，88，348
Malthus，Thomas（托马斯·马尔萨斯）
  economic theory of（的经济理论）13—14，111
  influence in U.S.（在美国的影响）80，86，90，156
  and neo-Malthusian theory（和新马尔萨斯理论）14，83，85，90
  and rejection of Malthusian theory in U.S.（和美国拒斥马尔萨斯理论）26—7，34，43，44，45，47，49，7，80，81
Marshall，Alfred（艾尔弗雷德·马歇尔）174，217，217—18n93
Martineau，Harriet（哈丽雅特·马蒂诺）85
Marx，Karl（卡尔·马克思）

economic theory of（的经济理论）13
historicism in（马克思的历史主义）20
and institutionalism（和制度主义）417
theory of history（的历史理论）16
cited in U.S. by（在美国被……引用）
  Commons（康芒斯）203
  Ogburn（奥格本）430—31
  Seligman（泽利希曼）188
  Veblen（凡勃伦）207, 210, 212
Marxist tradition and（马克思主义传统与……）
  American exceptionalism（美国例外论）475
  Ricardo（李嘉图）177
  socialism in U.S.（美国的社会主义）58, 98, 177
  Veblen（凡勃伦）215
Mayo, Elton（埃尔顿·梅欧）456—7
Mayo-Smith, Richmond（里奇蒙德·梅奥－史密斯）114, 135, 178
Mead, George Herbert（乔治·赫伯特·米德）
  and American exceptionalism（和美国例外论）169, 170—1
  background（的背景）169
  and Chicago reform（和芝加哥改革）226
  and Dewey（和杜威）169—71
  on pragmatism and praxis（论实用主义和实践）170—1
  on social control（论社会控制）248
  and symbolic interactionism（和符号互动论）435
Menger, Carl（卡尔·门格尔）76
  and Bentley（和本特利）332, 334
Merriam, Charles E.（查尔斯·E. 梅里安）
  on American political theory（论美国政治理论）395

and American promise（和美国式的承诺）468
background（的背景）395
on civic education（论公民教育）453—4, 458
and foundation support of social science（和社会科学的基础支持）401, 402, 403, 467
and historicism（和历史主义）395—6, 453
on interest-group analysis（论利益群体分析）458, 458n150
on leadership（论领袖）453—4
legacy of（的遗产）467
on nonvoting（论未投票）457—8
on political culture（论政治文化）454
politics of（的政治学）395—6, 458
and professionalism（和职业主义）396, 401
and psychology（和心理学）452—5, 456—7, 470
scientific program of（的科学纲领）396, 430, 449, 452—5, 456—8, 462, 463, 466
wartime experience of（的战时经验）397, 454
and connections with（与……的联系）
  Beard（比尔德）458, 459, 467
  Chicago reform（芝加哥改革）226
  Lasswell（拉斯韦尔）455, 456—7
  Thurstone（瑟斯顿）433, 451
Merriam, John C.（约翰·C. 梅里安）396, 453
Michelson, A. A.（A. A. 迈克尔逊）212
Mill, James（詹姆斯·密尔）16
Mill, John Stuart（约翰·斯图尔特·密尔）15, 59

classical economics of（的古典经济学）14—15，189

and congitivist ideal（和认知主义理想）93

and Knight（和奈特）425，425n76，427

On Liberty（《论自由》）155，236—7，448

on logic of economics（论经济学的逻辑）17—18，79，82，111，114

political liberalism of（的政治自由主义）29

and positivism（和实证主义）17—19，50，55，91

on progress（论进步）88，155，156，448

on social control（论社会控制）236—7

Mitchell，Wesley Clair（韦斯利·克莱尔·米切尔）

and American exceptionalism（和美国例外论）383，386，387

background（的背景）305，308，310，321，378

and behaviorism（和行为主义）384—6，411

Business Cycles（《商业周期》）379—83，386

on control（论控制）412

and cyclical progress（和循环式进步）383，386—7

and eugenics（和优生学）323，416—17，417n52

and historicism（和历史主义）380—3，385—6，389，411—12

and instinct psychology（和本能心理学）372，379，384

institutional economics of（的制度经济学）303，378—86，413，418，419n56

and institutional movement（和制度主义运动）385—86，407，410，411，414—15，416—17，419

and marginalism（和边际主义）378，381，382—3，386

and modernist historical consciousness（和现代主义历史意识）317

and National Bureau of Economic Research（和国家经济研究局）397，413

new liberalism of（的新自由主义）381—2

and New School for Social Research（和社会研究新学院）404

and response to World War I（和对"一战"的反应）323，324—5

scientism of（的科学主义）305，321，323，324—5，381，385，429

and statistics（和统计学）321，325，379，385—6，405，411，413，419，419n56

and connections with（与……的联系）

Beard（比尔德）340

Dewey（杜威）329，381，381n165，384，405

Ogburn（奥格本）443

Veblen（凡勃伦）305，321，340，372，378—9，380—3，384，386

Young（扬）409，416—17

Montesquieu，Baron de（孟德斯鸠男爵）3，3n，5，6—7

and enlightenment（和启蒙运动）7n8

and historicism（和历史主义）8

and republicanism（和共和主义）41

on separation of powers（论权利的分立）

287
Mulford, Elisha（伊莱沙·马尔福德）109
Munro, William Bennett（威廉·贝内特·芒罗）462—3, 466
Münsterberg, Hugo（胡戈·闵斯特贝尔格）
and Park（和帕克）364, 365, 366
on scientific education（论科学教育）252, 253

Nearing, Scott（斯科特·尼尔林）326
Newcomb, Simon（西蒙·纽康）110, 111, 185
Newton, Sir Isaac（伊萨克·牛顿爵士）6
on scientific method（论科学方法）8, 17, 37, 157
Niebuhr, Barthold（巴托尔德·尼布尔）20, 38
Nisbet, Robert（罗伯特·尼斯比）446
Noble, David W.（大卫·W. 诺布尔）93n75

Ogburn, William F.（威廉·F. 奥格本）
background（的背景）393, 394
and Chapin（和蔡平）445—6
on cultural lag（论文化堕距）443—5, 469
on culture（论文化）442—4
on Giddings（论吉丁斯）442, 445
and historicism（和历史主义）442—3
and masculinity（和男性特征）394
and new liberalism（和新自由主义）444—5
and politics（和政治学）393, 430—1
and psychoanalysis（和精神分析）430—1
Recent Social Trends（《近期社会潮流》）445
on scientific method（论科学方法）405

scientism of 393, 394, 429n83, 430—2, 469
Social Change（《社会变迁》）442—4
and statistics（和统计学）394, 405, 443, 445
Osgood, Herbert Levi（赫伯特·利瓦伊·奥斯古德）
and American exceptionalism（和美国例外论）270
background（的背景）258
historicist program of（的历史主义纲领）266, 267
new history of（的新史学）269—70
on socialism（论社会主义）259
on Teutonic theory（论条顿族理论）262—270

Paine, Thomas（托马斯·潘恩）55
Pareto, Vilfredo（维尔弗雷多·帕累托）182
Park, Robert E.（罗伯特·帕克）
and American exceptionalism（与美国例外论）357, 361—3, 364, 367, 387, 438, 439—40
on assimilation（论同化）359, 360—1, 387, 438, 439—40
on attitude（论态度）358, 430, 432, 436
background（的背景）303—5, 306, 306—8, 310, 311, 326, 357, 358
and behaviorism（与行为主义）364
on the city（论城市）311, 361—4, 436, 440—1
on class（论阶级）335, 359, 362—3, 387, 438—9
compared with Simmel（与齐美尔比较）363—4, 436

compared with Weber（与韦伯比较）366—7
conservativism of（的保守主义）305，357，359—60，444—5
on ecology（论生态学）359，387，435—7，437—8
and Hull House tradition（与赫尔堂传统）227
Introduction to the Science of Sociology（《社会学导论》）359—60，361，365—6
on logic of history and social science（论历史与社会科学的逻辑）364—7
positivism of（的实证主义）435—7，437—8，440
on progress（论进步）359，387，435，437
on race（论种族）307，360—1，438—40
and Rockefeller funding（与洛克菲勒基金）402
and scientist movement（与科学化运动）405，430，432，436—7
on statistics（论统计）430，436
and theory of liberal society（与关于自由社会的理论）357，358，359—61，361—3，364
——and connections with（与以下人物的联系）
  Bentley（本特利）339
  Dewey（杜威）329
  Hoxie（霍克西）374
  Ogburn（奥格本）430，444—5
  Simmel（齐美尔）358
  Teggart（特加特）447
  Thomas（托马斯）307，351，357，358，359

Patten, Simon（西蒙·帕滕）
  and American exceptionalism（与美国例外论）196—7，196n，198，217，235
  background（的背景）102—3，104，173，196，326
  compared with Knight（与奈特比较）420
  and consumption theory of economics（与经济学中的消费理论）196—7，206
  and discipline of history（与历史学科）201
  exceptionalist economics of（的例外论经济学）196—7
  and functional psychology（与机能心理学）199，207
  and Gilded Age crisis（与镀金时代危机）143，196—7
  historico-evolutionary economics of（的历史—进化论经济学）197—200，199n59，216
  and historico-politics（与历史政治学）197—200，199n59，216
  on invidious competition（嫉妒性竞争）148，198—9
  new liberalism of（的新自由主义）198—9，326
  on race（论种族）147
  and sociology（与社会学）223
  and Tugwell,（与塔克韦尔）399
Pearson, Karl（卡尔·皮尔逊）
  and behaviorism（与行为主义）327
  biologism of（的生物学主义）222
  on scientific method（论科学方法）156—7，326—7
——influence on（对下列人物和学科的影响）

Bentley（本特利）330, 332, 333
Giddings（吉丁斯）227—8, 369
Hayes（海斯）347
historical-politics（历史政治学）261
Knight（奈特）422
Rice（赖斯）405
Thomas（托马斯）434
Peirce, Charles S.（查尔斯·皮尔士）207, 372
Perlman, Selig（泽利希·佩尔曼）391
Perry, Arthur L.（阿瑟·佩里）77—9, 83
Pigou, A.C.（庇古）408, 413
Plato（柏拉图）163
Pocock, J. G. A.,（波考克）xxi
Pogugioli, Renato（雷纳托·波吉奥力）315
Pollock, Frederick（弗雷德里克·波洛克）290
Porter, Noah, 63n16（诺厄·波特）214
Powell, John Wesley（约翰·韦斯利·鲍威尔）62, 90

Ranke, Leopold Von（莱波尔德·冯·兰克）20, 71, 466
参见 historico-politics：Rankean methodological program in；history, discipline of：Rankean methodological program in（主题索引）
Ratzenhofer, Gustav（古斯塔夫·拉岑霍费尔）224—5, 333
Raymond, Daniel（丹尼尔·雷蒙德）44
Reed, Thomas H.（托马斯·里德）467n
Ricardo, David（大卫·李嘉图）
economic theory of（的经济理论）14, 15n20, 16, 111, 177
influence in U. S.（在美国的影响）78, 81, 82, 86, 87
and marginalism（与边际主义）118, 119, 122, 130
rejection of Ricardian theory in U. S.（李嘉图理论在美国受到的抵制）34, 44, 45, 47, 49, 81
and Southern economics（与南方经济学）31, 49, 87
Rice, Stuart A.（斯图尔特·赖斯）
background（的背景）398—9
Methods in Social Science（《社会科学的方法》）401—2, 455
rejection of politics by（对政治的拒斥）398—9
on scientific method（论科学方法）405, 466
scientism of（的科学主义）398—9, 452
Rickert, Heinrich（海因里希·李凯尔特）
on historical knowledge（论历史知识）299, 329
and Park（与帕克）365, 366
and Weber（与韦伯）367
Robinson, James Harvey（詹姆斯·哈维·鲁滨逊）
background（的背景）258
and Chapin（与蔡平）306, 370n145
on historical time（论历史时代）313—14, 314n29, 314n30, 317, 349, 370n145
on New History（论新史学）313, 345
new history of（的新史学）269, 269n29
and new liberal historicism（与新自由主义的历史主义）263
and New School for Social Research（与社会科学研究新学院）404
and Thomas（与托马斯）349
Roscher, Wilhelm（威廉·罗雪尔）13

Rosenberg, Rosalind（罗萨林德·卢森博格）350
Ross, Edward A.（爱德华·A. 罗斯）
　　and American exeptionalism（与美国例外论）233—5, 239—40, 250, 254
　　and American Sociological Society（与美国社会学协会）219
　　and Asia travel（与亚洲之行）397
　　background（的背景）229—32
　　compared with Thomas and Park（与托马斯和帕克相比较）303
　　facticity criticized（真实性批判）318
　　on *Gemeinschaft and Gesellschaft*（论"共同体与社会"）234—5, 244
　　and Gilded Age Crisis（与镀金时代危机）230—3, 233—5
　　and historicism（与历史主义）237—8
　　liberalism of（的自由主义）231—3, 234, 236—7, 239
　　and Loria（与洛里亚）187n32
　　and marginalism（与边际主义）176, 176—7, 179—80, 232
　　and new liberalism（与新自由主义）233, 235—6
　　racial theory of（的种族理论）147, 233—5, 233n36, 237
　　on social control（论社会控制）230—5, 236—7, 238—9, 247—8, 249, 250, 251—2
　　on social forces（论社会力量）347
　　on socialism（论社会主义）230—1, 232, 235n39
　　social psychology of（的社会心理学·）238—9, 348
　　on sociologists' technocratic role（与社会学家的专家治国论）251—2
　　on sociology and economics（论社会学与经济学）222
Rothberg, Morey（莫雷·罗思伯格）268, 268n25
Rousseau, J.J.（卢梭）41
Royce, Josiah（乔赛亚·罗伊斯）361
Ruggles, Samuel（萨缪尔·拉格尔斯）68
Ruml, Beardsley（比尔兹利·拉姆尔）401, 403
Ruskin, John（约翰·罗斯金）182, 340

Sage, Russell（拉塞尔·塞奇）116
St. Simon, Henri de（亨利·德·圣西门）34
Salomon, Roger B.（罗杰·B. 萨洛蒙）58—9
Say, J. B.（萨伊）43, 50
Schäffle, Albert（阿尔伯特·舍费尔）124, 241n55, 246
Schmoller, Gustav（古斯塔夫·施穆勒）
　　and historical economics（与历史经济学）111, 200, 201
　　on Menger's marginalism（论门格尔的边际主义）177
　　and Veblen（与凡勃伦）210
Schumpeter, Joseph（约瑟夫·熊彼特）382
Seelye, Julius R.（朱利叶斯·西利）68, 284, 285
Seligman, Edwin R. A.（埃德温·泽利希曼）
　　and American exceptionalism（与美国例外论）149—50, 189, 195, 216, 217, 262
　　background（的背景）101—2, 104
　　and Beard（与比尔德）341, 343, 460
　　and discipline of history（与历史学科）201
　　economic interpretation of history（对历

史的经济解释）188—9，193—5，223
and Gilded Age crisis（与镀金时代危机）135，143，186—7
historicism of（的历史主义）187—8，190—2
and Loria（与洛里亚）271n33
marginalism of（的边际主义）190—2
and *Methodenstreit*（与方法论之争）188
new liberalism of（的新自由主义）187—9，191—2
organicism of（的有机论）187
on Osgood（论奥斯古德）267
on role of economist（论经济学家的角色）193—5
on socialism（论社会主义）113，149—50
textbook of（的教科书）192
on theory（论理论）175
on Turner（论特纳）298
Shaw, Albert（艾伯特·肖）160
Shepard, Walter（沃尔特·谢泼德）280，296
Sidgwick, Henry（亨利·西季威克）281
Simmel, Geog（格奥尔格·齐美尔）
compared with Park（与帕克比较）363—4
influence on American Social Science（对美国社会科学的影响）334，335，335n76，335n78，358
on modern society（论现代社会）334—5
Skidmore, Thomas（托马斯·斯基德莫尔）33，34
Small, Albion W.（阿尔宾·W. 斯莫尔）
and American exceptionalism（与美国例外论）124，136—7，166，224—5

in American Sociological Society（与美国社会学协会）219
background（的背景）123—4，257
and Chicago sociology（与芝加哥社会学）227，227n20，256，326
and Christian socialism（与基督教社会主义）124—6，134
on class（论阶级）224—5，254
debate with Giddings（与吉丁斯的辩论）131—2，134
on economic interpretation of history（论对历史的经济解释）223
and Gilded Age crisis（与镀金时代危机）135，137，143
and historicism（与历史主义）123—6，127，130，225，227，229，295
holism in（的整体主义）125—6，127，130，134，138，222
late Progressive criticism of（的晚期进步主义批评）330—1，347
on New History（论新史学）345—6
and objectivity（与客观性）159—60
on progress（论进步）155
and questionnaires（与问卷调查）224
on race（论种族）147
on role of sociologist（论社会学家的角色）125，127，132—5，136—8，157
sociology of（的社会学）125—6，131，221，224—6，229
on scientific control（论科学控制）137—8，400
on scientism（论科学主义）429
on social control（论社会控制）249，250
on social forces（论社会力量）125，225
vacillation of（的游移不定）123n51，

126—7, 132—8, 137n82, 224, 225—6, 227, 320
—and connections with（与下列人物的联系）
　　Bernard（伯纳德）368
　　Bentley（本特利）310, 330, 331, 333, 458n150
　　Hoxie（霍克西）347
　　Ratzenhofer（拉岑霍夫）224—5
　　Thomas（托马斯）309
Smith, Adam（亚当·斯密）3, 3n
　　economics of（的经济学）6, 7, 14, 27
　　and historicism（与历史主义）5, 7, 8, 9, 14, 16n22, 23
　　and liberal theory of history（与关于历史的自由主义理论）16n22
　　political science of（的政治科学）11
　　scientific method of（的科学方法）8, 14
　　sociological theory of（的社会学理论）15, 46, 47
　　on sympathy（论同情）130, 238, 239n45
—influence on（对下列人物和学科的影响）
　　antebellum economics（战前的经济学）49, 50
　　H. C. Carey（凯里）45
　　Fitzhugh（菲茨休）32
　　Giddings（吉丁斯）130
　　Park（帕克）358
　　Ross（罗斯）238
　　F. A. Walker（沃克）82
Smith, J. Allen（艾伦·史密斯）458n151
Smith, Preserved（普里泽夫德·史密斯）178

Sombart, Werner（维尔纳·桑巴特）
　　and class（与阶级）253—4
　　and historical economics（与历史经济学）200, 384, 417
　　and Veblen（与凡勃伦）210
Spencer, Herbert（赫伯特·斯宾塞）
　　compared with H. C. Carey（与凯里比较）46, 47, 49
　　general influence in U. S.（在美国的普遍影响）55, 56, 58, 64, 105—6
　　and liberal theory of history（与关于历史的自由主义理论）153—4, 155
　　positivism of（的实证主义）18, 20, 327
　　sociology of（的社会学）15
—influence on（对下列人物的影响）
　　H. B. Adams（亚当斯）74
　　Dewey（杜威）168, 241n55
　　Ford（福特）297
　　O. W. Holmes（霍姆斯）66
　　Kroeber（克罗伯）442
　　Park（帕克）361
　　Ross（罗斯）231
　　Small（斯莫尔）124
　　Sumner（萨姆纳）85, 86, 91
　　Thomas（托马斯）348
　　Veblen（凡勃伦）205, 212
　　Ward（沃德）85, 92
Steffens, Lincoln（林肯·斯蒂芬斯）308
Steffens, H. Morse（莫尔斯·斯蒂芬斯）284—5
Steward, Dugald（杜格尔德·斯图尔特）16
Stigler, George J.（乔治·斯蒂格勒）176
Stouffer, Samuel A.（萨缪尔·A. 斯托芬）434n96
Stubbs, William（威廉·斯塔布斯）285

Sumner, William Graham（威廉·格雷厄姆·萨姆纳）
 and American exeptionalism（与美国例外论）86—8，95，96，216
 in American Sociological Society（在美国社会学协会中）219
 background（的背景）56，63，78，85，122
 classical economics of（的古典经济学）86—8，105
 folkways（与社会习俗）220—1
 and Gilded Age crisis（与镀金时代危机）86
 on historical method（论历史方法）80，86，92
 and historico-politics（与历史政治学）85—6，88，91，104
 and Methodenstreit（与方法论之争）110
 and natural law（与自然法）91
 and political constrains（与政治束缚）139
 and positivism（与实证主义）60，79，89，112
 on progress（论进步）56，89，220—1，253
 realism of（的现实主义）58—9
 on scientific control（论科学控制）221
 sociology of（的社会学）85，86—8，94，220—1
 —compared with（与下列人物比较）
  Cooley（库利）247
  Giddings（吉丁斯）127
  Lowell（洛威尔）290
  Patten（帕滕）197
 —and connections with（与下类人物的联系）

  Darwin（达尔文）106
  Fetter（费特）184
  Fisher（费雪）180
  Park（帕克）357
  Spencer（斯宾塞）86
  Ward（沃德）91

Tarde, Gabriel（加布里埃尔·塔尔德）238，239，239n45，358
Taussig, Frank W.（弗兰克·W. 陶西格）
 and American Economic Association（与美国经济学协会）110
 backgroud（的背景）103—5，173
 on Dunbar（论邓巴）80
 on marginalism（论边际主义）176，179
 and Methodenstreit（与方法论之争）114
 and Veblen（与凡勃伦）160
Taylor, John（约翰·泰勒）37
Teggart, Frederick J.（弗雷德里克·A. 特加特）
 background（的背景）448
 critique of historiography（对历史编纂学的批判）447
 critique of sociological scientism（对社会学科学主义的批判）18n26，446—7
 and liberal theory of history（与关于历史的自由主义理论）447—8
 on social control（论社会控制）448
 and Toynbee（与汤因比）447
Thomas, Dorothy Swaine（多萝西·斯温·托马斯）434
Thomas, William I.（威廉·I. 托马斯）
 and Anthropology（与人类学）348，349，350，351—2，354
 on assimilation（论同化）353，356—7，360
 on attitudes（论态度）350，350—1n106，

352—5 各处，432，433—5
background（的背景）303—5，307—8，309—10，312—3，326，348，357
compared with Bentley（与本特利比较）339
compared with Ogburn（与奥格本比较）394
on gender（论性别）349—50
and Hull House（与赫尔堂）227
interpretive method of（的解释方法）351，352—3，354—5
on life-history method（与生活史方法）355，371，433—5
new liberalism of（的新自由主义）348，353
on organization-disorgnization-reorgnization（论组织化-解组-重组）353—6 各处，387，469
and Park（与帕克）307，351，357，358，359
on Polish Americans（论波兰裔美国人）311，352，354，356
The Polish Peasant in Europe and America（《身处欧美的波兰农民》）310，312，323，352—7，359，371，379，435
on progress（论进步）349，387
progressive and wartime disillusion of（在进步时代和战时的幻灭）309—10，323—4
psychological theory of（的心理学理论）349—50，351，353
on race（论种族）307，323，350，351
rejection of history by（对历史的拒斥）349，354，370n145，389，437
research program of（的研究纲领）351—3

romantic liberalism（浪漫派自由由主义）348—9
on scientific control（论科学控制）323—4，349，350，353
and scientism（与科学主义）353—5，357，371，405，432，434—5
on sexuality（论性）307—8，309—10，323，350
Source Book of Social Origions（《社会起源集录》）348，350，352
on statistics（论统计）355，371，434—5
and theory of liberal social progress（与自由主义社会进步理论）348—9，351，353，357，387
and Znaniecki（与兹纳涅茨基）354，355，356
Thompson（海伦·汤普森）350
Thorndike, Edward L.（爱德华·L. 桑代克）384
Thurstone, L. L.（瑟斯顿）433，451，452
Tocqueville, Alexis de（阿列克西·德·托克维尔）
compared with Veblen（与凡勃伦比较）209
on democracy in U. S.（论美国的民主）41—2
and historicism（与历史主义）20
and American social science（与美国社会科学）41—2，45，47n，245，246
Tönnies, Ferdinand（费迪南德·滕尼斯）234—5，244
Toulmin, Stephen（斯蒂芬·图尔敏）327—8
Toynbee, Arnold（economist）（阿诺德·汤因比，经济学家）86，217
Toynbee, Arnold（historian）（阿诺德·汤因比，历史学家）447

Tugwell, Rexford Guy（雷克斯福德·盖伊·塔克韦尔）
  and American exceptionalism（与美国例外论）407n31, 468
  on historical change（论历史时代）411
  instituional economics of（的制度经济学）410, 414
  and Patten（与帕滕）399, 411
  and scientism（与科学主义）399—400
Turgot, A. R. J.（杜尔阁）3—4n1
Turner, Frederick Jackson（弗雷德里克·杰克逊·特纳）
  and American exceptionalism（与美国例外论）271—4, 298
  background（的背景）258, 260
  compared with Beard（与比尔德比较）341
  frontier thesis of（的边疆论题）270—2, 271n33, 273—4
  and Gilded Age crisis（与例外论危机）262, 271
  and historical economics（与历史经济学）124, 271
  historicism of（的历史主义）266—7
  and New History（与新史学）345
  positivism of（的实证主义）272—3
  reception in economics and sociology（在经济社会学中被接受）298
  sectional theory of（的区域解释）273, 298
Tyndall, John（约翰·廷德尔）88
Tyrrell, Ian（伊恩·蒂勒尔）297, 346

Vacher de Lapouge, Geoges（拉波日）208n77, 212—13, 233n36
Veblen, Thorstein（索尔斯泰因·凡勃伦）
  and alienated stance（疏离的姿态）154, 215, 319, 352
  and American exceptionalism（与美国例外论）205, 212, 216, 217
  background（的背景）101, 173, 204—5, 214
  and economics profession（与经济学职业）160, 172
  and Gilded Age crisis（与镀金时代危机）143, 205
  on historical economics（与历史经济学）205—6, 372
  historicism of（的历史主义）211—12, 215
  historico-evolutionary theory of（的历史进化论）208—10, 212
  and institutionalism（与制度主义）317—2, 386, 410, 417
  legacy of（的遗产）418—19
  on marginalism（论边际主义）179—211
  and neo-Kantian idealism（与新康德主义观念论）207
  and New School for Social Research（与社会研究新学院）404
  on objectivity（论客观性）213—15, 215n91
  positivism of（的实证主义）211—16, 217
  on pragmatism（论实用主义）213
  psychology of（的心理学）207, 207—8, 213
  racial theory of（的种族理论）208, 208n7, 212, 213
  on scientific control（论科学控制）213, 216
  and sociology（与社会学）223, 441
  the Theory of Business Enterprise（与商业周期理论）210—11

—and connections with（与下列人物的联系）
 Davenport（达文波特）376—8
 Dewey（杜威）328, 405
 Gramsci（葛兰西）207
 Hoxie（霍克西）329, 372, 373, 375, 376
 Marx（马克思）207, 210, 212
 Mitchell（米切尔）305, 321, 340, 372, 378—9, 380—3, 384
 Spencer（斯宾塞）205, 212
 Young（扬）409
Vico, Giambattista（詹巴蒂斯塔·维柯）3—4n1
Viner, Jacob（雅各布·维纳）391, 414
Voltaire（伏尔泰）55
Von Holst, E. H.（冯·霍尔斯特）73, 81

Wagner, Adolph（阿道夫·瓦格纳）111, 116, 187
Walker, Amasa（阿马萨·沃克）
 and American exceptionalism（与美国例外论）43—4, 146—7
 and consumption theory of economics（与消费经济学理论）43, 197
 economic theory of（的经济理论）43—4
 and Perry（与佩里）78
 text book of（的教科书）77, 79
 and F.A.Walker（与 F. A. 沃克）83
Walker, Francis Amasa（弗朗西斯·阿马萨·沃克）
 and American exceptionalism（与美国例外论）82—5, 95—6
 background（的背景）55, 59, 62, 78, 85, 103
 and consumption theory of economics（与消费经济学理论）79, 179
 and Darwin（与达尔文）106
 economic theory of（的经济理论）82—5
 and historical economists（与历史经济学家）216, 427
 on immigration（论移民）146—7
 on Knights of Labor（论劳动骑士团）99
 new liberalism of（的新自由主义）84, 96
 and Patten（与帕滕）196
 positivism of（的实证主义）79, 81, 82
 realism of（的现实主义）59, 80
Wallas, Graham（格雷厄姆·沃拉斯）
 compared with Merriam（与梅里安比较）452—3
 on English sense of historical continuity（论英国意义上的历史延续性）218
 and eugenics（与优生学）323
 on foundation funding（与基金资助）403
 on political psychology（论政治心理学）452—3
Walpole, Robert（罗伯特·华尔波尔）276
Walras, Léon（莱昂·瓦尔拉）176
Ward, Cyrenus Osborne（希雷纳斯·奥斯本·沃德）90, 93
Ward, Lester Frank（莱斯特·弗兰克·沃德）
 and American exceptionalism（与美国例外论）93, 95—6
 and American Sociological Society（与美国社会学协会）219
 background（的背景）55—6, 62, 88, 89, 89n67, 90, 103, 122
 and Gilded Age crisis（与镀金时代危机）89—90

on historical time(论历史时代)314n29, 314n30
and new liberalism(与新自由主义)91, 96, 220
political science of(的政治科学)91—2, 92n
positivism of(的实证主义)88, 89, 91—4, 96
on scientific control(论科学控制)92—4, 400
on social control(论社会控制)249, 250
sociology of(的社会学)90—3, 94
—and connections with(与下列人物的关系)
  Bernard(伯纳德)368
  Ford(福特)297
  Ross(罗斯)230, 232, 238
  Small(斯莫尔)124, 225
Washington, Booker T.(布克·T. 华盛顿)307, 360, 439
Watson, John B.(约翰 B. 华生)
  background(的背景)311—12, 313, 394
  and behaviorism(与行为主义)312
  and Bentley(与本特利)339
  Mitchell on(米切尔论)384
Wayland, Francis(弗朗西斯·韦兰德)
  and American expceptionalism(与美国例外论)42—3, 48, 84
  and consumption theory of economics(与消费经济学)43, 197
  economic theory of(的经济理论)42—3, 48, 84
  textbook of(的教科书)77
Webb, Sidney and Beatrice(韦布,西德尼和比阿特丽斯夫妇)200, 384, 418,

Weber, Max(马克斯·韦伯)
  on administration(论行政管理)452, compared with Park(与帕克比较)366—7
  on historical social science(论历史社会科学)329, 366—7, 473, 473n4
  Knight on(奈特论)427n80
  on Modern society(论现代社会)235
Weismann, August(奥古斯特·魏茨曼)221—2
Wells, David Ames(大卫·埃姆斯·韦尔斯)77, 79, 410
Westermarck, Edward(爱德华·韦斯特马克)366
White, Andrew Dickson(安德鲁·迪克森·怀特)
  and American Economic Association(与美国经济学协会)110
  and American exceptionalism(与美国例外论)67
  and American Political Science Association(与美国政治学协会)283
  background(的背景)56, 62—3, 67—8
  on European history(论欧洲历史)73
  and gentry social science(与士绅社会科学)61
  on historico-politics(论历史政治学)76
  on scientific progress(论科学进步)56, 89
  on synthetic historiography(论综合性历史编纂学)268, 299
Williams, James M.(詹姆斯·M. 威廉斯)228
Willoughby, Westal W.(韦斯托尔·W. 威洛比)
  and Dewey(与杜威)167—8n34

political theory of（的政治理论）280—1
and scientism（与科学主义）462
Willoughby, W.F.（威洛比）451
Wilson, Woodrow（伍德罗·威尔逊）
on H. B. Adams（论亚当斯）70
on administration（论行政管理）275, 277
background（的背景）258—9, 264
historical realism of（历史现实主义）274—5, 277—8, 356
Lowell on（洛威尔论）291
and new liberalism（与新自由主义）260, 278
on norms in political science（论政治学的规范）287—8
romantic epistemology of（的浪漫主义认识论）261
and socialism（与社会主义）288, 294
and Turner（与特纳）272
Windelband, Wilhelm（威廉·文德尔班）329, 364—5, 366
Wirth, Louis（路易斯·沃思）440
Wolfe, Albert B.（艾伯特·B. 沃尔夫）318
Woolsey, Theodore Dwight（西奥多·德怀特·伍尔西）
and legal study（与法律研究）72
and Lieber（与黎白）38, 67, 85
and university reform（与大学改革）63n16
Wright, Carroll（卡罗尔·赖特）56, 62

Yerkes, Robert M.（罗伯特·M. 耶基斯）453
Young, Allyn A.（阿林·扬）
background（的背景）409
and Ely text（与伊利的文本）192—3, 409
on institutionalism（论制度主义）414, 416—17
and Knight（与奈特）423, 425n76
and Mitchell（与米切尔）409, 414, 416—7
and neoclassical economist（与新古典主义经济学家）409
on postwar inequality（论战后的不平等）398
and Veblen（与凡勃伦）409, 414, 416

Znaniecki, Florian（弗洛里安·兹纳涅茨基）354, 355, 356
Zorbaugh, Harvey（哈维·左堡）440—1

主题索引

（次级标题由一字线引出，所标页码为本书边码）

academic context of social science（社会科学的学术背景）
　in antebellum colleges（在美国南北战争前的学院中）35—6, 36n26, 42, 49
　in eighteenth century（在18世纪时）7
　in Gilded Age（在镀金时代）54, 56, 62—3, 63n6, 66, 68, 70, 101—2, 117—18, 138—40, 231
　in Gilded Age sociology（在镀金时代的社会学中）122—3
　in late Progressive Era（在"进步时代"晚期）308—10
　in Progressive Era（在"进步时代"）151—2, 158—9, 250
　in Progressive Era economics and history（在"进步时代"的经济学和历史中）200, 204
　university growth and decentralization（大学的成长和去中心化）161
　American, German, English, and French compared（美国人、德国人、英国人和法国人的比较）160—1
　in World War I（在第一次世界大战中）325—6
　see also professionalism（也可参见专业主义）
administration（行政）
　Beard on（比尔德论）341—2
　Bentley on（本特利论）334
　Goodnow on（古德诺论）276—7, 295
　Lowell on（洛威尔论）290, 293
　in 1920s（在20世纪20年代时）451—2
　in Progressive Era（在"进步时代"）274—5, 279, 282, 283, 295, 451—2
　and Weber（与韦伯）452
　Wilson on（威尔逊论）275
　and World War I（与第一次世界大战）324
　see also political science; Whig tradition in; political traditions; mugwump（也可参见政治科学；辉格党的传统；政治传统；超然派）
African American（非裔美国人）
　and exceptionalist consensus（与例外主义者的共识）29
　hostility towards（敌意转向）34, 146, 198
　Park and（帕克与）307, 360—1, 438—40
　in sociology（在社会学中）439
　Thomas and（托马斯与）351, 356
American Association for the Advancement

（美国促进科学发展协会）185
American Economic Association（美国经济学协会）146, 149, 193, 231, 319, 379
　founded（建立）63, 110
　and ideological controversy（与意识形态的论争）159
　and institutionalist debate（与制度主义者的辩论）306, 414—15, 416
　and joint membership（与共同会籍）401
　and *Methodenstreit*（与方法论之争）112—13, 117
　officers of（其中的官员）172n131, 132
　sociology at（其中的社会学）
American exceptionalism（美国例外论）
　consensual framework of（其共识性框架）xvi—xvii, 28—30, 34, 92n, 100
　European sources of（其欧洲的来源）25, 475—6
　and historical consciousness（与历史意识）21—6, 24n3, 30, 58, 60—1, 149—54, 179, 254, 297, 317, 346
　in historiography of American social science（在美国社会科学的历史编纂中）15n21, 92n, 217n93, 237n43, 358—9n121
　liberal revision of（自由主义者的修订）100, 122, 140, 149—153, 154, 297, 304—5
　and liberal-prepublican political economy（与自由-共和主义的政治经济）26—8, 49—50, 100, 105, 108—9, 122, 139, 154, 272, 274
　as national ideology（作为民族的意识形态）, xiv, xvii, 22—30, 468—9, 471—2, 475—6
　oceanic metaphors in（其中的大洋隐喻）65—6, 121—2, 202, 229, 242, 336, 387—8
　and socialist transformation（与社会主义者的转变）106, 107, 108—9, 136, 139, 205, 216
—Gilded Age crisis in（美国例外论中的镀金时代危机）
　described（描述）53—64, 61n, 98—101, 149
　and Gilded Age economics（与镀金时代的经济学）80—1, 106—7, 115
　and historico-politics（与历史政治研究）69—70
　and history, discipline of（与历史及其历史学）346
　and marginalism（与边际主义）177—9
　and 1920s（与20世纪20年代）406, 441—2
　and Progressive economics（与进步主义经济学）193, 217—18
　and Progressive sociology（与进步主义社会学）354
　and scientism（与科学主义）406
American Federation of Labor（美国劳工联合会）144
　Commons on（康芒斯论）203
　Hoxie on（霍克西论）373, 374
American Historical Association（美国历史学协会）271, 299
　founded（建立）76
　and political science（与政治科学）282—4
　relative size of（其相对规模）283—4n65
American Historical Review（《美国历史评论》）282
American Journal of Sociology（《美国社

会学杂志》）133，159—60，170，230，459
and Boasian anthropology（与博厄斯式的人类学）442
founded（建立）127
American Political Science Association（美国政治科学协会）290，293，454，462
founded（建立）282—3
relative size of（其相对规模）283—4n65
and scientism（与科学主义）294，449，462—3，467
American Social Science Association（美国社会科学协会）63，123
American Sociological Society（美国社会学学会）
founded（建立）219，220，221—2
Turner at（特纳所在的）298
American Statistical Association（美国统计学协会）401，411
Amherst College（阿默斯特学院）68，259
Anthropology（人类学）
in American social science（在美国的社会科学中）xix—xx
and J. B. Clark（与 J. B. 克拉克）105
and critique of evolutionary determinism（与进化决定论的批评）154，389
cultural（文化的）441—5，passim（各处）473
in England（在英国）255
method of（其方法）154，351—2
and modernist historical consciousness（与现代主义者的历史意识）319
and political science（与政治科学）288
in Progressive Era（在进步时代）154
and racial theory（与种族理论）see race（参见"种族"）

and Sumner（与萨姆纳）220—1
and Thomas（与托马斯）307，348，349，350，351—2，354，435
Asian travel（亚洲之旅）240

Britain（英国），see England（参见英国）
Brookings Institution（布鲁金斯研究所）417，451
Brown University（布朗大学）42，94
business cycles（商业周期）
J. M. Clark on（J. M. 克拉克论）414
Hansen on（汉森论）383
Mitchell on（米切尔论）379—83，413
Veblen on（凡勃伦论）211，380，382

California, University of, at Berkeley（加利福尼亚大学伯克利分校）378，447
Cambridge, University of（剑桥大学）284
Carleton College（卡尔顿学院）205
Carnegie Foundation（卡内基基金会）325，400
Carnegie Institution（卡内基研究院）203
Chautauqua（肖托夸湖）117，159
Chicago Civic Federation（芝加哥公民联盟）126，133
Chicago School of Civics and Philanthropy（芝加哥公民与慈善学派）227
Chicago, University of（芝加哥大学）166，170，173，205，212，305，307—11 passim（各处）323，359，360，376，378，384
economics at（其中的经济学）133，160
founded（建立）123
political science at（其中的政治科学）395，402，433，455，456，457
and Rockefeller funding（与洛克菲勒基金）402

sociology at（其中的社会学）123, 126—7, 133, 222, 226—7, 226n18, 347, 351, 367, 373, 391, 402, 430, 439, 440

University of Chicago Press（芝加哥大学出版社）310, 331

urban experience at（其城市经验）306, 309—10, 440

Christianity（基督教）

in antebellum colleges（在南北战争前的学院中）35—7, 39

evangelicalism and social science（福音派与社会科学）89, 102—3, 107, 124, 137, 139, 162—3, 169, 173, 174, 196, 202, 231—2, 233, 257, 258, 304

fundamentalism and social science（原教旨主义与社会科学）311, 326, 369

and late Progressive skepticism（与晚期进步主义的怀疑论）305, 306, 307

and national ideology of American exceptionalism（与美国例外论的民族意识形态）22—4, 23n2, 30, 37, 60, 153, 178

and science（与科学）36—7, 54—7, 103, 185

and secularization（与世俗化）4, 17, 19, 93

Civil War（内战）

effects of（其影响）39, 53, 57, 67, 67n23, 74—5, 103n, 258, 280

class（阶级）

Beard on（比尔德论）341, 387

Bentley on（本特利论）335—6, 347, 362, 387

Cooley on（库利论）246, 319—20, 335, 335n78, 339, 339n84

Hoxie on（霍克西论）335, 373—5, 387

Park on（帕克论）335, 359, 362—3, 387, 438—9

in Progressive sociology（在进步社会学中）148—8, 224—5, 253—4, 304—5

Rice on（赖斯论）399

Turner on（特纳论）272

see also labor, issue of（也可参见劳工的问题）

Columbia University（哥伦比亚大学）173, 306, 341, 379, 384

and Beard（与比尔德）325

class orientation at（其阶级取向）35

Columbia Law School（哥伦比亚法学院）68, 72, 120

historico-politics at（其历史政治研究）39—41, 68, 70, 259, 266, 282, 283, 284

political science at（其政治科学）392, 395

reform of（其改革）63, 68

sociology at（其社会学）123, 227—9, 369, 391, 393, 430

urban experience at（其城市经验）282, 306

Commission on the Social Studies（社会研究委员会）458

commonsense realism, see realism（常识性现实主义）see realism（参见现实主义）

Cornell University（康奈尔大学）116, 205, 231, 422, 423

founded（建立）56, 63

historico-politics（其历史政治学）67—8

democracy（民主）
　Andrews and Osgood on（安德鲁斯与奥斯古德论民主）269—70
　Beard on（比尔德论）340, 341—2
　Cooley on（库利论）244, 245, 246
　Corwin on（科尔文论）464
　Dewey on（杜威论）163—4, 165—6, 167, 168—9, 253
　disillusionment with, in historico-politics（与历史政治学中的幻灭）257, 258—9, 260, 263
　disillusionment with, in 1920s（20世纪20年代中的幻灭）395—400, 452—3
　Goodnow on（古德诺论）278—9
　Jameson on（詹姆森论）268
　Lasswell on（拉斯韦尔论）456
　and liberalism（与自由主义）149, 153
　Merriam and Gosnell on（梅里安与戈斯内尔论民主）457
　Merriam on（梅里安论）453—4
　Turner on（特纳论）271—3
　Wilson on（威尔逊论）288

economics（经济学）
　economic interpretations of history in（对历史的经济学解释），see also liberalism-theory of history in（也可参见自由主义——历史理论）188—92, 194—5, 195n49, 187—9, 207—12,
　general sources on（一般来源）32n26, 419n56
　radical antebellum writers on（激进的南北内战战前作家对待经济学）33—4, 50
　relations with sociology（与社会学的关系）222—3
　Southern antebellum writers on（南方的战前作家对待经济学）30, 31—2
　textbooks in, see also academic context of social science; business cycles; labor, issue of; professionalism; regulation of business; social origins of social scientists; social role of social scientists; tariffs（经济学的教科书，也可参见社会科学的学术背景、商业周期、劳工问题、专业主义、商业规范、社会科学家的社会起源、社会科学家的社会角色、关税）77, 173, 181—2, 192, 409,
—classical economics（古典经济学）
　conservative allegiance to（保守的忠于古典经济学）175
　eighteenth-century origins of（其18世纪的源头）3—9
　in gilded Age economics（在镀金时代经济学中的古典经济学）77, 81—5, 86—7, 105—6, 122
　and liberalism（与自由主义）13—15, 100, 153, 154
　Mthoderstreit in（在古典经济学中的方法论之争）110—15, 140, 188, 217
　moral underpinnings of（其道德基础）27, 79, 115, 421—2
　nineteenth-century origins of（其19世纪的源头）13—15
　positivism in（其中的实证主义）17—18
　theory of（其理论）6, 11, 12, 13—15, 21, 120, 122
—exceptionalist economics（例外论经济学）
　American school in（美国学派）44—8, 48n, 50
　in antebellum U.S.（在战前的美国）42—

8, 49—50

Christian basis for（其基督教基础）43, 47, 77—8, 81

consumption theory in（其消费理论）43, 79, 183, 196—7, 197—8, 206, 209, 421—2

free-trade school in（自由贸易学派）42—4, 47, 77, 78

Gilded Age extension of（其镀金时代的扩展）196—7, 196n

and rejection of Malthusian theory（对马尔萨斯理论的驳斥）26—7, 34, 43, 44, 45, 47, 49, 78, 80, 81

and rejection of Ricardian theory（对李嘉图理论的驳斥）34, 44, 45, 47, 49, 80, 196—7

— historical school（历史学派）

and American school（与美国学派）44, 45, 46, 48n, 50

criticism of（其批评）200

critique of classical economics（古典经济学的批评）177, 204

and economic history（与经济史）201, 201n62

in England（在英国）82

in Germany（在德国）13, 104

in U. S.（在美国）104—5, 108, 110—18, 140, 188, 217

in U. S. and Europe compared（在美国和在欧洲的比较）217—18, 217—18n93

variants of（其变形）189—216, 216—17

— institutional economics（制度经济学）

decline of（其衰落）407, 415—20, 420n60, 469

historical context of（其历史背景）411, 413

and historicism（与历史主义）389, 411—12, 417—18, 419—20, 420n60, 429—8n81

and Keynesian economics（与凯恩斯经济学）419—20

legacy of（其遗产）418—19

and modernist historical consciousness（与现代主义者的历史意识）411—12

movement formed（形成运动）217, 407, 410—11

neoclassical attack on（新古典的攻击）414—15, 416

research program in（其研究纲领）413—14

social democracy of（其社会民主）411, 412—13

and sociology（与社会学）429, 469

and Veblen（与凡勃伦）215—16

see also Hoxie, Robert F.; Mitchell, Wesley Clair (Index of names)（也可参见人名索引中的罗伯特·F. 霍克西和韦斯利·克莱尔·米切尔）

— marginalism（边际主义）

ahistorical tendency of（其非历史倾向）179, 180, 186, 389

ascendancy of（其优势）173—80, 190, 204, 216, 389

and classical theory compared（与古典理论比较）120, 122

as liberal ideology（作为自由主义的意识形态）119—21, 122, 173, 177—82, 178n, 204, 216

and new liberalism（与新自由主义）173—5

origins of（其起源）84, 118—22, 177

as positivist science（作为实证主义的

科学）177，180
 and professional-scientific context（与专业的-科学的背景）176—7，178n21，179—80
 and realism（与现实主义）
—neoclassical economics（新古典经济学）
 and American exceptionalism（与美国例外论）467
 and defeat of institutionalism（与制度主义的失败）405，407，414—15，416，467
 defined（界定）174
 and historicism（与历史主义）192—3，200，216
 Keynesian revision of（其凯恩斯修正）419—20
 and liberal economic interpretations of history（与对历史的自由主义经济解释）189—91
 marginalism and（与边际主义）174
 realist and reformist currents in（其中的现实主义和改革主义趋势）408—10
England（英国）
 classical economics in（其古典经济学）21，49
 classical liberalism in（其古典自由主义）10—12，13—15，21
 as exemplar in governance（作为治理中的典范）40—1，45，65，234，274—5，276
 historical consciousness in（其历史意识）xvii，21，218，218n94，255，346
 historical study in（其历史研究）20
 as modern（作为现代的英国）xiv，23，27，197
 origin of sociology compared with U. S.（与美国相比的社会学起源）47
 republicanism in（共和主义）5—6，23，26
 socialism in, compared with U. S.（与美国相比的社会主义）139—40
 social sciences in, compared with France, Germany（与法国、德国相比的社会科学）xvii
 sociology in（其社会学）63
 Teutonic theory of liberty in（其自由的条顿理论）24—5
Enlightenment（启蒙运动）
 and American social science（与美国社会科学）50，93—4，93n75，215
 Scottish, and American social science（苏格兰启蒙运动与美国的社会科学）23，26，49，448
 and social science（与社会科学）6，7，17
ethics and social science, see also social role social scientists（伦理学和社会科学，参见社会科学家的社会角色）
ethnicity（族群）
 and immigration（与移民）146—8，183，184，198，204，233，240，345—6
 Park on（帕克论）204，360—1，432
 Thomas on（托马斯论）304，311，351—2，353，356—7
eugenics（优生学）
 Chapin on（蔡平论）322
 Fisher on（费雪论）183
 Merriam on（梅里安论）455
 Mitchell on（米切尔论）323，416—17，417n52
 Patten on（帕滕论）199
 Ross on（罗斯论）240
 in sociology（在社会学中）221—2

and World War I（与第一次世界大战）322—3

evolutionary theory, see Darwin, Charles, influence on; Spencer, Herbert（Index of names）（进化理论，参见人名索引中的查尔斯·达尔文的影响和赫伯特·斯宾塞）

France（法国）
　　Burgess in（伯吉斯在法国）70
　　criticism of（对法国的批评）40, 41, 55
　　historical consciousness in, compared（比较法国的历史意识）xvii, 255, 346
　　historical study in（法国的历史研究）20, 346
　　republicanism in（法国的共和主义）5—6, 70
　　Ross in（罗斯在法国）233
Functional analysis（功能分析）
　　Bentley on（本特利论功能分析）459
　　in liberal theory of modern society（现代社会的自由主义理论中的功能分析）15, 153—4, 155, 168, 361
　　in political science（政治科学中的功能分析）265, 274, 277, 277n48, 277n49, 287, 293

gender, conventions of（性别传统）
　　in American social science（美国社会科学中的性别传统）59, 59n10, 394—5
Germany（德国）
　　H. B. Adams in（H. B. 亚当斯在德国）68
　　Bentley in（本特利在德国）331
　　Burgess in（伯吉斯在德国）68
　　economics in（德国的经济学）13, 44, 50, 104, 177
　　historical consciousness in（德国的历史意识）xvii, 21, 177, 255
　　historical economists in（德国的历史经济学家）104
　　historicism, influence of（历史主义的影响）xiv, 58, 58n, 60, 71, 80, 106, 110, 111—12
　　liberal nationalism in, and American social science（德国的自由民族主义和美国的社会科学）38—9, 39n33, 44, 49, 69—70
　　Lieber in（黎白在德国）38
　　Park in（帕克在德国）307, 364
　　political science in（政治科学在德国）12—13, 19
　　Ross in（罗斯在德国）232
　　Sumner in（萨姆纳在德国）86
　　Thomas in（托马斯在德国）307
　　universities in, influence of（德国大学的影响）55, 58, 63n16, 106, 109, 306
government，见 political science

Harvard University（哈佛大学）201, 266, 290, 307, 364, 409
　　Church dissertation on social sciences at（丘奇在哈佛大学关于社会科学的博士论文）64n18
　　class orientation at（哈佛大学的阶级倾向）35
　　economics at（哈佛大学的经济学）47, 78, 105, 112, 173
　　Harvard Business School（哈佛商学院）201
　　Harvard Law School（哈佛法学院）66,

78，290，291
Historico-politics at（哈佛的历史政治学）64，66
Reform of（哈佛的改革）63
Historical consciousness（历史意识）
American exceptionalist（美国例外论的历史意识）23—6
liberal progressive（自由进步主义的历史意识）6—7，8—9，16，50；参见 liberism-theory of history in republican，5—6
—in Gilded Age（镀金时代的历史意识）58，60—1，64，94—5，106，139，140
economics（经济学）111，121—2，139，140
historico-politics（历史政治学）72—3，75
and scientific control（历史意识与科学控制）91—4
sociology（社会学）106—7，128—30，136—7，139，140
—historicist（历史主义的历史意识）
counter-tendencies in nineteenth century（19世纪的反趋势）16—19
eighteenth-century origins of（历史主义的18世纪起源）5—9，14
historicism defined（历史主义的界定）xv，3—4，4—5n3
nineteenth-century origins of（历史主义的19世纪起源）8—10，19—20
theory of historical knowledge in（历史主义的历史知识理论）19—20，329
—in late Progressive Era（进步时代晚期的）312—19，388
and Dewey（与杜威）315—16

institutional economics（制度经济学）374—5，382—7，389
political science（政治科学）334，337，338—9，339—41，345—6
and scientific control（与科学控制）312，318，324
sociology（社会学）349，354，357，364—7，389
—modernist（现代主义者）314—15
and modernism（与现代主义）318，346，474—5
and paradigm shift in social sciences（与社会科学上的范式转换）388—9，388n
—in 1920s（20世纪20年代的）393—7 各处，406—7
and Dewey（与杜威）406—7
economics（经济学）411—12，426—7
political science（政治科学）453，455，457，464—6
and scientific control（与科学控制）393—4
sociology（社会学）436—8，441—6，448，469—70
—in Progressive Era（进步时代的）148—53
and Dewey（与杜威）162，164—6
economics（经济学）179，184—6，190—1，195，197—8，202—3，211—12，216，218，298
history and political science（历史与政治科学）260—5，281，286—8，287n73，288—9，292—3，297—300
and rejection of traditional American exceptionalism（对传统的美国例外论的拒斥）149—50，151—2，152n，187—8，262—5
and scientific control（与科学控制）250—

1, 253
sociology of（的社会学）234—5, 237—8, 241, 245—6, 250—1, 253, 298
historical method（历史方法）见 historico-politics; history, discipline of
historico-politics（历史政治学）
    division in（历史政治学的分裂）282—8, 298
    establishment of joint field（建立连接领域）58, 66—77, 69n28
    historicist program in（历史政治学中的历史主义纲领）266—74, 282
    liberal historicism in（中的自由派历史主义）262—6, 283, 343—4
    Lieber in（黎白的历史政治学）38—42, 50, 66—7
    Rankean methodological program in（历史政治学中的兰克主义方法论纲领）261, 266—7
    realist program in（历史政治学中的现实主义纲领）274—9, 277n48, 277n49, 281, 293, 294, 297—8
History, discipline of（历史学）（亦见 historico-politics）
    compared to England and France（与英国和法国比较）346
    and economic interpretation of history（及历史的经济解释）201
    european origins on（历史学的欧洲起源）19—20
    general sources on（历史学的一般来源）261—2n9
    and historical economics（与历史经济学）200—1, 201n62
    independent roots of（历史学的独立根源）76, 283

new history in（历史学中的新史学）267—74, 269n29, 285—6, 299—300
New History in（历史学中的"新史学"学派）313, 345—6
and politics（历史学与政治）285—6
Rankean methodological program in（历史学中的兰克式方法论纲领）19—20, 71, 200—1, 282, 283, 299, 346
relative size of（历史学的相对规模）283, 283—4n65
and social sciences（与社会科学）299—300, 345—6, 474
    参见 academic context of social science; professionalism; social origins of social scientists
Hull House（赫尔堂）226—7, 226n18, 352
Human nature, laws of（人性的法则）
    as basis of social science（作为社会科学的基础）6—7, 16, 17—18, 19, 154—5
    in Bryce（布赖斯的）294
    in Cooley（库利的）242—4
    in Ward（沃德的）92
    参见 sociology-social forces in

Idealism（理想主义，观念论）
    ancient（古代的）4
    in Burgess（伯吉斯的）71—76,
    in Dewey（杜威的）162, 166, 207
    in Ely（伊利的）115
    in German political science（德国政治科学中的）12—13, 19, 39
    and idea of progress（与进步的理念）89

in Lieber（黎白的）39—40，50
in origins of historicism（历史主义起源中的）20，71，106
in Small（斯莫尔的）125，137，225
in Veblen（凡勃伦的）207
immigration, issue of（移民问题）参见 ethnicity
Institute for Government Research（政府研究所）417，451

Johns Hopkins University（约翰·霍普金斯大学）124，173，264，265，331，409
economics at（的经济学）78，109—10，230，232
founded（的建立）63
historico-politics（的历史政治学）67—70，259，269，270—1，281，284
urban experience（的城市体验）306
Journal of Political Economy（《政治经济学杂志》）207

Labor, issue of（劳工问题）
in antebellum economics（南北战争前的经济学中的）43，45，47—9，84
in antebellum exceptionalism（南北战争前美国例外论中的）26—8
in Gilded Age crisis（镀金时代危机中的）98—101
in Gilded Age economics（镀金时代经济学中的）78，82—5，87—8，105，107，115—17，119，120—1，138
in Gilded Age sociology（镀金时代社会学中的）126—8，129，136—7
in historico-politics（历史政治学中的）258，259
in institutional economics（制度经济学中的）373—6，414，415
in late Progressive sociology（后期进步主义社会学中的）304—5
in marginal and historical economics（边际主义和历史主义经济学中的）190
in Progressive movements（进步运动中的）145
in Progressive social science（进步主义社会科学中的）170—1，174—5，187，196—7，198—9，202—4，209—10，246
as special field in economics（作为经济学中的特殊领域）204
liberalism（自由主义）
and American political culture（与美国政治文化）xvi—xvii，15n21，39n33，93n75
in classical economics（古典经济学中的自由主义）13—15
in Comtean sociology（孔德社会学中的）12
defined（自由主义的界定）10—12
in eighteenth century social science（18世纪社会科学中的）10
in German economics（德国经济学中的）13
in German political science（德国政治科学中的）12—13，69—70
and new conservatism（自由主义与新保守主义）140，153，154
and republicanism（自由主义与共和主义）26—8，30，100
and social psychology of sympathy（自由主义与同情的社会心理学）130，153，358
in Spencerian sociology（斯宾塞社会

学中的自由主义）15
  参见 American exceptionalism: liberal revision of; economics-classical; economics-marginalism; Enlightenment
—libertarian（意志自由论者）
  in Knight（奈特）421—7
  in Sumner（萨姆纳）88
—new liberalism（新自由主义）96
  and Christian socialists（与基督教社会主义）108—9
  in contest with socialism（与社会主义竞争的新自由主义）90，91，96，140，146，159，166—7，168，170—1，186—7，230—3，240—1，257，340
  in Gilded Age（镀金时代的）84，91
  in historico-politics（历史政治学中的）262，278，280
  in institutional economics（制度经济学中的）412—13
  in neoclassical economics（新古典经济学中的）182—3，189—93
  in Progressive Era（在进步时代）145—6，148，153—4，166—9
  in Progressive sociology（进步主义社会学中的）219—21，223
  and social control（与社会控制）250
  and social ethic（与社会伦理）105—6，140，148
—romantic liberalism（浪漫主义的自由主义）
  in Cooley（库利的）244—6，254—5
  in Thomas（托马斯的）348
  in Turner（特纳的）271，273—4，298
—theory of history in（自由主义的历史理论）
  European roots of（的欧洲根源）7，8，10，11，16
  and American social science（与美国社会科学）149—54，155—6，223，239，348，447—8
  参见 economics: interpretations of history in; progress; sociology-society, liberal theories of
London School of Economics（伦敦经济学院）409

marginalism（边际主义）见 economics
market（市场）见 economics
Massachussetts Institute of Technology（麻省理工学院）85
Michigan, University of（密歇根大学）116，164，168，169，306
  Economics at（的经济学）138
  Historico-politics at（的历史政治学）67—8
  sociology at（的社会学）241
moral philosophy（道德哲学）
  and antebellum social science（与南北战争前的社会科学）36，36n27，38，42
  and Gilded Age social science（与镀金时代的社会科学）56，79，94，115，143—4
  and organicism（与社会有机体论）104

National Bureau of Economic Research（国家经济研究局）384，416
  And Carnegie Foundation（与卡内基基金会）400，402
  Founded（的建立）325
  research at（的研究）413，397—8
National Civic Federation（全国公民联合会）202，458

National Research Council（国家研究委员会）396, 401
National Urban League（全国城市联盟）439
natural law tradition（自然法传统）
　　in antebellum social science（南北战争前社会科学中的）26, 39, 43, 45, 47, 50, 59—60
　　in European social science（欧洲社会科学中的）6—7, 9, 16—17, 18, 26
　　in Gilded Age social science（镀金时代社会科学中的）60, 72, 77—8, 84, 91, 115, 120, 125, 128
　　in Progressive Era social science（进步时代社会科学中的）179, 181, 182—3, 211, 347
New School for Social Research（社会研究新学院）404
New York Bureau of Municipal Research（纽约市政研究局）325

Oberlin College（奥伯林学院）173
objectivity（客观性）
　　as absence of bias（无偏的）117—18
　　as absence of subjectivity（无主观性的）157
　　as balance（作为平衡）159—60, 160n19
　　Bryce on, in political science（布赖斯论政治科学中的）294
　　radical view of（的激进观点）213—15, 215n91
　　参见 professionalism; scientific method
Organicism（有机体论）
　　in American exceptionalism（美国例外论中的）30
　　in American marginalism（美国边际主义中的）118, 190—1, 382
　　in American sociology（美国社会学中的）15n21, 32—3, 47, 74n, 241—4, 347—9, 368, 375
　　in conservative social theory（保守主义社会理论中的）12
　　in Dewey（杜威的）162, 163, 168, 241—2, 248—9
　　in European sociology（欧洲社会学中的）12, 15, 15n21
　　in German social science（德国社会科学中的）12—13
　　in historical economics（历史经济学中的）102—2, 105—6, 140, 187
　　in Marxist economics（马克思主义经济学中的）13, 13n18
　　in positivist sociology（实证主义社会学中的）18, 18n26
　　in Whig-Republican tradition（辉格党-共和党人传统中的）104
Oxford University（牛津大学）
　　historical economics at（的历史经济学）112, 201
　　historical study at（的历史研究）67, 69, 85, 86, 285, 304, 339

Pennsylvania, University of（宾夕法尼亚大学）259, 263
　　Wharton School（沃顿学院）47, 173, 197, 199, 259, 326
Pluralism（多元主义）
　　In American politics（美国政治中的）144—5
　　Bentley on（本特利论）333, 336
　　Social（社会）见 class
　　And social scientists（与社会科学家）159
Political context of social science（社会科

学的政治背景）见 professionalism-and political context; science: and ideological controversy

Political culture, concept of（政治文化的概念）454

Political economy, see economics（政治经济学）见 economics

Political parties, see political science; political traditions（政治党派）见 political science; political traditions

Political science（see also historico-politics）（政治学）（亦见 historico-politics）
　Dewey on（杜威论）164
　Eighteenth-century origins of（的18世纪起源）12—3, 38
　Paradigm shift in（的范式转换）389
　On political parties（关于政治党派的）265, 274—5, 276—7, 291—2
　Political theory in（的政治理论）462—4, 466—7, 468, 469, 470
　Whig tradition in（的辉格党传统）38—41, 49—50, 70, 亦参见 administration; political tradition: mugwump
　亦参见 academic context of social science; administration; democracy; functional analysis; pluralism; political culture, concept of; professionalism; social origins of social scientists; social role of social scientists
—scientism in（中的科学主义）
　and administration（与行政）451—2, 451n133
　background of（的背景）of, 92n, 288—95, 299
　bentley and（本特利与）458—9, 458n151
　conceptions of science in（中的科学概念）449—51

　critique of（对……的批判）462—6
　movement formed（运动形成）405
　and Progressive program（与进步主义纲领）453, 455—6, 457
　psychology in（的心理学）452—7
　stalemate in（中的僵局）467, 467n, 470
　and statistical studies of politics（与对政治的统计研究）457—8
　and study of political attitudes（与对政治态度的研究）399
　technocratic control in（专家治国论的控制）455, 456—7, 467—8
—theories of government in（政府理论）
　Kantian（康德式的）11, 39
　liberal（自由主义的）11, 40
　liberal pluralism（自由派多元论的）204, 298, 334—7, 341, 342
　republican（共和主义的）5, 23
　and sovereignty（与主权）248, 263, 279—80, 341, 463
　Teutonist（条顿式的）24—5, 41, 50, 64—5, 72, 72—3, 77, 95, 114
　Whig（辉格派的）39—41, 49—50, 74—5, 85—6, 88, 95, 268, 278—9, 280, 289, 298, 342, 344

political traditions（政治传统）
　Jacksonia（杰克逊派的）29, 33, 34, 35, 49, 57, 74, 105
　Mugwump（超然派的）61, 62, 70, 74, 76, 241, 258, 260, 272, 24, 276, 278, 29, 291
　Republican（共和主义的,）39, 57, 101, 103, 104
　Whig（辉格派）29, 35—6, 38, 47, 49, 57, 61—2, 73—4, 89, 101, 104, 105, 250, 251, 258, 278,

279, 341
Populism（人民党）
  and Bentley（与本特利）304, 331
  and De Leon（与德莱昂）259
  in Gilded Age Crisis（镀金时代危机中的）99—100, 135
  Jameson on（詹姆斯论）268
  and Turner（与特纳）271—2
  and Veblen（与凡勃伦）205, 210
positivism（实证主义）
  in antebellum social sciences（战前美国社会科学中的）46—7
  Cambridge（剑桥）66, 290
  defined, in economics, sociology, and political science（经济学、社会学和政治学中所定义的）17—19
  in Gilded Age（镀金时代的）50, 54—7, 59—60, 94—5
  in Gilded Age economics（镀金时代经济学中的）79, 80—1
  in Gilded Age historico-politics（镀金时代历史政治学中的）64—6
  in Gilded Age sociology（镀金时代社会学中的）60, 9, 85, 88—94
  and historism（与历史主义）20—1, 471
  in late Progressive social science（晚期进步主义社会科学中的）326—9
  Pearson on（皮尔逊论）15, 326—7
  in Progressive social science（进步主义社会科学的）156—8
  and scientism（与科学主义）390
  see also scientific method; 亦参见 scientific method; scientism
positivism, instrumental（工具论实证主义）见 sociology-scientism in
possessive individualism（占有性个人主义）见 liberalism

pragmatism（实用主义）
  conservative critique of（对……的保守主义批判）463—4
  as method of reform（作为改革的方法）170—1
  and political science（与政治学）463—4
  and process（与进程）165
  and scientific method（与科学方法）252—3, 327—30, 329n6, 405—7, 412
  Veblen on（凡勃伦论）213, 亦参见 "John Duwey"; "William James"; "Geoge Herbert Spenser"（人名索引）
President's Commission on Economic Trends（总统经济趋势委员会）413
Princeton University（普林斯顿大学）265
process（进程，过程）
  Bentley on（本特利论）331, 334, 336—7, 33—8, 338n82
  Cooley on（库利论）360n123
  in Dewey's pragmatism（杜威实用主义中的）165
  in late Progressive social science（晚期进步主义中的）387—8
  Mitchell on（米切尔论）383
  Park on（帕克论）359
  political context of（政治背景）403—4
  in Progressive sociology（进步主义社会学中的）236—7, 238
  saliency of, in American social science（美国社会科学中……的卓越性）317—18, 469
  Thomas on（托马斯论）369
professionalism（专业主义，职业主义）
  in antebellum social science（内战前社

会科学中的）35
and expertise（与专业才能）158—9, 392—3, 451
and late Progressive social science（与晚期进步主义社会科学）305—6
and national ideology of American exceptionalism（与美国例外论的意识形态）468
and specialization（与专门化）63, 161—2, 283—5, 306
American, German, French, and English compared（美国、德国、法国和英国的比较）160—1
—in Gilded Age（镀金时代的）
economics（经济学）109—10, 109n20, 112, 115, 117—18
political science（政治学）70
social science（社会科学）62—3, 70
sociology（社会科学）126—7, 131
—in 1920s（20 世纪 20 年代的）
and foundation support（与基金支持）400—1
and institutional economics（与制度经济学）40, 415, 416—17
and sociological scientism（与社会学科学主义）394—5, 428—9, 429n83
—and political context（与政治背景）
in antebellum colleges（内战前的大学）36, 37
in Gilded Age economics（镀金时代经济学中的）109—10, 109n19, 112, 115, 117—8
in Gilded Age social science（镀金时代社会科学中的）61—2
in Gilded Age sociology（镀金时代社会学中的）126—7, 136—8
in late Progressive social science（晚期进步主义社会科学中的）304—5, 308, 319—21, 324—6
in marginal economics（边际主义经济学中的）176—7, 179—80
in 1920s（20 世纪 20 年代中的）392—3, 397—400, 415, 417, 428, 441
in Progressive social science（进步主义社会科学中的）145, 159—60, 160n19
in Progressive sociology（进步主义社会学中的）145, 159—60, 160n19
—in Progressive Era（进步主义时代中的）
political science（政治学）279, 282
social science（社会科学）158—62
sociology（社会学）219—24, 225—6
progress, idea of（进步观念）
and Asian travel（与亚洲之行）397, 39n
and Christianity（与基督教）16
in classical economics（古典政治经济学）13—15
in Enlightenment（启蒙运动中的）6, 7, 8—9, 10—12
exceptionalist idea of（例外论观念中的）23—4, 24n3, 26, 150, 197
and historicism（与历史主义）6, 16
liberal Darwinian theory of（自由派的达尔文主义理论）155—6
and modernist historical consciousness（与现代主义历史意识）397
scientific theory of（科学理论）88—9
and scientism（与科学主义）397
Sumner's doubts of（萨姆纳的质疑）87, 88
and modernist historical consciousness（与现代主义历史意识）42—4
scientific theory of culture lag（关于文

化堕距的科学理论）396—7, 444
and World War I（与第一次世界大战）
396—7, 444，亦见 liberalism-theory
of history in historical consciousness-
liberal progressive

Progressive movement（进步主义运动）
144—5, 304, 319—20
　　and historical consciousness（与历史意
　　　识）149
　　late Progressive criticism of（晚期进步
　　　主义的批判）305, 308, 344
　　Merriam in（中的梅里安）395—6
　　social scientists in（中的社会科学家）
　　　145, 158
psychology（心理学）
　　instinct psychology（直觉心理学）372,
　　　379, 84
　　political psychology（政治心理学）452—
　　　7, 470
　　social psychology（社会心理学）见
　　　"社会学"
—behaviorism（行为主义）
　　Bentley on（本特利论）333
　　Chapin on（蔡平论）46
　　Dewey on（杜威论）328, 405—6
　　in late Progressive social science（晚期
　　　社会科学中的）31—12
　　Mitchell on（米切尔论）384—6, 41
　　in 1920s（20 世纪 20 年代）404
　　Park on（帕克论）n, 364
　　and World War I（与第一次世界大战）
　　　322
—functional psychology（机能心理学）
154—5, 199, 243
　　Dewey on（杜威论）162, 165, 167
　　as liberal（作为自由主义者的）155,
　　　155n
　　Patten on（帕滕）199
　　and suggestion（与建议）238
　　and Thomas（与托马斯）348, 349—
　　　50
　　Veblen on（凡勃伦论）207—8, 213
　　Wallas on（沃拉斯论）42
—psychoanalysis（精神分析）
　　and distrust of politics（与对政治的不
　　　信任）398—9, 43
　　and Lasswell（与拉斯韦尔）455, 456—7
　　in liberal social science（自由主义社会
　　　科学中的）237
　　Ogburn on（奥格本论）430—1
　　Park on（帕克论）364
　　and World War I（与第一次世界大战）
　　　322
public opinion（舆论）
　　1920s social science on（20 世纪 20 年
　　　代社会科学的讨论）296, 45—3, 456
　　Progressive social science on（进步主义
　　　社会科学关于）295—6, 358, 370

Quarterly Jounal of Economics（《经济学
季刊》）160

Race（种族）
　　Boasian theory of（博厄斯式理论）350,
　　　351, 369—70, 389
　　biological theories of（生物学理论）
　　　146, 154
　　Giddings on（吉丁斯论）228—9
　　Ross on（罗斯论）233, 23n36, 237, 254
　　Veblen on（凡勃伦论）208, 208n77,
　　　212—13
—issue of（问题）146—8
　　Park on（帕克论）304, 307, 360—1,

438—40
Thomas on（托马斯论）304, 307, 323, 350, 351, 365—7
—Teutonic theory of（条顿理论）
H. C. Adams on H. C.（亚当斯论）114
Henry Adams on（亨利·亚当斯论）64—6
In American exceptionalism（美国例外论中的）24—5, 25n6
Burgess on（伯吉斯论）72
Cooley on（库利论）245
critique of（对……的批判）149—50, 262—4, 282
Davenport on（达文波特论）377
in historico-politics（历史政治学中的）69, 270, 299, 300
Lieber on（黎白论）41
Munro on（芒罗论）463
Ross on（罗斯论）233—5
Veblen on（凡勃伦论）28
realism（现实主义）
commonsense（常识）36—7, 59, 1, 72, 79, 214, 261
defined（界定）58—9
in economics（经济学中的）79—80, 371
gender conventions of（别视角下的）性, 59, 318—19
in Gilded Age（镀金时代中的）50, 58—9, 64
hard-edged（严苛的）215, 215n92, 参见 scientific control; scientism
in historico-politics（在历史政治学中）261, 261n8, 261n9, 263, 266, 274, 277—8, 28
in late Progressive Era（在晚期进步主义时代）38

and modernist historical consciousness（与现代历史主义意识）318—19, 331
in political science（政治学中的）83, 291, 293
in Progressive Era（在进步主义时代）156
urban, in late Progressive cohort（晚期进步主义分子中的城市）308—10, 333
Recent Social Trends（《当今社会潮流》）445
regulation of business（对商业的规制）145—6, 174, 183, 235—6, 381—2
republicanism（共和主义者）
in American school economics（美国经济学派中的）44
in antebellum social science（战前社会科学中的）31, 33—4, 38—9, 43
defined（界定）5, 23, 26
in England（英格兰的）23, 26
in historiography of Europe（在欧洲历史编纂学中的）269
and liberalism（与自由主义）26—8, 26—7n9, 28n10, 30, 100
in mugwump political science（超然派政治学中的）274
in national ideology of American exceptionalism（美国例外论的国家意识形态中的）23—30
in origins of American political science（美国政治学起源中的）37
radical tradition of（激进传统中的）33—4, 57—8
and social process（与社会进程）249
—in work of（在……的著作中）
H. C. Adams H. C.（亚当斯）108

Beard（比尔德）460，461—2，463
Theodore and Timothy Dwight（西奥多和蒂莫西·德怀特）120—1
Tocqueville（托克维尔）41
亦见 American exceptionalism
Rockefeller Foudation（洛克菲勒基金会）400—2，429，457
romanticism（浪漫主义）
 and American exceptionalism（与美国例外论）24
 and historicism（与历史主义）8，9—10
 and organism（与有机论）8
romantic epistemology and American social science（浪漫主义认识论与美国社会科学）59，261
 see also liberalism-romantic liberalism，亦见 liberalism-romantic liberalism
Russell Sage Foundation（拉塞尔·塞奇基金会）227，325，40

science（科学）
 as authoritative Knowledge（作为权威性知识的）53—7，58，59，62，156—7，161，400，亦见 positive science
 and ideological controversy（与意识形态争议）10，12，13，17，61，62，156，160，294—5，亦见 objectivity；professionalism-and political context；scientific method；scientism
 as systematic knowledge（作为系统的知识）xvi，17，19，93
scientific control（科学控制）
 and American exceptionalism（与美国例外论）150，250—1
 as compensatory（作为补偿的）37—8

and Dewey（与杜威）328—30
in late Progressive cohort（与晚期进步主义分子）31—12，318，319—20，322，323—5，388
in the 1920s（在 20 世纪 20 年代）396，397，399—400，404
positivism and（实证主义与）92—4，137—8
and Small（与斯莫尔）137—8
on technocratic model（以专家治国论为模型）251—3
and Ward（与沃德）91—4，96
亦见 scientism；sociology-and social control
scientific method（科学方法）
 and Baconian empiricism（与培根式经验主义）37，59—60，132，157，186，326
 Dewey's pragmatism and（杜威实用主义与）405—7
 early diversity of（的早期多样性）xvi，6—8
 and foundation support（与基金支持）403
 and instrumental positivism（与工具实证主义）429
 Newton on（牛顿论）7，37
 1920s concepts of（20 世纪 20 年代的概念）45
 in progressive social science（进步主义社会科学中的）156—7
 and scientism（与科学主义）390，396，401—2
scientism（科学主义）
 in American Social Science（美国社会科学中的）xiii，xiv—xv，42—4，475
 defined（界定）390
 in late Progressive social science（在

晚期进步主义）35—6，308，321，
323—4，388
and national ideology of American
exceptionalism（与美国例外论的国
家意识形态）406，468
in 1920s（在 20 世纪 20 年代）390—
407
亦见 political science；positivism；
sociology
slavery（奴隶制）
and American exceptionalism（与美国
例外论）27
in antebellum social science（内战前社
会科学中的）3—3，50
Jameson on（詹姆森论）268
Seligman on（泽利希曼论）149，
亦见 race
social control（社会控制），见 sociology
social ethic（社会伦理），见 liberalism-new
liberalism
socialism（社会主义）
in American universities（美国大学中
的）135—7，139—40
and college textbooks（与大学课本）168
critique of capitalism（对资本主义的
批判）105—6
and historical economists（与历史经济
学）104，106，108—9，113，115—18
and historicism（与历史主义）20
and marginalism（与边际主义）118，
18n41，120，122
and organic ideals（与有机论理想）32
threat of, in Gilded Age（镀金时代
中……的威胁）58，97—101
threat of, in Progressive Era（进步主义
时代中……的威胁）144，145—6
and Veblen（与凡勃伦）205—1，亦见

liberalism-new liberalism, in contest
with socialism；Marx, Karl（人名
索引）

social origin of social scientists（社会科学
家的社会起源）
in antebellum U. S.（内战前的美国中）
30，33，35，42，48，48—9
in eighteenth-century Europe（18 世纪
的欧洲的）10
in Gilded Age（镀金时代中）53—4，
54n1，57，61—2
in Gilded Age economics and sociology
（镀金时代经济学和社会学中的）
101—4，108，123，124
in late Progressive social science（晚期
进步主义社会科学中的）303—4，
311
in 1920s（20 世纪 20 年代中）390—2
in Progressive economics（进步主义经
济学中的）172n
in Progressive Era（进步主义时代的）
158
in Progressive historico-politics（进步
主义历史编纂学中的）257—8
and urban experience（与城市经验）
306—12，313，亦见 Christianity；
evangelicalism and social science；
women in social science
social question（社会问题），见 American
exceptionalism-Gilded Age crisis in；
labor, issue of
social role of social scientists（社会科学家
的社会角色）
in economics, debated（在经济学中被
争论的）109，111，114—15，125，
193—5 195n49

in Gilded Age（在镀金时代）61—2, 70, 72, 94
in 1920s（在20世纪20年代）15—8, 431
in Progressive Era（在进步主义时代）157—9, 249—53, 283
in sociology, debated（在社会学中被争论）125, 127, 128, 132—8, 亦见 liberalism-new liberalism; natural law tradition; professionalism

social science（社会科学）
as colletive term（作为集合名词）xx, xx n4
critical studies of（对……的批判性研究）xiv n1, 472n

social Science History Association（社会科学史协会）474

social Science Researth Council（社会科学研究理事会）435, 455
Beard at（比尔德在）460, 461, 462
founded（建立）401
interdisciplinary character of（跨学科特征）401
and scientism（与科学主义）401—3, 404, 429

society（社会）
liberal theories of（自由主义理论），见 sociology
organic theories of（有机论），见 organicism

sociology（社会学）
African American tradition of（非裔美国传统）439
antebellum origins of（的战前起源）32—3, 46—7, 47n
college enrollment in（大学入学）222
and economics（与经济学）125—6, 222—3
eighteenth-century origins of（的18世纪起源）3—9
evolutionary positivism in（中的进化论实证主义）18, 20, 85, 29, 237—8
general sources on（一般起源）220n2, 224n12,（Martindale）255n87;（Oberschall）368n
Gilded Age origins of（的镀金时代起源）67—8, 94, 122—3
liberal framework of（的自由主义框架）236—7, 237n43
Methodenstreit in（中关于方法论的讨论）91, 96—7, 131—2, 134, 219—22
Middletown in（中的《中镇》）441—2
nineteenth-century origins of（的19世纪起源）12—15
paradigm shift in（中的范式转换）236—7, 388—9
and political science（与政治学）288, 295—7
textbooks in（教科书）3n7, 359
uncertain focus of（的不确定焦点）131, 131n70, 255
American and European, compared（美国与欧洲的比较）255, 亦见 academic context of social science; class; ethnicity; professionalism; race; social origins of social scientists; social role of social scientists
—at Columbia University（在哥伦比亚大学）
and Chapin（与蔡平）369—71, 445—6
and Giddings（与吉丁斯）127—31, 227—9, 69

historiography of（的历史编纂学）227n20

research program of（研究纲要）228—9, 369, 370—1, 430

and statistics（与统计学）228—9, 369, 370—1, 430

—scientism in（中的科学主义）

and effect on Chicago sociology（对芝加哥社会学的影响）432, 433—5, 436—7, 441, 448

as instrumental positivism（作为工具论实证主义的）228—9, 369, 370—1, 430

and neglect of politics（与对政治的忽视）441

sources of（的起源）22, 368—71, 405

statistics and（统计学与）429—30, 434—5, 434n96

—and social control（与社会控制）

and American exceptionalism（与美国例外论）250—1, 252

hegemonic uses of（对……霸权式应用）247—54

in institutional economics（制度主义经济学中的）216, 412, 448

in liberal framework of sociology（自由主义社会学框架中的）236—7, 254

as new liberal reform（作为新自由主义改革）235—6

Ross's idea of（罗斯的理解）230—5

and scientific control（与科学控制）250—3, 444, 450

and social role of social scientists（与社会科学家的社会角色）91—4, 96, 137—8, 249—53, 254, 279

—social forces in（中的社会力）92—3, 125, 198—9, 225

critique of（对……的批判）331, 347

—social psychology in（中的社会心理学）

on attitudes（关于态度）350—5, 39, 430—6

Cooley on（库利论）242—3

Mead on（米德论）248

Ross on（罗斯论）230, 236, 238—9

on sympathy and imitation（同情和模仿中的）130, 153, 238—9, 243, 358

Thomas on（托马斯论）348, 349—50, 353, 432

—society, liberal theories of（关于社会的自由主义理论）

as diversification（作为多样化的）7, 8, 10, 11, 15, 46—7, 47n, 129, 153—4, 168—9, 223,

as Gemeinschaft, Gesellschaft（作为共同体）社会, 234—5, 243—4, 254—5, 298, 440—2

—at University of Chicago（在芝加哥大学）

and Bernard（与伯纳德）368—9

historiography of（历史编纂学）432n91

and Hull House（与赫尔堂）226—7

and Ogburn（与奥格本）430—2, 442—5

and Park（与帕克）357—67, 430, 432—3, 435—7

research program of（的研究纲领）226—7, 236, 435—7, 361, 366, 373, 437—4, 445, 448

and Small（与斯莫尔）123—7, 133, 138, 224—7, 347

on social disorganization（关于社会解组）236, 244, 353—6, 440—1

symbolic interactionism in（中的社会互动论）435

and Thomas（与托马斯）309—10, 348—9, 352—7, 432—5
South, the American（南部美国）
and American Exceptionalism（与美国例外论）28n11
antebellum social science in（的内战前社会科学）30—3, 37—8, 39, 49, 50, 87
and class（与阶级）335
Progressive social science and（进步主义社会科学与）307, 311, 348, 360, 亦见 race
sovereignty（主权），见 political science-theories of government in
Stanford University（斯坦福大学）173, 180, 378
statistics（统计学）
in economics（经济学中的）79—80, 324, 402
in Gilded Age social science（镀金时代社会科学中的）59—60
and instrumental positivism（与工具论实证主义, 429—30
in 1920s（在20世纪20年代）405
in objective school of sociology（社会学客观学派中的）228—9, 369, 370—1, 430
Pearson on（皮尔逊论）327
in political science（政治学中的）291, 450, 457
and progress（与进步）387, 亦见 scientific method
tariffs（关税）
in antebellum economics（战前经济学中的）42, 44, 46—8, 50
in Gilded Age economics（镀金时代经济学中的）7—81, 85

Tuskegee Institue（塔克斯基学院）307, 310, 351, 357
United States Commission on Industrial Relations（1915）（美国工业关系委员会）321
United States Industrial Commission（1902—4）（美国工业委员会）202, 210
Universities（大学），见 academic context of social science

Verein für Sozialpolitik（社会政策协会）109, 255

Washington, University of（华盛顿大学）393, 398, 458n15
Wellesley College（韦尔斯利学院）326
Williams College（威廉姆斯学院）63n116, 77
Wisconsin, University of（威斯康星大学）270—1, 409, 428, 449
economics at（中的经济学）173
reform of（改革）63n16
women, family, and sexuality, issue of（妇女、家庭和性问题）
Bentley on（本特利论）311
Bernard on（伯纳德论）31
Ford on（福特论）288
in late Progressive social science（晚期进步主义社会科学中的）307—8
Small on（斯莫尔论）134, 147
Thomas on（托马斯论）309, 311, 349—50
Veblen on（凡勃伦论）209, 210, 215
women in social science（社会科学中的妇女）
in Chicago（芝加哥的）226—7, 308—9, 350

in Gilded Age（镀金时代中的）102
in 1920s（20世纪20年代中的）391
in Progressive Era（进步主义时代中的）158, 226—7
radicalism of, Curtailed（受到限制的激进主义）325—6
World War I（第一次世界大战）320—6
Yale University（耶鲁大学）
class orientation at（中的阶级取向）35
economics at（中的经济学）78, 85, 105, 110, 180, 182
historico-politics at（中的历史政治学）67
reform of（的改革）56, 63, 63n16
Yale Law School（耶鲁法学院）417

译后记

罗斯教授的《美国社会科学的起源》以美国例外论为线索，用历史的方式，详细讲述了美国社会科学各主导学科自南北战争后直至20世纪30年代兴起和发展的漫长历程。今天，在中国的学术领域中，许多美国主流社会科学方法和范式占据着显要的地位，本书对于我们认识其起源和演变、看到其长处和局限有很大的帮助。它同样有助于我们从知识社会学和学术史的角度，去理解和认识美国思想和文明自身的特点。自19世纪后期至20世纪上半叶，面对现代社会成为世界历史命运的潮流，美国逐渐占据世界舞台的中心地位，它也必须重新理解和定位自己。确实，它取得了许多辉煌的成就，但它也失掉了许多宝贵的东西。在这个过程中，社会科学作为它重要的知识传统，也有着从探索自然与历史、认识自身与世界的真正的思想，沦为服务于骄傲与成见的工具技术的危险。面对现代社会的高速发展和全球化的急剧扩张，本书讲述的美国社会科学的往事，无论对于认识美国文明还是当下我们自身，都足堪借鉴与深思。

本书是我和刘阳、吴莹三人愉快合作的产物。翻译的分工如下：吴莹译卷首语、导言及第一、二部分，我译第三部分，刘阳译第四部分和结语，译者再相互校订他人的译文。在出版前我们又各自修订了一遍自己的译文。本书人名和专有名词众多，且是我们多年前求学期间的译作，虽经反复校译，译文中必定仍有许多错讹和不足，恳请各位方家批评指正。这本书当初是北京大学社会学系的周飞舟老师向我们推荐的，在翻译过程中，他也给予了我们许多帮助，在此向他表示衷心的感谢。此外，本书的翻译也得到了北京大学外国语学院的毛亮老师以及 Dr. Clement 的帮助，在此一并致以诚挚的谢意。

王楠

2018 年 5 月 30 日

本次重印出版之时，译者刘阳兄已经离世。但书中仍然留下了他生前对译文做的认真细致的修改，持久地为学界和读者们提供深深的助益，谨以此版修订译文告慰他的在天之灵。这次重印，读者及网上的朋友们对译文提出了许多批评建议，我们也进行了不少修改，在此要感谢上海大学文学系历史学院的焦姣老师，以及提出宝贵意见的各位师友。

2024 年 9 月 20 日